增订第三版

LAWS AND REGULATIONS OF HUMAN RESOURCES

人力资源法律一本通

最新劳动和社会保障法规分解集成

(含地方规定)

陈亚东 / 编著

法律出版社 | LAW PRESS
北京

图书在版编目(CIP)数据

人力资源法律一本通 ：最新劳动和社会保障法规分解集成 ：含地方规定 / 陈亚东编著. -- 3 版. -- 北京 ：法律出版社，2022

ISBN 978 - 7 - 5197 - 6489 - 0

Ⅰ. ①人… Ⅱ. ①陈… Ⅲ. ①劳动法 - 汇编 - 中国②社会保障法 - 汇编 - 中国 Ⅳ. ①D922.509

中国版本图书馆 CIP 数据核字(2022)第 035443 号

人力资源法律一本通(第三版)：
最新劳动和社会保障法规分解集成(含地方规定)
RENLI ZIYUAN FALÜ YIBENTONG(DI - SAN BAN)：
ZUIXIN LAODONG HE SHEHUI BAOZHANG FAGUI FENJIE JICHENG(HAN DIFANG GUIDING)

陈亚东 编著

责任编辑 李 群 陈 熙
装帧设计 鲍龙卉

出版发行 法律出版社
编辑统筹 法规出版分社
责任校对 张红蕊
责任印制 耿润瑜
经　　销 新华书店

开本 710 毫米×1000 毫米 1/16
印张 37 **字数** 781 千
版本 2022 年 4 月第 3 版
印次 2022 年 4 月第 1 次印刷
印刷 固安华明印业有限公司

地址：北京市丰台区莲花池西里 7 号(100073)
网址：www.lawpress.com.cn
投稿邮箱：info@lawpress.com.cn
举报盗版邮箱：jbwq@lawpress.com.cn
销售电话：010 - 83938349
客服电话：010 - 83938350
咨询电话：010 - 63939796

书号：ISBN 978 - 7 - 5197 - 6489 - 0
定价：98.00 元
凡购买本社图书，如有印装错误，我社负责退换。电话：010 - 83938349

第三版前言

谢意，最难言表！

本书自2017年8月出版以来，得到了广大法律界人士和人力资源管理从业者的大力支持和赞誉，但仍存在一些问题。笔者将持续勘误更新、以期更好地服务读者。对我而言，唯激情不减，不求闻达但求心安。

《中华人民共和国民法典》已于2021年1月1日起施行。为配套执行劳动法律法规，最高人民法院制定了《关于审理劳动争议案件适用法律问题的解释（一）》亦与民法典同日施行。原最高人民法院《关于审理劳动争议案件适用法律若干问题的解释》（一）（二）（三）（四）（对应文号分别为：法释〔2001〕14号、法释〔2006〕6号、法释〔2010〕12号、法释〔2013〕4号）同时废止。另外，一些部委通知、批复、答复等文件及部分地方性规定也有适当调整。

有鉴于此，本书再版修订标注为第三版。一是对新增法律法规、司法解释和部委通知、批复、答复等文件及部分地方性规定进行收录；对废止的相关规定予以删减。二是对本书的体系结构、章节名称和排序予以适当调整，以求更好地体现本书作为工具书的实用性。三是增加收录了福建省和海南省相关地方性规定。四是在附录中收录了国家法官学院组织编写的中国法院年度案例（2020年度和2021年度）索引。

本次修订，虽几经校对，仍难免疏漏，恳望读者朋友们不吝指正。也衷心感谢并期盼广大读者朋友对本书持续关注、提出宝贵建议！

本书得以再版，真诚感谢法律出版社法规分社社长李群女士和陈熙编辑给予精心指导！

本书再版过程中，得到了天津东法律师事务所劳动争议法律事务部倾力支持，谨此感谢！

陈亚东

2022年4月于天津东法律师事务所

凡　例

一、目录

本书分为三个部分，每部分以章(部分章下设节)为单位编制目录。

二、正文

1. 以《劳动法》、《劳动合同法》、《劳动争议调解仲裁法》和《社会保险法》为主线合理分类编排。

2. 关联法律、法规、最高院解释、部委规章(批复、通知、复函、答复)、地方性法规、规章、法院司法文件和劳动行政部门的规定按位阶关系、生效时间倒序分类编排。

3. 为突出层次感，上述正文内容中凡引用的相关法律法规规定以脚注的形式体现。

4. 附录部分收录了国家法官学院组织编写的中国法院年度案例(2020 年度和 2021 年度)索引，以便参阅。

三、脚注

1. 对正文中涉及的法律法规规定等以及条文的立法变迁，在脚注中以“编著注”的形式予以说明。

2. 脚注中释义部分仅代表笔者本人观点，仅供读者朋友参考。

3. 为节省篇幅，脚注中的条文排列不再列明条文的款、项，只按篇幅顺序编排。

四、省略

1. 本书正文中涉及的法律法规规定和司法解释等不是简单的法条罗列，而是因分类整理的需要,为注重实务有选择地摘录。

2. 省略的部分内容为:以往颁布的还没有废止的批复、通知等文件与现行法律法规冲突的部分;法律法规规定及司法解释等开头和结尾部分及宣示性规定;个别机构名称。

3. 省略纯属技术处理,不会导致读者对所注释条文的理解产生偏差。

五、日期

各章节引用的法律、行政法规、规章、司法解释、复函、批复、通知、答复、地方性规定等注明的日期均为施行日期;注明“修正”“修订”字样的为发布或公布日期。

检索说明

本书以法条为主线,分类以章(某些章下设节)汇总编撰。查到相关条文,也即可以查阅相关实施条例、司法解释及部委规章、批复等内容。提醒读者,书中某些章节内容并非均完整体现收录省市的所有规定。

读者可以通过以下两种方式检索到本书内容:

方法一:目录检索法

通过目录检索相关条文。

目录章节名称并非与法律章节完全一致,请读者区别。

方法二:页眉检索法

通过页眉提示检索相关条文。

本书以"章"为单位设置页眉。

目　录

第一部分　劳动关系管理

第二部分 劳动争议处理

第三部分 社会保险

Chapter 1

第一部分　劳动关系管理

第一章　劳动关系认定

法律

《劳动法》[①](2018 年 12 月 29 日[②]修正)

第二条　在中华人民共和国境内的企业、个体经济组织(以下统称用人单位)和与之形成劳动关系的劳动者,适用本法。

国家机关、事业组织、社会团体和与之建立劳动合同关系的劳动者,依照本法执行。

《劳动合同法》(2012 年 12 月 28 日修正)

第二条　中华人民共和国境内的企业、个体经济组织、民办非企业单位等组织(以下称用人单位)与劳动者建立劳动关系,订立、履行、变更、解除或者终止劳动合同,适用本法。

国家机关、事业单位、社会团体和与其建立劳动关系的劳动者,订立、履行、变更、解除或者终止劳动合同,依照本法执行。

第七条　用人单位自用工之日起即与劳动者建立劳动关系。用人单位应当建立职工名册备查。

第十条第三款　用人单位与劳动者在用工前订立劳动合同的,劳动关系自用工之日起建立。

第九十六条　事业单位与实行聘用制的工作人员订立、履行、变更、解除或者终止劳动合同,法律、行政法规或者国务院另有规定的,依照其规定;未作规定的,依

---

① 编著注:为方便阅读,书中涉及的法律、行政法规使用简称。

② 编著注:除有特别注明,以下各章节引用的法律、行政法规、规章、司法解释、复函、批复、通知、答复、地方性规定等注明的日期均为施行日期;注明“修正”或“修订”字样的为发布日期,下同。

照本法有关规定执行。

行政法规

《劳动合同法实施条例》(2008 年 9 月 18 日　国务院令第 535 号)

第三条　依法成立的会计师事务所、律师事务所等合伙组织和基金会,属于劳动合同法规定的用人单位。

第四条　劳动合同法规定的用人单位设立的分支机构,依法取得营业执照或者登记证书的,可以作为用人单位与劳动者订立劳动合同;未依法取得营业执照或者登记证书的,受用人单位委托可以与劳动者订立劳动合同。

第八条　劳动合同法第七条规定的职工名册,应当包括劳动者姓名、性别、公民身份号码、户籍地址及现住址、联系方式、用工形式、用工起始时间、劳动合同期限等内容。

《民办非企业单位登记管理暂行条例》(1998 年 10 月 25 日　国务院令第 251 号)

第二条　本条例所称民办非企业单位[①],是指企业事业单位、社会团体和其他社会力量以及公民个人利用非国有资产举办的,从事非营利性社会服务活动的社会组织。

司法解释[②]

最高人民法院《关于审理劳动争议案件适用法律问题的解释(一)》(2021 年 1 月 1 日　法释〔2020〕26 号)[③]

第三十二条　用人单位与其招用的已经依法享受养老保险待遇或者领取退休金的人员发生用工争议而提起诉讼的,人民法院应当按劳务关系处理。

企业停薪留职人员、未达到法定退休年龄的内退人员、下岗待岗人员以及企业经营性停产放长假人员,因与新的用人单位发生用工争议而提起诉讼的,人民法院

① 编著注:民办非企业单位,如各类民办学校、民办医院、民办展览馆、民办养老院等。

② 编著注:本书中"司法解释"也包含了最高人民法院发布的会议纪要、答复、批复、通知、复函等,下同。

③ 编著注:为配套《民法典》施行,本解释自 2021 年 1 月 1 日起施行;原最高人民法院《关于审理劳动争议案件适用法律若干问题的解释》(一)(二)(三)(四)(对应文号分别为:法释〔2001〕14 号、法释〔2006〕6 号、法释〔2010〕12 号、法释〔2013〕4 号)同时废止,下同。

应当按劳动关系处理。

第三十三条　外国人、无国籍人未依法取得就业证件即与中华人民共和国境内的用人单位签订劳动合同,当事人请求确认与用人单位存在劳动关系的,人民法院不予支持。

持有《外国专家证》并取得《外国人来华工作许可证》的外国人,与中华人民共和国境内的用人单位建立用工关系的,可以认定为劳动关系。

第三十四条　劳动合同期满后,劳动者仍在原用人单位工作,原用人单位未表示异议的,视为双方同意以原条件继续履行劳动合同。一方提出终止劳动关系的,人民法院应予支持。

根据劳动合同法第十四条[①]规定,用人单位应当与劳动者签订无固定期限劳动合同而未签订的,人民法院可以视为双方之间存在无固定期限劳动合同关系,并以原劳动合同确定双方的权利义务关系。

最高人民法院《关于车辆实际所有人聘用的司机与挂靠单位之间是否形成事实劳动关系的答复》(2013 年 10 月 28 日　〔2013〕民一他字第 16 号)

个人购买的车辆挂靠其他单位且以挂靠单位的名义对外经营的,根据 2008 年 1 月 1 日起实施的《劳动合同法》规定的精神,其聘用的司机与挂靠单位之间不具备劳动关系的基本特征,不宜认定其形成了事实劳动关系。

《全国民事审判工作会议纪要》(法办〔2011〕442 号)

59. 建设单位将工程发包给承包人,承包人又非法转包或者违法分包给实际施工人,实际施工人招用的劳动者请求确认与具有用工主体资格的发包人之间存在劳动关系的,不予支持。

最高人民法院《关于仰海水与北京市鑫裕盛船舶管理有限公司之间是否为劳动合同关系的请示的复函》(2011 年 5 月 3 日　〔2011〕民四他字第 4 号)

我国《劳动合同法》第五十八条规定:“劳务派遣单位是本法所称用人单位,应

---

① 《劳动合同法》第十四条:无固定期限劳动合同,是指用人单位与劳动者约定无确定终止时间的劳动合同。用人单位与劳动者协商一致,可以订立无固定期限劳动合同。有下列情形之一,劳动者提出或者同意续订、订立劳动合同的,除劳动者提出订立固定期限劳动合同外,应当订立无固定期限劳动合同:(一)劳动者在该用人单位连续工作满十年的;(二)用人单位初次实行劳动合同制度或者国有企业改制重新订立劳动合同时,劳动者在该用人单位连续工作满十年且距法定退休年龄不足十年的;(三)连续订立二次固定期限劳动合同,且劳动者没有本法第三十九条和第四十条第一项、第二项规定的情形,续订劳动合同的。用人单位自用工之日起满一年不与劳动者订立书面劳动合同的,视为用人单位与劳动者已订立无固定期限劳动合同。

当履行用人单位对劳动者的义务。劳务派遣单位与被派遣劳动者订立的劳动合同,除应当载明本法第十七条规定的事项外,还应当载明被派遣劳动者的用工单位以及派遣期限、工作岗位等情况。”根据上述规定,劳务派遣单位属于用人单位的,应当履行用人单位对劳动者的义务。根据交通运输部颁布的《船员服务管理规定》,船员服务机构向船员提供船员服务业务,应当与船员签订船员服务协议。本案鑫裕盛公司是具有从事对外劳务合作经营资格的船员外派服务机构,不是劳动者的用工单位。因此,仰海水与鑫裕盛公司签订的《船员聘用合同》为船员服务合同,不属于船员劳务合同,也不属于船员劳动合同,不适用《劳动合同法》的规定。对涉案纠纷,按照鑫裕盛公司与仰海水签订的《船员聘用合同》约定,并根据有关法律规定,依法审理。

部委规定[①]

劳动和社会保障部[②]《关于确立劳动关系有关事项的通知》(2005 年 5 月 25 日劳社部发〔2005〕12 号)

一、用人单位招用劳动者未订立书面劳动合同,但同时具备下列情形的,劳动关系成立。

(一)用人单位和劳动者符合法律、法规规定的主体资格;

(二)用人单位依法制定的各项劳动规章制度适用于劳动者,劳动者受用人单位的劳动管理,从事用人单位安排的有报酬的劳动;

(三)劳动者提供的劳动是用人单位业务的组成部分。

二、用人单位未与劳动者签订劳动合同,认定双方存在劳动关系时可参照下列凭证:

(一)工资支付凭证或记录(职工工资发放花名册)、缴纳各项社会保险费的记录;

(二)用人单位向劳动者发放的“工作证”、“服务证”等能够证明身份的证件;

(三)劳动者填写的用人单位招工招聘“登记表”、“报名表”等招用记录;

(四)考勤记录;

---

① 编著注:本书中“部委规定”也包含了劳动行政主管部门公布的答复、批复、通知、复函、意见等,下同。

② 已变更为人力资源和社会保障部,下同。

（五）其他劳动者的证言等。

其中，（一）、（三）、（四）项的有关凭证由用人单位负举证责任。

三、用人单位招用劳动者符合第一条规定的情形的，用人单位应当与劳动者补签劳动合同，劳动合同期限由双方协商确定。协商不一致的，任何一方均可提出终止劳动关系，但对符合签订无固定期限劳动合同条件的劳动者，如果劳动者提出订立无固定期限劳动合同，用人单位应当订立。

用人单位提出终止劳动关系的，应当按照劳动者在本单位工作年限每满一年支付一个月工资的经济补偿金。

四、建筑施工、矿山企业等用人单位将工程（业务）或经营权发包给不具备用工主体资格的组织或自然人，对该组织或自然人招用的劳动者，由具备用工主体资格的发包方承担用工主体责任。

劳动和社会保障部办公厅《关于对事实劳动关系解除是否应该支付经济补偿金问题的复函》（2001年11月26日 劳社厅函〔2001〕249号）

最高人民法院《关于审理劳动争议案件适用法律若干问题的解释》（法释〔2001〕14号）第十六条规定："劳动合同期满后，劳动者仍在原用人单位工作，原用人单位未表示异议的，视为双方同意以原条件继续履行劳动合同。一方提出终止劳动关系的，人民法院应当支持"。该规定中的"终止"，是指劳动合同期满后，劳动者仍在原用人单位工作，用人单位未表示异议的，劳动者和原用人单位之间存在的是一种事实上的劳动关系，而不等于双方按照原劳动合同约定的期限续签了一个新的劳动合同。一方提出终止劳动关系的，应认定为终止事实上的劳动关系。

劳动部①办公厅《关于职工应征入伍后与企业劳动关系的复函》（1997年5月30日 劳办发〔1997〕50号）

职工应征入伍后，根据国家现行法律法规的规定，企业应当与其继续保持劳动关系，但双方可以变更原劳动合同中具体的权利与义务条款。按照《兵役法》、《退伍义务兵安置条例》的有关规定，义务兵入伍前原是国家机关、人民团体、企业、事业单位正式职工，退伍后原则上回原单位复工复职。在全面实行劳动合同制度后，对应征入伍的职工，仍应执行上述规定。同时按照《军人抚恤优待条例》的规定，执行义务后优待办法。

① 现已变更为人力资源和社会保障部，下同。

劳动部办公厅《关于职工被错判宣告无罪释放后,是否应恢复与企业的劳动关系等有关问题的复函》(1997 年 4 月 29 日 劳办发〔1997〕40 号)

关于企业职工被错判,宣告无罪释放后,企业是否应与其恢复劳动关系,补发工资问题。我们认为,职工于《国家赔偿法》实施以前被判犯罪,后经司法机关改判无罪的,如企业仅因其被判刑而解除劳动关系的,企业应恢复与该职工的劳动关系,并按照原劳动人事部《关于受处分人员的工资待遇问题给天津市劳动局的复文》①(劳人薪局〔1985〕第 12 号)的规定,恢复其原工资待遇,并补发在押期间的工资。

《关于贯彻执行〈中华人民共和国劳动法〉若干问题的意见》(1995 年 8 月 4 日 劳部发〔1995〕309 号)

1. 劳动法第二条②中的"个体经济组织"是指一般雇工在七人以下的个体工商户。

2. 中国境内的企业、个体经济组织与劳动者之间,只要形成劳动关系,即劳动者事实上已成为企业、个体经济组织的成员,并为其提供有偿劳动,适用劳动法。

3. 国家机关、事业组织、社会团体实行劳动合同制度的以及按规定应实行劳动合同制度的工勤人员;实行企业化管理的事业组织的人员;其他通过劳动合同与国家机关、事业组织、社会团体建立劳动关系的劳动者,适用劳动法。

4. 公务员和比照实行公务员制度的事业组织和社会团体的工作人员,以及农村劳动者(乡镇企业职工和进城务工、经商的农民除外)、现役军人和家庭保姆等不适用劳动法。

5. 中国境内的企业、个体经济组织在劳动法中被称为用人单位。国家机关、事业组织、社会团体和与之建立劳动合同关系的劳动者依照劳动法执行。根据劳动法的这一规定,国家机关、事业组织、社会团体应当视为用人单位。

---

① 原劳动人事部《关于受处分人员的工资待遇问题给天津市劳动局的复文》:一、国家职工被错判犯罪,经司法部门复查,纯属错案,宣告无罪释放者,应恢复其原工资待遇,在原判期间被减发的工资,应予补发。二、国家职工因触犯刑律判刑,经司法部门复查,认为原判过重,改为免予刑事处分。回原单位后其工资待遇应视其罪行轻重和是否给予行政纪律处分而定。即:情节较轻,态度较好,免予行政纪律处分者,可以恢复原工资;给予行政纪律处分者应降低工资。以上两种情况,在原判期间被减发的工资,均不补发。

② 《劳动法》第二条:在中华人民共和国境内的企业、个体经济组织(以下统称用人单位)和与之形成劳动关系的劳动者,适用本法。国家机关、事业组织、社会团体和与之建立劳动合同关系的劳动者,依照本法执行。

劳动部《关于〈中华人民共和国劳动法〉若干条文的说明》(1994年9月5日 劳办发〔1994〕289号)

第二条 在中华人民共和国境内的企业、个体经济组织(以下统称用人单位)和与之形成劳动关系的劳动者,适用本法。

国家机关、事业组织、社会团体和与之建立劳动合同关系的劳动者,依照本法执行。

本条第一款中的"企业"是指从事产品生产、流通或服务性活动等实行独立经济核算的经济单位,包括各种所有制类型的企业,如工厂、农场、公司等。

本条第二款所指劳动法对劳动者的适用范围,包括三个方面:(1)国家机关、事业组织、社会团体的工勤人员;(2)实行企业化管理的事业组织的非工勤人员;(3)其他通过劳动合同(包括聘用合同)与国家机关、事业单位、社会团体建立劳动关系的劳动者。

本法的适用范围排除了公务员和比照实行公务员制度的事业组织和社会的工作人员,以及农业劳动者、现役军人和家庭保姆等。

地方性规定:北京

北京市高级人民法院、北京市劳动人事争议仲裁委员会《关于审理劳动争议案件法律适用问题的解答》(2017年4月24日 京高法发〔2017〕142号)

1.《最高人民法院关于审理工伤保险行政案件若干问题的规定》(法释〔2014〕9号)第三条第一款第四项[①]中"用工单位"、"不具备用工主体资格的组织或者自然人",第五项中"被挂靠单位"、"个人"与"因工伤亡职工(人员)"之间产生争议,如何处理?

"用工单位"、"被挂靠单位"与"因工伤亡职工(人员)"之间不是劳动关系或雇佣关系。"用工单位"、"被挂靠单位"仅是承担工伤保险责任的单位。

"不具备用工主体资格的组织或者自然人"、"个人"与"因工伤亡职工(人员)"之间不是劳动关系,而是雇佣关系。

……

① 最高人民法院《关于审理工伤保险行政案件若干问题的规定》(法释〔2014〕9号)第三条第一款第四项:社会保险行政部门认定下列单位为承担工伤保险责任单位的,人民法院应予支持:(四)用工单位违反法律、法规规定将承包业务转包给不具备用工主体资格的组织或者自然人,该组织或者自然人聘用的职工从事承包业务时因工伤亡的,用工单位为承担工伤保险责任的单位。

2. 发包单位将业务发包给有用人主体资格的用人单位(包括有用人主体资格的组织、个体经营者),从事该发包业务的劳动者与上述主体发生争议的,如何处理?

应当认定劳动者与承包的有用人主体资格的用人单位存在劳动关系,但发包单位与劳动者存在劳动关系的除外。

3. 农民专业合作社与其聘用参与日常生产经营活动的社员产生争议,如何认定?

结合农民合作社的生产经营性质和用工特点等因素,区分情况予以严格判定。对符合原劳动和社会保障部《关于确认劳动关系有关事项的通知》规定精神的,应依法确认参与农民合作社日常生产经营活动的社员与该合作社存在劳动关系。

北京市高级人民法院、北京市劳动争议仲裁委员会《关于劳动争议案件法律适用问题研讨会会议纪要》(2009 年 8 月 17 日)

12. 在认定用人单位与劳动者之间具有劳动关系时,可考虑下列因素:(1)用人单位和劳动者符合法律、法规规定的主体资格;(2)用人单位依法制定的各项规章制度适用于劳动者,劳动者受用人单位的劳动管理,从事用人单位安排的有报酬的劳动;(3)劳动者提供的劳动是用人单位工作的组成部分。

13. 对于以自己的技能、知识或设施为用人单位提供劳动或服务,自行承担经营风险,与用人单位没有身份隶属关系,一般不受用人单位的管理或支配的人员,应认定其与用人单位之间的关系不属于劳动关系。

14. 劳动者长期未向用人单位提供劳动,用人单位也长期不再向劳动者支付劳动报酬等相关待遇,双方长期两不找的,可以认定此期间双方不享有和承担劳动法上的权利义务。

15. 外国人、港澳台地区居民未依法办理《外国人就业证》、《台港澳人员就业证》的,其与用人单位签订的劳动合同应为无效劳动合同。外国人、港澳台地区居民已经付出劳动的,由用人单位参照合同约定支付劳动报酬。

16. 外国企业常驻代表机构未通过涉外就业服务单位直接招用中国雇员的,应认定有关用工关系为雇佣关系。

北京市劳动局《关于转发劳动部办公厅〈关于职工应征入伍后与企业劳动关系的复函〉的通知》(1997 年 6 月 17 日　京劳关发〔1997〕120 号)

一、根据《北京市实行劳动合同制度实施细则》(京劳协发〔1995〕118 号)第十五条、第一款规定:义务服兵役期间的职工用人单位不得依据《劳动法》第二十六条、第二十七条规定解除劳动合同。

二、职工应征入伍服兵役期未满，劳动合同期限到期的，企业应当自动顺延其劳动合同期限，保持劳动关系。

地方性规定：天津

《关于审理劳动人事争议案件的会议纪要》(2019年11月25日　津高法〔2019〕296号)

10. 外国人用工关系的认定问题

外国人未依法取得就业许可证件即与中国境内的用人单位签订劳动合同，不应认定其与用人单位存在劳动关系。

外国人在劳动合同履行期内，就业许可证件到期未重新办理，剩余期间视为没有就业许可，不应认定其与用人单位存在劳动关系。

实际用人单位与就业许可证件记载不一致的，视为没有依法取得就业许可。

依法取得《外国人永久居留证》的外国人，根据《关于印发〈外国人在中国永久居留享有相关待遇的办法〉的通知》(人社部发〔2012〕53号)第四条规定，在中国就业可免办外国人就业许可证件，其与中国境内的用人单位建立用工关系的，应认定双方存在劳动关系。

《天津法院劳动争议案件审理指南》(2018年1月1日　津高法〔2017〕246号)

6.【认定劳动关系的基本要素】确定当事人之间是否成立劳动关系，可以综合考虑下列因素：

(1)用人单位与劳动者订立劳动合同；

(2)劳动者实际接受用人单位的管理、指挥与监督；

(3)用人单位向劳动者支付工资性劳动报酬；

(4)劳动者被纳入用人单位的组织体系中从事劳动，而不是从事独立的业务或者经营活动；

(5)劳动者无权将工作分包给他人完成；

(6)生产资料一般由用人单位提供；

(7)劳动者提供的劳务是继续性的而不是一次性的；

(8)用人单位为劳动者缴纳社会保险费。

7.【劳动行政部门认定工伤过程中认定劳动关系的处理】劳动行政部门在认定工伤程序中对于双方当事人是否具有劳动关系已进行确认，当事人不服提起民事诉讼的,应当向当事人释明可以就工伤认定争议提起行政诉讼。当事人坚持提起民事诉讼的,应当裁定驳回起诉。双方当事人发生的其他劳动争议涉及劳动关系认定的,应当确认劳动行政部门在工伤认定程序中作出的劳动关系认定结论,但该结论已经法定程序撤销的除外。

劳动行政部门在工伤认定程序中无法确认双方当事人是否具有劳动关系而告知当事人可以向劳动人事争议仲裁机构申请仲裁,当事人对仲裁结果不服提起民事诉讼的,应当受理,并结合本指南第5条的规定对双方当事人是否具有劳动关系作出认定。

8.【雇用在校学生的关系认定】在校学生为完成学习任务到用人单位提供劳动的、双方不构成劳动关系或者劳务关系,在校学生为勤工俭学到用人单位提供劳动的,双方构成劳务关系。

9.【建筑施工、矿山企业的主体责任】建筑施工、矿山企业等将工程或者经营权发包给不具备用工主体资格的组织或者自然人,该组织或者自然人招用的劳动者主张确认与上述发包人有劳动关系的,不予支持,没有用工主体资格的组织或者自然人违法招用的劳动者因工负伤或者死亡的,由上述违法发包的建筑施工、矿山企业等与实际招用该劳动者的组织或者自然人按照《工伤保险条例》规定的工伤保险待遇承担连带赔偿责任。

10.【雇用退休人员的关系认定】已经享受基本养老保险待遇或者退休金的人员与用人单位之间形成实际用工关系的,按照劳务关系处理。

因用人单位原因致使已经达到法定退休年龄的劳动者尚未享受基本养老保险待遇或者尚未领取退休金,劳动者与原用人单位之间形成实际用工关系的,按照劳动关系处理。

11.【设立中的用人单位聘用人员的关系认定】设立中的用人单位不具备用人主体资格,其与劳动者不构成劳动关系,可以认定双方构成劳务关系。用人单位依法设立后,劳动关系的存续期间自颁发营业执照之日起计算。

劳动者在用人单位筹备期间的工作时间不计入本单位工作年限,但双方另有约定的除外,且该约定仅对劳动合同双方具有约束力。

《天津市贯彻落实〈劳动合同法〉若干问题实施细则》(2018年8月1日 津人社规字〔2018〕14号)

第三条 用人单位与劳动者自用工之日起建立劳动关系,建立劳动关系应当订立书面劳动合同,并依法缴纳社会保险。

前款所称用工之日，是指劳动者开始接受用人单位管理，从事用人单位安排的工作的日期。用人单位安排劳动者参加上岗前培训，劳动关系自劳动者参加培训之日起建立。

地方性规定：上海

上海市劳动和社会保障局《关于特殊劳动关系有关问题的通知》（2003年4月25日　沪劳保关发〔2003〕24号）

一、本通知所称特殊劳动关系是现行劳动法律调整的标准劳动关系和民事法律调整的民事劳务关系以外的一种用工关系，其劳动者一方在用人单位从事有偿劳动、接受管理，但与另一用人单位存有劳动合同关系或不符合劳动法律规定的主体条件。

二、用人单位使用下列人员之一的形成特殊劳动关系：

1. 协议保留社会保险关系人员；
2. 企业内部退养人员；
3. 停薪留职人员；
4. 专业劳务公司输出人员；
5. 退休人员；
6. 未经批准使用的外来从业人员；
7. 符合前条规定的其他人员。

三、用人单位与劳动者形成特殊劳动关系，应当参照执行以下劳动标准：

1. 工作时间规定；
2. 劳动保护规定；
3. 最低工资规定。

形成特殊劳动关系的双方当事人可以协商约定有关的劳动权利义务。

地方性规定：重庆

重庆市高级人民法院《关于审理劳动争议案件若干问题的指导意见》（2009年2月9日　渝高法发〔2009〕4号）

第一条　用人单位为劳动者建立社会保险关系后，因用人单位未依法缴纳应由其缴纳的社会保险费用，劳动者代用人单位缴纳之后，要求用人单位返还的，可以作为劳动争议案件受理。

地方性规定:广东(深圳)

广东省高级人民法院、广东省劳动人事争议仲裁委员会《关于劳动人事争议仲裁与诉讼衔接若干意见》(2018年7月18日 粤高法发〔2018〕2号)

一、出租汽车(巡游车和网约车)驾驶员与经营者订立劳动合同并按劳动合同履行的,认定为劳动关系;双方订立承包、租赁、联营等合同,并建立营运风险共担、利益共享分配机制的,按双方约定执行。实际履行与约定不一致或双方未约定的,以实际履行情况认定。

二、网络平台经营者与相关从业人员之间的用工关系性质,原则上按约定处理。如双方属于自负盈亏的承包关系或已订立经营合同、投资合同等,建立了风险共担、利益共享的分配机制的,不应认定双方存在劳动关系。实际履行与约定不一致或双方未约定的,以实际履行情况认定。

三、村民委员会、居民委员会、农村集体经济组织与其对外聘用人员发生的用工关系,符合劳动关系特征的,应认定为劳动关系。

广东省高级人民法院《关于已退休人员与用人单位之间的用工关系是否应按劳动关系处理及相关问题的批复》(2007年12月10日 粤高法民一复字〔2007〕14号)

一、《劳动法》及相关行政法规明确禁止用人单位非法招用未满十六周岁的未成年人,但未禁止用人单位在不损害劳动者健康的前提下招用已达法定退休年龄或已办理退休手续的人员。因此,为充分维护退休再聘人员的合法权益,在法律、行政法规未有明确规定之前,宜将该类用工关系按劳动关系处理。但对于劳动关系解除或终止时的经济补偿问题,可参照劳动部办公厅《对〈关于实行劳动合同制度若干问题的请示〉的复函》[①]的规定处理,即对于已享受养老保险待遇的退休人员,除非其与用人单位已就劳动关系解除或终止时的经济补偿问题作出特别规定,否则双方在劳动关系解除或终止时不适用《劳动法》第二十八条有关经济补偿的规定。

二、外国人在我国就业产生的用工关系应按劳动关系处理。外国人无就业许

---

① 编著注:劳动部办公厅《对〈关于实行劳动合同制度若干问题的请示〉的复函》(劳办法〔1997〕88号)第二条中规定:离退休人员聘用协议的解除不能依据《劳动法》第二十八条执行。

可证在我国境内就业违反了《外国人入境出境管理法》第五条、《外国人入境出境管理法实施细则》第四十四条及《外国人在中国就业管理规定》第五条的规定，因此，根据《劳动法》第十八条的规定应认定相关劳动合同无效。对于就业期间的报酬，可参照合同约定处理，但同时应建议公安机关对双方当事人作出相应的行政处罚。

深圳市中级人民法院《关于审理劳动争议案件的裁判指引》(2015年9月2日深中法发〔2015〕13号)

四十九、派出到合资、参股单位工作的劳动者与原用人单位仍保持劳动关系，原用人单位与合资、参股单位对劳动者的工资、社会保险、福利等有明确约定，且劳动者没有提出异议的，按该约定处理；无约定或无明确约定的，劳动者的相关待遇可由原用人单位和合资、参股单位共同负担。

五十、假冒他人名义与用人单位订立劳动合同的，应按冒用人的真实身份确定主体。

五十一、企业集团将其员工派往下级法人单位或将员工在下级法人单位之间调动，按员工与所在单位签订的劳动合同来确认劳动关系；未签订劳动合同的，按工资关系确定劳动关系。

五十二、用人单位招用劳动者未订立书面劳动合同，但同时具备下列情形的，劳动关系成立：

(1)用人单位和劳动者符合法律、法规规定的主体资格；

(2)用人单位依法制定的各项劳动规章制度适用于劳动者，劳动者受用人单位的劳动管理，从事用人单位安排的有报酬的劳动；

(3)劳动者提供的劳动是用人单位业务的组成部分。

五十三、外国人、港澳台人员在中国内地就业应办理相应用工手续，其产生的用工关系应按劳动关系处理。未依法办理《外国人就业证》、《台港澳人员就业证》等用工手续的，应认定有关劳动合同为无效劳动合同，外国人、港澳台人员已经付出劳动的，由所在单位参照合同约定支付劳动报酬。

外国企业常驻代表机构、港澳台地区企业未通过涉外就业服务单位直接招用中国雇员的，应认定有关用工关系为雇佣关系。

五十四、已办理了就业证的外国人、台港澳人员离开就业证所登记的用人单位，入职新用人单位，若未变更就业证上的用人单位信息的，则外国人与新用人单位之间的劳动关系不成立。

五十六、用人单位与其招用的已达到法定退休年龄的人员发生用工争议,应当按照劳务关系处理。

五十八、个人承包、挂靠他人经营或借用他人营业执照经营的,承包人、挂靠人或借用人招用的劳动者请求确认其与具有用工主体资格的发包人、被挂靠人或被借用人存在劳动关系的,不予支持,但社会保险行政部门已认定工伤的除外。劳动者依据《广东省工资支付条例》第三十二条、第三十三条或《劳动合同法》第九十四条[①]与《非法用工单位伤亡人员一次性赔偿办法》直接主张由发包人、被挂靠人或被借用人与承包人、挂靠人或借用人连带承担相应法律责任的,应予支持。

地方性规定:江苏

江苏省高级人民法院《劳动争议案件审理指南(2010年)》(2010年5月17日)

第三章 劳动合同争议案件的实务问题

第二节 劳动关系的确认

一、劳动关系的界定标准

认定劳动关系必须采取综合认定的方法,即劳动关系应该根据劳动者是否实际接受用人单位的管理、指挥或者监督,劳动者提供的劳动是否是用人单位业务的组成部分,用人单位是否向劳动者提供基本劳动条件,以及向劳动者支付报酬等因素综合认定。具体来讲,对于用人单位未与劳动者订立书面劳动合同的,应当综合考虑下列情形认定双方之间是否存在劳动关系:

(1)劳动者实际接受用人单位的管理、指挥与监督;

(2)用人单位有向劳动者支付过工资性劳动报酬的记录,劳动者在经济上依赖于用人单位;

(3)劳动者被纳入用人单位的生产组织体系中从事劳动,而不是从事独立的业务或经营活动;

(4)劳动者无权将工作分包给他人完成;

(5)劳动工具、原材料一般由用人单位提供;

(6)工作时间、场所一般由用人单位决定或受其控制;

---

① 《劳动合同法》第九十四条:个人承包经营违反本法规定招用劳动者,给劳动者造成损害的,发包的组织与个人承包经营者承担连带赔偿责任。

(7)劳动者只为一个用人单位提供劳务;

(8)劳动者提供的劳务是继续性的而不是一次性的;

(9)劳动者向用人单位提供较为长期、固定的劳务。

当然,由于劳动关系本身的特殊性和复杂性,认定当事人之间是否存在劳动关系,上述标准并非绝对,还需要结合具体情况加以分析。在具体的证据审核认定上,可以参照劳动和社会保障部《关于确立劳动关系有关事项的通知》(劳社部发〔2005〕12 号)第二条①所规定的凭证进行判断,即:(一)工资支付凭证或记录(职工工资发放花名册)、缴纳各项社会保险费的记录;(二)用人单位向劳动者发放的"工作证"、"服务证"等能够证明身份的证件;(三)劳动者填写的用人单位招工招聘"登记表"、"报名表"等招用记录;(四)考勤记录;(五)其他劳动者的证言等。

二、特殊情形下劳动关系的认定

1. 下岗、内退职工与新用人单位间劳动关系的认定

根据最高人民法院《关于审理劳动争议案件适用法律若干问题的解释(三)》②第 8 条的规定,企业停薪留职人员、未达到法定退休年龄的内退人员、下岗待岗人员以及企业经营性停产放长假人员,因与新的用人单位发生用工争议,依法向人民法院提起诉讼的,人民法院应当按劳动关系处理。

2. 退休人员再就业与新单位之间应按雇佣关系处理

《劳动合同法》第四十四条③规定的劳动合同终止情形包括劳动者开始享受基本养老待遇,由此可以推定退休人员不属于劳动法意义上的劳动者。因此用人单位招用达到退休年龄的劳动者,属于民法上雇佣关系,发生争议按一般民事争议处理。

---

① 原劳动部《关于确立劳动关系有关事项的通知》第二条:用人单位未与劳动者签订劳动合同,认定双方存在劳动关系时可参照下列凭证:(一)工资支付凭证或记录(职工工资发放花名册)、缴纳各项社会保险费的记录;(二)用人单位向劳动者发放的"工作证"、"服务证"等能够证明身份的证件;(三)劳动者填写的用人单位招工招聘"登记表"、"报名表"等招用记录;(四)考勤记录;(五)其他劳动者的证言等。其中,(一)、(三)、(四)项的有关凭证由用人单位负举证责任。

② 最高人民法院《关于审理劳动争议案件适用法律若干问题的解释(三)》已废止,相关内容已被最高人民法院《关于审理劳动争议案件适用法律问题的解释(一)》(2021 年 1 月 1 日 法释〔2020〕26 号)第三十二条第二款收录,下同。

③ 《劳动合同法》第四十四条:有下列情形之一的,劳动合同终止:(一)劳动合同期满的;(二)劳动者开始依法享受基本养老保险待遇的;(三)劳动者死亡,或者被人民法院宣告死亡或者宣告失踪的;(四)用人单位被依法宣告破产的;(五)用人单位被吊销营业执照、责令关闭、撤销或者用人单位决定提前解散的;(六)法律、行政法规规定的其他情形。

3. 建筑施工、矿山企业等用人单位与不具备用工主体资格的承包人招用劳动者间关系的认定问题。

劳动和社会保障部《关于确立劳动关系有关事项的通知》(劳社部发〔2005〕12号)第四条规定,建筑施工、矿山企业等用人单位将工程(业务)或经营权发包给不具备用工主体资格的组织或自然人,对该组织或自然人招用的劳动者,由具备用工主体资格的发包方承担用工主体责任。《劳动合同法》第94条对这一问题作了进一步规定,即个人承包经营违法招用劳动者,给劳动者造成损害的,发包的组织与个人承包经营者承担连带赔偿责任。对于上述两个规定应当如何理解和把握,我们认为,不具备用工主体资格的承包人违法招用劳动者,其与劳动者之间系无效的劳动合同关系,对于该无效劳动合同,由于劳动者已经实际提供了劳务,因此,承包人应当按照《劳动法》的规定承担用人单位所应承担的各种赔偿责任,如给付工资报酬、给予工伤保险赔偿、社会保险待遇的赔偿等;同时,对于该劳动合同的无效,因前一手有用工资质的建筑施工企业、矿山企业也存在过错,故应与承包人承担连带赔偿责任。因此,劳动者如果起诉要求确认劳动关系,或要求与建筑施工企业、矿山企业建立无固定期限劳动合同的,应当不予支持,但是对于劳动者主张的劳动法意义上的各种赔偿,可以根据《劳动合同法》第94条的规定,要求承包人与建筑施工企业、矿山企业承担连带赔偿责任。

4. 劳动者长期未提供劳动,用人单位又未依法与其解除劳动关系,双方"长期两不找",可以认定双方劳动关系处于中止履行状态,中止履行期间用人单位和劳动者不存在劳动法上的权利义务关系,也不计算为本单位工作年限。如此后一方当事人提出解除劳动关系,另一方因不同意解除而申请仲裁,法院经审查后如认为上述解除符合有关法律规定的,应当确认解除。

江苏省高级人民法院、江苏省劳动争议仲裁委员会《关于审理劳动争议案件的指导意见》(2009年12月14日　苏高法审委〔2009〕47号)

第一条　与原用人单位保留劳动关系的下岗、内退职工与新的用人单位建立用工关系的,可按劳动关系处理:

劳动者请求在新的用人单位享受《劳动法》、《劳动合同法》规定的劳动报酬、劳动保护、劳动条件、工作时间、休息休假、职业危害防护、福利待遇的,应予支持。但劳动者请求新的用人单位与其签订无固定期限劳动合同、支付经济补偿金、办理社会保险的,不予支持,但当事人另有特别约定的除外。

第三条　用人单位招用已达到法定退休年龄的人员,双方形成的用工关系按雇佣关系处理。

《关于审理劳动争议案件若干问题的意见》(2004年2月3日　苏高法审委〔2004〕4号)

19. 用人单位与劳动者虽然没有签订书面劳动合同,但是劳动者向用人单位提供劳务并接受其管理、指挥与监督,用人单位向劳动者支付劳动报酬的,应认定双方已成立事实劳动关系。

地方性规定:浙江

浙江省高级人民法院民事审判第一庭、浙江省劳动人事争议仲裁院《关于审理劳动争议案件若干问题的解答(五)》(2019年6月21日　浙高法民一〔2019〕1号)

一、股东、合伙人与用人单位之间能否存在劳动关系?

答:股东、合伙人与劳动者身份原则上并不矛盾,关键在于用人单位与股东、合伙人之间是否存在管理与被管理、支配与被支配的关系,同时可以综合股权比例、公司章程、提供劳动等情况综合认定。

二、劳动者被母公司指派到子公司担任法定代表人或者总经理等职务,劳动关系如何认定?

答:劳动者被母公司指派到子公司担任法定代表人或总经理等职务的,在确定与谁建立劳动关系时,有书面劳动合同的以书面劳动合同为准;没有书面劳动合同的,可以根据社会保险缴纳、工资支付、工作地点等情况来综合认定。符合《关于审理劳动争议案件若干问题的意见(试行)》(浙法民一〔2009〕3号)第七条规定的,母公司与子公司作为共同当事人并承担连带责任。

十五、2017年10月1日起实施的《民法总则》规定基层群众性自治组织法人为特别法人。居民委员会、村民委员会等基层自治组织是否属于《劳动合同法》规定的用人单位?

答:根据《民法总则》规定,基层群众性自治组织法人为特别法人。因此,村民委员会、居民委员会等群众性自治组织可以作为用人单位,其与对外聘用人员发生的用工关系符合劳动关系特征的,按劳动关系处理。

浙江省高级人民法院民事审判第一庭、浙江省劳动人事争议仲裁院《关于审理劳动争议案件若干问题的解答(四)》(2016年12月30日　浙高法民一〔2016〕3号)

十一、用人单位未缴纳工伤保险,职工工亡的,其近亲属要求用人单位支付丧葬补助金、一次性工亡补助金产生的争议是否属于劳动争议?近亲属的范围如何确定?

答:用人单位未缴纳工伤保险,职工工亡的,其近亲属要求用人单位支付丧葬补助金、一次性工亡补助金产生的争议属于劳动争议。近亲属的范围为《中华人民共和国继承法》规定的继承人。

浙江省高级人民法院民事审判第一庭、浙江省劳动人事争议仲裁院《关于审理劳动争议案件若干问题的解答(三)》(2015年9月29日 浙高法民一〔2015〕9号)

一、村民委员会、居民委员会、业主委员会等群众性自治组织聘用人员,双方是否构成劳动关系?

答:村民委员会、居民委员会、业主委员会等群众性自治组织,不属于《劳动合同法》第二条及《劳动合同法实施条例》第三条①规定的用人单位,其与聘用人员之间不构成劳动关系。

浙江省高级人民法院民事审判第一庭、浙江省劳动人事争议仲裁院《关于审理劳动争议案件若干问题的解答(二)》(2014年4月14日 浙高法民一〔2014〕7号)

二、劳动者与用人单位保留劳动关系的同时,又到其他用人单位工作的,法律关系应如何认定?劳动者向后一个用人单位主张劳动报酬、解除劳动关系经济补偿、赔偿金及休息休假权的,应否支持?

答:劳动者与用人单位保留劳动关系的同时,又到其他用人单位工作的,应认定双方存在劳动关系。劳动者向后一个用人单位主张劳动报酬、解除劳动关系经济补偿、赔偿金及休息休假权的,依法应予支持。

三、饭店实行"包厨",承包人招用的厨师或者厨房其他工作人员与饭店之间的法律关系应如何认定?

答:实行"包厨"的饭店,认定厨师及厨房工作人员是否与饭店构成劳动关系,一般应区分以下情况:如承包人招用的厨师和厨房工作人员是饭店内部职工,应认定双方为劳动关系;如厨师和厨房工作人员系承包人从外部招用,工作期间这些人员只接受承包人的指挥和管理,由承包人支付其工资,则不应认定其与饭店之间存在劳动关系。承包协议另有约定的,从其约定。

四、劳动者自带工具,没有底薪,以包片等名义或者签订委托协议等形式为单

① 《劳动合同法实施条例》第三条:依法成立的会计师事务所、律师事务所等合伙组织和基金会,属于劳动合同法规定的用人单位。

位工作（如快递员、超市促销员），其与单位之间的法律关系应如何认定？

答：劳动者以包片等名义或者以签订委托协议等形式为单位服务的，一般应按双方约定认定双方的法律关系。如单位依法制定的各项劳动规章制度适用于劳动者，劳动者受单位的劳动管理，从事单位安排的有报酬的劳动，且劳动者提供的劳动是单位业务的组成部分，应认定双方存在劳动关系。

《关于劳动争议案件疑难问题讨论纪要》（2011年4月6日　浙高法〔2001〕240号）

5. 如何区分劳动关系与劳务关系？

答：劳动关系是指，劳动者与用人单位之间存在的，以劳动给付为目的的劳动权利义务关系。劳务关系是指，劳动者为被服务方提供特定的劳动服务，被服务方依照约定支付报酬所产生的法律关系。两者的区别在于：一是劳动关系除了当事人之间债的要素之外，还含有身份的、社会的要素，而劳务关系则是一种单纯的债的关系。二是劳动关系的当事人之间的关系一般较为稳定，而劳务关系当事人之间的关系则往往具有"临时性、短期性、一次性"等特点。三是劳动关系中，当事人之间存在管理与被管理、支配与被支配的社会关系，劳务关系的当事人之间则不存在上述关系，而是平等主体之间的合同关系。

《关于审理劳动争议案件若干问题的意见（试行）》（2009年4月16日　浙法民一〔2009〕3号）

第三条　达到法定退休年龄的劳动者与用人单位形成的用工关系，按雇佣关系处理。

未达到法定退休年龄而内退的劳动者，与其他用人单位形成的用工关系，一般应按劳动关系处理。但原用人单位继续为其缴纳社会保险费，劳动者又要求现用人单位为其缴纳社会保险费的，不予支持。

第四条　外国人、无国籍人或台港澳人员与用人单位形成的用工关系，按劳动关系处理。上述人员未依法办理《外国人就业证》或《台港澳人员就业证》的，应当认定有关劳动合同无效；但劳动者已经付出劳动的，应由用人单位参照合同约定支付劳动报酬。

第五条　外国企业常驻代表机构或台港澳企业未依规定通过相关就业服务单位，而直接招用劳动者形成的用工关系，按雇佣关系处理。

第六条　在校学生在实习期间，因履行实习单位指派的任务，受到伤害而发生争议的，按雇佣关系处理。

第二十八条 用人单位未与劳动者签订劳动合同的,人民法院认定双方是否存在劳动关系时,可审查下列证据:

(一)工资支付凭证或记录,缴纳各项社会保险费的记录;

(二)用人单位向劳动者发放的“工作证”、“服务证”等身份证件;

(三)考勤记录;

(四)劳动者填写的用人单位“招聘登记表”、“报名表”等招用记录;

(五)其他相关证据。

人民法院应当根据上述证据的形成、来源、占有等因素,确定当事人的举证责任。

地方性规定:山东

山东省高级人民法院、山东省人力资源和社会保障厅《关于审理劳动人事争议案件若干问题会议纪要》(2019年6月10日)

一、关于建筑工程或者经营权违法发包、转包、分包或个人挂靠经营情况下劳动关系的确认问题

建筑施工、矿山企业等用人单位将工程(业务)或者经营权违法发包、转包、分包或个人挂靠经营的情况下,非法用工主体所招用的人员与发包方、转包方、分包方、被挂靠方不存在劳动关系。如果发生工伤事故,上述发包方、转包方、分包方、被挂靠方可以作为承担工伤保险责任主体。

社会保险行政部门以上述发包方、转包方、分包方、被挂靠方与劳动者之间无劳动关系为由,作出不予受理工伤认定申请或者决定不予认定工伤产生的纠纷,属于行政争议。

以上工伤保险责任主体承担赔偿责任或者社会保险经办机构从工伤保险基金支付工伤保险待遇后,向非法用工主体追偿产生的纠纷,不属于劳动争议。

三、关于以包片或者签订委托协议方式提供劳动的劳动者与单位之间法律关系认定问题。

劳动者自带工具,没有底薪,以包片等名义或者签订委托协议等形式为单位工作的(如快递员、超市促销员、送水员),一般应当按照约定认定双方的法律关系,但是劳动者确有证据证明双方存在劳动关系的除外。

四、关于关联公司混同用工情况下劳动关系的确认问题

关联公司混同用工,劳动者与关联公司均符合劳动关系特征的情况下,劳动者

对于劳动关系的确认享有选择权,但是劳动关系项下的劳动权益不能重复享受。

十八、关于劳动者请求用人单位为其办理档案和社会保险关系转移手续争议处理问题

劳动合同解除或者终止后,用人单位在法定时间为劳动者办理档案和社会保险关系转移手续,系用人单位的法定义务。劳动者要求用人单位为其办理档案和社会保险关系转移手续而提起仲裁或者诉讼的,应当作为劳动争议受理。

《山东省劳动合同条例》(2013 年 10 月 1 日)

第十二条第一款　用人单位自用工之日起即与劳动者建立劳动关系。用人单位安排劳动者接受上岗前培训、学习的,劳动关系自劳动者参加之日起建立。

山东省高级人民法院《关于东营市中级人民法院〈关于人民法院对邮政电信部门和与之形成事实劳动关系劳动者签定的委托代办协议性质认定问题的请示〉的答复》(2005 年 1 月 11 日　〔2005〕鲁法民一字第 2 号)

经商劳动厅,邮政电信部门和与之形成事实劳动关系劳动者签定的委托代办协议,不属于劳动合同,应作为一般的民事合同处理。劳动者以该协议为依据主张劳动权利义务关系的,应裁定驳回起诉。

附:本章节收录相关规定汇总

法律

《劳动法》(2018 年 12 月 29 日修正)

《劳动合同法》(2012 年 12 月 28 日修正)

行政法规

《劳动合同法实施条例》(2008 年 9 月 18 日　国务院令第 535 号)

《民办非企业单位登记管理暂行条例》(1998 年 10 月 25 日　国务院令第 251 号)

司法解释

最高人民法院《关于审理劳动争议案件适用法律问题的解释(一)》(2021 年 1 月 1 日　法释〔2020〕26 号)

最高人民法院《关于车辆实际所有人聘用的司机与挂靠单位之间是否形成事实劳动关系的答复》(2013 年 10 月 28 日　〔2013〕民一他字第 16 号)

《全国民事审判工作会议纪要》(法办〔2011〕442 号)

最高人民法院《关于仰海水与北京市鑫裕盛船舶管理有限公司之间是否为劳动合同关系的请示的复函》(2011 年 5 月 3 日　〔2011〕民四他字第 4 号)

部委规定

劳动和社会保障部(已变更,下同)《关于确立劳动关系有关事项的通知》(2005 年 5 月 25 日 劳社部发〔2005〕12 号)

劳动和社会保障部办公厅《关于对事实劳动关系解除是否应该支付经济补偿金问题的复函》(2001 年 11 月 26 日 劳社厅函〔2001〕249 号)

劳动部(已变更,下同)办公厅《关于职工应征入伍后与企业劳动关系的复函》(1997 年 5 月 30 日 劳办发〔1997〕50 号)

劳动部办公厅《关于职工被错判宣告无罪释放后,是否应恢复与企业的劳动关系等有关问题的复函》(1997 年 4 月 29 日 劳办发〔1997〕40 号)

《关于贯彻执行〈中华人民共和国劳动法〉若干问题的意见》(1995 年 8 月 4 日 劳部发〔1995〕309 号)

劳动部《关于〈中华人民共和国劳动法〉若干条文的说明》(1994 年 9 月 5 日 劳办发〔1994〕289 号)

地方性规定:北京

北京市高级人民法院、北京市劳动人事争议仲裁委员会《关于审理劳动争议案件法律适用问题的解答》(2017 年 4 月 24 日 京高法发〔2017〕142 号)

北京市高级人民法院、北京市劳动争议仲裁委员会《关于劳动争议案件法律适用问题研讨会会议纪要》(2009 年 8 月 17 日)

北京市劳动局《关于转发劳动部办公厅〈关于职工应征入伍后与企业劳动关系的复函〉的通知》(1997 年 6 月 17 日 京劳关发〔1997〕120 号)

地方性规定:天津

《关于审理劳动人事争议案件的会议纪要》(2019 年 11 月 25 日 津高法〔2019〕296 号)

《天津法院劳动争议案件审理指南》(2018 年 1 月 1 日 津高法〔2017〕246 号)

《天津市贯彻落实〈劳动合同法〉若干问题实施细则》(2018 年 8 月 1 日 津人社规字〔2018〕14 号)

地方性规定:上海

上海市劳动和社会保障局《关于特殊劳动关系有关问题的通知》(2003 年 4 月 25 日 沪劳保关发〔2003〕24 号)

地方性规定:重庆

重庆市高级人民法院《关于审理劳动争议案件若干问题的指导意见》(2009 年 2 月 9 日 渝高法发〔2009〕4 号)

地方性规定:广东(深圳)

广东省高级人民法院、广东省劳动人事争议仲裁委员会《关于劳动人事争议仲裁与诉讼

衔接若干意见》(2018 年 7 月 18 日　粤高法发〔2018〕2 号)

广东省高级人民法院《关于已退休人员与用人单位之间的用工关系是否应按劳动关系处理及相关问题的批复》(2007 年 12 月 10 日　粤高法民一复字〔2007〕14 号)

深圳市中级人民法院《关于审理劳动争议案件的裁判指引》(2015 年 9 月 2 日　深中法发〔2015〕13 号)

地方性规定:江苏

江苏省高级人民法院《劳动争议案件审理指南(2010 年)》(2010 年 5 月 17 日)

江苏省高级人民法院、江苏省劳动争议仲裁委员会《关于审理劳动争议案件的指导意见》(2009 年 12 月 14 日　苏高法审委〔2009〕47 号)

《关于审理劳动争议案件若干问题的意见》(2004 年 2 月 3 日　苏高法审委〔2004〕4 号)

地方性规定:浙江

浙江省高级人民法院民事审判第一庭、浙江省劳动人事争议仲裁院《关于审理劳动争议案件若干问题的解答(五)》(2019 年 6 月 21 日　浙高法民一〔2019〕1 号)

浙江省高级人民法院民事审判第一庭、浙江省劳动人事争议仲裁院《关于审理劳动争议案件若干问题的解答(四)》(2016 年 12 月 30 日　浙高法民一〔2016〕3 号)

浙江省高级人民法院民事审判第一庭、浙江省劳动人事争议仲裁院《关于审理劳动争议案件若干问题的解答(三)》(2015 年 9 月 29 日　浙高法民一〔2015〕9 号)

浙江省高级人民法院民事审判第一庭、浙江省劳动人事争议仲裁院《关于审理劳动争议案件若干问题的解答(二)》(2014 年 4 月 14 日　浙高法民一〔2014〕7 号)

《关于劳动争议案件疑难问题讨论纪要》(2011 年 4 月 6 日　浙高法〔2001〕240 号)

《关于审理劳动争议案件若干问题的意见(试行)》(2009 年 4 月 16 日　浙法民一〔2009〕3 号)

地方性规定:山东

山东省高级人民法院、山东省人力资源和社会保障厅《关于审理劳动人事争议案件若干问题会议纪要》(2019 年 6 月 10 日)

《山东省劳动合同条例》(2013 年 10 月 1 日)

山东省高级人民法院《关于东营市中级人民法院〈关于人民法院对邮政电信部门和与之形成事实劳动关系劳动者签定的委托代办协议性质认定问题的请示〉的答复》(2005 年 1 月 11 日　〔2005〕鲁法民一字第 2 号)

第二章　劳动合同签订

法律

《劳动法》(2018年12月29日修正)

第十六条　劳动合同是劳动者与用人单位确立劳动关系、明确双方权利和义务的协议。

建立劳动关系应当订立劳动合同。

第十七条第一款　订立和变更劳动合同,应当遵循平等自愿、协商一致的原则,不得违反法律、行政法规的规定。

第十九条　劳动合同应当以书面形式订立,并具备以下条款:

(一)劳动合同期限;

(二)工作内容;

(三)劳动保护和劳动条件;

(四)劳动报酬;

(五)劳动纪律;

(六)劳动合同终止的条件;

(七)违反劳动合同的责任。

劳动合同除前款规定的必备条款外,当事人可以协商约定其他内容。

第二十条　劳动合同的期限分为有固定期限、无固定期限和以完成一定的工作为期限。

劳动者在同一用人单位连续工作满十年以上,当事人双方同意续延劳动合同的,如果劳动者提出订立无固定期限的劳动合同,应当订立无固定期限的劳动合同。

《劳动合同法》(2012年12月28日修正)

第三条第一款　订立劳动合同,应当遵循合法、公平、平等自愿、协商一致、诚实信用的原则。

第十条第一款、第二款　建立劳动关系,应当订立书面劳动合同。

已建立劳动关系,未同时订立书面劳动合同的,应当自用工之日起一个月内订立书面劳动合同。

第十二条　劳动合同分为固定期限劳动合同、无固定期限劳动合同和以完成一定工作任务为期限的劳动合同。

第十三条　固定期限劳动合同,是指用人单位与劳动者约定合同终止时间的劳动合同。

用人单位与劳动者协商一致,可以订立固定期限劳动合同。

第十四条　无固定期限劳动合同,是指用人单位与劳动者约定无确定终止时间的劳动合同。

用人单位与劳动者协商一致,可以订立无固定期限劳动合同。有下列情形之一,劳动者提出或者同意续订、订立劳动合同的,除劳动者提出订立固定期限劳动合同外,应当订立无固定期限劳动合同:

(一)劳动者在该用人单位连续工作满十年的;

(二)用人单位初次实行劳动合同制度或者国有企业改制重新订立劳动合同时,劳动者在该用人单位连续工作满十年且距法定退休年龄不足十年的;

(三)连续订立二次固定期限劳动合同,且劳动者没有本法第三十九条和第四十条第一项、第二项规定的情形,续订劳动合同的。

用人单位自用工之日起满一年不与劳动者订立书面劳动合同的,视为用人单位与劳动者已订立无固定期限劳动合同。

第十五条　以完成一定工作任务为期限的劳动合同,是指用人单位与劳动者约定以某项工作的完成为合同期限的劳动合同。

用人单位与劳动者协商一致,可以订立以完成一定工作任务为期限的劳动合同。

第十六条　劳动合同由用人单位与劳动者协商一致,并经用人单位与劳动者在劳动合同文本上签字或者盖章生效。

劳动合同文本由用人单位和劳动者各执一份。

第十七条　劳动合同应当具备以下条款:

(一)用人单位的名称、住所和法定代表人或者主要负责人;

(二)劳动者的姓名、住址和居民身份证或者其他有效身份证件号码;

(三)劳动合同期限;

(四)工作内容和工作地点;

(五)工作时间和休息休假;

(六)劳动报酬;

(七)社会保险;

(八)劳动保护、劳动条件和职业危害防护;

(九)法律、法规规定应当纳入劳动合同的其他事项。

劳动合同除前款规定的必备条款外,用人单位与劳动者可以约定试用期、培训、保守秘密、补充保险和福利待遇等其他事项。

第八十二条 用人单位自用工之日起超过一个月不满一年未与劳动者订立书面劳动合同的,应当向劳动者每月支付二倍的工资。

用人单位违反本法规定不与劳动者订立无固定期限劳动合同的,自应当订立无固定期限劳动合同之日起向劳动者每月支付二倍的工资。

第九十七条第一款、第二款 本法施行前已依法订立且在本法施行之日存续的劳动合同,继续履行;本法第十四条第二款第三项规定连续订立固定期限劳动合同的次数,自本法施行后续订固定期限劳动合同时开始计算。

本法施行前已建立劳动关系,尚未订立书面劳动合同的,应当自本法施行之日起一个月内订立。

行政法规

《劳动合同法实施条例》(2008 年 9 月 18 日　国务院令第 535 号)

第四条 劳动合同法规定的用人单位设立的分支机构,依法取得营业执照或者登记证书的,可以作为用人单位与劳动者订立劳动合同;未依法取得营业执照或者登记证书的,受用人单位委托可以与劳动者订立劳动合同。

第五条 自用工之日起一个月内,经用人单位书面通知后,劳动者不与用人单位订立书面劳动合同的,用人单位应当书面通知劳动者终止劳动关系,无需向劳动者支付经济补偿,但是应当依法向劳动者支付其实际工作时间的劳动报酬。

第六条 用人单位自用工之日起超过一个月不满一年未与劳动者订立书面劳

动合同的，应当依照劳动合同法第八十二条①的规定向劳动者每月支付两倍的工资，并与劳动者补订书面劳动合同；劳动者不与用人单位订立书面劳动合同的，用人单位应当书面通知劳动者终止劳动关系，并依照劳动合同法第四十七条②的规定支付经济补偿。

前款规定的用人单位向劳动者每月支付两倍工资的起算时间为用工之日起满一个月的次日，截止时间为补订书面劳动合同的前一日。

第七条　用人单位自用工之日起满一年未与劳动者订立书面劳动合同的，自用工之日起满一个月的次日至满一年的前一日应当依照劳动合同法第八十二条的规定向劳动者每月支付两倍的工资，并视为自用工之日起满一年的当日已经与劳动者订立无固定期限劳动合同，应当立即与劳动者补订书面劳动合同。

第九条　劳动合同法第十四条第二款③规定的连续工作满 10 年的起始时间，应当自用人单位用工之日起计算，包括劳动合同法施行前的工作年限。

第十一条　除劳动者与用人单位协商一致的情形外，劳动者依照劳动合同法第十四条第二款的规定，提出订立无固定期限劳动合同的，用人单位应当与其订立无固定期限劳动合同。对劳动合同的内容，双方应当按照合法、公平、平等自愿、协商一致、诚实信用的原则协商确定；对协商不一致的内容，依照劳动合同法第十八条④的规定执行。

---

① 《劳动合同法》第八十二条：用人单位自用工之日起超过一个月不满一年未与劳动者订立书面劳动合同的，应当向劳动者每月支付二倍的工资。用人单位违反本法规定不与劳动者订立无固定期限劳动合同的，自应当订立无固定期限劳动合同之日起向劳动者每月支付二倍的工资。

② 《劳动合同法》第四十七条：经济补偿按劳动者在本单位工作的年限，每满一年支付一个月工资的标准向劳动者支付。六个月以上不满一年的，按一年计算；不满六个月的，向劳动者支付半个月工资的经济补偿。劳动者月工资高于用人单位所在直辖市、设区的市级人民政府公布的本地区上年度职工月平均工资三倍的，向其支付经济补偿的标准按职工月平均工资三倍的数额支付，向其支付经济补偿的年限最高不超过十二年。本条所称月工资是指劳动者在劳动合同解除或者终止前十二个月的平均工资。

③ 《劳动合同法》第十四条第二款：用人单位与劳动者协商一致，可以订立无固定期限劳动合同。有下列情形之一，劳动者提出或者同意续订、订立劳动合同的，除劳动者提出订立固定期限劳动合同外，应当订立无固定期限劳动合同：（一）劳动者在该用人单位连续工作满十年的；（二）用人单位初次实行劳动合同制度或者国有企业改制重新订立劳动合同时，劳动者在该用人单位连续工作满十年且距法定退休年龄不足十年的；（三）连续订立二次固定期限劳动合同，且劳动者没有本法第三十九条和第四十条第一项、第二项规定的情形，续订劳动合同的。

④ 《劳动合同法》第十八条：劳动合同对劳动报酬和劳动条件等标准约定不明确，引发争议的，用人单位与劳动者可以重新协商；协商不成的，适用集体合同规定；没有集体合同或者集体合同未规定劳动报酬的，实行同工同酬；没有集体合同或者集体合同未规定劳动条件等标准的，适用国家有关规定。

部委规定

劳动和社会保障部、建设部(已撤销,下同)、全国总工会《关于加强建设等行业农民工劳动合同管理的通知》(2005年5月11日　劳社部发〔2005〕9号)

二、规范签订劳动合同行为

用人单位使用农民工,应当依法与农民工签订书面劳动合同,并向劳动保障行政部门进行用工备案。签订劳动合同应当遵循平等自愿、协商一致的原则,用人单位不得采取欺骗、威胁等手段与农民工签订劳动合同,不得在签订劳动合同时收取抵押金、风险金。

劳动合同必须由具备用工主体资格的用人单位与农民工本人直接签订,不得由他人代签。建筑领域工程项目部、项目经理、施工作业班组、包工头等不具备用工主体资格,不能作为用工主体与农民工签订劳动合同。

《集体合同规定》(2004年5月1日　劳动和社会保障部令第22号)

第三十八条　集体合同或专项集体合同期限一般为1至3年,期满或双方约定的终止条件出现,即行终止。

集体合同或专项集体合同期满前3个月内,任何一方均可向对方提出重新签订或续订的要求。

劳动部办公厅《对〈关于实行劳动合同制度若干问题的请示〉的复函》(1997年9月15日　劳办发〔1997〕88号)

三、关于内部退养的职工可否流动的问题。根据国务院《国有企业富余职工安置规定》(国务院令第111号)的有关规定,对距退休年龄不到5年的职工办理内部退养是安置富余职工的一项措施。职工办理离岗退养手续后,与新的用人单位建立劳动关系的,应当与原用人单位解除劳动合同,到新用人单位签订劳动合同。

劳动部《关于企业工会主席签订劳动合同问题的通知》(1996年4月12日　劳部发〔1996〕122号)

《劳动法》规定:"劳动合同是劳动者与用人单位确立劳动关系、明确双方权利和义务的协议。建立劳动关系应当订立劳动合同。"订立劳动合同的目的是为了更好地保证劳动者的合法权益,使劳动关系纳入法制管理的轨道。企业工会主席作为劳动者,也应当与用人单位签订劳动合同。但考虑到劳动制度转轨时期的实际情况,在订立劳动合同的方式上,对尚未签订劳动合同的工会主席,可以和党委书记、厂长、经理一样,与企业的上级主管部门签订劳动合同。已经与企业签订了劳动合同的工会主席，双方应继续履行劳动合同，不经本单位工会委员会和上级工会同意，企业不得解除劳动合同。

劳动部《关于实行劳动合同制度若干问题的通知》(1996 年 10 月 31 日　劳部发〔1996〕354 号)

17. 用人单位招用职工时应查验终止、解除劳动合同证明，以及其他能证明该职工与任何用人单位不存在劳动关系的凭证，方可与其签订劳动合同。

劳动部《关于订立劳动合同有关问题的通知》(1996 年 2 月 13 日　劳部发〔1996〕51 号)

《劳动法》规定："劳动合同是劳动者与用人单位确立劳动关系、明确双方权利和义务的协议。建立劳动关系应当订立劳动合同。"订立劳动合同的目的是为了更好地保护劳动者的合法权益，使劳动关系纳入法制管理的轨道。因此，企业党委书记作为劳动者，也应当签订劳动合同。但在订立劳动合同的方式上，可采取党委书记和厂长、经理一起，与企业的上级主管部门签订劳动合同的方式来完成。

《关于贯彻执行〈中华人民共和国劳动法〉若干问题的意见》(1995 年 8 月 4 日　劳部发〔1995〕309 号)

6. 用人单位应与其富余人员、放长假的职工，签订劳动合同，但其劳动合同与在岗职工的劳动合同在内容上可以有所区别。用人单位与劳动者经协商一致可以在劳动合同中就不在岗期间的有关事项作出规定。

7. 用人单位应与其长期被外单位借用的人员、带薪上学人员、以及其他非在岗但仍保持劳动关系的人员签订劳动合同，但在外借和上学期间，劳动合同中的某些相关条款经双方协商可以变更。

8. 请长病假的职工，在病假期间与原单位保持着劳动关系，用人单位应与其签订劳动合同。

9. 原固定工中经批准的停薪留职人员，愿意回原单位继续工作的，原单位应与其签订劳动合同；不愿回原单位继续工作的，原单位可以与其解除劳动关系。

10. 根据劳动部《实施〈劳动法〉中有关劳动合同问题的解答》(劳部发〔1995〕202 号)的规定，党委书记、工会主席等党群专职人员也是职工的一员，依照劳动法的规定，与用人单位签订劳动合同。对于有特殊规定的，可以按有关规定办理。

11. 根据劳动部《实施〈劳动法〉中有关劳动合同问题的解答》(劳部发〔1995〕202 号)的规定，经理由其上级部门聘任(委任)的，应与聘任(委任)部门签订劳动合同。实行公司制的经理和有关经营管理人员，应依据《中华人民共和国公司法》

的规定与董事会签订劳动合同。

12. 在校生利用业余时间勤工助学,不视为就业,未建立劳动关系,可以不签订劳动合同。

13. 用人单位发生分立或合并后,分立或合并后的用人单位可依据其实际情况与原用人单位的劳动者遵循平等自愿、协商一致的原则变更原劳动合同。

14. 派出到合资、参股单位的职工如果与原单位仍保持着劳动关系,应当与原单位签订劳动合同,原单位可就劳动合同的有关内容在与合资、参股单位订立的劳务合同时,明确职工的工资、保险、福利、休假等有关待遇。

15. 租赁经营(生产)、承包经营(生产)的企业,所有权并没有发生改变,法人名称未变,在与职工订立劳动合同时,该企业仍为用人单位一方。依据租赁合同或承包合同,租赁人、承包人如果作为该企业的法定代表人或者该法定代表人的授权委托人时,可代表该企业(用人单位)与劳动者订立劳动合同。

16. 用人单位与劳动者签订劳动合同时,劳动合同可以由用人单位拟定,也可以由双方当事人共同拟定,但劳动合同必须经双方当事人协商一致后才能签订,职工被迫签订的劳动合同或未经协商一致签订的劳动合同为无效劳动合同。

17. 用人单位与劳动者之间形成了事实劳动关系,而用人单位故意拖延不订立劳动合同,劳动行政部门应予以纠正。用人单位因此给劳动者造成损害的,应按劳动部《违反〈劳动法〉有关劳动合同规定的赔偿办法》①(劳部发〔1995〕223 号)的规定进行赔偿。

20. 无固定期限的劳动合同是指不约定终止日期的劳动合同。按照平等自愿、协商一致的原则,用人单位和劳动者只要达成一致,无论初次就业的,还是由固定工转制的,都可以签订无固定期限的劳动合同。

无固定期限的劳动合同不得将法定解除条件约定为终止条件,以规避解除劳动合同时用人单位应承担支付给劳动者经济补偿的义务。

21. 用人单位经批准招用农民工,其劳动合同期限可以由用人单位和劳动者协商确定。

从事矿山井下以及在其他有害身体健康的工种、岗位工作的农民工,实行定期轮换制度,合同期限最长不超过八年。

---

① 劳动部《违反〈劳动法〉有关劳动合同规定的赔偿办法》第二条第一项:用人单位有下列情形之一,对劳动者造成损害的,应赔偿劳动者损失:(一)用人单位故意拖延不订立劳动合同,即招用后故意不按规定订立劳动合同以及劳动合同到期后故意不及时续订劳动合同的。

22.劳动法第二十条中的“在同一用人单位连续工作满十年以上”是指劳动者与同一用人单位签订的劳动合同的期限不间断达到十年,劳动合同期满双方同意续订劳动合同时,只要劳动者提出签订无固定期限劳动合同的,用人单位应当与其签订无固定期限的劳动合同。在固定工转制中各地如有特殊规定的,从其规定。

劳动部《实施〈劳动法〉中有关劳动合同问题的解答》(1995年4月27日　劳部发〔1995〕第202号)

二、关于党委书记、工会主席签订劳动合同的问题

按照劳动部劳办发〔1995〕19号①和33号文件的规定,党委书记、工会主席等党群专职人员也是职工的一员,按照《劳动法》的规定,应当与用人单位签订劳动合同。对于有特殊规定的,可以按有关规定办理。

劳动部办公厅《对“关于实行劳动合同制有关问题处理意见的报告”的复函》(1995年2月10日　劳办发〔1995〕33号)

一、关于企业党组织书记签订劳动合同问题。按照《劳动法》的规定,劳动者与用人单位建立劳动关系,必须签订劳动合同。企业党组织书记也是劳动者,应当签订劳动合同,但有特殊规定的,从其规定。

地方性规定:北京

北京市高级人民法院、北京市劳动争议仲裁委员会《关于劳动争议案件法律适用问题研讨会会议纪要(二)》(2014年5月7日)

27.劳动合同期满后未订立劳动合同,劳动者仍在原用人单位继续工作,如何处理?

劳动合同期满后未订立劳动合同,劳动者仍在原用人单位继续工作,应适用《劳动合同法》第十条、第十四条第三款、第八十二条,《中华人民共和国劳动合同法实施条例》第六条、第七条的规定进行处理。在此情况下,因为用人单位对原劳动合同期满和继续用工的法律后果均有预期,因此不需要再给予一个月的宽限期,原劳动合同期满次日,即是用人单位应当订立劳动合同之日和承担未订立劳动合同的法律后果之日。

---

① 劳动部办公厅《对〈关于全面实行劳动合同制若干问题的请示〉的复函》(劳办发〔1995〕19号)已被人力资源社会保障部《关于第五批宣布失效和废止文件的通知》(2017年11月24日发布,2017年11月24日实施)废止。

36. 劳动者要求仲裁委裁决或法院判决与用人单位签订书面劳动合同的,如何处理?

订立书面劳动合同需要当事人意思表示一致,由劳动者与用人单位平等协商,以确定合同期限、工作内容、劳动报酬等事项。经劳动者与用人单位协商,双方就劳动合同必要条款能够达成一致的,可以裁判双方订立书面劳动合同,并在裁判文书中就达成一致的条款予以表述。

双方就劳动合同必要条款不能达成一致的,由仲裁委裁决或法院直接判令双方订立书面劳动合同有违当事人意思自治原则,亦无法确定具体执行内容和申请强制执行。故在此情况下,劳动者要求与用人单位订立书面劳动合同的,仲裁委、法院可释明当事人变更请求,主张确认双方存在劳动关系。

因可归责于用人单位的原因导致无法订立书面劳动合同的,劳动者可另行依法主张用人单位承担未订立书面劳动合同的法律责任。

《北京市劳动合同规定》(2002 年 2 月 1 日　北京市人民政府令第 91 号)

第十条　用人单位应当如实向劳动者说明岗位用人要求、工作内容、工作时间、劳动报酬、劳动条件、社会保险等情况;劳动者有权了解用人单位的有关情况,并应当如实向用人单位提供本人的身份证和学历、就业状况、工作经历、职业技能等证明。

第二十条　订立劳动合同可以约定生效时间。没有约定的,以当事人签字或者盖章的时间为生效时间。当事人签字或者盖章时间不一致的,以最后一方签字或者盖章的时间为准。

第二十三条　用人单位与劳动者存在劳动关系未订立劳动合同,劳动者要求签订劳动合同的,用人单位不得解除劳动关系,并应当与劳动者签订劳动合同。双方当事人就劳动合同期限协商不一致的,劳动合同期限从签字之日起不得少于 1 年。

第四十条　劳动合同期限届满前,用人单位应当提前 30 日将终止或者续订劳动合同意向以书面形式通知劳动者,经协商办理终止或者续订劳动合同手续。

第四十二条　劳动合同当事人协商一致,可以续订劳动合同。

续订劳动合同不得约定试用期。

劳动者在同一用人单位连续工作满 10 年以上,当事人双方同意续延劳动合同的,如果劳动者提出订立无固定期限劳动合同,用人单位应当与劳动者订立无固定期限劳动合同。

第四十五条第一款　劳动合同期限届满，因用人单位的原因未办理终止劳动合同手续，劳动者与用人单位仍存在劳动关系的，视为续延劳动合同，用人单位应当与劳动者续订劳动合同。当事人就劳动合同期限协商不一致的，其续订的劳动合同期限从签字之日起不得少于1年；劳动者在用人单位连续工作满10年以上，劳动者要求续订无固定期限劳动合同的，用人单位应当与其续订无固定期限劳动合同。

地方性规定：天津

《天津法院劳动争议案件审理指南》(2018年1月1日　津高法〔2017〕246号)

18.【书面劳动合同的认定】虽然未订立名称为劳动合同的文本，但订立的其他书面文件已经包含了劳动合同期限、工作内容和工作地点、工作时间和休息休假、劳动报酬、社会保险等内容，明确了双方的主要劳动权利义务，具备劳动合同本质特征的，应当认定双方已经订立了书面劳动合同。

《天津市贯彻落实〈劳动合同法〉若干问题实施细则》(2018年8月1日　津人社规字〔2018〕14号)

第五条　劳动合同期满，除劳动者有《劳动合同法》第四十二条规定劳动合同自动续延情形外，用人单位继续与劳动者保持劳动关系的，应当在一个月内与劳动者续订书面劳动合同。

用人单位依照前款规定，维持或者提高劳动合同约定条件书面通知劳动者续订劳动合同，劳动者不与用人单位续订的，用人单位在劳动合同期满后一个月内书面通知劳动者终止劳动关系，无需向劳动者支付经济补偿。

用人单位超过一个月未与劳动者续订书面劳动合同，应当按照《劳动合同法实施条例》第六条、第七条规定向劳动者每月支付二倍工资，并与劳动者补订书面劳动合同；劳动者不与用人单位订立书面劳动合同的，用人单位应当书面通知劳动者终止劳动关系，并依照《劳动合同法》第四十七条的规定支付经济补偿。

第六条　用人单位应当与劳动者在劳动合同中对劳动报酬、加班加点工资计算基数进行明确约定。

第十一条　劳动合同经用人单位与劳动者协商一致并在劳动合同文本上签字或者盖章生效，双方签字或盖章日期不一致的，以最后一方的签字或盖章日期，为劳动合同的生效时间。一方未署明签字日期的，以另一方签字日期为劳动合同生效时间。劳动合同期满之日的24时为劳动合同终止时间。

地方性规定：上海

《上海市劳动合同条例》（2002年5月1日　上海市人民代表大会常务委员会公告第58号）

第八条　劳动者在订立劳动合同前，有权了解用人单位相关的规章制度、劳动条件、劳动报酬等情况，用人单位应当如实说明。

用人单位在招用劳动者时，有权了解劳动者健康状况、知识技能和工作经历等情况，劳动者应当如实说明。

第十二条　劳动合同自双方当事人签字之日起生效，当事人对生效的期限或者条件有约定的，从其约定。

第十九条　劳动合同期满，经当事人协商一致，可以续订劳动合同。续订劳动合同不得约定试用期。

上海市高级人民法院《关于适用〈劳动合同法〉若干问题的意见》（2009年3月3日　沪高法〔2009〕73号）

二、劳动关系双方当事人未订立书面合同的处理

劳动合同的订立和履行，应当遵循诚实信用原则。劳动者已经实际为用人单位工作，用人单位超过一个月未与劳动者订立书面合同的，是否需要双倍支付劳动者的工资，应当考虑用人单位是否履行诚实磋商的义务以及是否存在劳动者拒绝签订等情况。如用人单位已尽到诚信义务，因不可抗力、意外情况或者劳动者拒绝签订等用人单位以外的原因，造成劳动合同未签订的，不属于《中华人民共和国劳动合同法实施条例》（以下简称"《实施条例》"）第六条所称的用人单位"未与劳动者订立书面劳动合同"的情况；因用人单位原因造成未订立书面劳动合同的，用人单位应当依法向劳动者支付双倍工资；但因劳动者拒绝订立书面劳动合同并拒绝继续履行的，视为劳动者单方终止劳动合同。

劳动合同期满后，劳动者继续为用人单位提供劳动，用人单位未表示异议，但当事人未续订书面劳动合同的，当事人应及时补订书面劳动合同。如果用人单位已尽到诚实信用义务，而劳动者不与用人单位订立书面劳动合同的，用人单位可以书面通知劳动者终止劳动关系，并依照《劳动合同法》第四十七条规定支付经济补偿；如劳动者拒绝订立书面劳动合同并拒绝继续履行的，视为劳动者单方终止劳动合同，用人单位应当支付劳动者已实际工作期间的相应报酬，但无须支付经济补偿金。

地方性规定:重庆

《重庆市职工权益保障条例》(2011 年 3 月 25 日修正)

第十一条　有下列情形之一,用人单位应当告知职工有订立无固定期限劳动合同的权利,职工要求订立无固定期限劳动合同的,用人单位应当与其签订无固定期限劳动合同:

(一)符合《中华人民共和国劳动合同法》第十四条第二款规定情形的;

(二)省(部)级以上劳动模范、先进工作者或者全国“五一”劳动奖章获得者。

地方性规定:广东(深圳)

广东省高级人民法院、广东省劳动人事争议仲裁委员会《关于劳动人事争议仲裁与诉讼衔接若干意见》(2018 年 7 月 18 日　粤高法发〔2018〕2 号)

八、劳动者与用人单位虽未签订名称为劳动合同的书面协议,但双方签订的包含工资、岗位、工作时间、劳动期限等内容的书面协议,具备劳动合同本质特征的,应当认定双方已经订立书面劳动合同。

地方性规定:江苏

《江苏省劳动合同条例》(2013 年 1 月 15 日修订　江苏省第十一届人民代表大会常务委员会公告第 124 号)

第十一条　用人单位招用劳动者,应当如实向劳动者告知与劳动合同有关的工作内容、岗位要求、工作地点、工作时间、劳动报酬、职业危害和劳动条件等。对可能产生职业病危害的岗位,还应当告知职业病防护措施和待遇等内容,并在劳动合同中载明。

劳动者应当按照用人单位的要求,如实说明与劳动合同直接相关的就业现状、健康状况、竞业限制等情况,如实提供自己的居民身份、学历、工作经历、职业技能等证明。

第十二条　劳动合同由用人单位与劳动者协商一致,并经用人单位与劳动者在劳动合同文本上签字或者盖章生效。

劳动合同同时使用中文和外文文本的,合同内容应当一致,不一致的以中文文本为准。

劳动合同文本由用人单位和劳动者各执一份。用人单位应当自劳动合同订立之日起五个工作日内将文本交付劳动者本人,不得扣押。

第十四条 企业停产放长假人员、未达到法定退休年龄的离岗休养人员以及其他协商保留劳动关系的不在岗人员,同时与新的用人单位建立劳动关系从事全日制劳动的,应当将其与原用人单位保留劳动关系的情况告知新的用人单位。双方应当订立书面劳动合同,但可以对订立无固定期限劳动合同、支付经济补偿作出例外约定。

第十七条 按照用人单位与劳动者的约定,劳动合同期满后自动续延的,视为双方连续订立劳动合同。

用人单位与劳动者协商延长劳动合同期限,累计超过六个月的,视为双方连续订立劳动合同。

江苏省高级人民法院、江苏省劳动争议仲裁委员会《关于审理劳动争议案件的指导意见》(2009年12月14日 苏高法审委〔2009〕47号)

第七条 用人单位与劳动者在劳动合同中约定合同期限届满后自动续廷的,应视为双方重新订立了一次劳动合同,但劳动合同依照《劳动合同法》第四十二条、第四十五条规定的事由依法续延的除外。

第八条 用人单位的下列行为,应认定属于《劳动合同法实施条例》第十条规定的“劳动者非因本人原因从原用人单位被安排到新用人单位工作”的情形:

(一)用人单位以组织委派任命形式对劳动者进行工作调动的;

(二)用人单位因资产业务划转、资产购并、重组等原因导致劳动者工作调动的;

(三)用人单位安排劳动者在用人单位下属分支机构间流动的;

(四)用人单位及其关联企业与劳动者轮流订立劳动合同的。

《劳动合同法实施条例》实施后,劳动者因原用人单位重组改制进入新用人单位,原用人单位已向劳动者依法支付了经济补偿的,劳动者的工作年限不连续计算。《劳动合同法实施条例》实施前,用人单位根据国家相关政策规定进行改制的,劳动者的工作年限计算应按改制时的政策规定处理。

第九条 劳动合同期限届满后,因下列情形而续延,致使劳动者在同一用人单位连续工作满十年,劳动者提出订立无固定期限劳动合同的,应予支持:

(一)从事接触职业病危害作业的劳动者未进行离岗前职业健康检查,或者疑似职业病病人在诊断或者医学观察期间的;

(二)患病或者非因工负伤,在规定的医疗期内的;

（三）女职工在孕期、产期、哺乳期的。

第十条　被派遣劳动者请求与劳务派遣单位订立无固定期限劳动合同的，不予支持，但劳务派遣单位同意的除外。

第十一条　用人单位未按《劳动合同法》第十四条的规定与劳动者订立无固定期限劳动合同，劳动者请求确认其与用人单位之间形成无固定期限劳动合同关系的，应予支持。

用人单位与劳动者对无固定期限劳动合同的权利义务内容不能协商一致的，按双方原劳动合同的约定或实际履行内容确定。原劳动合同对劳动报酬、劳动条件等约定不明确的，适用集体合同规定。没有集体合同或集体合同未规定的，按照同工同酬原则确定。

用人单位维持或提高原劳动合同约定条件与劳动者签订无固定期限劳动合同，劳动者拒绝签订的，用人单位依照《劳动合同法》第四十四条规定即时终止劳动合同或依照《劳动合同法实施条例》第五条、第六条规定与劳动者终止劳动关系的，应予支持。

地方性规定：浙江

浙江省高级人民法院民事审判第一庭、浙江省劳动人事争议仲裁院《关于审理劳动争议案件若干问题的解答（五）》（2019年6月21日　浙高法民一〔2019〕1号）

三、劳动者非因本人原因从原用人单位被安排到新用人单位工作，其在新用人单位连续工作未满十年也未订立两次劳动合同，但在前后用人单位累计连续工作已满十年或者已连续订立两次固定期限劳动合同，劳动者提出与新用人单位订立无固定期限劳动合同的，是否应予支持？

答：劳动者非因本人原因从原用人单位被安排到新用人单位工作，劳动者在原用人单位的工作年限和订立劳动合同的次数合并计算为新用人单位的工作年限、订立劳动合同次数。因此，如劳动者符合《劳动合同法》第十四条规定，提出与新用人单位订立无固定期限劳动合同的，用人单位应当与其订立。

四、劳务派遣劳动关系中，用人单位即劳务派遣单位是否适用《劳动合同法》第十四条关于订立无固定期限劳动合同的规定？

答：《劳动合同法》第五十八条规定："劳务派遣单位应当与被派遣劳动者订立二年以上的固定期限劳动合同"，此系针对劳务派遣关系的特别规定，而《劳动合同法》第十四条是对劳动合同订立的一般规定。按照特别规定优于一般规定的原则，除双方协商一致外,劳务派遣单位与劳动者无需订立无固定期限劳动合同。

地方性规定:山东

《山东省劳动合同条例》(2013 年 8 月 1 日修订)

第十条 用人单位有权了解劳动者与劳动合同直接相关的健康状况、工作经历、知识技能等基本情况,核对劳动者的居民身份证、居住证等相关证件,劳动者应当如实说明或者提供。

劳动者与原用人单位有竞业限制约定的,应当向用人单位如实说明。

第十二条 用人单位自用工之日起即与劳动者建立劳动关系。用人单位安排劳动者接受上岗前培训、学习的,劳动关系自劳动者参加之日起建立。

建立劳动关系应当订立书面劳动合同;已建立劳动关系,未同时订立书面劳动合同的,应当自用工之日起一个月内订立书面劳动合同。

第十五条 用人单位与劳动者在解除或者终止固定期限劳动合同之日起三个月内,再次与劳动者订立固定期限劳动合同的,视为连续订立二次固定期限劳动合同。

第十八条 劳动合同经用人单位与劳动者签字或者盖章生效。劳动合同文本由用人单位和劳动者各执一份,用人单位不得替劳动者保管。

山东省高级人民法院、山东省劳动争议仲裁委员会、山东省人事争议仲裁委员会《关于适用〈中华人民共和国劳动争议调解仲裁法〉和〈中华人民共和国劳动合同法〉若干问题的意见》(2010 年 6 月 1 日　鲁高法〔2010〕84 号)

25. 劳动合同期满,因劳动者有下列情形之一而续延,因此达到劳动者在同一用人单位连续工作满 10 年,劳动者提出订立无固定期限劳动合同的,用人单位应当与劳动者订立无固定期限劳动合同:

(1)从事接触职业病危害作业的劳动者未进行离岗前职业健康检查,或者疑似职业病病人在诊断或者医学观察期间的;

(2)患病或者非因工负伤,在规定的医疗期内的;

(3)女职工在孕期、产期、哺乳期的。

26. 劳动合同期满,劳动者仍在用人单位提供劳动,用人单位未表示异议的,应当依照劳动合同法第十条第二款、第十四条第三款的规定,在原劳动合同期满后的一个月内与劳动者订立固定期限、无固定期限劳动合同。

地方性规定:福建

《福建省进一步规范企业劳动合同订立、变更、解除和终止的办法(试行)》(2008年3月31日 闽劳社文〔2008〕110号)

一、劳动合同订立

1. 用人单位招用劳动者,应如实告知劳动者工作内容、工作条件、工作地点、职业危害、安全生产状况、劳动报酬以及劳动者要求了解的其他情况。用人单位有权了解劳动者与劳动合同直接相关的基本情况,包括查看劳动者身份证、失业证或终止解除劳动合同证明书、毕业证,需要时还可查看劳动者职称证书、技术等级证书等材料,劳动者应当如实提供和说明;劳动者也可查看企业营业执照,询问了解用人单位基本情况和休息休假、社会保险等情况。

2. 劳动合同订立前,用人单位招工简章是劳动合同订立前第一次要约,签订合同时是第二次要约,用人单位必须遵守第一次要约所做承诺,劳动合同经用人单位与劳动者双方协商一致,并签字或盖章后生效。

3. 劳动合同签订后,用人单位应将劳动合同书交一份给劳动者,并由劳动者签收,劳动合同书由用人单位和劳动者各执一份。用人单位应建立劳动合同管理台账,及时动态记录职工劳动合同订立、变更、续订、终止、解除等情况。

4. 用人单位录用劳动者后应填写"职工录用登记表",在招收新职工后一个月内,应为职工建立个人档案,个人档案应至少包括以下内容:《职工录用登记表》、《劳动合同书》及参加社会保险情况等资料。

三、劳动合同续订

8. 签订固定期限劳动合同的合同期满,若用人单位有延续劳动关系意愿,应提前十五天书面征求劳动者意见,劳动者应接到通知七日内作出答复,经劳动者同意,双方可在劳动合同期满前就有关内容进行协商,并采取书面形式,重新签订劳动合同。

9. 续订的劳动合同书由用人单位和劳动者各执一份。

附:本章节收录相关规定汇总

法律

《劳动法》(2018年12月29日修正)

《劳动合同法》(2012年12月28日修正)

行政法规

《劳动合同法实施条例》(2008 年 9 月 18 日　国务院令第 535 号)

部委规定

劳动和社会保障部、建设部(已撤销,下同)、全国总工会《关于加强建设等行业农民工劳动合同管理的通知》(2005 年 5 月 11 日　劳社部发〔2005〕9 号)

《集体合同规定》(2004 年 5 月 1 日　劳动和社会保障部令第 22 号)

劳动部办公厅《对〈关于实行劳动合同制度若干问题的请示〉的复函》(1997 年 9 月 15 日　劳办发〔1997〕88 号)

劳动部《关于企业工会主席签订劳动合同问题的通知》(1996 年 4 月 12 日　劳部发〔1996〕122 号)

劳动部《关于实行劳动合同制度若干问题的通知》(1996 年 10 月 31 日　劳部发〔1996〕354 号)

劳动部《关于订立劳动合同有关问题的通知》(1996 年 2 月 13 日　劳部发〔1996〕51 号)

《关于贯彻执行〈中华人民共和国劳动法〉若干问题的意见》(1995 年 8 月 4 日　劳部发〔1995〕309 号)

劳动部《实施〈劳动法〉中有关劳动合同问题的解答》(1995 年 4 月 27 日　劳部发〔1995〕第 202 号)

劳动部办公厅《对"关于实行劳动合同制有关问题处理意见的报告"的复函》(1995 年 2 月 10 日　劳办发〔1995〕33 号)

地方性规定:北京

北京市高级人民法院、北京市劳动争议仲裁委员会《关于劳动争议案件法律适用问题研讨会会议纪要(二)》(2014 年 5 月 7 日)

《北京市劳动合同规定》(2002 年 2 月 1 日　北京市人民政府令第 91 号)

地方性规定:天津

《天津法院劳动争议案件审理指南》(2018 年 1 月 1 日　津高法〔2017〕246 号)

《天津市贯彻落实〈劳动合同法〉若干问题实施细则》(2018 年 8 月 1 日　津人社规字〔2018〕14 号)

地方性规定:上海

《上海市劳动合同条例》(2002 年 5 月 1 日　上海市人民代表大会常务委员会公告第 58 号)

上海市高级人民法院《关于适用〈劳动合同法〉若干问题的意见》(2009 年 3 月 3 日　沪高法〔2009〕73 号)

地方性规定：重庆

《重庆市职工权益保障条例》(2011 年 3 月 25 日修正)

地方性规定：广东(深圳)

广东省高级人民法院、广东省劳动人事争议仲裁委员会《关于劳动人事争议仲裁与诉讼衔接若干意见》(2018 年 7 月 18 日　粤高法发〔2018〕2 号)

地方性规定：江苏

《江苏省劳动合同条例》(2013 年 1 月 15 日修订　江苏省第十一届人民代表大会常务委员会公告第 124 号)

江苏省高级人民法院、江苏省劳动争议仲裁委员会《关于审理劳动争议案件的指导意见》(2009 年 12 月 14 日　苏高法审委〔2009〕47 号)

地方性规定：浙江

浙江省高级人民法院民事审判第一庭、浙江省劳动人事争议仲裁院《关于审理劳动争议案件若干问题的解答(五)》(2019 年 6 月 21 日　浙高法民一〔2019〕1 号)

地方性规定：山东

《山东省劳动合同条例》(2013 年 8 月 1 日修订)

《关于适用〈中华人民共和国劳动争议调解仲裁法〉和〈中华人民共和国劳动合同法〉若干问题的意见》(2010 年 6 月 1 日　鲁高法〔2010〕84 号)

地方性规定：福建

《福建省进一步规范企业劳动合同订立、变更、解除和终止的办法(试行)》(2008 年 3 月 31 日　闽劳社文〔2008〕110 号)

第三章　试用期

法律

《劳动法》(2018年12月29日修正)

第二十一条　劳动合同可以约定试用期。试用期最长不得超过六个月。

《劳动合同法》(2012年12月28日修正)

第十九条　劳动合同期限三个月以上不满一年的,试用期不得超过一个月;劳动合同期限一年以上不满三年的,试用期不得超过二个月;三年以上固定期限和无固定期限的劳动合同,试用期不得超过六个月。

同一用人单位与同一劳动者只能约定一次试用期。①

以完成一定工作任务为期限的劳动合同或者劳动合同期限不满三个月的,不得约定试用期。

试用期包含在劳动合同期限内。劳动合同仅约定试用期的,试用期不成立,该期限为劳动合同期限。

第二十条　劳动者在试用期的工资不得低于本单位相同岗位最低档工资或者劳动合同约定工资的百分之八十,并不得低于用人单位所在地的最低工资标准。

第二十一条　在试用期中,除劳动者有本法第三十九条和第四十条第一项、第二项规定的情形外,用人单位不得解除劳动合同。用人单位在试用期解除劳动合

---

①　编著注:1996年10月31日劳动部《关于实行劳动合同制度若干问题的通知》(劳部发〔1996〕354号)第四条规定:"用人单位对工作岗位没有发生变化的同一劳动者只能试用一次。"这一规定的立法原意是,在同一用人单位,如果劳动者的工作岗位发生了变化,是可以再次约定使用期的。当然,这里的岗位发生变化必须遵循岗位调整的合法及合理性原则。此规定与现行《劳动合同法》第十九条第二款"同一用人单位与同一劳动者只能约定一次试用期"的规定在文字表述上有冲突,但对处理用人单位与劳动者再次约定试用期引发的争议仍然具有参考意义。

同的,应当向劳动者说明理由。

第八十三条　用人单位违反本法规定与劳动者约定试用期的,由劳动行政部门责令改正;违法约定的试用期已经履行的,由用人单位以劳动者试用期满月工资为标准,按已经履行的超过法定试用期的期间向劳动者支付赔偿金。

行政法规

《劳动合同法实施条例》(2008 年 9 月 18 日　国务院令第 535 号)

第十五条　劳动者在试用期的工资不得低于本单位相同岗位最低档工资的 80% 或者不得低于劳动合同约定工资的 80%,并不得低于用人单位所在地的最低工资标准。

部委规定

劳动部办公厅《对〈关于劳动用工管理有关问题的请示〉的复函》(1996 年 1 月 16 日　劳办发〔1996〕5 号)

三、关于学徒期与试用期。学徒期是对进入某些工作岗位的新招工人熟悉业务、提高工作技能的一种培训方式,在实行劳动合同制度后,这一培训方式仍应继续采用,并按照技术等级标准规定的期限执行。试用期是用人单位和劳动者建立劳动关系后为相互了解、选择而约定的不超过六个月的考察期。试用期和学徒期包含在劳动合同期限内,试用期和学徒期可以同时约定,但试用期不得超过半年。

《关于贯彻执行〈中华人民共和国劳动法〉若干问题的意见》(1995 年 8 月 4 日　劳部发〔1995〕309 号)

18. 劳动者被用人单位录用后,双方可以在劳动合同中的约定试用期,试用期应包括在劳动合同期限内。

19. 试用期是用人单位和劳动者为相互了解、选择而约定的不超过六个月的考察期。一般对初次就业或再次就业的职工可以约定。在原固定工进行劳动合同制度的转制过程中,用人单位与原固定工签订劳动合同时,可以不再约定试用期。

劳动部《关于〈中华人民共和国劳动法〉若干条文的说明》(1995 年 1 月 1 日　劳办发〔1994〕289 号)

第二十一条　劳动合同可以约定试用期。试用期最长不得超过六个月。

本条中规定的“试用期”适用于初次就业或再次就业时改变劳动岗位或工种的劳动者。

地方性规定:天津

《天津市贯彻落实〈劳动合同法〉若干问题实施细则》(2018年8月1日　津人社规字〔2018〕14号)

第十三条　劳动者在试用期间内被证明不符合录用条件的,用人单位应当在试用期内做出解除劳动合同的决定。劳动者在试用期内患病或者非因工负伤的,经劳动关系双方协商一致,试用期可以中止。

地方性规定:江苏

《江苏省劳动合同条例》(2013年1月15日修订　江苏省第十一届人民代表大会常务委员会公告第124号)

第十五条　试用期包含在劳动合同期限内。

劳动者在试用期内患病或者非因工负伤须停工治疗的,在规定的医疗期内,试用期中止。

地方性规定:浙江

浙江省高级人民法院民事审判第一庭、浙江省劳动人事争议仲裁院《关于审理劳动争议案件若干问题的解答(五)》(2019年6月21日　浙高法民一〔2019〕1号)

六、用人单位与劳动者约定了试用期,试用期内双方协商一致以书面形式约定延长试用期,延长后累计的试用期在法定期限内,该延长约定是否合法有效?

答:用人单位与劳动者约定了试用期,试用期内双方协商一致以书面形式约定延长试用期,延长后累计的试用期仍在法定期限内的,不属于同一用人单位与同一劳动者多次约定试用期的情形,该约定合法有效。

浙江省高级人民法院民事审判第一庭、浙江省劳动人事争议仲裁院《关于审理劳动争议案件若干问题的解答(四)》(2016年12月30日　浙高法民一〔2016〕3号)

二、劳动者在试用期请病假,病假期间能否从试用期中扣除?

答:试用期是用人单位与劳动者的相互考察期间。劳动者在此期间请病假,影响到考察目的的实现,故该病假期间可从试用期中扣除。

浙江省高级人民法院民事审判第一庭、浙江省劳动人事争议仲裁院《关于审理劳动争议案件若干问题的解答(三)》(2015年9月29日 浙高法民一〔2015〕9号)

十五、用人单位超过法律规定期限与劳动者约定试用期,已经实际履行的超过法定试用期的期间,用人单位除按照《劳动合同法》第八十三条规定支付赔偿金外,是否还应当补足超过期间的工资差额?

答:用人单位超过法律规定期限与劳动者约定试用期,对已经履行的超过法定试用期的期间,用人单位应当按照《劳动合同法》第八十三条规定支付赔偿金,但无需向劳动者补足超过期间的工资差额。

附:本章节收录相关规定汇总

法律

《劳动法》(2018年12月29日修正)

《劳动合同法》(2012年12月28日修正)

行政法规

《劳动合同法实施条例》(2008年9月18日 国务院令第535号)

部委规定

劳动部办公厅《对〈关于劳动用工管理有关问题的请示〉的复函》(1996年1月16日 劳办发〔1996〕5号)

《关于贯彻执行〈中华人民共和国劳动法〉若干问题的意见》(1995年8月4日 劳部发〔1995〕309号)

劳动部《关于〈中华人民共和国劳动法〉若干条文的说明》(1995年1月1日 劳办发〔1994〕289号)

地方性规定:天津

《天津市贯彻落实〈劳动合同法〉若干问题实施细则》(2018年8月1日 津人社规字〔2018〕14号)

地方性规定:江苏

《江苏省劳动合同条例》(2013年1月15日修订 江苏省第十一届人民代表大会常务委员会公告第124号)

地方性规定:浙江

浙江省高级人民法院民事审判第一庭、浙江省劳动人事争议仲裁院《关于审理劳动争议案件若干问题的解答(五)》(2019年6月21日 浙高法民一〔2019〕1号)

浙江省高级人民法院民事审判第一庭、浙江省劳动人事争议仲裁院《关于审理劳动争议案件若干问题的解答(四)》(2016 年 12 月 30 日　浙高法民一〔2016〕3 号)

浙江省高级人民法院民事审判第一庭、浙江省劳动人事争议仲裁院《关于审理劳动争议案件若干问题的解答(三)》(2015 年 9 月 29 日　浙高法民一〔2015〕9 号)

第四章　劳动合同履行和变更

法律

《劳动法》(2018 年 12 月 29 日修正)

第十七条　订立和变更劳动合同,应当遵循平等自愿、协商一致的原则,不得违反法律、行政法规的规定。

劳动合同依法订立即具有法律约束力,当事人必须履行劳动合同规定的义务。

《劳动合同法》(2012 年 12 月 28 日修正)

第二十九条　用人单位与劳动者应当按照劳动合同的约定,全面履行各自的义务。

第三十三条　用人单位变更名称、法定代表人、主要负责人或者投资人等事项,不影响劳动合同的履行。

第三十四条　用人单位发生合并或者分立等情况,原劳动合同继续有效,劳动合同由承继其权利和义务的用人单位继续履行。

第三十五条　用人单位与劳动者协商一致,可以变更劳动合同约定的内容。变更劳动合同,应当采用书面形式。

变更后的劳动合同文本由用人单位和劳动者各执一份。

行政法规

《劳动合同法实施条例》(2008 年 9 月 18 日　国务院令第 535 号)

第十四条　劳动合同履行地与用人单位注册地不一致的,有关劳动者的最低工资标准、劳动保护、劳动条件、职业危害防护和本地区上年度职工月平均工资标准等事项,按照劳动合同履行地的有关规定执行;用人单位注册地的有关标准高于劳动合同履行地的有关标准,且用人单位与劳动者约定按照用人单位注册地的有关规定执行的,从其约定。

司法解释

最高人民法院《关于审理劳动争议案件适用法律问题的解释(一)》(2021 年 1 月 1 日 法释〔2020〕26 号)

第四十三条 用人单位与劳动者协商一致变更劳动合同,虽未采用书面形式,但已经实际履行了口头变更的劳动合同超过一个月,变更后的劳动合同内容不违反法律、行政法规且不违背公序良俗,当事人以未采用书面形式为由主张劳动合同变更无效的,人民法院不予支持。

部委规定

《关于贯彻执行〈中华人民共和国劳动法〉若干问题的意见》(1995 年 8 月 4 日 劳部发〔1995〕309 号)

28. 劳动者涉嫌违法犯罪被有关机关收容审查、拘留或逮捕的,用人单位在劳动者被限制人身自由期间,可与其暂时停止劳动合同的履行。

暂时停止履行劳动合同期间,用人单位不承担劳动合同规定的相应义务。劳动者经证明被错误限制人身自由的,暂时停止履行劳动合同期间劳动者的损失,可由其依据《国家赔偿法》要求有关部门赔偿。

地方性规定:北京

北京市高级人民法院、北京市劳动人事争议仲裁委员会《关于审理劳动争议案件法律适用问题的解答》(2017 年 4 月 24 日 京高法发〔2017〕142 号)

5. 用人单位调整劳动者工作岗位的,如何处理?

用人单位与劳动者约定可根据生产经营情况调整劳动者工作岗位的,经审查用人单位证明生产经营情况已经发生变化,调岗属于合理范畴,应支持用人单位调整劳动者工作岗位。

用人单位与劳动者在劳动合同中未约定工作岗位或约定不明的,用人单位有正当理由,根据生产经营需要,合理地调整劳动者工作岗位属于用人单位自主用工行为。判断合理性应参考以下因素:用人单位经营必要性、目的正当性,调整后的岗位为劳动者所能胜任、工资待遇等劳动条件无不利变更。

用人单位与劳动者签订的劳动合同中明确约定工作岗位但未约定如何调岗的，在不符合《劳动合同法》第四十条[①]所列情形时，用人单位自行调整劳动者工作岗位的属于违约行为，给劳动者造成损失的，用人单位应予以赔偿，参照原岗位工资标准补发差额。对于劳动者主张恢复原工作岗位的，根据实际情况进行处理。经审查难以恢复原工作岗位的，可释明劳动者另行主张权利，释明后劳动者仍坚持要求恢复原工作岗位，可驳回请求。

用人单位在调整岗位的同时调整工资，劳动者接受调整岗位但不接受同时调整工资的，由用人单位说明调整理由。应根据用人单位实际情况、劳动者调整后的工作岗位性质、双方合同约定等内容综合判断是否侵犯劳动者合法权益。

7. 劳动者按变更后的工作地点实际履行合同，又以未采用书面形式为由主张劳动合同变更无效的是否支持？

劳动者已经按变更后的工作地点实际履行合同，又以未采用书面形式为由主张劳动合同变更无效的，适用《最高人民法院关于审理劳动争议案件适用法律若干问题的解释（四）》第十一条[②]的规定处理。

8. 用人单位违法解除或终止劳动合同，劳动者要求继续履行劳动合同的，如何处理？

劳动者要求继续履行劳动合同的，一般应予以支持。

在仲裁中发现确实无法继续履行劳动合同的，应做好释明工作，告知劳动者将要求继续履行劳动合同的请求变更为要求用人单位支付违法解除劳动合同赔偿金等请求。如经充分释明，劳动者仍坚持要求继续履行劳动合同的，应尊重劳动者的诉权，驳回劳动者的请求，告知其可另行向用人单位主张违法解除劳动合同赔偿金等。如经释明后，劳动者的请求变更为要求用人单位支付违法解除劳动合同赔偿金等的，应当继续处理。

在诉讼中发现确实无法继续履行劳动合同的，驳回劳动者的诉讼请求，告知其

---

① 《劳动合同法》第四十条：有下列情形之一的，用人单位提前三十日以书面形式通知劳动者本人或者额外支付劳动者一个月工资后，可以解除劳动合同：（一）劳动者患病或者非因工负伤，在规定的医疗期满后不能从事原工作，也不能从事由用人单位另行安排的工作的；（二）劳动者不能胜任工作，经过培训或者调整工作岗位，仍不能胜任工作的；（三）劳动合同订立时所依据的客观情况发生重大变化，致使劳动合同无法履行，经用人单位与劳动者协商，未能就变更劳动合同内容达成协议的。

② 最高人民法院《关于审理劳动争议案件适用法律若干问题的解释（四）》已废止，相关内容已被最高人民法院《关于审理劳动争议案件适用法律问题的解释（一）》（2021 年 1 月 1 日　法释〔2020〕26 号）收录，下同。

可另行向用人单位主张违法解除劳动合同赔偿金等。

9. 用人单位违法解除或终止劳动合同后,劳动者要求继续履行劳动合同,哪些情形可以认定为"劳动合同确实无法继续履行"?

劳动合同确实无法继续履行主要有以下情形:(1)用人单位被依法宣告破产、吊销营业执照、责令关闭、撤销,或者用人单位决定提前解散的;(2)劳动者在仲裁或者诉讼过程中达到法定退休年龄的;(3)劳动合同在仲裁或者诉讼过程中到期终止且不存在《劳动合同法》第十四条规定应当订立无固定期限劳动合同情形的;(4)劳动者原岗位对用人单位的正常业务开展具有较强的不可替代性和唯一性(如总经理、财务负责人等),且劳动者原岗位已被他人替代,双方不能就新岗位达成一致意见的;(5)劳动者已入职新单位的;(6)仲裁或诉讼过程中,用人单位向劳动者送达复工通知,要求劳动者继续工作,但劳动者拒绝的;(7)其他明显不具备继续履行劳动合同条件的。

劳动者原岗位已被他人替代的,用人单位仅以此为由进行抗辩,不宜认定为"劳动合同确实无法继续履行的"情形。

10. 劳动者与用人单位因劳动合同是否为违法解除发生争议,劳动者要求继续履行劳动合同的情况下,原单位提交了其他单位为劳动者缴纳社会保险的凭证,并以此主张劳动者与新单位之间已经形成劳动关系,此时社会保险缴纳记录能否作为认定劳动者与新单位形成劳动关系的依据?并由此导致劳动者与用人单位"劳动合同已经不能继续履行"?

不能仅以社会保险缴纳记录作为认定劳动者与新单位形成劳动关系的依据。但此时举证责任转移,由劳动者证明其与新用人单位之间不是劳动关系。若劳动者不能提出反证,则依据其与新用人单位之间的社保缴费记录确认劳动者与原用人单位"劳动合同确实无法继续履行"。新用人单位不是案件当事人的,劳动者与新用人单位之间的社保缴费记录仅为"劳动合同确实无法继续履行"的裁判理由,不应径行裁判劳动者与新用人单位之间是否形成劳动关系。

北京市高级人民法院、北京市劳动争议仲裁委员会《关于劳动争议案件法律适用问题研讨会会议纪要(二)》(2014 年 5 月 7 日　京高法发〔2014〕220 号)

42. 固定期限劳动合同履行过程中,用人单位与劳动者协商对劳动合同终止时间作出变更,是否认定属于签订了两次劳动合同?

用人单位与劳动者协商一致变更固定期限合同终止时间的,如变更后的终止时间晚于原合同终止时间,使整个合同履行期限增加,视为用人单位与劳动者连续订立两次劳动合同。对初次订立固定期限合同时间变更的,按连续订立两次固定期限劳动合同的相关规定处理,对两次及多次订立固定期限合同时间变更的,按订立无固定期限劳动合同的相关规定处理。如变更后的终止时间比原合同终止时间提前,使整个合同履行期限减少,则仅视为对原合同终止时间的变更。

45. 女职工在未知自己怀孕的情况下与用人单位协商解除劳动合同后,又要求撤销解除协议或者要求继续履行原合同的,如何处理?

女职工与用人单位协商解除劳动合同后,发现自己怀孕后又要求撤销协议或者要求继续履行原合同的,一般不予支持。

地方性规定:天津

《天津法院劳动争议案件审理指南》(2018年1月1日　津高法〔2017〕246号)

19.【用人单位单方调整工作岗位的合法性审查】用人单位对劳动者的工作岗位进行调整,应当同时具备以下条件:

(1)符合劳动合同的约定或者用人单位规章制度的规定;

(2)符合用人单位生产经营的客观需要;

(3)调整后的工作岗位的劳动待遇水平与原岗位基本相当,但根据《中华人民共和国劳动合同法》第四十条第一项,第二项,因劳动者患病或者非因公负伤,在规定的医疗期满后不能从事原工作而被调整岗位,或者因劳动者不能胜任工作而调整岗位的除外;

(4)调整工作岗位不具有歧视性、侮辱性;

(5)不违反法律法规的规定。

用人单位因生产经营状况发生较大变化,经济效益出现下滑等客观情况,对内部经营进行调整,属于用人单位经营自主权的范畴,由此导致劳动者岗位变化、待遇水平降低,劳动者主张用人单位违法调整工作岗位、降低待遇水平的,不予支持。

用人单位主张调整劳动者工作岗位合法,应承担举证证明责任。

20.【用人单位调整工作地点】用人单位有权根据经营需要调整劳动者的工作地点,但有以下情形之一的,劳动者主张用人单位未经协商一致单方调整工作地点违法的,应予支持:

(1)工作地点的调整具有歧视性、侮辱性;

(2)明显增加劳动者工作成本,但用人单位提供了相应补偿或者替代条件可以基本弥补劳动者增加的工作成本的除外;

(3)即使用人单位提供了相应补偿或者替代条件,但劳动者订立劳动合同的目的仍然落空的;

(4)违反劳动合同对工作地点约定的。

劳动者对用人单位调整工作地点存在上述情形承担举证证明责任。

《天津市贯彻落实〈劳动合同法〉若干问题实施细则》(2018年8月1日 津人社规字〔2018〕14号)

第十条 用人单位与劳动者约定可根据生产经营情况单方调整劳动者工作岗位的,用人单位对劳动者工作岗位进行调整时,应同时符合以下条件:

(一)用人单位生产经营的客观需要;

(二)调整后工作岗位的劳动待遇水平与原岗位基本相当,但依据《劳动合同法》第四十条第一项、第二项有关规定调整岗位的除外;

(三)调整工作岗位不具有歧视性、侮辱性;

(四)不违反法律法规的规定。

用人单位与劳动者签订的劳动合同未约定调整工作岗位有关内容,用人单位规章制度也未做相关规定的,除依据《劳动合同法》第四十条第一项、第二项有关规定调整工作岗位情形外,用人单位与劳动者协商一致,可以调整工作岗位。

第十四条第二款、第三款 用人单位变更劳动合同约定条件,难以确定是提高或降低,劳动者不与用人单位续签劳动合同终止劳动关系的,视为用人单位未能维持或提高劳动合同的约定条件。

本条所称劳动合同约定条件是指,用人单位与劳动者在续订劳动合同时正在履行的标准和条件。

地方性规定:上海

《上海市劳动合同条例》(2002年5月1日 上海市人民代表大会常务委员会公告第58号)

第二十二条 劳动合同当事人应当按照合同约定的起始时间履行劳动合同。

劳动合同约定的起始时间与实际履行的起始时间不一致的,按实际履行的起始时间确认。

第二十五条 签订劳动合同的用人单位和实际使用劳动者的单位不一致的,用人单位可以与实际使用劳动者的单位约定,由实际使用劳动者的单位承担或者部分承担对劳动者的义务。实际使用劳动者的单位未按照约定承担对劳动者的义务的,用人单位应当承担对劳动者的义务。

第二十六条　劳动合同期限内,有下列情形之一的,劳动合同中止履行:

(一)劳动者应征入伍或者履行国家规定的其他法定义务的;

(二)劳动者暂时无法履行劳动合同的义务,但仍有继续履行条件和可能的;

(三)法律、法规规定的或者劳动合同约定的其他情形。

劳动合同中止情形消失的,劳动合同继续履行,但法律、法规另有规定的除外。

上海市高级人民法院《关于适用〈劳动合同法〉若干问题的意见》(2009 年 3 月 3 日　沪高法〔2009〕73 号)

三、劳动合同变更的形式要求

《劳动合同法》第三十五条规定,劳动合同变更的应当采取书面形式。这里的书面形式要求,包括发给劳动者的工资单、岗位变化通知等等。因为随着劳动合同的持续履行,劳动合同双方的权利义务本身就必然会不断变化。如随着劳动者工作时间的增加,其休假、奖金标准发生的自然变化等等,都属于劳动合同的变更。因此,对于依法变更劳动合同的,只要能够通过文字记载或者其他形式证明的,可以视为"书面变更"。

七、劳动者违反合同约定的期限解除合同,用人单位要求劳动者返还特殊待遇的处理

用人单位向劳动者支付报酬,劳动者付出相应的劳动,是劳动合同双方当事人的基本合同义务。用人单位给予劳动者价值较高的财物,如汽车、房屋或住房补贴等特殊待遇的,属于预付性质。劳动者未按照约定期限付出劳动的,属于不完全履行合同。根据合同履行的对等原则,对劳动者未履行的部分,用人单位可以拒绝给付;已经给付的,也可以要求相应返还。因此,用人单位以劳动者未完全履行劳动合同为由,要求劳动者按照相应比例返还的,可以支持。

十、《劳动合同法》九十七条第一款"继续履行"的理解

根据《劳动合同法》九十七条第一款的规定,"本法实施前已依法订立且在本法施行之日存续的劳动合同继续履行"。因此,在《劳动合同法》施行之前签订劳动合同,《劳动合同法》施行之后发生原合同约定的终止事由,但劳动者在用人单位连续工作已满十年,按照《劳动合同法》的规定应当订立无固定期限合同,劳动者也提出要求订立无固定期限劳动合同的,应当订立无固定期限劳动合同。

十一、用人单位要求劳动者承担合同责任的处理

劳动合同的履行应当遵循依法、诚实信用的原则。劳动合同的当事人之间除

了规章制度的约束之外,实际上也存在很多约定的义务和依据诚实信用原则而应承担的合同义务。如《劳动法》第三条第二款关于“劳动者应当遵守劳动纪律和职业道德”等规定,就是类似义务的法律基础。因此,在规章制度无效的情况下,劳动者违反必须遵守的合同义务,用人单位可以要求其承担责任。劳动者以用人单位规章制度没有规定为由提出抗辩的,不予支持。但在规范此类行为时,应当仅对影响劳动关系的重大情况进行审核,以免过多干涉用人单位的自主管理权。

十二、劳动者占有用人单位价值较高的财产时,用人单位与劳动者约定设置担保的效力

根据劳动合同法第九条的规定,用人单位不得在招工时扣押劳动者身份证件、要求劳动者提供担保或收取劳动者财物。在劳动合同履行过程中,对于劳动者占有单位价值较高的财物,单位为防止财物灭失或被轻易毁坏,与劳动者约定设置了相应的合理担保的,法律没有禁止,可以认定有效。但该约定为流押、流质担保,或者名义上为财物“担保”实际上却是要求劳动者购买该财物的,该约定无效。

地方性规定:江苏

《江苏省劳动合同条例》(2013年1月15日 江苏省第十一届人民代表大会常务委员会公告第124号)

第二十四条 用人单位安排劳动者从事经劳动行政部门批准的特殊工时工作制岗位劳动的,应当在劳动合同中约定或者事先征得劳动者的书面同意。

用工单位安排被派遣劳动者从事特殊工时工作制岗位劳动的,应当在劳动合同、劳务派遣协议中约定或者事先征得被派遣劳动者和劳务派遣单位的书面同意。

第二十九条 变更劳动合同应当经当事人双方协商一致。变更劳动合同应当采用书面形式,注明变更日期,但提高劳动报酬等有利于劳动者的情形除外。

当事人一方要求变更劳动合同的,应当将变更要求书面送交另一方,另一方在收到之日起十五日内未作出书面答复的,视为不同意变更劳动合同。

江苏省高级人民法院《劳动争议案件审理指南(2010年)》(2010年5月17日)

第三章 劳动合同争议案件的实务问题

第三节 劳动合同效力纠纷的法律适用问题

七、劳动合同的变更

1. 劳动合同变更的形式要求

用人单位与劳动者变更劳动合同约定的内容没有采用书面形式,但经用人单

位与劳动者协商一致,或者虽未协商但双方已实际履行,劳动者以用人单位变更劳动合同未采用书面形式为由请求确认劳动合同变更无效的,不予支持。

用人单位因生产经营困难、资金周转等原因而采取降薪保职、降薪休假等变更劳动合同措施,且与劳动者以相关文字记载或实际履行行为达成变更合意后,劳动者又以用人单位变更劳动合同未采用书面形式为由请求确认劳动合同变更无效的,不予支持。

2. 关于工作岗位调整合理性的确定

虽然《劳动合同法》第35条规定用人单位和劳动者协商一致方能变更劳动合同的约定,但不能因此完全否定企业的用工自主权。在实务中要注意把握企业的用工自主权与劳动者生存权保护之间的动态平衡,企业有权根据自身生产经营需要调整员工的工作岗位和薪酬标准,但其不得滥用权利损害劳动者利益。具体来说,企业实施合法的调岗、调薪应当满足以下两方面要求:第一,在劳动合同或规章制度有关于调整工作岗位和工资报酬的约定或规定;第二,岗位调整应当具有合理性。如果双方为此发生争议,用人单位应当对调整劳动者工作内容和工资报酬的合法性和合理性承担举证责任。

调整工作岗位违反合理性的法律责任。如果用人单位的岗位调整行为违背了法律所要求的合理性原则,造成劳动者辞职的,则应当视为"推定解雇",也就是劳动者被迫辞职,用人单位应当支付经济补偿金;如果用人单位借此解除劳动合同的,应当属于违法解除劳动合同,应按照《劳动合同法》第八十七条规定,承担违法解除的法律责任。

江苏省高级人民法院、江苏省劳动争议仲裁委员会《关于审理劳动争议案件的指导意见》(2009年12月14日　苏高法审委〔2009〕47号)

第十四条　用人单位因生产经营困难、资金周转等原因而采取降薪保职、降薪休假等变更劳动合同措施,且与劳动者以相关文字记载或实际履行行为达成变更合意后,劳动者又以用人单位变更劳动合同未采用书面形式为由请求确认劳动合同变更无效的,不予支持。

地方性规定:浙江

浙江省高级人民法院民事审判第一庭、浙江省劳动人事争议仲裁院《关于审理劳动争议案件若干问题的解答(四)》(2016年12月30日　浙高法民一〔2016〕3号)

十二、劳动者以虚假身份与用人单位签订劳动合同,用人单位按劳动者提供的身份信息缴纳了工伤保险,后劳动者发生工伤事故,由工伤保险基金支付的工伤待遇部分应否由用人单位承担?

答:劳动者以虚假身份与用人单位签订劳动合同,用人单位按劳动者提供的身份信息缴纳了工伤保险且不存在疏忽大意等过错的,劳动者应当为其欺诈行为承担不利后果,用人单位一般无需负担本应由工伤保险基金支付的工伤待遇部分。但基于该劳动者已与用人单位存在事实劳动关系,用人单位应当承担工伤保险待遇中应当由用人单位承担的部分。

浙江省劳动争议仲裁委员会《关于劳动争议案件处理若干问题的指导意见(试行)》(2009 年 8 月 21 日 浙仲〔2009〕2 号)

36. 用人单位调整劳动者工作岗位,一般应经劳动者同意。如没有变更劳动合同主要内容,或虽有变更但确属用人单位生产经营所必需,且对劳动者的报酬及其他劳动条件未作不利变更的,劳动者不服申请仲裁的,仲裁委员会不予支持。

《关于审理劳动争议案件若干问题的意见(试行)》(2009 年 4 月 16 日 浙法民一〔2009〕3 号)

第四十二条 用人单位调整劳动者工作岗位,一般应经劳动者同意。如没有变更劳动合同主要内容,或虽有变更但确属用人单位生产经营所必需,且对劳动者的报酬及其他劳动条件未作不利变更的,劳动者有服从安排的义务。

地方性规定:山东

山东省高级人民法院、山东省人力资源和社会保障厅《关于审理劳动人事争议案件若干问题会议纪要》(2019 年 6 月 10 日)

十一、关于劳动合同宽泛约定工作地点的相关问题

用人单位与劳动者在劳动合同中宽泛约定工作地点为“全国”“山东”等,如无对用人单位经营模式、劳动者工作岗位特性等特别提示,属于对工作地点约定不明。劳动者在签订劳动合同后,已经在实际履行地点工作的,视为双方确定具体的工作地点。用人单位不得仅以工作地点约定为“全国”“山东”为由,随意单方变更劳动者的工作地点。

用人单位与劳动者在劳动合同中明确约定用人单位可以单方变更工作地点的,仍应对工作地点的变更进行合理性审查。具体审查时,除考虑对劳动者的生活影响外,还应考虑用人单位是否采取了合理的弥补措施(如提供交通补助、班车等)。

十二、关于违法解除或者终止劳动合同，劳动者要求继续履行劳动合同争议的处理问题

用人单位违法解除或者终止劳动合同后，劳动者要求继续履行劳动合同的，一般应予以支持。

在案件处理过程中发现确实无法继续履行劳动合同的，应向劳动者释明变更请求为要求用人单位支付违法解除劳动合同赔偿金等。劳动者仍坚持要求继续履行劳动合同的，应驳回劳动者的请求。

上述“确实无法继续履行劳动合同”的情形包括：（一）用人单位被依法宣告破产、吊销营业执照、责令关闭、撤销，或者用人单位决定提前解散的；（二）劳动者在仲裁或者诉讼过程中达到法定退休年龄的；（三）劳动合同在仲裁或者诉讼过程中到期终止且不存在劳动合同法第十四条规定应当订立无固定期限劳动合同情形的；（四）劳动者原岗位对用人单位的正常业务开展具有较强的不可替代性和唯一性（如总经理、财务负责人等），且劳动者原岗位已被他人替代，双方不能就新岗位达成一致意见的；（五）劳动者已入职新用人单位的；（六）仲裁或者诉讼过程中，用人单位有证据证明向劳动者提供合理工作岗位，但劳动者拒绝的；（七）其他明显不具备继续履行劳动合同条件的。

劳动者原岗位已被他人替代的，用人单位仅以此为由进行抗辩，不宜认定为“确实无法继续履行劳动合同”的情形。

地方性规定：福建

《福建省进一步规范企业劳动合同订立、变更、解除和终止的办法（试行）》（2008年3月31日　闽劳社文〔2008〕110号）

二、劳动合同变更

6. 劳动合同履行过程中，需要变更劳动合同内容的一方应提前二十天向另一方提出协商要求，经双方协商一致，采取书面形式进行变更，变更后的劳动合同文本由用人单位和劳动者各执一份。

7. 符合《劳动合同法》第三十三条、第三十四条规定情形的，劳动合同继续履行。需要重新签订劳动合同的，新签劳动合同的内容与原劳动合同一致的，应视为原劳动合同继续履行。若新签劳动合同的内容与原劳动合同约定不一致，应经双方协商一致后重新签订；协商达不成一致意见解除劳动合同的，用人单位应支付劳动者经济补偿金。

附:本章节收录相关规定汇总

法律

《劳动法》(2018 年 12 月 29 日修正)

《劳动合同法》(2012 年 12 月 28 日修正)

行政法规

《劳动合同法实施条例》(2008 年 9 月 18 日　国务院令第 535 号)

司法解释

最高人民法院《关于审理劳动争议案件适用法律问题的解释(一)》(2021 年 1 月 1 日　法释〔2020〕26 号)

部委规定

《关于贯彻执行〈中华人民共和国劳动法〉若干问题的意见》(1995 年 8 月 4 日　劳部发〔1995〕309 号)

地方性规定:北京

北京市高级人民法院、北京市劳动人事争议仲裁委员会《关于审理劳动争议案件法律适用问题的解答》(2017 年 4 月 24 日　京高法发〔2017〕142 号)

北京市高级人民法院、北京市劳动争议仲裁委员会《关于劳动争议案件法律适用问题研讨会会议纪要(二)》(2014 年 5 月 7 日　京高法发〔2014〕220 号)

地方性规定:天津

《天津法院劳动争议案件审理指南》(2018 年 1 月 1 日　津高法〔2017〕246 号)

《天津市贯彻落实〈劳动合同法〉若干问题实施细则》(2018 年 8 月 1 日　津人社规字〔2018〕14 号)

地方性规定:上海

《上海市劳动合同条例》(2002 年 5 月 1 日　上海市人民代表大会常务委员会公告第 58 号)

上海市高级人民法院《关于适用〈劳动合同法〉若干问题的意见》(2009 年 3 月 3 日　沪高法〔2009〕73 号)

地方性规定:江苏

《江苏省劳动合同条例》(2013 年 1 月 15 日　江苏省第十一届人民代表大会常务委员会公告第 124 号)

江苏省高级人民法院《劳动争议案件审理指南(2010 年)》(2010 年 5 月 17 日)

江苏省高级人民法院、江苏省劳动争议仲裁委员会《关于审理劳动争议案件的指导意见》(2009 年 12 月 14 日　苏高法审委〔2009〕47 号)

地方性规定:浙江

浙江省高级人民法院民事审判第一庭、浙江省劳动人事争议仲裁院《关于审理劳动争议案件若干问题的解答(四)》(2016年12月30日　浙高法民一〔2016〕3号)

浙江省劳动争议仲裁委员会《关于劳动争议案件处理若干问题的指导意见(试行)》(2009年8月21日　浙仲〔2009〕2号)

《关于审理劳动争议案件若干问题的意见(试行)》(2009年4月16日　浙法民一〔2009〕3号)

地方性规定:山东

山东省高级人民法院、山东省人力资源和社会保障厅《关于审理劳动人事争议案件若干问题会议纪要》(2019年6月10日)

地方性规定:福建

《福建省进一步规范企业劳动合同订立、变更、解除和终止的办法(试行)》(2008年3月31日　闽劳社文〔2008〕110号)

第五章　劳动合同效力

法律

《劳动法》(2018 年 12 月 29 日修正)

第十八条　下列劳动合同无效:

(一)违反法律、行政法规的劳动合同;

(二)采取欺诈、威胁等手段订立的劳动合同。

无效的劳动合同,从订立的时候起,就没有法律约束力。确认劳动合同部分无效的,如果不影响其余部分的效力,其余部分仍然有效。

劳动合同的无效,由劳动争议仲裁委员会或者人民法院确认。

《劳动合同法》(2012 年 12 月 28 日修正)

第二十六条　下列劳动合同无效或者部分无效:

(一)以欺诈、胁迫的手段或者乘人之危,使对方在违背真实意思的情况下订立或者变更劳动合同的;

(二)用人单位免除自己的法定责任、排除劳动者权利的;

(三)违反法律、行政法规强制性规定的。

对劳动合同的无效或者部分无效有争议的,由劳动争议仲裁机构或者人民法院确认。

第二十七条　劳动合同部分无效,不影响其他部分效力的,其他部分仍然有效。

第二十八条　劳动合同被确认无效,劳动者已付出劳动的,用人单位应当向劳动者支付劳动报酬。劳动报酬的数额,参照本单位相同或者相近岗位劳动者的劳动报酬确定。

部委规定

《关于贯彻执行〈中华人民共和国劳动法〉若干问题的意见》(1995年8月4日　劳部发〔1995〕309号)

27.无效劳动合同是指所订立的劳动合同不符合法定条件,不能发生当事人预期的法律后果的劳动合同。劳动合同的无效由人民法院或劳动争议仲裁委员会确认,不能由合同双方当事人决定。

劳动部《关于〈中华人民共和国劳动法〉若干条文的说明》(1995年1月1日　劳办发〔1994〕289号)

第十八条　下列劳动合同无效:

(一)违反法律、行政法规的劳动合同。

(二)采取欺诈、威胁等手段订立的劳动合同:

无效的劳动合同,从订立的时候起,就没有法律约束力。确认劳动合同部分无效的,如果不影响其余部分的效力,其余部分仍然有效。

劳动合同的无效,由劳动争议仲裁委员会或者人民法院确认。

本条第一款第(一)项中"法律、行政法规"与本法第十七条解释相同。第(二)项中,"欺诈"是指:一方当事人故意告知对方当事人虚假的情况,或者故意隐瞒真实的情况,诱使对方当事人作出错误意思表示的行为;"威胁"是指以给公民及其亲友的生命健康、荣誉、名誉、财产等造成损害为要挟、迫使对方作出违背真实的意思表示的行为。(欺诈、威胁的解释依据《最高人民法院在于贯彻执行〈中华人民共和国民法通则〉若干问题的意见(试行)》[①]。

劳动合同的无效,经仲裁未引起诉讼的,由劳动争议仲裁委员会认定;经仲裁引起诉讼的,由人民法院认定。

劳动部综合计划与工资司《对大连市劳动局〈关于同时用中外文书写的两种劳动合同文本法律效力问题的请示〉的复函》(1994年1月28日　劳计司函字〔1994〕3号)

一、外商投资企业与其职工(包括中方职工、外方及港、澳、台员工)签定的劳动合同必须用中文书写,亦可同时用外文书写,但中外文本劳动合同的内容必须

① 最高人民法院《关于贯彻执行〈中华人民共和国民法通则〉若干问题的意见(试行)》已被最高人民法院《关于废止部分司法解释及相关规范性文件的决定》(2020年12月29日发布;2021年1月1日实施)废止,但其中对"欺诈""胁迫"的解释在司法实践中仍然具有参考意义。

一致。

二、劳动合同鉴证机关只对中文本的劳动合同鉴证。

三、中外文本劳动合同内容发生矛盾时,以经劳动部门鉴证的中文本劳动合同为准。

附:本章节收录相关规定汇总

法律

《劳动法》(2018 年 12 月 29 日修正)

《劳动合同法》(2012 年 12 月 28 日修正)

部委规定

《关于贯彻执行〈中华人民共和国劳动法〉若干问题的意见》(1995 年 8 月 4 日　劳部发〔1995〕309 号)

劳动部《关于〈中华人民共和国劳动法〉若干条文的说明》(1995 年 1 月 1 日　劳办发〔1994〕289 号)

劳动部综合计划与工资司《对大连市劳动局〈关于同时用中外文书写的两种劳动合同文本法律效力问题的请示〉的复函》(1994 年 1 月 28 日　劳计司函字〔1994〕3 号)

第六章　劳动合同解除

第一节　试用期解除

法律

《劳动合同法》(2012 年 12 月 28 日修正)

第二十一条　在试用期中,除劳动者有本法第三十九条[①]和第四十条第一项、第二项[②]规定的情形外,用人单位不得解除劳动合同。用人单位在试用期解除劳动合同的,应当向劳动者说明理由。

第三十七条　劳动者提前三十日以书面形式通知用人单位,可以解除劳动合同。劳动者在试用期内提前三日通知用人单位,可以解除劳动合同。

---

① 《劳动合同法》第三十九条:劳动者有下列情形之一的,用人单位可以解除劳动合同:(一)在试用期间被证明不符合录用条件的;(二)严重违反用人单位的规章制度的;(三)严重失职,营私舞弊,给用人单位造成重大损害的;(四)劳动者同时与其他用人单位建立劳动关系,对完成本单位的工作任务造成严重影响,或者经用人单位提出,拒不改正的;(五)因本法第二十六条第一款第一项规定的情形致使劳动合同无效的;(六)被依法追究刑事责任的。

② 《劳动合同法》第四十条第一项、第二项:有下列情形之一的,用人单位提前三十日以书面形式通知劳动者本人或者额外支付劳动者一个月工资后,可以解除劳动合同:(一)劳动者患病或者非因工负伤,在规定的医疗期满后不能从事原工作,也不能从事由用人单位另行安排的工作的;(二)劳动者不能胜任工作,经过培训或者调整工作岗位,仍不能胜任工作的。

行政法规

《劳动合同法实施条例》(2008 年 9 月 18 日　国务院令第 535 号)

第十八条第三项　有下列情形之一的,依照劳动合同法规定的条件、程序,劳动者可以与用人单位解除固定期限劳动合同、无固定期限劳动合同或者以完成一定工作任务为期限的劳动合同:

(三)劳动者在试用期内提前 3 日通知用人单位的;

部委规定

《企业内部控制应用指引第 3 号——人力资源》(2010 年 4 月 15 日　财会〔2010〕11 号)

第八条　企业应当建立选聘人员试用期和岗前培训制度,对试用人员进行严格考察,促进选聘员工全面了解岗位职责,掌握岗位基本技能,适应工作要求。试用期满考核合格后,方可正式上岗;试用期满考核不合格者,应当及时解除劳动关系。

劳动部《关于实行劳动合同制度若干问题的通知》(1996 年 10 月 31 日　劳部发〔1996〕354 号)

第十一条　用人单位对新招用的职工,在试用期内发现并经有关机构确认患有精神病的,可以解除劳动合同。

劳动部办公厅《对〈关于如何确定试用期内不符合录用条件可以解除劳动合同的请示〉的复函》(1995 年 1 月 19 日　劳办发〔1995〕16 号)

对试用期内不符合录用条件的劳动者,企业可以解除劳动合同;若超过试用期,则企业不能以试用期内不符合录用条件为由解除劳动合同。

劳动部办公厅《对〈关于患精神病的合同制工人解除劳动合同问题的请示〉的复函》(1995 年 1 月 3 日　劳办发〔1995〕1 号)

合同制工人在试用期间因患精神病不符合录用条件的,应按劳动部办公厅《关于患有精神病的合同制工人医疗期间问题的复函》①(劳办力字〔1992〕5 号)的规定执行,即企业招用合同制工人在试用期内发现患有精神病不符合录用条件的,可以

① 编著注:劳动部办公厅《关于患有精神病的合同制工人医疗期间问题的复函》(劳办力字〔1992〕5 号)已于 2016 年 4 月 13 日起停止执行;但 1995 年 1 月 3 日劳动部办公厅《对〈关于患精神病的合同制工人解除劳动合同问题的请示〉的复函》(劳办发〔1995〕1 号)仍然有效,仍可参照执行。

解除劳动合同。

地方性规定:北京

北京市高级人民法院、北京市劳动人事争议仲裁委员会《关于审理劳动争议案件法律适用问题的解答》(2017年4月24日　京高法发〔2017〕142号)

11.用人单位依据《劳动合同法》第三十九条第一项的规定解除劳动合同的,如何处理?

用人单位在录用劳动者时应当向劳动者明确告知录用条件,用人单位在解除劳动合同时应当向劳动者说明理由及法律依据。

用人单位证明已向劳动者明确告知录用条件,并且提供证据证明劳动者在试用期间不符合录用条件的,可依照《劳动合同法》第三十九条第一项的规定解除劳动合同。

就劳动者是否符合录用条件的认定,在试用期的认定标准可适当低于试用期届满后的认定标准。劳动者不符合录用条件的情况主要有以下情形:(1)劳动者违反诚实信用原则对影响劳动合同履行的自身基本情况有隐瞒或虚构事实的,包括提供虚假学历证书、假身份证、假护照等个人重要证件;对履历、知识、技能、业绩、健康等个人情况说明与事实有重大出入的;(2)在试用期间存在工作失误的,对工作失误的认定以劳动法相关规定、用人单位规章制度以及双方合同约定内容为判断标准;(3)双方约定属于用人单位考核劳动者试用期不符合录用条件的其他情况。

第二节　协商一致解除

法律

《劳动法》(2018年12月29日修正)

第二十四条　经劳动合同当事人协商一致,劳动合同可以解除。

《劳动合同法》(2012年12月28日修正)

第三十六条　用人单位与劳动者协商一致,可以解除劳动合同。

第四十六条第二项　有下列情形之一的,用人单位应当向劳动者支付经济补偿:

(二)用人单位依照本法第三十六条规定向劳动者提出解除劳动合同并与劳动者协商一致解除劳动合同的;

行政法规

《劳动合同法实施条例》(2008 年 9 月 18 日 国务院令第 535 号)

第十八条第一项 有下列情形之一的,依照劳动合同法规定的条件、程序,劳动者可以与用人单位解除固定期限劳动合同、无固定期限劳动合同或者以完成一定工作任务为期限的劳动合同:

(一)劳动者与用人单位协商一致的;

司法解释

最高人民法院《关于审理劳动争议案件适用法律问题的解释(一)》(2021 年 1 月 1 日 法释〔2020〕26 号)

第三十五条 劳动者与用人单位就解除或者终止劳动合同办理相关手续、支付工资报酬、加班费、经济补偿或者赔偿金等达成的协议,不违反法律、行政法规的强制性规定,且不存在欺诈、胁迫或者乘人之危情形的,应当认定有效。

前款协议存在重大误解或者显失公平情形,当事人请求撤销的,人民法院应予支持。

地方性规定:浙江

浙江省高级人民法院民事审判第一庭、浙江省劳动人事争议仲裁院《关于审理劳动争议案件若干问题的解答(五)》(2019 年 6 月 21 日 浙高法民一〔2019〕1 号)

十、劳动合同一方依法提前三十日书面通知另一方解除劳动合同,三十日期间届满前,其可否单方撤销解除通知?

答:劳动合同一方依法提前三十日书面通知另一方解除劳动合同,三十日期间届满前,提出解除的一方无权单方撤销解除通知。

浙江省高级人民法院民事审判第一庭、浙江省劳动人事争议仲裁院《关于审理劳动争议案件若干问题的解答(四)》(2016 年 12 月 30 日 浙高法民一〔2016〕3 号)

四、劳动者与用人单位经协商签订了协议,其中有“不得再向用人单位主张权利”、“双方签订协议后互不追究任何一方经济责任”等类似表述，该约定是否有效？

答：如劳动仲裁、诉讼所涉事项，协议已作约定，且协议不违反法律、行政法规的强制性规定，不存在欺诈、胁迫或者乘人之危情形的，该协议应当认定有效，作为裁判依据。

浙江省高级人民法院民一庭《关于审理劳动争议纠纷案件若干疑难问题的解答》(2012年12月24日)

十四、用人单位与劳动者就工伤待遇、加班工资、经济补偿金等达成和解或经调解组织调解后，劳动者能否再以数额过低要求用人单位补足差额？

用人单位与劳动者协商或经调解组织调解，就工伤待遇、加班工资、经济补偿金等达成和解或调解协议后，劳动者以数额过低要求用人单位补足差额的，不予支持。但劳动者有证据证明协议签订存在受胁迫、欺诈而违背自己真实意思表示，或协议内容显失公平等情形的除外。

第三节　劳动者单方解除

法律

《劳动法》(2018年12月29日修正)

第三十一条　劳动者解除劳动合同，应当提前三十日以书面形式通知用人单位。

第三十二条　有下列情形之一的，劳动者可以随时通知用人单位解除劳动合同：

(一)在试用期内的[①]；

(二)用人单位以暴力、威胁或者非法限制人身自由的手段强迫劳动的；

(三)用人单位未按照劳动合同约定支付劳动报酬或者提供劳动条件的。

《劳动合同法》(2012年12月28日修正)

第三十七条　劳动者提前三十日以书面形式通知用人单位，可以解除劳动合

① 编著注：此规定已被《劳动合同法》第三十八条代替，应不再适用。

同……

第三十八条 用人单位有下列情形之一的,劳动者可以解除劳动合同:

(一)未按照劳动合同约定提供劳动保护或者劳动条件的;

(二)未及时足额支付劳动报酬的;

(三)未依法为劳动者缴纳社会保险费的;

(四)用人单位的规章制度违反法律、法规的规定,损害劳动者权益的;

(五)因本法第二十六条第一款①规定的情形致使劳动合同无效的;

(六)法律、行政法规规定劳动者可以解除劳动合同的其他情形。

用人单位以暴力、威胁或者非法限制人身自由的手段强迫劳动者劳动的,或者用人单位违章指挥、强令冒险作业危及劳动者人身安全的,劳动者可以立即解除劳动合同,不需事先告知用人单位。

行政法规

《劳动合同法实施条例》(2008年9月18日 国务院令第535号)

第十八条 有下列情形之一的,依照劳动合同法规定的条件、程序,劳动者可以与用人单位解除固定期限劳动合同、无固定期限劳动合同或者以完成一定工作任务为期限的劳动合同:

(一)劳动者与用人单位协商一致的;

(二)劳动者提前30日以书面形式通知用人单位的;

(三)劳动者在试用期内提前3日通知用人单位的;

(四)用人单位未按照劳动合同约定提供劳动保护或者劳动条件的;

(五)用人单位未及时足额支付劳动报酬的;

(六)用人单位未依法为劳动者缴纳社会保险费的;

(七)用人单位的规章制度违反法律、法规的规定,损害劳动者权益的;

(八)用人单位以欺诈、胁迫的手段或者乘人之危,使劳动者在违背真实意思的情况下订立或者变更劳动合同的;

(九)用人单位在劳动合同中免除自己的法定责任、排除劳动者权利的;

(十)用人单位违反法律、行政法规强制性规定的;

---

① 《劳动合同法》第二十六条第一款第一项:下列劳动合同无效或者部分无效:(一)以欺诈、胁迫的手段或者乘人之危,使对方在违背真实意思的情况下订立或者变更劳动合同的。

（十一）用人单位以暴力、威胁或者非法限制人身自由的手段强迫劳动者劳动的；

（十二）用人单位违章指挥、强令冒险作业危及劳动者人身安全的；

（十三）法律、行政法规规定劳动者可以解除劳动合同的其他情形。

最高人民法院《关于审理劳动争议案件适用法律问题的解释（一）》（2021 年 1 月 1 日　法释〔2020〕26 号）

第四十五条　用人单位有下列情形之一，迫使劳动者提出解除劳动合同的，用人单位应当支付劳动者的劳动报酬和经济补偿，并可支付赔偿金：

（一）以暴力、威胁或者非法限制人身自由的手段强迫劳动的；

（二）未按照劳动合同约定支付劳动报酬或者提供劳动条件的；

（三）克扣或者无故拖欠劳动者工资的；

（四）拒不支付劳动者延长工作时间工资报酬的；

（五）低于当地最低工资标准支付劳动者工资的。

部委规定

《关于贯彻执行〈中华人民共和国劳动法〉若干问题的意见》（1995 年 8 月 4 日　劳部发〔1995〕309 号）

32. 按照劳动法第三十一条的规定，劳动者解除劳动合同，应当提前三十日以书面形式通知用人单位。超过三十日，劳动者可以向用人单位提出办理解除劳动合同手续，用人单位予以办理。如果劳动者违法解除劳动合同给原用人单位造成经济损失，应当承担赔偿责任。

33. 劳动者违反劳动法规定或劳动合同的约定解除劳动合同（如擅自离职），给用人单位造成经济损失的，应当根据劳动法第一百零二条①和劳动部《违反〈劳动法〉有关劳动合同规定的赔偿办法》（劳部发〔1995〕223 号）的规定，承担赔偿责任。

《违反〈劳动法〉有关劳动合同规定的赔偿办法》（1995 年 5 月 1 日　劳部发〔1995〕223 号）

第四条　劳动者违反规定或劳动合同的约定解除劳动合同，对用人单位造成

---

① 《劳动法》第一百零二条：劳动者违反本法规定的条件解除劳动合同或者违反劳动合同中约定的保密事项，对用人单位造成经济损失的，应当依法承担赔偿责任。

损失的,劳动者应赔偿用人单位下列损失:

(一)用人单位招收录用其所支付的费用;

(二)用人单位为其支付的培训费用,双方另有约定的按约定办理;

(三)对生产、经营和工作造成的直接经济损失;

(四)劳动合同约定的其他赔偿费用。

劳动部《关于〈中华人民共和国劳动法〉若干条文的说明》(1994 年 9 月 5 日 劳办发〔1994〕289 号)

第三十一条 劳动者解除劳动合同,应当提前三十日以书面形式通知用人单位。

本条规定了劳动者的辞职权,除此条规定的程序外,对劳动者行使辞职权不附加任何条件。但违反劳动合同约定者要依法承担责任。

地方性规定:北京

北京市高级人民法院、北京市劳动人事争议仲裁委员会《关于审理劳动争议案件法律适用问题的解答》(2017 年 4 月 24 日 京高法发〔2017〕142 号)

14. 在不属于《劳动合同法》第三十八条①规定的情况下,劳动者违反劳动合同约定的期限提前解除合同,用人单位拒绝继续履行约定的正常劳动报酬、福利外的经济方面的特殊待遇,或者要求劳动者返还正常劳动报酬、福利外的经济方面的特殊待遇,如何处理?

用人单位除向劳动者支付正常劳动报酬外,还特别给予劳动者如汽车、房屋、住房补贴等经济方面特殊待遇,双方对特殊待遇与约定工作期限的关联性有明确约定的按约定;虽无明确约定,但能够认定用人单位系基于劳动者的工作期限给予劳动者特殊待遇的,由于劳动者未完全履行合同,用人单位可以就劳动者未履行合同对应部分拒绝给付特殊待遇,对已经预先给付的,可以按照相应比例要求返还。

① 《劳动合同法》第三十八条:用人单位有下列情形之一的,劳动者可以解除劳动合同:(一)未按照劳动合同约定提供劳动保护或者劳动条件的;(二)未及时足额支付劳动报酬的;(三)未依法为劳动者缴纳社会保险费的;(四)用人单位的规章制度违反法律、法规的规定,损害劳动者权益的;(五)因本法第二十六条第一款规定的情形致使劳动合同无效的;(六)法律、行政法规规定劳动者可以解除劳动合同的其他情形。用人单位以暴力、威胁或者非法限制人身自由的手段强迫劳动者劳动的,或者用人单位违章指挥、强令冒险作业危及劳动者人身安全的,劳动者可以立即解除劳动合同,不需事先告知用人单位。

24.劳动者以用人单位未依法为其缴纳社会保险为由提出解除劳动合同,要求用人单位支付经济补偿的,如何处理?

劳动者提出解除劳动合同前一年内,存在因用人单位过错未为劳动者建立社保账户或虽建立了社保账户但缴纳险种不全情形的,劳动者依据《劳动合同法》第三十八条的规定以用人单位未依法为其缴纳社会保险为由提出解除劳动合同并主张经济补偿的,一般应予支持。

用人单位已为劳动者建立社保账户且险种齐全,但存在缴纳年限不足、缴费基数低等问题的,劳动者的社保权益可通过用人单位补缴或社保管理部门强制征缴的方式实现,在此情形下,劳动者以此为由主张解除劳动合同经济补偿的,一般不予支持。

25.劳动者要求用人单位不缴纳社会保险,后又以用人单位未缴纳社会保险为由提出解除劳动合同并主张经济补偿的,应否支持?

依法缴纳社会保险是《劳动法》规定的用人单位与劳动者的法定义务,即便是因劳动者要求用人单位不为其缴纳社会保险,劳动者按照《劳动合同法》第三十八条的规定主张经济补偿的,仍应予支持。

北京市高级人民法院、北京市劳动争议仲裁委员会《关于劳动争议案件法律适用问题研讨会会议纪要(二)》(2014年5月7日 京高法发〔2014〕220号)

40.劳动者未按规定提前三十天(在试用期内提前三天)通知用人单位解除劳动合同即自行离职,或虽然履行通知义务,但有未履行的相关义务,给用人单位造成损失的,应否赔偿?

劳动者未提前三十天(在试用期内提前三天)通知用人单位解除劳动合同,自行离职,或虽然履行通知义务,但有未履行的相关义务,如其应当履行的办理工作交接等义务,给用人单位造成直接经济损失的,应当承担相应的赔偿责任,对所造成的经济损失,用人单位负有举证责任。

《北京市劳动合同规定》(2002年2月1日 北京市人民政府令第91号)

第四十九条 劳动者违反本规定或者劳动合同约定解除劳动合同,对用人单位造成损失的,应当赔偿下列损失:

(一)用人单位为录用劳动者直接支付的费用;

(二)用人单位为劳动者支付的培训费用;

(三)对生产、经营和工作造成的直接经济损失。

地方性规定:天津

《天津法院劳动争议案件审理指南》(2018 年 1 月 1 日　津高法〔2017〕246 号)

25.【《劳动合同法》第三十八条的适用:明示被迫辞职的理由方可获得经济补偿金】用人单位存在《中华人民共和国劳动合同法》第三十八条第一款规定的情形,劳动者以此为由主动解除劳动合同并主张经济补偿金的,应予支持,但劳动者并未以此为理由提出解除劳动合同的除外。

26.【《劳动合同法》第三十八条的适用:未及时足额支付劳动报酬而被迫辞职】用人单位因故意或者重大过失导致未及时足额支付劳动报酬的,劳动者以此为由主张解除劳动合同并要求用人单位支付经济补偿金的,应予支持。

存在以下情形之一,劳动者根据《中华人民共和国劳动合同法》第三十八条第一款第二项的规定主张解除劳动合同的经济补偿金的,不予支持:

(1)用人单位因自然灾害、经营困难,停产歇业等原因而无法及时足额支付劳动报酬并经所在单位工会同意,用人单位未建立工会的,已经用人单位职工代表同意;

(2)劳资双方对计算劳动报酬的基数、方法等因客观原因理解不一致而最终导致未足额支付劳动报酬的;

(3)劳动者主张的未足额支付劳动报酬的差额系未签订书面劳动合同二倍工资、未休年假工资的;

(4)其他非因用人单位故意或者重大过失导致的未及时足额支付劳动报酬的。

27.【《劳动合同法》第 38 条的适用:未依法缴纳社保费而被迫辞职】劳动者以用人单位未建立社会保险关系、无正当理由停缴社会保险费,或者社会保险费缴费基数不符合法律规定为由解除劳动合同,并请求用人单位支付经济补偿金,用人单位对此有过错的,属于《中华人民共和国劳动合同法》第三十八条第一款第三项规定的情形,应予支持。

劳动者主张社会保险费缴费基数不符合法律规定,应当提供社会保险征缴部门或者劳动监察部门出具的限期补缴通知书或者限期整改指令书等证据予以证明。劳动者未举证证明的,对其主张不予支持;劳动者已举证证明且用人单位未在限期内改正的,应当支持劳动者的主张。

上述两款规定的情形中,推定用人单位有过错,但用人单位举证证明无过错的除外。

地方性规定:上海

上海市高级人民法院《关于适用〈劳动合同法〉若干问题的意见》(2009年3月3日　沪高法〔2009〕73号)

九、劳动者以用人单位未"及时、足额"支付劳动报酬及"未缴纳"社保金为由解除合同的,"及时、足额"支付及"未缴纳"情形的把握

用人单位依法向劳动者支付劳动报酬和缴纳社保金,是用人单位的基本义务。但是,劳动报酬和社保金的计算标准,在实际操作中往往比较复杂。而法律规定的目的就是要促使劳动合同当事人双方都诚信履行,无论用人单位还是劳动者,其行使权利、履行义务都不能违背诚实信用的原则。如果用人单位存在有悖诚信的情况,从而拖延支付或拒绝支付的,才属于立法所要规制的对象。因此,用人单位因主观恶意而未"及时、足额"支付劳动报酬或"未缴纳"社保金的,可以作为劳动者解除合同的理由。但对确因客观原因导致计算标准不清楚、有争议,导致用人单位未能"及时、足额"支付劳动报酬或未缴纳社保金的,不能作为劳动者解除合同的依据。

劳动者以存在《劳动合同法》第三十八条规定的其他情形为由主张解除劳动合同的,应当遵循合法、合理、公平的原则,参照前款精神处理。

地方性规定:重庆

《重庆市职工权益保障条例》(2011年7月1日修正　重庆市人民代表大会常务委员会公告〔2011〕第8号)

第十三条　职工提前三十日以书面形式通知用人单位,可以解除劳动合同。职工在试用期内提前三日通知用人单位,可以解除劳动合同。

用人单位有下列情形之一的,职工可以解除劳动合同:

(一)未按照劳动合同约定提供劳动保护或者劳动条件的;

(二)未及时足额支付劳动报酬的;

(三)未依法为职工缴纳社会保险费的;

(四)用人单位的规章制度违反法律、法规的规定,损害劳动者权益的;

(五)因《中华人民共和国劳动合同法》第二十六条第一款规定的情形致使劳动合同无效的;

(六)法律、行政法规规定职工可以解除劳动合同的其他情形。

用人单位以暴力、威胁或者非法限制人身自由的手段强迫职工劳动的,或者用

人单位违章指挥、强令冒险作业危及职工人身安全的,职工可以立即解除劳动合同,不需事先告知用人单位。

地方性规定:广东(深圳)

《深圳经济特区和谐劳动关系促进条例》(2019 年 4 月 26 日　深圳市第六届人民代表大会常务委员会公告第 150 号)

第十五条第二款　用人单位未依法为劳动者缴纳社会保险费的,劳动者应当依法要求用人单位缴纳;用人单位未在一个月内按规定缴纳的,劳动者可以解除劳动合同,用人单位应当依法支付经济补偿。

第十七条第三款　用人单位与劳动者在用工前订立劳动合同,尚未用工的,劳动者可以提前通知用人单位解除劳动合同。

深圳市中级人民法院《关于审理劳动争议案件的裁判指引》(2015 年 9 月 2 日 深中法发〔2015〕13 号)

七十四、劳动者提前三十日以书面形式通知用人单位,可以解除劳动合同,用人单位不得以特别约定排除或限制劳动者的解除权。但由于劳动者未提前三十日通知解除劳动合同而给用人单位造成损失的,劳动者应当承担赔偿责任。

八十一、……

劳动者以用人单位存在《劳动合同法》第三十八条第一款情形为由提出解除劳动合同的,应当在解除劳动合同时明确告知用人单位解除事由。劳动者在解除劳动合同时未明确告知用人单位解除事由,后又主张系被迫解除劳动合同,要求经济补偿的,不予支持。但劳动者有证据证明其解除劳动合同确实是因用人单位存在《劳动合同法》第三十八条第一款情形的除外。

地方性规定:江苏

江苏省高级人民法院《劳动争议案件审理指南(2010 年)》(2010 年 5 月 17 日)

第三章　劳动合同争议案件的实务问题

第四节　劳动合同解除和终止

一、劳动者预告解除劳动合同的争议处理

1. 劳动者辞职未提前 30 日通知用人单位应承担的法律责任

《劳动法》第 31 条和《劳动合同法》第 37 条规定的是劳动者的辞职权,即依照劳动者单方的意思表示即可发生解除劳动合同的效力。提前30日以书面形式通知用人单位是劳动者行使辞职权所应遵循的程序,违反该程序的法律后果是赔偿用人单位因此而遭受的损失,如不能及时找到替代者所造成的损失,用人单位的生产经营损失等,但不能否定劳动合同解除的效力。

2. 劳动者行使辞职权给用人单位造成损失的,应予赔偿损失

劳动者提前解除劳动合同的,属于行使辞职权的行为,除了有服务期或竞业限制约定的情形外,用人单位不得向劳动者主张违约金。但同时要注意协调劳动者辞职权与用人单位经营权之间的关系,如果劳动者明显违背诚信原则,单方解除劳动合同,给用人单位造成重大损失的,可以适用《劳动合同法》第90条的规定,令其承担赔偿损失。

3. 劳动者违反合同约定的期限提前解除劳动合同,用人单位要求劳动者返还特殊待遇的处理

劳动者提供劳务,用人单位支付劳动报酬,是劳动合同双方当事人的基本义务。用人单位给予劳动者价值较高的财物,如汽车、房屋或住房补贴等特殊待遇的,属于劳动报酬的预付性质。劳动者未按照约定期限付出劳动的,属于不完全履行合同。根据合同履行的对等原则,对劳动者未履行的部分,用人单位可以拒绝给付;已经给付的,也可以要求相应返还。因此,用人单位以劳动者未完全履行劳动合同为由,要求劳动者按照相应比例返还预付的劳动报酬的,可以支持;但要求劳动者支付违约金的,应当不予支持。

二、劳动者即时解除劳动合同的争议处理

《劳动合同法》第38条规定在用人单位存在过错如未及时足额支付劳动报酬、未依法为劳动者缴纳社会保险费等情形下,劳动者可以即时解除劳动合同。但在现实生活中,如果不区分《劳动合同法》实施前后的状况,一概允许劳动者以企业不支付加班费、不缴纳社会保险费为由解除合同并请求经济补偿金,可能引发大量劳资纠纷,不利于劳动关系的稳定与和谐。因此,实务中要根据法不溯及既往原则和诚实信用原则对这一条文加以把握:

1. 劳动者以用人单位在《劳动合同法》实施之前未及时足额支付延长劳动时间的劳动报酬为由,请求解除劳动合同并要求用人单位支付经济补偿金的,除符合最高人民法院《关于审理劳动争议适用法律若干问题的解释》第15条规定的情形外,不予支持。《劳动合同法》实施后,用人单位未及时足额支付劳动报酬,劳动者请求解除劳动合同并要求用人单位支付经济补偿金的,应予支持。

2. 劳动者以用人单位在《劳动合同法》实施前未按当地规定的险种缴纳社会保险费为由,请求解除劳动合同并要求用人单位支付经济补偿金的,不予支持。《劳动合同法》实施后,用人单位未按当地规定的险种为其建立社会保险关系,劳动者请求解除劳动合同并要求用人单位支付经济补偿金的,应予支持,但经济补偿金支付年限应从 2008 年 1 月 1 日起开始计算。

3. 对"未及时、足额"及"未缴纳"情形的适度把握。用人单位依法向劳动者支付劳动报酬和缴纳社会保险,是用人单位的基本义务。但是,劳动报酬和社会保险的计算标准在实际操作中往往比较复杂。法律规定的目的就是要促使劳动合同当事人双方都诚信履行,无论用人单位还是劳动者,其行使权利、履行义务都不能违背诚实信用原则。对于用人单位存在有悖诚信的情况,从而拖欠支付或拒绝支付的,才属于立法所要规制的对象。因此,用人单位因主观恶意而未"及时、足额"支付劳动报酬或者"未缴纳"社会保险的,可以作为劳动者解除劳动合同的理由。但对确因客观原因导致计算标准不清楚、有争议,导致用人单位未能"及时、足额"支付劳动报酬或未缴纳社会保险的,不能作为劳动者解除劳动合同的理由。

江苏省高级人民法院、江苏省劳动争议仲裁委员会《关于审理劳动争议案件的指导意见》(2009 年 12 月 14 日　苏高法审委〔2009〕47 号)

第十五条　劳动者单方解除劳动合同,除有《劳动合同法》第二十二条、二十三条规定的情形外,用人单位主张劳动者赔偿违约金的,不予支持。但劳动者违反诚实信用原则提前解除劳动合同,给用人单位造成实际损失,用人单位主张劳动者赔偿直接经济损失的,应予支持。

劳动者以《劳动合同法》第三十八条第一款规定为由解除劳动合同,应当通知用人单位解除劳动合同并说明理由,劳动者未履行告知程序,事后又以《劳动合同法》第四十六条第(一)项规定为由请求用人单位支付经济补偿的,不予支持。

第十六条　因劳动者自身不愿缴纳等不可归责于用人单位的原因,导致用人单位未为其缴纳或未足额缴纳社会保险费,或者未参加某项社会保险险种,劳动者请求解除劳动合同并主张用人单位支付经济补偿的,不予支持。

地方性规定:浙江

浙江省高级人民法院民事审判第一庭、浙江省劳动人事争议仲裁院《关于审理劳动争议案件若干问题的解答(五)》(2019 年 6 月 21 日　浙高法民一〔2019〕1 号)

八、劳动者未事先告知用人单位,直接依据《劳动合同法》第三十八条第一款①规定申请仲裁,请求仲裁或法院解除劳动合同,如何处理?

答:劳动者依据《劳动合同法》第三十八条第一款规定单方解除劳动合同的,应当事先向用人单位提出。劳动者未事先向用人单位提出,直接请求仲裁或法院裁判解除的,一般不予支持。

九、劳动者发生工伤后,用人单位未发放或未足额发放停工留薪期工资,劳动者能否以用人单位未及时足额支付劳动报酬为由要求解除劳动合同并支付经济补偿金?

答:停工留薪期工资性质为工伤保险待遇,劳动者以用人单位未及时足额支付停工留薪期工资为由要求解除劳动合同并支付经济补偿金,不予支持。

浙江省高级人民法院民事审判第一庭、浙江省劳动人事争议仲裁院《关于审理劳动争议案件若干问题的解答(四)》(2016 年 12 月 30 日　浙高法民一〔2016〕3 号)

五、劳动者提前三十日书面提出解除劳动合同,但三十日到期后,劳动者继续在用人单位工作,用人单位未表示异议的,双方劳动关系状况如何认定?

答:劳动者提前三十日提出解除劳动合同,但三十日到期后,劳动者继续在用人单位工作,且用人单位未表示异议的,一般可视为双方按原劳动合同继续履行。

浙江省高级人民法院民一庭《关于审理劳动争议纠纷案件若干疑难问题的解答》(2012 年 12 月 24 日)

十三、用人单位未及时、足额支付劳动报酬或未依法缴纳社会保险费的,能否作为劳动者单方解除劳动合同的理由?

用人单位因过错未及时、足额支付劳动报酬或未依法缴纳社会保险费的,可以作为劳动者解除劳动合同的理由。但用人单位有证据证明确因客观原因导致计算标准不清楚、有争议,或确因经营困难、具有合理理由或经劳动者认可,或欠缴、缓缴社会保险费已经征缴部门审批,劳动者以用人单位未"及时、足额"支付劳动报酬或未依法缴纳社会保险费为由解除劳动合同,要求用人单位支付经济补偿金的,不予

① 《劳动合同法》第三十八条第一款第一项:用人单位有下列情形之一的,劳动者可以解除劳动合同:(一)未按照劳动合同约定提供劳动保护或者劳动条件的。

支持。

浙江省劳动争议仲裁委员会《关于劳动争议案件处理若干问题的指导意见(试行)》(2009 年 8 月 21 日　浙仲〔2009〕2 号)

40. 劳动者以用人单位未及时足额支付劳动报酬为由,请求解除劳动合同并要求用人单位支付经济补偿金的,如果该事实发生在《劳动合同法》实施前,除符合最高人民法院《关于审理劳动争议适用法律若干问题的解释(一)》第十五条规定的情形以外,不予支持;如果该事实发生在《劳动合同法》实施后,且在提出解除时未超过仲裁申请时效的,应予支持,但用人单位确有特殊困难、合理理由或劳动者曾经认可的除外。

41. 劳动者以用人单位在《劳动合同法》实施前未依法缴纳社会保险为由,请求解除劳动合同并要求用人单位支付经济补偿金的,不予支付。如果该事实发生在《劳动合同法》实施后,且在提出解除时未超过仲裁申请时效的,应予支持。

42. 劳动者以用人单位未足额缴纳或已经征收部门审批的欠缴社会保险费为由,请求解除劳动合同并要求用人单位支付经济补偿金的,不予支持。

43. 劳动者以其他事由提出解除劳动合同后,又以系因用人单位存在《劳动合同法》第三十八条第一款所列情形迫使其辞职为由,要求用人单位支付经济补偿金的,一般不予支持。

44. 劳动者提前三十日以书面形式通知用人单位,可以依法解除劳动合同。用人单位在劳动合同中设定违约金条款以限制劳动者上述解除权的,该违约金条款无效。但由于劳动者行使上述解除权而违反劳动合同有关约定,并给用人单位造成直接经济损失的,劳动者应予赔偿。

《关于审理劳动争议案件若干问题的意见(试行)》(2009 年 4 月 16 日　浙法民一〔2009〕3 号)

第三十八条　劳动者提前三十日以书面形式通知用人单位,可以依法解除劳动合同。用人单位在劳动合同中设定违约金条款以限制劳动者上述解除权的,该违约金条款无效。但由于劳动者行使上述解除权而违反劳动合同有关约定,并给用人单位造成直接经济损失的,劳动者应予赔偿。

第四节　用人单位单方解除

法律

《劳动法》(2018 年 12 月 29 日修正)

第二十五条　劳动者有下列情形之一的,用人单位可以解除劳动合同:

(一)在试用期间被证明不符合录用条件的;

(二)严重违反劳动纪律或者用人单位规章制度的;

(三)严重失职,营私舞弊,对用人单位利益造成重大损害的;

(四)被依法追究刑事责任的。

第二十六条　有下列情形之一的,用人单位可以解除劳动合同,但是应当提前三十日以书面形式通知劳动者本人:

(一)劳动者患病或者非因工负伤,医疗期满后,不能从事原工作也不能从事由用人单位另行安排的工作的;

(二)劳动者不能胜任工作,经过培训或者调整工作岗位,仍不能胜任工作的;

(三)劳动合同订立时所依据的客观情况发生重大变化,致使原劳动合同无法履行,经当事人协商不能就变更劳动合同达成协议的。

《劳动合同法》(2012 年 12 月 28 日修正)

第三十九条　劳动者有下列情形之一的,用人单位可以解除劳动合同:

(一)在试用期间被证明不符合录用条件的;

(二)严重违反用人单位的规章制度的;

(三)严重失职,营私舞弊,给用人单位造成重大损害的;

(四)劳动者同时与其他用人单位建立劳动关系,对完成本单位的工作任务造成严重影响,或者经用人单位提出,拒不改正的;

(五)因本法第二十六条第一款第一项[①]规定的情形致使劳动合同无效的;

(六)被依法追究刑事责任的。

---

① 《劳动合同法》第二十六条第一款第一项:下列劳动合同无效或者部分无效:(一)以欺诈、胁迫的手段或者乘人之危,使对方在违背真实意思的情况下订立或者变更劳动合同的。

第四十条 有下列情形之一的,用人单位提前三十日以书面形式通知劳动者本人或者额外支付劳动者一个月工资后,可以解除劳动合同:

(一)劳动者患病或者非因工负伤,在规定的医疗期满后不能从事原工作,也不能从事由用人单位另行安排的工作的;

(二)劳动者不能胜任工作,经过培训或者调整工作岗位,仍不能胜任工作的;

(三)劳动合同订立时所依据的客观情况发生重大变化,致使劳动合同无法履行,经用人单位与劳动者协商,未能就变更劳动合同内容达成协议的。

行政法规

《军人抚恤优待条例》(2019 年 3 月 2 日　国务院令第 709 号)

第三十五条 在国家机关、社会团体、企业事业单位工作的残疾军人,享受与所在单位工伤人员同等的生活福利和医疗待遇。所在单位不得因其残疾将其辞退、解聘或者解除劳动关系。

《劳动合同法实施条例》(2008 年 9 月 18 日　国务院令第 535 号)

第十九条 有下列情形之一的,依照劳动合同法规定的条件、程序,用人单位可以与劳动者解除固定期限劳动合同、无固定期限劳动合同或者以完成一定工作任务为期限的劳动合同:

……

(三)劳动者严重违反用人单位的规章制度的;

(四)劳动者严重失职,营私舞弊,给用人单位造成重大损害的;

(五)劳动者同时与其他用人单位建立劳动关系,对完成本单位的工作任务造成严重影响,或者经用人单位提出,拒不改正的;

(六)劳动者以欺诈、胁迫的手段或者乘人之危,使用人单位在违背真实意思的情况下订立或者变更劳动合同的;

(七)劳动者被依法追究刑事责任的;

(八)劳动者患病或者非因工负伤,在规定的医疗期满后不能从事原工作,也不能从事由用人单位另行安排的工作的;

(九)劳动者不能胜任工作,经过培训或者调整工作岗位,仍不能胜任工作的;

(十)劳动合同订立时所依据的客观情况发生重大变化,致使劳动合同无法履行,经用人单位与劳动者协商,未能就变更劳动合同内容达成协议的;

(十一)用人单位依照企业破产法规定进行重整的;

（十二）用人单位生产经营发生严重困难的；

（十三）企业转产、重大技术革新或者经营方式调整，经变更劳动合同后，仍需裁减人员的；

（十四）其他因劳动合同订立时所依据的客观经济情况发生重大变化，致使劳动合同无法履行的。

部委规定

《关于贯彻执行〈中华人民共和国劳动法〉若干问题的意见》（1995 年 8 月 4 日劳部发〔1995〕309 号）

29. 劳动者被依法追究刑事责任的，用人单位可依据劳动法第二十五条解除劳动合同。

“被依法追究刑事责任”是指：被人民检察院免予起诉①的、被人民法院判处刑罚的、被人民法院依据刑法第三十二条免予刑事处分②的。

劳动者被人民法院判处拘役、三年以下有期徒刑缓刑的，用人单位可以解除劳动合同。

30. 劳动法第二十五条为用人单位可以解除劳动合同的条款，即使存在第二十九条③规定的情况，只要劳动者同时存在第二十五条规定的四种情形之一，用人单位也可以根据第二十五条的规定解除劳动合同。

31. 劳动者被劳动教养的，用人单位可以依据被劳教的事实解除与该劳动者的劳动合同。

劳动部《关于〈中华人民共和国劳动法〉若干条文的说明》（1994 年 9 月 5 日劳办发〔1994〕289 号）

第二十五条　劳动者有下列情形之一的，用人单位可以解除劳动合同：

（一）在试用期间被证明不符合录用条件的；

（二）严重违反劳动纪律或者用人单位规章制度的；

---

① 编著注：“免予起诉”制度已被现行《刑事诉讼法》取消。

② 编著注：已被现行《刑法》第三十七条修改为免予刑事处罚，不影响该规定执行。

③ 《劳动法》第二十九条：劳动者有下列情形之一的，用人单位不得依据本法第二十六条、第二十七条的规定解除劳动合同：（一）患职业病或者因工负伤并被确认丧失或者部分丧失劳动能力的；（二）患病或者负伤，在规定的医疗期内的；（三）女职工在孕期、产期、哺乳期内的；（四）法律、行政法规规定的其他情形。

(三)严重失职,营私舞弊,对用人单位利益造成重大损害的;

(四)被依法追究刑事责任的。

本条中"严重违反劳动纪律"的行为,可根据《企业职工奖惩条例》和《国营企业辞退违纪职工暂行规定》[①]等有关法规认定。

本条中的"重大损害"由企业内部规章来规定。因为企业类型各有不同,对重大损害的界定也千差万别,故不便于对重大损害作统一的解释。若由此发生劳动争议,可以通过劳动争议仲裁委员会对其规章规定的重大损害进行认定。

本条中"被依法追究刑事责任",具体指:(1)被人民检察院免予起诉的;(2)被人民法院判处刑罚(刑罚包括:主刑:管制、拘役、有期徒刑、无期徒刑、死刑;附加刑:罚金、剥夺政治权利、没收财产)的;(3)被人民法院依据刑法第 32 条免予刑事处分的。

第二十六条 有下列情形之一的,用人单位可以解除劳动合同,但是应当提前三十日以书面形式通知劳动者本人:

(一)劳动者患病或者非因工负伤,医疗期满后,不能从事原工作也不能从事由用人单位另行安排的工作的;

(二)劳动者不能胜任工作,经过培训或者调整工作岗位,仍不能胜任工作的;

(三)劳动合同订立时所依据的客观情况发生重大变化,致使原劳动合同无法履行,经当事人协商不能就变更劳动合同达成协议的。

本条第(一)项指劳动者医疗期满后,不能从事原工作的,由原用人单位另行安排适当工作之后,仍不能从事另行安排的工作的,可以解除劳动合同。

本条第(二)项中的"不能胜任工作",是指不能按要求完成劳动合同中约定的任务或者同工种,同岗位人员的工作量。用人单位不得故意提高定额标准,使劳动者无法完成。

本条中的"客观情况"指:发生不可抗力或出现致使劳动合同全部或部分条款无法履行的其他情况,如企业迁移、被兼并、企业资产转移等,并且排除本法第二十七条所列的客观情况。

---

① 编著注:《企业职工奖惩条例》和《国营企业辞退违纪职工暂行规定》已废止,不再适用。对"严重违反劳动纪律"的界定,可由用人单位内部规章制度做出规定。

《企业内部控制应用指引第3号——人力资源》(2010年4月15日　财会〔2010〕11号)

第十三条第二款　企业对考核不能胜任岗位要求的员工,应当及时暂停其工作,安排再培训,或调整工作岗位,安排转岗培训;仍不能满足岗位职责要求的,应当按照规定的权限和程序解除劳动合同。

地方性规定:北京

北京市高级人民法院、北京市劳动人事争议仲裁委员会《关于审理劳动争议案件法律适用问题的解答》(2017年4月24日　京高法发〔2017〕142号)

6. 用人单位与劳动者在劳动合同中宽泛地约定工作地点是"全国"、"北京"等,用人单位在履行劳动合同过程中调整劳动者的工作地点,劳动者不同意,用人单位依据规章制度作出解除劳动合同决定是否支持?

用人单位与劳动者在劳动合同中宽泛地约定工作地点是"全国"、"北京"等,如无对用人单位经营模式、劳动者工作岗位特性等特别提示,属于对工作地点约定不明。劳动者在签订劳动合同后,已经在实际履行地点工作的,视为双方确定具体的工作地点。用人单位不得仅以工作地点约定为"全国"、"北京"为由,无正当理由变更劳动者的工作地点。

用人单位与劳动者在劳动合同中明确约定用人单位可以单方变更工作地点的,仍应对工作地点的变更进行合理性审查。具体审查时,除考虑对劳动者的生活影响外,还应考虑用人单位是否采取了合理的弥补措施(如提供交通补助、班车)等。

12. 哪些情形属于《劳动合同法》第四十条第三项规定的"劳动合同订立时所依据的客观情况发生重大变化"?

"劳动合同订立时所依据的客观情况发生重大变化"是指劳动合同订立后发生了用人单位和劳动者订立合同时无法预见的变化,致使双方订立的劳动合同全部或者主要条款无法履行,或者若继续履行将出现成本过高等显失公平的状况,致使劳动合同目的难以实现。

下列情形一般属于"劳动合同订立时所依据的客观情况发生重大变化":(1)地震、火灾、水灾等自然灾害形成的不可抗力;(2)受法律、法规、政策变化导致用人单位迁移、资产转移或者停产、转产、转(改)制等重大变化的;(3)特许经营性质的用人单位经营范围等发生变化的。

13. 在规章制度未作出明确规定、劳动合同亦未明确约定的情况下,劳动者严重违反劳动纪律和职业道德的,用人单位是否可以解除劳动合同?

《劳动法》第三条第二款中规定:“劳动者应当遵守劳动纪律和职业道德”。上述规定是对劳动者的基本要求,即便在规章制度未作出明确规定、劳动合同亦未明确约定的情况下,如劳动者存在严重违反劳动纪律或职业道德的行为,用人单位可以依据《劳动法》第三条第二款的规定与劳动者解除劳动合同。

地方性规定:天津

《天津法院劳动争议案件审理指南》(2018 年 1 月 1 日　津高法〔2017〕246 号)

21.【用人单位合法解除劳动合同的审查要件】认定用人单位合法解除劳动合同,应当审查以下要件:

(1)用人单位与劳动者协商一致解除劳动合同,且不存在欺诈、胁迫或者重大误解的情形;

(2)用人单位向劳动者作出解除劳动合同的意思表示,该意思表示具体明确且已经到达劳动者,用人单位对其解除劳动合同的具体原因承担举证证明责任;

(3)用人单位解除劳动合同符合劳动合同的约定或者规章制度的规定,且该约定或者规定不违反法律规定的;

(4)用人单位解除劳动合同符合《中华人民共和国劳动合同法》第三十九条、第四十条、第四十一条的规定;

(5)已经建立工会的用人单位根据《中华人民共和国劳动合同法》第三十九条、第四十条的规定解除劳动合同,事先已经通知工会;或者虽未通知工会,但是在起诉前已经补正有关程序。

未建立工会的用人单位根据《中华人民共和国劳动合同法》第三十九条、第四十条规定解除劳动合同,劳动者以用人单位未通知所在地工会或者行业工会为由主张违法解除劳动合同的,不予支持。

22.【用人单位解除劳动合同的通知形式】用人单位单方解除劳动合同的,可以采取口头形式或者书面形式通知。采取口头形式的,用人单位应当承担举证证明责任;采取书面形式的,应当将解除劳动合同通知当面送达劳动者或者送达至劳动者预留的有效通讯地址。用人单位未完成上述送达手续直接采用登报公告等形式通知,劳动者主张不发生解除劳动关系效力的,应予支持。

《天津市贯彻落实〈劳动合同法〉若干问题实施细则》(2018 年 8 月 1 日　津人社规字〔2018〕14 号)

第十二条　劳动者有《劳动合同法》第三十九条第二项、第三项、第四项、第五项、第六项情形之一,用人单位与劳动者解除劳动合同的,应自知道或应当知道劳动者存在上述情形之日起六个月内做出解除劳动合同的决定。

第十六条　劳动者提前三十日书面通知用人单位解除劳动合同,在解除前劳动合同应当继续履行。劳动者未依法与用人单位解除劳动合同,给用人单位造成损失的,应当承担赔偿责任。

第十七条　用人单位应当依法建立和完善劳动规章制度,对严重违反规章制度的情形应加以明确,未明确具体规定的,用人单位不得依据《劳动合同法》第三十九条第(二)项规定与劳动者解除劳动合同。

地方性规定:上海

上海市高级人民法院《关于适用〈劳动合同法〉若干问题的意见》(2009 年 3 月 3 日　沪高法〔2009〕73 号)

五、用人单位解除劳动合同时如需要向劳动者支付一个月的替代通知期工资(简称“代通金”),其支付标准如何确定

用人单位是否需要支付“代通金”,应当根据法律的规定来判断,法律没有规定的,不能要求用人单位支付。

《实施条例》规定“代通金”的支付标准,应当以上个月的工资标准确定,但只以单月的工资为准,可能过高或过低,既有可能对用人单位不利,也有可能对劳动者不利,从整体上看不利于促进和形成和谐稳定的劳动关系。所以,结合劳动法和劳动合同法的立法精神,上个月的“工资标准”,应当是指劳动者的正常工资标准。如其上月工资不能反映正常工资水平的,可按解除劳动合同之前劳动者十二个月的平均工资确认。

地方性规定:重庆

《重庆市职工权益保障条例》(2011 年 3 月 25 日修正)

第二十六条　因用人单位作出的解除和终止劳动合同、减少劳动报酬、计算职工工作年限等决定而发生的劳动争议,用人单位负举证责任。

用人单位应当从知道或者应当知道职工违反规章制度行为之日起一年内作出处理决定。逾期未处理的,不再追究该违章责任。

地方性规定:广东(深圳)

广东省高级人民法院、广东省劳动人事争议仲裁委员会《关于劳动人事争议仲裁与诉讼衔接若干意见》(2018年7月18日　粤高法发〔2018〕2号)

十三、用人单位以劳动者违反计划生育政策为由解除劳动合同的,应承担违法解除劳动合同的法律责任。

地方性规定:江苏

《江苏省劳动合同条例》(2013年1月15日修订)

第三十二条　用人单位依法选择额外支付劳动者一个月工资解除劳动合同的,其额外支付的工资应当按照该劳动者上一个月的工资标准确定。上一个月工资不能反映正常工资水平的,按照劳动者在劳动合同解除前十二个月的月平均工资确定;不满十二个月的,按照实际月平均工资确定。月平均工资低于当地最低工资标准的,按照最低工资标准确定。

江苏省高级人民法院《劳动争议案件审理指南(2010年)》(2010年5月17日)

第三章　劳动合同争议案件的实务问题

第四节　劳动合同解除和终止

三、用人单位预告解除(非过错性解除)争议的处理

1. 用人单位未依法定期间预告解除劳动合同的效力如何确定

如果用人单位单方解除劳动合同本身符合法律规定,只是存在未提前30日通知劳动者等程序瑕疵,则用人单位可以通过向劳动者额外支付1个月工资即“代通知金”加以补正,但此不影响用人单位解除劳动合同的效力。劳动者亦不能以用人单位未提前30日通知为由请求用人单位继续履行劳动合同或支付违法解除的赔偿金。

2. 劳动者是否“不能胜任工作”的认定

在企业规章制度或劳动合同中,用人单位规定或与劳动者约定“末位淘汰”或“竞争上岗”,不符合劳动合同法的要求,不当然对双方具有约束力。在单位的绩效考核中处于末位或未能通过竞争上岗并不等于不能胜任工作。即使用人单位能够

证明劳动者处于末位属于不能胜任工作，也不能直接与劳动者解除合同，用人单位必须对不胜任的工作的劳动者进行培训或者调整工作岗位，如果劳动者仍然不能胜任工作的，用人单位可以提前三十日以书面形式通知劳动者本人或者额外支付劳动者一个月的工资后，才可以解除劳动合同，同时须支付经济补偿金。

五、用人单位即时解除（过错性解除）争议的处理

1. 用人单位单方解除劳动合同未将理由通知工会的如何处理

（1）根据《劳动合同法》第41条、第43条的规定，用人单位进行经济性裁员或者单方解除劳动合同前，应当履行将理由通知工会、听取工会或职工的意见等义务。虽然用人单位的这一义务仅是程序性的，不论工会同意与否，最终决定权仍在用人单位，但是这一程序对于保障劳动者免受不公正解雇，促进劳资双方通过自我协调化解劳资纠纷有着不可或缺的作用，因此，如果用人单位未履行该程序的，应认定其解除劳动合同违法，劳动者请求用人单位继续履行劳动合同或主张赔偿金的，应予支持。

（2）江苏省高级人民法院、江苏省劳动人事争议仲裁委员会《关于审理劳动争议案件的指导意见》第17条①的规定不仅适用于用人单位根据《劳动合同法》第41条的规定实施经济性裁员的情形，也适用于用人单位单方解除劳动合同的其他情形。

（3）实践中，很多用人单位尚未建立基层工会。由于组建工会是职工自身的权利，也是上级工会应尽的职责，企业虽应配合，但并无强制性的义务。因此，在用人单位没有建立工会的情况下，劳动者以用人单位未通知上一级工会为由主张用人单位违法解除劳动合同的，不予支持。

2. 劳动者是否构成“严重违反规章制度”的认定

对于用人单位以劳动者严重违反规章制度为由解除劳动合同的，对其合法性的审查可以综合考虑以下因素：用人单位是否有通过合法程序制定并且向劳动者公示的规章制度；劳动者所犯违纪行为在规章制度中是否有明确规定；规章制度对于劳动者违纪行为的处罚是否合情合理，是否明显失当；劳动者是否屡劝不改；劳

① 江苏省高级人民法院、江苏省劳动人事争议仲裁委员会《关于审理劳动争议案件的指导意见》第十七条：用人单位单方解除劳动合同，未履行《劳动合同法》第四十一条、四十三条规定的向工会或者全体职工说明情况、听取工会或职工的意见等程序性义务的，应认定其解除劳动合同的行为违法，劳动者请求用人单位继续履行劳动合同或支付赔偿金的，应予支持。用人单位解除劳动合同本身符合法律规定，仅存在未提前三十日书面通知劳动者的程序性瑕疵，劳动者以用人单位违法解除劳动合同为由请求用人单位继续履行劳动合同或支付赔偿金的，不予支持。

动者有无“故意”犯错之意图;劳动者是否给用人单位或他人造成重大损害。

江苏省高级人民法院、江苏省劳动争议仲裁委员会《关于审理劳动争议案件的指导意见》(2009 年 12 月 14 日　苏高法审委〔2009〕47 号)

第十九条　用人单位以劳动者严重违反规章制度为由解除劳动合同的,人民法院、仲裁机构应当审查用人单位规章制度的制定程序是否合法、劳动者的违纪行为在规章制度中是否有明确规定、规章制度对劳动者严重违纪行为的规定是否公平合理等,以判断劳动者是否属于严重违反用人单位规章制度、用人单位解除劳动合同的行为是否合法有效。

第二十条　《劳动合同法》第四十条规定的用人单位需额外支付劳动者的“一个月工资”,应按劳动者上一个月的应发工资标准予以确定。上月工资低于当地最低工资标准的,按最低工资标准确定。上月工资不能反映正常工资水平的,可按劳动合同解除前劳动者十二个月的平均工资确定,不满十二个月的,按实际月平均工资确定。

地方性规定:浙江

浙江省高级人民法院民事审判第一庭、浙江省劳动人事争议仲裁院《关于审理劳动争议案件若干问题的解答(五)》(2019 年 6 月 21 日　浙高法民一〔2019〕1 号)

十一、在规章制度未作出明确规定、劳动合同亦未明确约定的情况下,劳动者严重违反劳动纪律,用人单位是否可以解除劳动合同?

答:在规章制度未作出明确规定、劳动合同亦未明确约定的情况下,劳动者严重违反劳动纪律,用人单位可以依据《劳动法》第二十五条第二项①规定解除劳动合同。

浙江省高级人民法院民事审判第一庭、浙江省劳动人事争议仲裁院《关于审理劳动争议案件若干问题的解答(四)》(2016 年 12 月 30 日　浙高法民一〔2016〕3 号)

七、用人单位违法与劳动者解除劳动合同,劳动者要求继续履行劳动合同,而劳动合同已经客观上无法继续履行的,如何处理?

答:用人单位违法解除劳动合同,且劳动合同客观上无法继续履行,劳动者要求继续履行劳动合同的,仲裁委员会和法院可询问劳动者是否要求用人单位支付赔偿金。劳动者坚持原请求的,不予支持;劳动者要求支付违法解除劳动合同赔偿

---

① 《劳动法》第二十五条第二项:劳动者有下列情形之一的,用人单位可以解除劳动合同:(二)严重违反劳动纪律或者用人单位规章制度的。

金的,可予支持。

八、用人单位以《劳动合同法》第四十条规定解除了与女职工的劳动合同,女职工现以怀孕期间不能解除劳动合同为由,要求恢复劳动关系,是否支持?如其要求支付违法解除劳动合同的赔偿金,是否支持?

答:用人单位以《劳动合同法》第四十条规定解除了与女职工的劳动合同,女职工现以怀孕期间不能解除劳动合同为由,要求恢复劳动关系的,应当予以支持;不要求恢复劳动关系但要求支付违法解除劳动合同赔偿金的,应举证证明在解除劳动合同前其已告知用人单位怀孕的事实。

浙江省高级人民法院民事审判第一庭、浙江省劳动人事争议仲裁院《关于审理劳动争议案件若干问题的解答(二)》(2014年4月14日 浙高法民一〔2014〕7号)

八、劳动者违反用人单位规章制度,符合用人单位与其解除劳动合同的条件,用人单位应在多长时间内行使劳动合同解除权?

答:劳动者违反用人单位规章制度,符合用人单位与其解除劳动合同的条件,用人单位一般应在知道或者应当知道之日起5个月内行使劳动合同解除权。

九、用人单位的规章制度规定绩效考核等级,并规定考核末位淘汰的,用人单位能否据此单方解除与考核末位者的劳动关系?

答:劳动者在用人单位绩效考核中居于末位等次,不等同于“不能胜任工作”,不符合单方解除劳动合同的法定条件,用人单位不能据此单方解除劳动合同。

浙江省高级人民法院民一庭《关于审理劳动争议纠纷案件若干疑难问题的解答》(2012年12月24日)

十二、用人单位违法解除劳动合同,劳动者要求撤销解除劳动合同的决定,继续履行劳动合同的,应如何处理?

如果在一审宣判前,原劳动合同期限已经届满的,则一般不支持劳动者关于继续履行劳动合同的请求。对劳动者主张停发工资日至劳动合同届满日期间的工资损失,应按劳动者被停发工资前十二个月的平均工资确定。

如果在一审宣判时,原劳动合同期限尚未届满的,则对劳动者主张继续履行劳动合同的请求予以支持。对停发工资日以后的工资损失,应按劳动者被停发工资前十二个月的平均工资确定。

浙江省劳动争议仲裁委员会《关于劳动争议案件处理若干问题的指导意见(试行)》(2009年8月21日 浙仲〔2009〕2号)

46. 对劳动者无正当理由未办理请假手续,擅自离岗连续超过十五日,用人单位规章制度已有规定的,按相关规定执行;用人单位规章制度无规定的,用人单位可以劳动者严重违反劳动纪律为由,解除劳动合同。

用人单位以劳动者擅自离岗为由,做出解除劳动合同决定,但确因客观原因无法将该决定送达给劳动者,后劳动者以用人单位未履行送达等相关手续为由主张解除决定无效的,不予支持。

《关于审理劳动争议案件若干问题的意见(试行)》(2009 年 4 月 16 日 浙法民一〔2009〕3 号)

第四十五条 对劳动者无正当理由未办理请假手续,擅自离岗连续超过十五日,用人单位规章制度已有规定的,按相关规定执行;用人单位规章制度无规定的,用人单位可以劳动者严重违反劳动纪律为由,解除劳动合同。

用人单位以劳动者擅自离岗为由,作出解除劳动合同决定,但确因客观原因无法将该决定送达给劳动者,后劳动者以用人单位未履行送达等相关手续为由主张解除无效的,不予支持。

第五节 用人单位限制解除

法律

《劳动法》(2018 年 12 月 29 日修正)

第二十九条 劳动者有下列情形之一的,用人单位不得依据本法第二十六条①、第二十七条②的规定解除劳动合同:

(一)患职业病或者因工负伤并被确认丧失或者部分丧失劳动能力的;

(二)患病或者负伤,在规定的医疗期内的;

---

① 《劳动法》第二十六条:有下列情形之一的,用人单位可以解除劳动合同,但是应当提前三十日以书面形式通知劳动者本人:(一)劳动者患病或者非因工负伤,医疗期满后,不能从事原工作也不能从事由用人单位另行安排的工作的;(二)劳动者不能胜任工作,经过培训或者调整工作岗位,仍不能胜任工作的;(三)劳动合同订立时所依据的客观情况发生重大变化,致使原劳动合同无法履行,经当事人协商不能就变更劳动合同达成协议的。

② 《劳动法》第二十七条第一款:用人单位濒临破产进行法定整顿期间或者生产经营状况发生严重困难,确需裁减人员的,应当提前三十日向工会或者全体职工说明情况,听取工会或者职工的意见,经向劳动行政部门报告后,可以裁减人员。

(三)女职工在孕期、产期、哺乳期内的；

(四)法律、行政法规规定的其他情形。

《职业病防治法》(2018年12月29日修正)

第三十三条　用人单位与劳动者订立劳动合同(含聘用合同,下同)时,应当将工作过程中可能产生的职业病危害及其后果、职业病防护措施和待遇等如实告知劳动者,并在劳动合同中写明,不得隐瞒或者欺骗。

劳动者在已订立劳动合同期间因工作岗位或者工作内容变更,从事与所订立劳动合同中未告知的存在职业病危害的作业时,用人单位应当依照前款规定,向劳动者履行如实告知的义务,并协商变更原劳动合同相关条款。

用人单位违反前两款规定的,劳动者有权拒绝从事存在职业病危害的作业,用人单位不得因此解除与劳动者所订立的劳动合同。

《劳动合同法》(2012年12月28日修正)

第四十二条　劳动者有下列情形之一的,用人单位不得依照本法第四十条[①]、第四十一条[②]的规定解除劳动合同:

(一)从事接触职业病危害作业的劳动者未进行离岗前职业健康检查,或者疑似职业病病人在诊断或者医学观察期间的;

(二)在本单位患职业病或者因工负伤并被确认丧失或者部分丧失劳动能力的;

(三)患病或者非因工负伤,在规定的医疗期内的;

(四)女职工在孕期、产期、哺乳期的;

(五)在本单位连续工作满十五年,且距法定退休年龄不足五年的;

(六)法律、行政法规规定的其他情形。

---

① 《劳动合同法》第四十条:有下列情形之一的,用人单位提前三十日以书面形式通知劳动者本人或者额外支付劳动者一个月工资后,可以解除劳动合同:(一)劳动者患病或者非因工负伤,在规定的医疗期满后不能从事原工作,也不能从事由用人单位另行安排的工作的;(二)劳动者不能胜任工作,经过培训或者调整工作岗位,仍不能胜任工作的;(三)劳动合同订立时所依据的客观情况发生重大变化,致使劳动合同无法履行,经用人单位与劳动者协商,未能就变更劳动合同内容达成协议的。

② 《劳动合同法》第四十一条第一款:有下列情形之一,需要裁减人员二十人以上或者裁减不足二十人但占企业职工总数百分之十以上的,用人单位提前三十日向工会或者全体职工说明情况,听取工会或者职工的意见后,裁减人员方案经向劳动行政部门报告,可以裁减人员:(一)依照企业破产法规定进行重整的;(二)生产经营发生严重困难的;(三)企业转产、重大技术革新或者经营方式调整,经变更劳动合同后,仍需裁减人员的;(四)其他因劳动合同订立时所依据的客观经济情况发生重大变化,致使劳动合同无法履行的。

行政法规

《女职工劳动保护特别规定》(2012 年 4 月 28 日　国务院令第 619 号)

第五条　用人单位不得因女职工怀孕、生育、哺乳降低其工资、予以辞退、与其解除劳动或者聘用合同。

部委规定

《关于贯彻执行〈中华人民共和国劳动法〉若干问题的意见》(1995 年 8 月 4 日　劳部发〔1995〕309 号)

34. 除劳动法第二十五条①规定的情形外，劳动者在医疗期、孕期、产期和哺乳期内，劳动合同期限届满时，用人单位不得终止劳动合同。劳动合同的期限应自动延续至医疗期、孕期、产期和哺乳期期满为止。

劳动部《关于〈中华人民共和国劳动法〉若干条文的说明》(1994 年 9 月 5 日　劳办发〔1994〕289 号)

第二十九条　劳动者有下列情形之一的，用人单位不得依据本法第二十六条、第二十七条的规定解除劳动合同：

(一)患职业病或者因工负伤并被确认丧失或者部分丧失劳动能力的；

(二)患病或者负伤，在规定的医疗期内的；

(三)女工在孕期、产期、哺乳期内的；

(四)法律、行政法规规定的其他情形。

本条第(一)项、第(二)项、第(三)项之所以以法律的形式规定不得解除劳动合同，是为了保证劳动者在特殊情况下的权益不受侵害。在第(二)项、第(三)项规定的情形下劳动合同到期的，应延续劳动合同到医疗期满或女职工"三期"届满为止。

本条第(四)项中的"法律、法规规定的其他情形"，这类规定是立法时经常采用的技术性手段，其立法用意是：(1)在该条款列举情况时，为避免遗漏现行法律、法规规定的其他情况，采用此种办法使该法与其他法相衔接。(2)便于以后颁布的法律相衔接，即与新法相衔接。本法第四十二条第(三)项的解释与此相同。

---

① 《劳动法》第二十五条：劳动者有下列情形之一的，用人单位可以解除劳动合同：(一)在试用期间被证明不符合录用条件的；(二)严重违反劳动纪律或者用人单位规章制度的；(三)严重失职，营私舞弊，对用人单位利益造成重大损害的；(四)被依法追究刑事责任的。

地方性规定:山东

《山东省劳动合同条例》(2013年8月1日修订 山东省人民代表大会常务委员会公告第21号)

第三十七条 企业不得因职工一方集体协商代表履行其职责而调整其工作岗位、免除其职务、降低其职级或者工资福利待遇、解除其劳动合同。

集体协商代表履行职责期间劳动合同期满的,劳动合同期限自动延长至完成履行协商代表职责之时;集体协商代表不同意自动延长劳动合同期限的,劳动合同终止。

第六节 经济性裁员

法律

《劳动法》(2018年12月29日修正)

第二十七条 用人单位濒临破产进行法定整顿期间或者生产经营状况发生严重困难,确需裁减人员的,应当提前三十日向工会或者全体职工说明情况,听取工会或者职工的意见,经向劳动行政部门报告后,可以裁减人员。

用人单位依据本条规定裁减人员,在六个月内录用人员的,应当优先录用被裁减的人员。

《劳动合同法》(2012年12月28日修正)

第四十一条 有下列情形之一,需要裁减人员二十人以上或者裁减不足二十人但占企业职工总数百分之十以上的,用人单位提前三十日向工会或者全体职工说明情况,听取工会或者职工的意见后,裁减人员方案经向劳动行政部门报告,可以裁减人员:

(一)依照企业破产法规定进行重整的;

(二)生产经营发生严重困难的;

(三)企业转产、重大技术革新或者经营方式调整,经变更劳动合同后,仍需裁减人员的;

(四)其他因劳动合同订立时所依据的客观经济情况发生重大变化,致使劳动合同无法履行的。

裁减人员时,应当优先留用下列人员:

(一)与本单位订立较长期限的固定期限劳动合同的;

(二)与本单位订立无固定期限劳动合同的;

(三)家庭无其他就业人员,有需要扶养的老人或者未成年人的。

用人单位依照本条第一款规定裁减人员,在六个月内重新招用人员的,应当通知被裁减的人员,并在同等条件下优先招用被裁减的人员。

部委规定

劳动部《关于实行劳动合同制度若干问题的通知》(1996 年 10 月 31 日 劳部发〔1996〕354 号)

19. 按照《劳动法》第二十七条的规定,进行经济性裁员的企业在六个月内录用人员的,应当优先从被裁减的人员中录用。因经济性裁员而被用人单位裁减的职工,在六个月内又被原单位重新录用的,对职工裁减前和重新录用后的工作年限应当连续计算为本单位工作时间。

《关于贯彻执行〈中华人民共和国劳动法〉若干问题的意见》(1995 年 8 月 4 日 劳部发〔1995〕309 号)

25. 依据劳动法第二十七条和劳动部《企业经济性裁减人员规定》(劳部发〔1994〕447 号)第四条的规定,用人单位确需裁减人员,应按下列程序进行:

(1)提前三十日向工会或全体职工说明情况,并提供有关生产经营状况的资料;

(2)提出裁减人员方案,内容包括:被裁减人员名单、裁减时间及实施步骤,符合法律、法规规定和集体合同约定的被裁减人员的经济补偿办法;

(3)将裁减人员方案征求工会或者全体职工的意见,并对方案进行修改和完善;

(4)向当地劳动行政部门报告裁减人员方案以及工会或者全体职工的意见,并听取劳动行政部门的意见;

(5)由用人单位正式公布裁减人员方案,与被裁减人员办理解除劳动合同手续,按照有关规定向被裁减人员本人支付经济补偿金,并出具裁减人员证明书。

劳动部《企业经济性裁减人员规定》(1995年1月1日　劳部发〔1994〕447号)

第二条　用人单位濒临破产,被人民法院宣告进入法定整顿期间或生产经营发生严重困难,达到当地政府规定的严重困难企业标准,确需裁减人员的,可以裁员。

第四条　用人单位确需裁减人员,应按下列程序进行:

(一)提前三十日向工会或者全体职工说明情况,并提供有关生产经营状况的资料;

(二)提出裁减人员方案,内容包括:被裁减人员名单,裁减时间及实施步骤,符合法律、法规规定和集体合同约定的被裁减人员经济补偿办法;

(三)将裁减人员方案征求工会或者全体职工的意见,并对方案进行修改和完善;

(四)向当地劳动行政部门报告裁减人员方案以及工会或者全体职工的意见,并听取劳动行政部门的意见;

(五)由用人单位正式公布裁减人员方案,与被裁减人员办理解除劳动合同手续,按照有关规定向被裁减人员本人支付经济补偿金,出具裁减人员证明书。

第五条　用人单位不得裁减下列人员:

(一)患职业病或者因工负伤并被确认丧失或者部分丧失劳动能力的;

(二)患病或者负伤,在规定的医疗期内的;

(三)女职工在孕期、产期、哺乳期内的;

(四)法律、行政法规规定的其他情形。

第七条　用人单位从裁减人员之日起,六个月内需要新招人员的,必须优先从本单位裁减的人员中录用,并向当地劳动行政部门报告录用人员的数量、时间、条件以及优先录用人员的情况。

第九条　工会或职工对裁员提出的合理意见,用人单位应认真听取。

用人单位违反法律、法规规定和集体合同约定裁减人员的,工会有权要求重新处理。

地方性规定:天津

《天津市企业经济性裁减人员暂行规定》(2001年8月1日　津劳局〔2001〕241号)

第六条　生产经营状况发生严重困难确需裁减人员,应当同时具备下列条件:

(一)生产经营实际亏损连续三年(财政决算年度)以上,亏损额逐年增加,且生

产经营状况无明显好转;

(二)连续两年开工率不足60%,有50%以上职工下岗待工;

(三)连续六个月以上在岗职工工资不能按照本市规定的最低工资标准支付。

第七条 企业在实施经济性裁减人员前,应当连续十二个月停止招工,并已采取清退外来劳动力和其他外聘人员的措施。

第八条 企业裁减人员应当按照下列程序进行:

(一)提前三十日向工会或者全体职工说明情况,并提供企业有关生产经营状况的资料;

(二)提出裁减人员方案,内容包括:被裁减人员的条件、范围、数量、裁减时间及实施步骤,实施转业转岗培训的安排,符合法律、法规规定和集体合同约定的经济补偿办法以及资金落实情况等;

(三)将裁减人员方案向工会或全体职工征求意见,听取工会和职工意见,并修改完善;

(四)报告裁员方案,听取劳动保障行政部门的意见。

区县属和无主管部门企业裁减人员的,其裁员方案由企业所在地劳动保障行政部门审核后,报市劳动保障行政部门核准;其他企业的裁员方案报企业主管部门初步审核后,报市劳动保障行政部门核准。

(五)由企业公布裁减人员方案,按有关规定与被裁减人员办理解除劳动合同手续,并支付经济补偿金。

第九条 企业报告经济性裁减人员时,应提供下列材料:

(一)裁减人员的书面报告;

(二)企业裁减人员方案;

(三)企业扭亏增盈措施的方案;

(四)工会或全体职工对裁减人员方案的书面意见;

濒临破产进入法定整顿期间的企业应提供被人民法院宣告进入法定整顿期的证明。

第十条 符合下列情形的人员,企业不得裁减:

(一)患职业病或者因工负伤,被确认丧失或者部分丧失劳动能力的;

(二)患病或者负伤,在规定医疗期内的;

(三)女职工在孕期、产期、哺乳期内的;

(四)距法定退休年龄不足五年或工龄已满30年的;

（五）复转军人、现役军官（含志愿兵）随军家属安置到企业不足两年的；

（六）企业转产或被兼并过程中的人员；

（七）法律、法规、规章规定的其他情形。

第十三条　企业裁减人员应按照被裁减人员在本单位实际工作年限支付经济补偿金，实际工作时间每满一年发给相当于一个月工资的经济补偿金。工资标准按职工本人被裁减之前十二个月的月平均工资计算；职工本人的月平均工资低于本企业全部在岗职工月平均工资的，按本企业全部在岗职工月平均工资的标准计算；本企业全部在岗职工月平均工资高于本市当年职工月平均工资的60%的，按本企业全部在岗职工月平均工资的标准计算；本企业全部在岗职工月平均工资低于本市当年职工月平均工资的60%的，按本市当年职工月平均工资的60%计算。

第十五条　企业裁减人员后，应按有关规定将被裁减人员档案移交本人户籍所在地劳动保障行政部门。被裁减而失业的人员按有关规定办理失业登记，符合条件的享受失业保险待遇。

企业欠缴的失业保险费、养老保险费等各项费用，应在裁减人员前按有关规定足额补缴。企业拖欠的职工工资、福利等各项费用应在裁减人员前补齐。

地方性规定：上海

上海市高级人民法院《关于适用〈劳动合同法〉若干问题的意见》（2009年3月3日　沪高法〔2009〕73号）

二十、用人单位未经法定程序即实行经济性裁员的处理

根据《劳动合同法》第四十一条的规定，企业进行经济性裁员必须满足一定的前提条件，用人单位在未满足该条件的情况下进行裁员，被裁的劳动者要求恢复劳动关系的，可以支持。

第七节 经济补偿和经济赔偿

法律

《劳动法》(2018 年 12 月 29 日修正)

第二十八条 用人单位依据本法第二十四条[①]、第二十六条[②]、第二十七条[③]的规定解除劳动合同的,应当依照国家有关规定给予经济补偿。

《劳动合同法》(2012 年 12 月 28 日修正)

第四十六条 有下列情形之一的,用人单位应当向劳动者支付经济补偿:

(一)劳动者依照本法第三十八条[④]规定解除劳动合同的;

(二)用人单位依照本法第三十六条[⑤]规定向劳动者提出解除劳动合同并与劳动者协商一致解除劳动合同的;

(三)用人单位依照本法第四十条规定解除劳动合同的;

(四)用人单位依照本法第四十一条第一款规定解除劳动合同的;

(五)除用人单位维持或者提高劳动合同约定条件续订劳动合同,劳动者不同

---

① 《劳动法》第二十四条:经劳动合同当事人协商一致,劳动合同可以解除。

② 《劳动法》第二十六条:有下列情形之一的,用人单位可以解除劳动合同,但是应当提前三十日以书面形式通知劳动者本人:(一)劳动者患病或者非因工负伤,医疗期满后,不能从事原工作也不能从事由用人单位另行安排的工作的;(二)劳动者不能胜任工作,经过培训或者调整工作岗位,仍不能胜任工作的;(三)劳动合同订立时所依据的客观情况发生重大变化,致使原劳动合同无法履行,经当事人协商不能就变更劳动合同达成协议的。

③ 《劳动法》第二十七条:用人单位濒临破产进行法定整顿期间或者生产经营状况发生严重困难,确需裁减人员的,应当提前三十日向工会或者全体职工说明情况,听取工会或者职工的意见,经向劳动行政部门报告后,可以裁减人员。用人单位依据本条规定裁减人员,在六个月内录用人员的,应当优先录用被裁减的人员。

④ 《劳动合同法》第三十八条:用人单位有下列情形之一的,劳动者可以解除劳动合同:(一)未按照劳动合同约定提供劳动保护或者劳动条件的;(二)未及时足额支付劳动报酬的;(三)未依法为劳动者缴纳社会保险费的;(四)用人单位的规章制度违反法律、法规的规定,损害劳动者权益的;(五)因本法第二十六条第一款规定的情形致使劳动合同无效的;(六)法律、行政法规规定劳动者可以解除劳动合同的其他情形。用人单位以暴力、威胁或者非法限制人身自由的手段强迫劳动者劳动的,或者用人单位违章指挥、强令冒险作业危及劳动者人身安全的,劳动者可以立即解除劳动合同,不需事先告知用人单位。

⑤ 《劳动合同法》第三十六条:用人单位与劳动者协商一致,可以解除劳动合同。

意续订的情形外，依照本法第四十四条第一项①规定终止固定期限劳动合同的；

（六）依照本法第四十四条第四项、第五项②规定终止劳动合同的；

（七）法律、行政法规规定的其他情形。

第四十七条　经济补偿按劳动者在本单位工作的年限，每满一年支付一个月工资的标准向劳动者支付。六个月以上不满一年的，按一年计算；不满六个月的，向劳动者支付半个月工资的经济补偿。

劳动者月工资高于用人单位所在直辖市、设区的市级人民政府公布的本地区上年度职工月平均工资三倍的，向其支付经济补偿的标准按职工月平均工资三倍的数额支付，向其支付经济补偿的年限最高不超过十二年。

本条所称月工资是指劳动者在劳动合同解除或者终止前十二个月的平均工资。

第四十八条　用人单位违反本法规定解除或者终止劳动合同，劳动者要求继续履行劳动合同的，用人单位应当继续履行；劳动者不要求继续履行劳动合同或者劳动合同已经不能继续履行的，用人单位应当依照本法第八十七条③规定支付赔偿金。

第五十条　用人单位应当在解除或者终止劳动合同时出具解除或者终止劳动合同的证明，并在十五日内为劳动者办理档案和社会保险关系转移手续。

劳动者应当按照双方约定，办理工作交接。用人单位依照本法有关规定应当向劳动者支付经济补偿的，在办结工作交接时支付。

用人单位对已经解除或者终止的劳动合同的文本，至少保存二年备查。

第八十七条　用人单位违反本法规定解除或者终止劳动合同的，应当依照本法第四十七条规定的经济补偿标准的二倍向劳动者支付赔偿金。

第八十九条　用人单位违反本法规定未向劳动者出具解除或者终止劳动合同的书面证明，由劳动行政部门责令改正；给劳动者造成损害的，应当承担赔偿责任。

第九十七条第三款　本法施行之日存续的劳动合同在本法施行后解除或者终止，依照本法第四十六条规定应当支付经济补偿的，经济补偿年限自本法施行之日起计算；本法施行前按照当时有关规定，用人单位应当向劳动者支付经济补偿的，按照当时有关规定执行。

---

① 《劳动合同法》第四十四条第一项：有下列情形之一的，劳动合同终止：（一）劳动合同期满的。

② 《劳动合同法》第四十四条第四项、第五项：有下列情形之一的，劳动合同终止：（四）用人单位被依法宣告破产的；（五）用人单位被吊销营业执照、责令关闭、撤销或者用人单位决定提前解散的。

③ 《劳动合同法》第八十七条：用人单位违反本法规定解除或者终止劳动合同的，应当依照本法第四十七条规定的经济补偿标准的二倍向劳动者支付赔偿金。

行政法规

《劳动合同法实施条例》(2008 年 9 月 18 日　国务院令第 535 号)

第十条　劳动者非因本人原因从原用人单位被安排到新用人单位工作的,劳动者在原用人单位的工作年限合并计算为新用人单位的工作年限。原用人单位已经向劳动者支付经济补偿的,新用人单位在依法解除、终止劳动合同计算支付经济补偿的工作年限时,不再计算劳动者在原用人单位的工作年限。

第十二条　地方各级人民政府及县级以上地方人民政府有关部门为安置就业困难人员提供的给予岗位补贴和社会保险补贴的公益性岗位,其劳动合同不适用劳动合同法有关无固定期限劳动合同的规定以及支付经济补偿的规定。

第二十条　用人单位依照劳动合同法第四十条的规定,选择额外支付劳动者一个月工资解除劳动合同的,其额外支付的工资应当按照该劳动者上一个月的工资标准确定。

第二十二条　以完成一定工作任务为期限的劳动合同因任务完成而终止的,用人单位应当依照劳动合同法第四十七条的规定向劳动者支付经济补偿。

第二十三条　用人单位依法终止工伤职工的劳动合同的,除依照劳动合同法第四十七条的规定支付经济补偿外,还应当依照国家有关工伤保险的规定支付一次性工伤医疗补助金和伤残就业补助金。

第二十五条　用人单位违反劳动合同法的规定解除或者终止劳动合同,依照劳动合同法第八十七条的规定支付了赔偿金的,不再支付经济补偿。赔偿金的计算年限自用工之日起计算。

第二十七条　劳动合同法第四十七条规定的经济补偿的月工资按照劳动者应得工资计算,包括计时工资或者计件工资以及奖金、津贴和补贴等货币性收入。劳动者在劳动合同解除或者终止前 12 个月的平均工资低于当地最低工资标准的,按照当地最低工资标准计算。劳动者工作不满 12 个月的,按照实际工作的月数计算平均工资。

司法解释

最高人民法院《关于审理劳动争议案件适用法律问题的解释(一)》(2021 年 1 月 1 日　法释〔2020〕26 号)

第四十一条　劳动合同被确认为无效,劳动者已付出劳动的,用人单位应当按照劳动合同法第二十八条、第四十六条、第四十七条的规定向劳动者支付劳动报酬和经济补偿。

由于用人单位原因订立无效劳动合同,给劳动者造成损害的,用人单位应当赔偿劳动者因合同无效所造成的经济损失。

第四十五条 用人单位有下列情形之一,迫使劳动者提出解除劳动合同的,用人单位应当支付劳动者的劳动报酬和经济补偿,并可支付赔偿金:

(一)以暴力、威胁或者非法限制人身自由的手段强迫劳动的;

(二)未按照劳动合同约定支付劳动报酬或者提供劳动条件的;

(三)克扣或者无故拖欠劳动者工资的;

(四)拒不支付劳动者延长工作时间工资报酬的;

(五)低于当地最低工资标准支付劳动者工资的。

第四十六条 劳动者非因本人原因从原用人单位被安排到新用人单位工作,原用人单位未支付经济补偿,劳动者依据劳动合同法第三十八条规定与新用人单位解除劳动合同,或者新用人单位向劳动者提出解除、终止劳动合同,在计算支付经济补偿或赔偿金的工作年限时,劳动者请求把在原用人单位的工作年限合并计算为新用人单位工作年限的,人民法院应予支持。

用人单位符合下列情形之一的,应当认定属于"劳动者非因本人原因从原用人单位被安排到新用人单位工作":

(一)劳动者仍在原工作场所、工作岗位工作,劳动合同主体由原用人单位变更为新用人单位;

(二)用人单位以组织委派或任命形式对劳动者进行工作调动;

(三)因用人单位合并、分立等原因导致劳动者工作调动;

(四)用人单位及其关联企业与劳动者轮流订立劳动合同;

(五)其他合理情形。

第四十七条 建立了工会组织的用人单位解除劳动合同符合劳动合同法第三十九条、第四十条规定,但未按照劳动合同法第四十三条规定事先通知工会,劳动者以用人单位违法解除劳动合同为由请求用人单位支付赔偿金的,人民法院应予支持,但起诉前用人单位已经补正有关程序的除外。

第四十八条 劳动合同法施行后,因用人单位经营期限届满不再继续经营导致劳动合同不能继续履行,劳动者请求用人单位支付经济补偿的,人民法院应予支持。

部委规定

财政部、国家税务总局《关于个人所得税法修改后有关优惠政策衔接问题的通知》(2019年1月1日　财税〔2018〕164号)

五、关于解除劳动关系、提前退休、内部退养的一次性补偿收入的政策

(一)个人与用人单位解除劳动关系取得一次性补偿收入(包括用人单位发放的经济补偿金、生活补助费和其他补助费),在当地上年职工平均工资3倍数额以内的部分,免征个人所得税;超过3倍数额的部分,不并入当年综合所得,单独适用综合所得税率表,计算纳税。

劳动和社会保障部《关于破产企业一次性安置人员再就业后工龄计算问题的复函》(2002年5月20日　劳社厅函〔2002〕179号)

关于破产企业领取一次性安置费的人员再就业后工龄计算问题,同意你厅意见,即其原在国有企业的工龄及再就业后的工龄可合并计算为连续工龄。但在重新就业的单位与职工解除劳动关系支付经济补偿金时,原单位的工作年限不计算为新单位的工作年限。

劳动和社会保障部办公厅《关于复转军人军龄及有关人员工龄是否作为计算职工经济补偿金年限的答复意见》(2002年1月28日　劳社厅函〔2002〕20号)

一、关于退伍、复员、转业军人的军龄是否作为计发经济补偿年限问题。按照《中华人民共和国兵役法》和中共中央、国务院、中央军委《军队转业干部安置暂行办法》(中发〔2001〕3号)第三十七条①以及国务院、中央军委《关于退伍义务兵安置工作随用人单位改革实行劳动合同制度的意见》(国发〔1993〕54号)第五条②规定,军队退伍、复员、转业军人的军龄,计算为接收安置单位的连续工龄。原劳动部《违反和解除劳动合同的经济补偿办法》(劳部发〔1994〕481号)③规定,经济补偿金按职工在本单位的工作年限计发,因此,企业与职工解除劳动关系计发法定的经济补

---

① 《军队转业干部安置暂行办法》(中发〔2001〕3号)第三十七条:军队转业干部的军龄,计算为接收安置单位的连续工龄(工作年限),享受相应的待遇。在军队从事护理、教学工作,转业后仍从事该职业的,其在军队的护龄、教龄应当连续计算,享受接收安置单位同类人员的待遇。

② 《关于退伍义务兵安置工作随用工单位改革实行劳动合同制的意见》第五条:妥善解决养老、待业保险、住房等待遇。退伍义务兵的军龄连同待分配时间应一并计算为所在单位的连续工龄和待业、养老保险投保年限,并在工资、住房和其他方面享受同工龄、同工种职工待遇。

③ 编著注:该办法已被人力资源社会保障部《关于第五批宣布失效和废止文件的通知》(2017年11月24日发布,2017年11月24日实施)废止。

偿金时,退伍、转业军人的军龄应当计算为“本单位工作年限”。

劳动和社会保障部《关于〈国营企业实行劳动合同制度暂行规定〉废止后有关终止劳动合同支付生活补助费问题的复函》(2001年12月26日 劳社厅函〔2001〕280号)

一、《国营企业实行劳动合同制度暂行规定》(国发〔1986〕77号)(以下简称《规定》)废止后,国有企业职工劳动合同期满与企业终止劳动关系后有关生活补助费的支付问题,地方有规定的,可以按地方规定执行。地方没有规定的,以《规定》废止时间为准,对在《规定》废止前企业录用的职工,劳动合同期满后与企业终止劳动关系时,应计发劳动者至《规定》废止前工作年限的生活补助费,最多不超过12个月;对在《规定》废止后企业录用的职工,劳动合同期满终止劳动关系时,可以不支付生活补助费。

二、对于国有企业改制的,企业中的原国有企业职工终止劳动合同后是否支付生活补助费,由各省、自治区、直辖市根据实际情况确定。

劳动和社会保障部办公厅《关于用人单位违反劳动合同规定有关赔偿问题的复函》(2001年11月5日 劳社厅函〔2001〕238号)

《违反〈劳动法〉有关劳动合同规定的赔偿办法》(劳部发〔1995〕233号)第三条第一项中的“劳动者本人应得工资收入”,是指因用人单位违反国家法律法规或劳动合同的约定,解除劳动合同造成劳动者不能提供正常劳动而损失的工资收入。

国家税务总局《关于个人解除劳动合同取得经济补偿金征收个人所得税扣除基本养老等保险基金问题的批复》(2001年8月22日 国税函〔2001〕665号)

《国家税务总局关于个人因解除劳动合同取得经济补偿金征收个人所得税问题的通知》(国税发〔1999〕178号)第四条规定:“个人按国家或地方政府规定比例实际缴纳的住房公积金、医疗保险金、基本养老保险金、失业保险基金(以下简称‘四金’)在计税时应予以扣除”。此处所称应予扣除的实际缴纳的“四金”,是指个人在取得一次性经济补偿金时,按国家或地方政府规定比例实际缴纳的“四金”,在计税时应据实扣除。个人在取得一次性经济补偿金时未实际缴纳的“四金”以及以后实际缴纳的“四金”,不得在计算一次性经济补偿金应纳的个人所得税时扣除。

劳动部办公厅《关于对劳部发〔1996〕354号文件有关问题解释的通知》(1997年2月5日 劳办发〔1997〕18号)

二、《通知》第22条“劳动者患病或者非因工负伤,合同期满终止劳动合同的,用人单位应当支付不低于六个月工资的医疗补助费”是指合同期满的劳动者终止劳动合同时,医疗期满或者医疗终结被劳动鉴定委员会鉴定为5–10级的,用人单位应当支付不低于六个月工资的医疗补助费。鉴定为1–4级的,应当办理退休、退职手续,享受退休、退职待遇。

劳动部《关于实行劳动合同制度若干问题的通知》(1996年10月31日 劳部发〔1996〕354号)

18. 职工解除劳动合同,应当严格按照《劳动法》的规定,提前三十日[①]以书面形式向用人单位提出。职工自动离职属于违法解除劳动合同,应当按照《违反〈劳动法〉有关劳动合同规定的赔偿办法》承担赔偿责任。

20. 劳动者按照《劳动法》第二十四条[②]的规定,主动提出解除劳动合同的,用人单位可以不支付经济补偿金。

22. 劳动者患病或者非因工负伤,合同期满终止劳动合同的,用人单位应当支付不低于六个月工资的医疗补助费;对患重病或绝症的,还应适当增加医疗补助费。

《违反〈劳动法〉有关劳动合同规定的赔偿办法》(1995年5月10日 劳部发〔1995〕223号)

第二条 用人单位有下列情形之一,对劳动者造成损害的,应赔偿劳动者损失:

(一)用人单位故意拖延不订立劳动合同,即招用后故意不按规定订立劳动合同以及劳动合同到期后故意不及时续订劳动合同的;

(二)由于用人单位的原因订立无效劳动合同,或订立部分无效劳动合同的;

(三)用人单位违反规定或劳动合同的约定侵害女职工或未成年工合法权益的;

(四)用人单位违反规定或劳动合同的约定解除劳动合同的。

第三条 本办法第二条规定的赔偿,按下列规定执行:

(一)造成劳动者工资收入损失的,按劳动者本人应得工资收入支付给劳动者,并加付应得工资收入25%的赔偿费用;

---

① 编著注:此处规定的提前30日以书面的形式向用人单位提出解除劳动合同,仅限于现行《劳动合同法》第三十七条规定的情形,即劳动者提前通知解除劳动合同。

② 《劳动法》第二十四条:经劳动合同当事人协商一致,劳动合同可以解除。《劳动合同法》第三十六条:用人单位与劳动者协商一致,可以解除劳动合同。

(二)造成劳动者劳动保护待遇损失的,应按国家规定补足劳动者的劳动保护津贴和用品;

(三)造成劳动者工伤、医疗待遇损失的,除按国家规定为劳动者提供工伤、医疗待遇外,还应支付劳动者相当于医疗费用25%的赔偿费用;

(四)造成女职工和未成年工身体健康损害的,除按国家规定提供治疗期间的医疗待遇外,还应支付相当于其医疗费用25%的赔偿费用;

(五)劳动合同约定的其他赔偿费用。

第四条　劳动者违反规定或劳动合同的约定解除劳动合同,对用人单位造成损失的,劳动者应赔偿用人单位下列损失:

(一)用人单位招收录用其所支付的费用;

(二)用人单位为其支付的培训费用,双方另有约定的按约定办理;

(三)对生产、经营和工作造成的直接经济损失;

(四)劳动合同约定的其他赔偿费用。

第五条　劳动者违反劳动合同中约定的保密事项,对用人单位造成经济损失的,按《反不正当竞争法》第二十条的规定支付用人单位赔偿费用。

第六条　用人单位招用尚未解除劳动合同的劳动者,对原用人单位造成经济损失的,除该劳动者承担直接赔偿责任外,该用人单位应当承担连带赔偿责任。其连带赔偿的份额应不低于对原用人单位造成经济损失总额的百分之七十。向原用人单位赔偿下列损失:

(一)对生产、经营和工作造成的直接经济损失;

(二)因获取商业秘密给原用人单位造成的经济损失。

赔偿本条第(二)项规定的损失,按《反不正当竞争法》第二十条的规定执行。

地方性规定:北京

北京市高级人民法院、北京市劳动人事争议仲裁委员会《关于审理劳动争议案件法律适用问题的解答》(2017年4月24日　京高法发〔2017〕142号)

16. 二次固定期限劳动合同到期后,用人单位发出终止劳动合同通知,劳动者主张用人单位支付违法终止劳动合同的赔偿金,是否支持?

在劳动者不符合《劳动合同法》第三十九条[①]和第四十条第一项、第二项[②]规定情形时,用人单位在二次固定期限劳动合同到期后直接发出终止劳动合同(关系)通知,不符合《劳动合同法》第十四条第二款第三项[③]之规定,应认定为违法终止劳动合同(关系)。劳动者主张用人单位支付违法终止劳动合同的赔偿金,应予支持。

21. 用人单位给付劳动者的工资标准计算基数按哪些原则确定?

……

(4)在计算劳动者解除劳动合同前十二个月平均工资时,应当包括计时工资或者计件工资以及奖金、津贴和补贴等货币性收入。其中包括正常工作时间的工资,还包括劳动者延长工作时间的加班费。劳动者应得的年终奖或年终双薪,计入工资基数时应按每年十二个月平均分摊。《劳动合同法》第四十七条规定的计算经济补偿的月工资标准应依照《劳动合同法实施条例》第二十七条规定予以确定;《劳动合同法实施条例》第二十七条中的"应得工资"包含由个人缴纳的社会保险和住房公积金以及所得税。

24. 劳动者以用人单位未依法为其缴纳社会保险为由提出解除劳动合同,要求用人单位支付经济补偿的,如何处理?

劳动者提出解除劳动合同前一年内,存在因用人单位过错未为劳动者建立社保账户或虽建立了社保账户但缴纳险种不全情形的,劳动者依据《劳动合同法》第三十八条的规定以用人单位未依法为其缴纳社会保险为由提出解除劳动合同并主张经济补偿的,一般应予支持。

用人单位已为劳动者建立社保账户且险种齐全,但存在缴纳年限不足、缴费基数低等问题的,劳动者的社保权益可通过用人单位补缴或社保管理部门强制征缴

---

① 《劳动合同法》第三十九条:劳动者有下列情形之一的,用人单位可以解除劳动合同:(一)在试用期间被证明不符合录用条件的;(二)严重违反用人单位的规章制度的;(三)严重失职,营私舞弊,给用人单位造成重大损害的;(四)劳动者同时与其他用人单位建立劳动关系,对完成本单位的工作任务造成严重影响,或者经用人单位提出,拒不改正的;(五)因本法第二十六条第一款第一项规定的情形致使劳动合同无效的;(六)被依法追究刑事责任的。

② 《劳动合同法》第四十条第一项、第二项:有下列情形之一的,用人单位提前三十日以书面形式通知劳动者本人或者额外支付劳动者一个月工资后,可以解除劳动合同:(一)劳动者患病或者非因工负伤,在规定的医疗期满后不能从事原工作,也不能从事由用人单位另行安排的工作的;(二)劳动者不能胜任工作,经过培训或者调整工作岗位,仍不能胜任工作的。

③ 《劳动合同法》第十四条第二款第三项:用人单位与劳动者协商一致,可以订立无固定期限劳动合同。有下列情形之一,劳动者提出或者同意续订、订立劳动合同的,除劳动者提出订立固定期限劳动合同外,应当订立无固定期限劳动合同:(三)连续订立二次固定期限劳动合同,且劳动者没有本法第三十九条和第四十条第一项、第二项规定的情形,续订劳动合同的。

的方式实现，在此情形下，劳动者以此为由主张解除劳动合同经济补偿的，一般不予支持。

25. 劳动者要求用人单位不缴纳社会保险，后又以用人单位未缴纳社会保险为由提出解除劳动合同并主张经济补偿的，应否支持？

依法缴纳社会保险是《劳动法》规定的用人单位与劳动者的法定义务，即便是因劳动者要求用人单位不为其缴纳社会保险，劳动者按照《劳动合同法》第三十八条的规定主张经济补偿的，仍应予支持。

北京市高级人民法院、北京市劳动争议仲裁委员会《关于劳动争议案件法律适用问题研讨会会议纪要(二)》(2014年5月7日 京高法发〔2014〕220号)

39. 劳动者以《劳动合同法》第三十八条规定之外的情形为由提出解除劳动合同的，在仲裁或诉讼阶段又主张是用人单位存在前述法定情形迫使其解除劳动合同，请求用人单位支付经济补偿金或赔偿金的如何处理？

对于劳动者提出解除劳动合同的，应以劳动者当时实际解除劳动合同时提出理由作为认定案件事实的依据，劳动者以《劳动合同法》第三十八条规定之外的情形为由提出解除劳动合同，在仲裁或诉讼阶段又主张是用人单位存在前述法定情形迫使其解除劳动合同，请求用人单位支付经济补偿金或赔偿金的，仲裁委、法院不予支持，但劳动者证明在解除劳动合同时，存在欺诈、胁迫、重大误解等违背其真实意思表示的情形的除外。

40. 劳动者未按规定提前三十天(在试用期内提前三天)通知用人单位解除劳动合同即自行离职，或虽然履行通知义务，但有未履行的相关义务，给用人单位造成损失的，应否赔偿？

劳动者未提前三十天(在试用期内提前三天)通知用人单位解除劳动合同，自行离职，或虽然履行通知义务，但有未履行的相关义务，如其应当履行的办理工作交接等义务，给用人单位造成直接经济损失的，应当承担相应的赔偿责任，对所造成的经济损失，用人单位负有举证责任。

41. 解除或终止劳动合同后，用人单位拒不向劳动者出具终止或者解除劳动关系证明或者未在法律规定的期限内为劳动者办理档案和社会保险关系转移手续，造成劳动者无法就业的，劳动者请求用人单位赔偿损失的，如何处理？

劳动者能够证明因用人单位的过错造成其无法就业并发生实际经济损失的，应当予以支持。劳动者对用人单位过错与其无法就业有直接的因果关系以及因此所造成经济损失的具体数额负有举证责任，不能证明有直接因果关系的不予支持，如确实造成经济损失，但无法确定经济损失具体数额的，可以按照劳动者在解除或终止劳动合同前十二个月平均工资确定。

43. 出租车公司与司机签订的承包合同、劳动合同期满后，出租车公司对车辆进行更新，承包金在市政府规定的标准内作相应调整的，劳动者不同意续订劳动合同，并以用人单位降低劳动合同条件为由，要求用人单位应支付终止劳动合同经济补偿金的，如何处理？

应视为出租车公司维持原劳动合同约定的条件与劳动者续订劳动合同，劳动者不同意续订的，不应支付其终止劳动合同经济补偿金。

北京市高级人民法院、北京市劳动争议仲裁委员会《关于劳动争议案件法律适用问题研讨会会议纪要》(2009 年 8 月 17 日)

25.《劳动合同法》施行之日存续的劳动合同，在《劳动合同法》施行后解除或者终止，依照《劳动合同法》第四十六的规定应当支付经济补偿的，2007 年 12 月 31 日前的经济补偿依照《劳动法》及其配套规定计算，2008 年 1 月 1 日后的经济补偿依照《劳动合同法》的规定计算。

经济补偿金的基数为劳动者在劳动合同解除或者终止前十二个月的平均工资，不再分段计算。

根据《劳动合同法》第四十七条、第八十七条、《劳动合同法实施条例》第二十五条的规定，用人单位违反劳动合同法的规定解除或终止劳动合同，应支付的赔偿金的计算方法为：自用工之日起依照《劳动合同法》第四十七条的规定计算出经济补偿金，再乘以 2，即为赔偿金，不再分段计算。

用人单位违反《劳动合同法》的有关规定，需向劳动者每月支付二倍工资的，其加付的一倍工资不应计入经济补偿金和赔偿金的计算基数。

26. 在劳动仲裁或诉讼程序中，劳动者依据《劳动合同法》第八十五条的规定，要求用人单位加付赔偿金的，劳动仲裁委或人民法院不予支持。

28. 劳动合同期满后，劳动者仍在用人单位工作，用人单位未与劳动者订立书面劳动合同的，用人单位应当自劳动合同期满的次日起至满一年的前一日向劳动者每月支付两倍的工资。两倍工资的计算基数应以相对应的月份的应得工资为准。

29. 用人单位未提前三十日通知劳动者劳动合同到期终止，劳动者要求用人单位按照《劳动合同法》第八十七条规定支付赔偿金的，不予支持；劳动者要求用人单位按照《北京市劳动合同规定》第四十七条规定，每延迟一日支付一日工资赔偿金的，应予支持。

30. 用人单位与劳动者解除或终止劳动合同时，自愿签订的和解协议，不违反法律和行政法规的强制性规定，在履行完毕后，一方当事人反悔，主张双方约定无效的，一般不予支持。但协议中双方的权利义务明显失衡，仲裁委或人民法院可予以适当调整。

……

31.《劳动合同法》实施后，用人单位未按本市规定的险种为劳动者建立社会保险关系，劳动者请求解除劳动合同并要求用人单位支付经济补偿金的，应予支持，但经济补偿金支付年限应从2008年1月1日起开始计算。劳动者以用人单位未足额缴纳或欠缴社会保险费为由请求解除劳动合同并要求用人单位支付经济补偿金的，不予支持。

32. 劳动者以用人单位在《劳动合同法》实施前未及时足额支付劳动报酬为由，请求解除劳动合同并要求用人单位支付经济补偿金的，除符合最高人民法院《关于审理劳动争议适用法律若干问题的解释》第十五条规定的情形外，不予支持。符合司法解释第十五条规定的情形的，经济补偿金的支付按劳动者在用人单位的工作年限，每满一年发给相当于一个月工资的经济补偿金，工作时间不满一年的按一年的标准发给经济补偿金。

33. 用人单位为其招用的劳动者办理了本市户口，双方据此约定了服务期和违约金，用人单位以双方约定为依据要求劳动者支付违约金的，不应予以支持。确因劳动者违反了诚实信用原则，给用人单位造成损失的，劳动者应当予以赔偿。

39. 劳动者在用人单位设立筹备阶段的工作时间一般不计算为本单位工作年限，但双方另有约定的除外。

40. 因用人单位的过错而使档案迟延移转，劳动者要求用人单位赔偿损失，劳动仲裁委或人民法院在确定赔偿额时，可参照《北京市失业保险规定》及相关政策文件的规定；劳动者因其档案丢失而向用人单位主张赔偿损失的，劳动仲裁委或人民法院可根据当事人的过错程度和受损情况酌情确定赔偿数额，一般不超过六万元。

北京劳动和社会保障局《关于〈企业终止城镇职工劳动合同是否支付生活补助费〉的复函》(2003年12月17日　京劳社资函〔2003〕112号)

国营企业职工终止劳动合同后是否支付生活补助费，依据劳动和社会保障部《关于〈国营企业实行劳动合同制度暂行规定〉废止后有关终止劳动合同支付生活补助费问题的复函》(劳社厅函〔2001〕280 号)[①]的规定:“对国有企业职工劳动合同期满与企业终止劳动合同有关后生活补助费的支付问题,地方有规定的可以按地方规定执行”。《劳动法》和我市从未有关于终止城镇职工劳动合同必须支付生活补助费的规定,因此企业终止城镇职工的劳动合同可以不支付生活补助费,但企业与城镇职工劳动合同内容对此有约定的,按劳动合同约定办理。

地方性规定:天津

《天津法院劳动争议案件审理指南》(2018 年 1 月 1 日　津高法〔2017〕246 号)

28.【用人单位违法解除劳动合同的赔偿金与继续履行竞合问题的处理】用人单位违法解除劳动合同,劳动者要求继续履行合同并主张用人单位支付赔偿金及因违法解除劳动合同而导致的工资损失的,应当区分以下情况分别处理:

(1)劳动合同具备继续展行条件的,应当判决双方继续履行劳动合同,同时还应当判决用人单位向劳动者支付自违法解除劳动合同之日起至判决生效之日止的工资损失;

(2)劳动合同不能继续履行的,应当根据《中华人民共和国劳动合同法》第八十七条的规定判决用人单位向劳动者支付赔偿金,但不宜再判决用人单位支付自违法解除劳动合同之日起至劳动合同到期终止之日止(即劳动合同剩余期限)的工资损失;

(3)劳动合同虽然具备继续履行条件,但已在劳动仲裁或者法院审理期间届满的,不应当再判决继续履行劳动合同,而应当判决用人单位向劳动者支付自违法解除劳动合同之日起至劳动合同届满之日止的工资损失。同时,还应当判令用人单位向劳动者支付合同到期终止的经济补偿金,不宜再判决用人单位向劳动者支付赔偿金。

本条规定的工资损失,是指用人单位违法解除劳动合同之日前劳动者十二个月的月平均应得工资,劳动者在该用人单位工作不满十二个月的,按照实际工作月数计算月平均工资。该工资数额高于本市公布的上年度职工月平均工资三倍的,应当按照职工月平均工资三倍的数额确定。上述工资数额无法查明的,以劳动者所在行业平均工资为准。

30.【《最高人民法院关于审理劳动争议案件适用法律若干问题的解释(四)》第

① 编著注:该复函具体规定参见本章本节“部委规定”中相关收录。

五条规定的新用人单位的理解】《最高人民法院关于审理劳动争议案件适用法律若干问题的解释(四)》第五条所规定的"新用人单位"宜理解为相对概念,劳动者可以选择向任一原用人单位主张权利,被选择的用人单位相对于之前的用人单位而言即为"新用人单位"。

31.【违法解除劳动合同的赔偿金】用人单位违法解除劳动合同、劳动者请求用人单位支付赔偿金的,赔偿金计算年限应当区分《中华人民共和国劳动合同法》实施前后而分别计算。《中华人民共和国劳动合同法》实施前,是否支持劳动者提出的赔偿金的诉讼请求,应当按照当时的法律法规执行;《中华人民共和国劳动合同法》实施后,赔偿金计算年限自用工之日起计算,最早自2008年1月1日起算。

《天津市贯彻落实〈劳动合同法〉若干问题实施细则》(2018年8月1日　津人社规字〔2018〕14号)

第十四条　用人单位与劳动者签订的固定期限劳动合同期满,因未能维持或提高劳动合同约定条件,致使劳动者不与用人单位续订劳动合同的,用人单位应依法向劳动者支付经济补偿。

用人单位变更劳动合同约定条件,难以确定是提高或降低,劳动者不与用人单位续签劳动合同终止劳动关系的,视为用人单位未能维持或提高劳动合同的约定条件。

本条所称劳动合同约定条件是指,用人单位与劳动者在续订劳动合同时正在履行的标准和条件。

第十五条　用人单位应当按照法律规定为劳动者缴纳社会保险费,因用人单位原因导致未缴纳或未足额缴纳社会保险费的,劳动者可以依据《劳动合同法》第三十八条规定解除劳动合同,并要求用人单位支付经济补偿。

用人单位与劳动者约定不缴纳或少缴纳社会保险费的,双方约定无效,应视为因用人单位原因导致未缴纳或未足额缴纳社会保险费。

地方性规定:上海

上海市劳动和社会保障局《关于实施〈上海市劳动合同条例〉若干问题的通知(三)》(2005年10月17日　沪劳保关发〔2005〕36号)

五、关于专业劳务公司派遣员工解除劳动合同时经济补偿金的计算问题

专业劳务公司派遣员工,解除劳动合同时经济补偿金的计发基数,按劳务公司确认或承诺的工资收入确定;派遣员工月工资收入无法认定的,其经济补偿金计发

基数，按解除劳动合同时政府公布的本市职工月平均工资确定。

十、关于应订未订劳动合同情形下终止劳动关系后的补偿问题

应当订立书面劳动合同而未订立的，用人单位依据《条例》第四十条①规定终止劳动关系，应按未订立劳动合同的期间支付劳动者经济补偿金。但劳动者符合《条例》第三十条②、第三十三条③规定情形的，用人单位可以不予支付经济补偿金。

十一、关于用人单位主体变更情况下的经济补偿问题

用人单位因主体发生变更、职工组织调动等情况，虽然办理了招退工手续，但职工的工作年限由变更后的企业连续计算而未造成实际失业的，用人单位可不支付经济补偿金。

上海市高级人民法院《关于适用〈劳动合同法〉若干问题的意见》（2009年3月3日　沪高法〔2009〕73号）

八、用人单位因"违法解除或终止合同"需向劳动者支付赔偿金的适用范围

根据《劳动合同法》第四十八条的适用前提，是劳动合同应当履行而实际上已经不再继续履行，不包括劳动合同本来就符合解除和终止条件的情况，即用人单位在不具备合法解除或终止条件的情况下解除合同。因此，如果依法已经具备解除或终止的条件，只是用人单位在办理解除或终止的程序上存在瑕疵的，不属于本条规定的范围。如用人单位在已经具备解除条件的情况下，只是存在未提前30天通知劳动者等程序瑕疵的，则用人单位应当通过支付相应的"代通金"等方式加以补正，但无需支付赔偿金。

二十一、关于经济补偿金"分段计算"的问题

根据《劳动合同法》第九十七条的规定，《劳动合同法》施行之日存续的劳动合同，在《劳动合同法》施行后解除或终止的，其经济补偿金的具体计算方法如下：

（一）《劳动合同法》与2008年1月1日之前施行的相关法律法规的规定（以下简称"以前规定"）均规定应当支付经济补偿金的情况，且劳动者的月平均工资不高

---

① 《上海市劳动合同条例》第四十条：应当订立劳动合同而未订立的，劳动者可以随时终止劳动关系。应当订立劳动合同而未订立的，用人单位提出终止劳动关系，应当提前三十日通知劳动者，但劳动者具有第三十九条规定情形之一的，劳动关系应当顺延至该情形消失。

② 《上海市劳动合同条例》第三十条：劳动者解除劳动合同，应当提前三十日以书面形式通知用人单位。

③ 《上海市劳动合同条例》第三十三条：劳动者有下列情形之一的，用人单位可以随时解除劳动合同：（一）在试用期间被证明不符合录用条件的；（二）严重违反劳动纪律或者用人单位规章制度的；（三）严重失职，营私舞弊，对用人单位利益造成重大损害的；（四）被依法追究刑事责任的；（五）法律、法规规定的其他情形。

于上年度本市职工月平均工资三倍的,经济补偿金的计算基数按劳动者在劳动合同解除或终止前十二个月的月平均工资确定。

(二)《劳动合同法》规定应当支付经济补偿金的情形,且不属于以前规定中"经济补偿金总额不超过劳动者十二个月的工资收入"情形的,经济补偿年限自用工之日起计算。《劳动合同法》规定应当支付经济补偿金的情形,但属于以前规定中"经济补偿金总额不超过劳动者十二个月的工资收入"情形的,劳动者在《劳动合同法》施行前的经济补偿年限按照以前规定计算;劳动者在《劳动合同法》施行后的工作年限在计算经济补偿年限时并入计算。

(三)符合《劳动合同法》规定三倍封顶的情形,实施封顶计算经济补偿年限自《劳动合同法》施行之日起计算,《劳动合同法》施行之前的工作年限仍按以前规定的标准计算经济补偿金。

(四)根据《劳动合同法实施条例》第二十五条的规定,用人单位违反《劳动合同法》的规定解除或终止劳动合同,依法支付劳动者赔偿金,赔偿金的计算年限自用工之日起计算。如劳动者在劳动合同被违法解除或终止前十二个月的月平均工资高于上年度本市职工月平均工资三倍的,根据《劳动合同法》第八十七条规定,应当按照第四十七条第二款规定的经济补偿标准计算。

上海市高级人民法院《关于审理劳动争议案件若干问题的意见》(2007 年 3 月 21 日　沪高法民一〔2007〕7 号)

6. 经济补偿金计算中的工资是应得工资还是实得工资

根据相关规定,经济补偿金应以劳动关系解除前十二个月的平均工资性收入为计算标准。劳动者每月应得工资与实得工资的主要差别在于各类扣款和费用,包括个人应当承担的社会保险金、税费或工会会费等。由于用人单位代扣的社会保险金、税费等均为个人劳动所得的组成部分,用人单位只是承担代缴义务。因此,该部分款项应当计入工资性收入,在计算经济补偿金时应当一并予以考虑。

地方性规定:广东(深圳)

广东省高级人民法院、广东省劳动人事争议仲裁委员会《关于劳动人事争议仲裁与诉讼衔接若干意见》(2018 年 7 月 18 日　粤高法发〔2018〕2 号)

十、原劳动部《违反和解除劳动合同的经济补偿办法》废止后,经济补偿月数上限、工作年限不满六个月经济补偿计发月数、经济补偿的计发基数问题统一适用《劳动合同法》第四十七条的规定。

根据《劳动合同法》第九十七条第三款的规定,《劳动合同法》施行之日存续的劳动合同在该法施行后解除或终止的,依照《劳动合同法》第四十六条规定用人单位应当支付经济补偿的,补偿年限从该法施行之日起计算。在《劳动合同法》施行前,按照当时的规定用人单位应当支付经济补偿的,仍适用当时规定。

《深圳经济特区和谐劳动关系促进条例》(2019 年 4 月 26 日修正　深圳市第六届人民代表大会常务委员会公告第 150 号)

第十七条第一款、第二款　用人单位与劳动者在用工前订立劳动合同,尚未用工,有《中华人民共和国劳动合同法》第四十条第(三)项①、第四十一条第一款第(一)、(二)、(三)、(四)项②规定情形之一的,用人单位可以提前通知劳动者解除劳动合同,不需支付经济补偿,但应当支付劳动者为订立和准备履行劳动合同而支出的必要费用。

用人单位与劳动者在用工前订立劳动合同,尚未用工,用人单位违法解除劳动合同,劳动者要求继续履行劳动合同的,用人单位应当继续履行;劳动者不要求继续履行劳动合同或者劳动合同无法履行的,用人单位应当支付劳动者相当于一个月工资标准的赔偿金和为订立、准备履行劳动合同而支出的必要费用。

第二十四条　用人单位与劳动者解除或者终止劳动合同,在六个月内重新订立劳动合同的,除因劳动者违反《中华人民共和国劳动合同法》第三十九条规定被用人单位解除劳动合同外,劳动者在本单位的工作年限应当连续计算。

依据前款规定连续计算工作年限的,计算经济补偿年限时,应当扣除已支付经济补偿的年限。

深圳市中级人民法院《关于审理劳动争议案件的裁判指引》(2015 年 9 月 2 日深中法发〔2015〕13 号)

七十九、在用工之日起一个月内,劳动者拒绝签订书面劳动合同,用人单位书

---

① 《劳动合同法》第四十条第三项:有下列情形之一的,用人单位提前三十日以书面形式通知劳动者本人或者额外支付劳动者一个月工资后,可以解除劳动合同:(三)劳动合同订立时所依据的客观情况发生重大变化,致使劳动合同无法履行,经用人单位与劳动者协商,未能就变更劳动合同内容达成协议的。

② 《劳动合同法》第四十一条第一款:有下列情形之一,需要裁减人员二十人以上或者裁减不足二十人但占企业职工总数百分之十以上的,用人单位提前三十日向工会或者全体职工说明情况,听取工会或者职工的意见后,裁减人员方案经向劳动行政部门报告,可以裁减人员:(一)依照企业破产法规定进行重整的;(二)生产经营发生严重困难的;(三)企业转产、重大技术革新或者经营方式调整,经变更劳动合同后,仍需裁减人员的;(四)其他因劳动合同订立时所依据的客观经济情况发生重大变化,致使劳动合同无法履行的。

面提出终止劳动关系的，用人单位无需支付经济补偿，但应当依法向劳动者支付其实际工作期间的劳动报酬。

在自用工之日起超过一个月不满一年期间，劳动者拒绝签订书面劳动合同，用人单位书面提出终止劳动关系的，用人单位除向劳动者支付劳动报酬外，还应支付终止劳动关系的经济补偿。

自用工之日起满一年后，用人单位未与劳动者订立书面劳动合同的，视为自用工之日起满一年的当日已经与劳动者订立了无固定期限劳动合同，用人单位应当立即与劳动者补订书面劳动合同。

劳动合同期满后，劳动者继续在用人单位工作的，参照上述规定处理。

八十、用人单位在深圳市行政区域内搬迁，劳动者要求用人单位支付经济补偿的，不予支持。

用人单位由深圳市行政区域内向深圳市行政区域外搬迁，劳动者要求支付经济补偿的，应予支持。

八十一、劳动者依《劳动合同法》第三十八条、最高人民法院《关于审理劳动争议案件适用法律若干问题的解释》第十五条规定提出解除劳动合同的，用人单位应当支付劳动者经济补偿。但劳动者同时要求依据《违反和解除劳动合同的经济补偿办法》第十条规定支付50%额外经济补偿金的，不予支持。

劳动者以用人单位存在《劳动合同法》第三十八条第一款情形为由提出解除劳动合同的，应当在解除劳动合同时明确告知用人单位解除事由。劳动者在解除劳动合同时未明确告知用人单位解除事由，后又主张系被迫解除劳动合同，要求经济补偿的，不予支持。但劳动者有证据证明其解除劳动合同确实是因用人单位存在《劳动合同法》第三十八条第一款情形的除外。

八十二、劳动者以用人单位在《劳动合同法》实施前未及时足额支付劳动报酬为由，请求解除劳动合同并要求用人单位支付经济补偿的，除符合最高人民法院《关于审理劳动争议案件适用法律若干问题的解释》第十五条规定的情形外，不予支持。

《劳动合同法》实施后，劳动者以用人单位未及时足额支付劳动报酬为由，请求解除劳动合同并要求用人单位支付经济补偿的，应予支持。

劳动者于2008年1月1日前入职，其以用人单位未足额支付加班工资为由提出被迫解除劳动合同的，经济补偿的计算年限从2008年1月1日起算，但劳动者有证据证明用人单位存在拒不支付加班工资情形的除外。

八十三、最高人民法院《关于审理劳动争议案件适用法律若干问题的解释》第十五条第一款第(四)项所称的“拒不支付”是指劳动者向用人单位提出支付加班工资的请求,而用人单位明确拒绝;或者用人单位明确表示拒绝支付加班工资的。

八十四、对于用人单位有延期发放工资的情况,但在劳动者离职前已经发放,劳动者再以用人单位拖欠工资为由提出辞职,并要求用人单位支付拖欠工资25%经济补偿金及解除劳动合同经济补偿的,不予支持。

八十六、用人单位变更名称、法定代表人、主要负责人或者投资人,不影响劳动合同的履行,劳动者的工作年限应连续计算。劳动者因上述事由要求解除劳动合同并要求用人单位(投资人)支付经济补偿的,不予支持。

八十七、劳动者达到法定退休年龄,劳动合同终止,劳动者要求用人单位支付经济补偿的,不予支持。

九十、原“三来一补”企业[1]在转型时已经向劳动者支付了解除劳动合同经济补偿,劳动者转入转型后的企业法人工作,该企业法人因故解除或终止双方的劳动合同,但该解除或终止行为被认定违法,该企业法人支付赔偿金时不再计算劳动者在原“三来一补”企业的工作年限。

九十一、“三来一补”企业转型登记为企业法人后,劳动合同由承继权利义务的新企业法人继续履行。劳动者以此为由要求支付经济补偿的,不予支持。

九十二、劳动者以用人单位未依法支付未签订书面劳动合同二倍工资、年休假工资和高温津贴为由提出被迫解除劳动合同并要求经济补偿的,不予支持。

九十三、对于用人单位与劳动者之间在劳动合同中约定,每一劳动合同履行期满由用人单位发放“解约补偿金”,或用人单位在劳动合同期满终止发放补偿金,后双方依然延续劳动关系的,在用人单位应当支付劳动者经济补偿时,应以其连续工作年限计发,但已领取的上述款项应予以扣除。

九十四、用人单位未依法为劳动者缴纳社会保险费的,劳动者应当依法要求用人单位缴纳,用人单位在劳动者要求之日起一个月内未按规定缴纳的,劳动者有权提出解除劳动合同,用人单位应支付经济补偿,但经济补偿的支付年限应从2008年1月1日起计算。

九十五、用人单位违法解除或终止劳动合同,劳动者不要求继续履行劳动合同

---

① 编著注:“三来一补”企业,是指进行来料加工、来样加工、来件装配和补偿贸易之企业。“三来一补”企业是由中国的企业法人与外商签署合作合同,并由中方的名义设立的工厂营业登记,该工厂并非企业法人,也非有限责任公司。

或劳动合同已经不能继续履行的，用人单位应按《劳动合同法》的规定向劳动者支付赔偿金，但无需另外支付经济补偿。赔偿金的计算年限自用工之日起连续计算。

九十六、用人单位解除劳动合同决定被裁决撤销或判决无效，双方继续履行劳动合同的，用人单位应当按照劳动者被违法解除劳动合同前十二个月的平均正常工作时间工资向劳动者支付被违法解除劳动合同期间的工资。

九十七、在计算经济补偿或赔偿金时，劳动者解除劳动合同前十二个月平均工资，除包括正常工作时间的工资外，还包括劳动者的加班工资。劳动者已领取的年终奖或年终双薪，计入工资基数时应按每年十二个月平均分摊。

用人单位因未在用工之日起一个月内签订劳动合同而按月向劳动者支付的二倍工资，其中加付的一倍工资不纳入经济补偿或赔偿金的计算基数。

九十八、劳动者与用人单位在订立或履行劳动合同过程中，事先就解除劳动合同约定由用人单位支付的高于法定标准的经济补偿或违约金的，该约定有效。

当事人主张双方约定的经济补偿或违约金标准过高，要求调整的，人民法院可依法予以调整。

九十九、劳动者在履行劳动合同过程中造成用人单位损失，用人单位在解除劳动合同时要求劳动者一次性赔偿的，应予支持，但赔偿数额由人民法院根据劳动者的过错程度、造成损失的大小等具体情况酌情进行确定。

一百〇一、用人单位违法解除与“三期”内女职工的劳动合同，女职工要求继续履行劳动合同的，应撤销用人单位解除劳动合同的决定，双方继续履行劳动合同；造成该女职工工资收入损失的，用人单位还应支付违法解除劳动合同期间的工资。在案件处理过程中劳动合同期限届满的，应在撤销用人单位解除劳动合同决定的同时，认定双方劳动合同终止，判令用人单位支付女职工工资和福利待遇至劳动合同终止之日以及终止劳动合同的经济补偿。

女职工未要求继续履行劳动合同或劳动合同已经不能继续履行的，应认定双方劳动合同解除，并依据《劳动合同法》第四十八条和第八十七条的规定，由用人单位支付违法解除劳动合同赔偿金。

一百〇二、女职工在“三期”内依据《劳动合同法》第三十八条或最高人民法院《关于审理劳动争议案件适用法律若干问题的规定》第十五条的规定，提出被迫解除劳动合同，除要求经济补偿外，还要求用人单位支付工资及福利待遇至“三期”期满的，对劳动合同解除后的工资和福利待遇，不予支持。

地方性规定:江苏

《江苏省劳动合同条例》(2013年1月15日 江苏省第十一届人民代表大会常务委员会公告第124号)

第三十三条 根据《中华人民共和国劳动合同法》的规定和该法施行前的有关规定,终止劳动合同或者用人单位解除劳动合同应当支付经济补偿的,按照《中华人民共和国劳动合同法》施行前后的适用条件分段计算支付经济补偿的年限。计发经济补偿的月工资标准为劳动者在劳动合同解除或者终止前十二个月的月平均工资,月平均工资低于当地最低工资标准的,按照最低工资标准确定。

第五十四条 用人单位选择额外支付劳动者一个月工资解除劳动合同,但未支付或者未足额支付的,县级以上地方人民政府劳动行政部门应当责令用人单位限期支付;逾期不支付的,按照应付金额百分之五十以上百分之一百以下的标准向劳动者加付赔偿金。

江苏省高级人民法院、江苏省劳动人事争议仲裁委员会《关于审理劳动人事争议案件的指导意见(二)》(2011年11月8日 苏高法审委〔2011〕14号)

第十三条第二款 因综合计算周期尚未届满,用人单位未支付劳动者加班加点工资,不属于《劳动合同法》第三十八条规定的"未及时足额支付劳动报酬的"情形。劳动者在一个综合计算周期尚未届满时以用人单位未及时支付加班加点工资为由要求解除劳动合同并支付经济补偿金的,不予支持。

第十五条 用人单位存在《劳动合同法》第八十五条规定之违法情形,经人力资源社会保障部门责令限期支付劳动报酬、加班费、经济补偿、工资差额后,用人单位逾期仍不支付,劳动者请求用人单位赔偿应付金额百分之五十以上百分之一百以下的加付赔偿金的,应予支持。

第十六条 用人单位违法解除或终止劳动合同,劳动者请求撤销用人单位的解除决定、继续履行劳动合同,并请求用人单位赔偿仲裁、诉讼期间工资损失的,应予支持。劳动者不要求继续履行劳动合同的,可以解除双方的劳动合同,由用人单位支付违法解除劳动合同的赔偿金,赔偿金的计算年限应包括《劳动合同法》实施前劳动者在用人单位的工作年限。

第十九条 无营业执照或者未经依法登记、备案的单位以及被依法吊销营业执照或者撤销登记、备案的单位的劳动者受到事故伤害或者患职业病,劳动者或其近亲属依据人力资源社会保障部门作出的因工伤亡确认结论和劳动能力鉴定结论请求单位予以赔偿的,劳动人事争议仲裁委员会和人民法院应当按照人力资源和社会保障部《非法用工单位伤亡人员一次性赔偿办法》的规定确定赔偿数额。

用人单位使用童工造成童工伤残、死亡的，童工或其近亲属依据人力资源社会保障部门作出的因工伤亡确认结论和劳动能力鉴定结论请求单位予以赔偿的，劳动人事争议仲裁委员会和人民法院应当按照人力资源和社会保障部《非法用工单位伤亡人员一次性赔偿办法》的规定确定赔偿数额。

第二十条 劳动者超过法定退休年龄请求用人单位赔偿养老保险待遇损失，且经社会保险经办机构审核确实不能补缴或者继续缴纳养老保险费的，自该用人单位依法应当为劳动者办理社会保险之日起，如果劳动者在用人单位连续工作未满十五年，用人单位应按照每满一年发给相当于一个月当地上一年度职工月平均工资标准一次性支付劳动者养老保险待遇赔偿。如果劳动者在用人单位连续工作满十五年，用人单位应按统筹地区社会保险经办机构核定的，以当地最低社会保险缴费基数为缴费基准，并按其应当缴费年限确定养老金数额，按月支付劳动者养老保险待遇，并随当地企业退休人员养老金水平调整而调整。

江苏省高级人民法院《劳动争议案件审理指南(2010年)》(2010年5月17日)

第三章 劳动合同争议案件的实务问题

第四节 劳动合同解除和终止

六、劳动合同解除、终止的经济补偿

1. 在计算解除或终止劳动合同的经济补偿时，如何认定“本单位工作年限”

根据《劳动合同法》第47条的规定，解除或终止劳动合同的经济补偿按劳动者在本单位工作的年限，每满一年支付一个月工资。实务中，对于哪些情形可视为“本单位的工作年限”往往存有争议。依照《劳动合同法实施条例》和劳动与社会保障部相关政策规定，劳动者有下列情形的，可计算为本单位工作年限：

(1)因单位分立、兼并(合并)、合资、改变性质、法人改变名称或成建制调动等原因而改变工作单位，原单位未支付经济补偿金的，其原单位的工作时间计算为本企业工作年限。劳动合同有明确约定的，如不违反法律、法规的强制性规定，可从其约定。

(2)经上级组织部门或行业主管部门指令性调动的职工，其调动前单位的工作时间与调动后本企业工作年限合并计算。

(3)复员、转业军人的军龄，计算为首次接收安置单位的本企业工作年限。

(4)因行政命令、业务划转等非劳动者方面的原因，劳动者转到新用人单位工作并重新订立劳动合同的，劳动者在原用人单位的工作年限合并计算为新用人单位的工作年限。

(5)根据《劳动合同法实施条例》第10条规定，劳动者非因本人原因从原用人单位被安排到新用人单位工作的，劳动者在原用人单位的工作年限合并计算为新用人单位的工作年限。原用人单位已经向劳动者支付经济补偿的，新用人单位在依法解除、终止劳动合同计算支付经济补偿的工作年限时，不再计算劳动者在原用人单位的工作年限。

2. 对《劳动合同法实施条例》第10条规定的“劳动者非因本人原因从原用人单位被安排到新用人单位工作”的理解

参照江苏省高级人民法院、江苏省劳动人事争议仲裁委员会《关于审理劳动争议案件的指导意见》第17条的规定，用人单位的下列行为，应认定属于《劳动合同法实施条例》第10条规定的“劳动者非因本人原因从原用人单位被安排到新用人单位工作”的情形：

(1)用人单位以组织委派任命形式对劳动者进行工作调动的；

(2)用人单位因资产业务划转、资产购并、重组等原因导致劳动者工作调动的；

(3)用人单位安排劳动者在用人单位下属分支机构间流动的；

(4)用人单位及其关联企业与劳动者轮流订立劳动合同的。

《劳动合同法实施条例》实施后，劳动者因原用人单位重新改制进入新用人单位，原用人单位已向劳动者依法支付了经济补偿的，劳动者的工作年限不连续计算。《劳动合同法实施条例》实施前，用人单位根据国家相关政策规定进行改制的，劳动者的工作年限计算应按改制时的政策规定处理。

4. 经济补偿金的计发基数

原劳动部《违反和解除劳动合同的经济补偿办法》第11条规定，经济补偿金的工资计算标准是指企业正常生产情况下劳动者解除劳动合同前十二个月的平均工资。《劳动合同法实施条例》第二十七条对此作出明解，“劳动合同法第四十七条规定的经济补偿的月工资按照劳动者应得工资计算，包括计时工资或者计件工资以及奖金、津贴和补贴等货币性收入。劳动者在劳动合同解除或者终止前12个月的平均工资低于当地最低工资标准的，按照当地最低工资标准计算。劳动者工作不满12个月的，按照实际工作的月数计算平均工资。”根据上述规定，经济补偿金的计算标准应不包括加班工资。

七、《劳动合同法》第87条违法解除劳动合同赔偿金的计算

《劳动合同法实施条例》第25条规定：“用人单位违反劳动合同法的规定解除

或者终止劳动合同，依照劳动合同法第八十七条的规定支付了赔偿金的，不再支付经济补偿。赔偿金的计算年限自用工之日起计算。"该条明确了用人单位支付了赔偿金后，不再支付经济补偿金。

《劳动合同法》第 87 条规定的赔偿金的计算方法为：按照《劳动合同法》第 47 条和第 97 条第 3 款的规定计算出经济补偿金，以此为基础乘以 2 得出赔偿金的数额。

八、用人单位与劳动者在离职时签订补偿协议的效力认定

根据《最高人民法院关于审理劳动争议案件适用法律若干问题的解释（三）》第 10 条的规定，劳动者与用人单位就解除或终止劳动合同办理相关手续、支付工资报酬、加班费、经济补偿、赔偿金等达成协议，不违反法律、行政法规的强制性规定，且不存在欺诈、胁迫或者乘人之危情形的，应当认定有效。前款协议存在重大误解或者明失公平情形，当事人请求撤销的，人民法院应予支持。

从上述规定可以看出，其法律依据是《民法通则》而非《合同法》，实务中应当注意认定补偿协议无效和可撤销的区别。①

江苏省高级人民法院、江苏省劳动争议仲裁委员会《关于审理劳动争议案件的指导意见》（2009 年 12 月 14 日　苏高法审委〔2009〕47 号）

第二十条　《劳动合同法》第四十条规定的用人单位需额外支付劳动者的"一个月工资"，应按劳动者上一个月的应发工资标准予以确定。上月工资低于当地最低工资标准的，按最低工资标准确定。上月工资不能反映正常工资水平的，可按劳动合同解除前劳动者十二个月的平均工资确定，不满十二个月的，按实际月平均工资确定。

地方性规定：浙江

浙江省高级人民法院民事审判第一庭、浙江省劳动人事争议仲裁院《关于审理劳动争议案件若干问题的解答（五）》（2019 年 6 月 21 日　浙高法民一〔2019〕1 号）

五、劳动者履行工作职责或执行工作任务时因过错给用人单位造成损失，用人单位请求劳动者赔偿损失的，能否予以支持？

答：劳动者履行工作职责或执行工作任务时给用人单位造成损失的，属于用人

---

① 《民法通则》和《合同法》已被《民法典》（2020 年 5 月 28 日发布，2021 年 1 月 1 日施行）废止，下同。

单位经营风险,劳动者一般不承担赔偿责任。但劳动者因故意或重大过失给用人单位造成经济损失的,应予赔偿。在确定赔偿金额时,应当根据劳动者过错程度、单位或其他配合履职的劳动者有无过错等原因力比例、损失大小、劳动报酬水平、劳动合同是否继续履行等因素综合确定。

九、劳动者发生工伤后,用人单位未发放或未足额发放停工留薪期工资,劳动者能否以用人单位未及时足额支付劳动报酬为由要求解除劳动合同并支付经济补偿金?

答:停工留薪期工资性质为工伤保险待遇,劳动者以用人单位未及时足额支付停工留薪期工资为由要求解除劳动合同并支付经济补偿金,不予支持。

浙江省高级人民法院民事审判第一庭、浙江省劳动人事争议仲裁院《关于审理劳动争议案件若干问题的解答(四)》(2016 年 12 月 30 日　浙高法民一〔2016〕3 号)

七、用人单位违法与劳动者解除劳动合同,劳动者要求继续履行劳动合同,而劳动合同已经客观上无法继续履行的,如何处理?

答:用人单位违法解除劳动合同,且劳动合同客观上无法继续履行,劳动者要求继续履行劳动合同的,仲裁委员会和法院可询问劳动者是否要求用人单位支付赔偿金。劳动者坚持原请求的,不予支持;劳动者要求支付违法解除劳动合同赔偿金的,可予支持。

八、用人单位以《劳动合同法》第四十条规定解除了与女职工的劳动合同,女职工现以怀孕期间不能解除劳动合同为由,要求恢复劳动关系,是否支持?如其要求支付违法解除劳动合同的赔偿金,是否支持?

答:用人单位以《劳动合同法》第四十条规定解除了与女职工的劳动合同,女职工现以怀孕期间不能解除劳动合同为由,要求恢复劳动关系的,应当予以支持;不要求恢复劳动关系但要求支付违法解除劳动合同赔偿金的,应举证证明在解除劳动合同前其已告知用人单位怀孕的事实。

九、《劳动合同法》第四十六条第(五)项所规定的维持或者提高劳动合同约定条件,该条件是否包括期限、岗位、地点等;若合同约定的工资低于实际工资,但与前一份合同约定的工资相同,是否属于降低了约定条件?

答:《劳动合同法》第四十六条第(五)项所规定的维持或者提高劳动合同约定条件,该条件应做广义解释,即包括期限、岗位、地点等。若合同约定的工资低于实际工资,但与前一份合同约定的工资相同,视为维持原劳动合同约定的条件。

十、劳动者依据《劳动合同法》第八十五条规定，要求用人单位支付赔偿金的，如何处理？

答：劳动者依据《劳动合同法》第八十五条规定，要求用人单位支付赔偿金的，前提是经劳动行政部门责令用人单位限期支付而逾期不支付。劳动者未能举证证明已经过该前置程序的，对其要求用人单位支付赔偿金的请求，人民法院应不予支持。

浙江省高级人民法院民事审判第一庭、浙江省劳动人事争议仲裁院《关于审理劳动争议案件若干问题的解答(三)》(2015年9月29日　浙高法民一〔2015〕9号)

六、用人单位存在未及时足额支付劳动报酬或者未依法为劳动者缴纳社会保险费情形，但在劳动者以前述情形为由提出解除劳动合同前，用人单位已经补正的，劳动者要求用人单位支付解除劳动合同的经济补偿，能否支持？

答：在劳动者提出解除劳动合同前，用人单位已经对未及时足额支付劳动报酬或者未依法为劳动者缴纳社会保险费情形予以补正，劳动者主张解除劳动合同经济补偿的，不予支持。

七、劳动者辞职时未说明原因或理由，之后以《劳动合同法》第三十八条第一款为据，要求用人单位支付解除劳动合同经济补偿。经查用人单位确实存在《劳动合同法》第三十八条第一款规定情形的，对劳动者要求经济补偿的主张能否支持？

答：用人单位存在《劳动合同法》第三十八条第一款规定情形，但劳动者辞职时未说明原因或理由，事后以用人单位存在《劳动合同法》第三十八条第一款规定情形为由，要求用人单位支付解除劳动合同经济补偿的，不予支持。

九、用人单位解除劳动合同符合《劳动合同法》第四十条规定情形，但未提前三十日通知劳动者，也未额外支付劳动者一个月工资，劳动者要求用人单位支付违法解除劳动合同的赔偿金，能否支持？

答：用人单位解除劳动合同符合《劳动合同法》第四十条规定情形，但未提前三十日通知劳动者，也未额外支付劳动者一个月工资的，属于程序瑕疵，不构成违法解除。劳动者要求用人单位支付违法解除劳动合同赔偿金的，不予支持。但劳动者要求用人单位额外支付一个月工资的，可予支持。

十、劳动者以用人单位违法解除或终止劳动合同为由要求用人单位支付赔偿金，经审理认为理由不成立，但解除或终止劳动合同符合用人单位应当支付经济补偿的情形，能否直接裁决或者判决用人单位向劳动者支付经济补偿？

答：仲裁委员会和法院在审理中可以告知劳动者赔偿金和经济补偿的区别，询问如对其赔偿金的请求不能支持,是否要求用人单位向其支付经济补偿。经释明后,劳动者仍坚持只要求用人单位支付赔偿金的,不能径行裁判由用人单位支付经济补偿。

浙江省高级人民法院民事审判第一庭、浙江省劳动人事争议仲裁院《关于审理劳动争议案件若干问题的解答(二)》(2014年4月14日 浙高法民一〔2014〕7号)

十一、劳动者解除或者终止劳动合同前十二个月包含医疗期等非正常工作期间,且在该期间内用人单位未支付正常工作工资的,经济补偿基数应如何确定?

答:《劳动合同法》第四十七条第三款规定的“本条所称月工资是指劳动者在劳动合同解除或者终止前十二个月的平均工资”,应理解为劳动合同解除或者终止前劳动者正常工作状态下十二个月的平均工资,不包括医疗期等非正常工作期间。

浙江省高级人民法院民一庭《关于审理劳动争议纠纷案件若干疑难问题的解答》(2012年12月24日)

十一、劳动者不愿意缴纳社会保险费,并书面承诺放弃参加社会保险的法律后果是什么?

劳动者不愿意缴纳社会保险费,并书面承诺放弃参加社会保险的,该书面承诺无效。劳动者可以此为由解除劳动合同,但要求用人单位支付经济补偿金的,不予支持。

浙江省劳动争议仲裁委员会《关于劳动争议案件处理若干问题的指导意见(试行)》(2009年8月21日 浙仲〔2009〕2号)

47.用人单位支付劳动者解除劳动合同经济补偿金或赔偿金时,劳动者根据《劳动合同法》第八十二条规定所得二倍工资中加付的一倍工资、应休未休年休假额外支付的工资报酬不计入经济补偿金和赔偿金的计算基数。

48.解除劳动合同后,用人单位依法应付而未支付劳动者经济补偿金,劳动者根据原劳动部《违反和解除劳动合同的经济补偿办法》第十条规定要求用人单位支付百分之五十的额外经济补偿金的,应予支持。但双方对劳动合同是否已经解除、是否应支付经济补偿金或支付标准等事项存在异议的除外。

49.《劳动合同法》实施以前已经建立的劳动关系,《劳动合同法》实施以后解除或终止的,计算经济补偿金时按以下原则处理:

(1)《劳动合同法》实施以前无需支付经济补偿金的,劳动者工作年限自《劳动合同法》实施之日起计算。

(2)《劳动合同法》实施前后均需要支付经济补偿金的,劳动者工作年限以《劳动合同法》实施日为界分别计算。《劳动合同法》实施以前的按当时相关规定执行，实施后的按《劳动合同法》相关规定执行。

(3)劳动者的月工资标准按《劳动合同法》第四十七条第二款、第三款规定执行。

《关于审理劳动争议案件若干问题的意见(试行)》(2009 年 4 月 16 日　浙法民一〔2009〕3 号)

第四十三条　劳动者以用人单位未及时足额支付劳动报酬为由，请求解除劳动合同并要求用人单位支付经济补偿金的，如果该事实发生在《劳动合同法》实施前，除符合最高人民法院《关于审理劳动争议适用法律若干问题的解释(一)》第十五条规定的情形以外，不予支持；如果该事实发生在《劳动合同法》实施后，应予支持，但用人单位确有特殊困难、合理理由或劳动者曾经认可的除外。

第四十四条　劳动者以其他事由提出解除劳动合同后，又以系因用人单位存在《劳动合同法》第三十八条第一款所列情形迫使其辞职为由，要求用人单位支付经济补偿金的，一般不予支持。

地方性规定：山东

山东省高级人民法院、山东省人力资源和社会保障厅《关于审理劳动人事争议案件若干问题会议纪要》(2019 年 6 月 10 日)

十四、关于因“未依法为劳动者缴纳社会保险费”导致的经济补偿争议处理问题

因用人单位过错未为劳动者建立社会保险账户或者虽建立了社会保险账户但存在缴纳险种不全、缴费年限不足等情形的，劳动者依据劳动合同法第三十八条第一款第三项规定，以用人单位未依法为其缴纳社会保险费为由提出解除劳动合同并主张经济补偿的，一般应予支持。

用人单位已为劳动者建立社会保险账户且险种齐全，但存在缴费基数低情形的，劳动者的社会保险权益可通过用人单位补缴或者社会保险费征收机构强制征收的方式实现，在此情形下，劳动者以此为由主张解除劳动合同经济补偿的，一般不予支持。

十五、关于用人单位在劳动者解除劳动合同前补足劳动报酬或补缴社会保险费情况下的争议处理问题

用人单位存在未及时足额支付劳动报酬或者未依法为劳动者缴纳社会保险费情形，但在劳动者以前述情形为由提出解除劳动合同前，用人单位已经补正的，劳

动者要求用人单位支付解除劳动合同的经济补偿,不予支持。

《山东省劳动合同条例》(2013年8月1日修订 山东省人民代表大会常务委员会公告第21号)

第二十八条 解除或者终止劳动合同,符合法定情形的,用人单位应当向劳动者支付经济补偿。

劳动者有下列情形之一,用人单位解除或者终止劳动合同的,可以不支付经济补偿:

(一)在试用期间被证明不符合录用条件的;

(二)严重违反用人单位规章制度的;

(三)严重失职,营私舞弊,给用人单位造成重大损害的;

(四)被依法追究刑事责任的;

(五)同时与其他用人单位建立劳动关系,对完成本单位的工作任务造成严重影响,或者经用人单位提出,拒不改正的;

(六)以欺诈、胁迫的手段或者乘人之危,使用人单位在违背真实意思的情况下订立或者变更劳动合同致使劳动合同无效的;

(七)自用工之日起三十日内经用人单位书面通知后,仍然不与用人单位订立劳动合同而终止劳动关系的;

(八)提出解除劳动合同并与用人单位协商一致解除劳动合同的;

(九)提前三十日以书面形式通知用人单位解除劳动合同,或者在试用期内提前三日通知用人单位解除劳动合同的;

(十)固定期限劳动合同期满终止,用人单位维持或者提高劳动合同约定条件续订劳动合同,劳动者不同意续订的;

(十一)法律、法规规定的其他情形。

第二十九条 劳动者患病或者非因工负伤,在规定的医疗期满后,用人单位应当根据劳动者的身体状况安排适当的工作;因劳动者不能从事原工作、也不能从事由用人单位另行安排的工作的,用人单位可以依法解除劳动合同,并向劳动者支付经济补偿和医疗补助费。

《关于适用〈中华人民共和国劳动争议调解仲裁法〉和〈中华人民共和国劳动合同法〉若干问题的意见》(2010年6月1日 鲁高法〔2010〕84号)

29.劳动合同法实施后,用人单位违法解除或终止劳动合同,劳动者不要求继续履行劳动合同或者劳动合同已经不能继续履行的,用人单位应当按照劳动合同法的规定向劳动者支付赔偿金,不再另行支付经济补偿金。赔偿金的计算年限自用工之日起计算。

30. 用人单位自用工之日起超过一个月但不满一年未与劳动者订立书面劳动合同的,应当向劳动者每月支付二倍的工资,其中加付的一倍工资不纳入经济补偿金或赔偿金的计算基数。

第八节　劳动合同解除后的附随义务

法律

《劳动合同法》(2012 年 12 月 28 日修正)

第五十条　用人单位应当在解除或者终止劳动合同时出具解除或者终止劳动合同的证明,并在十五日内为劳动者办理档案和社会保险关系转移手续。

劳动者应当按照双方约定,办理工作交接。用人单位依照本法有关规定应当向劳动者支付经济补偿的,在办结工作交接时支付。

用人单位对已经解除或者终止的劳动合同的文本,至少保存二年备查。

第八十九条　用人单位违反本法规定未向劳动者出具解除或者终止劳动合同的书面证明,由劳动行政部门责令改正;给劳动者造成损害的,应当承担赔偿责任。

行政法规

《劳动合同法实施条例》(2008 年 9 月 18 日　国务院令第 535 号)

第二十四条　用人单位出具的解除、终止劳动合同的证明,应当写明劳动合同期限、解除或者终止劳动合同的日期、工作岗位、在本单位的工作年限。

部委规定

劳动部《关于实行劳动合同制度若干问题的通知》(1996 年 10 月 31 日　劳部发〔1996〕354 号)

第十五条　在劳动者履行了有关义务终止、解除劳动合同时,用人单位应当出具终止、解除劳动合同证明书,作为该劳动者按规定享受失业保险待遇和失业登记、求职登记的凭证。

证明书应写明劳动合同期限、终止或解除的日期、所担任的工作。如果劳动者要求,用人单位可在证明中客观地说明解除劳动合同的原因。

《工资支付暂行规定》(1995 年 1 月 1 日　劳部发〔1994〕489 号)

第六条第三款　用人单位必须书面记录支付劳动者工资的数额、时间、领取者的姓名以及签字,并保存两年以上备查。用人单位在支付工资时应向劳动者提供一份其个人的工资清单。

第九条　劳动关系双方依法解除或终止劳动合同时,用人单位应在解除或终止劳动合同时一次付清劳动者工资。

地方性规定:北京

北京市高级人民法院、北京市劳动争议仲裁委员会《关于劳动争议案件法律适用问题研讨会会议纪要(二)》(2014 年 5 月 7 日　京高法发〔2014〕220 号)

41. 解除或终止劳动合同后,用人单位拒不向劳动者出具终止或者解除劳动关系证明或者未在法律规定的期限内为劳动者办理档案和社会保险关系转移手续,造成劳动者无法就业的,劳动者请求用人单位赔偿损失的,如何处理?

劳动者能够证明因用人单位的过错造成其无法就业并发生实际经济损失的,应当予以支持。劳动者对用人单位过错与其无法就业有直接的因果关系以及因此所造成经济损失的具体数额负有举证责任,不能证明有直接因果关系的不予支持,如确实造成经济损失,但无法确定经济损失具体数额的,可以按照劳动者在解除或终止劳动合同前十二个月平均工资确定。

北京市高级人民法院、北京市劳动争议仲裁委员会《关于劳动争议案件法律适用问题研讨会会议纪要》(2009 年 8 月 17 日)

40. 因用人单位的过错而使档案迟延移转,劳动者要求用人单位赔偿损失,劳动仲裁委或人民法院在确定赔偿额时,可参照《北京市失业保险规定》及相关政策文件的规定;劳动者因其档案丢失而向用人单位主张赔偿损失的,劳动仲裁委或人民法院可根据当事人的过错程度和受损情况酌情确定赔偿数额,一般不超过六万元。

地方性规定:上海

上海市劳动和社会保障局《关于实施〈上海市劳动合同条例〉若干问题的通知(二)》(2004年1月5日　沪劳保关发〔2004〕4号)

五、关于未及时办理退工手续的赔偿问题

(一)劳动合同关系已经解除或者终止,用人单位未按《条例》规定出具解除或者终止劳动合同关系的有效证明或未及时办理退工手续,影响劳动者办理失业登记手续造成损失的,用人单位应当按照失业保险金有关规定予以赔偿;给劳动者造成其他实际损失的,用人单位应当按照劳动者的请求,赔偿其他实际损失,但不再承担法定失业保险金的赔偿责任。

(二)因劳动者原因造成用人单位未能及时办理退工手续的,其损失由劳动者承担。

附:本章节收录相关规定汇总

第一节

法律

《劳动合同法》(2012年12月28日修正)

行政法规

《劳动合同法实施条例》(2008年9月18日　国务院令第535号)

部委规定

《企业内部控制应用指引第3号——人力资源》(2010年4月15日　财会〔2010〕11号)

劳动部《关于实行劳动合同制度若干问题的通知》(1996年10月31日　劳部发〔1996〕354号)

劳动部办公厅《对〈关于如何确定试用期内不符合录用条件可以解除劳动合同的请示〉的复函》(1995年1月19日　劳办发〔1995〕16号)

劳动部办公厅《对〈关于患精神病的合同制工人解除劳动合同问题的请示〉的复函》(1995年1月3日　劳办发〔1995〕1号)

地方性规定:北京

北京市高级人民法院、北京市劳动人事争议仲裁委员会《关于审理劳动争议案件法律适用问题的解答》(2017年4月24日　京高法发〔2017〕142号)

第二节

法律

《劳动法》(2018 年 12 月 29 日修正)

《劳动合同法》(2012 年 12 月 28 日修正　国务院令第 535 号)

行政法规

《劳动合同法实施条例》(2008 年 9 月 18 日)

司法解释

最高人民法院《关于审理劳动争议案件适用法律问题的解释(一)》(2021 年 1 月 1 日　法释〔2020〕26 号)

地方性规定:浙江

浙江省高级人民法院民事审判第一庭、浙江省劳动人事争议仲裁院《关于审理劳动争议案件若干问题的解答(五)》(2019 年 6 月 21 日　浙高法民一〔2019〕1 号)

浙江省高级人民法院民事审判第一庭、浙江省劳动人事争议仲裁院《关于审理劳动争议案件若干问题的解答(四)》(2016 年 12 月 30 日　浙高法民一〔2016〕3 号)

浙江省高级人民法院民一庭《关于审理劳动争议纠纷案件若干疑难问题的解答》(2012 年 12 月 24 日)

第三节

法律

《劳动法》(2018 年 12 月 29 日修正)

《劳动合同法》(2012 年 12 月 28 日修正)

行政法规

《劳动合同法实施条例》(2008 年 9 月 18 日　国务院令第 535 号)

最高人民法院《关于审理劳动争议案件适用法律问题的解释(一)》(2021 年 1 月 1 日　法释〔2020〕26 号)

部委规定

《关于贯彻执行〈中华人民共和国劳动法〉若干问题的意见》(1995 年 8 月 4 日　劳部发〔1995〕309 号)

《违反〈劳动法〉有关劳动合同规定的赔偿办法》(1995 年 5 月 1 日　劳部发〔1995〕223 号)

劳动部《关于〈中华人民共和国劳动法〉若干条文的说明》(1994 年 9 月 5 日　劳办发〔1994〕289 号)

地方性规定:北京

北京市高级人民法院、北京市劳动人事争议仲裁委员会《关于审理劳动争议案件法律适

用问题的解答》(2017 年 4 月 24 日　京高法发〔2017〕142 号)

北京市高级人民法院、北京市劳动争议仲裁委员会《关于劳动争议案件法律适用问题研讨会会议纪要(二)》(2014 年 5 月 7 日　京高法发〔2014〕220 号)

《北京市劳动合同规定》(2002 年 2 月 1 日　北京市人民政府令第 91 号)

地方性规定:天津

《天津法院劳动争议案件审理指南》(2018 年 1 月 1 日　津高法〔2017〕246 号)

地方性规定:上海

上海市高级人民法院《关于适用〈劳动合同法〉若干问题的意见》(2009 年 3 月 3 日　沪高法〔2009〕73 号)

地方性规定:重庆

《重庆市职工权益保障条例》(2011 年 7 月 1 日修正　重庆市人民代表大会常务委员会公告〔2011〕第 8 号)

地方性规定:广东(深圳)

《深圳经济特区和谐劳动关系促进条例》(2019 年 4 月 26 日　深圳市第六届人民代表大会常务委员会公告第 150 号)

深圳市中级人民法院《关于审理劳动争议案件的裁判指引》(2015 年 9 月 2 日　深中法发〔2015〕13 号)

地方性规定:江苏

江苏省高级人民法院《劳动争议案件审理指南(2010 年)》(2010 年 5 月 17 日)

江苏省高级人民法院、江苏省劳动争议仲裁委员会《关于审理劳动争议案件的指导意见》(2009 年 12 月 14 日　苏高法审委〔2009〕47 号)

地方性规定:浙江

浙江省高级人民法院民事审判第一庭、浙江省劳动人事争议仲裁院《关于审理劳动争议案件若干问题的解答(五)》(2019 年 6 月 21 日　浙高法民一〔2019〕1 号)

浙江省高级人民法院民事审判第一庭、浙江省劳动人事争议仲裁院《关于审理劳动争议案件若干问题的解答(四)》(2016 年 12 月 30 日　浙高法民一〔2016〕3 号)

浙江省高级人民法院民一庭《关于审理劳动争议纠纷案件若干疑难问题的解答》(2012 年 12 月 24 日)

浙江省劳动争议仲裁委员会《关于劳动争议案件处理若干问题的指导意见(试行)》(2009 年 8 月 21 日　浙仲〔2009〕2 号)

《关于审理劳动争议案件若干问题的意见(试行)》(2009 年 4 月 16 日　浙法民一〔2009〕3 号)

第四节

法律

《劳动法》(2018 年 12 月 29 日修正)

《劳动合同法》(2012 年 12 月 28 日修正)

行政法规

《军人抚恤优待条例》(2019 年 3 月 2 日　国务院令第 709 号)

《劳动合同法实施条例》(2008 年 9 月 18 日　国务院令第 535 号)

部委规定

《关于贯彻执行〈中华人民共和国劳动法〉若干问题的意见》(1995 年 8 月 4 日　劳部发〔1995〕309 号)

劳动部《关于〈中华人民共和国劳动法〉若干条文的说明》(1994 年 9 月 5 日　劳办发〔1994〕289 号)

《企业内部控制应用指引第 3 号——人力资源》(2010 年 4 月 15 日　财会〔2010〕11 号)

地方性规定:北京

北京市高级人民法院、北京市劳动人事争议仲裁委员会《关于审理劳动争议案件法律适用问题的解答》(2017 年 4 月 24 日　京高法发〔2017〕142 号)

地方性规定:天津

《天津法院劳动争议案件审理指南》(2018 年 1 月 1 日　津高法〔2017〕246 号)

《天津市贯彻落实〈劳动合同法〉若干问题实施细则》(2018 年 8 月 1 日　津人社规字〔2018〕14 号)

地方性规定:上海

上海市高级人民法院《关于适用〈劳动合同法〉若干问题的意见》(2009 年 3 月 3 日　沪高法〔2009〕73 号)

地方性规定:重庆

《重庆市职工权益保障条例》(2011 年 3 月 25 日修正)

地方性规定:广东(深圳)

广东省高级人民法院、广东省劳动人事争议仲裁委员会《关于劳动人事争议仲裁与诉讼衔接若干意见》(2018 年 7 月 18 日　粤高法发〔2018〕2 号)

地方性规定:江苏

《江苏省劳动合同条例》(2013 年 1 月 15 日修订)

江苏省高级人民法院《劳动争议案件审理指南(2010 年)》(2010 年 5 月 17 日)

江苏省高级人民法院、江苏省劳动争议仲裁委员会《关于审理劳动争议案件的指导意见》(2009 年 12 月 14 日　苏高法审委〔2009〕47 号)

地方性规定：浙江

浙江省高级人民法院民事审判第一庭、浙江省劳动人事争议仲裁院《关于审理劳动争议案件若干问题的解答（五）》（2019 年 6 月 21 日　浙高法民一〔2019〕1 号）

浙江省高级人民法院民事审判第一庭、浙江省劳动人事争议仲裁院《关于审理劳动争议案件若干问题的解答（四）》（2016 年 12 月 30 日　浙高法民一〔2016〕3 号）

浙江省高级人民法院民事审判第一庭、浙江省劳动人事争议仲裁院《关于审理劳动争议案件若干问题的解答（二）》（2014 年 4 月 14 日　浙高法民一〔2014〕7 号）

浙江省高级人民法院民一庭《关于审理劳动争议纠纷案件若干疑难问题的解答》（2012 年 12 月 24 日）

浙江省劳动争议仲裁委员会《关于劳动争议案件处理若干问题的指导意见（试行）》（2009 年 8 月 21 日　浙仲〔2009〕2 号）

《关于审理劳动争议案件若干问题的意见（试行）》（2009 年 4 月 16 日　浙法民一〔2009〕3 号）

第五节

法律

《劳动法》（2018 年 12 月 29 日修正）

《职业病防治法》（2018 年 12 月 29 日修正）

《劳动合同法》（2012 年 12 月 28 日修正）

行政法规

《女职工劳动保护特别规定》（2012 年 4 月 28 日　国务院令第 619 号）

部委规定

《关于贯彻执行〈中华人民共和国劳动法〉若干问题的意见》（1995 年 8 月 4 日　劳部发〔1995〕309 号）

劳动部《关于〈中华人民共和国劳动法〉若干条文的说明》（1994 年 9 月 5 日　劳办发〔1994〕289 号）

地方性规定：山东

《山东省劳动合同条例》（2013 年 8 月 1 日修订　山东省人民代表大会常务委员会公告第 21 号）

第六节

法律

《劳动法》（2018 年 12 月 29 日修正）

《劳动合同法》(2012 年 12 月 28 日修正)

部委规定

劳动部《关于实行劳动合同制度若干问题的通知》(1996 年 10 月 31 日　劳部发〔1996〕354 号)

《关于贯彻执行〈中华人民共和国劳动法〉若干问题的意见》(1995 年 8 月 4 日　劳部发〔1995〕309 号)

劳动部《企业经济性裁减人员规定》(1995 年 1 月 1 日　劳部发〔1994〕447 号)

地方性规定:天津

《天津市企业经济性裁减人员暂行规定》(2001 年 8 月 1 日　津劳局〔2001〕241 号)

地方性规定:上海

上海市高级人民法院《关于适用〈劳动合同法〉若干问题的意见》(2009 年 3 月 3 日　沪高法〔2009〕73 号)

第七节

法律

《劳动法》(2018 年 12 月 29 日修正)

《劳动合同法》(2012 年 12 月 28 日修正)

行政法规

《劳动合同法实施条例》(2008 年 9 月 18 日　国务院令第 535 号)

司法解释

最高人民法院《关于审理劳动争议案件适用法律问题的解释(一)》(2021 年 1 月 1 日　法释〔2020〕26 号)

部委规定

财政部、国家税务总局《关于个人所得税法修改后有关优惠政策衔接问题的通知》(2019 年 1 月 1 日　财税〔2018〕164 号)

劳动和社会保障部《关于破产企业一次性安置人员再就业后工龄计算问题的复函》(2002 年 5 月 20 日　劳社厅函〔2002〕179 号)

劳动和社会保障部办公厅《关于复转军人军龄及有关人员工龄是否作为计算职工经济补偿金年限的答复意见》(2002 年 1 月 28 日　劳社厅函〔2002〕20 号)

劳动和社会保障部《关于〈国营企业实行劳动合同制度暂行规定〉废止后有关终止劳动合同支付生活补助费问题的复函》(2001 年 12 月 26 日　劳社厅函〔2001〕280 号)

劳动和社会保障部办公厅《关于用人单位违反劳动合同规定有关赔偿问题的复函》(2001 年 11 月 5 日　劳社厅函〔2001〕238 号)

国家税务总局《关于个人解除劳动合同取得经济补偿金征收个人所得税扣除基本养老等保险基金问题的批复》(2001 年 8 月 22 日　国税函〔2001〕665 号)

劳动部办公厅《关于对劳部发〔1996〕354 号文件有关问题解释的通知》(1997 年 2 月 5 日　劳办发〔1997〕18 号)

劳动部《关于实行劳动合同制度若干问题的通知》(1996 年 10 月 31 日　劳部发〔1996〕354 号)

《违反〈劳动法〉有关劳动合同规定的赔偿办法》(1995 年 5 月 10 日　劳部发〔1995〕223 号)

地方性规定:北京

北京市高级人民法院、北京市劳动人事争议仲裁委员会《关于审理劳动争议案件法律适用问题的解答》(2017 年 4 月 24 日　京高法发〔2017〕142 号)

北京市高级人民法院、北京市劳动争议仲裁委员会《关于劳动争议案件法律适用问题研讨会会议纪要(二)》(2014 年 5 月 7 日　京高法发〔2014〕220 号)

北京市高级人民法院、北京市劳动争议仲裁委员会《关于劳动争议案件法律适用问题研讨会会议纪要》(2009 年 8 月 17 日)

北京劳动和社会保障局《关于〈企业终止城镇职工劳动合同是否支付生活补助费〉的复函》(2003 年 12 月 17 日　京劳社资函〔2003〕112 号)

地方性规定:天津

《天津法院劳动争议案件审理指南》(2018 年 1 月 1 日　津高法〔2017〕246 号)

《天津市贯彻落实〈劳动合同法〉若干问题实施细则》(2018 年 8 月 1 日　津人社规字〔2018〕14 号)

地方性规定:上海

上海市劳动和社会保障局《关于实施〈上海市劳动合同条例〉若干问题的通知(三)》(2005 年 10 月 17 日　沪劳保关发〔2005〕36 号)

上海市高级人民法院《关于适用〈劳动合同法〉若干问题的意见》(2009 年 3 月 3 日　沪高法〔2009〕73 号)

上海市高级人民法院《关于审理劳动争议案件若干问题的意见》(2007 年 3 月 21 日　沪高法民一〔2007〕7 号)

地方性规定:广东(深圳)

广东省高级人民法院、广东省劳动人事争议仲裁委员会《关于劳动人事争议仲裁与诉讼衔接若干意见》(2018 年 7 月 18 日　粤高法发〔2018〕2 号)

《深圳经济特区和谐劳动关系促进条例》(2019 年 4 月 26 日修正　深圳市第六届人民代表大会常务委员会公告第 150 号)

深圳市中级人民法院《关于审理劳动争议案件的裁判指引》(2015 年 9 月 2 日　深中法发〔2015〕13 号)

地方性规定:江苏

《江苏省劳动合同条例》(2013 年 1 月 15 日　江苏省第十一届人民代表大会常务委员会公告第 124 号)

江苏省高级人民法院、江苏省劳动人事争议仲裁委员会《关于审理劳动人事争议案件的指导意见(二)》(2011 年 11 月 8 日　苏高法审委〔2011〕14 号)

江苏省高级人民法院《劳动争议案件审理指南(2010 年)》(2010 年 5 月 17 日)

江苏省高级人民法院、江苏省劳动争议仲裁委员会《关于审理劳动争议案件的指导意见》(2009 年 12 月 14 日　苏高法审委〔2009〕47 号)

地方性规定:浙江

浙江省高级人民法院民事审判第一庭、浙江省劳动人事争议仲裁院《关于审理劳动争议案件若干问题的解答(五)》(2019 年 6 月 21 日　浙高法民一〔2019〕1 号)

浙江省高级人民法院民事审判第一庭、浙江省劳动人事争议仲裁院《关于审理劳动争议案件若干问题的解答(四)》(2016 年 12 月 30 日　浙高法民一〔2016〕3 号)

浙江省高级人民法院民事审判第一庭、浙江省劳动人事争议仲裁院《关于审理劳动争议案件若干问题的解答(三)》(2015 年 9 月 29 日　浙高法民一〔2015〕9 号)

浙江省高级人民法院民事审判第一庭、浙江省劳动人事争议仲裁院《关于审理劳动争议案件若干问题的解答(二)》(2014 年 4 月 14 日　浙高法民一〔2014〕7 号)

浙江省高级人民法院民一庭《关于审理劳动争议纠纷案件若干疑难问题的解答》(2012 年 12 月 24 日)

浙江省劳动争议仲裁委员会《关于劳动争议案件处理若干问题的指导意见(试行)》(2009 年 8 月 21 日　浙仲〔2009〕2 号)

《关于审理劳动争议案件若干问题的意见(试行)》(2009 年 4 月 16 日　浙法民一〔2009〕3 号)

地方性规定:山东

山东省高级人民法院、山东省人力资源和社会保障厅《关于审理劳动人事争议案件若干问题会议纪要》(2019 年 6 月 10 日)

《山东省劳动合同条例》(2013 年 8 月 1 日修订　山东省人民代表大会常务委员会公告第 21 号)

《关于适用〈中华人民共和国劳动争议调解仲裁法〉和〈中华人民共和国劳动合同法〉若干问题的意见》(2010 年 6 月 1 日　鲁高法〔2010〕84 号)

第八节

法律

《劳动合同法》(2012 年 12 月 28 日修正)

行政法规

《劳动合同法实施条例》(2008 年 9 月 18 日　国务院令第 535 号)

部委规定

劳动部《关于实行劳动合同制度若干问题的通知》(1996 年 10 月 31 日　劳部发〔1996〕354 号)

《工资支付暂行规定》(1995 年 1 月 1 日　劳部发〔1994〕489 号)

地方性规定:北京

北京市高级人民法院、北京市劳动争议仲裁委员会《关于劳动争议案件法律适用问题研讨会会议纪要(二)》(2014 年 5 月 7 日　京高法发〔2014〕220 号)

北京市高级人民法院、北京市劳动争议仲裁委员会《关于劳动争议案件法律适用问题研讨会会议纪要》(2009 年 8 月 17 日)

地方性规定:上海

上海市劳动和社会保障局《关于实施〈上海市劳动合同条例〉若干问题的通知(二)》(2004 年 1 月 5 日　沪劳保关发〔2004〕4 号)

第七章　劳动合同终止

法律

《劳动法》(2018 年 12 月 29 日修正)

第二十三条　劳动合同期满或者当事人约定的劳动合同终止条件出现，劳动合同即行终止。①

《劳动合同法》(2012 年 12 月 28 日修正)

第四十四条　有下列情形之一的，劳动合同终止：

(一)劳动合同期满的；

(二)劳动者开始依法享受基本养老保险待遇的；

(三)劳动者死亡，或者被人民法院宣告死亡或者宣告失踪的；

(四)用人单位被依法宣告破产的；

(五)用人单位被吊销营业执照、责令关闭、撤销或者用人单位决定提前解散的；

(六)法律、行政法规规定的其他情形。

第四十五条　劳动合同期满，有本法第四十二条规定情形之一的，劳动合同应当续延至相应的情形消失时终止。但是，本法第四十二条第二项规定丧失或者部分丧失劳动能力劳动者的劳动合同的终止，按照国家有关工伤保险的规定执行。

---

① 编著注：本条规定的“当事人约定的劳动合同终止条件出现，劳动合同即行终止”与《劳动合同法实施条例》第十三条规定冲突，应不再适用。

行政法规

《劳动合同法实施条例》(2008 年 9 月 18 日　国务院令第 535 号)

第十三条　用人单位与劳动者不得在劳动合同法第四十四条规定的劳动合同终止情形之外约定其他的劳动合同终止条件。

第二十一条①　劳动者达到法定退休年龄的,劳动合同终止。

第二十三条　用人单位依法终止工伤职工的劳动合同的,除依照劳动合同法第四十七条的规定支付经济补偿外,还应当依照国家有关工伤保险的规定支付一次性工伤医疗补助金和伤残就业补助金。

部委规定

《关于贯彻执行〈中华人民共和国劳动法〉若干问题的意见》(1995 年 8 月 4 日　劳部发〔1995〕309 号)

38. 劳动合同期满或者当事人约定的劳动合同终止条件出现,劳动合同即行终止,用人单位可以不支付劳动者经济补偿金。国家另有规定的,可以从其规定。

地方性规定:北京

《2014 年部分劳动争议法律适用疑难问题研讨会会议纪要》(2015 年 1 月 1 日)

七、《会议纪要二》第 27 条:"劳动合同期满后未订立劳动合同,劳动者仍在原用人单位继续工作,应适用《劳动合同法》第十条、第十四条第三款、第八十二条,《劳动合同法实施条例》第六条、第七条的规定进行处理。在此情况下,因为用人单位对原劳动合同期满和继续用工的法律后果均有预期,因此不需要再给予一个月的宽限期,原劳动合同期满次日,即是用人单位应当订立劳动合同之日和承担未订立劳动合同的法律后果之日。"

问题:如果劳动合同期满后仍继续工作,但劳动者经通知不与用人单位续签劳动合同,用人单位能否适用《劳动合同法实施条例》第六条终止劳动关系?

研讨意见:可以。

---

①　编著注:本条规定与《劳动合同法》第四十四条第二项规定表述不一致,应被视为对《劳动合同法》第四十四条第二项规定的细化,两者虽然在文字表述上不同,但其内涵一致。

北京市高级人民法院、北京市劳动争议仲裁委员会《关于劳动争议案件法律适用问题研讨会会议纪要(二)》(2014 年 5 月 7 日　京高法发〔2014〕220 号)

34. 用人单位与劳动者连续订立二次固定期限劳动合同的,第二次固定期限劳动合同到期时,用人单位能否终止劳动合同?

根据《劳动合同法》第十四条第二款第三项规定,劳动者有权选择订立固定期限劳动合同或者终止劳动合同,用人单位无权选择订立固定期限劳动合同或者终止劳动合同。上述情形下,劳动者提出或者同意续订、订立无固定期限劳动合同,用人单位应当与劳动者订立无固定期限劳动合同。

35. 用人单位与劳动者连续订立二次固定期限劳动合同后,劳动者与用人单位再次订立固定期限劳动合同的,最后一次固定期限劳动合同到期时,用人单位是否可以终止劳动合同?

在用人单位与劳动者连续订立二次固定期限劳动合同后,劳动者与用人单位再次订立固定期限劳动合同的,适用《劳动合同法》第十四条规定。在最后一次固定期限劳动合同到期时,应认定符合连续订立二次固定期限劳动合同的条件,排除法定情形外,劳动者提出或者同意续订、订立无固定期限劳动合同,用人单位应当与劳动者订立无固定期限劳动合同。

《北京市劳动合同规定》(2002 年 2 月 1 日　北京市人民政府令第 91 号)

第四十条　劳动合同期限届满前,用人单位应当提前 30 日将终止或者续订劳动合同意向以书面形式通知劳动者,经协商办理终止或者续订劳动合同手续。

地方性规定:天津

《天津法院劳动争议案件审理指南》(2018 年 1 月 1 日　津高法〔2017〕246 号)

29.【终止劳动合同的通知问题】劳动合同到期终止,劳动者以用人单位未履行通知义务为由主张违法终止合同的,不予支持。

用人单位根据《最高人民法院关于审理劳动争议案件适用法律若干问题的解释》第十六条第一款的规定终止劳动关系的,应当通知劳动者。未通知的,不发生终止劳动关系的法律后果。通知的形式及效力比照本指南第 22 条的规定处理。

地方性规定:上海

《上海市劳动合同条例》(2002年5月1日　上海市人民代表大会常务委员会公告第58号)

第三十七条　有下列情形之一的,劳动合同终止:

(一)劳动合同期满的;

(二)当事人约定的劳动合同终止条件出现的;

(三)用人单位破产、解散或者被撤销的;

(四)劳动者退休、退职、死亡的。

劳动合同当事人实际已不履行劳动合同满三个月的,劳动合同可以终止。

劳动者患职业病、因工负伤,被确认为部分丧失劳动能力,用人单位按照规定支付伤残就业补助金的,劳动合同可以终止。

第三十八条　劳动者患职业病或者因工负伤,被确认为完全或者大部分丧失劳动能力的,用人单位不得终止劳动合同,但经劳动合同当事人协商一致,并且用人单位按照规定支付伤残就业补助金的,劳动合同也可以终止。

第三十九条　劳动合同期满或者当事人约定的劳动合同终止条件出现,劳动者有下列情形之一的,同时不属于本条例第三十三条第(二)项、第(三)项、第(四)项①规定的,劳动合同期限顺延至下列情形消失:

(一)患病或者负伤,在规定的医疗期内的;

(二)女职工在孕期、产期、哺乳期内的;

(三)法律、法规、规章规定的其他情形。

第四十条　应当订立劳动合同而未订立的,劳动者可以随时终止劳动关系。

应当订立劳动合同而未订立的,用人单位提出终止劳动关系,应当提前三十日通知劳动者,但劳动者具有第三十九条规定情形之一的,劳动关系应当顺延至该情形消失。

第四十四条　用人单位根据本条例第三十二条第一款第(一)项的规定解除劳动合同的,除按规定给予经济补偿外,还应当给予不低于劳动者本人六个月工资收入的医疗补助费。

---

① 《上海市劳动合同条例》第三十三条第二项、第三项、第四项:劳动者有下列情形之一的,用人单位可以随时解除劳动合同:(二)严重违反劳动纪律或者用人单位规章制度的;(三)严重失职,营私舞弊,对用人单位利益造成重大损害的;(四)被依法追究刑事责任的。

地方性规定:广东(深圳)

《深圳经济特区和谐劳动关系促进条例》(2019年4月26日修正　深圳市第六届人民代表大会常务委员会公告第150号)

第二十五条第一款、第二款　劳动者达到法定退休年龄的,劳动合同终止。

劳动者达到法定退休年龄,享受按月领取社会养老保险待遇的,用人单位通知其配合办理退休手续,劳动者应当予以配合。

地方性规定:浙江

浙江省劳动争议仲裁委员会《关于劳动争议案件处理若干问题的指导意见(试行)》(2009年8月21日　浙仲〔2009〕2号)

50. 除《劳动合同法》第十四条、第四十五条规定的情形外,劳动合同期满即可终止。用人单位未在劳动合同期限届满前30日通知劳动者终止劳动合同,劳动者要求多支付一个月工资的,不予支持。

地方性规定:福建

《福建省进一步规范企业劳动合同订立、变更、解除和终止的办法(试行)》(2008年3月31日　闽劳社文〔2008〕110号)

四、劳动合同终止

10. 用人单位与劳动者第一次签订固定期限劳动合同的合同期满,若用人单位没有延续劳动关系意愿或经征求意见、劳动者不同意延续的,应在劳动合同期满前三日内办理终止劳动合同手续。如双方第二次签订固定期限劳动合同的合同期满,应按《劳动合同法》规定执行。

11. 用人单位被法定宣告破产或被吊销营业执照、责令关闭、撤销、决定提前解散的,则用人单位宣告破产日、吊销营业执照日、责令关闭撤销日或提前解散决定日即为劳动合同终止日。劳动合同终止日超过三个月职工还未能办妥解除劳动关系或依法支付经济补偿金的,应由职工大会或职代会重新决定安置截止日期。

附:本章节收录相关规定汇总

法律

《劳动法》(2018年12月29日修正)

《劳动合同法》(2012 年 12 月 28 日修正)

行政法规

《劳动合同法实施条例》(2008 年 9 月 18 日　国务院令第 535 号)

部委规定

《关于贯彻执行〈中华人民共和国劳动法〉若干问题的意见》(1995 年 8 月 4 日　劳部发〔1995〕309 号)

地方性规定:北京

《2014 年部分劳动争议法律适用疑难问题研讨会会议纪要》(2015 年 1 月 1 日)

北京市高级人民法院、北京市劳动争议仲裁委员会《关于劳动争议案件法律适用问题研讨会会议纪要(二)》(2014 年 5 月 7 日　京高法发〔2014〕220 号)

《北京市劳动合同规定》(2002 年 2 月 1 日　北京市人民政府令第 91 号)

地方性规定:天津

《天津法院劳动争议案件审理指南》(2018 年 1 月 1 日　津高法〔2017〕246 号)

地方性规定:上海

《上海市劳动合同条例》(2002 年 5 月 1 日　上海市人民代表大会常务委员会公告第 58 号)

地方性规定:广东(深圳)

《深圳经济特区和谐劳动关系促进条例》(2019 年 4 月 26 日修正　深圳市第六届人民代表大会常务委员会公告第 150 号)

地方性规定:浙江

浙江省劳动争议仲裁委员会《关于劳动争议案件处理若干问题的指导意见(试行)》(2009 年 8 月 21 日　浙仲〔2009〕2 号)

地方性规定:福建

《福建省进一步规范企业劳动合同订立、变更、解除和终止的办法(试行)》(2008 年 3 月 31 日　闽劳社文〔2008〕110 号)

第八章　无固定期限劳动合同

法律

《劳动法》(2018年12月29日修正)

第二十条第二款　劳动者在同一用人单位连续工作满十年以上,当事人双方同意续延劳动合同的,如果劳动者提出订立无固定期限的劳动合同,应当订立无固定期限的劳动合同。

《劳动合同法》(2012年12月28日修正)

第十四条　无固定期限劳动合同,是指用人单位与劳动者约定无确定终止时间的劳动合同。

用人单位与劳动者协商一致,可以订立无固定期限劳动合同。有下列情形之一,劳动者提出或者同意续订、订立劳动合同的,除劳动者提出订立固定期限劳动合同外,应当订立无固定期限劳动合同:

(一)劳动者在该用人单位连续工作满十年的;

(二)用人单位初次实行劳动合同制度或者国有企业改制重新订立劳动合同时,劳动者在该用人单位连续工作满十年且距法定退休年龄不足十年的;

(三)连续订立二次固定期限劳动合同,且劳动者没有本法第三十九条[①]和第四

---

① 《劳动合同法》第三十九条:劳动者有下列情形之一的,用人单位可以解除劳动合同:(一)在试用期间被证明不符合录用条件的;(二)严重违反用人单位的规章制度的;(三)严重失职,营私舞弊,给用人单位造成重大损害的;(四)劳动者同时与其他用人单位建立劳动关系,对完成本单位的工作任务造成严重影响,或者经用人单位提出,拒不改正的;(五)因本法第二十六条第一款第一项规定的情形致使劳动合同无效的;(六)被依法追究刑事责任的。

十条第一项、第二项①规定的情形,续订劳动合同的。

用人单位自用工之日起满一年不与劳动者订立书面劳动合同的,视为用人单位与劳动者已订立无固定期限劳动合同。

第八十二条 用人单位自用工之日起超过一个月不满一年未与劳动者订立书面劳动合同的,应当向劳动者每月支付二倍的工资。

用人单位违反本法规定不与劳动者订立无固定期限劳动合同的,自应当订立无固定期限劳动合同之日起向劳动者每月支付二倍的工资。

第九十七条第一款 本法施行前已依法订立且在本法施行之日存续的劳动合同,继续履行;本法第十四条第二款第三项②规定连续订立固定期限劳动合同的次数,自本法施行后续订固定期限劳动合同时开始计算。

行政法规

《劳动合同法实施条例》(2008 年 9 月 18 日 国务院令第 535 号)

第九条 劳动合同法第十四条第二款③规定的连续工作满 10 年的起始时间,应当自用人单位用工之日起计算,包括劳动合同法施行前的工作年限。

第十一条 除劳动者与用人单位协商一致的情形外,劳动者依照劳动合同法第十四条第二款的规定,提出订立无固定期限劳动合同的,用人单位应当与其订立无固定期限劳动合同。对劳动合同的内容,双方应当按照合法、公平、平等自愿、协商一致、诚实信用的原则协商确定;对协商不一致的内容,依照劳动合同法第十八条的规定执行。

---

① 《劳动合同法》第四十条第一项、第二项:有下列情形之一的,用人单位提前三十日以书面形式通知劳动者本人或者额外支付劳动者一个月工资后,可以解除劳动合同:(一)劳动者患病或者非因工负伤,在规定的医疗期满后不能从事原工作,也不能从事由用人单位另行安排的工作的;(二)劳动者不能胜任工作,经过培训或者调整工作岗位,仍不能胜任工作的。

② 《劳动合同法》第十四条第二款第三项:用人单位与劳动者协商一致,可以订立无固定期限劳动合同。有下列情形之一,劳动者提出或者同意续订、订立劳动合同的,除劳动者提出订立固定期限劳动合同外,应当订立无固定期限劳动合同:(三)连续订立二次固定期限劳动合同,且劳动者没有本法第三十九条和第四十条第一项、第二项规定的情形,续订劳动合同的。

③ 《劳动合同法》第十四条第二款:用人单位与劳动者协商一致,可以订立无固定期限劳动合同。有下列情形之一,劳动者提出或者同意续订、订立劳动合同的,除劳动者提出订立固定期限劳动合同外,应当订立无固定期限劳动合同:(一)劳动者在该用人单位连续工作满十年的;(二)用人单位初次实行劳动合同制度或者国有企业改制重新订立劳动合同时,劳动者在该用人单位连续工作满十年且距法定退休年龄不足十年的;(三)连续订立二次固定期限劳动合同,且劳动者没有本法第三十九条和第四十条第一项、第二项规定的情形,续订劳动合同的。

部委规定

《关于深入贯彻〈退役士兵安置条例〉扎实做好退役士兵安置工作的意见》(2013年7月10日 国办发〔2013〕78号)

三、采取有力措施保障符合政府安排工作条件的退役士兵就业

(六)各用人单位要切实保障安排工作退役士兵的待遇落实,要及时签订劳动合同或聘用合同,尽快安排上岗,依法合理确定工资福利,按照国家有关规定接续养老、医疗、失业等社会保险关系,保证享受本单位同等条件人员的同等待遇,军龄10年以上的应当签订无固定期限劳动合同。

劳动和社会保障部《关于确立劳动关系有关事项的通知》(2005年5月25日 劳社部发〔2005〕12号)

三、用人单位招用劳动者符合第一条规定的情形的,用人单位应当与劳动者补签劳动合同,劳动合同期限由双方协商确定。协商不一致的,任何一方均可提出终止劳动关系,但对符合签订无固定期限劳动合同条件的劳动者,如果劳动者提出订立无固定期限劳动合同,用人单位应当订立。

……

《关于贯彻执行〈中华人民共和国劳动法〉若干问题的意见》(1995年8月4日 劳部发〔1995〕309号)

20. 无固定期限的劳动合同是指不约定终止日期的劳动合同。按照平等自愿、协商一致的原则,用人单位和劳动者只要达成一致,无论初次就业的,还是由固定工转制的,都可以签订无固定期限的劳动合同。

无固定期限的劳动合同不得将法定解除条件约定为终止条件,以规避解除劳动合同时用人单位应承担支付给劳动者经济补偿的义务。

22. 劳动法第二十条①中的"在同一用人单位连续工作满十年以上"是指劳动者与同一用人单位签订的劳动合同的期限不间断达到十年,劳动合同期满双方同意续订劳动合同时,只要劳动者提出签订无固定期限劳动合同的,用人单位应当与其签订无固定期限的劳动合同。在固定工转制中各地如有特殊规定的,从其规定。

① 《劳动法》第二十条第二款:劳动者在同一用人单位连续工作满十年以上,当事人双方同意续延劳动合同的,如果劳动者提出订立无固定期限的劳动合同,应当订立无固定期限的劳动合同。

地方性规定:北京

北京市高级人民法院、北京市劳动人事争议仲裁委员会《关于审理劳动争议案件法律适用问题的解答》(2017年4月24日　京高法发〔2017〕142号)

17. 劳动者依照《劳动合同法》规定符合与用人单位签订无固定期限劳动合同条件,但已与用人单位签订了固定期限劳动合同的,现劳动者要求将其固定期限合同变更为无固定期限合同的,如何处理?

劳动者与用人单位签订了固定期限劳动合同后,劳动者要求变更为无固定期限劳动合同的,不予支持,但有证据证明用人单位存在欺诈、胁迫、乘人之危等情形的除外。

北京市高级人民法院、北京市劳动争议仲裁委员会《关于劳动争议案件法律适用问题研讨会会议纪要(二)》(2014年5月7日　京高法发〔2014〕220号)

33. 用人单位与劳动者约定劳动合同到期续延,此后劳动者以连续订立两次固定期限劳动合同为由,提出或者同意续订、订立无固定期限劳动合同,如何处理?

用人单位与劳动者约定劳动合同到期续延,且实际续延劳动合同的,合同约定了续延期限的,续延期限届满时,劳动者以连续订立两次固定期限劳动合同为由,提出或者同意续订、订立无固定期限劳动合同,用人单位应当与劳动者订立无固定期限劳动合同。用人单位不与劳动者订立无固定期限劳动合同的,可以依劳动者的主张确认存在无固定期限劳动合同关系。

37. 对用人单位存在规避签订无固定期限劳动合同和连续计算工作年限的情况,如何处理?

用人单位存在规避《劳动合同法》第十四条规定的下列行为,劳动者订立固定期限劳动合同和工作年限的次数仍应连续计算:

(一)为减少计算劳动者的工龄,迫使劳动者与其解除或终止劳动合同后重新与其签订劳动合同的;

(二)通过设立关联用人单位,在与劳动者签订合同时交替变换用人单位名称的;

(三)仅就劳动合同的终止期限进行变更,用人单位无法做出合理解释的;

(四)采取注销原单位、设立新单位的方式,将劳动者重新招用到新单位,且单位经营内容与劳动者的工作地点、工作内容均没有实质性变化的;

(五)其他明显违反诚信和公平原则的规避行为。

地方性规定:天津

《天津法院劳动争议案件审理指南》(2018 年 1 月 1 日　津高法〔2017〕246 号)

16.【连续订立二次以上固定期限劳动合同的劳动者要求订立无固定期限劳动合同的处理】劳动者与用人单位连续订立二次以上固定期限劳动合同,且劳动者没有《中华人民共和国劳动合同法》第三十九条和第四十条第一项、第二项规定的情形,劳动者提出或者同意续订劳动合同,除劳动者提出订立固定期限劳动合同外,用人单位拒绝与劳动者订立无固定期限劳动合同的,不予支持。

17.【特殊情况下劳动者要求订立无固定期限劳动合同的处理】根据《中华人民共和国劳动合同法》第四十二条、四十五条的规定,劳动合同期满,有下列情形劳动合同应当延续至相应情形消失时终止而使劳动者连续工作满十年的,除劳动者提出订立固定期限劳动合同外,用人单位拒绝与劳动者订立无固定期限劳动合同的,不予支持。

(1)从事接触职业病危害作业的劳动者未进行离岗前职业健康检查,或者疑似职业病病人在诊断或者医学观察期间的;

(2)患病或者非因工负伤,在规定的医疗期内的;

(3)女职工在孕期、产期、哺乳期的。

地方性规定:上海

上海市劳动和社会保障局《关于实施〈上海市劳动合同条例〉若干问题的通知(二)》(2004 年 1 月 5 日　沪劳保关发〔2004〕4 号)

一、关于无固定期限劳动合同问题

(一)劳动者在同一用人单位连续工作满十年以上,原劳动合同期满,当事人双方同意续延劳动合同的,劳动合同应按以下办法处理:

1. 劳动者提出订立无固定期限的劳动合同,用人单位应当与其订立无固定期限劳动合同;

2. 经双方当事人协商一致订立了有期限劳动合同的,该劳动合同成立;

3. 若被证明用人单位采用欺诈、威胁等手段导致订立了有期限劳动合同的,该劳动合同中约定期限的条款无效。劳动者提出订立无固定期限劳动合同的,用人单位应当与其订立无固定期限劳动合同。

(二)劳动合同期满前,劳动者因在同一用人单位连续工作满十年以上,提出将正在履行的劳动合同变更为无固定期限劳动合同的，未经双方当事人协商一致，应当继续履行原劳动合同。

（三）应当订立书面劳动合同而未订立，劳动者在同一用人单位连续工作满十年以上，双方继续存在劳动关系状态，用人单位未依据《条例》第四十条规定通知终止劳动关系的，劳动者提出订无固定期限劳动合同，用人单位应当与其订立无固定期限劳动合同。

上海市高级人民法院《关于适用〈劳动合同法〉若干问题的意见》（2009 年 3 月 3 日　沪高法〔2009〕73 号）

四、涉及无固定期限劳动合同的几个问题

（一）应订未订无固定期限劳动合同的处理

劳动者提出订立无固定期限劳动合同的请求符合法律规定，用人单位未依法与其订立的，根据《最高人民法院关于审理劳动争议案件适用法律若干问题的解释》（法释〔2001〕14 号）第十六条第二款的规定，可以“视为双方之间存在无固定期限劳动合同关系，并以原劳动合同确定双方的权利义务关系”。其中，“原劳动合同确定的双方权利义务关系”，包括书面合同方式确定的权利义务关系和以事实劳动关系方式确定的权利义务关系。

（二）符合订立无固定期限劳动合同的条件，但当事人订立了固定期限合同的效力

劳动者符合签订无固定期限劳动合同的条件，但与用人单位签订固定期限劳动合同的，根据《劳动合同法》第十四条及《实施条例》第十一条的规定，该固定期限劳动合同对双方当事人具有约束力。合同期满时，该合同自然终止。

（三）因法定顺延事由，使得劳动者在同一单位工作时间超过十年的，是否作为签订无固定期限劳动合同的理由

劳动合同期满，合同自然终止。合同期限的续延只是为了照顾劳动者的特殊情况，对合同终止时间进行了相应的延长，而非不得终止。《劳动合同法》第四十五条也明确规定：“劳动合同期满，有本法第四十二条规定情形之一的，劳动合同应当延续至相应的情形消失时终止。”在法律没有对终止的情况做出特别规定的情况下，不能违反法律关于合同终止的有关规定随意扩大解释，将订立无固定期限合同的后果纳入其中。因此，法定的续延事由消失时，合同自然终止。

(四)用人单位与劳动者连续订立几次固定期限劳动合同以后,续订合同应当订立无固定期限合同

《劳动合同法》第十四条第二款第(三)项①的规定,应当是指劳动者已经与用人单位连续订立二次固定期限劳动合同后,与劳动者第三次续订合同时,劳动者提出签订无固定期限劳动合同的情形。

地方性规定:广东(深圳)

深圳市中级人民法院《关于审理劳动争议案件的裁判指引》(2015年9月2日 深中法发〔2015〕13号)

一百〇五、用人单位恶意规避《劳动合同法》第十四条的下列行为,应认定为无效行为,劳动者的工作年限和订立固定期限劳动合同的次数应连续计算:

(1)为使劳动者"工龄归零",迫使劳动者辞职后重新与其签订劳动合同的;

(2)通过设立关联企业,在与劳动者签订合同时交替变换用人单位名称的;

(3)通过非法劳务派遣的;

(4)其他明显违反诚信和公平原则的规避行为。

地方性规定:江苏

《江苏省劳动合同条例》(2013年1月15日修订 江苏省第十一届人民代表大会常务委员会公告第124号)

第十八条 在《中华人民共和国劳动合同法》实施后,用人单位与劳动者连续订立了二次固定期限劳动合同,且劳动者没有《中华人民共和国劳动合同法》第三十九条和第四十条第一项、第二项规定情形的,用人单位应当在第二次劳动合同期满三十日前,书面告知劳动者可以订立无固定期限劳动合同。

劳动者在用人单位连续工作满十年的,用人单位应当在劳动合同期满三十日前,书面告知劳动者可以订立无固定期限劳动合同。

第十九条 劳动合同期满前,符合订立无固定期限劳动合同条件的劳动者未

① 《劳动合同法》第十四条第二款第三项:用人单位与劳动者协商一致,可以订立无固定期限劳动合同。有下列情形之一,劳动者提出或者同意续订、订立劳动合同的,除劳动者提出订立固定期限劳动合同外,应当订立无固定期限劳动合同:(三)连续订立二次固定期限劳动合同,且劳动者没有本法第三十九条和第四十条第一项、第二项规定的情形,续订劳动合同的。

书面提出订立固定期限劳动合同,也未书面提出终止劳动合同,劳动合同期满后继续在用人单位工作的,视为劳动者同意与用人单位订立无固定期限劳动合同。

地方性规定:浙江

浙江省高级人民法院民事审判第一庭、浙江省劳动人事争议仲裁院《关于审理劳动争议案件若干问题的解答(二)》(2014年4月14日　浙高法民一〔2014〕7号)

五、用人单位与劳动者连续订立二次固定期限劳动合同,第二次劳动合同到期后,劳动者要求订立无固定期限劳动合同的,应否支持?

答:用人单位与劳动者已连续订立二次固定期限劳动合同,第二次固定期限劳动合同期满后,劳动者根据《劳动合同法》第十四条第二款第三项的规定提出续订劳动合同并要求订立无固定期限劳动合同的,应予支持。对劳动合同的内容,双方应当按照合法、公平、平等自愿、协商一致、诚实信用的原则协商确定;对协商不一致的内容,依照《劳动合同法》第十八条的规定执行。

浙江省高级人民法院民一庭《关于审理劳动争议纠纷案件若干疑难问题的解答》(2012年12月24日)

七、劳动合同期满后,劳动者继续在用人单位工作,用人单位超过一个月不与劳动者订立书面劳动合同的法律后果是什么?

签订书面劳动合同系用人单位的法定义务,用人单位应该规范用工。劳动合同期满后,劳动者继续在用人单位工作,用人单位超过一个月不满一年未与劳动者订立书面劳动合同,劳动者请求用人单位支付二倍工资的,应予支持。用人单位超过一年未与劳动者订立书面劳动合同的,视为双方已订立无固定期限劳动合同。

《关于审理劳动争议案件若干问题的意见(试行)》(2009年4月16日　浙法民一〔2009〕3号)

第三十五条　用人单位为规避《劳动合同法》第十四条而采取下列行为的,应认定无效,劳动者的工作年限和订立固定期限劳动合同的次数应连续计算:

(一)采取迫使劳动者辞职后重新签订劳动合同的方式,将劳动者工龄“清零”的;

(二)采取注销原单位、设立新单位的方式,将劳动者重新招用到新单位,且工作地点、工作内容没有实质性变化的;

(三)通过设立关联企业,在与劳动者签订合同时交替变换用人单位名称的;

(四)通过非法劳务派遣的;

(五)其他明显违反诚信和公平原则的规避行为。

地方性规定:山东

《关于适用〈中华人民共和国劳动争议调解仲裁法〉和〈中华人民共和国劳动合同法〉若干问题的意见》(2010年6月1日 鲁高法〔2010〕84号)

27.用人单位具有恶意规避劳动合同法第十四条的下列行为,劳动者的工作年限和订立固定期限劳动合同的次数应当连续计算:

(1)有证据证明劳动者因用人单位的原因被迫辞职的,再重新与其订立劳动合同的;

(2)通过设立关联企业,在与劳动者订立劳动合同时交替交换用人单位名称的;

(3)通过非法劳务派遣的;

(4)通过非法非全日制用工的;

(5)其他明显违反诚信和公平原则的规避行为。

附:本章节收录相关规定汇总

法律

《劳动法》(2018年12月29日修正)

《劳动合同法》(2012年12月28日修正)

行政法规

《劳动合同法实施条例》(2008年9月18日 国务院令第535号)

部委规定

《关于深入贯彻〈退役士兵安置条例〉扎实做好退役士兵安置工作的意见》(2013年7月10日 国办发〔2013〕78号)

劳动和社会保障部《关于确立劳动关系有关事项的通知》(2005年5月25日 劳社部发〔2005〕12号)

《关于贯彻执行〈中华人民共和国劳动法〉若干问题的意见》(1995年8月4日 劳部发〔1995〕309号)

地方性规定:北京

北京市高级人民法院、北京市劳动人事争议仲裁委员会《关于审理劳动争议案件法律适用问题的解答》(2017年4月24日 京高法发〔2017〕142号)

北京市高级人民法院、北京市劳动争议仲裁委员会《关于劳动争议案件法律适用问题研

讨会会议纪要(二)》(2014 年 5 月 7 日　京高法发〔2014〕220 号)

地方性规定:天津

《天津法院劳动争议案件审理指南》(2018 年 1 月 1 日　津高法〔2017〕246 号)

地方性规定:上海

上海市劳动和社会保障局《关于实施〈上海市劳动合同条例〉若干问题的通知(二)》(2004 年 1 月 5 日　沪劳保关发〔2004〕4 号)

上海市高级人民法院《关于适用〈劳动合同法〉若干问题的意见》(2009 年 3 月 3 日　沪高法〔2009〕73 号)

地方性规定:广东(深圳)

深圳市中级人民法院《关于审理劳动争议案件的裁判指引》(2015 年 9 月 2 日　深中法发〔2015〕13 号)

地方性规定:江苏

《江苏省劳动合同条例》(2013 年 1 月 15 日修订　江苏省第十一届人民代表大会常务委员会公告第 124 号)

地方性规定:浙江

浙江省高级人民法院民事审判第一庭、浙江省劳动人事争议仲裁院《关于审理劳动争议案件若干问题的解答(二)》(2014 年 4 月 14 日　浙高法民一〔2014〕7 号)

浙江省高级人民法院民一庭《关于审理劳动争议纠纷案件若干疑难问题的解答》(2012 年 12 月 24 日)

《关于审理劳动争议案件若干问题的意见(试行)》(2009 年 4 月 16 日　浙法民一〔2009〕3 号)

地方性规定:山东

《关于适用〈中华人民共和国劳动争议调解仲裁法〉和〈中华人民共和国劳动合同法〉若干问题的意见》(2010 年 6 月 1 日　鲁高法〔2010〕84 号)

第九章　二倍工资

法律

《劳动合同法》(2012 年 12 月 28 日修正)

第八十二条　用人单位自用工之日起超过一个月不满一年未与劳动者订立书面劳动合同的,应当向劳动者每月支付二倍的工资。

用人单位违反本法规定不与劳动者订立无固定期限劳动合同的,自应当订立无固定期限劳动合同之日起向劳动者每月支付二倍的工资。

第八十三条　用人单位违反本法规定与劳动者约定试用期的,由劳动行政部门责令改正;违法约定的试用期已经履行的,由用人单位以劳动者试用期满月工资为标准,按已经履行的超过法定试用期的期间向劳动者支付赔偿金。

行政法规

《劳动合同法实施条例》(2008 年 9 月 18 日　国务院令第 535 号)

第六条　用人单位自用工之日起超过一个月不满一年未与劳动者订立书面劳动合同的,应当依照劳动合同法第八十二条的规定向劳动者每月支付两倍的工资,并与劳动者补订书面劳动合同;劳动者不与用人单位订立书面劳动合同的,用人单位应当书面通知劳动者终止劳动关系,并依照劳动合同法第四十七条的规定支付经济补偿。

前款规定的用人单位向劳动者每月支付两倍工资的起算时间为用工之日起满一个月的次日,截止时间为补订书面劳动合同的前一日。

第七条　用人单位自用工之日起满一年未与劳动者订立书面劳动合同的,自用工之日起满一个月的次日至满一年的前一日应当依照劳动合同法第八十二条的规定向劳动者每月支付两倍的工资，并视为自用工之日起满一年的当日已经与劳动者订立无固定期限劳动合同，应当立即与劳动者补订书面劳动合同。

地方性规定：北京

北京市高级人民法院、北京市劳动人事争议仲裁委员会《关于审理劳动争议案件法律适用问题的解答》（2017 年 4 月 24 日　京高法发〔2017〕142 号）

15. 劳动者与用人单位实际建立了全日制劳动关系，但双方订立的是非全日制劳动合同，用人单位是否需要向劳动者支付未订立劳动合同二倍工资差额？

劳动者已经与用人单位订立合同的情况下，劳动者主张未订立劳动合同二倍工资差额不予支持。在审理中注意全日制劳动关系与非全日制劳动关系的区分，充分保障劳动者实际权利。

21. 用人单位给付劳动者的工资标准计算基数按哪些原则确定？

……

（3）计算“二倍工资”的工资标准时，因基本工资、岗位工资、职务工资、工龄工资、级别工资等按月支付的工资组成项目具有连续性、稳定性特征，金额相对固定，属于劳动者正常劳动的应得工资，应作为未订立劳动合同二倍工资差额的计算基数，不固定发放的提成工资、奖金等一般不作为未订立劳动合同二倍工资差额的计算基数。

《2014 年部分劳动争议法律适用疑难问题研讨会会议纪要》（2015 年 1 月 1 日）

一、《会议纪要二》第 28 条第（2）项：“用人单位因违反《劳动合同法》第十四条第三款规定，自用工之日满一年不与劳动者订立书面劳动合同，视为用人单位与劳动者已订立无固定期限劳动合同的情况下，劳动者可以向仲裁委、法院主张确认其与用人单位之间属于无固定期限劳动合同关系。在此情况下，劳动者同时主张用人单位支付用工之日满一年后的二倍工资的不予支持。”

问题：此时如果劳动者没有主张确认无固定期限劳动合同关系，只主张支付用工之日满一年后的二倍工资，能否支持二倍工资？

研讨意见：在视为用人单位与劳动者已订立无固定期限劳动合同的情况下，对二倍工资不予支持。

二、《会议纪要二》第 28 条第（4）项：“用人单位违反《劳动合同法》第十四条第二款、第八十二条第二款规定，不与劳动者订立无固定期限劳动合同的，二倍工资自应订立无固定期限劳动合同之日起算,截止点为双方实际订立无固定期限劳动合同的前一日。”

问题:对未订立无固定期劳动合同的二倍工资,是否没有时间上限?如果劳动者有证据证明其一直主张权利,没有超过时效,是否一直支持未订立无固定期劳动合同的二倍工资,支持至实际订立之日?

研讨意见:1. 用人单位违反《劳动合同法》第十四条第二款、第八十二条第二款规定而不与劳动者订立无固定期限劳动合同的,法律法规对用人单位向劳动者支付二倍工资没有规定时间上限,即未签无固定期劳动合同时间与因此支付的双倍工资时间相同,而不受支付十二个月二倍工资上限限制,但适用一年的仲裁时效(如何适用见以下问题三研究意见)。

2. 如果有证据证明没有超过时效,用人单位违法不与劳动者订立无固定期劳动合同的二倍工资,自应订立无固定期限劳动合同之日起算,截止点为双方实际订立无固定期限劳动合同的前一日。

三、《会议纪要二》第28条第(5)项:“二倍工资中属于劳动者正常工作时间劳动报酬的部分,适用《调解仲裁法》二十七条第四款的规定;增加一倍的工资属于惩罚性赔偿的部分,不属于劳动报酬,适用《调解仲裁法》二十七条第一款的规定,即一年的仲裁时效。”该条第二款:“二倍工资适用时效的计算方法为:在劳动者主张二倍工资时,因未签劳动合同行为处于持续状态,故时效可从其主张权利之日起向前计算一年,据此实际给付的二倍工资不超过十二个月,二倍工资按未订立劳动合同所对应时间用人单位应当正常支付的工资为标准计算。”

问题:对未签订书面劳动合同、未续签书面劳动合同、未签订无固定期限劳动合同的二倍工资时效,应如何确定起算和截止时间点?是否主动适用仲裁时效?

研讨意见:1. 二倍工资仲裁时效按天起算,不再按整段起算,时效可从劳动者主张权利之日起向前计算一年,据此实际给付的二倍工资不超过十二个月。

2. 仲裁时效抗辩应由用人单位提出。

[计算示例]

案例一:蒋某于2012年4月15日到公司工作,双方未签订劳动合同,至2013年5月15日双方劳动关系终止。蒋某于2013年10月28日申请仲裁要求支付未签订劳动合同的二倍工资。

——注:该案是未签订劳动合同的情形。自2012年5月15日用工满一个月应开始支付二倍工资,到2013年4月15日用工满一年视为订立无固定期限劳动合同。不考虑时效问题,蒋某能主张二倍工资的时间段为2012年5月15日至2013年4月14日。如用人单位提出时效抗辩,则蒋某于2013年10月28日申请仲裁,往前计算一年为2012年10月28日。故该案二倍工资支付期间为2012年10月28日至2013年4月14日。

案例二:齐某于2005年3月1日入职中科公司,双方签署最后一份劳动合同到期日为2011年2月3日,此后未续签。2013年1月25日,双方劳动关系解除。齐某于2013年3月26日申请仲裁要求公司支付未续签劳动合同的二倍工资。

——注:该案是未续签劳动合同的情形。自2011年2月4日开始应支付二倍工资,总计12个月,到2012年2月4日满一年起视为已订立无固定期限劳动合同。不考虑时效问题,齐某能主张二倍工资的时间段为2011年2月4日至2012年2月3日。如用人单位提出时效抗辩,则齐某于2013年3月26日申请仲裁,往前计算一年为2012年3月26日。故该案中,齐某的二倍工资主张已过时效,不予支持。

案例三:陈某1996年5月10日起到公司工作,双方书面劳动合同期限至2008年11月15日。2008年10月14日陈某以连续工作12年为由要求与公司签订无固定期限劳动合同,公司拒绝,公司一直未与陈某签订无固定期限劳动合同。2011年3月23日,陈某申请仲裁要求公司支付未签订无固定期限劳动合同的二倍工资。

——注:该案是未签订无固定期限劳动合同的情形。根据《会议纪要二》第28条第(4)项,二倍工资自应订立无固定期限劳动合同之日起算,截止点为双方实际订立无固定期限劳动合同的前一日。不考虑时效问题,陈某可以主张二倍工资自2008年11月16日至双方实际订立无固定期限劳动合同的前一日。但如果用人单位提出时效抗辩,且陈某不能证明时效存在中止、中断情形的,陈某于2011年3月23日申请仲裁,往前计算一年为2010年3月23日,那么,陈某主张的2010年3月23日之前的二倍工资就过了仲裁时效期间,不予支持。

北京市高级人民法院、北京市劳动争议仲裁委员会《关于劳动争议案件法律适用问题研讨会会议纪要(二)》(2014年5月7日　京高法发〔2014〕220号)

28.《劳动合同法》第八十二条"二倍工资"的认定与起止时间、计算方法?

(1)依据《劳动合同法》第十条、第八十二条第一款规定,用人单位自用工之日起超过一个月不满一年未与劳动者订立书面劳动合同的,自用工之日满一个月的次日起开始计算二倍工资,截止点为双方订立书面劳动合同的前一日,最长不超过十一个月。

(2)用人单位因违反《劳动合同法》第十四条第三款规定,自用工之日满一年不与劳动者订立书面劳动合同,视为用人单位与劳动者已订立无固定期限劳动合同的情况下,劳动者可以向仲裁委、法院主张确认其与用人单位之间属于无固定期限劳动合同关系。在此情况下,劳动者同时主张用人单位支付用工之日满一年后的二倍工资的不予支持。

(3)如果劳动合同期满后,劳动者仍在用人单位工作,用人单位未与劳动者订立书面劳动合同的,计算二倍工资的起算点为自劳动合同期满的次日,截止点为双方补订书面劳动合同的前一日,最长不超过十二个月。

(4)用人单位违反《劳动合同法》第十四条第二款、第八十二条第二款规定,不与劳动者订立无固定期劳动合同的,二倍工资自应订立无固定期限劳动合同之日起算,截止点为双方实际订立无固定期限劳动合同的前一日。

(5)二倍工资中属于劳动者正常工作时间劳动报酬的部分,适用《调解仲裁法》二十七条第四款的规定;增加一倍的工资属于惩罚性赔偿的部分,不属于劳动报酬,适用《调解仲裁法》二十七条第一款的规定,即一年的仲裁时效。

二倍工资适用时效的计算方法为:在劳动者主张二倍工资时,因未签劳动合同行为处于持续状态,故时效可从其主张权利之日起向前计算一年,据此实际给付的二倍工资不超过十二个月,二倍工资按未订立劳动合同所对应时间用人单位应当正常支付的工资为标准计算。

29. 用人单位与劳动者补签劳动合同,劳动者主张未订立劳动合同二倍工资可否支持?

用人单位与劳动者建立劳动关系后,未依法自用工之日一个月内订立书面劳动合同,在劳动关系存续一定时间后,用人单位与劳动者在签订劳动合同时将日期补签到实际用工之日,视为用人单位与劳动者达成合意,劳动者主张二倍工资可不予支持,但劳动者有证据证明补签劳动合同并非其真实意思表示的除外。

用人单位与劳动者虽然补签劳动合同,但未补签到实际用工之日的,对实际用工之日与补签之日间相差的时间,依法扣除一个月订立书面劳动合同的宽限期,劳动者主张未订立劳动合同二倍工资的可以支持。

30. 存在劳动者患病或者非因工负伤在规定的医疗期内,女职工在孕期、产期、哺乳期期间等《劳动合同法》第四十二条规定的情形,劳动合同期满时,用人单位未与劳动者续订劳动合同,是否认定为未订立劳动合同而支付二倍工资?

劳动合同期满,有《劳动合同法》第四十二条规定的情形的,劳动合同应当续延至相应的情形消失时终止,故在续延期间用人单位与劳动者无须订立书面劳动合同，故不应支付二倍工资。

31. 用人单位法定代表人、高管人员、人事管理部门负责人或主管人员未与用人单位订立书面劳动合同并依据《劳动合同法》第八十二条规定向用人单位主张二倍工资的，应否支持？

用人单位法定代表人依据《劳动合同法》第八十二条规定向用人单位主张二倍工资的，一般不予支持。

用人单位高管人员依据《劳动合同法》第八十二条规定向用人单位主张二倍工资的，可予支持，但用人单位能够证明该高管人员职责范围包括管理订立劳动合同内容的除外。对有证据证明高管人员向用人单位提出签订劳动合同而被拒绝的，仍可支持高管人员的二倍工资请求。

用人单位的人事管理部门负责人或主管人员依据《劳动合同法》第八十二条规定向用人单位主张二倍工资的，如用人单位能够证明订立劳动合同属于该人事管理部门负责人的工作职责，可不予支持。有证据证明人事管理部门负责人或主管人员向用人单位提出签订劳动合同，而用人单位予以拒绝的除外。

32. 用人单位与劳动者约定劳动合同到期续延，在劳动合同到期后劳动者继续工作，并主张未签订劳动合同的二倍工资是否支持？

因用人单位与劳动者在劳动合同中已经约定劳动合同到期续延，但未约定续延期限，在劳动合同到期后，劳动者仍继续工作，双方均未提出解除或终止劳动合同时，属于双方意思表示一致续延劳动合同，可视为双方订立一份与原劳动合同内容和期限相同的合同，故劳动者主张未签订劳动合同的二倍工资不应支持。

地方性规定：天津

《天津法院劳动争议案件审理指南》（2018 年 1 月 1 日　津高法〔2017〕246 号）

12.【未签书面合同的二倍工资】用人单位自实际用工之日起超过一个月不满一年，因用人单位原因未签订书面劳动合同的，应当按照《中华人民共和国劳动合同法》第八十二条的规定向劳动者每月支付二倍工资，最长不超过十一个月。

13.【视为订立无固定期限劳动合同的二倍工资】用人单位自用工之日起满一年因己方原因未与劳动者订立书面劳动合同的，视为用人单位与劳动者已经订立无固定期限劳动合同，劳动者请求用人单位支付未订立书面劳动合同二倍工资的，不予支持。

14.【合同到期未续订但继续工作的二倍工资】劳动合同期满未续签书面劳动

合同,劳动者继续在原用人单位工作,原用人单位未表示异议,劳动者主张用人单位支付未与其签订书面劳动合同二倍工资的,应予支持。二倍工资的支付期限为劳动合同期满一个月的次日至双方补签书面劳动合同的前一日,但最长不超过十一个月。

本条及第12条规定的二倍工资的性质不属于劳动报酬,应当将其作为一个整体按照《中华人民共和国劳动争议调解仲裁法》第二十七条第一款的规定计算仲裁时效。

15.【用人单位违法不订立无固定期限劳动合同的二倍工资】劳动者要求订立无固定期限劳动合同,用人单位违反《中华人民共和国劳动合同法》第十四条的规定不与劳动者订立无固定期限劳动合同,用人单位自应当订立无固定期限劳动合同之日起至补签无固定期限劳动合同的前一日,向劳动者每月支付二倍工资。

本条规定的二倍工资性质不属于劳动报酬,应当按照《中华人民共和国劳动争议调解仲裁法》第二十七条第一款的规定按月计算仲裁时效。

《天津市贯彻落实〈劳动合同法〉若干问题实施细则》(2018年8月1日 津人社规字〔2018〕14号)

第四条 用人单位自用工之日起,超过一个月未与劳动者订立书面劳动合同,应当按照《劳动合同法实施条例》第六条、第七条规定向劳动者每月支付二倍工资,不足一个月的部分按日折算。二倍工资基数应按照劳动者正常工作时间应得工资计算,但不包括以下两项:

(一)支付周期超过一个月的劳动报酬,如季度奖、半年奖、年终奖、年底双薪以及按照季度、半年、年结算的业务提成等;

(二)未确定支付周期的劳动报酬,如一次性奖金、特殊情况下支付的津贴、补贴等。

地方性规定:上海

上海市高级人民法院《关于审理劳动争议案件若干问题的解答(2010)》(民一庭调研指导〔2010〕34号)

1.关于双倍工资的性质

我们认为,《劳动合同法》第82条第1款规定"用人单位自用工之日起超过一个月不满一年未与劳动者订立书面劳动合同的,应向劳动者每月支付二倍的工资",从该条规定的立法本意分析,双倍工资的性质并非完全是劳动者提供正常劳动所获得的一种劳动报酬，其超出双方约定的劳动报酬的部分是因用人单位未按法律规定与劳动者签订书面劳动合同而应承担的法定责任。

2. 关于双倍工资的时效问题

我们认为，鉴于双倍工资的上述性质，双倍工资中属于双方约定的劳动报酬的部分，劳动者申请仲裁的时效应适用《劳动争议调解仲裁法》第27条第2至第4款的规定，而对双方约定的劳动报酬以外属于法定责任的部分，劳动者申请仲裁的时效应适应《劳动争议调解仲裁法》第27条第1款至第3款的规定，即从未签订书面劳动合同的第二个月起按月分别计算仲裁时效。

3. 关于双倍工资的计算基数的确定

经研究认为，劳动关系双方对月工资有约定的，双倍工资的计算基数应按照双方约定的正常工作时间月工资来确定。双方对月工资没有约定或约定不明的，应按《劳动合同法》第18条规定来确定正常工作时间的月工资，并以确定的工资数额作为双倍工资的计算基数。

如按《劳动合同法》第18条规定仍无法确定正常工作时间工资数额的，可按劳动者实际获得的月收入扣除加班工资、非常规性奖金、福利性、风险性等项目后的正常工作时间月工资确定。

如月工资未明确各构成项目的，由用人单位对工资构成项目进行举证，用人单位不能举证或证据不足的，双倍工资的计算基数按照劳动者实际获得的月收入确定。

按上述原则确定的双倍工资基数均不得低于本市月最低工资标准。

4. 对于劳动者采取不当手段恶意请求支付双倍工资差额，如何处理的问题

如确有证据证明，劳动者以获取不当利益为目的，通过找替身代签等手段，致用人单位未与其本人签订真实的书面劳动合同，上述行为既违反了《劳动合同法》第3条关于诚实信用的原则，也不符合《劳动合同法》第82条第1款关于支付双倍工资请求权成立的构成要件之一——须用人单位主观上未与劳动者签订书面劳动合同，故对其请求用人单位支付双倍工资差额的诉请应不予支持。

5. 对于企业人力资源高管利用自身的工作或职务便利，故意造成未签订书面合同假象，如何处理的问题

对于一些企业经理、人事主管等负责企业人力资源管理的高管，通过隐匿书面劳动合同等不良手段，使用人单位无法提供已签订过的书面劳动合同，企业高管以此为由主张双倍工资差额的，我们认为，用人单位虽无法提供书面劳动合同的原

件,但有其他证据证明双方已签订了书面劳动合同的,不属于《劳动合同法》第82条第1款关于用人单位未与劳动者订立书面劳动合同的情形,对其提出要求用人单位支付双倍工资差额的诉请不予支持。

地方性规定:广东(深圳)

广东省高级人民法院、广东省劳动人事争议仲裁委员会《关于劳动人事争议仲裁与诉讼衔接若干意见》(2018年7月18日 粤高法发〔2018〕2号)

九、用人单位违反《劳动合同法》第十四条第二款的规定,未与劳动者订立无固定期限劳动合同的,用人单位应根据《劳动合同法》第八十二条第二款的规定,从依法应订立无固定期限劳动合同之日满一个月的次日起向劳动者每月支付二倍工资。

深圳市中级人民法院《关于审理劳动争议案件的裁判指引》(2015年9月2日 深中法发〔2015〕13号)

五十七、劳动者与不具备合法经营资格的用人单位因用工关系产生争议,应当将该单位或出资人列为当事人,按照《劳动合同法》第九十三条的规定支付相关费用,即劳动报酬、经济补偿、赔偿金和损害赔偿责任,但不包括未签订书面劳动合同的二倍工资差额。

六十四、用人单位自用工之日起超过一个月不满一年未与劳动者签订书面劳动合同的,用人单位应自用工之日起满一个月的次日起支付二倍工资至双方签订书面劳动合同前一日时止。

劳动者拒绝与用人单位签订书面劳动合同,用人单位未按照《劳动合同法实施条例》第五条、第六条的规定书面通知劳动者终止劳动关系的,劳动者要求未签订书面劳动合同二倍工资的,应予支持。

劳动合同期满,劳动者继续在用人单位工作的,用人单位在劳动合同期满之日超过一个月不满一年未与劳动者签订劳动合同的,参照前两款的规定处理。

六十六、用人单位未按照法定期限与劳动者签订书面劳动合同,即使后来双方签订了劳动合同,劳动者要求用人单位支付二倍工资至签订之日的,应予支持。但双方将劳动合同的签字日期倒签在法定期限之内或者双方约定的劳动合同期间包含了已经履行的事实劳动关系期间的,应视为双方自始签订了劳动合同,劳动者要求用人单位支付二倍工资的,不予支持。

六十七、用人单位拒绝与符合《劳动合同法》第十四条第二款①规定的条件的劳动者签订无固定期限劳动合同,劳动者要求其支付二倍工资至补订无固定期限劳动合同前一日的,应予支持。

六十八、劳动合同期满,因劳动者具有《劳动合同法》第四十二条情形而导致双方劳动合同续延的,劳动者要求续延期间未签订书面劳动合同二倍工资,不予支持。

六十九、新公司筹备阶段聘用劳动者而未与劳动者签订书面劳动合同,劳动者要求新公司支付该期间二倍工资的,不予支持。

七十、《劳动合同法》第八十二条规定的二倍工资差额的计算基数应为包括加班工资在内的当月应得工资,但不包含支付周期超过一个月或未确定支付周期的劳动报酬。

地方性规定:江苏

《江苏省劳动合同条例》(2013 年 1 月 15 日修订　江苏省第十一届人民代表大会常务委员会公告第 124 号)

第五十二条　用人单位违反本条例规定,有下列情形之一的,应当立即与劳动者补订书面劳动合同,并向劳动者每月支付二倍的工资:

(一)招用企业停产放长假人员、未达到法定退休年龄的离岗休养人员以及其他协商保留劳动关系的不在岗人员,自用工之日起超过一个月不满一年未订立书面劳动合同的;

(二)劳动合同期满继续留用劳动者工作,但自期满之日起超过一个月不满一年未与劳动者续订书面劳动合同的。

前款规定的用人单位向劳动者每月支付二倍工资的起算时间为劳动合同期满之日起满一个月的次日,截止时间为补订书面劳动合同的前一日。

用人单位拒绝与劳动者补订书面劳动合同并解除劳动关系的,还应当按照经

---

① 《劳动合同法》第十四条第二款:用人单位与劳动者协商一致,可以订立无固定期限劳动合同。有下列情形之一,劳动者提出或者同意续订、订立劳动合同的,除劳动者提出订立固定期限劳动合同外,应当订立无固定期限劳动合同:(一)劳动者在该用人单位连续工作满十年的;(二)用人单位初次实行劳动合同制度或者国有企业改制重新订立劳动合同时,劳动者在该用人单位连续工作满十年且距法定退休年龄不足十年的;(三)连续订立二次固定期限劳动合同,且劳动者没有本法第三十九条和第四十条第一项、第二项规定的情形,续订劳动合同的。

济补偿标准的二倍向劳动者支付赔偿金。

江苏省高级人民法院、江苏省劳动人事争议仲裁委员会《关于审理劳动人事争议案件的指导意见(二)》(2011年11月8日　苏高法审委〔2011〕14号)

第二条　用人单位因未与劳动者签订书面劳动合同而应每月支付的二倍工资,按照劳动者当月的应得工资予以确定,包括计时工资或者计件工资以及加班加点工资、奖金、津贴和补贴等货币性收入。劳动者当月工资包含季度奖、半年奖、年终奖的,应按分摊后该月实际应得奖金数予以确定。

第三条　劳动合同期满后,劳动者继续在用人单位工作,用人单位超过一个月不满一年未与劳动者订立书面劳动合同,劳动者请求用人单位每月支付二倍工资的,应予支持。用人单位超过一年未与劳动者订立书面劳动合同的,视为双方已订立无固定期限劳动合同。

第四条　劳动合同期满后,依照《劳动合同法》第四十二条规定依法续延,劳动者请求用人单位支付劳动合同续延期间未签订劳动合同的每月二倍工资的,不予支持。

地方性规定:浙江

浙江省高级人民法院民事审判第一庭、浙江省劳动人事争议仲裁院《关于审理劳动争议案件若干问题的解答(二)》(2014年4月14日　浙高法民一〔2014〕7号)

六、用人单位违反法律规定超过一年未与劳动者签订书面劳动合同或者签订无固定期限劳动合同,在仲裁时效内,劳动者主张二倍工资的,应否全额支持?

答:依据《劳动合同法》第十四条第三款和《劳动合同法实施条例》第七条的规定,用人单位自用工之日起满一年未与劳动者订立书面劳动合同的,视为双方已订立无固定期限劳动合同。因此,未订立书面劳动合同情形下二倍工资的最长支付期限为11个月。

劳动者依据《劳动合同法》第十四条的规定提出订立无固定期限劳动合同,用人单位违反规定未与劳动者订立无固定期限劳动合同的,二倍工资的最长支付期限为11个月。

劳动者有关支付最长11个月二倍工资的诉请符合相关法律规定,且最后一个月的二倍工资请求未超过仲裁时效的,应予全额支持。

七、用人单位与劳动者在劳动合同中约定"合同到期后劳动者继续在用人单位工作的,视为原劳动合同期限的延长"。延长的劳动合同到期后,劳动者提出其已符合签订无固定期限劳动合同的条件，要求用人单位与其续签无固定期限劳动合同的，应否支持？劳动者以延长期间用人单位未与其签订书面劳动合同为由要求支付二倍工资的，应否支持？

答：劳动合同中约定"合同到期后劳动者继续在用人单位工作的，视为原劳动合同期限的延长"，双方实际履行了该约定的，视为双方之间订立了新的劳动合同，因此，延长的劳动合同到期后，用人单位不能直接终止劳动合同，如劳动者提出签订无固定期限劳动合同且符合《劳动合同法》第十四条第二款第三项规定的，应予支持。但劳动者以延长期间用人单位未与其签订书面劳动合同为由要求支付二倍工资的，不予支持。

浙江省高级人民法院民一庭《关于审理劳动争议纠纷案件若干疑难问题的解答》(2012年12月24日)

一、如果确系不可归责于用人单位的原因导致未签订书面劳动合同，劳动者能否要求用人单位支付二倍工资？

签订书面劳动合同系用人单位的法定义务，但确系不可归责于用人单位的原因导致未签订书面劳动合同，劳动者因此主张二倍工资的，可不予支持。下列情形一般可认定为"不可归责于用人单位的原因"：

用人单位有充分证据证明劳动者拒绝签订或者利用主管人事等职权故意不签订劳动合同的；工伤职工在停工留薪期内的，女职工在产假期内或哺乳假内的，职工患病或非因工负伤在病假期内的，因其他客观原因导致用人单位无法及时与劳动者签订劳动合同的。

二、用人单位超过一个月未与劳动者订立书面劳动合同，但在一年内又补订了劳动合同的，是否应该向劳动者支付二倍工资？

用人单位超过一个月未与劳动者签订书面劳动合同，后在一年内又与劳动者补订了劳动合同，用人单位应向劳动者支付用工之日起满一个月的次日至补订劳动合同的前一日期间的二倍工资。实际补订日期，应根据补订的劳动合同落款日期及其他情形综合认定。

四、二倍工资的仲裁时效应该如何理解？

《劳动合同法》第八十二条所称的"二倍工资"中加付的一倍工资并不属于劳动报酬，劳动者申请仲裁的时效为一年。用人单位自用工之日起超过一个月未与劳动者订立书面劳动合同，劳动者要求用人单位支付二倍工资的，仲裁时效应从用人单位与其补订劳动合同之日或者视为双方已订立无固定期限劳动合同之日起计算。

六、劳动合同期满后,依照《劳动合同法》第四十二条的规定双方合同关系依法延续,劳动者能否请求用人单位支付延续期间未签订劳动合同的二倍工资?

按照《劳动合同法》第四十二条的规定劳动合同关系依法延续的,在延续期间双方未订立书面劳动合同,劳动者请求用人单位支付二倍工资,不予支持。

七、劳动合同期满后,劳动者继续在用人单位工作,用人单位超过一个月不与劳动者订立书面劳动合同的法律后果是什么?

签订书面劳动合同系用人单位的法定义务,用人单位应该规范用工。劳动合同期满后,劳动者继续在用人单位工作,用人单位超过一个月不满一年未与劳动者订立书面劳动合同,劳动者请求用人单位支付二倍工资的,应予支持。用人单位超过一年未与劳动者订立书面劳动合同的,视为双方已订立无固定期限劳动合同。

地方性规定:山东

山东省高级人民法院、山东省人力资源和社会保障厅《关于审理劳动人事争议案件若干问题会议纪要》(2019年6月10日)

二十三、关于补签劳动合同情况下的二倍工资争议处理问题

用人单位与劳动者自用工之日起满一个月后未订立书面劳动合同,事后补签的,如果劳动者没有证据证明补签劳动合同存在欺诈、胁迫、乘人之危的情形,则视为当事人意思自治行为,劳动者以未订立劳动合同为由主张二倍工资的,不予支持。

二十四、关于用人单位规避重新签订书面劳动合同义务争议的处理问题

用人单位与劳动者在劳动合同中约定"合同到期后劳动者继续在用人单位工作的,视为原劳动合同期限的延长"。原劳动合同到期后,劳动者继续在用人单位工作,劳动者以用人单位未与其签订书面劳动合同为由要求支付二倍工资的,应予支持。

附:本章节收录相关规定汇总

法律

《劳动合同法》(2012年12月28日修正)

行政法规

《劳动合同法实施条例》(2008年9月18日 国务院令第535号)

地方性规定:北京

北京市高级人民法院、北京市劳动人事争议仲裁委员会《关于审理劳动争议案件法律适用问题的解答》(2017 年 4 月 24 日　京高法发〔2017〕142 号)

《2014 年部分劳动争议法律适用疑难问题研讨会会议纪要》(2015 年 1 月 1 日)

北京市高级人民法院、北京市劳动争议仲裁委员会《关于劳动争议案件法律适用问题研讨会会议纪要(二)》(2014 年 5 月 7 日　京高法发〔2014〕220 号)

地方性规定:天津

《天津法院劳动争议案件审理指南》(2018 年 1 月 1 日　津高法〔2017〕246 号)

《天津市贯彻落实〈劳动合同法〉若干问题实施细则》(2018 年 8 月 1 日　津人社规字〔2018〕14 号)

地方性规定:上海

上海市高级人民法院《关于审理劳动争议案件若干问题的解答(2010)》(民一庭调研指导〔2010〕34 号)

地方性规定:广东(深圳)

广东省高级人民法院、广东省劳动人事争议仲裁委员会《关于劳动人事争议仲裁与诉讼衔接若干意见》(2018 年 7 月 18 日　粤高法发〔2018〕2 号)

深圳市中级人民法院《关于审理劳动争议案件的裁判指引》(2015 年 9 月 2 日　深中法发〔2015〕13 号)

地方性规定:江苏

《江苏省劳动合同条例》(2013 年 1 月 15 日修订　江苏省第十一届人民代表大会常务委员会公告第 124 号)

江苏省高级人民法院、江苏省劳动人事争议仲裁委员会《关于审理劳动人事争议案件的指导意见(二)》(2011 年 11 月 8 日　苏高法审委〔2011〕14 号)

地方性规定:浙江

浙江省高级人民法院民事审判第一庭、浙江省劳动人事争议仲裁院《关于审理劳动争议案件若干问题的解答(二)》2014 年 4 月 14 日　浙高法民一〔2014〕7 号)

浙江省高级人民法院民一庭《关于审理劳动争议纠纷案件若干疑难问题的解答》(2012 年 12 月 24 日)

地方性规定:山东

山东省高级人民法院、山东省人力资源和社会保障厅《关于审理劳动人事争议案件若干问题会议纪要》(2019 年 6 月 10 日)

第十章　加班和加班工资

法律

《劳动法》(2018 年 12 月 29 日修正)

第四十一条　用人单位由于生产经营需要,经与工会和劳动者协商后可以延长工作时间,一般每日不得超过一小时;因特殊原因需要延长工作时间的,在保障劳动者身体健康的条件下延长工作时间每日不得超过三小时,但是每月不得超过三十六小时。

第四十二条　有下列情形之一的,延长工作时间不受本法第四十一条规定的限制:

(一)发生自然灾害、事故或者因其他原因,威胁劳动者生命健康和财产安全,需要紧急处理的;

(二)生产设备、交通运输线路、公共设施发生故障,影响生产和公众利益,必须及时抢修的;

(三)法律、行政法规规定的其他情形。

第四十三条　用人单位不得违反本法规定延长劳动者的工作时间。

第四十四条　有下列情形之一的,用人单位应当按照下列标准支付高于劳动者正常工作时间工资的工资报酬:

(一)安排劳动者延长工作时间的,支付不低于工资的百分之一百五十的工资报酬;

(二)休息日安排劳动者工作又不能安排补休的,支付不低于工资的百分之二百的工资报酬;

(三)法定休假日安排劳动者工作的,支付不低于工资的百分之三百的工资报酬。

《劳动合同法》(2012 年 12 月 28 日修正)

第三十一条　用人单位应当严格执行劳动定额标准,不得强迫或者变相强迫劳动者加班。用人单位安排加班的,应当按照国家有关规定向劳动者支付加班费。

部委规定

劳动部《关于职工工作时间有关问题的复函》(1997 年 9 月 10 日　劳部发〔1997〕271 号)

三、《劳动法》第四十一、四十四条中的“延长工作时间”是否仅指加点,而不包括休息日或节日等法定休假日的加班(即是否加班不受《劳动法》的第四十一条限制)?

《劳动法》第四十一条有关延长工作时间的限制包括正常工作日的加点、休息日和法定休假日的加班。即每月工作日的加点、休息日和法定休假日的加班的总时数不得超过 36 小时。在国家立法部门没有作出立法解释前,应按此精神执行。

四、休息日或法定休假日加班,用人单位可否不支付加班费而给予补休? 补休的标准如何确定?

依据《劳动法》第四十四条规定,休息日安排劳动者加班工作的,应首先安排补休,不能补休时,则应支付不低于工资的百分之二百的工资报酬。补休时间应等同于加班时间。法定休假日安排劳动者加班工作的,应另外支付不低于工资的百分之三百的工资报酬,一般不安排补休。

五、经批准实行综合计算工时工作制的用人单位,在计算周期内若日(或周)的平均工作时间没超过法定标准工作时间,但某一具体日(或周)的实际工作时间工作超过 8 小时(或 40 小时),“超过”部分是否视为加点(或加班)且受《劳动法》第四十一条的限制?

依据劳动部《关于企业实行不定时工作制和综合计算工时工作制的审批办法》第五条①的规定,综合计算工时工作制采用的是以周、月、季、年等为周期综合计算工作时间,但其平均日工作时间和平均周工作时间应与法定标准工作时间基本相同。也就是说,在综合计算周期内,某一具体日(或周)的实际工作时间可以超过 8 小时(或 40 小时),但综合计算周期内的总实际工作时间不应超过总法定标准工作时间,超过部分应视为延长工作时间并按《劳动法》第四十四条第一款的规定支付工资报酬,其中法定休假日安排劳动者工作的,按《劳动法》第四十四条第三款的规

---

①　编著注:该办法具体规定参见本书第十八章相关收录。

定支付工资报酬。而且，延长工作时间的小时数平均每月不得超过36小时。

七、劳部发〔1994〕489号文①第十三条中“其综合工作时间超过法定标准工作时间部分”是指日（或周）平均工作时间超过，还是指某一具体日（或周）实际工作时间超过？

实行综合计算工时工作制的企业，在综合计算周期内，如果劳动者的实际工作时间总数超过该周期的法定标准工作时间总数，超过部分应视为延长工作时间。如果在整个综合计算周期内的实际工作时间总数不超过该周期的法定标准工作时间总数，只是该综合计算周期内的某一具体日（或周、或月、或季）超过法定标准工作时间，其超过部分不应视为延长工作时间。

《关于贯彻执行〈中华人民共和国劳动法〉若干问题的意见》（1995年8月4日 劳部发〔1995〕309号）

55. 劳动法第四十四条中的“劳动者正常工作时间工资”是指劳动合同规定的劳动者本人所在工作岗位（职位）相对应的工资。鉴定当前劳动合同制度尚处于推进过程中，按上述规定执行确有困难的用人单位，地方或行业劳动部门可在不违反劳动部《关于工资〈支付暂行规定〉有关问题的补充规定》（劳部发〔1995〕226号）文件所确定的总的原则的基础上，制定过渡办法②。

62. 实行综合计算工时工作制的企业职工，工作日正好是周休息日的，属于正常工作；工作日正好是法定节假日时，要依照劳动法第四十四条第（三）项的规定支付职工的工资报酬。

70. 休息日安排劳动者工作的，应先按同等时间安排其补休，不能安排补休的应按劳动法第四十四条第（二）项的规定支付劳动者延长工作时间的工资报酬。法定节假日③（元旦、春节、劳动节、国庆节）安排劳动者工作的，应按劳动法第四十四条第（三）项支付劳动者延长工作时间的工资报酬。

《对〈工资支付暂行规定〉有关问题的补充规定》（1995年5月12日 劳部发〔1995〕226号）

二、关于加班加点的工资支付问题

1.《规定》第十三条第（一）、（二）、（三）款规定的在符合法定标准工作时间的

① 编著注：相关规定参见本书本章相关收录。
② 编著注：此规定在《劳动合同法》生效后应不再适用。
③ 编著注：此规定应不再适用，现行《全国年节及纪念日放假办法》参见本书第十九章相关收录。

制度工时以外延长工作时间及安排休息日和法定休假节日工作应支付的工资，是根据加班加点的多少，以劳动合同确定的正常工作时间工资标准的一定倍数所支付的劳动报酬，即凡是安排劳动者在法定工作日延长工作时间或安排在休息日工作而又不能补休的，均应支付给劳动者不低于劳动合同规定的劳动者本人小时或日工资标准150%、200%的工资；安排在法定休假节日工作的，应另外支付给劳动者不低于劳动合同规定的劳动者本人小时或日工资标准300%的工资。

《工资支付暂行规定》(1995年1月1日 劳部发〔1994〕489号)

第十三条 用人单位在劳动者完成劳动定额或规定的工作任务后，根据实际需要安排劳动者在法定标准工作时间以外工作的，应按以下标准支付工资：

（一）用人单位依法安排劳动者在日法定标准工作时间以外延长工作时间的，按照不低于劳动合同规定的劳动者本人小时工资标准的150%支付劳动者工资；

（二）用人单位依法安排劳动者在休息日工作，而又不能安排补休的，按照不低于劳动合同规定的劳动者本人日或小时工资标准的200%支付劳动者工资；

（三）用人单位依法安排劳动者在法定休假节日工作的，按照不低于劳动合同规定的劳动者本人日或小时工资标准的300%支付劳动者工资。

实行计件工资的劳动者，在完成计件定额任务后，由用人单位安排延长工作时间的，应根据上述规定的原则，分别按照不低于其本人法定工作时间计件单价的150%、200%、300%支付其工资。

经劳动行政部门批准实行综合计算工时工作制的，其综合计算工作时间超过法定标准工作时间的部分，应视为延长工作时间，并应按本规定支付劳动者延长工作时间的工资。

实行不定时工时制度的劳动者，不执行上述规定。

地方性规定：北京

北京市高级人民法院、北京市劳动争议仲裁委员会《关于劳动争议案件法律适用问题研讨会会议纪要(二)》(2014年5月7日 京高法发〔2014〕220号)

44. 出租车司机主张休息日和法定节假日加班费如何处理？

出租车行业实行不定时工作制，休息、休假由出租车司机自行安排，故对出租车司机主张休息日和法定节假日加班费的不予支持。

北京市高级人民法院、北京市劳动争议仲裁委员会《关于劳动争议案件法律适用问题研讨会会议纪要》(2009年8月17日)

19. 对于加班工资的日或小时工资基数的确定,应参照《北京市工资支付规定》第四十四条的规定执行。

用人单位与劳动者在劳动合同中约定了工资标准,但同时又约定以本市最低工资标准或低于劳动合同约定的工资标准作为加班工资基数,劳动者主张以劳动合同约定的工资标准作为加班工资基数的,应予支持。

20. 经用人单位和劳动者予以确认的考勤记录可以作为认定是否存在加班事实的依据。劳动者仅凭电子打卡记录要求认定存在加班事实的,一般不予支持。

21. 用人单位因工作性质和生产特点不能实行标准工时制度的,应保证劳动者每天工作时间不超过8小时、每周工作时间不超过40小时,每周至少休息一天,职工少休息的一天,不应视为加班。

22. 下列情形中,劳动者要求用人单位支付加班工资的,一般不予支持:(1)用人单位因安全、消防、节假日等需要,安排劳动者从事与本职工作无关的值班任务;(2)用人单位安排劳动者从事与其本职工作有关的值班任务,但值班期间可以休息的。

在上述情况下,劳动者可以要求用人单位按照劳动合同、规章制度、集体合同等支付相应待遇。

《北京市工资支付规定》(2007年11月23日修改　北京市人民政府令第200号)

第十四条　用人单位依法安排劳动者在标准工作时间以外工作的,应当按照下列标准支付劳动者加班工资:

(一)在日标准工作时间以外延长工作时间的,按照不低于小时工资基数的150%支付加班工资;

(二)在休息日工作的,应当安排其同等时间的补休,不能安排补休的,按照不低于日或者小时工资基数的200%支付加班工资;

(三)在法定休假日工作的,应当按照不低于日或者小时工资基数的300%支付加班工资。

第十五条　实行计件工资制的,劳动者在完成计件定额任务后,用人单位安排其在标准工作时间以外工作的,应当根据本规定第十四条的原则,分别按照不低于计件单价的150%、200%、300%支付加班工资。

第十六条　用人单位经批准实行综合计算工时工作制的，在综合计算工时周期内，用人单位应当按照劳动者实际工作时间计算其工资；劳动者总实际工作时间超过总标准工作时间的部分，视为延长工作时间，应当按照本规定第十四条第（一）项的规定支付加班工资；安排劳动者在法定休假日工作的，应当按照本规定第十四条第（三）项的规定支付加班工资。

第二十条　妇女节、青年节等部分公民节日期间，用人单位安排劳动者休息、参加节日活动的，应当视同其正常劳动支付工资；劳动者照常工作的，可以不支付加班工资。

第四十四条　根据本规定第十四条计算加班工资的日或者小时工资基数、根据第十九条支付劳动者休假期间工资，以及根据第二十三条第一款支付劳动者产假、计划生育手术假期间工资，应当按照下列原则确定：

（一）按照劳动合同约定的劳动者本人工资标准确定；

（二）劳动合同没有约定的，按照集体合同约定的加班工资基数以及休假期间工资标准确定；

（三）劳动合同、集体合同均未约定的，按照劳动者本人正常劳动应得的工资确定。

依照前款确定的加班工资基数以及各种假期工资不得低于本市规定的最低工资标准。

地方性规定：天津

《天津法院劳动争议案件审理指南》（2018年1月1日　津高法〔2017〕246号）

32.【加班事实的举证证明责任】劳动者有证据证明用人单位实行考勤制度，其主张考勤记录、工资台账由用人单位保存的，用人单位应当提交至少两年的考勤记录及工资台账，不能提交的应当承担不利后果。劳动者主张的两年以上的加班事实，应当提供证据予以证明。两年的起算时间为劳动者提起劳动争议仲裁之日。

劳动者主张用人单位提交的考勤记录不真实，但无法提供证据予以证实的，不予支持。

33.【加班费基数】用人单位与劳动者约定了加班费计算基数，且不低于最低工资标准的，从其约定。用人单位与劳动者未约定加班费计算基数的，应根据集体劳动合同确定。没有集体劳动合同的，应按照劳动者应得工资确定。劳动者应得工资难以确定的，以劳动者主张权利或者劳动关系解除、终止前12个月的平均工资（含奖金)作为计算加班费的基数。

月平均工资指劳动者在法定工作时间内提供正常劳动后应得的月工资收入。双方对月平均工资有约定且不低于最低工资标准的,从其约定;没有约定或者约定不明的,按照《中华人民共和国劳动合同法》第十八条的规定确定月平均工资;按照《中华人民共和国劳动合同法》第十八条的规定仍然不能确定月平均工资的,应当按照劳动者应得的月收入扣除法定福利待遇、用人单位可自行决定给付的福利待遇以及非工资性补贴(如冬季取暖补贴、集中供热补贴、防暑降温费、上下班交通补贴、洗理卫生费福利、托儿补助费、计划生育补贴等)确定,低于最低工资标准的以最低工资标准计算。

34.【约定工资中包括加班费】用人单位与劳动者约定了正常工作时间工资标准,且约定应发工资中包含加班费的,从其约定。但核算后的加班费基数标准不符合本指南第33条规定,劳动者要求用人单位补齐的,应予支持。

用人单位与劳动者约定了正常工作时间工资标准,但未约定应发工资中是否包含加班费的,如用人单位有证据证明应发工资中已经包含正常工作时间工资和加班费的,可以认定用人单位已经支付的工资中包含加班费。但核算后的加班费基数标准不符合本指南第33条规定,劳动者要求用人单位补齐的,应予支持。

用人单位与劳动者未约定正常工作时间工资标准,亦未约定应发工资中是否包含加班费的,如用人单位有证据证明应发工资中已经包含正常工作时间工资和加班费的,可以认定用人单位已经支付的工资中包含加班费,但核算后的加班费基数标准不得低于最低工资标准。

本条规定的正常工作时间工资低于最低工资标准的,应当按照最低工资标准计算。

35.【加班和值班】用人单位因安全、消防、节假日值守等需要,安排劳动者从事与本职工作无直接关系的值班任务,劳动者要求用人单位支付加班费的,不予支持,但劳动者可以要求用人单位依照劳动合同、规章制度、集体合同的规定给予相应待遇。

《天津市贯彻落实〈劳动合同法〉若干问题实施细则》(2018年8月1日 津人社规字〔2018〕14号)

第六条 用人单位应当与劳动者在劳动合同中对劳动报酬、加班加点工资计算基数进行明确约定。

第七条 劳动合同对劳动报酬及加班工资计算基数约定不明确,引发争议的,用人单位与劳动者可以重新协商;协商不成的,适用集体合同规定;没有集体合同或者集体合同未规定劳动报酬的,实行同工同酬;没有集体合同或者集体合同未规定加班加点工资计算基数,以应得工资扣除加班加点工资后的数额作为加班加点工资计算基数。

第八条 经批准实行特殊工时工作制的用人单位,应向劳动者告知其岗位实行的工时制度,并在劳动合同中明确约定。

用人单位与实行综合计算工时工作制的职工在劳动合同中还应明确加班加点工资的结算周期;未明确的,用人单位应当按综合计算周期结算加班加点工资。

地方性规定:上海

上海市高级人民法院《关于审理劳动争议案件若干问题的解答(2010)》(民一庭调研指导〔2010〕34号)

二、关于加班工资计算基数如何确定的问题

我们认为,用人单位与劳动者对月工资有约定的,加班工资基数应按双方约定的正常工作时间的月工资来确定;如双方对月工资没有约定或约定不明的,应按《劳动合同法》第18条规定来确定正常工作时间的月工资,并以确定的工资数额作为加班工资的计算基数。

如按《劳动合同法》第18条规定仍无法确定正常工作时间工资数额的,对加班工资的基数,可按照劳动者实际获得的月收入扣除非常规性奖金、福利性、风险性等项目后的正常工作时间的月工资确定。

如工资系打包支付,或双方形式上约定的"正常工作时间工资"标准明显不合常理,或有证据可以证明用人单位恶意将本应计入正常工作时间工资的项目归入非常规性奖金、福利性、风险性等项目中,以达到减少正常工作时间工资数额计算目的的,可参考实际收入×70%的标准进行适当调整。

按上述原则确定的加班工资基数均不得低于本市月最低工资标准。

上海市高级人民法院《关于审理劳动争议案件若干问题的解答》(沪高法民一〔2006〕17号)

三、关于单位值班的若干问题

(一)以下情形中,劳动者要求单位支付加班待遇的,劳动争议处理机构不予支持:

1. 因单位安全、消防、假日等需要担任单位临时安排或制度安排的与劳动者本

职工作无关的值班;

2. 单位安排劳动者从事与其本职工作有关的值班任务,但值班期间可以休息的;

(二)上述情形中,劳动者可以要求单位按照规章制度、集体合同、单项集体协议、劳动合同或惯例等支付相应待遇。

地方性规定:重庆

重庆市人力资源和社会保障局《关于工资等有关问题处理意见的通知》(2015年10月27日 渝人社发〔2015〕217号)

一、关于加班加点工资计算基数和假期工资标准的问题

用人单位执行《关于企业职工加班加点工资计算基数等有关问题的通知》(渝劳社办发〔2006〕124号),其职工加班加点工资计算基数和假期工资支付标准不得低于当地最低工资标准。生产经营正常、经济效益增长的企业,原则上不得以最低工资标准作为加班加点工资计算基数和假期工资标准。

四、关于特殊工作时间制度审批及加班费计算问题

(二)执行特殊工作时间制度的工作时间和加班工资问题。实行不定时工作制的职工每天实际工作时间和每月工作天数应与法定标准工作时间基本相同(即每日工作8小时、每月工作20.83天)。按照《劳动部关于印发〈工资支付暂行规定〉的通知》(劳部发〔1994〕489号)规定,实行不定时工时制度的劳动者,不执行加班工资规定,包括法定休假日上班的。实行综合计算工时工作制的职工平均日工作时间和综合计算周期内的工作天数应与法定标准工作时间基本相同。在综合计算周期内,某一具体日(或周)的实际工作时间可以超过8小时(或40小时),但综合计算周期内的总实际工作时间不应超过总法定标准工作时间,超过部分视为延长工作时间,并按《劳动法》第四十四条第一款的规定支付工资报酬。工作日是周休息日的,属于正常工作;工作日是法定休假日的,按《劳动法》第四十四条第三款的规定支付工资报酬。延长工作时间的小时数平均每月不超过36小时。

重庆市劳动和社会保障局《关于企业职工加班加点工资计算基数等有关问题的通知》(2006年7月19日 渝劳社办发〔2006〕124号)

关于企业职工加班加点工资计算基数和婚假、丧假、探亲假、年休假期间的工资支付标准,劳动合同有约定的,从其约定;劳动合同没有约定的,按照集体合同约定的标准确定;用人单位与劳动者无约定的,按照该劳动者加班加点发生前或休假

前12个月的平均工资确定,其中劳动者在该用人单位实际工作时间不满12个月的,按照实际月平均工资确定;用人单位与劳动者未约定工资支付标准,也未实际发放工资的,按该用人单位相同岗位人员同期平均工资确定。

地方性规定:江苏

江苏省高级人民法院、江苏省劳动人事争议仲裁委员会《关于审理劳动人事争议案件的指导意见(二)》(2011年11月8日　苏高法审委〔2011〕14号)

第八条　高级管理人员与用人单位发生加班工资争议,用人单位虽未办理不定时工作制审批手续,但高级管理人员的工作性质、工作岗位符合不定时工作制特点,依据标准工时制计算加班工资明显不合理,或者工作时间无法根据标准工时制进行计算的,可以认定高级管理人员实行的是不定时工作制,对其请求支付加班工资的主张不予支持。

第十三条第一款　经过批准实行综合计算工时工作制的,劳动者在一个结算周期内实际工作时间超过法定标准工作时间的,超过部分应当按照《江苏省工资支付条例》第二十条和第二十二条的规定支付加班加点工资。综合计算工作时间的结算周期与终止、解除劳动合同的时间不一致的,以终止、解除时间作为结算周期的时间。在一个结算周期未满时,用人单位解除、终止劳动合同,劳动者要求以实际工作时间作为结算周期主张加班加点工资的,应予支持。

江苏省高级人民法院《劳动争议案件审理指南(2010年)》(2010年5月17日)

第四章　工资争议案件的实务问题

(一)加班工资争议处理中的证据认定

1. 加班工资争议的举证责任分配规则

根据最高人民法院《劳动争议司法解释三》第9条的规定,劳动者主张加班费的,应当就加班事实的存在承担举证责任。劳动者在证据证明用人单位掌握加班事实存在的证据,用人单位不提供的,由用人单位承担不利后果。

实务中需要注意,由负有举证责任方承担败诉后果只是案件事实处于真伪不明的状态下才可能适用的规则。在加班工资争议处理实务中,要充分运用各种证据认定规则对案情事实作出较为客观的认定,尽量避免适用举证责任的分配规则简单下判。

2. 对用人单位提供考勤记录等证据的审查认定

用人单位提供的电子考勤记录、手工考勤记录、工资发放表等证据未经劳动者签字确认,但用人单位有证据证明根据规章制度规定或劳动合同约定,考勤记录、工资发放表等已通过一定方式向劳动者公示而劳动者在合理期限内没有提出异议的,应予采信。

劳动者提供电子考勤记录主张加班工资,但用人单位有证据证明劳动者未加班的,对劳动者的主张不予支持。

用人单位有明确的加班审批制度,劳动者仅以电子考勤记录主张存在加班事实的,不予支持。

3. 在当事人无约定的情况下,如何认定正常工作时间工资和加班工资

用人单位实际支付劳动者的工资未明确区分正常工作时间工资和加班工资,但用人单位有证据证明已支付的工资包含正常工作时间工资和加班工资的,可以认定用人单位已支付的工资包含加班工资。但折算后的正常工作时间工资低于当地最低工资标准或者计件工资中的劳动定额明显不合理的除外。

(二)加班工资的计算基数问题

1. 加班工资的计算基数按照《江苏省工资支付条例》第 64 条的规定执行

(1)用人单位与劳动者约定了加班工资的计算基数的,从其约定;

(2)双方的约定标准低于集体合同或本单位工资支付制度标准,或者低于当地最低工资标准的,按照其中最高的标准执行;

(3)双方没有约定加班工资计算基数的,如果集体合同或者本单位工资支付制度中有规定,则按其执行;

(4)在用人单位与劳动者无任何工资约定的情形下,应根据劳动者主张权利或劳动关系结束前 12 个月工资(低于最低工资标准以最低工资标准计算)计算月平均工资作为计算该劳动者加班工资的基数,劳动者实际工作时间不满十二个月的按照实际月平均工资计算。

2. 劳动者月平均工资的认定

在用人单位与劳动者未约定加班工资计算基数的情形下,应当以该劳动者的月平均工资为计算加班工资的算基数。月平均工资是指劳动者在法定工作时间内提供正常劳动后应得的月工资收入,不包括用人单位可自行决定给付的福利以及非工资性补贴(如上下班交通补贴、洗理卫生费福利、托儿补助费、计划生育补贴、冬季取暖补贴、防暑降温费等)。关于提成或奖金是否纳入加班工资的基数,需要审查双方约定的提成或奖金是否建立在固定时间内,如果没有明确在固定工作时间内,应当不纳入加班工资的计算基数;如果是建立在固定时间内的,则应纳入加

班工资的计算基数,以避免用人单位以提成或奖金的名义来减少加班工资的给付数额。

(三)计件工资制加班工资问题

1. 计件工资制支付加班工资的条件

首先,应确定制度工作时间内的合理劳动定额。原劳动部《工资支付暂行规定》中规定:"实行计件工资的劳动者,在完成计件定额任务后,由用人单位安排延长工作时间的,应根据上述规定的原则,分别按照不低于其本人法定工作时间计件单价的150%、200%、300%支付其工资。"因此,实行计件工作制的劳动者要求支付加班工资,必须在制度工作时间应当完成计件定额。计件工资制下加班认定和加班工资支付的关键在于与计件工作时间相对应的劳动定额是否合理。根据《江苏省工资支付条例》,用人单位确定的劳动定额应当是本单位同岗位90%劳动者在法定工作时间内能够完成的定额。如果可以完成,说明这个定额是基本合理的,就可以采用。否则,这个定额标准就有问题,就可以判令用人单位按照计件单价计算35超出标准工时外时间的加班工资。

其次,在劳动定额合理的前提下,如果劳动者8小时以内没有完成定额任务,而在8小时外又延长工作时间的,不属于加班,不应计发加班工资。

再次,如果劳动者在8小时以内超额完成了定额任务,其超额部分也不属于加班完成的产品,也不应计发加班工资,可按正常计件单价标准支付工资,也可按超额奖金支付。

2. 无法确定劳动定额或没有劳动定额计件工资制度下,加班工资的计算

用人单位与劳动者双方约定实行计件制度,但无法确定劳动定额或者根本没有定额的,劳动者做1件支付一件的工资,劳动者工作时间可能每天超过8小时,每周超过40小时,也可能不超过。这种情况下,可以将其转化成计时工资制来计算用人单位是否还支付加班工资,即劳动者每月获得的工资数÷(174小时+平时延长工作时间×150%+休息日工作时间×200%+法定节假日工作时间×300%),如果计得的时薪不低于最低工资标准,则合法。如果计得的时薪低于最低工资标准,则按最低工资标准予以补足加班工资[(最低工资时薪×174小时+平时延长工作时间×150%+休息日工作时间×200%+法定节假日工作时间×300%)-已支付的工资]。

(四)综合计算工时工作制度与不定时工时制度下加班工资的计算

1. 综合计算工时工作制度下加班工资适用问题

根据原劳动部《关于企业实行不定时工作制和综合计算工时工作制的审批办

法》和《江苏省工资支付条例》的规定,实行综合计算工时制的,在综合计算周期内,某一具体日(或周)的实际工作时间可以超过8小时(或40小时),超过部分不作为延长工作时间。但劳动者在综合计算周期内总的工作时间超过总法定工作时间的部分,仍应视为延长工作时间,劳动者在工作日和休息日劳动的,用人单位应当支付150%延长工作时间加班工资;法定节假日加班的,支付300%法定节假日加班工资。

2. 不定时工时制度下加班工资适用问题

根据原劳动部《工资支付暂行规定》和《江苏工资支付条例》的规定,经劳动保障行政部门批准实行不定时工作制度的劳动者,不执行标准工时制度和综合计算工时工作制度有关加班及加班工资支付的规定,即不定时工时制度下劳动者在休息日和法定节假日工作的,也不支付加班工资。

3. 未经批准实施综合计算工时工作制和不定时工作制的加班工资适用问题

实践中,劳动者与用人单位因加班工资发生争议,用人单位主张由于劳动者工作性质、工作岗位的特点无法对其实行标准工时制度而实行不定时工作制或综合计算工时工作制,但其未依法履行审批手续的,仍然应当认定其实行标准工时工作制。但劳动者的工作岗位具有不定时工作制或综合计算工时工作制的特点、依据标准工时计算加班工资明显不合理,或者工作时间无法根据标准工时进行计算,或者其上级单位、行业主管部门已办理了相应岗位、工种的不定时工作制或综合计算工时工作制审批手续的,可以根据实际情况酌情计算劳动者加班工资。

(五)非全日制用工加班工准则处理

《劳动合同法》第六十八条规定,非全日制用工,是指以小时计酬为主,劳动者在同一用人单位一般平均每日工作时间不超过四小时,每周工作时间累计不超过二十四小时的用工形式。据此规定,非全日制不能简单以工作时间来判断是否属于加班,现时应当将工作时间看作是否属于非全日制的重要判断标准。因此,经协商一致,劳动者从事非全日制工作的,无论是法定休息日,还是法定节假日工作的,均不认定是加班。对于每周超过24小时的非全日制用工,不是支付加班费的问题,而是认定为非全日制用工不成立,认定为全日制用工,按全日制用工适用《劳动法》、《劳动合同法》的有关权利和义务。

江苏省高级人民法院、江苏省劳动争议仲裁委员会《关于审理劳动争议案件的指导意见》(2009年12月14日　苏高法审委〔2009〕47号)

第二十三条　用人单位实际支付劳动者的工资未明确区分正常工作时间工资

和加班工资,但用人单位有证据证明已支付的工资包含正常工作时间工资和加班工资的,可以认定用人单位已支付的工资包含加班工资。但折算后的正常工作时间工资低于当地最低工资标准或者计件工资中的劳动定额明显不合理的除外。

第二十四条　劳动者与用人单位因加班工资发生争议,用人单位主张由于劳动者工作性质、工作岗位的特点无法对其实行标准工时制度而实行不定时工作制或综合计算工时工作制,但用人单位未依法履行审批手续的,仍然应当认定其实行标准工时工作制。但劳动者的工作岗位具有不定时工作制或综合计算工时工作制的特点、依据标准工时计算加班工资明显不合理,或者工作时间无法根据标准工时进行计算,或者其上级单位、行业主管部门已办理了相应岗位、工种的不定时工作制或综合计算工时工作制审批手续的,可以根据实际情况酌情计算劳动者加班工资。

对于劳动者工作时间长,但劳动强度与工作时间明显不一致的;或者长期处于等待状态且等待期间有休息场所可以休息、完全认定为工作时间明显不合理的,在认定时可以根据用人单位规章制度或者劳动合同的约定,对工作时间进行合理的折算。

第二十五条第二款　劳动者与用人单位双方在结算协议中约定结清的费用列有工资或劳动报酬,但未列明是否包含加班工资,如果确有证据证明用人单位未支付加班工资,劳动者请求支付的,应予支持。

第二十六条　劳动者与用人单位就加班工资发生争议的,对劳动者提供的证明其加班事实的证据和用人单位提供的否认劳动者加班的证据,人民法院、仲裁机构应审慎审查,综合分析,合理认定。

用人单位提供的电子考勤记录、手工考勤记录、工资发放表等证据未经劳动者签字确认,但用人单位有证据证明根据规章制度规定或劳动合同约定,考勤记录、工资发放表等已通过一定方式向劳动者公示而劳动者在合理期限内没有提出异议的,应予采信。

劳动者提供电子考勤记录主张加班工资,但用人单位有证据证明劳动者未加班的,对劳动者的主张不予支持。

用人单位有明确的加班审批制度,劳动者仅以电子考勤记录主张存在加班事实的,不予支持。

《江苏省工资支付条例》(2021年9月29日修正　江苏省人大常委会公告第70号)

第二十条　用人单位安排劳动者加班加点,应当按照下列标准支付劳动者加

班加点的工资:

(一)工作日延长劳动时间的,按照不低于本人工资的百分之一百五十支付加点工资;

(二)在休息日劳动又不能在六个月之内安排同等时间补休的,按照不低于本人工资的百分之二百支付加班工资;

(三)在法定休假日劳动的,按照不低于本人工资的百分之三百支付加班工资。

前款第一项、第三项的加班加点工资支付周期自加班加点当日起最长不得超过一个月;第二项的加班工资支付周期自加班当日起最长不得超过六个月,但劳动合同履行期限不足六个月的,应当在劳动合同剩余时间内支付完毕。

第二十一条 实行计件工资制的,劳动者在完成计件定额任务后,用人单位安排其在法定工作时间以外加班加点的,应当根据本条例第二十条的规定,分别按照不低于其本人法定工作时间计件单价的百分之一百五十、百分之二百、百分之三百支付加班加点工资。

第二十三条 实行轮班工作制的,劳动者在法定休假日遇轮班的,用人单位应当执行本条例第二十条第一款第三项的规定。

第二十四条 妇女节、青年节等国家规定部分公民节日放假期间,用人单位安排劳动者休息、参加节日活动的,应当视同其正常劳动支付工资。节日与休息日为同一天,用人单位安排劳动者加班的,应当执行本条例第二十条第一款第二项的规定。

第六十三条 本条例第二十条用于计算劳动者加班加点工资的标准,第二十四条、第二十八条、第二十九条、第三十条用于计算劳动者提供正常劳动支付月工资的标准,第二十六条用于计算不予支付月工资的标准应当按照下列原则确定:

(一)用人单位与劳动者双方有约定的,从其约定;

(二)双方没有约定的,或者双方的约定标准低于集体合同或者本单位工资支付制度标准的,按照集体合同或者本单位工资支付制度执行;

(三)前两项无法确定工资标准的,按照劳动者前十二个月平均工资计算,其中劳动者实际工作时间不满十二个月的按照实际月平均工资计算。

地方性规定:浙江

浙江省高级人民法院民事审判第一庭、浙江省劳动人事争议仲裁院《关于审理劳动争议案件若干问题的解答(五)》(2019年6月21日　浙高法民一〔2019〕1号)

七、加班工资和依据《劳动合同法》第八十二条规定加付的一倍工资的计算基数如何认定?

答:加班工资和依据《劳动合同法》第八十二条规定加付的一倍工资的计算基数按《关于劳动争议案件处理若干问题的指导意见(试行)》(浙仲〔2009〕2号)第三十八条规定执行。

浙江省高级人民法院民事审判第一庭、浙江省劳动人事争议仲裁院《关于审理劳动争议案件若干问题的解答(三)》(2015年9月29日　浙高法民一〔2015〕9号)

十三、劳动者在元旦、春节等法定节假日工作的,加班工资如何计付?

答:根据《劳动法》第四十四条规定,元旦、春节等法定节假日安排劳动者工作的,支付不低于工资百分之三百的工资报酬。法定节假日计薪,不影响加班工资的计付。劳动者在法定节假日工作的,加班工资应当按照百分之三百工资报酬标准另行计付。

浙江省高级人民法院民一庭《关于审理劳动争议纠纷案件若干疑难问题的解答》(2012年12月24日)

八、对保安、门卫、仓库保管员等特殊岗位劳动者主张加班工资的,加班事实应如何把握?

对于全天24小时吃住在单位的保安、传达室门卫、仓库保管员等人员,其工作性质具有特殊性。如确因工作所需和单位要求,不能睡眠休息的,应认定为工作时间;如工作场所中同时提供了住宿或休息设施的,应合理扣除可以睡眠休息的时间,即劳动者正常上班以外的时间不应计算为工作时间,对超出标准工作时间上班的,用人单位应支付加班工资。审判实践中,可以综合考虑以下因素:用人单位是否就该岗位向劳动行政部门申请办理过综合计算工时工作制、不定时工作制的审批手续(应注意审批的有效期和审批人数);用人单位是否在工作场所内为劳动者配备必要的休息设施;用人单位的工作制度或规章制度中对劳动者具体工作内容、工作强度的要求(以判断劳动者按照该制度工作是否将导致事实上无法休息);用人单位安排值班的人数(即考虑同一时段劳动者是否有轮换休息的可能性)。

九、实行计件工资制的加班工资如何认定?

用人单位实行计件工资制,劳动者主张加班工资的,认定加班事实应主要审查计件工资劳动定额是否合理。劳动合同对计件工资劳动定额有约定的按照约定的定额审查,无约定的按行业规定审查。对劳动定额明显不合理或无行业规定的,按标准工时折算定额后再计算加班工资。

浙江省劳动争议仲裁委员会《关于劳动争议案件处理若干问题的指导意见(试行)》(2009 年 8 月 21 日 浙仲〔2009〕2 号)

38. 加班工资和依据《劳动合同法》第八十二条规定加付的一倍工资的计算以职工所在的岗位(职位)相对应的标准工资为基数。

前款标准工资难以确定的,按以下方式确定计算基数:

(1)劳动合同有约定的,按劳动合同约定的工资为基数;

(2)劳动合同没有约定的,实行岗位技能工资制的单位,以职工本人的岗位工资与技能工资之和为基数;

(3)岗位、技能工资难以确定的,以上月职工正常工作情况下的工资为基数,同时应扣除绩效、奖金和物价补贴;难以区分工资、奖金、物贴等项目的,以职工上月实得工资的 70% 为基数。

上述计发基数低于当地最低工资标准的,按当地最低工资标准为计发基数。

地方性规定:山东

《关于适用〈中华人民共和国劳动争议调解仲裁法〉和〈中华人民共和国劳动合同法〉若干问题的意见》(2010 年 6 月 1 日 鲁高法〔2010〕84 号)

34. 用人单位与劳动者未书面约定实际支付的工资是否包含加班费,用人单位有证据证明已支付的工资包含加班费的,可以认定用人单位已支付的工资包含加班费。但经折算后,法定工作时间劳动者提供正常劳动后所得工资等于或者低于当地最低工资标准的除外。

35. 劳动者加班费计算基数,应当按照法定工作时间内劳动者上一月份提供正常劳动所得实际工资扣除该月加班费后的数额确定。劳动者上一月份没有提供正常劳动的,按照向前顺推至其提供正常劳动月份所得实际工资扣除该月加班费后的数额确定。法定工作时间劳动者所得实际工资扣除该月加班费后的数额低于当地最低工资标准的,按照最低工资标准执行。

36. 劳动者主张加班费,应当提供加班事实的相关证据。用人单位否认劳动者加班的,用人单位应当对劳动者未加班的事实负举证责任。用人单位以已经劳动者确认的考勤记录证明劳动者未加班的,对用人单位的考勤记录应予采信。

劳动者追索两年前的加班费,举证确实充分的,应予支持,但法律法规等另有规定的除外。

37. 下列情形不属于用人单位应当支付加班费的范围:

(1)用人单位因安全、消防、节假日等特殊需要,经劳动者同意安排劳动者从事与本职工作无关的值班任务;

(2)用人单位安排劳动者从事与本职工作有关的值班任务,但值班期间可以休息的。

上述情形,劳动者可以要求用人单位按照劳动合同、规章制度、集体合同或惯例等支付相应待遇。

附:本章节收录相关规定汇总

法律

《劳动法》(2018 年 12 月 29 日修正)

《劳动合同法》(2012 年 12 月 28 日修正)

部委规定

劳动部《关于职工工作时间有关问题的复函》(1997 年 9 月 10 日　劳部发〔1997〕271 号)

《关于贯彻执行〈中华人民共和国劳动法〉若干问题的意见》(1995 年 8 月 4 日　劳部发〔1995〕309 号)

《对〈工资支付暂行规定〉有关问题的补充规定》(1995 年 5 月 12 日　劳部发〔1995〕226 号)

《工资支付暂行规定》(1995 年 1 月 1 日　劳部发〔1994〕489 号)

地方性规定:北京

北京市高级人民法院、北京市劳动争议仲裁委员会《关于劳动争议案件法律适用问题研讨会会议纪要(二)》(2014 年 5 月 7 日　京高法发〔2014〕220 号)

北京市高级人民法院、北京市劳动争议仲裁委员会《关于劳动争议案件法律适用问题研讨会会议纪要》(2009 年 8 月 17 日)

《北京市工资支付规定》(2007 年 11 月 23 日修改　北京市人民政府令第 200 号)

地方性规定:天津

《天津法院劳动争议案件审理指南》(2018 年 1 月 1 日　津高法〔2017〕246 号)

《天津市贯彻落实〈劳动合同法〉若干问题实施细则》(2018 年 8 月 1 日　津人社规字〔2018〕14 号)

地方性规定:上海

上海市高级人民法院《关于审理劳动争议案件若干问题的解答(2010)》(民一庭调研指导〔2010〕34 号)

上海市高级人民法院《关于审理劳动争议案件若干问题的解答》(沪高法民一〔2006〕

17号)

地方性规定:重庆

重庆市人力资源和社会保障局《关于工资等有关问题处理意见的通知》(2015年10月27日 渝人社发〔2015〕217号)

重庆市劳动和社会保障局《关于企业职工加班加点工资计算基数等有关问题的通知》(2006年7月19日 渝劳社办发〔2006〕124号)

地方性规定:江苏

江苏省高级人民法院、江苏省劳动人事争议仲裁委员会《关于审理劳动人事争议案件的指导意见(二)》(2011年11月8日 苏高法审委〔2011〕14号)

江苏省高级人民法院《劳动争议案件审理指南(2010年)》(2010年5月17日)

江苏省高级人民法院、江苏省劳动争议仲裁委员会《关于审理劳动争议案件的指导意见》(2009年12月14日 苏高法审委〔2009〕47号)

《江苏省工资支付条例》(2021年9月29日修正 江苏省人大常委会公告第70号)

地方性规定:浙江

浙江省高级人民法院民事审判第一庭、浙江省劳动人事争议仲裁院《关于审理劳动争议案件若干问题的解答(五)》(2019年6月21日 浙高法民一〔2019〕1号)

浙江省高级人民法院民事审判第一庭、浙江省劳动人事争议仲裁院《关于审理劳动争议案件若干问题的解答(三)》(2015年9月29日 浙高法民一〔2015〕9号)

浙江省高级人民法院民一庭《关于审理劳动争议纠纷案件若干疑难问题的解答》(2012年12月24日)

浙江省劳动争议仲裁委员会《关于劳动争议案件处理若干问题的指导意见(试行)》(2009年8月21日 浙仲〔2009〕2号)

地方性规定:山东

《关于适用〈中华人民共和国劳动争议调解仲裁法〉和〈中华人民共和国劳动合同法〉若干问题的意见》(2010年6月1日 鲁高法〔2010〕84号)

第十一章　非全日制用工

法律

《劳动合同法》(2012 年 12 月 28 日修正)

第六十八条　非全日制用工,是指以小时计酬为主,劳动者在同一用人单位一般平均每日工作时间不超过四小时,每周工作时间累计不超过二十四小时的用工形式。

第六十九条　非全日制用工双方当事人可以订立口头协议。

从事非全日制用工的劳动者可以与一个或者一个以上用人单位订立劳动合同;但是,后订立的劳动合同不得影响先订立的劳动合同的履行。

第七十条　非全日制用工双方当事人不得约定试用期。

第七十一条　非全日制用工双方当事人任何一方都可以随时通知对方终止用工。终止用工,用人单位不向劳动者支付经济补偿。

第七十二条　非全日制用工小时计酬标准不得低于用人单位所在地人民政府规定的最低小时工资标准。

非全日制用工劳动报酬结算支付周期最长不得超过十五日。

行政法规

《劳动合同法实施条例》(2008 年 9 月 18 日　国务院令第 535 号)

第三十条　劳务派遣单位不得以非全日制用工形式招用被派遣劳动者。

部委规定

劳动和社会保障部《关于非全日制用工若干问题的意见》(2003 年 5 月 30 日 劳社部发〔2003〕12 号)

3. 非全日制劳动合同的内容由双方协商确定,应当包括工作时间和期限、工作内容、劳动报酬、劳动保护和劳动条件五项必备条款,但不得约定试用期。

4. 非全日制劳动合同的终止条件,按照双方的约定办理。劳动合同中,当事人未约定终止劳动合同提前通知期的,任何一方均可以随时通知对方终止劳动合同;双方约定了违约责任的,按照约定承担赔偿责任。

7. 用人单位应当按时足额支付非全日制劳动者的工资。用人单位支付非全日制劳动者的小时工资不得低于当地政府颁布的小时最低工资标准。

9. 非全日制用工的工资支付可以按小时、日、周或月为单位结算。

地方性规定:上海

《上海市劳动合同条例》(2002 年 5 月 1 日 上海市人民代表大会常务委员会公告第 58 号)

第四十六条 非全日制劳动合同是劳动者与用人单位约定的以小时作为工作时间单位确立劳动关系的协议。

劳动者与一个或者一个以上用人单位确立非全日制劳动合同关系的,劳动者与每个用人单位约定的每日、每周或者每月工作时间,应当分别在法定工作时间的百分之五十以下。

劳动者在多个用人单位的工作时数总和,不得超过法定最高工作时数。

第四十七条 订立非全日制劳动合同可以采用书面形式,也可以采用其他形式。劳动合同当事人一方提出采用书面形式的,应当采用书面形式。

第四十九条 非全日制劳动合同当事人可以对劳动时间、工作内容、劳动报酬及支付形式、保守用人单位商业秘密等内容进行约定。

第五十一条 用人单位使用非全日制劳动者,在劳动过程中造成劳动者工伤或者患职业病的,应当承担相应责任。

地方性规定:江苏

《江苏省劳动合同条例》(2013年1月15日　江苏省第十一届人民代表大会常务委员会公告第124号)

第四十一条　非全日制用工,是指以小时计酬为主,劳动者在同一用人单位一般平均每日工作时间不超过四小时,每周工作时间累计不超过二十四小时的用工形式。

非全日制用工不适用带薪年休假、加班加点、医疗期等规定。用人单位和劳动者另有约定的除外。

附:本章节相关收录汇总

法律

《劳动合同法》(2012年12月28日修正)

行政法规

《劳动合同法实施条例》(2008年9月18日　国务院令第535号)

部委规定

劳动和社会保障部《关于非全日制用工若干问题的意见》(2003年5月30日　劳社部发〔2003〕12号)

地方性规定:上海

《上海市劳动合同条例》(2002年5月1日　上海市人民代表大会常务委员会公告第58号)

地方性规定:江苏

《江苏省劳动合同条例》(2013年1月15日　江苏省第十一届人民代表大会常务委员会公告第124号)

第十二章　集体合同

法律

《劳动法》(2018年12月29日修正)

第三十三条　企业职工一方与企业可以就劳动报酬、工作时间、休息休假、劳动安全卫生、保险福利等事项,签订集体合同。集体合同草案应当提交职工代表大会或者全体职工讨论通过。

集体合同由工会代表职工与企业签订;没有建立工会的企业,由职工推举的代表与企业签订。

第三十四条　集体合同签订后应当报送劳动行政部门;劳动行政部门自收到集体合同文本之日起十五日内未提出异议的,集体合同即行生效。

第三十五条　依法签订的集体合同对企业和企业全体职工具有约束力。职工个人与企业订立的劳动合同中劳动条件和劳动报酬等标准不得低于集体合同的规定。

《劳动合同法》(2012年12月28日修正)

第十一条　用人单位未在用工的同时订立书面劳动合同,与劳动者约定的劳动报酬不明确的,新招用的劳动者的劳动报酬按照集体合同规定的标准执行;没有集体合同或者集体合同未规定的,实行同工同酬。

第十八条　劳动合同对劳动报酬和劳动条件等标准约定不明确,引发争议的,用人单位与劳动者可以重新协商;协商不成的,适用集体合同规定;没有集体合同或者集体合同未规定劳动报酬的,实行同工同酬;没有集体合同或者集体合同未规定劳动条件等标准的,适用国家有关规定。

第五十一条　企业职工一方与用人单位通过平等协商,可以就劳动报酬、工作时间、休息休假、劳动安全卫生、保险福利等事项订立集体合同。集体合同草案应当提交职工代表大会或者全体职工讨论通过。

集体合同由工会代表企业职工一方与用人单位订立;尚未建立工会的用人单位,由上级工会指导劳动者推举的代表与用人单位订立。

第五十二条 企业职工一方与用人单位可以订立劳动安全卫生、女职工权益保护、工资调整机制等专项集体合同。

第五十三条 在县级以下区域内,建筑业、采矿业、餐饮服务业等行业可以由工会与企业方面代表订立行业性集体合同,或者订立区域性集体合同。

第五十四条 集体合同订立后,应当报送劳动行政部门;劳动行政部门自收到集体合同文本之日起十五日内未提出异议的,集体合同即行生效。

依法订立的集体合同对用人单位和劳动者具有约束力。行业性、区域性集体合同对当地本行业、本区域的用人单位和劳动者具有约束力。

部委规定

《集体合同规定》(2004 年 5 月 1 日 劳动和社会保障部令第 22 号)

第二条 中华人民共和国境内的企业和实行企业化管理的事业单位(以下统称用人单位)与本单位职工之间进行集体协商,签订集体合同,适用本规定。

第三条 本规定所称集体合同,是指用人单位与本单位职工根据法律、法规、规章的规定,就劳动报酬、工作时间、休息休假、劳动安全卫生、职业培训、保险福利等事项,通过集体协商签订的书面协议;所称专项集体合同,是指用人单位与本单位职工根据法律、法规、规章的规定,就集体协商的某项内容签订的专项书面协议。

第四条 用人单位与本单位职工签订集体合同或专项集体合同,以及确定相关事宜,应当采取集体协商的方式。集体协商主要采取协商会议的形式。

第六条第一款 符合本规定的集体合同或专项集体合同,对用人单位和本单位的全体职工具有法律约束力。

第八条 集体协商双方可以就下列多项或某项内容进行集体协商,签订集体合同或专项集体合同:

(一)劳动报酬;

(二)工作时间;

(三)休息休假;

(四)劳动安全与卫生;

(五)补充保险和福利;

(六)女职工和未成年工特殊保护;

(七)职业技能培训;

(八)劳动合同管理;

(九)奖惩;

(十)裁员;

(十一)集体合同期限;

(十二)变更、解除集体合同的程序;

(十三)履行集体合同发生争议时的协商处理办法;

(十四)违反集体合同的责任;

(十五)双方认为应当协商的其他内容。

第三十六条 经双方协商代表协商一致的集体合同草案或专项集体合同草案应当提交职工代表大会或者全体职工讨论。

职工代表大会或者全体职工讨论集体合同草案或专项集体合同草案,应当有三分之二以上职工代表或者职工出席,且须经全体职工代表半数以上或者全体职工半数以上同意,集体合同草案或专项集体合同草案方获通过。

第三十七条 集体合同草案或专项集体合同草案经职工代表大会或者职工大会通过后,由集体协商双方首席代表签字。

第四十二条 集体合同或专项集体合同签订或变更后,应当自双方首席代表签字之日起10日内,由用人单位一方将文本一式三份报送劳动保障行政部门审查。

劳动保障行政部门对报送的集体合同或专项集体合同应当办理登记手续。

第四十四条 劳动保障行政部门应当对报送的集体合同或专项集体合同的下列事项进行合法性审查:

(一)集体协商双方的主体资格是否符合法律、法规和规章规定;

(二)集体协商程序是否违反法律、法规、规章规定;

(三)集体合同或专项集体合同内容是否与国家规定相抵触。

第四十七条 劳动保障行政部门自收到到文本之日起15日内未提出异议的,集体合同或专项集体合同即行生效。

《工资集体协商试行办法》(2000年11月8日 劳动和社会保障部令第9号)

第三条第二款 本办法所称工资协议,是指专门就工资事项签订的专项集体合同。已订立集体合同的,工资协议作为集体合同的附件,并与集体合同具有同等效力。

附:本章节收录相关规定汇总

法律

《劳动法》(2018 年 12 月 29 日修正)

《劳动合同法》(2012 年 12 月 28 日修正)

部委规定

《集体合同规定》(2004 年 5 月 1 日　劳动和社会保障部令第 22 号)

《工资集体协商试行办法》(2000 年 11 月 8 日　劳动和社会保障部令第 9 号)

第十三章　规章制度

法律

《劳动法》(2018 年 12 月 29 日修正)

第四条　用人单位应当依法建立和完善规章制度,保障劳动者享有劳动权利和履行劳动义务。

《劳动合同法》(2012 年 12 月 28 日修正)

第四条　用人单位应当依法建立和完善劳动规章制度,保障劳动者享有劳动权利、履行劳动义务。

用人单位在制定、修改或者决定有关劳动报酬、工作时间、休息休假、劳动安全卫生、保险福利、职工培训、劳动纪律以及劳动定额管理等直接涉及劳动者切身利益的规章制度或者重大事项时,应当经职工代表大会或者全体职工讨论,提出方案和意见,与工会或者职工代表平等协商确定。

在规章制度和重大事项决定实施过程中,工会或者职工认为不适当的,有权向用人单位提出,通过协商予以修改完善。

用人单位应当将直接涉及劳动者切身利益的规章制度和重大事项决定公示,或者告知劳动者。

司法解释

最高人民法院《关于审理劳动争议案件适用法律问题的解释(一)》(2021 年 1 月 1 日　法释〔2020〕26 号)

第五十条　用人单位根据劳动合同法第四条规定,通过民主程序制定的规章制度,不违反国家法律、行政法规及政策规定,并已向劳动者公示的,可以作为确定双方权利义务的依据。

用人单位制定的内部规章制度与集体合同或者劳动合同约定的内容不一致，劳动者请求优先适用合同约定的，人民法院应予支持。

部委规定

劳动部《关于〈中华人民共和国劳动法〉若干条文的说明》(1994年9月5日 劳办发〔1994〕289号)

第四条 用人单位应当依法建立和完善规章制度，保障劳动者享有劳动权利和履行劳动义务。

本条中的“依法”应当作广义理解，指所有的法律、法规和规章。包括：宪法、法律、行政法规、地方法规，民族自治地方，还要依据该地方的自治条例和单行条例，以及关于劳动方面的行政规章。

地方性规定：北京

北京市高级人民法院、北京市劳动人事争议仲裁委员会《关于审理劳动争议案件法律适用问题的解答》(2017年4月24日 京高法发〔2017〕142号)

13. 在规章制度未作出明确规定、劳动合同亦未明确约定的情况下，劳动者严重违反劳动纪律和职业道德的，用人单位是否可以解除劳动合同？

《劳动法》第三条第二款中规定：“劳动者应当遵守劳动纪律和职业道德”。上述规定是对劳动者的基本要求，即便在规章制度未作出明确规定、劳动合同亦未明确约定的情况下，如劳动者存在严重违反劳动纪律或职业道德的行为，用人单位可以依据《劳动法》第三条第二款的规定与劳动者解除劳动合同。

北京市高级人民法院、北京市劳动争议仲裁委员会《关于劳动争议案件法律适用问题研讨会会议纪要》(2009年8月17日)

36. 用人单位在《劳动合同法》实施前制定的规章制度，虽未经过《劳动合同法》第四条第二款规定的民主程序，但内容未违反法律、行政法规及政策规定，并已向劳动者公示或告知的，可以作为用人单位用工管理的依据。

地方性规定:天津

《天津法院劳动争议案件审理指南》(2018 年 1 月 1 日　津高法〔2017〕246 号)

23.【规章制度的制定程序】对于《中华人民共和国劳动合同法》第四条第二款规定的规章制度,用人单位制定时经过以下程序之一的,可以认定为已经经过民主议定程序:

(1)经过职工代表大会或者全体职工讨论协商;

(2)与用人单位工会平等协商;

(3)与用人单位职工代表平等协商。

地方性规定:广东(深圳)

《深圳经济特区和谐劳动关系促进条例》(2019 年 4 月 26 日修正　深圳市第六届人民代表大会常务委员会公告第 150 号)

第十二条　用人单位在制定、修改或者决定有关劳动报酬、工作时间、休息和休假、劳动安全卫生、保险福利、职工培训、劳动纪律以及劳动定额管理等直接涉及劳动者切身利益的规章制度和重大事项时,应当经职工代表大会或者全体职工讨论,提出方案和意见,与工会或者职工代表平等协商确定。

用人单位应当将直接涉及劳动者切身利益的规章制度公示或者告知劳动者,并向劳动者提供书面文本。

用人单位的规章制度与劳动合同的约定不一致的,优先适用劳动合同的约定。

深圳市中级人民法院《关于审理劳动争议案件的裁判指引》(2015 年 9 月 2 日　深中法发〔2015〕13 号)

七十二、用人单位在《劳动合同法》实施前制定的规章制度,虽未经过《劳动合同法》第四条第二款规定的民主程序,但内容未违反法律、行政法规及政策规定,并已向劳动者公示或告知的,可以作为用人单位用工管理的依据。

《劳动合同法》实施后,用人单位制定、修改直接涉及劳动者切身利益的规章制度或重大事项时,未经过《劳动合同法》第四条第二款规定的民主程序的,原则上不能作为用人单位用工管理的依据。但规章制度或重大事项的内容未违反法律、行政法规及政策规定,不存在明显不合理的情形,并已向劳动者公示或告知的,劳动者没有异议的,可以作为用人单位用工管理的依据。

七十三、《劳动合同法》第四条第二款规定的“平等协商确定”主要是指程序上的要求，如果平等协商无法达成一致，最后决定权在用人单位。如该规章制度违反法律法规的规定，给劳动者造成损害的，劳动者可依据《劳动合同法》第八十条寻求救济。

地方性规定：江苏

《江苏省劳动合同条例》（2013年1月15日修订　江苏省第十一届人民代表大会常务委员会公告第124号）

第四条　用人单位应当保障劳动者的人格尊严、安全健康和获取劳动报酬、参与民主管理等权利，不得通过制定规章制度免除用人单位责任、加重劳动者责任、排除劳动者合法权利。

劳动者应当遵守用人单位依法制定的规章制度，按照劳动法律、法规的规定和集体合同、劳动合同的约定行使权利、履行义务，不得损害用人单位的合法权益。

用人单位依法制定、修改或者决定的直接涉及劳动者切身利益的规章制度和重大事项，应当主动、如实告知劳动者，或者采取公告栏、书面文本、电子邮件、本单位网站等便于劳动者知晓的方式公示。

江苏省高级人民法院《劳动争议案件审理指南（2010年）》（2010年5月17日）

第三章　劳动合同争议案件的实务问题

第三节　劳动合同效力纠纷的法律适用问题

二、用人单位劳动规章制度效力的认定

1. 用人单位规章制度的生效要件

根据《劳动争议司法解释一》第十九条的规定，应从以下四个方面认定劳动规章制度的效力：（1）制定主体必须合法。有权代表用人单位制定劳动规章制度的，应是企业行政系统中处于最高层次，对企业的各个组成部分和全体劳动者有权实行全面和统一管理的机构，如董事会、董事长、总经理等。（2）内容必须合法。劳动规章制度的内容，不仅不得违反法律、法规和政策的规定，而且不得违反集体合同的约定，即其规定的劳动者利益不得低于法律、法规、政策和集体合同规定的标准。（3）制定程序必须合法。《劳动合同法》第四条规定，用人单位在制定、修改或者决定有关劳动报酬、工作时间、休息休假、劳动安全卫生、保险福利、职工培训、劳动纪律以及劳动定额管理等直接涉及劳动者切身利益的规章制度或者重大事项时，应当经职工代表大会或者全体职工讨论，提出方案和意见，与工会或者职工代表平等协商确定。（4）劳动规章制度必须公示。用人单位应当将直接涉及劳动者切身利益的规章制度和重大事项决定公示,或者告知劳动者。“告知劳动者”可以有多种方式,如在劳动合同中约定,或在职工手册中告知,或者通过一些告示牌来告知,形式不限,关键在于必须使劳动者能够知悉该规章制度内容。

2. 规章制度制定程序存在瑕疵时的效力认定

《劳动合同法》只是要求用人单位制定规章制度需与工会或职工代表协商确定,但是否实施规章制度的最终决定权仍在用人单位。表面上看这一规定徒具程序价值,并无实质意义,但是其对于强化集体协商机制,加强劳动关系的自我协调功能具有极其重要的意义,因此,在劳动争议案件审理中,应当将该民主程序的经过作为认定规章制度生效的强制性要件,以此发挥裁判本身具有的行为规范功能,促使用人单位主动发展与劳动者的协商机制。为了贯彻这一立法目的,审判实践中对劳动规章制度的效力认定可作如下把握:

(1)用人单位在劳动合同法施行前制定的规章制度,虽未经过劳动合同法第四条第二款规定的民主程序,但内容不违反法律、行政法规及政策规定,并已向劳动者公示或者告知的,可以作为人民法院审理劳动争议案件的依据。

(2)劳动合同法施行后,用人单位制定、修改或者决定直接涉及劳动者切身利益的规章制度或者重大事项时,未经过劳动合同法第四条规定的民主程序,一般不能作为人民法院审理劳动争议案件的依据。但是,如果该规章制度或者重大事项的内容不违反法律、行政法规的规定,且不存在明显不合理的情形,并已向劳动者公示或者告知的,可以作为人民法院审理劳动争议案件的依据。

(3)有独立法人资格的子公司执行母公司的规章制度,如子公司履行了《劳动合同法》第四条规定的民主程序,或母公司履行了《劳动合同法》第四条规定的民主程序且在子公司内向劳动者公示或告知的,母公司的规章制度可以作为处理子公司劳动争议的依据。

3. 用人单位的内部劳动规章制度与集体劳动合同或者劳动合同的关系

劳动规章制度作为劳动合同的附件,具有补充劳动合同内容的效力,且劳动合同所规定的劳动条件和劳动待遇不得低于内部劳动规章制度所规定的标准,因此《关于审理劳动争议案件若干问题的解释(二)》①第十六条规定:“用人单位制定的内部规章制度与集体合同或者劳动合同约定的内容不一致,劳动者请求优先适用合同约定的,人民法院应予支持。”

① 此处引用的文件标题,应为最高人民法院《关于审理劳动争议案件适用法律若干问题的解释(二)》(法释〔2006〕6号)(已废止)。

地方性规定:浙江

浙江省劳动争议仲裁委员会《关于劳动争议案件处理若干问题的指导意见(试行)》(2009 年 8 月 21 日　浙仲〔2009〕2 号)

30. 用人单位在《劳动合同法》实施前制定的规章制度,虽未经过该法第四条第二款规定的民主程序,但内容不违反法律、行政法规、政策及集体合同规定,不存在明显不合理的情形,并已向劳动者公示或告知的,可以作为仲裁委员会处理劳动争议案件的依据。

《劳动合同法》实施后,用人单位制定、修改或者决定直接涉及劳动者切身利益的规章制度或者重大事项时,未经过该法第四条第二款规定的民主程序的,一般不能作为仲裁委员会处理劳动争议案件的依据。但规章制度或者重大事项决定的内容不违反法律、行政法规、政策及集体合同规定,不存在明显不合理的情形,并已向劳动者公示或告知,且劳动者没有异议的,可以作为仲裁委员会处理劳动争议的依据。

《关于审理劳动争议案件若干问题的意见(试行)》(2009 年 4 月 16 日　浙法民一〔2009〕3 号)

第三十四条　用人单位在《劳动合同法》实施前制定的规章制度,虽未经过该法第四条第二款规定的民主程序,但内容不违反法律、行政法规、政策及集体合同规定,不存在明显不合理的情形,并已向劳动者公示或告知的,可以作为人民法院审理劳动争议案件的依据。

《劳动合同法》实施后,用人单位制定、修改或者决定直接涉及劳动者切身利益的规章制度或者重大事项时,未经过该法第四条第二款规定的民主程序的,一般不能作为人民法院审理劳动争议案件的依据。但规章制度或者重大事项决定的内容不违反法律、行政法规、政策及集体合同规定,不存在明显不合理的情形,并已向劳动者公示或告知,且劳动者没有异议的,可以作为人民法院审理劳动争议案件的依据。

地方性规定:福建

福建省高级人民法院《关于审理劳动争议案件若干问题的意见》(2001 年 12 月 19 日)

38. 用人单位经职工大会或者职工代表大会通过的规章制度,或未设职工代表大会的用人单位经股东大会、董事会等权力机构或依相应民主程序制定的规章制度,只要不违反国家法律、行政法规及政策规定,应当作为人民法院处理劳动争议案件的依据。但用人单位没有尽到告知义务的,不应作为处理案件的依据。

附:本章节收录相关规定汇总

法律

《劳动法》(2018 年 12 月 29 日修正)

《劳动合同法》(2012 年 12 月 28 日修正)

司法解释

最高人民法院《关于审理劳动争议案件适用法律问题的解释(一)》(2021 年 1 月 1 日 法释〔2020〕26 号)

部委规定

劳动部《关于〈中华人民共和国劳动法〉若干条文的说明》(1994 年 9 月 5 日 劳办发〔1994〕289 号)

地方性规定:北京

北京市高级人民法院、北京市劳动人事争议仲裁委员会《关于审理劳动争议案件法律适用问题的解答》(2017 年 4 月 24 日 京高法发〔2017〕142 号)

北京市高级人民法院、北京市劳动争议仲裁委员会《关于劳动争议案件法律适用问题研讨会会议纪要》(2009 年 8 月 17 日)

地方性规定:天津

《天津法院劳动争议案件审理指南》(2018 年 1 月 1 日 津高法〔2017〕246 号)

地方性规定:广东(深圳)

《深圳经济特区和谐劳动关系促进条例》(2019 年 4 月 26 日修正 深圳市第十六届人民代表大会常务委员会公告第 150 号)

深圳市中级人民法院《关于审理劳动争议案件的裁判指引》(2015 年 9 月 2 日 深中法发〔2015〕13 号)

地方性规定:江苏

《江苏省劳动合同条例》(2013 年 1 月 15 日修订 江苏省第十一届人民代表大会常务委员会公告第 124 号)

江苏省高级人民法院《劳动争议案件审理指南(2010 年)》(2010 年 5 月 17 日)

地方性规定:浙江

浙江省劳动争议仲裁委员会《关于劳动争议案件处理若干问题的指导意见(试行)》(2009 年 8 月 21 日 浙仲〔2009〕2 号)

《关于审理劳动争议案件若干问题的意见(试行)》(2009 年 4 月 16 日　浙法民一〔2009〕3 号)

地方性规定:福建

福建省高级人民法院《关于审理劳动争议案件若干问题的意见》(2001 年 12 月 19 日)

第十四章　培训和服务期

法律

《劳动合同法》(2012 年 12 月 28 日修正)

第二十二条　用人单位为劳动者提供专项培训费用，对其进行专业技术培训的，可以与该劳动者订立协议，约定服务期。

劳动者违反服务期约定的，应当按照约定向用人单位支付违约金。违约金的数额不得超过用人单位提供的培训费用。用人单位要求劳动者支付的违约金不得超过服务期尚未履行部分所应分摊的培训费用。

用人单位与劳动者约定服务期的，不影响按照正常的工资调整机制提高劳动者在服务期期间的劳动报酬。

第二十五条　除本法第二十二条和第二十三条①规定的情形外，用人单位不得与劳动者约定由劳动者承担违约金。

行政法规

《劳动合同法实施条例》(2008 年 9 月 18 日　国务院令第 535 号)

第十六条　劳动合同法第二十二条第二款规定的培训费用，包括用人单位为了对劳动者进行专业技术培训而支付的有凭证的培训费用、培训期间的差旅费用以及因培训产生的用于该劳动者的其他直接费用。

---

①《劳动合同法》第二十三条：用人单位与劳动者可以在劳动合同中约定保守用人单位的商业秘密和与知识产权相关的保密事项。对负有保密义务的劳动者，用人单位可以在劳动合同或者保密协议中与劳动者约定竞业限制条款，并约定在解除或者终止劳动合同后，在竞业限制期限内按月给予劳动者经济补偿。劳动者违反竞业限制约定的，应当按照约定向用人单位支付违约金。

第十七条 劳动合同期满，但是用人单位与劳动者依照劳动合同法第二十二条的规定约定的服务期尚未到期的，劳动合同应当续延至服务期满；双方另有约定的，从其约定。

第二十六条 用人单位与劳动者约定了服务期，劳动者依照劳动合同法第三十八条的规定解除劳动合同的，不属于违反服务期的约定，用人单位不得要求劳动者支付违约金。

有下列情形之一，用人单位与劳动者解除约定服务期的劳动合同的，劳动者应当按照劳动合同的约定向用人单位支付违约金：

（一）劳动者严重违反用人单位的规章制度的；

（二）劳动者严重失职，营私舞弊，给用人单位造成重大损害的；

（三）劳动者同时与其他用人单位建立劳动关系，对完成本单位的工作任务造成严重影响，或者经用人单位提出，拒不改正的；

（四）劳动者以欺诈、胁迫的手段或者乘人之危，使用人单位在违背真实意思的情况下订立或者变更劳动合同的；

（五）劳动者被依法追究刑事责任的。

地方性规定：天津

天津市高级人民法院《关于审理劳动争议案件有关问题的通知》（2004年2月3日 津高法〔2004〕13号）

9.劳动者参加用人单位出资培训所取得的各类资格证书，在劳动合同终止或劳动合同解除时，用人单位不得扣留。对用人单位已支付的培训费，按照以下原则处理：

（1）双方对培训费问题有约定的按约定处理；

（2）双方对培训费问题没有约定但有约不定期的服务期限，劳动者在约定的期限届满前提出解除合同的，应承担相应培训费用。计算方法，按照约定服务期限与已经履行的服务期间核算劳动者应承担的培训费用；

（3）双方对培训费问题没有约定，又没有约定服务期限，劳动者在劳动合同履行期限届满前提出解除劳动合同的，按照劳动合同约定的履行期限与已经履行的劳动合同期间核算劳动者应承担的培训费用；

（4）双方对服务期限或劳动合同履行期间均无约定的，酌定按5年服务期限核算。

劳动合同期满后双方终止劳动关系的，劳动者不承担培训费用。

地方性规定:上海

上海市劳动和社会保障局《关于实施〈上海市劳动合同条例〉若干问题的通知(二)》(2004年1月5日 沪劳保关发〔2004〕4号)

三、关于约定的服务期限长于劳动合同期限问题

服务期是劳动者因接受用人单位给予的特殊待遇而承诺必须为用人单位服务的期限。

劳动合同当事人按照《条例》第十四条规定,约定的服务期限长于劳动合同期限的,劳动合同期满用人单位放弃对剩余服务期要求的,劳动合同可以终止,但用人单位不得追索劳动者服务期的赔偿责任。劳动合同期满后,用人单位继续提供工作岗位要求劳动者继续履行服务期的,双方当事人应当续订劳动合同。因续订劳动合同的条件不能达成一致的,双方当事人应按原劳动合同确定的条件继续履行。继续履行期间,用人单位不提供工作岗位,视为其放弃对剩余服务期的要求,劳动关系终止。

上海市高级人民法院《关于适用〈劳动合同法〉若干问题的意见》(2009年3月3日 沪高法〔2009〕73号)

六、劳动合同期满而约定的服务期未到期的处理

服务期是用人单位以给付一定培训费用为代价,要求接受对价的劳动者为用人单位相应提供服务的约定。用人单位依约支付相应对价后,即已完全履行自己的合同义务,是否要求劳动者履行提供服务则成为用人单位的权利。基于民事权利都可以放弃的原则,在劳动合同期满后,用人单位放弃对剩余服务期要求的,应当准许。

此时,劳动合同可以终止,但用人单位不得向劳动者追索服务期的赔偿责任;用人单位继续提供工作岗位并要求劳动者履行服务期约定的,双方当事人应当继续履行。继续履行合同期间,用人单位不提供工作岗位的,视为其放弃对剩余服务期的要求,劳动合同终止。

地方性规定:江苏

江苏省高级人民法院、江苏省劳动争议仲裁委员会《关于审理劳动争议案件的指导意见》(2009年12月14日 苏高法审委〔2009〕47号)

第十二条 用人单位以劳动者违反服务期约定为由请求劳动者支付违约金

的,人民法院、仲裁机构应对用人单位是否为劳动者提供专项培训费用、对其进行专业技术培训进行审查。

用人单位对劳动者进行的上岗前培训和日常业务培训,不应认定为专业技术培训。

劳动者接受专项培训期间的基本工资,不应认定为专项培训费用。

地方性规定:浙江

浙江省高级人民法院民事审判第一庭、浙江省劳动人事争议仲裁院《关于审理劳动争议案件若干问题的解答(二)》(2014 年 4 月 14 日 浙高法民一〔2014〕7 号)

十七、劳务派遣用工关系中,用工单位与劳动者约定服务期的效力如何认定?

答:劳务派遣单位对服务期约定予以认可的,该约定有效,服务期超过劳动合同期限的,劳动合同应当顺延至服务期满。劳务派遣单位对服务期约定不予认可的,该服务期约定无效。

浙江省劳动争议仲裁委员会《关于劳动争议案件处理若干问题的指导意见(试行)》(2009 年 8 月 21 日 浙仲〔2009〕2 号)

45. 依据《劳动合同法》第二十二条的规定,劳动者违反劳动合同中有关服务期约定的,应当按照约定支付违约金,但属于《劳动合同法》第三十八条、第四十一条规定情形的除外。

约定违约金过高的,仲裁委员会应当依据《劳动合同法》第二十二条第二款的规定予以调整。

《劳动合同法》第二十二条中规定的"培训费用",不包括劳动者接受专项培训期间的基本工资;"专业技术培训"是指为提高劳动者特定技能而提供的培训,不包括上岗前的培训和日常业务培训。

《关于审理劳动争议案件若干问题的意见(试行)》(2009 年 4 月 16 日 浙法民一〔2009〕3 号)

第三十九条 依据《劳动合同法》第二十二条的规定,劳动者违反劳动合同中有关服务期约定的,应当按照约定支付违约金,但属于《劳动合同法》第三十八条、第四十一条规定情形的除外。

约定违约金过高的,人民法院应当依据《劳动合同法》第二十二条第二款的规定予以调整。

《劳动合同法》第二十二条中规定的“培训费用”,不包括劳动者接受专项培训期间的基本工资;“专业技术培训”是指为提高劳动者特定技能而提供的培训,不包括上岗前的培训和日常业务培训。

地方性规定:山东

《关于适用〈中华人民共和国劳动争议调解仲裁法〉和〈中华人民共和国劳动合同法〉若干问题的意见》(2010年6月1日　鲁高法〔2010〕84号)

32.劳动合同法实施前订立、实施后继续履行的劳动合同条款与劳动合同法第二十五条抵触的,自2008年1月1日起,按劳动合同法第二十五条的规定执行。

附:本章节收录相关规定汇总

法律

《劳动合同法》(2012年12月28日修正)

行政法规

《劳动合同法实施条例》(2008年9月18日　国务院令第535号)

地方性规定:天津

天津市高级人民法院《关于审理劳动争议案件有关问题的通知》(2004年2月3日　津高法〔2004〕13号)

地方性规定:上海

上海市劳动和社会保障局《关于实施〈上海市劳动合同条例〉若干问题的通知(二)》(2004年1月5日　沪劳保关发〔2004〕4号)

上海市高级人民法院《关于适用〈劳动合同法〉若干问题的意见》(2009年3月3日　沪高法〔2009〕73号)

地方性规定:江苏

江苏省高级人民法院、江苏省劳动争议仲裁委员会《关于审理劳动争议案件的指导意见》(2009年12月14日　苏高法审委〔2009〕47号)

地方性规定:浙江

浙江省高级人民法院民事审判第一庭、浙江省劳动人事争议仲裁院《关于审理劳动争议案件若干问题的解答(二)》(2014年4月14日　浙高法民一〔2014〕7号)

浙江省劳动争议仲裁委员会《关于劳动争议案件处理若干问题的指导意见(试行)》(2009年8月21日　浙仲〔2009〕2号)

《关于审理劳动争议案件若干问题的意见(试行)》(2009年4月16日　浙法民一

〔2009〕3 号）

地方性规定：山东

《关于适用〈中华人民共和国劳动争议调解仲裁法〉和〈中华人民共和国劳动合同法〉若干问题的意见》（2010 年 6 月 1 日　鲁高法〔2010〕84 号）

第十五章　保密和竞业限制

法律

《劳动法》(2018 年 12 月 29 日修正)

第二十二条　劳动合同当事人可以在劳动合同中约定保守用人单位商业秘密的有关事项。

第一百零二条　劳动者违反本法规定的条件解除劳动合同或者违反劳动合同中约定的保密事项,对用人单位造成经济损失的,应当依法承担赔偿责任。

《劳动合同法》(2012 年 12 月 28 日修正)

第二十三条　用人单位与劳动者可以在劳动合同中约定保守用人单位的商业秘密和与知识产权相关的保密事项。

对负有保密义务的劳动者,用人单位可以在劳动合同或者保密协议中与劳动者约定竞业限制条款,并约定在解除或者终止劳动合同后,在竞业限制期限内按月给予劳动者经济补偿。劳动者违反竞业限制约定的,应当按照约定向用人单位支付违约金。

第二十四条　竞业限制的人员限于用人单位的高级管理人员、高级技术人员和其他负有保密义务的人员。竞业限制的范围、地域、期限由用人单位与劳动者约定,竞业限制的约定不得违反法律、法规的规定。

在解除或者终止劳动合同后,前款规定的人员到与本单位生产或者经营同类产品、从事同类业务的有竞争关系的其他用人单位,或者自己开业生产或者经营同类产品、从事同类业务的竞业限制期限,不得超过二年。

第二十五条　除本法第二十二条[①]和第二十三条规定的情形外,用人单位不得与劳动者约定由劳动者承担违约金。

第九十条　劳动者违反本法规定解除劳动合同,或者违反劳动合同中约定的保密义务或者竞业限制,给用人单位造成损失的,应当承担赔偿责任。

司法解释

最高人民法院《关于审理劳动争议案件适用法律问题的解释(一)》(2021年1月1日　法释〔2020〕26号)

第三十六条　当事人在劳动合同或者保密协议中约定了竞业限制,但未约定解除或者终止劳动合同后给予劳动者经济补偿,劳动者履行了竞业限制义务,要求用人单位按照劳动者在劳动合同解除或者终止前十二个月平均工资的30%按月支付经济补偿的,人民法院应予支持。

前款规定的月平均工资的30%低于劳动合同履行地最低工资标准的,按照劳动合同履行地最低工资标准支付。

第三十七条　当事人在劳动合同或者保密协议中约定了竞业限制和经济补偿,当事人解除劳动合同时,除另有约定外,用人单位要求劳动者履行竞业限制义务,或者劳动者履行了竞业限制义务后要求用人单位支付经济补偿的,人民法院应予支持。

第三十八条　当事人在劳动合同或者保密协议中约定了竞业限制和经济补偿,劳动合同解除或者终止后,因用人单位的原因导致三个月未支付经济补偿,劳动者请求解除竞业限制约定的,人民法院应予支持。

第三十九条　在竞业限制期限内,用人单位请求解除竞业限制协议的,人民法院应予支持。

在解除竞业限制协议时,劳动者请求用人单位额外支付劳动者三个月的竞业限制经济补偿的,人民法院应予支持。

第四十条　劳动者违反竞业限制约定,向用人单位支付违约金后,用人单位要

---

① 《劳动合同法》第二十二条:用人单位为劳动者提供专项培训费用,对其进行专业技术培训的,可以与该劳动者订立协议,约定服务期。劳动者违反服务期约定的,应当按照约定向用人单位支付违约金。违约金的数额不得超过用人单位提供的培训费用。用人单位要求劳动者支付的违约金不得超过服务期尚未履行部分所应分摊的培训费用。用人单位与劳动者约定服务期的,不影响按照正常的工资调整机制提高劳动者在服务期期间的劳动报酬。

求劳动者按照约定继续履行竞业限制义务的,人民法院应予支持。

部委规定

《企业内部控制应用指引第3号——人力资源》(2010年4月15日 财会〔2010〕11号)

第十三条第三款、第四款 企业应当与退出员工依法约定保守关键技术、商业秘密、国家机密和竞业限制的期限,确保知识产权、商业秘密和国家机密的安全。

企业关键岗位人员离职前,应当根据有关法律法规的规定进行工作交接或离任审计。

劳动部《关于〈中华人民共和国劳动法〉若干条文的说明》(1994年9月5日 劳办发〔1994〕289号)

第二十二条 劳动合同当事人可以在劳动合同中约定保守用人单位商业秘密的有关事项。

根据《反不正当竞争法》第十条[①]规定,商业秘密指不为公众所知悉,能为用人单位带来经济利益,具有实用性并经用人单位采取保密措施的技术信息和经营信息。

地方性规定:北京

北京市高级人民法院、北京市劳动争议仲裁委员会《关于劳动争议案件法律适用问题研讨会会议纪要》(2009年8月17日)

37.用人单位与劳动者在劳动合同或保密协议中约定了竞业限制条款,用人单位如在此后认为劳动者不必履行竞业限制约定的,应当明确告知劳动者。在用人单位告知前劳动者已按约定履行了义务,因此要求用人单位支付履行期间经济补偿的,应予支持。

38.用人单位与劳动者在劳动合同或保密协议中约定了竞业限制条款,但未就补偿费的给付或具体给付标准进行约定,不应据此认定竞业限制条款无效,双方在劳动关系存续期间或在解除、终止劳动合同时,可以通过协商予以补救,经协商不

---

① 本法于2019年4月23日修正,第九条第四款:本法所称的商业秘密,是指不为公众所知悉、具有商业价值并经权利人采取相应保密措施的技术信息、经营信息等商业信息。

能达成一致的,可按照双方劳动关系终止前最后一个年度劳动者工资的 20% - 60% 确定补偿费数额。用人单位明确表示不支付补偿费的,竞业限制条款对劳动者不具有约束力。

劳动者与用人单位未约定竞业限制期限的,应由双方协商确定,经协商不能达成一致的,限制期最长不得超过两年。

地方性规定:天津

《天津市贯彻落实〈劳动合同法〉若干问题实施细则》(2018 年 8 月 1 日　津人社规字〔2018〕14 号)

第九条　用人单位在劳动合同或者保密协议中与劳动者约定竞业限制条款的,在约定违约金和经济补偿时应遵循公平、公正、适量、对等的原则。用人单位向劳动者支付竞业限制经济补偿的,应当在劳动合同解除或者终止后支付。

地方性规定:上海

《上海市劳动合同条例》(2002 年 5 月 1 日　上海市人民代表大会常务委员会公告第 58 号)

第十五条　劳动合同当事人可以在劳动合同中约定保密条款或者单独签订保密协议。商业秘密进入公知状态后,保密条款、保密协议约定的内容自行失效。

对负有保守用人单位商业秘密义务的劳动者,劳动合同当事人可以就劳动者要求解除劳动合同的提前通知期在劳动合同或者保密协议中作出约定,但提前通知期不得超过六个月。在此期间,用人单位可以采取相应的脱密措施。

第十六条　对负有保守用人单位商业秘密义务的劳动者,劳动合同当事人可以在劳动合同或者保密协议中约定竞业限制条款,并约定在终止或者解除劳动合同后,给予劳动者经济补偿。竞业限制的范围仅限于劳动者在离开用人单位一定期限内不得自营或者为他人经营与原用人单位有竞争的业务。竞业限制的期限由劳动合同当事人约定,最长不超过三年,但法律、行政法规另有规定的除外。

劳动合同双方当事人约定竞业限制的,不得再约定解除劳动合同的提前通知期。

竞业限制的约定不得违反法律、法规的规定。

上海市劳动和社会保障局《关于实施〈上海市劳动合同条例〉若干问题的通知(二)》(2004年1月5日　沪劳保关发〔2004〕4号)

四、关于竞业限制协议及其经济补偿金问题

(一)用人单位与负有保守用人单位商业秘密义务的劳动者在竞业限制协议中对经济补偿金的标准、支付形式有约定的,从其约定。因用人单位原因不按协议约定支付经济补偿金,经劳动者要求仍不支付的,劳动者可以解除竞业限制协议。

(二)竞业限制协议对经济补偿金的标准、支付形式等未作约定的,劳动者可以要求用人单位支付经济补偿金。双方当事人由此发生争议的,可按劳动争议处理程序解决。用人单位要求劳动者继续履行竞业限制协议的,应当按劳动争议处理机构确认的标准及双方约定的竞业限制期限一次性支付经济补偿金,劳动者应当继续履行竞业限制义务;用人单位放弃对剩余期限竞业限制要求的,应当按劳动争议处理机构确认的标准支付已经履行部分的经济补偿金。

(三)竞业限制协议生效前或者履行期间,用人单位放弃对劳动者竞业限制的要求,应当提前一个月通知劳动者。

上海市高级人民法院《关于适用〈劳动合同法〉若干问题的意见》(2009年3月3日　沪高法〔2009〕73号)

十三、当事人对竞业限制条款约定不清的处理

劳动合同当事人仅约定劳动者应当履行竞业限制义务,但未约定是否向劳动者支付补偿金,或者虽约定向劳动者支付补偿金但未明确约定具体支付标准的,基于当事人就竞业限制有一致的意思表示,可以认为竞业限制条款对双方仍有约束力。补偿金数额不明的,双方可以继续就补偿金的标准进行协商;协商不能达成一致的,用人单位应当按照劳动者此前正常工资的20－50%支付。协商不能达成一致的,限制期最长不得超过两年。

地方性规定:广东(深圳)

《深圳经济特区和谐劳动关系促进条例》(2019年4月26日修正　深圳市第六届人民代表大会常务委员会公告第150号)

第二十条　对负有保密义务的劳动者,用人单位可以在劳动合同或者保密协议中与劳动者约定竞业限制条款,并约定在解除或者终止劳动合同后,在竞业限制期限内按月给予劳动者经济补偿。

用人单位未按照前款规定支付经济补偿的,劳动者自用人单位违反约定之日

起三十日内,可以要求用人单位一次性支付尚未支付的经济补偿,并继续履行协议;劳动者未在三十日内要求一次性支付的,可以通知用人单位解除竞业限制协议。

深圳市中级人民法院《关于审理劳动争议案件的裁判指引》(2015 年 9 月 2 日深中法发〔2015〕13 号)

一百〇六、用人单位与劳动者约定竞业限制的,应当在竞业限制期限内依法给予劳动者经济补偿。用人单位未按约定支付经济补偿的,劳动者自用人单位违反约定之日起三十日内可要求用人单位一次性支付尚未支付的经济补偿,并继续履行竞业限制协议;劳动者未在三十日内要求一次性支付的,可通知用人单位解除竞业限制协议或支付已履行竞业限制义务期间的经济补偿。

劳动者在职期间违反竞业限制义务,用人单位依据双方约定要求劳动者支付违约金的,应予支持。

当事人主张双方约定的违约金过高请求调整的,人民法院可依法予以调整。

一百〇七、《深圳经济特区企业技术秘密保护条例》及《深圳经济特区和谐劳动关系条例》关于竞业限制的有关规定与最高人民法院《关于审理劳动争议案件适用法律若干问题的解释(三)》相应规定不一致的,优先适用深圳经济特区条例的相关规定。

一百〇八、双方约定劳动者在职期间的工资中包含竞业限制经济补偿的,该约定无效。用人单位在劳动者离职后的竞业限制期内仍负有支付竞业限制经济补偿的义务。

地方性规定:江苏

《江苏省劳动合同条例》(2013 年 1 月 15 日修订　江苏省第十一届人民代表大会常务委员会公告第 124 号)

第二十七条　用人单位与劳动者可以在劳动合同中约定保守用人单位的商业秘密和与知识产权相关的保密事项。

对负有保密义务的劳动者,用人单位可以与其在劳动合同或者保密协议中,就劳动者要求解除劳动合同的提前通知期以及提前通知期内的岗位调整、劳动报酬作出约定。提前通知期不得超过六个月。

第二十八条　用人单位对处于竞业限制期限内的离职劳动者应当按月给予经济补偿,月经济补偿额不得低于该劳动者离开用人单位前十二个月的月平均工资的三分之一。

用人单位未按照约定给予劳动者经济补偿的,劳动者可以不履行竞业限制义务,但劳动者已经履行的,有权要求用人单位给予经济补偿。

竞业限制约定中的同类产品、同类业务仅限于劳动者离职前用人单位实际生产或者经营的相关产品和业务。竞业限制的期限由当事人约定,最长不得超过二年。

江苏省高级人民法院、江苏省劳动人事争议仲裁委员会《关于审理劳动人事争议案件的指导意见(二)》(2011年11月8日　苏高法审委〔2011〕14号)

第十一条　用人单位与负有保密义务的劳动者约定了竞业限制条款,并在劳动关系存续期间先行给付了合同约定且不低于法定标准的经济补偿,劳动合同解除或终止后,劳动者请求确认该竞业限制条款无效的,不予支持。如用人单位在劳动关系存续期间先行给付经济补偿的数额低于法定标准的,应予补足;用人单位在劳动合同解除或终止后超过一个月仍未补足的,除劳动者要求履行外,该竞业限制条款对劳动者不具有法律约束力。

第十二条　劳动合同因劳动者退休而终止的,用人单位与负有保密义务的劳动者约定的竞业限制条款对双方仍具有法律约束力。

江苏省高级人民法院《劳动争议案件审理指南(2010年)》(2010年5月17日)

第三节　劳动合同效力纠纷的法律适用问题

2.保密和竞业禁止争议的权利行使途径

劳动者违反保密协议和竞业禁止协议,构成责任竞合,如果用人单位以劳动者的行为违反劳动合同约定的义务提起违约之诉,则按劳动争议案件审理;如用人单位对劳动者的行为提起商业秘密侵权、不正当竞争之诉,则按民事案件程序审理。

3.竞业限制条款约定不清的处理

支付竞业限制补偿金是竞业限制条款发生效力的要件之一。如果用人单位与劳动者约定了竞业限制条款但未约定经济补偿,或者约定了经济补偿但未按约定支付的,该竞业限制条款对劳动者不具有法律约束力。

根据《江苏省劳动合同条例》第17条①的规定,用人单位与劳动者约定竞业限制条款的,其向劳动者支付的年经济补偿额不得低于该劳动者离开用人单位前十二个月从该用人单位获得的报酬总额的三分之一。如果用人单位给予劳动者的经

① 此处引用内容已被2013年5月1日生效的《江苏省劳动合同条例》第28条修改。

济补偿低于《江苏省劳动合同条例》规定的标准，但劳动者也实际接受的，则竞业限制条款仍应认定有效，劳动者请求按照《江苏省劳动合同条例》第十七条规定的标准补足的，应予支持。

4. 用人单位在竞业限制期限届满前解除竞争限制的效力问题

由于竞业限制条款只是对劳动者就业权的单方面限制，因此，用人单位在竞业限制期限届满前有权根据其单位的具体情况决定是否解除竞业限制。如果用人单位已通知劳动者解除竞业限制条款，劳动者请求用人单位继续履行竞业限制条款并支付经济补偿的，不予支持。

5. 用人单位违法解除劳动合同情形下竞业限制条款的效力

如果劳动合同因可归责于用人单位的原因而解除，则用人单位无权再要求劳动者履行离职后竞业限制的义务。因此，用人单位违法解除劳动合同或者劳动者依据《劳动合同法》第38条规定解除劳动合同的，应认定双方约定的竞业限制条款失效。

江苏省高级人民法院、江苏省劳动争议仲裁委员会《关于审理劳动争议案件的指导意见》(2009年12月14日　苏高法审委〔2009〕47号)

第十三条　用人单位与劳动者约定了竞业限制条款但未约定经济补偿，或者约定了经济补偿但未按约定支付的，该竞业限制条款对劳动者不具有法律约束力。

劳动者依约遵守了竞业限制条款，但用人单位未按约支付经济补偿，劳动者请求用人单位支付经济补偿的，应予支持。双方没有约定补偿标准或约定的补偿标准低于《江苏省劳动合同条例》第十七条规定的标准，劳动者请求按照《江苏省劳动合同条例》第十七条规定的标准补足的，应予支持。

用人单位在竞业限制期限届满前已通知劳动者解除竞业限制条款，劳动者请求用人单位继续履行竞业限制条款并支付经济补偿的，不予支持。

地方性规定：浙江

浙江省高级人民法院民事审判第一庭、浙江省劳动人事争议仲裁院《关于审理劳动争议案件若干问题的解答(三)》(2015年9月29日　浙高法民一〔2015〕9号)

二、用人单位与劳动者约定了竞业限制，但未约定经济补偿或者约定的经济补偿过低，竞业限制条款或协议的效力如何认定？

答：用人单位与劳动者约定了竞业限制，但未约定经济补偿或约定的经济补偿过低的，不影响竞业限制条款或协议的效力。

用人单位可按照劳动者在劳动合同解除或者终止前十二个月平均工资的30%按月支付或补足经济补偿。该标准低于劳动合同履行地最低工资标准的,按照劳动合同履行地最低工资标准支付。

劳动合同解除或者终止后,因用人单位原因未支付经济补偿达三个月,劳动者此后实施了竞业限制行为,视为劳动者已以其行为提出解除竞业限制约定,用人单位要求劳动者承担违反竞业限制违约责任的,不予支持。

三、用人单位依据竞业限制协议向劳动者支付了经济补偿,而劳动者违反了竞业限制约定,用人单位除要求劳动者承担违约金外,还要求其返还已收取的经济补偿,能否支持?

答:劳动者违反竞业限制约定,用人单位要求劳动者返还违反竞业限制约定期间用人单位向其支付的经济补偿的,应予支持。对劳动者履行竞业限制约定期间用人单位向其支付的经济补偿,用人单位要求返还的,不予支持。

用人单位向劳动者一次性支付经济补偿的,应当将经济补偿数额进行折算,对劳动者违反竞业限制约定期间相对应的经济补偿予以返还。

四、劳动者违反竞业限制约定并泄露用人单位商业秘密,用人单位诉请劳动者承担商业秘密侵权责任,又要求劳动者承担违反竞业限制违约责任的,能否支持?

答:劳动者违反竞业限制约定不以泄露商业秘密为条件,两者系不同行为。用人单位根据《反不正当竞争法》要求劳动者承担商业秘密侵权责任,又根据竞业限制条款或协议要求劳动者就其违反竞业限制约定的行为承担违约责任的,可予支持。

五、用人单位与劳动者约定在劳动者任职期间及离职后一定期间内不能到其他单位从事或自行从事与本单位相竞争的工作,并约定了违约责任。劳动者在职期间违反前述约定,用人单位以竞业限制为由要求劳动者承担责任的,能否支持?

答:竞业限制期间包括但不限于劳动合同解除或者终止后,用人单位与劳动者就劳动者在职期间的竞业限制义务作出约定的,应属有效。用人单位要求劳动者就其在职期间违反竞业限制约定的行为承担责任的,可予支持。

劳动者要求用人单位就其在职期间履行竞业限制义务支付经济补偿,或者以用人单位未支付经济补偿为由主张在职期间竞业限制约定无效的,不予支持。

浙江省高级人民法院民事审判第一庭、浙江省劳动人事争议仲裁院《关于审理劳动争议案件若干问题的解答(二)》(2014年4月14日　浙高法民一〔2014〕7号)

十三、竞业限制协议约定的经济补偿低于当地的最低生活标准,劳动者履行了竞业限制义务后要求用人单位按合理标准补足经济补偿的,应否支持,补足标准如何确定?

答:竞业限制协议约定的经济补偿低于当地最低生活标准,劳动者已经履行了竞业限制义务的,可以要求用人单位按其解除或者终止劳动合同前十二个月平均工资的30%的月补偿标准补足差额;若该标准低于最低工资的,按最低工资标准补足差额。

浙江省高级人民法院民一庭《关于审理劳动争议纠纷案件若干疑难问题的解答》(2012年12月24日)

十、用人单位一次性向劳动者支付了竞业限制经济补偿,劳动者违反竞业限制义务时,用人单位能否向劳动者主张违约金?

《劳动合同法》第二十三条仅规定了用人单位"在竞业限制期限内按月给予劳动者经济补偿"的补偿方式。用人单位如果在解除或终止劳动合同时,一次性向劳动者支付了竞业限制补偿金的,劳动者违反竞业限制义务时,用人单位可以向劳动者主张违约金。

浙江省劳动争议仲裁委员会《关于劳动争议案件处理若干问题的指导意见(试行)》(2009年8月21日　浙仲〔2009〕2号)

31.用人单位与劳动者约定竞业限制但未同时约定经济补偿,或者约定经济补偿的数额明显过低、不足以维持劳动者在当地的最低生活标准的,属于《劳动合同法》第二十六条第(二)项规定的"用人单位免除自己的法定责任、排除劳动者权利的"情形,该竞业限制条款或协议无效。

用人单位与劳动者约定的竞业限制补偿费虽然高于当地的最低生活标准,但与双方约定的违约金相比显失公正的,仲裁委员会可以根据用人单位支付的补偿金标准,按照公平合理的原则对违约金予以适当变更。

32.具有以下情形之一的,竞业限制条款对劳动者不再具有约束力:

(1)劳动者依《劳动合同法》第三十八条第二款规定,被迫解除劳动合同的;

(2)用人单位依《劳动合同法》第四十一条规定,解除劳动合同的;

(3)用人单位破产、关闭、停业、转行或解散的;

(4)用人单位未按约定支付经济补偿的。

《关于审理劳动争议案件若干问题的意见(试行)》(2009年4月16日　浙法民一〔2009〕3号)

第四十条　用人单位与劳动者约定竞业限制但未同时约定经济补偿,或者约定经济补偿的数额明显过低、不足以维持劳动者在当地的最低生活标准的，属于《劳动合同法》第二十六条第(二)项规定的“用人单位免除自己的法定责任、排除劳动者权利的”情形，该竞业限制条款无效。

第四十一条 具有以下情形之一的，竞业限制条款对劳动者不再具有约束力：

(一)劳动者依《劳动合同法》第三十八条第二款规定，被迫解除劳动合同的；

(二)用人单位依《劳动合同法》第四十一条规定，解除劳动合同的；

(三)用人单位破产、关闭、停业、转行或解散的；

(四)用人单位未按约定支付经济补偿的。

地方性规定：山东

山东省高级人民法院、山东省人力资源和社会保障厅《关于审理劳动人事争议案件若干问题会议纪要》(2019年6月10日)

五、关于未约定经济补偿的竞业限制协议的效力问题

竞业限制协议只约定了竞业限制义务和违约金，未约定竞业限制经济补偿，该竞业限制协议有效。劳动者与用人单位没有约定竞业限制经济补偿而劳动者已经履行竞业限制义务的，可以按照《最高人民法院关于审理劳动争议案件适用法律若干问题的解释(四)》(法释〔2013〕4号)第六条规定主张经济补偿。

六、关于劳动者再次违反竞业限制协议的违约责任承担问题

劳动者违反竞业限制约定，向用人单位支付违约金后，只要是在竞业限制协议期限内，用人单位支付了竞业限制经济补偿，劳动者仍然需要履行竞业限制义务。劳动者再次违反竞业限制约定，用人单位主张劳动者再次支付违约金的，应予支持。

七、关于用人单位明示不支付经济补偿情况下，劳动者的竞业限制协议解除权问题

用人单位和劳动者约定了竞业限制及其经济补偿，劳动合同解除或者终止后，用人单位明确表示不支付经济补偿的，劳动者可以依法解除竞业限制协议。

八、关于在职期间劳动者违反竞业限制义务的责任承担问题

用人单位与劳动者约定在职期间与离职后的竞业限制义务和违约责任，劳动者在职期间违反该竞业限制协议，用人单位以此为由要求劳动者承担责任的，劳动者应当按照合同约定履行竞业限制义务，用人单位要求劳动者就其在职期间违反竞业限制约定的行为承担责任的，应予支持。

劳动者要求用人单位就其在职期间履行竞业限制义务支付经济补偿，或者以

用人单位未支付经济补偿为由主张在职期间竞业限制约定无效的,不予支持。

九、关于用人单位以劳动报酬中包含竞业限制经济补偿进行抗辩的认定问题

劳动合同解除或者终止后,用人单位未支付竞业限制经济补偿,劳动者因此请求解除竞业限制协议,用人单位以其在劳动关系存续期间向劳动者支付的劳动报酬已包含竞业限制经济补偿进行抗辩的,对用人单位的抗辩不予支持。

十、关于劳动合同解除或者终止后,用人单位一次性支付劳动者竞业限制经济补偿的效力问题

用人单位在劳动合同解除或者终止后,一次性向劳动者支付了竞业限制经济补偿,应当认定用人单位已经履行了竞业限制协议约定义务,劳动者违反竞业限制义务时,用人单位向劳动者主张违约金的,应予支持。

《关于适用〈中华人民共和国劳动争议调解仲裁法〉和〈中华人民共和国劳动合同法〉若干问题的意见》(2010 年 6 月 1 日　鲁高法〔2010〕84 号)

31. 用人单位与劳动者约定竞业限制,用人单位未按照约定支付经济补偿的,劳动者可以要求用人单位履行竞业限制协议,支付经济补偿。自工作交接完成后满一个月,用人单位尚未给予劳动者经济补偿的,劳动者可以不受竞业限制协议的约束。

用人单位在竞业限制条款中约定的违约金过分高于劳动者违约造成的损失的,人民法院、仲裁委员会可以根据劳动者的请求对违约金数额予以适当调整。

32. 劳动合同法实施前订立、实施后继续履行的劳动合同条款与劳动合同法第二十五条抵触的,自 2008 年 1 月 1 日起,按劳动合同法第二十五条的规定执行。

附:本章节收录相关规定汇总

法律

《劳动法》(2018 年 12 月 29 日修正)

《劳动合同法》(2012 年 12 月 28 日修正)

司法解释

最高人民法院《关于审理劳动争议案件适用法律问题的解释(一)》(2021 年 1 月 1 日　法释〔2020〕26 号)

部委规定

《企业内部控制应用指引第 3 号——人力资源》(2010 年 4 月 15 日　财会〔2010〕11 号)

劳动部《关于〈中华人民共和国劳动法〉若干条文的说明》(1994 年 9 月 5 日　劳办发〔1994〕289 号)

地方性规定:北京

北京市高级人民法院、北京市劳动争议仲裁委员会《关于劳动争议案件法律适用问题研讨会会议纪要》(2009 年 8 月 17 日)

地方性规定:天津

《天津市贯彻落实〈劳动合同法〉若干问题实施细则》(2018 年 8 月 1 日　津人社规字〔2018〕14 号)

地方性规定:上海

《上海市劳动合同条例》(2002 年 5 月 1 日　上海市人民代表大会常务委员会公告第 58 号)

上海市劳动和社会保障局《关于实施〈上海市劳动合同条例〉若干问题的通知(二)》(2004 年 1 月 5 日　沪劳保关发〔2004〕4 号)

上海市高级人民法院《关于适用〈劳动合同法〉若干问题的意见》(2009 年 3 月 3 日　沪高法〔2009〕73 号)

地方性规定:广东(深圳)

《深圳经济特区和谐劳动关系促进条例》(2019 年 4 月 26 日修正　深圳市第六届人民代表大会常务委员会公告第 150 号)

深圳市中级人民法院《关于审理劳动争议案件的裁判指引》(2015 年 9 月 2 日　深中法发〔2015〕13 号)

地方性规定:江苏

《江苏省劳动合同条例》(2013 年 1 月 15 日修订　江苏省第十一届人民代表大会常务委员会公告第 124 号)

江苏省高级人民法院、江苏省劳动人事争议仲裁委员会《关于审理劳动人事争议案件的指导意见(二)》(2011 年 11 月 8 日　苏高法审委〔2011〕14 号)

江苏省高级人民法院《劳动争议案件审理指南(2010 年)》(2010 年 5 月 17 日)

江苏省高级人民法院、江苏省劳动争议仲裁委员会《关于审理劳动争议案件的指导意见》(2009 年 12 月 14 日　苏高法审委〔2009〕47 号)

地方性规定:浙江

浙江省高级人民法院民事审判第一庭、浙江省劳动人事争议仲裁院《关于审理劳动争议案件若干问题的解答(三)》(2015 年 9 月 29 日　浙高法民一〔2015〕9 号)

浙江省高级人民法院民事审判第一庭、浙江省劳动人事争议仲裁院《关于审理劳动争议案件若干问题的解答(二)》(2014 年 4 月 14 日　浙高法民一〔2014〕7 号)

浙江省高级人民法院民一庭《关于审理劳动争议纠纷案件若干疑难问题的解答》(2012 年 12 月 24 日)

浙江省劳动争议仲裁委员会《关于劳动争议案件处理若干问题的指导意见（试行）》（2009 年 8 月 21 日　浙仲〔2009〕2 号）

《关于审理劳动争议案件若干问题的意见（试行）》（2009 年 4 月 16 日　浙法民一〔2009〕3 号）

地方性规定：山东

山东省高级人民法院、山东省人力资源和社会保障厅《关于审理劳动人事争议案件若干问题会议纪要》（2019 年 6 月 10 日）

《关于适用〈中华人民共和国劳动争议调解仲裁法〉和〈中华人民共和国劳动合同法〉若干问题的意见》（2010 年 6 月 1 日　鲁高法〔2010〕84 号）

第十六章　医疗期和病假

法律

《劳动法》(2018 年 12 月 29 日修正)

第二十六条第一项　有下列情形之一的，用人单位可以解除劳动合同，但是应当提前三十日以书面形式通知劳动者本人：

(一)劳动者患病或者非因工负伤，医疗期满后，不能从事原工作也不能从事由用人单位另行安排的工作的；

第二十九条第二项　劳动者有下列情形之一的，用人单位不得依据本法第二十六条、第二十七条的规定解除劳动合同：

(二)患病或者负伤，在规定的医疗期内的；

《劳动合同法》(2012 年 12 月 28 日修正)

第四十条第一项　有下列情形之一的，用人单位提前三十日以书面形式通知劳动者本人或者额外支付劳动者一个月工资后，可以解除劳动合同：

(一)劳动者患病或者非因工负伤，在规定的医疗期满后不能从事原工作，也不能从事由用人单位另行安排的工作的；

第四十二条第三项　劳动者有下列情形之一的，用人单位不得依照本法第四十条、第四十一条的规定解除劳动合同：

(三)患病或者非因工负伤，在规定的医疗期内的；

行政法规

《劳动合同法实施条例》(2008 年 9 月 18 日　国务院令第 535 号)

第十九条第八项　有下列情形之一的，依照劳动合同法规定的条件、程序，用人单位可以与劳动者解除固定期限劳动合同、无固定期限劳动合同或者以完成一定工作任务为期限的劳动合同：

（八）劳动者患病或者非因工负伤，在规定的医疗期满后不能从事原工作，也不能从事由用人单位另行安排的工作的；

部委规定

劳动部《对〈关于因病或非因工负伤医疗期管理等若干问题的请示〉的复函》（1996年10月8日　劳办函〔1996〕40号）

一、职工临近劳动合同期满才发病，累计医疗期未满而劳动合同期已满，且需停工休息治疗的，根据劳部发〔1995〕309号文第34条的规定，劳动合同的期限应自动延续至医疗期期满为止；在医疗期内医疗终结的，医疗终结之日即可终止劳动合同；对其中经劳动鉴定委员会鉴定为完全丧失劳动能力的，可办理因病或非因工负伤退休、退职手续。不需停工休息治疗者，只要合同期满，便可终止劳动合同。

二、职工的劳动合同期将满，经医疗诊断，怀疑患有某种绝症，但又不能马上确认而需待查，且需停工休息治疗者，可以比照第一种情况处理；不需停工休息治疗者，不适用医疗期有关规定。医疗期已满仍不能确认的，可以终止劳动合同。对于某些已经确认患有特殊疾病的职工，可以适当延长医疗期。

三、患病职工在合同期满终止劳动合同时，用人单位应当一次性支付劳动者不低于六个月工资的医疗补助费。对于患重病或绝症的职工，用人单位可以适当增加医疗补助费。

劳动部办公厅《对〈关于如何理解"同一用人单位连续工作时间"和"本单位工作年限"的请示〉的复函》（1996年9月16日　劳办发〔1996〕191号）

二、按照《劳动法》及有关配套规章的规定，劳动者患病或非因工负伤，依法享有医疗期，因此在计算"同一用人单位连续工作时间"时，不应扣除劳动者依法享有的医疗期时间。

三、在计算医疗期、经济补偿时，"本单位工作年限"与"同一用人单位连续工作时间"为同一概念，也不应扣除劳动者此前依法享有的医疗期时间。

《关于贯彻执行〈中华人民共和国劳动法〉若干问题的意见》（1995年8月4日　劳部发〔1995〕309号）

35. 请长病假的职工在医疗期满后，能从事原工作的，可以继续履行劳动合同；

医疗期满后仍不能从事原工作也不能从事由单位另行安排的工作的,由劳动鉴定委员会参照工伤与职业病致残程度鉴定标准进行劳动能力鉴定。被鉴定为一至四级的,应当退出劳动岗位,解除劳动关系,办理因病或非因工负伤退休退职手续,享受相应的退休退职待遇;被鉴定为五至十级的,用人单位可以解除劳动合同,并按规定支付经济补偿金和医疗补助费。

59. 职工患病或非因工负伤治疗期间,在规定的医疗期间内由企业按有关规定支付其病假工资或疾病救济费,病假工资或疾病救济费可以低于当地最低工资标准支付,但不能低于最低工资标准的80%。

劳动部《关于贯彻〈企业职工患病或非因工负伤医疗期规定〉的通知》(1995年5月23日　劳部发〔1995〕236号)

一、关于医疗期的计算问题

1. 医疗期计算应从病休第一天开始,累计计算。如:应享受三个月医疗期的职工,如果从1995年3月5日起第一次病休,那么,该职工的医疗期应在3月5日至9月5日之间确定,在此期间累计病休三个月即视为医疗期满。其它依此类推。

2. 病休期间,公休、假日和法定节日包括在内。

二、关于特殊疾病的医疗期问题

根据目前的实际情况,对某些患特殊疾病(如癌症、精神病、瘫痪等)的职工,在24个月内尚不能痊愈的,经企业和劳动主管部门批准,可以适当延长医疗期。

《企业职工患病或非费因工负伤医疗期规定》(1995年1月1日　劳部发〔1994〕479号)

第二条　医疗期是指企业职工因患病或非因工负伤停止工作治病休息不得解除劳动合同的时限。

第三条　企业职工因患病或非因工负伤,需要停止工作医疗时,根据本人实际参加工作年限和在本单位工作年限,给予三个月到二十四个月的医疗期:

(一)实际工作年限十年以下的,在本单位工作年限五年以下的为三个月;五年以上的为六个月。

(二)实际工作年限十年以上的,在本单位工作年限五年以下的为六个月;五年以上十年以下的为九个月;十年以上十五年以下的为十二个月;十五年以上二十年以下的为十八个月;二十年以上的为二十四个月。

第四条　医疗期三个月的按六个月内累计病休时间计算;六个月的按十二个月内累计病休时间计算;九个月的按十五个月内累计病休时间计算;十二个月的按

十八个月内累计病休时间计算;十八个月的按二十四个月内累计病休时间计算;二十四个月的按三十个月内累计病休时间计算。

第五条　企业职工在医疗期内,其病假工资、疾病救济费和医疗待遇按照有关规定执行。

第六条　企业职工非因工致残和经医生或医疗机构认定患有难以治疗的疾病,在医疗期内医疗终结,不能从事原工作,也不能从事用人单位另行安排的工作的,应当由劳动鉴定委员会参照工伤与职业病致残程度鉴定标准进行劳动能力的鉴定。被鉴定为一至四级的,应当退出劳动岗位,终止劳动关系,办理退休、退职手续,享受退休、退职待遇;被鉴定为五至十级的,医疗期内不得解除劳动合同。

第七条　企业职工非因工致残和经医生或医疗机构认定患有难以治疗的疾病,医疗期满,应当由劳动鉴定委员会参照工伤与职业病致残程度鉴定标准进行劳动能力的鉴定。被鉴定为一至四级的,应当退出劳动岗位,解除劳动关系,并办理退休、退职手续,享受退休、退职待遇。

第八条　医疗期满尚未痊愈者,被解除劳动合同的经济补偿问题按照有关规定执行。

《企业经济性裁减人员规定》(1995年1月1日　劳部发〔1994〕447号)

第五条第二项　用人单位不得裁减下列人员:

(二)患病或者负伤,在规定的医疗期内的;

劳动部、国务院经贸办、卫生部、国家工商行政管理局、中华全国总工会《关于加强企业伤病长休职工管理工作的通知》①(1992年6月9日　劳险字〔1992〕14号)

二、要坚持和完善企业伤病职工的休假和复工制度。职工因伤病需要休假的,应凭企业医疗机构或指定医院开具的疾病诊断证明,并由企业审核批准……根据劳动能力恢复情况,安排一定的试工期或调换适当工作;要加强企业劳动纪律,对逾期不复工或不服从工作安排的,可停发伤病保险待遇,并按旷工处理。

四、伤病休假职工不得从事有收入的活动……对利用伤病假从事有收入活动的职工,要停止其伤病保险待遇,不予报销医疗费,并限期返回单位复工。

① 编著注:此通知中有关请病假到期后逾期到岗、病休期间从事与病休本身无关的工作等规定依然有效,对处理疑难医疗期和病假争议可参照适用。

国家劳动总局保险福利司《关于女职工保胎休息和病假超过六个月后生育时的待遇问题给上海市劳动局的复函》①**(1982年3月27日 〔82〕劳险字2号)**

一、女职工按计划生育怀孕,经过医师开据证明,需要保胎休息的,其保胎休息的时间,按照本单位实行的疾病待遇的规定办理。

二、保胎休息和病假超过六个月后领取疾病救济费的女职工,按计划生育时可以从生育之日起停发疾病救济费,改发产假工资,并享受其它生育待遇。产假期满后仍需病休的,从产假期满之日起,继续发给疾病救济费。

三、保胎休息的女职工,产假期满后仍需病休的,其病假时间应与生育前的病假和保胎休息的时间合并计算。

四、不按计划生育怀孕的女职工,其保胎、病假休息和生育时的待遇,仍按省、市现行的有关规定办理。

内务部(已变更)、财政部、国务院人事局(已变更)《关于国家机关工作人员病假期间的工作年限计算问题的联合通知》(1956年2月21日 〔56〕内优字第16号)

第二条第二款 工作人员继续几次病假,每次病假在六个月以内的期间均可计算工作年限,每次超过六个月的期间不计算工作年限。

地方性规定:上海

《关于本市劳动者在履行劳动合同期间患病或者非因工负伤的医疗期标准的规定》(2015年5月1日 沪府发〔2015〕40号)

二、医疗期按照劳动者在本用人单位的工作年限设置。劳动者在本单位工作第1年,医疗期为3个月;以后工作每满1年,医疗期增加1个月,但不超过24个月。

三、劳动者经劳动能力鉴定委员会鉴定为完全丧失劳动能力但不符合退休、退职条件的,应当延长医疗期。延长的医疗期由用人单位与劳动者具体约定,但约定延长的医疗期与前条规定的医疗期合计不得低于24个月。

四、下列情形中关于医疗期的约定长于上述规定的,从其约定:

---

① 编著注:此通知发布时间距今较长,其中涉及疾病救济费的规定因全国地域性差异较大,请读者有选择性地理解和适用;关于"保胎休息"的规定,因全国有些地区性规定中没有涉及,所以通知中"保胎休息"的规定对目前处理该类争议时可参照适用。

(一)集体合同对医疗期有特别约定的;

(二)劳动合同对医疗期有特别约定的;

(三)用人单位内部规章制度对医疗期有特别规定的。

五、劳动者在本单位工作期间累计病休时间超过按照规定享受的医疗期,用人单位可以依法与其解除劳动合同。

上海市劳动和社会保障局《关于实施〈上海市劳动合同条例〉若干问题的通知(三)》(2015年10月17日　沪劳保关发〔2005〕36号)

一、关于医疗期处理问题

……确定医疗期的工作年限应按劳动者在本单位的连续工作年限累计计算,但劳动者享受医疗期的起始时间应从适用上述通知之日起起算。

上海市劳动和社会保障局《关于实施〈上海市劳动合同条例〉若干问题的通知》(2002年4月17日　沪劳保关发〔2002〕13号)

16. 劳动者患病或非因工负伤超过规定医疗期仍不能上班工作的,用人单位可以按超过停工医疗期规定解除劳动合同。

地方性规定:重庆

《关于贯彻执行〈重庆市企业职工病假待遇暂行规定〉若干问题的意见》(2000年7月21日　渝劳办发〔2000〕233号)

一、医疗期的计算,当年或跨年度病休,在6个月内累计达到3个月的,按达到3个月医疗期处理;在12个月内累计达到6个月的,按达到6个月医疗期处理;在15个月内累计达到9个月的,按达到9个月医疗期处理;在18个月内累计达到12个月的,按达到12个月医疗期处理;在24个月内累计达到18个月的,按达到18个月医疗期处理;在30个月内累计达到24个月的,按达到24个月医疗期处理。

五、对于某些患特殊疾病(如癌症、精神病、瘫痪等)的职工,在原已享受的医疗期内尚不能痊愈的,经企业和所在区县(市)劳动保障行政部门批准,可以适当延长医疗期。延长的医疗期原则上在不超过本人原医疗期内掌握。延长医疗期满后仍不能工作的,按《暂行规定》第八条执行。

九、企业下岗职工、协议保留劳动关系人员、内部退养人员等,不享受病假待遇。

地方性规定:广东(深圳)

广东省高级人民法院、广东省劳动人事争议仲裁委员会《关于劳动人事争议仲裁与诉讼衔接若干意见》(2018 年 7 月 18 日 粤高法发〔2018〕2 号)

十一、劳动者患病、非因工负伤医疗期满后,经劳动能力鉴定委员会鉴定为完全丧失劳动能力或大部分丧失劳动能力,不能从事原工作、也不能从事由用人单位另行安排的工作而解除劳动合同的,用人单位应按规定支付经济补偿并支付不低于六个月工资的医疗补助费。

地方性规定:江苏

《江苏省劳动合同条例》(2013 年 1 月 15 日修订 江苏省第十一届人民代表大会常务委员会公告第 124 号)

第三十四条 劳动者患病或者非因工负伤,医疗期满后不能从事原工作,也不能从事由用人单位另行安排的适当工作的,用人单位可以依法解除、终止劳动合同,并给予经济补偿。劳动者经劳动能力鉴定委员会确认丧失或者部分丧失劳动能力的,用人单位还应当给予劳动者不低于本人六个月工资的医疗补助费。患重病或者绝症的还应当增加医疗补助费。患重病的增加部分不低于医疗补助费的百分之五十,患绝症的增加部分不低于医疗补助费的百分之百。

地方性规定:山东

山东省高级人民法院、山东省人力资源和社会保障厅《关于审理劳动人事争议案件若干问题会议纪要》(2019 年 6 月 10 日)

十七、关于患特殊疾病职工医疗期的确定问题

《劳动部关于贯彻〈企业职工患病或非因工负伤医疗期规定〉的通知》(劳部发〔1995〕236 号)规定:“对某些患特殊疾病(如癌症、精神病、瘫痪等)的职工,在 24 个月内尚不能痊愈的,经企业和劳动主管部门批准,可以适当延长医疗期。”该规定指根据企业职工实际参加工作年限和在本单位工作年限确定享受 24 个月医疗期的,该医疗期满后尚不能痊愈的情况下,职工可以申请延长,并不意味着患有上述特殊疾病职工的医疗期当然为 24 个月。

附:本章节收录相关规定汇总

法律

《劳动法》(2018 年 12 月 29 日修正)

《劳动合同法》(2012 年 12 月 28 日修正)

行政法规

《劳动合同法实施条例》(2008 年 9 月 18 日　国务院令第 535 号)

部委规定

劳动部《对〈关于因病或非因工负伤医疗期管理等若干问题的请示〉的复函》(1996 年 10 月 8 日　劳办函〔1996〕40 号)

劳动部办公厅《对〈关于如何理解"同一用人单位连续工作时间"和"本单位工作年限"的请示〉的复函》(1996 年 9 月 16 日　劳办发〔1996〕191 号)

《关于贯彻执行〈中华人民共和国劳动法〉若干问题的意见》(1995 年 8 月 4 日　劳部发〔1995〕309 号)

劳动部《关于贯彻〈企业职工患病或非因工负伤医疗期规定〉的通知》(1995 年 5 月 23 日　劳部发〔1995〕236 号)

《企业职工患病或非费因工负伤医疗期规定》(1995 年 1 月 1 日　劳部发〔1994〕479 号)

《企业经济性裁减人员规定》(1995 年 1 月 1 日　劳部发〔1994〕447 号)

劳动部、国务院经贸办、卫生部、国家工商行政管理局、中华全国总工会《关于加强企业伤病长休职工管理工作的通知》(1992 年 6 月 9 日　劳险字〔1992〕14 号)

国家劳动总局保险福利司《关于女职工保胎休息和病假超过六个月后生育时的待遇问题给上海市劳动局的复函》(1982 年 3 月 27 日　〔82〕劳险字 2 号)

内务部(已变更)、财政部、国务院人事局(已变更)《关于国家机关工作人员病假期间的工作年限计算问题的联合通知》(1956 年 2 月 21 日　〔56〕内优字第 16 号)

地方性规定:上海

《关于本市劳动者在履行劳动合同期间患病或者非因工负伤的医疗期标准的规定》(2015 年 5 月 1 日　沪府发〔2015〕40 号)

上海市劳动和社会保障局《关于实施〈上海市劳动合同条例〉若干问题的通知(三)》(2015 年 10 月 17 日　沪劳保关发〔2005〕36 号)

上海市劳动和社会保障局《关于实施〈上海市劳动合同条例〉若干问题的通知》(2002 年 4 月 17 日　沪劳保关发〔2002〕13 号)

地方性规定:重庆

《关于贯彻执行〈重庆市企业职工病假待遇暂行规定〉若干问题的意见》(2000 年 7 月 21 日　渝劳办发〔2000〕233 号)

地方性规定:广东(深圳)

广东省高级人民法院、广东省劳动人事争议仲裁委员会《关于劳动人事争议仲裁与诉讼衔接若干意见》(2018 年 7 月 18 日　粤高法发〔2018〕2 号)

地方性规定:江苏

《江苏省劳动合同条例》(2013 年 1 月 15 日修订　江苏省第十一届人民代表大会常务委员会公告第 124 号)

地方性规定:山东

山东省高级人民法院、山东省人力资源和社会保障厅《关于审理劳动人事争议案件若干问题会议纪要》(2019 年 6 月 10 日)

第十七章　工作时间

法律

《劳动法》(2018年12月29日修正)

第三十六条　国家实行劳动者每日工作时间不超过八小时、平均每周工作时间不超过四十四小时的工时制度。

第三十七条　对实行计件工作的劳动者,用人单位应当根据本法第三十六条规定的工时制度合理确定其劳动定额和计件报酬标准。

第三十八条　用人单位应当保证劳动者每周至少休息一日。

第四十一条　用人单位由于生产经营需要,经与工会和劳动者协商后可以延长工作时间,一般每日不得超过一小时;因特殊原因需要延长工作时间的,在保障劳动者身体健康的条件下延长工作时间每日不得超过三小时,但是每月不得超过三十六小时。

第四十二条　有下列情形之一的,延长工作时间不受本法第四十一条规定的限制:

(一)发生自然灾害、事故或者因其他原因,威胁劳动者生命健康和财产安全,需要紧急处理的;

(二)生产设备、交通运输线路、公共设施发生故障,影响生产和公众利益,必须及时抢修的;

(三)法律、行政法规规定的其他情形。

第四十三条　用人单位不得违反本法规定延长劳动者的工作时间。

《劳动合同法》(2012年12月28日修正)

第六十八条　非全日制用工,是指以小时计酬为主,劳动者在同一用人单位一般平均每日工作时间不超过四小时,每周工作时间累计不超过二十四小时的用工形式。

部委规定

劳动和社会保障部《关于职工全年月平均工作时间和工资折算问题的通知》(2008年1月3日 劳社部发〔2008〕3号)

一、制度工作时间的计算

年工作日:365天-104天(休息日)-11天(法定节假日)=250天

季工作日:250天÷4季=62.5天/季

月工作日:250天÷12月=20.83天/月

工作小时数的计算:以月、季、年的工作日乘以每日的8小时。

劳动部《关于职工工作时间有关问题的复函》(1997年9月10日 劳部发〔1997〕271号)

一、企业和部分不能实行统一工作时间的事业单位,可否不实行"双休日"而安排每周工作六天,每天工作不超过6小时40分钟?

根据《劳动法》和《国务院关于职工工作时间的规定》(国务院令第174号)的规定,我国目前实行劳动者每日工作8小时,每周工作40小时这一标准工时制度[①]。有条件的企业应实行标准工时制度。有些企业因工作性质和生产特点不能实行标准工时制度,应保证劳动者每天工作不超过8小时、每周工作不超过40小时、每周至少休息一天。此外,根据一些企业的生产实际情况还可实行不定时工作制和综合计算工时工作制。实行不定时工作制和综合计算工时工作制的企业应按劳动部《关于企业实行不定时工作制和综合计算工时工作制的审批办法》[②](劳部发〔1994〕503号)的规定办理审批手续。

二、用人单位要求劳动者每周工作超过40小时但不超过44小时,且不作延长工作时间处理,劳动行政机关可否认定其违法并依据《劳动法》第九十、九十一条和

① 编著注:根据现行《劳动法》第三十六条规定,我国实行劳动者每日工作时间不超过八小时、平均每周工作时间不超过四十四小时的工时制度。所以此复函和《国务院关于职工工作时间的规定》(国务院令第174号)相关规定应不再执行,下同。

② 编著注:本办法具体规定参见本书第十八章"部委规定"相关收录。

劳部发〔1994〕489①、532号②文件的规定予以处罚?

《国务院关于职工工作时间的规定》(国务院令第174号)是依据《劳动法》第三十六条的规定,按照我国经济和社会发展的需要,在标准工时制度方面进一步作出的规定。如果用人单位要求劳动者每周工作超过40小时但不超过44小时,且不作延长工作时间处理,劳动行政机关有权要求其改正。

三、《劳动法》第四十一、四十四条中的"延长工作时间"是否仅指加点,而不包括休息日或节日等法定休假日的加班(即是否加班不受《劳动法》的第四十一条限制)?

《劳动法》第四十一条有关延长工作时间的限制包括正常工作日的加点、休息日和法定休假日的加班。即每月工作日的加点、休息日和法定休假日的加班的总时数不得超过36小时。在国家立法部门没有作出立法解释前,应按此精神执行。

《关于职工工作时间的规定》(1995年3月25日修订　国务院令第174号)

第三条　职工每日工作8小时、每周工作40小时。

第四条　在特殊条件下从事劳动和有特殊情况,需要适当缩短工作时间的,按照国家有关规定执行。

第五条　因工作性质或者生产特点的限制,不能实行每日工作8小时、每周工作40小时标准工时制度的,按照国家有关规定,可以实行其他工作和休息办法。

第六条　任何单位和个人不得擅自延长职工工作时间。因特殊情况和紧急任务确需延长工作时间的,按照国家有关规定执行。

《关于贯彻执行〈中华人民共和国劳动法〉若干问题的意见》(1995年8月4日劳部发〔1995〕309号)

70. 休息日安排劳动者工作的,应先按同等时间安排其补休,不能安排补休的应按劳动法第四十四条第(二)项的规定支付劳动者延长工作时间的工资报酬。法定节假日(元旦、春节、劳动节、国庆节)安排劳动者工作的,应按劳动法第四十四条第(三)项支付劳动者延长工作时间的工资报酬。

71. 协商是企业决定延长工作时间的程序(劳动法第四十二条和《劳动部贯彻〈国务院关于职工工作时间的规定〉的实施办法》第七条规定除外),企业确因生产

① 编著注:本文件具体规定参见本书第二十章第二节"部委规定"相关收录。

② 编著注:本文件为原劳动部制定的《违反〈中华人民共和国劳动法〉行政处罚办法》,已被《关于废止和修改部分人力资源和社会保障规章的决定》(2010年11月12日发布,2010年11月12日实施)废止。

经营需要,必须延长工作时间时,应与工会和劳动者协商。协商后,企业可以在劳动法限定的延长工作时数内决定延长工作时间,对企业违反法律、法规强迫劳动者延长工作时间的,劳动者有权拒绝。若由此发生劳动争议,可以提请劳动争议处理机构予以处理。

劳动部《关于〈中华人民共和国劳动法〉若干条文的说明》(1994 年 9 月 5 日 劳办发〔1994〕289 号)

第三十七条 对实行计件工作的劳动者,用人单位应当根据本法第三十六条规定的工时制度合理确定其劳动定额和计件报酬标准。

本条应理解为:

(一)对于实行计件工资的用人单位,在实行新的工时制度下应既能保证劳动者享受缩短工时的待遇,又尽量保证劳动者的计件工资收入不减少。

(二)如果适当调整劳动定额,在保证劳动者计件工资收入不降低的前提下,计件单价可以不作调整;如果调整劳动定额有困难,就应该考虑适当调整劳动者计件单价,以保证收入不减少。

第三十八条 用人单位应当保证劳动者每周至少休息一日。

本条应理解为:用人单位必须保证劳动者每周至少有一次 24 小时不间断的休息。

附:本章节收录相关规定汇总

法律

《劳动法》(2018 年 12 月 29 日修正)

《劳动合同法》(2012 年 12 月 28 日修正)

部委规定

劳动和社会保障部《关于职工全年月平均工作时间和工资折算问题的通知》(2008 年 1 月 3 日 劳社部发〔2008〕3 号)

劳动部《关于职工工作时间有关问题的复函》(1997 年 9 月 10 日 劳部发〔1997〕271 号)

《关于职工工作时间的规定》(1995 年 3 月 25 日修订 国务院令第 174 号)

《关于贯彻执行〈中华人民共和国劳动法〉若干问题的意见》(1995 年 8 月 4 日 劳部发〔1995〕309 号)

劳动部《关于〈中华人民共和国劳动法〉若干条文的说明》(1994 年 9 月 5 日 劳办发〔1994〕289 号)

第十八章　特殊工时制度

法律

《劳动法》(2018年12月29日修正)

第三十九条　企业因生产特点不能实行本法第三十六条[①]、第三十八条[②]规定的,经劳动行政部门批准,可以实行其他工作和休息办法。

部委规定

劳动部《关于职工工作时间有关问题的复函》(1997年9月10日　劳部发〔1997〕271号)

五、经批准实行综合计算工时工作制的用人单位,在计算周期内若日(或周)的平均工作时间没超过法定标准工作时间,但某一具体日(或周)的实际工作时间工作超过8小时(或40小时),"超过"部分是否视为加点(或加班)且受《劳动法》第四十一条的限制?

依据劳动部《关于企业实行不定时工作制和综合计算工时工作制的审批办法》第五条的规定,综合计算工时工作制采用的是以周、月、季、年等为周期综合计算工作时间,但其平均日工作时间和平均周工作时间应与法定标准工作时间基本相同。也就是说,在综合计算周期内,某一具体日(或周)的实际工作时间可以超过8小时(或40小时),但综合计算周期内的总实际工作时间不应超过总法定标准工作时间,超过部分应视为延长工作时间并按《劳动法》第四十四条第一款的规定支付工

---

① 编著注:《劳动法》第三十六条:国家实行劳动者每日工作时间不超过八小时、平均每周工作时间不超过四十四小时的工时制度。

② 《劳动法》第三十八条:用人单位应当保证劳动者每周至少休息一日。

资报酬,其中法定休假日安排劳动者工作的,按《劳动法》第四十四条第三款的规定支付工资报酬。而且,延长工作时间的小时数平均每月不得超过36小时。

六、若甲企业经批准以季为周期综合计算工时(总工时应为40时/周×12周/季=480时/季)。若乙职工在该季的第一、二月份刚好完成了480小时的工作,第三个月整月休息。甲企业这样做是否合法且不存在着延长工作时间问题,该季各月的工资及加班费(若认定为延长工作时间的话)应如何计发?

某企业经劳动行政部门批准以季为周期综合计算工时(总工时应为508小时/季)。该企业因生产任务需要,经商工会和劳动者同意,安排劳动者在该季的第一、二月份刚好完成了508小时的工作,第三个月整月休息。该企业这样做应视为合法且没有延长工作时间。对于这种打破常规的工作时间安排,一定要取得工会和劳动者的同意,并且注意劳逸结合,切实保障劳动者身体健康。

七、劳部发〔1994〕489号文第十三条中“其综合工作时间超过法定标准工作时间部分”是指日(或周)平均工作时间超过,还是指某一具体日(或周)实际工作时间超过?

实行综合计算工时工作制的企业,在综合计算周期内,如果劳动者的实际工作时间总数超过该周期的法定标准工作时间总数,超过部分应视为延长工作时间。如果在整个综合计算周期内的实际工作时间总数不超过该周期的法定标准工作时间总数,只是该综合计算周期内的某一具体日(或周、或月、或季)超过法定标准工作时间,其超过部分不应视为延长工作时间。

九、本市[①]拟在审批综合计算工时过程中强制性地附加“保证劳动者每周至少休息一天”和“每日实际工作时间不得超过11小时”两个条件,是否妥当?

实行综合计算工时工作制是从部分企业生产实际出发,允许实行相对集中工作、集中休息的工作制度,以保证生产的正常进行和劳动者的合法权益。因此,在审批综合计算工时工作制过程中不宜再要求企业实行符合标准工时工作制的规定。但是,在审批综合计算工时工作制过程中应要求企业做到以下两点:

1. 企业实行综合计算工时工作制以及在实行综合计算工时工作中采取何种工作方式,一定要与工会和劳动者协商。

2. 对于第三级以上(含第三级)体力劳动强度的工作岗位,劳动者每日连续工作时间不得超过11小时,而且每周至少休息一天。

---

① 编著注:“本市”指广州市。此复函是原劳动部给原广州市劳动局的复函。

《关于贯彻执行〈中华人民共和国劳动法〉若干问题的意见》(1995 年 8 月 4 日　劳部发〔1995〕309 号)

65. 经批准实行综合计算工作时间的用人单位,分别以周、月、季、年等为周期综合计算工作时间,但其平均日工作时间和平均周工作时间应与法定标准工作时间基本相同。

66. 对于那些在市场竞争中,由于外界因素的影响,生产任务不均衡的企业的部分职工,经劳动行政部门严格审批后,可以参照综合计算工时工作制的办法实施,但用人单位应采取适当方式确保职工的休息休假权利和生产、工作任务的完成。

67. 经批准实行不定时工作制的职工,不受劳动法第四十一条[①]规定的日延长工作时间标准和月延长工作时间标准的限制,但用人单位应采用弹性工作时间等适当的工作和休息方式,确保职工的休息休假权利和生产、工作任务的完成。

68. 实行标准工时制度的企业,延长工作时间应严格按劳动法第四十一条的规定执行,不能按季、年综合计算延长工作时间。

69. 中央直属企业、企业化管理的事业单位实行不定时工作制和综合计算工时工作制等其他工作和休息办法的,须经国务院行业主管部门审核,报国务院劳动行政部门批准。地方企业实行不定时工作制和综合计算工时工作制等其他工作和休息办法的审批办法,由省、自治区、直辖市人民政府劳动行政部门制定,报国务院劳动行政部门备案。

劳动部《贯彻〈国务院关于职工工作时间的规定〉的实施办法》(1995 年 3 月 26 日　劳部发〔1995〕143 号)

第五条　因工作性质或生产特点的限制,不能实行每日工作 8 小时、每周工作 40 小时标准工时制度的,可以实行不定时工作制或综合计算工时工作制等其他工作和休息办法,并按照劳动部《关于企业实行不定时工作制和综合计算工时工作制的审批办法》执行。

劳动部《关于企业实行不定时工作制和综合计算工时工作制的审批办法》(1995 年 1 月 1 日　劳部发〔1994〕503 号)

第二条　本办法适用于中华人民共和国境内的企业。

---

① 《劳动法》第四十一条:用人单位由于生产经营需要,经与工会和劳动者协商后可以延长工作时间,一般每日不得超过一小时;因特殊原因需要延长工作时间的,在保障劳动者身体健康的条件下延长工作时间每日不得超过三小时,但是每月不得超过三十六小时。

第三条 企业因生产特点不能实行《中华人民共和国劳动法》第三十六条、第三十八条规定的,可以实行不定时工作制或综合计算工时工作制等其他工作和休息办法。

第四条 企业对符合下列条件之一的职工,可以实行不定时工作制。

(一)企业中的高级管理人员、外勤人员、推销人员、部分值班人员和其他因工作无法按标准工作时间衡量的职工;

(二)企业中的长途运输人员、出租汽车司机和铁路、港口、仓库的部分装卸人员以及因工作性质特殊,需机动作业的职工;

(三)其他因生产特点、工作特殊需要或职责范围的关系,适合实行不定时工作制的职工。

第五条 企业对符合下列条件之一的职工,可实行综合计算工时工作制,即分别以周、月、季、年等为周期,综合计算工作时间,但其平均日工作时间和平均周工作时间应与法定标准工作时间基本相同。

(一)交通、铁路、邮电、水运、航空、渔业等行业中因工作性质特殊,需连续作业的职工;

(二)地质及资源勘探、建筑、制盐、制糖、旅游等受季节和自然条件限制的行业的部分职工;

(三)其他适合实行综合计算工时工作制的职工。

第六条 对于实行不定时工作制和综合计算工时工作制等其他工作和休息办法的职工,企业应根据《中华人民共和国劳动法》第一章、第四章有关规定,在保障职工身体健康并充分听取职工意见的基础上,采用集中工作、集中休息、轮休调休、弹性工作时间等适当方式,确保职工的休息休假权利和生产、工作任务的完成。

劳动部《关于国家铁路劳动者实行综合计算工时工作制的批复》(1994年12月22日 劳部发〔1994〕521号)

一、为确保铁路劳动者的合法休息休假权利和促进生产发展,根据《中华人民共和国劳动法》第三十九条的规定和《关于企业实行不定时工作制和综合计算工时工作制的审批办法》(劳部发〔1994〕503号),针对铁路运输、施工生产特点,对于适用综合计算工时工作制的劳动者,可分别以周、月、季、年等为周期综合计算工作时间,即劳动者可实行轮班工作制,也可采取集中工作、集中休息或轮换调休等工作方式,但全年月平均工作时间不超过186.6小时。

二、实行轮班工作制的劳动者在法定休假节日、休息日轮班工作视为正常工作,其中法定休假节日工作按加班处理。

三、铁路运输企业劳动者实行轮班工作制的,由铁路局、广铁(集团)公司根据全年月平均工作时间和年度正常工作量的平均每昼夜实际工作时间,按不同岗位的作业特点自主确定不同的劳动班制。其他用人单位劳动者实行轮班工作制的,由用人单位自主确定。

四、劳动者工作时间包括准备结束时间、作业时间、劳动者自然需要的中断时间和工艺中断时间。

(一)准备结束时间系指劳动者在工作日(班),为完成生产任务或作业的准备和结束所消耗的时间;

(二)作业时间系指劳动者直接用于完成规定的生产任务或作业所消耗的时间;

(三)劳动者自然需要的中断时间系指劳动者因自身的生理需要而必须中断正常工作的时间;

(四)工艺中断时间系指劳动者在工作时间中,因工艺技术特点的需要使工作必须中断的时间。

附:本章节收录相关规定汇总

法律

《劳动法》(2018年12月29日修正)

部委规定

劳动部《关于职工工作时间有关问题的复函》(1997年9月10日　劳部发〔1997〕271号)

《关于贯彻执行〈中华人民共和国劳动法〉若干问题的意见》(1995年8月4日　劳部发〔1995〕309号)

劳动部《贯彻〈国务院关于职工工作时间的规定〉的实施办法》(1995年3月26日　劳部发〔1995〕143号)

劳动部《关于企业实行不定时工作制和综合计算工时工作制的审批办法》(1995年1月1日　劳部发〔1994〕503号)

劳动部《关于国家铁路劳动者实行综合计算工时工作制的批复》(1994年12月22日　劳部发〔1994〕521号)

第十九章　休息和休假

法律

《劳动法》(2018年12月29日修正)

第三十八条　用人单位应当保证劳动者每周至少休息一日。

第三十九条　企业因生产特点不能实行本法第三十六条、第三十八条规定的,经劳动行政部门批准,可以实行其他工作和休息办法。

第四十条　用人单位在下列节日期间应当依法安排劳动者休假:

(一)元旦;

(二)春节;

(三)国际劳动节;

(四)国庆节;

(五)法律、法规规定的其他休假节日。

第四十五条　国家实行带薪年休假制度。

劳动者连续工作一年以上的,享受带薪年休假。具体办法由国务院规定。

第六十二条　女职工生育享受不少于九十天的产假。

行政法规

《全国年节及纪念日放假办法》(2013年12月11日修订　国务院令第644号)

第二条　全体公民放假的节日:

(一)新年,放假1天(1月1日);

(二)春节,放假3天(农历正月初一、初二、初三);

(三)清明节,放假1天(农历清明当日);

(四)劳动节,放假1天(5月1日);

(五)端午节,放假1天(农历端午当日);

(六)中秋节,放假1天(农历中秋当日);

(七)国庆节,放假3天(10月1日、2日、3日)。

第三条 部分公民放假的节日及纪念日:

(一)妇女节(3月8日),妇女放假半天;

(二)青年节(5月4日),14周岁以上的青年放假半天;

(三)儿童节(6月1日),不满14周岁的少年儿童放假1天;

(四)中国人民解放军建军纪念日(8月1日),现役军人放假半天。

第四条 少数民族习惯的节日,由各少数民族聚居地区的地方人民政府,按照各该民族习惯,规定放假日期。

第五条 二七纪念日、五卅纪念日、七七抗战纪念日、九三抗战胜利纪念日、九一八纪念日、教师节、护士节、记者节、植树节等其他节日、纪念日,均不放假。

第六条 全体公民放假的假日,如果适逢星期六、星期日,应当在工作日补假。部分公民放假的假日,如果适逢星期六、星期日,则不补假。

《女职工劳动保护特别规定》(2012年4月28日 国务院令第619号)

第六条第二款 对怀孕7个月以上的女职工,用人单位不得延长劳动时间或者安排夜班劳动,并应当在劳动时间内安排一定的休息时间。

第七条 女职工生育享受98天产假,其中产前可以休假15天;难产的,增加产假15天;生育多胞胎的,每多生育1个婴儿,增加产假15天。

女职工怀孕未满4个月流产的,享受15天产假;怀孕满4个月流产的,享受42天产假。

第九条第二款 用人单位应当在每天的劳动时间内为哺乳期女职工安排1小时哺乳时间;女职工生育多胞胎的,每多哺乳1个婴儿每天增加1小时哺乳时间。

国务院法制办《对〈关于《职工带薪年休假条例》有关问题的请示〉的复函》(2009年1月6日 国法秘政函〔2009〕5号)

一、《职工带薪年休假条例》(以下简称条例)第二条规定的"职工连续工作1年以上",没有限定必须是同一单位,因此,既包括职工在同一单位连续工作1年以上的情形,也包括职工在不同单位连续工作1年以上的情形。

二、条例第三条规定的"累计工作"时间,是指条例第二条规定的"机关、团体、企业、事业单位、民办非企业单位、有雇工的个体工商户等单位"的职工从事全日制工作的时间。

《职工带薪年休假条例》(2008年1月1日 国务院令第514号)

第二条 机关、团体、企业、事业单位、民办非企业单位、有雇工的个体工商户等单位的职工连续工作1年以上的,享受带薪年休假(以下简称年休假)。单位应当保证职工享受年休假。职工在年休假期间享受与正常工作期间相同的工资收入。

第三条 职工累计工作已满1年不满10年的,年休假5天;已满10年不满20年的,年休假10天;已满20年的,年休假15天。

国家法定休假日、休息日不计入年休假的假期。

第四条 职工有下列情形之一的,不享受当年的年休假:

(一)职工依法享受寒暑假,其休假天数多于年休假天数的;

(二)职工请事假累计20天以上且单位按照规定不扣工资的;

(三)累计工作满1年不满10年的职工,请病假累计2个月以上的;

(四)累计工作满10年不满20年的职工,请病假累计3个月以上的;

(五)累计工作满20年以上的职工,请病假累计4个月以上的。

第五条 单位根据生产、工作的具体情况,并考虑职工本人意愿,统筹安排职工年休假。

年休假在1个年度内可以集中安排,也可以分段安排,一般不跨年度安排。单位因生产、工作特点确有必要跨年度安排职工年休假的,可以跨1个年度安排。

单位确因工作需要不能安排职工休年休假的,经职工本人同意,可以不安排职工休年休假。对职工应休未休的年休假天数,单位应当按照该职工日工资收入的300%支付年休假工资报酬。

《关于职工工作时间的规定》(1995年3月25日修订 国务院令第174号)

第七条 国家机关、事业单位实行统一的工作时间,星期六和星期日为周休息日。

企业和不能实行前款规定的统一工作时间的事业单位,可以根据实际情况灵活安排周休息日。

部委规定

人力资源和社会保障部办公厅《关于〈企业职工带薪年休假实施办法〉有关问题的复函》(2009年4月15日 人社厅函〔2009〕149号)

一、关于带薪年休假的享受条件《企业职工带薪年休假实施办法》第三条中的

“职工连续工作满 12 个月以上”,既包括职工在同一用人单位连续工作满 12 个月以上的情形,也包括职工在不同用人单位连续工作满 12 个月以上的情形。

二、关于累计工作时间的确定《企业职工带薪年休假实施办法》第四条中的“累计工作时间”,包括职工在机关、团体、企业、事业单位、民办非企业单位、有雇工的个体工商户等单位从事全日制工作期间,以及依法服兵役和其他按照国家法律、行政法规和国务院规定可以计算为工龄的期间(视同工作期间)。职工的累计工作时间可以根据档案记载、单位缴纳社保费记录、劳动合同或者其他具有法律效力的证明材料确定。

《企业职工带薪年休假实施办法》(2008 年 9 月 18 日　人力资源和社会保障部令第 1 号)

第二条　中华人民共和国境内的企业、民办非企业单位、有雇工的个体工商户等单位(以下称用人单位)和与其建立劳动关系的职工,适用本办法。

第三条　职工连续工作满 12 个月以上的,享受带薪年休假(以下简称年休假)。

第四条　年休假天数根据职工累计工作时间确定。职工在同一或者不同用人单位工作期间,以及依照法律、行政法规或者国务院规定视同工作期间,应当计为累计工作时间。

第五条　职工新进用人单位且符合本办法第三条规定的,当年度年休假天数,按照在本单位剩余日历天数折算确定,折算后不足 1 整天的部分不享受年休假。

前款规定的折算方法为:(当年度在本单位剩余日历天数 ÷ 365 天)× 职工本人全年应当享受的年休假天数。

第六条　职工依法享受的探亲假、婚丧假、产假等国家规定的假期以及因工伤停工留薪期间不计入年休假假期。

第七条　职工享受寒暑假天数多于其年休假天数的,不享受当年的年休假。确因工作需要,职工享受的寒暑假天数少于其年休假天数的,用人单位应当安排补足年休假天数。

第八条　职工已享受当年的年休假,年度内又出现条例第四条第(二)、(三)、(四)、(五)项规定情形之一的,不享受下一年度的年休假。

第九条　用人单位根据生产、工作的具体情况,并考虑职工本人意愿,统筹安排年休假。用人单位确因工作需要不能安排职工年休假或者跨 1 个年度安排年休假的,应征得职工本人同意。

第十条 用人单位经职工同意不安排年休假或者安排职工年休假天数少于应休年休假天数,应当在本年度内对职工应休未休年休假天数,按照其日工资收入的300%支付未休年休假工资报酬,其中包含用人单位支付职工正常工作期间的工资收入。

用人单位安排职工休年休假,但是职工因本人原因且书面提出不休年休假的,用人单位可以只支付其正常工作期间的工资收入。

第十一条 计算未休年休假工资报酬的日工资收入按照职工本人的月工资除以月计薪天数(21.75 天)进行折算。

前款所称月工资是指职工在用人单位支付其未休年休假工资报酬前 12 个月剔除加班工资后的月平均工资。在本用人单位工作时间不满 12 个月的,按实际月份计算月平均工资。

职工在年休假期间享受与正常工作期间相同的工资收入。实行计件工资、提成工资或者其他绩效工资制的职工,日工资收入的计发办法按照本条第一款、第二款的规定执行。

第十二条 用人单位与职工解除或者终止劳动合同时,当年度未安排职工休满应休年休假的,应当按照职工当年已工作时间折算应休未休年休假天数并支付未休年休假工资报酬,但折算后不足 1 整天的部分不支付未休年休假工资报酬。

前款规定的折算方法为:(当年度在本单位已过日历天数 ÷ 365 天) × 职工本人全年应当享受的年休假天数 - 当年度已安排年休假天数。

用人单位当年已安排职工年休假的,多于折算应休年休假的天数不再扣回。

第十三条 劳动合同、集体合同约定的或者用人单位规章制度规定的年休假天数、未休年休假工资报酬高于法定标准的,用人单位应当按照有关约定或者规定执行。

第十四条 劳务派遣单位的职工符合本办法第三条规定条件的,享受年休假。

被派遣职工在劳动合同期限内无工作期间由劳务派遣单位依法支付劳动报酬的天数多于其全年应当享受的年休假天数的,不享受当年的年休假;少于其全年应当享受的年休假天数的,劳务派遣单位、用工单位应当协商安排补足被派遣职工年休假天数。

第十七条 除法律、行政法规或者国务院另有规定外,机关、事业单位、社会团体和与其建立劳动关系的职工,依照本办法执行。

船员的年休假按《中华人民共和国船员条例》执行。

第十八条 本办法中的“年度”是指公历年度。

劳动和社会保障部办公厅《关于对再婚职工婚假问题的复函》(2000年7月11日　劳社厅函〔2000〕84号)

根据《中华人民共和国婚姻法》和国家有关职工婚丧假的规定精神，再婚者与初婚者的法律地位相同，用人单位对再婚职工应当参照国家有关规定，给予同初婚职工一样的婚假待遇。

劳动部《关于〈中华人民共和国劳动法〉若干条文的说明》(1994年9月5日　劳办发〔1994〕289号)

第四十条第一款、第三款　用人单位在下列节日期间应当依法安排劳动者休假：

(一)元旦；

(二)春节；

(三)国际劳动节；

(四)国庆节；

(五)法律、法规规定的其他休假节日。

本条第(五)项具体指：妇女节，放假半天；少数民族习惯的假日，由少数民族集居地区的地区人民政府，规定放假日期。其他纪念日，不放假，属于全国人民的假日，如适逢星期日，应在次日补假；凡属于部分人民的假日，如适逢星期日不补假。休假节日不包括职工的带薪年休假。

国家劳动总局、财政部《关于国营企业职工请婚丧假和路程假问题的通知》(1980年2月20日　〔80〕劳总薪字29号)

一、职工本人结婚或职工的直系亲属(父母、配偶和子女)死亡时，可以根据具体情况，由本单位行政领导批准，酌情给予一至三天的婚丧假。

二、职工结婚时双方不在一地工作的；职工在外地的直系亲属死亡时需要职工本人去外地料理丧事的，都可以根据路程远近，另给予路程假。

三、在批准的婚丧假和路程假期间，职工的工资照发，途中的车船费等，全部由职工自理。

《女职工劳动保护规定》问题解答①(1989年1月20日　劳安字〔1989〕1号)

10. 如何理解产前休假15天的规定？

---

①　编著注：此规定生效日期距今年限较长，文中涉及的时间、天数等与现行法律、法规和类似规定不一致，应不再适用。但文中有关超出产假的天数按病假处理、哺乳期一般不再延长等规定仍可参照适用。

答:女职工产假90天,分为产前假、产后假两部分。即产前假15天,产后假75天。所谓产前假15天,系指预产期前15天的休假。产前假一般不得放到产后使用。若孕妇提前生产,可将不足的天数和产后假合并使用;若孕妇推迟生产,可将超出的天数按病假处理。

11. 休产假能否提前或推后?教师产假正值寒暑假期间,是否能延长寒暑假休假时间?

答:国家规定产假90天,是为了能保证产妇恢复身体健康。因此,休产假不能提前或推后。至于教师产假正值寒暑假期间,能否延长寒暑假的时期,则由主管部门确定。

15. 哺乳期满,有的婴儿身体特别虚弱,或正值夏季,可否适当延长哺乳期?

答:女职工哺乳婴儿满周岁后,一般不再延长哺乳期。如果婴儿身体特别虚弱,经医务部门证明,可将哺乳期酌情延长。如果哺乳期满时正值夏季,也可延长一二个月。

地方性规定:北京

北京市高级人民法院、北京市劳动人事争议仲裁委员会《关于审理劳动争议案件法律适用问题的解答》(2017年4月24日　京高法发〔2017〕142号)

18. 如何计算劳动者享受带薪年休假的时间?

《职工带薪年休假条例》中规定职工累计已满1年不满10年的,年休假5天;已满10年不满20年的,年休假10天;已满20年的,年休假15天。其中“累计”应指工作时间的相加,其中中断工作时间予以扣除。对于参加工作第1年的时间的“累计”,应按《企业职工带薪年休假实施办法》“连续工作满12个月”的规定执行。“连续工作满12个月”,指劳动者在参加工作后曾经在同一或两个以上用人单位连续不中断工作满12个月。

劳动者在符合参加工作后曾经“连续工作满12个月”条件后,此后年休假时间以当年度在用人单位已工作时间计算。

用人单位未安排职工休满应休年休假的,应当按照职工当年已工作时间折算应休未休年休假天数并支付未休年休假工资报酬,但折算后不足1整天的部分不支付未休年休假工资报酬。未休年休假折算方法为:当年度在本单位已过日历天数÷365天×职工本人全年应当享受的年休假天数－当年度已安排年休假天数。

《北京市人口与计划生育条例》(2021 年 11 月 26 日修正　北京市人民代表大会常务委员会公告〔15 届〕第 65 号)

第十九条　按规定生育子女的夫妻,女方除享受国家规定的产假外,享受延长生育假六十日,男方享受陪产假十五日。男女双方休假期间,机关、企业事业单位、社会团体和其他组织不得将其辞退、与其解除劳动或者聘用合同,工资不得降低;法律另有规定的,从其规定。

女方经所在机关、企业事业单位、社会团体和其他组织同意,可以再增加假期一至三个月。

按规定生育子女的夫妻,在子女满三周岁前,每人每年享受五个工作日的育儿假;每年按照子女满周岁计算。

夫妻双方经所在机关、企业事业单位、社会团体和其他组织同意,可以调整延长生育假、育儿假的假期分配。女方自愿减少延长生育假的,男方享受的陪产假可以增加相应天数;夫妻双方享受的育儿假合计不超过十个工作日。

地方性规定:天津

《天津市人口与计划生育条例》(2021 年 11 月 29 日修正　天津市人民代表大会常务委员会公告第 85 号)

第十八条　依法办理结婚登记的公民,享受婚假十日。

符合法律、法规规定生育子女的夫妻,女方在享受国家规定的生育假(产假)的基础上增加生育假(产假)六十日,男方享受十五日的陪产假。

符合法律、法规规定生育子女的夫妻,在子女三周岁以下期间,用人单位每年给予夫妻双方各十日的育儿假。

农村居民符合法律、法规规定生育子女的,由所在乡、镇人民政府、街道办事处、居民委员会、村民委员会根据实际情况给予奖励。

地方性规定:上海

《上海市人口与计划生育条例》(2021 年 11 月 25 日修正　上海市人民代表大会常务委员会公告〔15 届〕第 97 号)

第三十一条　符合法律规定结婚的公民,除享受国家规定的婚假外,增加婚假七天。

符合法律法规规定生育的夫妻,女方除享受国家规定的产假外,还可以再享受生育假六十天,男方享受配偶陪产假十天。生育假享受产假同等待遇,配偶陪产假期间的工资,按照本人正常出勤应得的工资发给。

符合法律法规规定生育的夫妻,在其子女年满三周岁之前,双方每年可以享受育儿假各五天。育儿假期间的工资,按照本人正常出勤应得的工资发给。

鼓励用人单位采取有利于照顾婴幼儿的灵活休假和弹性工作措施,支持家庭生育、养育。

地方性规定:重庆

《重庆市人口与计划生育条例》(2021 年 11 月 25 日修正　重庆市人民代表大会常务委员会公告〔5 届〕第 154 号)

第二十三条　依法办理结婚登记的夫妻享受婚假十五天。

符合法律法规规定生育的女职工,在国家规定产假的基础上增加产假八十天。产假期间享受在岗职工同等待遇。

符合法律法规规定生育的女职工产假期间,男方所在单位应当给予男方护理假二十天。护理假期间享受在岗职工同等待遇。

符合法律法规规定生育的职工,在产假或者护理假期满后,经单位批准,夫妻一方可以休育儿假至子女一周岁止,或者夫妻双方可以在子女六周岁前每年各累计休五至十天的育儿假。夫妻一方休育儿假至子女一周岁止的,期间的月工资不低于休假前本人基本工资的百分之七十五,并不得低于当年本市最低工资标准;夫妻双方在子女六周岁前每年各累计休五至十天育儿假的,期间享受在岗职工同等待遇。

地方性规定:广东(深圳)

《广东省人口与计划生育条例》(2021 年 12 月 1 日修正　广东省第十三届人民代表大会常务委员会公告第 94 号)

第三十条　符合法律、法规规定生育子女的夫妻,女方享受八十日的奖励假,男方享受十五日的陪产假。在规定假期内照发工资,不影响福利待遇和全勤评奖。

符合法律、法规规定生育子女的,在子女三周岁以内,父母每年各享受十日的育儿假。假期用工成本分担,按照国家和省的有关规定执行。

第三十一条　职工接受节育手术的,享受国家规定的假期。同时施行两种节育手术的,合并计算假期。在规定假期内照发工资,不影响福利待遇和全勤评奖。

《广东省企业职工假期待遇死亡抚恤待遇暂行规定》(1997年4月28日　粤劳薪〔1997〕115号)

二、在一个单位连续工作满一年以上的职工,可享受带薪年休假。休假时间按本企业工龄计算:工作满一年未满五年者5天;满五年未满十年者7天;满十年未满二十年者10天;满二十年以上者14天。

三、职工本人结婚,可享受婚假3天,晚婚者(男年满25周岁、女年满23周岁)增加10天。职工结婚双方不在一地工作的,可根据路程远近给予路程假。途中交通费由职工自理。

四、职工的直系亲属(父母、配偶、子女)死亡,可给予3天以内的丧假。职工配偶的父母死亡,经单位领导批准,可给予3天以内丧假。需要到外地料理丧事的,可根据路程远近给予路程假,途中交通费由职工自理。

五、在一个单位连续工作满一年以上的职工,与配偶或父母不住在一地,又不能在公休假日内回家居住一个白天和一个晚上的,应在年休假期间安排探亲。其中,国有单位职工探亲时,年休假天数不足于原规定的探亲假天数部分可给予补齐。旅途车船费按财政部门有关规定执行。

九、年休假、婚假、丧假、探亲假、产假、看护假的假期原则上应一次性连续安排,假期内遇公休假日的,均不另加假期天数。

深圳市中级人民法院《关于审理劳动争议案件的裁判指引》(2015年9月2日　深中法发〔2015〕13号)

一百〇九、《企业职工带薪年休假实施办法》第三条所规定的"连续工作满12个月以上",既包括劳动者在本单位连续工作满12个月以上的情形,也包括劳动者在不同用人单位连续工作满12个月以上的情形;但劳动者在进入新用人单位时存在工作间断的除外。

按照上款规定,劳动者连续工作满12个月后,其当年度的年休假天数应按照连续工作满12个月后的剩余日历天数折算确定。

一百一十、劳动合同、集体合同或规章制度约定了超过法定天数的年休假天数,并对超过法定年休假天数的未休年休假约定了是否予以补偿或具体的补偿标准的,该约定有效。劳动合同、集体合同或规章制度对超过法定年休假天数的未休年休假未约定补偿,或约定了补偿但未明确具体补偿标准的,劳动者要求按照法定标准支付超过法定年休假天数的未休年休假工资的,应予支持。

地方性规定:江苏

《江苏省人口与计划生育条例》(2021 年 9 月 29 日修正　江苏省人大常委会公告第 72 号)

第二十四条　依法办理结婚登记的夫妻,在享受国家规定婚假的基础上,延长婚假十天。

符合本条例规定生育子女的夫妻,女方在享受国家规定产假的基础上,延长产假不少于三十天,男方享受护理假不少于十五天。推动实行父母育儿假制度。产假、护理假和育儿假的具体实施办法,由省人民政府制定。

前两款规定的假期视为出勤,在规定假期内照发工资,不影响福利待遇,国家法定休假日不计入前两款规定的假期。

用人单位根据具体情况,可以给予其他优惠待遇。

地方性规定:浙江

《浙江省人口与计划生育条例》(2021 年 11 月 25 日修正　浙江省第十三届人民代表大会常务委员会公告第 63 号)

第二十二条　符合法律、法规规定生育子女的夫妻,可以获得下列福利待遇:

(一)女方在享受国家规定产假的基础上,一孩延长产假六十天,二孩、三孩延长产假九十天,自生育之日起按照自然日计算;不影响晋级、调整工资、计算工龄;用人单位根据具体情况,可以给予其他优惠待遇;

(二)男方享受十五天护理假,护理假期间的工资、奖金和其他福利待遇由用人单位照发;

(三)在子女三周岁内,夫妻双方每年各享受十天育儿假,育儿假期间的工资、奖金和其他福利待遇由用人单位照发。

女方因无业、失业、灵活就业以及其他非应保未保原因未能享受产假和生育津贴待遇的,由县(市、区)人民政府结合当地实际以及经济社会发展水平给予适当经济补助,具体对象和标准由县(市、区)人民政府规定。

地方性规定:山东

《山东省人口与计划生育条例》(2016年1月22日修正　山东省人民代表大会常务委员会公告第122号)

第二十五条　符合法律和本条例规定生育子女的夫妻,除国家规定的产假外,增加产假六十日,并给予男方护理假七日。增加的产假、护理假,视为出勤,工资照发,福利待遇不变。

地方性规定:福建

《福建省人口与计划生育条例》(2022年3月20日修正　福建省人民代表大会常务委员会公告〔13届〕第74号)

第二十四条第一款、第二款　依法办理结婚登记的夫妻享受婚假十五日;符合本条例生育子女的夫妻,女方产假延长为一百五十八日至一百八十日,男方照顾假为十五日,在其子女年满三周岁之前,每年给予夫妻双方各十天育儿假。婚假、产假、照顾假、育儿假期间,工资、福利待遇不变,不影响晋升。

妇女怀孕、生育和哺乳期间,按照国家和本省有关规定享受特殊劳动保护并可以获得帮助和补偿。

地方性规定:海南

《海南省人口与计划生育条例》(2021年12月30日修正　海南省人民代表大会常务委员会公告第108号)

第二十七条　符合本条例规定生育子女的夫妻,享受下列奖励与优待:

(一)属机关、社会团体、企业事业组织工作人员的,女职工除享受国家规定的产假外,增加产假三个月,给予男方护理假十五日。婚假、产假、护理假期间,工资照发,享受全勤待遇。产假期满后,女职工需要申请哺乳假的,按照国家和本省有关规定执行;

(二)各级人民政府规定的其他奖励与优待。

第二十八条　符合本条例规定生育子女的夫妻,在子女零至三周岁期间,每年分别享受累计十日的育儿假。育儿假期间,工资照发,享受全勤待遇。

附:本章节收录相关规定汇总

法律

《劳动法》(2018 年 12 月 29 日修正)

行政法规

《全国年节及纪念日放假办法》(2013 年 12 月 11 日修订　国务院令第 644 号)

《女职工劳动保护特别规定》(2012 年 4 月 28 日　国务院令第 619 号)

国务院法制办《对〈关于《职工带薪年休假条例》有关问题的请示〉的复函》(2009 年 1 月 6 日　国法秘政函〔2009〕5 号)

《职工带薪年休假条例》(2008 年 1 月 1 日　国务院令第 514 号)

《关于职工工作时间的规定》(1995 年 3 月 25 日修订　国务院令第 174 号)

部委规定

人力资源和社会保障部办公厅《关于〈企业职工带薪年休假实施办法〉有关问题的复函》(2009 年 4 月 15 日　人社厅函〔2009〕149 号)

《企业职工带薪年休假实施办法》(2008 年 9 月 18 日　人力资源和社会保障部令第 1 号)

劳动和社会保障部办公厅《关于对再婚职工婚假问题的复函》(2000 年 7 月 11 日　劳社厅函〔2000〕84 号)

劳动部《关于〈中华人民共和国劳动法〉若干条文的说明》(1994 年 9 月 5 日　劳办发〔1994〕289 号)

国家劳动总局、财政部《关于国营企业职工请婚丧假和路程假问题的通知》(1980 年 2 月 20 日　〔80〕劳总薪字 29 号)

《女职工劳动保护规定》问题解答(1989 年 1 月 20 日　劳安字〔1989〕1 号)

地方性规定:北京

北京市高级人民法院、北京市劳动人事争议仲裁委员会《关于审理劳动争议案件法律适用问题的解答》(2017 年 4 月 24 日　京高法发〔2017〕142 号)

《北京市人口与计划生育条例》(2021 年 11 月 26 日修正　北京市人民代表大会常务委员会公告〔15 届〕第 65 号)

地方性规定:天津

《天津市人口与计划生育条例》(2021 年 11 月 29 日修正　天津市人民代表大会常务委员会公告第 85 号)

地方性规定:上海

《上海市人口与计划生育条例》(2021 年 11 月 25 日修正　上海市人民代表大会常务委员会公告〔15 届〕第 97 号)

地方性规定:重庆

《重庆市人口与计划生育条例》(2021 年 11 月 25 日修正　重庆市人民代表大会常务委员会公告〔5 届〕第 154 号)

地方性规定:广东(深圳)

《广东省人口与计划生育条例》(2021 年 12 月 1 日修正　广东省第十三届人民代表大会常务委员会公告第 94 号)

《广东省企业职工假期待遇死亡抚恤待遇暂行规定》(1997 年 4 月 28 日　粤劳薪〔1997〕115 号

深圳市中级人民法院《关于审理劳动争议案件的裁判指引》(2015 年 9 月 2 日　深中法发〔2015〕13 号)

地方性规定:江苏

《江苏省人口与计划生育条例》(2021 年 9 月 29 日修正　江苏省人大常委会公告第 72 号)

地方性规定:浙江

《浙江省人口与计划生育条例》(2021 年 11 月 25 日修正　浙江省第十三届人民代表大会常务委员会公告第 63 号)

地方性规定:山东

《山东省人口与计划生育条例》(2016 年 1 月 22 日修正　山东省人民代表大会常务委员会公告第 122 号)

地方性规定:福建

《福建省人口与计划生育条例》(2022 年 3 月 20 日修正　福建省人民代表大会常务委员会公告〔13 届〕第 74 号)

地方性规定:海南

《海南省人口与计划生育条例》(2021 年 12 月 30 日修正　海南省人民代表大会常务委员会公告第 108 号)

第二十章　薪酬及薪资支付

第一节　薪　　酬

法律

《劳动法》(2018 年 12 月 29 日修正)

第四十六条第一款　工资分配应当遵循按劳分配原则,实行同工同酬。

第四十七条　用人单位根据本单位的生产经营特点和经济效益,依法自主确定本单位的工资分配方式和工资水平。

第四十八条　国家实行最低工资保障制度。最低工资的具体标准由省、自治区、直辖市人民政府规定,报国务院备案。

用人单位支付劳动者的工资不得低于当地最低工资标准。

第五十一条　劳动者在法定休假日和婚丧假期间以及依法参加社会活动期间,用人单位应当依法支付工资。

《劳动合同法》(2012 年 12 月 28 日修正)

第二十条　劳动者在试用期的工资不得低于本单位相同岗位最低档工资或者劳动合同约定工资的百分之八十,并不得低于用人单位所在地的最低工资标准。

第三十条第一款　用人单位应当按照劳动合同约定和国家规定,向劳动者及时足额支付劳动报酬。

第五十五条　集体合同中劳动报酬和劳动条件等标准不得低于当地人民政府规定的最低标准;用人单位与劳动者订立的劳动合同中劳动报酬和劳动条件等标准不得低于集体合同规定的标准。

行政法规

《劳动合同法实施条例》(2008年9月18日 国务院令第535号)

第十五条 劳动者在试用期的工资不得低于本单位相同岗位最低档工资的80%或者不得低于劳动合同约定工资的80%,并不得低于用人单位所在地的最低工资标准。

部委规定

《最低工资规定》(2004年3月1日 劳动和社会保障部令第21号)

第二条 本规定适用于在中华人民共和国境内的企业、民办非企业单位、有雇工的个体工商户(以下统称用人单位)和与之形成劳动关系的劳动者。

国家机关、事业单位、社会团体和与之建立劳动合同关系的劳动者,依照本规定执行。

第三条 本规定所称最低工资标准,是指劳动者在法定工作时间或依法签订的劳动合同约定的工作时间内提供了正常劳动的前提下,用人单位依法应支付的最低劳动报酬。

本规定所称正常劳动,是指劳动者按依法签订的劳动合同约定,在法定工作时间或劳动合同约定的工作时间内从事的劳动。劳动者依法享受带薪年休假、探亲假、婚丧假、生育(产)假、节育手术假等国家规定的假期间,以及法定工作时间内依法参加社会活动期间,视为提供了正常劳动。

第五条 最低工资标准一般采取月最低工资标准和小时最低工资标准的形式。月最低工资标准适用于全日制就业劳动者,小时最低工资标准适用于非全日制就业劳动者。

第七条 省、自治区、直辖市范围内的不同行政区域可以有不同的最低工资标准。

第十二条 在劳动者提供正常劳动的情况下,用人单位应支付给劳动者的工资在剔除下列各项以后,不得低于当地最低工资标准:

(一)延长工作时间工资;

(二)中班、夜班、高温、低温、井下、有毒有害等特殊工作环境、条件下的津贴;

(三)法律、法规和国家规定的劳动者福利待遇等。

实行计件工资或提成工资等工资形式的用人单位,在科学合理的劳动定额基础上,其支付劳动者的工资不得低于相应的最低工资标准。

劳动者由于本人原因造成在法定工作时间内或依法签订的劳动合同约定的工作时间内未提供正常劳动的,不适用于本条规定。

《工资集体协商试行办法》(2000 年 11 月 8 日　劳动和社会保障部令第 9 号)

第三条　本办法所称工资集体协商,是指职工代表与企业代表依法就企业内部工资分配制度、工资分配形式、工资收入水平等事项进行平等协商,在协商一致的基础上签订工资协议的行为。

本办法所称工资协议,是指专门就工资事项签订的专项集体合同。已订立集体合同的,工资协议作为集体合同的附件,并与集体合同具有同等效力。

第四条　依法订立的工资协议对企业和职工双方具有同等约束力。双方必须全面履行工资协议规定的义务,任何一方不得擅自变更或解除工资协议。

第五条　职工个人与企业订立的劳动合同中关于工资报酬的标准,不得低于工资协议规定的最低标准。

第十九条　工资协议草案应提交职工代表大会或职工大会讨论审议。

第二十三条　协商双方应于 5 日内将已经生效的工资协议以适当形式向本方全体人员公布。

第二十四条　工资集体协商一般情况下一年进行一次。职工和企业双方均可在原工资协议期满前 60 日内,向对方书面提出协商意向书,进行下一轮的工资集体协商,做好新旧工资协议的相互衔接。

《关于贯彻执行〈中华人民共和国劳动法〉若干问题的意见》(1995 年 8 月 4 日　劳部发〔1995〕309 号)

53. 劳动法中的“工资”是指用人单位依据国家有关规定或劳动合同的约定,以货币形式直接支付给本单位劳动者的劳动报酬,一般包括计时工资、计件工资、奖金、津贴和补贴、延长工作时间的工资报酬以及特殊情况下支付的工资等。“工资”是劳动者劳动收入的主要组成部分。劳动者的以下劳动收入不属于工资范围:(1)单位支付给劳动者个人的社会保险福利费用,如丧葬抚恤救济费、生活困难补助费、计划生育补贴等;(2)劳动保护方面的费用,如用人单位支付给劳动者的工作服、解毒剂、清凉饮料费用等;(3)按规定未列入工资总额的各种劳动报酬及其他劳动收入,如根据国家规定发放的创造发明奖、国家星火奖、自然科学奖、科学技术进步奖、合理化建议和技术改进奖、中华技能大奖等,以及稿费、讲课费、翻译费等。

54. 劳动法第四十八条中的“最低工资”是指劳动者在法定工作时间内履行了

正常劳动义务的前提下,由其所在单位支付的最低劳动报酬。最低工资不包括延长工作时间的工资报酬,以货币形式支付的住房和用人单位支付的伙食补贴,中班、夜班、高温、低温、井下、有毒、有害等特殊工作环境和劳动条件下的津贴,国家法律、法规、规章规定的社会保险福利待遇。

56. 在劳动合同中,双方当事人约定的劳动者在未完成劳动定额或承包任务的情况下,用人单位可低于最低工资标准支付劳动者工资的条款不具有法律效力。

57. 劳动者与用人单位形成或建立劳动关系后,试用、熟练、见习期间,在法定工作时间内提供了正常劳动,其所在的用人单位应当支付其不低于最低工资标准的工资。

58. 企业下岗待工人员,由企业依据当地政府的有关规定支付其生活费,生活费可以低于最低工资标准,下岗待工人员中重新就业的,企业应停发其生活费。女职工因生育、哺乳请长假而下岗的,在其享受法定产假期间,依法领取生育津贴;没有参加生育保险的企业,由企业照发原工资。

《关于工资总额组成的规定》(1990 年 1 月 1 日　国家统计局令第 1 号)

第三条　工资总额是指各单位在一定时期内直接支付给本单位全部职工的劳动报酬总额。

工资总额的计算应以直接支付给职工的全部劳动报酬为根据。

第四条　工资总额由下列六个部分组成:

(一)计时工资;

(二)计件工资;

(三)奖金;

(四)津贴和补贴;

(五)加班加点工资;

(六)特殊情况下支付的工资。

第五条　计时工资是指按计时工资标准(包括地区生活费补贴)和工作时间支付给个人的劳动报酬。包括:

(一)对已做工作按计时工资标准支付的工资;

(二)实行结构工资制的单位支付给职工的基础工资和职务(岗位)工资;

(三)新参加工作职工的见习工资(学徒的生活费);

(四)运动员体育津贴。

第六条　计件工资是指对已做工作按计件单价支付的劳动报酬。包括:

(一)实行超额累进计件、直接无限计件、限额计件、超定额计件等工资制,按劳动部门或主管部门批准的定额和计件单价支付给个人的工资;

(二)按工作任务包干方法支付给个人的工资;

(三)按营业额提成或利润提成办法支付给个人的工资。

第七条 奖金是指支付给职工的超额劳动报酬和增收节支的劳动报酬。包括:

(一)生产奖;

(二)节约奖;

(三)劳动竞赛奖;

(四)机关、事业单位的奖励工资;

(五)其他奖金。

第八条 津贴和补贴是指为了补偿职工特殊或额外的劳动消耗和因其他特殊原因支付给职工的津贴,以及为了保证职工工资水平不受物价影响支付给职工的物价补贴。

(一)津贴。包括:补偿职工特殊或额外劳动消耗的津贴,保健性津贴,技术性津贴,年功性津贴及其他津贴。

(二)物价补贴。包括:为保证职工工资水平不受物价上涨或变动影响而支付的各种补贴。

第九条 加班加点工资是指按规定支付的加班工资和加点工资。

第十条 特殊情况下支付的工资。包括:

(一)根据国家法律、法规和政策规定,因病、工伤、产假、计划生育假、婚丧假、事假、探亲假、定期休假、停工学习、执行国家或社会义务等原因按计时工资标准或计时工资标准的一定比例支付的工资;

(二)附加工资、保留工资。

第十一条 下列各项不列入工资总额的范围:

(一)根据国务院发布的有关规定颁发的发明创造奖、自然科学奖、科学技术进步奖和支付的合理化建议和技术改进奖以及支付给运动员、教练员的奖金;

(二)有关劳动保险和职工福利方面的各项费用;

(三)有关离休、退休、退职人员待遇的各项支出;

(四)劳动保护的各项支出;

(五)稿费、讲课费及其他专门工作报酬;

（六）出差伙食补助费、误餐补助、调动工作的旅费和安家费；

（七）对自带工具、牲畜来企业工作职工所支付的工具、牲畜等的补偿费用；

（八）实行租赁经营单位的承租人的风险性补偿收入；

（九）对购买本企业股票和债券的职工所支付的股息（包括股金分红）和利息；

（十）劳动合同制职工解除劳动合同时由企业支付的医疗补助费、生活补助费等；

（十一）因录用临时工而在工资以外向提供劳动力单位支付的手续费或管理费；

（十二）支付给家庭工人的加工费和按加工订货办法支付给承包单位的发包费用；

（十三）支付给参加企业劳动的在校学生的补贴；

（十四）计划生育独生子女补贴。

第十三条　中华人民共和国境内的私营单位、华侨及港、澳、台工商业者经营单位和外商经营单位有关工资总额范围的计算，参照本规定执行。

国家统计局《〈关于工资总额组成的规定〉若干具体范围的解释》（1990 年 1 月 1 日　统制字〔1990〕1 号）

一、关于工资总额的计算

工资总额的计算原则应以直接支付给职工的全部劳动报酬为根据。各单位支付给职工的劳动报酬以及其他根据有关规定支付的工资，不论是计入成本的还是不计入成本的，不论是按国家规定列入计征奖金税项目的还是未列入计征奖金税项目的，不论是以货币形式支付的还是以实物形式支付的，均应列入工资总额的计算范围。

二、关于奖金的范围

（一）生产（业务）奖包括超产奖、质量奖、安全（无事故）奖、考核各项经济指标的综合奖、提前竣工奖、外轮速遣奖、年终奖（劳动分红）等。

（二）节约奖包括各种动力、燃料、原材料等节约奖。

（三）劳动竞赛奖包括发给劳动模范，先进个人的各种奖和实物奖励。

（四）其他奖金包括从兼课酬金和业余医疗卫生服务收入提成中支付的奖金等。

三、关于津贴和补贴的范围

（一）津贴。包括：

1. 补偿职工特殊或额外劳动消耗的津贴。具体有：高空津贴、井下津贴、流动施工津贴、野外工作津贴、林区津贴、高温作业临时补贴、海岛津贴、艰苦气象台（站）津贴、微波站津贴、高原地区临时补贴、冷库低温津贴、基层审计人员外勤工作补贴、学校班主任津贴、三种艺术(舞蹈、武功、管乐)人员工种补贴、运动队班(队)干部驻队补贴、公安干警值勤岗位津贴、环卫人员岗位津贴、广播电视天线工岗位津贴、盐业岗位津贴、废品回收人员岗位津贴、殡葬特殊行业津贴、城市社会福利事业单位津贴、环境监测津贴、收容遣送岗位津贴等。

2 保健性津贴。具体有:卫生防疫津贴、医疗卫生贴、科技保健津贴、各种社会福利院职工特殊保健津贴等。

3. 技术性津贴。具体有:特级教师补贴、科研津贴、工人技师津贴、中药老药工技术津贴、特殊教育津贴等。

4. 年功性津贴。具体有:直接支付给个人的伙食津贴(火车司机和乘务员的乘务津贴、航行和空勤人员伙食津贴、水产捕捞人员伙食津贴、专业车队汽车司机行车津贴、小伙食单位补贴等)、合同制职工的工资性补贴以及书报费等。

(二)补贴。包括:

为保证职工工资水平不受物价上涨或变动影响而支付的各种补贴,如肉类等价格补贴、副食品价格补贴、食价补贴、煤价补贴、房贴、水电站等。

四、关于工资总额不包括的项目的范围

(一)有关劳动保险和职工福利方面的费用。具体有:职工死亡丧葬费及抚恤费、医疗卫生或公费医疗费用、职工生活困难补助费、集体福利事业补贴、工会文教费、集体福利费、探亲路费、冬季取暖补贴、上下班交通补贴以及洗理费等。

(二)劳动保护的各种支出。具体有:工作服、手套等劳保用品,解毒剂、清凉饮料,以及按照一九六三年七月十九日劳动部等七单位规定的范围对接触有毒物质、矽尘作业、放射线作业和潜水、沉箱作业、高温作业等五类工种所享受的由劳动保护费开支的保健食品待遇。

五、关于标准工资(基本工资,下同)和非标准工资(辅助工资,下同)的定义

(一)标准工资是指按规定的工资标准计算的工资(包括实行结构工资制的基础工资、职务工资和工龄津贴)。

(二)非标准工资是指标准工资以外的各种工资。

地方性规定:北京

北京市高级人民法院、北京市劳动人事争议仲裁委员会《关于审理劳动争议案件法律适用问题的解答》(2017 年 4 月 24 日　京高法发〔2017〕142 号)

21. 用人单位给付劳动者的工资标准计算基数按哪些原则确定?

（1）劳动者每月应得工资与实得工资的主要差别在于各类扣款和费用，应得工资包括个人应当承担的社会保险金、税费等。对于社会保险金、税费，用人单位承担的仅是代缴义务，劳动者的纳税由税务机关负责，社会保险金缴纳由社会保险机构负责，审理中一般按照劳动者应得工资确定工资标准。

（2）用人单位与劳动者在劳动合同中约定了工资标准的，以该约定为准。劳动合同没有约定的，按照集体合同约定的工资标准确定。劳动合同、集体合同均未约定的，按照劳动者本人正常劳动实际发放的工资标准工资确定。依照本款确定的工资标准不得低于本市规定的最低工资标准。

（3）计算"二倍工资"的工资标准时，因基本工资、岗位工资、职务工资、工龄工资、级别工资等按月支付的工资组成项目具有连续性、稳定性特征，金额相对固定，属于劳动者正常劳动的应得工资，应作为未订立劳动合同二倍工资差额的计算基数，不固定发放的提成工资、奖金等一般不作为未订立劳动合同二倍工资差额的计算基数。

（4）在计算劳动者解除劳动合同前十二个月平均工资时，应当包括计时工资或者计件工资以及奖金、津贴和补贴等货币性收入。其中包括正常工作时间的工资，还包括劳动者延长工作时间的加班费。劳动者应得的年终奖或年终双薪，计入工资基数时应按每年十二个月平均分摊。《劳动合同法》第四十七条规定的计算经济补偿的月工资标准应依照《劳动合同法实施条例》第二十七条规定予以确定；《劳动合同法实施条例》第二十七条中的"应得工资"包含由个人缴纳的社会保险和住房公积金以及所得税。

（5）劳动者所得实际工资扣除该月加班费后的数额低于本市规定的最低工资标准的，按照本市规定的最低工资标准执行。

地方性规定：上海

上海市高级人民法院《关于适用〈劳动合同法〉若干问题的意见》（2009 年 3 月 3 日 沪高法〔2009〕73 号）

十四、如何把握同工同酬的标准

同工同酬是劳动法确立的一项基本规则，用人单位必须严格遵守。但由于劳动者存在个体差异，因此，不能简单以不同劳动者是否在相同岗位工作作为"同工"的标准，而应综合考虑劳动者的个人工作经验、工作技能、工作积极性等特殊因素，允许用人单位依此对相对工作岗位的劳动者在劳动报酬方面有所差别。

第二节 薪资支付

法律

《劳动法》(2018 年 12 月 29 日修正)

第五十条 工资应当以货币形式按月支付给劳动者本人。不得克扣或者无故拖欠劳动者的工资。

《劳动合同法》(2012 年 12 月 28 日修正)

第三十条第二款 用人单位拖欠或者未足额支付劳动报酬的,劳动者可以依法向当地人民法院申请支付令,人民法院应当依法发出支付令。

行政法规

《职工带薪年休假条例》(2008 年 1 月 1 日 国务院令第 514 号)

第七条 单位不安排职工休年休假又不依照本条例规定给予年休假工资报酬的,由县级以上地方人民政府人事部门或者劳动保障部门依据职权责令限期改正;对逾期不改正的,除责令该单位支付年休假工资报酬外,单位还应当按照年休假工资报酬的数额向职工加付赔偿金;对拒不支付年休假工资报酬、赔偿金的,属于公务员和参照公务员法管理的人员所在单位的,对直接负责的主管人员以及其他直接责任人员依法给予处分;属于其他单位的,由劳动保障部门、人事部门或者职工申请人民法院强制执行。

部委规定

《企业职工带薪年休假实施办法》(2008 年 9 月 18 日 人力资源和社会保障部令第 1 号)

第十五条第二款 用人单位不安排职工休年休假又不依照条例及本办法规定支付未休年休假工资报酬的,由县级以上地方人民政府劳动行政部门依据职权责令限期改正;对逾期不改正的,除责令该用人单位支付未休年休假工资报酬外,用人单位还应当按照未休年休假工资报酬的数额向职工加付赔偿金；对拒不执行支付未休年休假工资报酬、赔偿金行政处理决定的，由劳动行政部门申请人民法院强制执行。

劳动和社会保障部《关于职工全年月平均工作时间和工资折算问题的通知》(2008年1月3日　劳社部发〔2008〕3号)

二、日工资、小时工资的折算

按照《劳动法》第五十一条的规定，法定节假日用人单位应当依法支付工资，即折算日工资、小时工资时不剔除国家规定的11天法定节假日。据此，日工资、小时工资的折算为：

日工资：月工资收入÷月计薪天数

小时工资：月工资收入÷(月计薪天数×8小时)。

月计薪天数=(365天-104天)÷12月=21.75天

《关于贯彻执行〈中华人民共和国劳动法〉若干问题的意见》(1995年8月4日　劳部发〔1995〕309号)

59.职工患病或非因工负伤治疗期间，在规定的医疗期间内由企业按有关规定支付其病假工资或疾病救济费，病假工资或疾病救济费可以低于当地最低工资标准支付，但不能低于最低工资标准的80%。

《对〈工资支付暂行规定〉有关问题的补充规定》(1995年5月12日　劳部发〔1995〕226号)

三、《规定》第十五条中所称"克扣"系指用人单位无正当理由扣减劳动者应得工资(即在劳动者已提供正常劳动的前提下用人单位按劳动合同规定的标准应当支付给劳动者的全部劳动报酬)。不包括以下减发工资的情况：(1)国家的法律、法规中有明确规定的；(2)依法签订的劳动合同中有明确规定的；(3)用人单位依法制定并经职代会批准的厂规、厂纪中有明确规定的；(4)企业工资总额与经济效益相联系，经济效益下浮时，工资必须下浮的(但支付给劳动者工资不得低于当地的最低工资标准)；(5)因劳动者请事假等相应减发工资等。

四、《规定》第十八条所称"无故拖欠"系指用人单位无正当理由超过规定付薪时间未支付劳动者工资。不包括：(1)用人单位遇到非人力所能抗拒的自然灾害、战争等原因，无法按时支付工资；(2)用人单位确因生产经营困难、资金周转受到影响，在征得本单位工会同意后，可暂时延期支付劳动者工资，延期时间的最长限制可由各省、自治区、直辖市劳动行政部门根据各地情况确定。其他情况下拖欠工资均属无故拖欠。

《工资支付暂行规定》(1995年1月1日 劳部发〔1994〕489号)

第二条 本规定适用于在中华人民共和国境内的企业、个体经济组织(以下统称用人单位)和与之形成劳动关系的劳动者。

国家机关、事业组织、社会团体和与之建立劳动合同关系的劳动者,依照本规定执行。

第三条 本规定所称工资是指用人单位依据劳动合同的规定,以各种形式支付给劳动者的工资报酬。

第四条 工资支付主要包括:工资支付项目、工资支付水平、工资支付形式、工资支付对象、工资支付时间以及特殊情况下的工资支付。

第五条 工资应当以法定货币支付。不得以实物及有价证券替代货币支付。

第六条 用人单位应将工资支付给劳动者本人。劳动者本人因故不能领取工资时,可由其亲属或委托他人代领。

用人单位可委托银行代发工资。

用人单位必须书面记录支付劳动者工资的数额、时间、领取者的姓名以及签字,并保存两年以上备查。用人单位在支付工资时应向劳动者提供一份其个人的工资清单。

第七条 工资必须在用人单位与劳动者约定的日期支付。如遇节假日或休息日,则应提前在最近的工作日支付。工资至少每月支付一次,实行周、日、小时工资制的可按周、日、小时支付工资。

第八条 对完成一次性临时劳动或某项具体工作的劳动者,用人单位应按有关协议或合同规定在其完成劳动任务后即支付工资。

第十条 劳动者在法定工作时间内依法参加社会活动期间,用人单位应视同其提供了正常劳动而支付工资。社会活动包括:依法行使选举权或被选举权;当选代表出席乡(镇)、区以上政府、党派、工会、青年团、妇女联合会等组织召开的会议;出任人民法庭证明人;出席劳动模范、先进工作者大会;《工会法》规定的不脱产工会基层委员会委员因工会活动占用的生产或工作时间;其它依法参加的社会活动。

第十一条 劳动者依法享受年休假、探亲假、婚假、丧假期间,用人单位应按劳动合同规定的标准支付劳动者工资。

第十二条 非因劳动者原因造成单位停工、停产在一个工资支付周期内的,用人单位应按劳动合同规定的标准支付劳动者工资。超过一个工资支付周期的,若劳动者提供了正常劳动，则支付给劳动者的劳动报酬不得低于当地的最低工资标准；若劳动者没有提供正常劳动，应按国家有关规定办理。

第十四条　用人单位依法破产时，劳动者有权获得其工资。在破产清偿中用人单位应按《中华人民共和国企业破产法》规定的清偿顺序，首先支付欠付本单位劳动者的工资。

第十五条　用人单位不得克扣劳动者工资。有下列情况之一的，用人单位可以代扣劳动者工资：

（一）用人单位代扣代缴的个人所得税；

（二）用人单位代扣代缴的应由劳动者个人负担的各项社会保险费用；

（三）法院判决、裁定中要求代扣的抚养费、赡养费；

（四）法律、法规规定可以从劳动者工资中扣除的其他费用。

第十六条　因劳动者本人原因给用人单位造成经济损失的，用人单位可按照劳动合同的约定要求其赔偿经济损失。经济损失的赔偿，可从劳动者本人的工资中扣除。但每月扣除的部分不得超过劳动者当月工资的20%。若扣除后的剩余工资部分低于当地月最低工资标准，则按最低工资标准支付。

第十八条　各级劳动行政部门有权监察用人单位工资支付的情况。用人单位有下列侵害劳动者合法权益行为的，由劳动行政部门责令其支付劳动者工资和经济补偿，并可责令其支付赔偿金：

（一）克扣或者无故拖欠劳动者工资的；

（二）拒不支付劳动者延长工作时间工资的；

（三）低于当地最低工资标准支付劳动者工资的。

经济补偿和赔偿金的标准，按国家有关规定执行。

地方性规定：北京

北京市高级人民法院、北京市劳动人事争议仲裁委员会《关于审理劳动争议案件法律适用问题的解答》(2017年4月24日　京高法发〔2017〕142号)

19.劳动者要求用人单位支付未休带薪年休假工资的，如何处理？

对劳动者应休未休的年休假天数，单位应当按照该职工日工资收入的300%支付年休假工资报酬。劳动者要求用人单位支付其未休带薪年休假工资中法定补偿(200%福利部分)诉请的仲裁时效期间应适用《劳动争议调解仲裁法》第二十七条第一款规定，即劳动争议申请仲裁的时效期间为一年。仲裁时效期间从当事人知道或者应当知道其权利被侵害之日起计算。考虑年休假可以集中、分段和跨年度安排的特点,故劳动者每年未休带薪年休假应获得年休假工资报酬的时间从第二年的12月31日起算。

21. 用人单位给付劳动者的工资标准计算基数按哪些原则确定?

(1)劳动者每月应得工资与实得工资的主要差别在于各类扣款和费用,应得工资包括个人应当承担的社会保险金、税费等。对于社会保险金、税费,用人单位承担的仅是代缴义务,劳动者的纳税由税务机关负责,社会保险金缴纳由社会保险机构负责,审理中一般按照劳动者应得工资确定工资标准。

(2)用人单位与劳动者在劳动合同中约定了工资标准的,以该约定为准。劳动合同没有约定的,按照集体合同约定的工资标准确定。劳动合同、集体合同均未约定的,按照劳动者本人正常劳动实际发放的工资标准工资确定。依照本款确定的工资标准不得低于本市规定的最低工资标准。

(3)计算"二倍工资"的工资标准时,因基本工资、岗位工资、职务工资、工龄工资、级别工资等按月支付的工资组成项目具有连续性、稳定性特征,金额相对固定,属于劳动者正常劳动的应得工资,应作为未订立劳动合同二倍工资差额的计算基数,不固定发放的提成工资、奖金等一般不作为未订立劳动合同二倍工资差额的计算基数。

(4)在计算劳动者解除劳动合同前十二个月平均工资时,应当包括计时工资或者计件工资以及奖金、津贴和补贴等货币性收入。其中包括正常工作时间的工资,还包括劳动者延长工作时间的加班费。劳动者应得的年终奖或年终双薪,计入工资基数时应按每年十二个月平均分摊。《劳动合同法》第四十七条规定的计算经济补偿的月工资标准应依照《劳动合同法实施条例》第二十七条规定予以确定;《劳动合同法实施条例》第二十七条中的"应得工资"包含由个人缴纳的社会保险和住房公积金以及所得税。

(5)劳动者所得实际工资扣除该月加班费后的数额低于本市规定的最低工资标准的,按照本市规定的最低工资标准执行。

22. 如何确定劳动者加班费计算基数?

劳动者加班费计算基数,应当按照法定工作时间内劳动者提供正常劳动应得工资确定,劳动者每月加班费不计到下月加班费计算基数中。具体情况如下:

(1)用人单位与劳动者在劳动合同中约定了加班费计算基数的,以该约定为准;双方同时又约定以本市规定的最低工资标准或低于劳动合同约定的工资标准作为加班费计算基数，劳动者主张以劳动合同约定的工资标准作为加班费计算基数的，应予支持。

(2)劳动者正常提供劳动的情况下，双方实际发放的工资标准高于原约定工资标准的，可以视为双方变更了合同约定的工资标准，以实际发放的工资标准作为计算加班费计算基数。实际发放的工资标准低于合同约定的工资标准，能够认定为双方变更了合同约定的工资标准的，以实际发放的工资标准作为计算加班费的计算基数。

(3)劳动合同没有明确约定工资数额，或者合同约定不明确时，应当以实际发放的工资作为计算基数。用人单位按月直接支付给职工的工资、奖金、津贴、补贴等都属于实际发放的工资，具体包括国家统计局《〈关于工资总额组成的规定〉若干具体范围的解释》中规定"工资总额"的几个组成部分。加班费计算基数应包括"基本工资"、"岗位津贴"等所有工资项目。不能以"基本工资"、"岗位工资"或"职务工资"单独一项作为计算基数。在以实际发放的工资作为加班费计算基数时，加班费(前月)、伙食补助等应当扣除，不能列入计算基数范围。国家相关部门对工资组成规定有调整的，按调整的规定执行。

(4)劳动者的当月奖金具有"劳动者正常工作时间工资报酬"性质的，属于工资组成部分。劳动者的当月工资与当月奖金发放日期不一致的，应将这两部分合计作为加班费计算基数。用人单位不按月、按季发放的奖金，根据实际情况判断可以不作为加班费计算基数。

(5)在确定职工日平均工资和小时平均工资时，应当按照原劳动和社会保障部《关于职工全年月平均工作时间和工资折算问题的通知》规定，以每月工作时间为21.75天和174小时进行折算。

(6)实行综合计算工时工作制的用人单位，当综合计算周期为季度或年度时，应将综合周期内的月平均工资作为加班费计算基数。

北京市高级人民法院、北京市劳动争议仲裁委员会《关于劳动争议案件法律适用问题研讨会会议纪要》(2009年8月17日)

17.用人单位应当按照工资支付周期编制工资支付记录表，并至少保存二年备查。劳动者与用人单位因劳动报酬问题产生争议时，在二年保存期间内，由用人单位承担举证责任。超出这一期间的则应适用"谁主张，谁举证"的证明责任分配规则。

"两年"是指劳动者申请仲裁之日起往前推算两年。

18. 工资结算支付周期届满后,用人单位应当在与劳动者约定的日期内支付工资,最迟不应超过约定支付日期的七天。如工资支付日遇节假日或休息日时,应当提前在最近的工作日支付。

19. 对于加班工资的日或小时工资基数的确定,应参照《北京市工资支付规定》第四十四条的规定执行。

用人单位与劳动者在劳动合同中约定了工资标准,但同时又约定以本市最低工资标准或低于劳动合同约定的工资标准作为加班工资基数,劳动者主张以劳动合同约定的工资标准作为加班工资基数的,应予支持。

20. 经用人单位和劳动者予以确认的考勤记录可以作为认定是否存在加班事实的依据。劳动者仅凭电子打卡记录要求认定存在加班事实的,一般不予支持。

21. 用人单位因工作性质和生产特点不能实行标准工时制度的,应保证劳动者每天工作时间不超过 8 小时、每周工作时间不超过 40 小时,每周至少休息一天,职工少休息的一天,不应视为加班。

22. 下列情形中,劳动者要求用人单位支付加班工资的,一般不予支持:(1)用人单位因安全、消防、节假日等需要,安排劳动者从事与本职工作无关的值班任务;(2)用人单位安排劳动者从事与其本职工作有关的值班任务,但值班期间可以休息的。

在上述情况下,劳动者可以要求用人单位按照劳动合同、规章制度、集体合同等支付相应待遇。

23. 用人单位与劳动者虽然未书面约定实际支付的工资是否包含加班工资,但用人单位有证据证明已支付的工资包含正常工作时间工资和加班工资的,可以认定用人单位已支付的工资包含加班工资。但折算后的正常工作时间工资不得低于当地最低工资标准。

24. 用人单位作出的与劳动者解除劳动合同的处理决定被劳动仲裁委或人民法院依法撤销后,劳动者主张用人单位给付上述处理决定作出后至仲裁或诉讼期间的工资,应按以下原则把握:(1)用人单位作出的处理决定仅因程序方面存在瑕疵而被依法撤销的,用人单位应按最低工资标准向劳动者支付上述期间的工资;(2)用人单位作出的处理决定因在实体方面存在问题而被依法撤销的,用人单位应按劳动者正常劳动时的工资标准向劳动者支付上述期间的工资。

《北京市工资支付规定》(2007 年 11 月 23 日修改　北京市人民政府令第 200 号)

第九条　用人单位应当自用工之日起计算劳动者工资。

用人单位可以按照小时、日、周、月为周期支付工资。以完成一定工作任务计发工资的,应当在工作任务完成后即时支付劳动者工资。但用人单位应当至少每月向劳动者支付一次工资。

用人单位支付劳动者工资应当按照规定的日期足额支付,不得克扣或者无故拖欠。工资支付日期遇法定休假日或者休息日的,应当提前在最近的工作日支付。

第十一条　用人单位不得随意扣除劳动者工资。

除法律、法规、规章规定的事项外,用人单位扣除劳动者工资应当符合集体合同、劳动合同的约定或者本单位规章制度的规定。

因劳动者本人原因给用人单位造成经济损失,用人单位按照前款规定扣除劳动者工资的,扣除后的余额不得低于本市最低工资标准。

第十二条　用人单位与劳动者双方依法终止、解除劳动合同的,用人单位应当一次性付清劳动者工资。

第十三条　用人单位应当按照工资支付周期编制工资支付记录表,并至少保存二年备查。工资支付记录表应当主要包括用人单位名称、劳动者姓名、支付时间以及支付项目和金额、加班工资金额、应发金额、扣除项目和金额、实发金额等事项。

劳动者有权查询本人的工资支付记录。

第二十条　妇女节、青年节等部分公民节日期间,用人单位安排劳动者休息、参加节日活动的,应当视同其正常劳动支付工资;劳动者照常工作的,可以不支付加班工资。

第二十一条　劳动者患病或者非因工负伤的,在病休期间,用人单位应当根据劳动合同或集体合同的约定支付病假工资。用人单位支付病假工资不得低于本市最低工资标准的80%。

第二十二条　劳动者在事假期间,用人单位可以不支付其工资。

第二十三条　劳动者生育或者施行计划生育手术依法享受休假期间,用人单位应当支付其工资。

劳动者因产前检查和哺乳依法休假的,用人单位应当视同其正常劳动支付工资。

第二十七条　非因劳动者本人原因造成用人单位停工、停业的,在一个工资支付周期内,用人单位应当按照提供正常劳动支付劳动者工资;超过一个工资支付周期的,可以根据劳动者提供的劳动,按照双方新约定的标准支付工资,但不得低于本市最低工资标准;用人单位没有安排劳动者工作的,应当按照不低于本市最低工资标准的70%支付劳动者基本生活费。国家或者本市另有规定的从其规定。

第二十九条 建设单位、施工总承包企业、专业承包企业(以下统称为发包单位)或者劳务分包企业,有发包、分包或者转包给不具备用工主体资格的组织或者个人的违法行为,该组织或者个人拖欠劳动者工资时,发包单位或者劳务分包企业应当直接向劳动者支付所拖欠的工资。

建设单位、施工总承包企业或者专业承包企业未按合同约定支付工程款或者分包价款,专业承包企业或者劳务分包企业拖欠劳动者工资的,在拖欠的工程款或者分包价款支付后,专业承包企业和劳务分包企业应当将所得款项优先用于支付拖欠的劳动者工资。

第四十四条 根据本规定第十四条计算加班工资的日或者小时工资基数、根据第十九条支付劳动者休假期间工资,以及根据第二十三条第一款支付劳动者产假、计划生育手术假期间工资,应当按照下列原则确定:

(一)按照劳动合同约定的劳动者本人工资标准确定;

(二)劳动合同没有约定的,按照集体合同约定的加班工资基数以及休假期间工资标准确定;

(三)劳动合同、集体合同均未约定的,按照劳动者本人正常劳动应得的工资确定。

依照前款确定的加班工资基数以及各种假期工资不得低于本市规定的最低工资标准。

地方性规定:天津

《关于审理劳动人事争议案件的会议纪要》(2019年11月25日 津高法〔2019〕296号)

三、仲裁与诉讼法律适用标准的统一问题

7.用人单位向劳动者发放或者支付的交通补贴(车改补贴)、通讯补贴、餐费补贴等应属于劳动者工资还是福利费范畴的问题

用人单位已经实行货币化改革,按月按标准向劳动者发放或者支付的交通补贴(车改补贴)、通讯补贴、餐费补贴等应纳入劳动者的工资构成。

9.因用人单位原因造成劳动者待岗,待岗期间的工资问题

因用人单位过错导致劳动者待岗,劳动者要求待岗期间工资待遇的,应予支持。待岗期间工资待遇标准按照劳动者待岗前十二个月的月平均工资(加班费除

外)标准计算。

符合《天津市工资支付规定》第二十七条规定,非因劳动者本人原因造成用人单位停工停产,未超过一个工资支付周期的,用人单位应当按照劳动合同约定的工资标准支付劳动者工资。超过一个工资支付周期,用人单位没有安排劳动者工作的,就待岗工资双方可以协商解决,如果双方协商一致,按协商协议执行。

《天津法院劳动争议案件审理指南》(2018年1月1日　津高法〔2017〕246号)

36.【工资结算协议】用人单位与劳动者就劳动报酬的计算、支付达成结算协议的,应认定有效,但有证据证明签订协议时存在欺诈、胁迫、重大误解、显失公平或者乘人之危等违背当事人真实意思表示的情形除外。

按照前款规定的结算协议并结合用人单位已经发放的劳动报酬数额,劳动者应得工资经核算低于最低工资标准的,用人单位应当补齐应得工资与最低工资标准之间的差额。

37.【年终奖发放】用人单位以规章制度、通知、会议纪要等规定有权利领取年终奖的劳动者范围为年终奖实际发放之日仍然在职的劳动者为由,拒绝向考核年度内已经离职的劳动者发放年终奖的,如该年终奖属于劳动报酬性质,劳动者请求给付年终奖的,应予支持。劳动者在年终奖对应的考核年度工作不满一年的,用人单位应当按照劳动者实际工作时间占全年工作时间的比例确定发放年终奖的比例。

《天津市工资支付规定》(2004年1月1日　津劳局〔2003〕440号)

第九条　用人单位实行工资支付登记制度。用人单位应建立劳动者工资台帐,用于准确统计劳动者工资支付数据,其主要内容应包括:支付单位名称、支付时间、支付对象姓名、支付项目和金额、加班时间和加班工资金额、工时数、应发金额、扣除项目和金额、实发金额、领取人等书面记录,保存两年以上备查。

用人单位应提供劳动者一份个人工资支付清单,劳动者有权向用人单位查询本人工资台帐。

第十一条第五款　对完成一次性临时工作任务的劳动者,用人单位应当在工作任务完成后3个工作日内支付工资。

第十四条　对于新招聘的劳动者,用人单位应当以劳动者报到之日作为起薪日期。

第十五条　用人单位与劳动者终止或者依法解除劳动合同,应在办理终止或解除劳动合同手续同时一次性付清应当支付劳动者的工资。

第二十二条 妇女节、青年节等部分公民节日期间,用人单位安排劳动者工作或参加庆祝活动的,不享受加班工资待遇。

少数民族传统节日期间,用人单位安排少数民族身份的劳动者工作的,按照国家和本市有关规定执行。

第二十三条 劳动者依法享受年休假、探亲假、婚丧假以及女职工生育(产)假、计划生育手术假等假期期间,用人单位应当按劳动合同约定的工资标准支付劳动者工资,约定不明确的,按本人休假前12个月平均实得工资支付劳动者工资。

第二十四条 劳动者因工负伤,在做出伤残鉴定前,按月发给本人因工负伤前12个月平均实得工资;劳动者工作不满12个月的,按实际工作月平均实得工资计算。

第二十五条 劳动者患病或非因工负伤治疗期间,在规定的医疗期内用人单位按有关规定支付其病假工资,用人单位支付劳动者病假工资不得低于本市最低工资标准的80%。

国家机关、事业组织、社会团体中的劳动者病假工资按机关、事业单位有关病假工资的规定执行。

第二十七条 非因劳动者本人原因造成用人单位停工停产,未超过一个工资支付周期的,用人单位应当按劳动合同约定的工资标准支付劳动者工资;超过一个工资支付周期用人单位安排劳动者工作,经与劳动者协商一致,可以变更劳动合同,调整其工资标准,但不得低于本市最低工资标准。

因劳动者本人原因造成用人单位停工停产的,不适用前款规定。

第三十六条 在劳动关系存续期间,用人单位可以从劳动者工资中扣除以下费用:

(一)经用人单位与劳动者约定可以从劳动者工资中扣除的费用;

(二)依法签订的劳动合同中明确规定可以扣除的费用;

(三)用人单位依法制定并经职代会批准的企业内部规章制度中有明确规定可以扣除的费用;

(四)劳动者赔偿因本人原因给用人单位造成的经济损失费用。劳动者可以和用人单位协商约定经济损失赔偿的每月扣除部分,但扣除后的剩余工资不得低于本市最低工资标准。

第四十五条 对工伤等特殊情况下发生的劳动工资争议,劳动者在劳动仲裁中可以申请先行给付。

地方性规定:上海

上海市高级人民法院《关于审理劳动争议案件若干问题的解答(2010)》(民一庭调研指导〔2010〕34 号)

二、关于加班工资计算基数如何确定的问题

我们认为,用人单位与劳动者对月工资有约定的,加班工资基数应按双方约定的正常工作时间的月工资来确定;如双方对月工资没有约定或约定不明的,应按《劳动合同法》第 18 条规定来确定正常工作时间的月工资,并以确定的工资数额作为加班工资的计算基数。

如按《劳动合同法》第 18 条规定仍无法确定正常工作时间工资数额的,对加班工资的基数,可按照劳动者实际获得的月收入扣除非常规性奖金、福利性、风险性等项目后的正常工作时间的月工资确定。

如工资系打包支付,或双方形式上约定的"正常工作时间工资"标准明显不合常理,或有证据可以证明用人单位恶意将本应计入正常工作时间工资的项目归入非常规性奖金、福利性、风险性等项目中,以达到减少正常工作时间工资数额计算目的的,可参考实际收入×70%的标准进行适当调整。

按上述原则确定的加班工资基数均不得低于本市月最低工资标准。

上海市高级人民法院《关于审理劳动争议案件若干问题的解答》(沪高法民一〔2006〕17 号)

六、关于用人单位调整劳动者工作内容和工资报酬的问题

(一)用人单位与劳动者对调整工作内容和工资报酬有明确的书面约定,或者虽无明确书面约定但已通过实际履行等方式默示调整了原合同约定的,视为双方对变更达成一致。

(二)用人单位在劳动者不胜任工作、劳动者医疗期满后不能从事原工作、对负有保守用人单位商业秘密的劳动者采取保密措施等情形下依法调整劳动者工作内容和工资报酬,用人单位应对调整劳动者工作内容的合理依据承担举证责任。

(三)劳动合同中明确约定调整工作内容与工资报酬的有关调解,当事人可按约定履行。劳动合同中虽有工作内容和工资报酬调整的约定,但调整的调解和指向不明确的,用人单位应当提供充分证据证明调整的合理性,用人单位不能证明调整合理性的,劳动者可以要求撤销用人单位的调整决定。

《上海市企业工资支付办法》(2016 年 6 月 27 日修改　沪人社综发〔2016〕29 号)

六、企业应当每月至少支付一次工资,支付工资的具体日期由企业与劳动者约定。如遇法定休假节日或休息日,通过银行发放工资的,不得推迟支付工资;直接发放工资的,应提前支付工资。

对实行年薪制或按考核周期兑现工资的劳动者,企业应当每月按不低于最低工资的标准预付工资,年终或考核周期期满时结算。

七、企业与劳动者终止或依法解除劳动合同的,企业应当在与劳动者办妥手续时,一次性付清劳动者的工资。对特殊情况双方有约定且不违反法律、法规规定的,从其约定。

八、劳动者在法定工作时间内依法参加社会活动的,企业应视同其提供了正常劳动而支付工资。

九、企业安排劳动者加班的,应当按规定支付加班工资。劳动者在依法享受婚假、丧假、探亲假、病假等假期期间,企业应当按规定支付假期工资。

加班工资和假期工资的计算基数为劳动者所在岗位相对应的正常出勤月工资,不包括年终奖,上下班交通补贴、工作餐补贴、住房补贴,中夜班津贴、夏季高温津贴、加班工资等特殊情况下支付的工资。

加班工资和假期工资的计算基数按以下原则确定:

(一)劳动合同对劳动者月工资有明确约定的,按劳动合同约定的劳动者所在岗位相对应的月工资确定;实际履行与劳动合同约定不一致的,按实际履行的劳动者所在岗位相对应的月工资确定。

(二)劳动合同对劳动者月工资未明确约定,集体合同(工资专项集体合同)对岗位相对应的月工资有约定的,按集体合同(工资专项集体合同)约定的与劳动者岗位相对应的月工资确定。

(三)劳动合同、集体合同(工资专项集体合同)对劳动者月工资均无约定的,按劳动者正常出勤月依照本办法第二条规定的工资(不包括加班工资)的 70% 确定。

加班工资和假期工资的计算基数不得低于本市规定的最低工资标准。法律、法规另有规定的,从其规定。

十、企业确因生产经营困难,资金周转受到影响,暂时无法按时支付工资的,经与本企业工会或职工代表协商一致,可以延期在一个月内支付劳动者工资,延期支付工资的时间应告知全体劳动者。

十一、劳动者在试用期间提供了正常劳动,企业支付的工资不得低于本企业相同岗位最低档工资的80%或者不得低于劳动合同约定工资的80%,并不得低于本市规定的最低工资标准。

十二、企业停工、停产在一个工资支付周期内的,应当按约定支付劳动者工资。超过一个工资支付周期的,企业可根据劳动者提供的劳动,按双方新的约定支付工资,但不得低于本市规定的最低工资标准。

十三、企业根据实际需要安排劳动者在法定标准工作时间以外工作的,应以本办法第九条确定的计算基数,按以下标准支付加班工资:

(一)安排劳动者在日法定标准工作时间以外延长工作时间的,按照不低于劳动者本人小时工资的150%支付;

(二)安排劳动者在休息日工作,而又不能安排补休的,按照不低于劳动者本人日或小时工资的200%支付;

(三)安排劳动者在法定休假节日工作的,按照不低于劳动者本人日或小时工资的300%支付。

企业依法安排实行计件工资制的劳动者完成计件定额任务后,在法定标准工作时间以外工作的,应当根据以上原则相应调整计件单价。计件定额应通过一定的民主管理程序合理制定。

经人力资源社会保障行政部门批准实行综合计算工时工作制的企业,劳动者综合计算工作时间超过法定标准工作时间的,应当视为延长工作时间,并按本条第(一)项的规定支付劳动者延长工作时间的加班工资;企业在法定休假节日安排劳动者工作的,按本条第(三)项的规定支付加班工资。

经人力资源社会保障行政部门批准实行不定时工时制的劳动者,在法定休假节日由企业安排工作的,按本条第(三)项的规定支付加班工资。

在妇女节、青年节等部分公民休假的节日期间,对参加社会或企业组织的庆祝活动和照常工作的劳动者,企业应支付工资,但不支付加班工资。如果该节日恰逢休息日,企业安排劳动者工作的,应当按本条第(二)项的规定支付加班工资。

十四、日工资按月工资除以每月平均计薪天数21.75天计算;小时工资按日工资除以8小时计算。

十五、在采取公共卫生预防控制措施时,劳动者疑似患传染病或者病原携带者的密切接触者,经隔离观察后排除的,企业应当视同劳动者提供正常劳动,支付其隔离观察期间的工资。

十六、被人民法院判处管制、缓刑的劳动者,继续在原企业工作的,企业应当支付劳动者工资。

十七、劳动者违反劳动纪律或规章制度,企业降低其工资的,降低后的工资不得低于本市规定的最低工资标准。

十八、劳动者因涉嫌违法犯罪被拘押或者其他客观原因,使劳动合同无法履行的,企业不支付劳动者工资,但法律、法规另有规定或者双方另有约定的除外。

十九、企业破产时,欠付劳动者的工资应当按照《中华人民共和国企业破产法》、《中华人民共和国公司法》规定的清偿顺序予以清偿。

二十、企业不得克扣劳动者工资。有下列情况之一的,企业可以代扣工资:

(一)代缴应由劳动者个人缴纳的个人所得税;

(二)代缴应由劳动者个人承担的社会保险费和住房公积金;

(三)按法院判决、裁定代扣的抚养费、赡养费;

(四)法律、法规规定可以从劳动者工资中扣除的其他费用。

二十一、企业克扣或者无故拖欠劳动者工资,低于最低工资标准支付劳动者工资,以及安排劳动者加班不按规定支付加班工资的,由人力资源社会保障行政部门责令企业按规定限期支付;逾期不支付的,还应按应付金额百分之五十以上百分之一百以下的标准向劳动者加付赔偿金。

二十二、劳动者因本人原因给企业造成经济损失,企业依法要其赔偿,并需从工资中扣除赔偿费的,扣除的部分不得超过劳动者当月工资的20%,且扣除后的剩余工资不得低于本市规定的最低工资标准。

二十三、企业解除劳动者的劳动合同,引起劳动争议,劳动人事争议仲裁部门或人民法院裁决撤消企业原决定,并且双方恢复劳动关系的,企业应当支付劳动者在调解、仲裁、诉讼期间的工资。其标准为企业解除劳动合同前12个月劳动者本人的月平均工资乘以停发月数。双方都有责任的,根据责任大小各自承担相应的责任。

二十四、非全日制就业的劳动者,小时工资由企业与劳动者约定,但不得低于本市规定的小时最低工资标准,且支付周期最长不得超过十五日。

地方性规定:重庆

重庆市人力资源和社会保障局《关于工资等有关问题处理意见的通知》(2015年10月27日　渝人社发〔2015〕217号)

二、关于最低工资标准的问题

劳动合同履行地与用人单位所在地的最低工资标准不一致的,适用最低工资标准时应当遵循有利于劳动者的原则,就高不就低。

《关于贯彻执行〈重庆市企业职工病假待遇暂行规定〉若干问题的意见》(2000年7月21日　渝劳办发〔2000〕233号)

二、职工本人工资,按国家统计局规定的工资总额的口径,以职工本人病休前12个月的月平均工资计算,不足12个月的按实际月份计算。

三、《暂行规定》第四条所称"情况特殊",是指一些长期微利或亏损的企业,出现了减发在岗职工工资等情况。在此种情况下降低比例后,病假工资必须符合《暂行规定》中第七条之规定。

四、职工病假期间遇有国家法定节日(元旦、春节、劳动节、国庆节)和公休假日(星期六、日)时,应算作病假时间。

六、女职工患病,在医疗期内生育的,自生育之日起算产假,产假期间按有关规定享受产假待遇。产假期满,对符合晚育并只生育一个子女的女职工,经本人申请,企业批准,可连续休假至子女一周岁止,休假期间按本人工资的75%发给,之后,若病伤仍未痊愈,经指定医院检查,证明需要继续病休的,应将其生育前后的病假时间(不含产假后经批准连续休假至子女一周岁止的时间)合并计算。在规定的医疗期内,根据累计的病休时间,按《暂行规定》第四条和第五条的规定确定其享受短期或长期病假待遇。

八、关于折算工龄的规定,可用于计算病假工资待遇。

九、企业下岗职工、协议保留劳动关系人员、内部退养人员等,不享受病假待遇。

《重庆市企业职工病假待遇暂行规定》(2000年7月1日　渝府发〔2000〕47号)

第四条　职工患病,医疗期内停工治疗在6个月以内的,其病假工资按以下办法计发:

(一)连续工龄不满10年的,按本人工资的70%发给;

(二)连续工龄满10年不满20年的,按本人工资的80%发给;

(三)连续工龄满20年不满30年的,按本人工资的90%发给;

(四)连续工龄满30年及其以上的,按本人工资的95%发给。

经济效益好的企业,可在上述标准的基础上上浮5%。经济效益差,难以达到上述标准的企业,经本企业职工大会或职工代表大会审议通过,可以适当下浮。下浮的比例一般不超过各个档次标准的5%。如情况特殊超过5%的,应报所在区县(自治县、市)劳动和社会保障行政部门批准。

第五条 职工患病,医疗期内停工治疗在6个月以上的,其病假工资按以下办法计发:

(一)连续工龄不满10年的,按本人工资的60%发给;

(二)连续工龄满10年不满20年的,按本人工资的65%发给;

(三)连续工龄满20年及其以上的,按本人工资的70%发给。

第六条 原系全国劳动模范、省(部)级劳动模范以及部队军以上单位曾授予战斗英雄或曾荣立一等功并一直保持其荣誉的职工,在病假期间,工资照发。

第七条 职工患病,在医疗期内停工治疗期间,每月领取的病假工资不得低于当地最低工资标准的80%。

地方性规定:广东(深圳)

《广东省工资支付条例》(2016年9月29日修正 广东省第十二届人民代表大会常务委员会公告第65号)

第八条 用人单位与劳动者应当在劳动合同中依法约定正常工作时间工资,约定的工资不得低于所在地政府公布的本年度最低工资标准。

未约定的或者约定不明确的,以用人单位所在地县级人民政府公布的上年度职工月平均工资作为正常工作时间工资;实际支付的工资高于当地政府公布的上年度职工月平均工资的,实际支付的工资视为与劳动者约定的正常工作时间工资。

第十三条 用人单位与劳动者依法终止或者解除劳动关系的,应当在终止或者解除劳动关系当日结清并一次性支付劳动者工资。

第十五条 因劳动者过错造成用人单位直接经济损失,依法应当承担赔偿责任的,用人单位可以从其工资中扣除赔偿费,但应当提前书面告知扣除原因及数额;未书面告知的不得扣除。扣除赔偿费后的月工资余额不得低于当地最低工资标准。

第二十一条 实行计件工资的,用人单位应当科学合理确定劳动定额和计件单价,并予以公布。

确定的劳动定额原则上应当使本单位同岗位百分之七十以上的劳动者在法定劳动时间内能够完成。

用人单位在劳动者完成劳动定额后,安排劳动者在正常工作时间以外工作的,应当依照本条例第二十条规定支付加班或者延长工作时间的工资。

第二十四条 劳动者因病或者非因工负伤停止工作进行治疗,在国家规定医疗期内,用人单位应当依照劳动合同、集体合同的约定或者国家有关规定支付病伤假期工资。

用人单位支付的病伤假期工资不得低于当地最低工资标准的百分之八十。

法律、法规另有规定的,从其规定。

第三十九条　非因劳动者原因造成用人单位停工、停产,未超过一个工资支付周期(最长三十日)的,用人单位应当按照正常工作时间支付工资。超过一个工资支付周期的,可以根据劳动者提供的劳动,按照双方新约定的标准支付工资;用人单位没有安排劳动者工作的,应当按照不低于当地最低工资标准的百分之八十支付劳动者生活费,生活费发放至企业复工、复产或者解除劳动关系。

第五十六条　用人单位有下列情形之一的,由人力资源社会保障部门分别责令限期支付劳动者的工资报酬、劳动者工资低于当地最低工资标准的差额、加班或者延长工作时间的工资。逾期不支付的,责令用人单位按照应付金额百分之五十以上一倍以下的标准计算,向劳动者加付赔偿金:(一)拖欠或者克扣劳动者工资的;(二)支付劳动者工资低于当地最低工资标准的;(三)拒不支付或者不按照规定支付劳动者加班或者延长工作时间工资的。

第六十二条　本条例中下列用语的含义是:

(一)工资,是指用人单位基于劳动关系,按照劳动者提供劳动的数量和质量,以货币形式支付给劳动者本人的全部劳动报酬。一般包括:各种形式的工资(计时工资、计件工资、岗位工资、职务工资、技能工资等)、奖金、津贴、补贴、延长工作时间及特殊情况下支付的属于劳动报酬性的工资收入等;但不包括用人单位按照规定负担的各项社会保险费、住房公积金,人力资源社会保障部门和安全生产监察行政部门规定的劳动保护费用,按照规定标准支付的独生子女补贴、计划生育奖,丧葬费、抚恤金等国家规定的福利费用和属于非劳动报酬性的收入。

(二)正常工作时间工资,是指劳动者在法定工作时间内提供了正常劳动,用人单位依法应当支付的劳动报酬。正常工作时间工资不包括下列各项:

1. 延长工作时间工资;

2. 中班、夜班、高温、低温、井下、有毒有害等特殊工作环境、条件下的津贴;

3. 法律、法规和国家规定的劳动者福利待遇等。

(三)最低工资,是指按照前项规定劳动者在法定工作时间内提供了正常劳动,用人单位依法应当支付的最低劳动报酬。

(四)拖欠工资,是指用人单位无法定理由逾期未支付或者未足额支付劳动者应得工资的行为。

(五)克扣工资,是指用人单位无法定理由扣减劳动者应得工资的行为。

(六)民办非企业单位,是指企业事业单位、社会团体和其他社会力量以及公民个人利用非国有资产举办的,从事非营利性社会服务活动的社会组织。

广东省高级人民法院、广东省劳动人事争议仲裁委员会《关于劳动人事争议仲裁与诉讼衔接若干意见》(2018年7月18日　粤高法发〔2018〕2号)

四、用人单位和劳动者均不能对工资数额举证的,由仲裁机构、人民法院参照本单位同岗位平均工资或者根据用人单位经济类型,参照当地城镇非私营单位就业人员年平均工资或当地城镇私营单位就业人员年平均工资确定。如按照上述标准确定的工资与该行业(或岗位)的普遍工资收入明显不符的,参照政府职能部门公布的人力资源市场工资指导价位等因素综合确定。

五、非因劳动者原因致用人单位生产经营陷入严重困境,有丧失清偿能力的可能并致用人单位停产、限产,用人单位可以根据《劳动合同法》第四十条第三项的规定解除劳动合同并支付经济补偿,也可以与劳动者协商约定停工限产期限。停工限产未超过一个工资支付周期,用人单位按照正常工作时间支付工资,超过一个工资支付周期,用人单位根据《广东省工资支付条例》第三十九条的规定向劳动者支付工资或生活费。停工限产超过合理期限或约定期限,劳动者根据《劳动合同法》第三十八条第一款第一项的规定提出解除劳动合同并主张经济补偿的,应予支持。

六、女职工按照《女职工劳动保护特别规定》第七条的规定休产假的,原工资标准按照《广东省实施〈女职工劳动保护特别规定〉办法》第十三条第二款的规定确定。根据《广东省人口与计划生育条例》第三十条的规定,符合法律、法规规定生育子女的,女方享受八十日的奖励假,男方享受十五日的陪产假,在规定假期内照发工资,不影响福利待遇和全勤评奖。奖励假和陪产假期间的工资应按职工正常出勤情况下的应得工资计算,但加班工资、高温津贴、支付周期超过一个月或未确定支付周期的劳动报酬除外。

七、在工伤停工留薪期内,劳动者的原工资福利待遇不变,由所在单位按月支付。工伤停工留薪期工资应按劳动者工伤前十二个月的平均工资(包括加班工资)支付。

《深圳经济特区和谐劳动关系促进条例》(2019年4月26日修正　深圳市第六届人民代表大会常务委员会公告第150号)

第十六条　用人单位依照规章制度对劳动者实施经济处分的,单项和当月累计处分金额不得超过该劳动者当月工资的百分之三十，且对同一违纪行为不得重复处分。

实施处分后的月工资不得低于市政府公布的特区最低工资标准。

第五十一条第二款　用人单位被宣告破产后，除已支付的破产费用和共益债务外，破产财产应当优先支付工伤医疗费用和月工资在本市上年度在岗职工人均月工资以下的劳动者在用人单位破产宣告前三个月内的劳动报酬。对剩余破产财产中的特定财产享有担保权的权利人，依法对该特定财产享有优先受偿的权利。

深圳市中级人民法院《关于审理劳动争议案件的裁判指引》（2015 年 9 月 2 日深中法发〔2015〕13 号）

六十、如劳动者与用人单位约定业务提成在货款收回后才支付的，该约定应认定为有效。员工请求业务提成，在约定条件成就后予以支持。

劳动者离职，业务提成支付周期在一个月内的，用人单位应立即支付；业务提成约定在货款收回后才支付的，则用人单位可在条件成就后支付。

六十一、用人单位依据《劳动法》第四十四条的规定应向劳动者支付加班工资的，劳动者的加班工资计算基数应为正常工作时间工资；用人单位与劳动者约定奖金、津贴、补贴等项目不属于正常工作时间工资的，从其约定。但约定的正常工作时间工资低于当地最低工资标准的除外。

双方在劳动合同中约定了计发加班工资基数标准或从工资表中可看出计发加班工资基数标准，而用人单位也确实按照该标准计发了劳动者加班工资，并据此制作工资表，该工资表亦经劳动者签名确认的，只要双方的约定不低于最低工资标准，即可认定双方已约定以该计发加班工资基数标准为加班工资的计算基数。用人单位根据此标准计发给劳动者的工资符合法律规定的加班工资计算标准的，应认定用人单位已足额支付了加班工资。

六十二、劳动者与用人单位在签订劳动合同时约定的工资中注明“已包含加班工资”或虽未书面约定实际支付的工资是否包含加班工资，但用人单位有证据证明已支付的工资包含了正常工作时间工资和加班工资的，劳动者的时薪为：时薪＝约定工资÷（21.75 天×8 小时＋约定包含在工资中的平时加班时间小时数×150%＋约定包含在工资中的休息日加班时间小时数×200%＋约定包含在工资中的法定节假日加班时间小时数×300%）。

按上述方法计算出的劳动者的时薪低于当地最低工资标准的，该约定为无效；劳动者的工资应以最低工资标准为基本工资，超过法定工作时间为加班时间，加班工资以最低工资标准按法律规定标准计算。

六十三、双方约定实行计件工资制,但现有证据无法查明正常工作时间工作定额,根据劳动者的工资、工作时间和法定加班倍数折算出的时薪不低于最低工资标准的,可认定用人单位支付的工资中已包含了加班工资。

七十一、用人单位实行包月工资制,但劳动者实际加班时间无法确定,如用人单位能证明包月工资中加班工资计算基数的,且该基数不低于最低工资标准的,以该基数作为未休年休假工资的计算基数。否则,以全部包月工资作为未休年休假工资的计算基数。

《深圳市员工工资支付条例》(2019 年 8 月 22 日修正　深圳市第六届人民代表大会常务委员会公告第 154 号)

第三条　本条例所称工资,是指用人单位依据国家有关规定和劳动关系双方的约定,以货币形式支付给员工的劳动报酬。但是,依据法律、法规、规章的规定,由用人单位承担或者支付给员工的下列费用不属于工资:

(一)社会保险费;

(二)劳动保护费;

(三)福利费;

(四)用人单位与员工解除劳动关系时支付的一次性补偿费;

(五)计划生育费;

(六)其他不属于工资的费用。

第十条　实行年薪制或者按照考核周期支付工资的,应当每月按照不低于最低工资的标准预付部分工资。

加班工资支付周期不得超过一个月。

第十一条　工资支付周期不超过一个月的,约定的工资支付日不得超过支付周期期满后第七日;工资支付周期超过一个月不满一年的,约定的工资支付日不得超过支付周期期满后的一个月;工资支付周期在一年或者一年以上的,约定的工资支付日不得超过支付周期期满后的六个月。

工资支付日遇法定休假节日或者休息日的,应当在之前的工作日支付。

第十二条　用人单位因故不能在约定的工资支付日支付工资的,可以延长五日;因生产经营困难,需延长五日以上的,应当征得本单位工会或者员工本人书面同意,但是最长不得超过十五日。

第十三条　用人单位与员工的劳动关系依法解除或者终止的,支付周期不超过一个月的工资,用人单位应当自劳动关系解除或者终止之日起三个工作日内一次付清;支付周期超过一个月的工资,可以在约定的支付日期支付。

第十四条 员工工资应当从用人单位与员工建立劳动关系之日起计发至劳动关系解除或者终止之日。

劳动关系解除或者终止时,员工月度奖、季度奖、年终奖等支付周期未满的工资,按照员工实际工作时间折算计发。

第十七条 用人单位以周、日、小时支付员工工资的,其工资折算按照每日工作八小时、每周工作四十小时、每月平均工作21.75日计算。

第二十一条 员工在法定休假节日期间休假的,用人单位应当支付工资。

实行小时、日工资制和计件工资制的员工在法定休假节日期间休假的,用人单位应当按照不低于员工本人正常工作时间工资的标准,支付其法定休假节日期间的工资

第二十三条 员工患病或者非因工负伤停止工作进行医疗,在国家规定的医疗期内的,用人单位应当按照不低于本人正常工作时间工资的百分之六十支付员工病伤假期工资,但是不得低于最低工资的百分之八十。

第二十八条 非因员工原因造成用人单位停工、停产,未超过一个工资支付周期(最长三十日)的,用人单位应当按照正常工作时间支付工资。超过一个工资支付周期的,可以根据员工提供的劳动,按照双方新约定的标准支付工资;用人单位没有安排员工工作的,应当按照不低于当地最低工资标准的百分之八十支付劳动者生活费,生活费发放至企业复工、复产或者解除劳动关系为止。

第二十九条 因员工本人过错造成停工的,用人单位可以不支付该员工停工期间的工资,但经认定属于工伤的除外。

第三十条 员工被判处管制或者被判处拘役、有期徒刑适用缓刑或者被假释、监外执行、取保候审,劳动关系未解除的,用人单位应当按照其提供的劳动支付工资。

第三十一条 员工涉嫌违法犯罪被依法采取限制人身自由的强制措施或者受到限制人身自由的行政处罚的,用人单位可以不支付其被限制人身自由期间的工资。

第三十四条 用人单位可以从员工工资中扣减下列费用:

(一)员工赔偿因本人原因造成用人单位经济损失的费用;

(二)用人单位按照依法制定的规章制度对员工进行的违纪经济处罚;

(三)经员工本人同意的其他费用。

用人单位每月扣减前款第一、二项费用后的员工工资余额不得低于最低工资。

第三十九条 全日制就业劳动者最低工资以月最低工资为基本形式,非全日制就业劳动者最低工资以小时最低工资为基本形式。

第四十条 实行计件工资或者提成工资等工资形式的,应当按照正常工作时间进行折算,其相应的折算额不得低于最低工资。

第五十三条 在建筑活动中,建设单位、施工总承包企业等单位违法将工程发包、分包或者转包给未经工商登记不具备用工主体资格或者不具备相应资质条件的组织或者个人,该组织或者个人拖欠员工工资的,发包单位应当向员工垫付拖欠的工资。

第六十一条 本条例下列用语的含义:

(一)正常工作时间,是指用人单位在法定工作时间内所确定的工作时间。

(二)正常劳动,是指员工按照劳动关系双方的约定,在正常工作时间内从事的劳动。

(三)克扣工资,是指用人单位违反本条例规定扣减员工工资的行为。

(四)无故拖欠工资,是指用人单位非因不可抗力,超过本条例规定或者认可的工资支付最后期限,未支付或者未全额支付员工工资的行为。

地方性规定:江苏

《江苏省高级人民法院劳动争议案件审理指南》(2010 年 5 月 17 日)

(七)工资结算协议的效力认定

1. 实践中,在劳动关系解除或终止时劳资双方往往会达成结算协议,对用人单位应付或已付劳动报酬进行约定。但协议签订或履行后,劳动者可能又会以该协议约定的工资给付标准低于双方劳动合同约定或法定最低工资标准为由主张合同无效。根据江苏省高级人民法院、江苏省劳动人事争议仲裁委员会苏高法审委〔2009〕47 号第 24 条《关于审理劳动争议案件的指导意见》的规定,劳动者与用人单位就工资、加班工资等劳动报酬的计算、支付达成结算协议的,只要不违反法律、行政法规的强制性规定的,一般应认定有效,但有证据证明在协议签订时存在欺诈、胁迫、重大误解、显失公平或乘人之危等违背当事人真实意思表示的情形除外。

2. 劳动者与用人单位双方在结算协议中约定结清的费用列有工资或劳动报酬,但未列明是否包含加班工资,如果确有证据证明用人单位未支付加班工资,劳动者请求支付的，应予支持。

《江苏省工资支付条例》(2021年9月29日修正　江苏省人大常委会公告第70号)

第十一条　实行计件工资制的，用人单位确定、调整劳动定额或者计件报酬标准应当遵循科学合理的原则；确定、调整的劳动定额应当使本单位同岗位百分之九十以上劳动者在法定工作时间内能够完成。

第十二条　劳动者提供了正常劳动，用人单位应当按照劳动合同约定的工资标准支付劳动者工资。劳动合同约定的工资标准不得低于当地最低工资标准。

劳动者有下列特殊情形之一，但提供了正常劳动的，用人单位支付给劳动者的工资不得低于当地最低工资标准，其中非全日制劳动者的工资不得低于当地小时最低工资标准：

（一）在试用期内的；

（二）因用人单位实行预付部分工资、分批支付工资的；

（三）违反用人单位依法制定的规章制度，被用人单位扣除当月部分工资的；

（四）给用人单位造成经济损失，用人单位按照劳动合同的约定以及依法制定的规章制度的规定需要从工资中扣除赔偿费的；

（五）因用人单位生产经营困难不能按工资标准支付工资，经用人单位与本单位工会或者职工代表协商一致后降低工资标准的。

前款第三项规定的情形，用人单位扣除劳动者当月工资的部分不得超过劳动者当月应发工资的百分之二十；第四项规定的情形，用人单位和劳动者在经济损失发生后另有约定的除外。

当地最低工资标准由设区的市人民政府根据省人民政府公布的最低工资标准确定；最低工资标准每两年至少调整一次。

劳动合同履行地与用人单位所在地的当地最低工资标准不一致的，适用当地最低工资标准时应当遵循有利于劳动者的原则。

第十四条　用人单位应当在与劳动者约定的日期支付工资；没有约定工资支付日期的，按照用人单位规定的日期支付工资。

工资支付日期如遇法定节假日或者休息日，应当在此之前的工作日提前支付。

第十七条　用人单位应当书面记录支付劳动者工资的应发项目及数额、实发数额、支付日期、支付周期、依法扣除项目及数额、领取者姓名等内容。

用人单位应当建立劳动考勤制度，书面记录劳动者的出勤情况，每月与劳动者核对并由劳动者签字。用人单位保存劳动考勤记录不得少于二年。

用人单位不得伪造、变造、隐匿、销毁工资支付记录及劳动者出勤记录。

第十九条 用人单位与劳动者依法解除或者终止劳动关系的,应当在劳动关系解除或者终止之日起两个工作日内一次性付清劳动者工资。双方另有约定的除外。

劳动者死亡的,用人单位应当按照满一个工资支付周期支付其工资。

第二十七条 劳动者患病或者非因工负伤停止劳动,且在国家规定医疗期内的,用人单位应当按照工资分配制度的规定以及劳动合同、集体合同的约定或者国家有关规定,向劳动者支付病假工资或者疾病救济费。

病假工资、疾病救济费不得低于当地最低工资标准的百分之八十。国家另有规定的,从其规定。

第二十八条 对依法被列为甲类传染病或者采取甲类传染病控制措施的疑似病人或者其密切接触者,经隔离观察排除是病人或者疑似病人的,其隔离观察期间,用人单位应当视同劳动者提供正常劳动并支付其工资。

第二十九条 劳动者依法享有的法定节假日以及年休假、探亲假、婚丧假、晚婚晚育假、节育手术假、女职工孕期产前检查、产假、哺乳期内的哺乳时间、男方护理假、工伤职工停工留薪期等期间,用人单位应当视同劳动者提供正常劳动并支付其工资。

第三十一条 用人单位非因劳动者原因停工、停产、歇业,在劳动者一个工资支付周期内的,应当视同劳动者提供正常劳动支付其工资。超过一个工资支付周期的,可以根据劳动者提供的劳动,按照双方新约定的标准支付工资;用人单位没有安排劳动者工作的,应当按照不低于当地最低工资标准的百分之八十支付劳动者生活费。国家另有规定的,从其规定。

第三十二条 用人单位依照本条例第二十七条、第三十一条的规定,按照当地最低工资标准的百分之八十支付给劳动者病假工资、疾病救济费和生活费的,必须同时承担应当由劳动者个人缴纳的社会保险费和住房公积金。

地方性规定:浙江

浙江省高级人民法院民事审判第一庭、浙江省劳动人事争议仲裁院《关于审理劳动争议案件若干问题的解答(三)》(2015年9月29日 浙高法民一〔2015〕9号)

十三、劳动者在元旦、春节等法定节假日工作的,加班工资如何计付?

答:根据《劳动法》第四十四条规定,元旦、春节等法定节假日安排劳动者工作的,支付不低于工资百分之三百的工资报酬。法定节假日计薪,不影响加班工资的计付。劳动者在法定节假日工作的,加班工资应当按照百分之三百工资报酬标准另行计付。

浙江省劳动争议仲裁委员会《关于劳动争议案件处理若干问题的指导意见(试行)》(2009年8月21日　浙仲〔2009〕2号)

37. 女职工产假期间,用人单位经本人同意安排女职工工作的,按以下情形支付工资:

(1)已参加生育保险的,女职工领取生育津贴外,用人单位应支付正常上班的工资;

(2)未参加生育保险的,用人单位应参照生育保险待遇支付生育津贴,同时支付正常上班的工资。

39. 用人单位确因工作需要不能当年安排年休假,次年安排补休时,劳动者主张不同意补休,要求按日工资300%支付年休假工资的,不予支持。

《浙江省企业工资支付管理办法》(2017年3月2日修正　浙江省人民政府令第353号)

第十四条　工资应当至少每月支付一次,但非全日制用工工资支付周期最长不得超过15日。

工资发放日如遇节假日或者休息日的,应当提前支付。

第十五条　劳动者因依法参加社会活动占用工作时间的,企业应当视同劳动者提供正常劳动并支付其工资。

第十六条　劳动者享受法定假的,企业应当按照劳动合同的约定和国家、省相关规定支付法定假期间的工资。劳动者请事假或者无正当理由未提供劳动的,用人单位可以不予支付相关期间的工资。

第十七条　劳动者因患病或者非因工负伤,未付出劳动的,企业应当支付国家规定的医疗期内的病伤假工资。病伤假工资不得低于当地人民政府确定的最低工资标准的80%。

第十八条　劳动者被依法判处管制或者拘役适用缓刑、有期徒刑适用缓刑期间,企业未与其解除劳动合同,且劳动者付出了正常劳动的,企业应当按照劳动合同的约定和国家、省相关规定支付工资。

第十九条　企业与劳动者依法解除、终止劳动合同的,应当自办理解除或者终止劳动合同手续之日起5日内一次性结清工资。

第二十条 企业可以从劳动者工资中依法代扣下列款项：

(一)劳动者的个人所得税；

(二)劳动者个人应当缴纳的社会保险费和住房公积金；

(三)法院判决或者裁定由企业代扣的有关诉讼案件中当事人的抚养费、赡养费、扶养费；

(四)依法由企业代扣的其他款项。

第二十一条 因自然灾害等不可抗力导致企业无法按时足额支付劳动者工资的,在不可抗力原因消除后应当立即支付。企业确因生产经营困难,经依法集体协商或者经劳动者本人同意,可以延期支付全部或者部分工资,但最长不得超过30日。

第二十二条 企业停工、停产、歇业,时间在1个工资支付周期内的,企业应当按照劳动合同的约定和国家、省相关规定支付工资。

企业停工、停产、歇业时间超过1个工资支付周期,劳动者付出了正常劳动的,企业应当按照不低于当地人民政府确定的最低工资标准支付工资;劳动者未付出正常劳动的,企业应当按照不低于当地人民政府确定的最低工资标准的80%支付工资。

第二十三条 在工程建设领域推行人工费用与其他工程款分账管理制度,由施工总承包企业在工程项目所在地银行开设工资专用账户,专项用于支付工资。

第二十四条 建设单位或者施工总承包企业未按照合同约定及时划拨工程款,致使施工总承包企业或者分包企业拖欠工资的,由建设单位或者施工总承包企业先行垫付工资,垫付额以未支付的工程款为限。

建设单位将工程违法发包,致使拖欠工资的,由建设单位依法承担清偿责任;施工总承包企业将工程转包、违法分包,致使拖欠工资的,由施工总承包企业依法承担清偿责任。建设单位或者施工总承包企业清偿后,有权向相关组织、单位或者个人追偿。

地方性规定:山东

《山东省劳动合同条例》(2013年8月1日修订 山东省人民代表大会常务委员会公告第21号)

第三十条 用人单位应当自出具解除或者终止劳动合同证明之日起十五日内为劳动者办理档案和社会保险转移手续,并结清劳动者的劳动报酬和其他费用。

劳动合同解除或者终止后，劳动者应当按照双方约定的时间、地点办理工作交接，归还用人单位的生产工具、技术资料等财物；用人单位依法向劳动者支付经济补偿的，应当在办理工作交接时支付。

《关于适用〈中华人民共和国劳动争议调解仲裁法〉和〈中华人民共和国劳动合同法〉若干问题的意见》（2010年6月1日　鲁高法〔2010〕84号）

33. 用人单位违法解除劳动合同的决定被撤销后，劳动者要求支付违法解除劳动合同期间的工资，劳动者在仲裁、诉讼期间的劳动报酬应当按用人单位违法解除劳动合同前劳动者提供正常劳动应得工资计算。

《山东省企业工资支付规定》（2021年2月7日修订　山东省人民政府令第340号）

第十六条　企业应当按照劳动合同或者工资集体协议约定的日期足额支付劳动者工资，不得克扣或者拖欠工资。工资支付日期遇到法定节假日或者休息日的，企业应当在节假日或者休息日前最近的工作日支付。

企业应当每月至少支付给劳动者一次工资，但实行年薪制的，可以按照规定的比例和期限定期支付劳动者工资。

对于从事临时性工作的劳动者，工作期间少于1个月的，企业应当在临时工作任务完成时立即支付劳动者工资；工作期间超过1个月的，企业应当按月支付劳动者工资。

第十九条　企业应当编制工资支付表，记载工资支付对象姓名、支付时间、支付项目、加班工资、应发金额、扣除项目、实发金额和劳动者签名等事项。

工资支付表应当按照国家会计档案管理的规定至少保存15年的时间备查。

企业应当在支付工资时向劳动者提供工资支付单，工资支付单应当载明工资支付表中的事项。劳动者有权查询本人的工资支付记录，企业应当及时为查询人提供相关资料。

第二十条　第二款企业应当将加班工资在下一个工资发放日或者之前支付给劳动者。

第二十五条　根据本规定第二十条计算加班工资的工资基数和第二十四条第一款计算劳动者休假工资基数，应当按照劳动者上一月份提供正常劳动所得实际工资扣除该月加班工资后的数额确定。劳动者上一月份没有提供正常劳动的，按照向前顺推至其提供正常劳动月份所得实际工资扣除该月加班工资后的数额确定。

第二十六条　劳动者因工负伤或者患职业病的,企业应当按照《工伤保险条例》的规定,支付劳动者停工留薪期间的工资。

劳动者患病或者非因工负伤,在国家规定的医疗期内的,企业应当按照国家和省有关规定支付病假工资或者疾病救济费,病假工资或者疾病救济费不得低于当地最低工资标准的80%。

《中华人民共和国传染病防治法》列为甲类的传染病,以及虽未列为甲类传染病,但按照甲类传染病进行防治的传染病的疑似病人及密切接触者,经隔离观察或者留验排除是病人的,企业应当按照劳动者提供正常劳动时的标准支付其被隔离观察或者留验期间的工资。

第二十八条　劳动者被判处管制、拘役适用缓刑、有期徒刑适用缓刑,或者被假释、监外执行、取保候审期间,企业未与其解除劳动合同,劳动者提供了正常劳动的,企业应当按照国家规定或者劳动合同约定的工资标准支付其工资。

第三十条　因劳动者原因造成企业经济损失需要赔偿的,企业可以从劳动者工资中扣除,但扣除后的剩余部分不得低于当地月最低工资标准。

第三十一条　非因劳动者原因造成企业停工、停产、歇业且企业未与劳动者解除劳动合同,停工、停产、歇业在一个工资支付周期内的,企业应当视同劳动者提供正常劳动并支付该工资支付周期的工资;超过一个工资支付周期的,企业另行安排劳动者从事其他工作的,按照双方新约定的标准支付工资,但不得低于当地最低工资标准;企业没有安排劳动者工作的,应当按照不低于当地最低工资标准的70%支付劳动者基本生活费。国家和省另有规定的,依照其规定执行。

第三十三条　企业与劳动者依法解除、终止劳动合同的,企业应当在解除或者终止劳动合同时一次性支付劳动者应得的工资。

附:本章节收录相关规定汇总

第一节

法律

《劳动法》(2018年12月29日修正)

《劳动合同法》(2012年12月28日修正)

行政法规

《劳动合同法实施条例》(2008年9月18日　国务院令第535号)

部委规定

《最低工资规定》(2004年3月1日　劳动和社会保障部令第21号)

《工资集体协商试行办法》(2000 年 11 月 8 日　劳动和社会保障部令第 9 号)

《关于贯彻执行〈中华人民共和国劳动法〉若干问题的意见》(1995 年 8 月 4 日　劳部发〔1995〕309 号)

《关于工资总额组成的规定》(1990 年 1 月 1 日　国家统计局令第 1 号)

国家统计局《〈关于工资总额组成的规定〉若干具体范围的解释》(1990 年 1 月 1 日　统制字〔1990〕1 号)

地方性规定:北京

北京市高级人民法院、北京市劳动人事争议仲裁委员会《关于审理劳动争议案件法律适用问题的解答》(2017 年 4 月 24 日　京高法发〔2017〕142 号)

地方性规定:上海

上海市高级人民法院《关于适用〈劳动合同法〉若干问题的意见》(2009 年 3 月 3 日　沪高法〔2009〕73 号)

第二节

法律

《劳动法》(2018 年 12 月 29 日修正)

《劳动合同法》(2012 年 12 月 28 日修正)

行政法规

《职工带薪年休假条例》(2008 年 1 月 1 日　国务院令第 514 号)

部委规定

《企业职工带薪年休假实施办法》(2008 年 9 月 18 日　人力资源和社会保障部令第 1 号)

劳动和社会保障部《关于职工全年月平均工作时间和工资折算问题的通知》(2008 年 1 月 3 日　劳社部发〔2008〕3 号)

《关于贯彻执行〈中华人民共和国劳动法〉若干问题的意见》(1995 年 8 月 4 日　劳部发〔1995〕309 号)

《对〈工资支付暂行规定〉有关问题的补充规定》(1995 年 5 月 12 日　劳部发〔1995〕226 号)

《工资支付暂行规定》(1995 年 1 月 1 日　劳部发〔1994〕489 号)

地方性规定:北京

北京市高级人民法院、北京市劳动人事争议仲裁委员会《关于审理劳动争议案件法律适用问题的解答》(2017 年 4 月 24 日　京高法发〔2017〕142 号)

北京市高级人民法院、北京市劳动争议仲裁委员会《关于劳动争议案件法律适用问题研

讨会会议纪要》(2009 年 8 月 17 日)

《北京市工资支付规定》(2007 年 11 月 23 日修改　北京市人民政府令第 200 号)

地方性规定:天津

《关于审理劳动人事争议案件的会议纪要》(2019 年 11 月 25 日　津高法〔2019〕296 号)

《天津法院劳动争议案件审理指南》(2018 年 1 月 1 日　津高法〔2017〕246 号)

《天津市工资支付规定》(2004 年 1 月 1 日　津劳局〔2003〕440 号)

地方性规定:上海

上海市高级人民法院《关于审理劳动争议案件若干问题的解答(2010)》(民一庭调研指导〔2010〕34 号)

上海市高级人民法院《关于审理劳动争议案件若干问题的解答》(沪高法民一〔2006〕17 号)

《上海市企业工资支付办法》(2016 年 6 月 27 日修改　沪人社综发〔2016〕29 号)

地方性规定:重庆

重庆市人力资源和社会保障局《关于工资等有关问题处理意见的通知》(2015 年 10 月 27 日　渝人社发〔2015〕217 号)

《关于贯彻执行〈重庆市企业职工病假待遇暂行规定〉若干问题的意见》(2000 年 7 月 21 日　渝劳办发〔2000〕233 号)

《重庆市企业职工病假待遇暂行规定》(2000 年 7 月 1 日　渝府发〔2000〕47 号)

地方性规定:广东(深圳)

《广东省工资支付条例》(2016 年 9 月 29 日修正　广东省第十二届人民代表大会常务委员会公告第 65 号)

广东省高级人民法院、广东省劳动人事争议仲裁委员会《关于劳动人事争议仲裁与诉讼衔接若干意见》(2018 年 7 月 18 日　粤高法发〔2018〕2 号)

《深圳经济特区和谐劳动关系促进条例》(2019 年 4 月 26 日修正　深圳市第六届人民代表大会常务委员会公告第 150 号)

深圳市中级人民法院《关于审理劳动争议案件的裁判指引》(2015 年 9 月 2 日　深中法发〔2015〕13 号)

《深圳市员工工资支付条例》(2019 年 8 月 22 日修正　深圳市第六届人民代表大会常务委员会公告第 154 号)

地方性规定:江苏

《江苏省高级人民法院劳动争议案件审理指南》(2010 年 5 月 17 日)

《江苏省工资支付条例》(2021 年 9 月 29 日修正　江苏省人大常委会公告第 70 号)

地方性规定:浙江

浙江省高级人民法院民事审判第一庭、浙江省劳动人事争议仲裁院《关于审理劳动争议案件若干问题的解答(三)》(2015 年 9 月 29 日　浙高法民一〔2015〕9 号)

浙江省劳动争议仲裁委员会《关于劳动争议案件处理若干问题的指导意见(试行)》(2009 年 8 月 21 日　浙仲〔2009〕2 号)

《浙江省企业工资支付管理办法》(2017 年 3 月 2 日修正　浙江省人民政府令第 353 号)

地方性规定:山东

《山东省劳动合同条例》(2013 年 8 月 1 日修订　山东省人民代表大会常务委员会公告第 21 号)

《关于适用〈中华人民共和国劳动争议调解仲裁法〉和〈中华人民共和国劳动合同法〉若干问题的意见》(2010 年 6 月 1 日　鲁高法〔2010〕84 号)

《山东省企业工资支付规定》(2021 年 2 月 7 日修订　山东省人民政府令第 340 号)

第二十一章　女职工和未成年工特殊保护

法律

《劳动法》(2018 年 12 月 29 日修正)

第五十八条　国家对女职工和未成年工实行特殊劳动保护。

未成年工是指年满十六周岁未满十八周岁的劳动者。

第五十九条　禁止安排女职工从事矿山井下、国家规定的第四级体力劳动强度的劳动和其他禁忌从事的劳动。

第六十条　不得安排女职工在经期从事高处、低温、冷水作业和国家规定的第三级体力劳动强度的劳动。

第六十一条　不得安排女职工在怀孕期间从事国家规定的第三级体力劳动强度的劳动和孕期禁忌从事的劳动。对怀孕七个月以上的女职工,不得安排其延长工作时间和夜班劳动。

第六十二条　女职工生育享受不少于九十天的产假。

第六十三条　不得安排女职工在哺乳未满一周岁的婴儿期间从事国家规定的第三级体力劳动强度的劳动和哺乳期禁忌从事的其他劳动,不得安排其延长工作时间和夜班劳动。

第六十四条　不得安排未成年工从事矿山井下、有毒有害、国家规定的第四级体力劳动强度的劳动和其他禁忌从事的劳动。

第六十五条　用人单位应当对未成年工定期进行健康检查。

《就业促进法》(2015 年 4 月 24 日修正)

第二十七条　国家保障妇女享有与男子平等的劳动权利。

用人单位招用人员,除国家规定的不适合妇女的工种或者岗位外,不得以性别为由拒绝录用妇女或者提高对妇女的录用标准。

用人单位录用女职工,不得在劳动合同中规定限制女职工结婚、生育的内容。

《妇女权益保障法》(2018 年 10 月 26 日修正)

第二十二条　国家保障妇女享有与男子平等的劳动权利和社会保障权利。

第二十三条　各单位在录用职工时,除不适合妇女的工种或者岗位外,不得以性别为由拒绝录用妇女或者提高对妇女的录用标准。

各单位在录用女职工时,应当依法与其签订劳动(聘用)合同或者服务协议,劳动(聘用)合同或者服务协议中不得规定限制女职工结婚、生育的内容。

禁止录用未满十六周岁的女性未成年人,国家另有规定的除外。

第二十四条　实行男女同工同酬。妇女在享受福利待遇方面享有与男子平等的权利。

第二十六条　任何单位均应根据妇女的特点,依法保护妇女在工作和劳动时的安全和健康,不得安排不适合妇女从事的工作和劳动。

妇女在经期、孕期、产期、哺乳期受特殊保护。

第二十七条第一款　任何单位不得因结婚、怀孕、产假、哺乳等情形,降低女职工的工资,辞退女职工,单方解除劳动(聘用)合同或者服务协议。但是,女职工要求终止劳动(聘用)合同或者服务协议的除外。

行政法规

《女职工劳动保护特别规定》(2012 年 4 月 28 日　国务院令第 619 号)

第二条　中华人民共和国境内的国家机关、企业、事业单位、社会团体、个体经济组织以及其他社会组织等用人单位及其女职工,适用本规定。

第四条第一款　用人单位应当遵守女职工禁忌从事的劳动范围的规定。用人单位应当将本单位属于女职工禁忌从事的劳动范围的岗位书面告知女职工。

2012 年 4 月 28 日《女职工劳动保护特别规定》附录:

一、女职工禁忌从事的劳动范围:

(一)矿山井下作业;

(二)体力劳动强度分级标准中规定的第四级体力劳动强度的作业;

(三)每小时负重 6 次以上、每次负重超过 20 公斤的作业,或者间断负重、每次负重超过 25 公斤的作业。

二、女职工在经期禁忌从事的劳动范围:

(一)冷水作业分级标准中规定的第二级、第三级、第四级冷水作业;

(二)低温作业分级标准中规定的第二级、第三级、第四级低温作业;

(三)体力劳动强度分级标准中规定的第三级、第四级体力劳动强度的作业;

(四)高处作业分级标准中规定的第三级、第四级高处作业。

第五条 用人单位不得因女职工怀孕、生育、哺乳降低其工资、予以辞退、与其解除劳动或者聘用合同。

第六条 女职工在孕期不能适应原劳动的,用人单位应当根据医疗机构的证明,予以减轻劳动量或者安排其他能够适应的劳动。

对怀孕7个月以上的女职工,用人单位不得延长劳动时间或者安排夜班劳动,并应当在劳动时间内安排一定的休息时间。

怀孕女职工在劳动时间内进行产前检查,所需时间计入劳动时间。

2012年4月28日《女职工劳动保护特别规定》附录:

三、女职工在孕期禁忌从事的劳动范围:

(一)作业场所空气中铅及其化合物、汞及其化合物、苯、镉、铍、砷、氰化物、氮氧化物、一氧化碳、二硫化碳、氯、己内酰胺、氯丁二烯、氯乙烯、环氧乙烷、苯胺、甲醛等有毒物质浓度超过国家职业卫生标准的作业;

(二)从事抗癌药物、己烯雌酚生产,接触麻醉剂气体等的作业;

(三)非密封源放射性物质的操作,核事故与放射事故的应急处置;

(四)高处作业分级标准中规定的高处作业;

(五)冷水作业分级标准中规定的冷水作业;

(六)低温作业分级标准中规定的低温作业;

(七)高温作业分级标准中规定的第三级、第四级的作业;

(八)噪声作业分级标准中规定的第三级、第四级的作业;

(九)体力劳动强度分级标准中规定的第三级、第四级体力劳动强度的作业;

(十)在密闭空间、高压室作业或者潜水作业,伴有强烈振动的作业,或者需要频繁弯腰、攀高、下蹲的作业。

第七条 女职工生育享受98天产假,其中产前可以休假15天;难产的,增加产假15天;生育多胞胎的,每多生育1个婴儿,增加产假15天。

女职工怀孕未满4个月流产的,享受15天产假;怀孕满4个月流产的,享受42天产假。

第八条 女职工产假期间的生育津贴,对已经参加生育保险的,按照用人单位上年度职工月平均工资的标准由生育保险基金支付;对未参加生育保险的,按照女职工产假前工资的标准由用人单位支付。

女职工生育或者流产的医疗费用,按照生育保险规定的项目和标准,对已经参加生育保险的,由生育保险基金支付;对未参加生育保险的,由用人单位支付。

第九条 对哺乳未满1周岁婴儿的女职工,用人单位不得延长劳动时间或者安排夜班劳动。

用人单位应当在每天的劳动时间内为哺乳期女职工安排1小时哺乳时间;女职工生育多胞胎的,每多哺乳1个婴儿每天增加1小时哺乳时间。

2012年4月28日《女职工劳动保护特别规定》附录:

四、女职工在哺乳期禁忌从事的劳动范围

(一)孕期禁忌从事的劳动范围的第一项、第三项、第九项;

(二)作业场所空气中锰、氟、溴、甲醇、有机磷化合物、有机氯化合物等有毒物质浓度超过国家职业卫生标准的作业。

部委规定

《未成年工特殊保护规定》(1995年1月1日 劳部发〔1994〕498号)

第三条 用人单位不得安排未成年工从事以下范围的劳动:

(一)《生产性粉尘作业危害程度分级》国家标准中第一级以上的接尘作业;

(二)《有毒作业分级》国家标准中第一级以上的有毒作业;

(三)《高处作业分级》国家标准中第二级以上的高处作业;

(四)《冷水作业分级》国家标准中第二级以上的冷水作业;

(五)《高温作业分级》国家标准中第三级以上的高温作业;

(六)《低温作业分级》国家标准中第三级以上的低温作业;

(七)《体力劳动强度分级》国家标准中第四级体力劳动强度的作业;

(八)矿山井下及矿山地面采石作业;

(九)森林业中的伐木、流放及守林作业;

(十)工作场所接触放射性物质的作业;

(十一)有易燃易爆、化学性烧伤和热烧伤等危险性大的作业;

(十二)地质勘探和资源勘探的野外作业;

(十三)潜水、涵洞、涵道作业和海拔三千米以上的高原作业(不包括世居高原者);

(十四)连续负重每小时在六次以上并每次超过二十公斤,间断负重每次超过二十五公斤的作业;

(十五)使用凿岩机、捣固机、气镐、气铲、铆钉机、电锤的作业;

(十六)工作中需要长时间保持低头、弯腰、上举、下蹲等强迫体位和动作频率每分钟大于五十次的流水线作业;

(十七)锅炉司炉。

第六条 用人单位应按下列要求对未成年工定期进行健康检查:

(一)安排工作岗位之前;

(二)工作满一年;

(三)年满十八周岁,距前一次的体检时间已超过半年。

第八条 用人单位应根据未成年工的健康检查结果安排其从事适合的劳动,对不能胜任原劳动岗位的,应根据医务部门的证明,予以减轻劳动量或安排其他劳动。

第九条 对未成年工的使用和特殊保护实行登记制度。

(一)用人单位招收使用未成年工,除符合一般用工要求外,还须向所在地的县级以上劳动行政部门办理登记。劳动行政部门根据《未成年工健康检查表》、《未成年工登记表》,核发《未成年工登记证》。

(二)各级劳动行政部门须按本规定第三、四、五、七条的有关规定,审核体检情况和拟安排的劳动范围。

(三)未成年工须持《未成年工登记证》上岗。

(四)《未成年工登记证》由国务院劳动行政部门统一印制。

第十条 未成年工上岗前用人单位应对其进行有关的职业安全卫生教育、培训;未成年工体检和登记,由用人单位统一办理和承担费用。

地方性规定:浙江

《浙江省女职工劳动保护办法》(2017 年 6 月 1 日 浙江省人民政府令第 355 号)

第七条 妇女享有与男子平等的劳动就业权利。在劳动报酬方面,实行男女同工同酬。

除法律、法规规定不适合妇女的工种或者岗位外,用人单位在招录人员、安排岗位或者裁减人员时,不得歧视妇女。

第八条　用人单位与劳动者一方订立集体合同或者女职工权益保护专项集体合同的,应当明确女职工劳动保护的内容。

参加集体合同或者女职工权益保护专项集体合同协商的劳动者一方代表中,应当有相应比例的女职工代表。

劳务派遣单位与用工单位订立劳务派遣协议的,应当明确被派遣女职工劳动保护的内容。

第九条　用人单位不得在劳动合同或者聘用合同中与女职工约定限制结婚、限制生育或者缩减产假等损害女职工合法权益的内容。

用人单位不得因女职工结婚、怀孕、生育、哺乳等情形,降低其工资、限制其晋级、予以辞退、单方解除其劳动合同或者聘用合同,法律、法规另有规定的除外。

劳动合同或者聘用合同期满而孕期、产期、哺乳期未满的,除女职工提出解除劳动合同或者聘用合同的外,劳动合同或者聘用合同应当顺延至孕期、产期、哺乳期满。

第十条　用人单位应当执行国家有关女职工禁忌从事的劳动范围的规定。

第十一条　经本人提出,用人单位应当给予经期女职工下列保护:

(一)不得安排其从事国家规定的经期禁忌从事的劳动;

(二)经医疗机构证明患有重度痛经或者经量过多的,给予 1 至 2 天的带薪休息。

第十二条　用人单位应当给予孕期女职工下列保护:

(一)在劳动时间内进行产前检查的,所需时间计入其劳动时间;

(二)实行劳动定额的,适当减少其劳动量;

(三)根据医疗机构的证明,对不能适应原劳动的,予以减轻其劳动量或者暂时安排其他能够适应的劳动;

(四)怀孕不满 3 个月且妊娠反应严重,或者怀孕 7 个月以上的,在每天的劳动时间内安排不少于 1 个小时的休息时间,不得延长其劳动时间或者安排其从事夜班劳动;

(五)不得安排其从事国家规定的孕期禁忌从事的劳动。

第十三条　女职工有流产先兆、习惯性流产史或者其他特殊情况,经医疗机构证明,本人提出休息的,用人单位应当予以适当安排。

第十四条　女职工生育享受产假 98 天,符合《浙江省人口与计划生育条例》第三十条规定的,再增加 30 天;难产的,增加产假 15 天;生育多胞胎的,每多生育 1 个婴儿,增加产假15天。

女职工怀孕不满4个月流产的,享受产假15天;怀孕满4个月流产的,享受产假42天。

第十五条 女职工产前检查、生育或者流产产生的医疗费用,按照生育保险规定的项目和标准支付。对已经参加生育保险的,由生育保险基金支付;对未参加生育保险的,由用人单位支付。

第十六条 女职工参加生育保险的,按照本办法规定的产假天数享受产假期间的生育津贴。生育津贴按照用人单位上年度职工月平均工资的标准由生育保险基金支付,用人单位不再支付产假期间工资。生育津贴计发标准高于女职工产假前工资标准的,用人单位不得克扣差额部分;低于女职工产假前工资标准的,有条件的用人单位可以对差额部分予以补足。

女职工未参加生育保险的,由用人单位按照女职工产假前工资标准支付其产假期间的工资。

第十七条 失业妇女在领取失业保险金期间符合计划生育规定生育的,可以向设区的市、县(市、区)劳动就业服务机构申请领取相当于本人3个月失业保险金的生育补助。

未就业妇女的配偶已经参加生育保险的,未就业妇女按照国家规定享受生育医疗费用待遇。

第十八条 女职工实施放置(取出)宫内节育器、皮下埋植术、绝育及复通等计划生育手术的,按照有关规定给予一定的假期。计划生育手术的医疗费用及休假期间生育津贴的支付,按照本办法第十五条、第十六条的规定执行。

第十九条 对哺乳未满1周岁婴儿的女职工,用人单位应当给予下列保护:

(一)在每天的劳动时间内安排不少于1个小时的哺乳时间;生育多胞胎的,每多哺乳1个婴儿,增加1个小时的哺乳时间;

(二)不得延长其劳动时间或者安排其从事夜班劳动;

(三)实行劳动定额的,适当减少其劳动量;

(四)不得安排其从事国家规定的哺乳期禁忌从事的劳动。

哺乳时间和在本单位内为哺乳往返途中的时间,计入劳动时间。

第二十条 女职工人数较多的用人单位应当根据女职工的需要,设置女职工卫生室、孕妇休息室、哺乳室等设施;女职工人数较多且存在用厕困难的,应当适当增加厕所数量或者提高女厕位的比例。

用人单位新建、扩建、改建生产工作用房时，应当按照《工业企业设计卫生标准》的要求，设计、安装女职工劳动保护设施。

第二十一条　用人单位应当每年为女职工安排1次妇科常见病检查；对从事接触职业病危害作业的女职工，还应当定期组织其进行职业健康检查。检查所需费用由用人单位支付，检查所需时间计入劳动时间。

第二十二条　用人单位应当结合本单位劳动生产特点，预防和制止对女职工的性骚扰；在处理女职工性骚扰申诉时，应当依法保护女职工的个人隐私。

第二十三条　用人单位违反本办法规定，法律、法规已有行政处罚规定的，从其规定。

用人单位违反本办法规定，侵害女职工合法权益的，女职工可以依法投诉、举报、申诉，依法向劳动人事争议调解仲裁机构申请调解、仲裁，或者依法向人民法院提起诉讼。

女职工依法向人力资源和社会保障、安全生产监督管理、卫生和计划生育等行政主管部门以及工会、妇女组织投诉、举报、申诉的，收到投诉、举报、申诉的部门或者组织应当依法及时调查、处理，或者在3个工作日内转送有权处理的部门或者组织。调查、处理的结果应当及时告知女职工。

附：本章节收录相关规定汇总

法律

《劳动法》（2018年12月29日修正）

《就业促进法》（2015年4月24日修正）

《妇女权益保障法》（2018年10月26日修正）

行政法规

《女职工劳动保护特别规定》（2012年4月28日　国务院令第619号）

部委规定

《未成年工特殊保护规定》（1995年1月1日　劳部发〔1994〕498号）

地方性规定：浙江

《浙江省女职工劳动保护办法》（2017年6月1日　浙江省人民政府令第355号）

第二十二章　职业病

法律

《劳动法》(2018年12月29日修正)

第五十七条　国家建立伤亡事故和职业病统计报告和处理制度。县级以上各级人民政府劳动行政部门、有关部门和用人单位应当依法对劳动者在劳动过程中发生的伤亡事故和劳动者的职业病状况,进行统计、报告和处理。

《职业病防治法》(2018年12月29日修正)

第二条　本法适用于中华人民共和国领域内的职业病防治活动。

本法所称职业病,是指企业、事业单位和个体经济组织等用人单位的劳动者在职业活动中,因接触粉尘、放射性物质和其他有毒、有害因素而引起的疾病。

职业病的分类和目录①由国务院卫生行政部门会同国务院劳动保障行政部门制定、调整并公布。

第四条第一款、第二款　劳动者依法享有职业卫生保护的权利。

用人单位应当为劳动者创造符合国家职业卫生标准和卫生要求的工作环境和条件,并采取措施保障劳动者获得职业卫生保护。

第五条　用人单位应当建立、健全职业病防治责任制,加强对职业病防治的管理,提高职业病防治水平,对本单位产生的职业病危害承担责任。

第十五条　产生职业病危害的用人单位的设立除应当符合法律、行政法规规定的设立条件外,其工作场所还应当符合下列职业卫生要求:

---

①　编著注:根据2013年12月23日国家卫生和计划生育委员会、人力资源和社会保障部、国家安全生产监督管理总局、中华全国总工会《关于印发〈职业病分类和目录〉的通知》(国卫疾控发〔2013〕48号)发布的职业病分类和目录,我国现有职业病分为10大类132种。

（一）职业病危害因素的强度或者浓度符合国家职业卫生标准；

（二）有与职业病危害防护相适应的设施；

（三）生产布局合理，符合有害与无害作业分开的原则；

（四）有配套的更衣间、洗浴间、孕妇休息间等卫生设施；

（五）设备、工具、用具等设施符合保护劳动者生理、心理健康的要求；

（六）法律、行政法规和国务院卫生行政部门关于保护劳动者健康的其他要求。

第二十二条　用人单位必须采用有效的职业病防护设施，并为劳动者提供个人使用的职业病防护用品。

用人单位为劳动者个人提供的职业病防护用品必须符合防治职业病的要求；不符合要求的，不得使用。

第二十四条　产生职业病危害的用人单位，应当在醒目位置设置公告栏，公布有关职业病防治的规章制度、操作规程、职业病危害事故应急救援措施和工作场所职业病危害因素检测结果。

对产生严重职业病危害的作业岗位，应当在其醒目位置，设置警示标识和中文警示说明。警示说明应当载明产生职业病危害的种类、后果、预防以及应急救治措施等内容。

第三十三条　用人单位与劳动者订立劳动合同（含聘用合同，下同）时，应当将工作过程中可能产生的职业病危害及其后果、职业病防护措施和待遇等如实告知劳动者，并在劳动合同中写明，不得隐瞒或者欺骗。

劳动者在已订立劳动合同期间因工作岗位或者工作内容变更，从事与所订立劳动合同中未告知的存在职业病危害的作业时，用人单位应当依照前款规定，向劳动者履行如实告知的义务，并协商变更原劳动合同相关条款。

用人单位违反前两款规定的，劳动者有权拒绝从事存在职业病危害的作业，用人单位不得因此解除与劳动者所订立的劳动合同。

第三十五条　对从事接触职业病危害的作业的劳动者，用人单位应当按照国务院卫生行政部门的规定组织上岗前、在岗期间和离岗时的职业健康检查，并将检查结果书面告知劳动者。职业健康检查费用由用人单位承担。

用人单位不得安排未经上岗前职业健康检查的劳动者从事接触职业病危害的作业；不得安排有职业禁忌的劳动者从事其所禁忌的作业；对在职业健康检查中发现有与所从事的职业相关的健康损害的劳动者，应当调离原工作岗位，并妥善安置；对未进行离岗前职业健康检查的劳动者不得解除或者终止与其订立的劳动合同。

职业健康检查应当由取得《医疗机构执业许可证》的医疗卫生机构承担。卫生行政部门应当加强对职业健康检查工作的规范管理,具体管理办法由国务院卫生行政部门制定。

第三十六条 用人单位应当为劳动者建立职业健康监护档案,并按照规定的期限妥善保存。

职业健康监护档案应当包括劳动者的职业史、职业病危害接触史、职业健康检查结果和职业病诊疗等有关个人健康资料。

劳动者离开用人单位时,有权索取本人职业健康监护档案复印件,用人单位应当如实、无偿提供,并在所提供的复印件上签章。

第三十八条 用人单位不得安排未成年工从事接触职业病危害的作业;不得安排孕期、哺乳期的女职工从事对本人和胎儿、婴儿有危害的作业。

第三十九条 劳动者享有下列职业卫生保护权利:

(一)获得职业卫生教育、培训;

(二)获得职业健康检查、职业病诊疗、康复等职业病防治服务;

(三)了解工作场所产生或者可能产生的职业病危害因素、危害后果和应当采取的职业病防护措施;

(四)要求用人单位提供符合防治职业病要求的职业病防护设施和个人使用的职业病防护用品,改善工作条件;

(五)对违反职业病防治法律、法规以及危及生命健康的行为提出批评、检举和控告;

(六)拒绝违章指挥和强令进行没有职业病防护措施的作业;

(七)参与用人单位职业卫生工作的民主管理,对职业病防治工作提出意见和建议。

用人单位应当保障劳动者行使前款所列权利。因劳动者依法行使正当权利而降低其工资、福利等待遇或者解除、终止与其订立的劳动合同的,其行为无效。

第五十六条 用人单位应当保障职业病病人依法享受国家规定的职业病待遇。

用人单位应当按照国家有关规定,安排职业病病人进行治疗、康复和定期检查。

用人单位对不适宜继续从事原工作的职业病病人,应当调离原岗位,并妥善安置。

用人单位对从事接触职业病危害的作业的劳动者,应当给予适当岗位津贴。

第五十七条　职业病病人的诊疗、康复费用，伤残以及丧失劳动能力的职业病病人的社会保障，按照国家有关工伤保险的规定执行。

第五十八条　职业病病人除依法享有工伤保险外，依照有关民事法律，尚有获得赔偿的权利的，有权向用人单位提出赔偿要求。

第五十九条　劳动者被诊断患有职业病，但用人单位没有依法参加工伤保险的，其医疗和生活保障由该用人单位承担。

第六十条　职业病病人变动工作单位，其依法享有的待遇不变。

用人单位在发生分立、合并、解散、破产等情形时，应当对从事接触职业病危害的作业的劳动者进行健康检查，并按照国家有关规定妥善安置职业病病人。

第八十五条　本法下列用语的含义：

职业病危害，是指对从事职业活动的劳动者可能导致职业病的各种危害。职业病危害因素包括：职业活动中存在的各种有害的化学、物理、生物因素以及在作业过程中产生的其他职业有害因素。

职业禁忌，是指劳动者从事特定职业或者接触特定职业病危害因素时，比一般职业人群更易于遭受职业病危害和罹患职业病或者可能导致原有自身疾病病情加重，或者在从事作业过程中诱发可能导致对他人生命健康构成危险的疾病的个人特殊生理或者病理状态。

第八十六条第一款　本法第二条规定的用人单位以外的单位，产生职业病危害的，其职业病防治活动可以参照本法执行。

《劳动合同法》(2012年12月28日修正)

第四十二条第一项、第二项　劳动者有下列情形之一的，用人单位不得依照本法第四十条、第四十一条的规定解除劳动合同：

（一）从事接触职业病危害作业的劳动者未进行离岗前职业健康检查，或者疑似职业病病人在诊断或者医学观察期间的；

（二）在本单位患职业病或者因工负伤并被确认丧失或者部分丧失劳动能力的。

附：本章节收录相关规定汇总

法律

《劳动法》(2018年12月29日修正)

《职业病防治法》(2018年12月29日修正)

《劳动合同法》(2012年12月28日修正)

第二十三章　工会和职代会监督

法律

《劳动法》(2018年12月29日修正)

第八条　劳动者依照法律规定,通过职工大会、职工代表大会或者其他形式,参与民主管理或者就保护劳动者合法权益与用人单位进行平等协商。

第三十条　用人单位解除劳动合同,工会认为不适当的,有权提出意见。如果用人单位违反法律、法规或者劳动合同,工会有权要求重新处理;劳动者申请仲裁或者提起诉讼的,工会应当依法给予支持和帮助。

《劳动合同法》(2012年12月28日修正)

第四十三条　用人单位单方解除劳动合同,应当事先将理由通知工会。用人单位违反法律、行政法规规定或者劳动合同约定的,工会有权要求用人单位纠正。用人单位应当研究工会的意见,并将处理结果书面通知工会。

第七十八条　工会依法维护劳动者的合法权益,对用人单位履行劳动合同、集体合同的情况进行监督。用人单位违反劳动法律、法规和劳动合同、集体合同的,工会有权提出意见或者要求纠正;劳动者申请仲裁、提起诉讼的,工会依法给予支持和帮助。

《工会法》(2021年12月24日修正)

第二十条　企业、事业单位、社会组织违反职工代表大会制度和其他民主管理制度,工会有权要求纠正,保障职工依法行使民主管理的权利。

法律、法规规定应当提交职工大会或者职工代表大会审议、通过、决定的事项,企业、事业单位、社会组织应当依法办理。

第二十一条　工会帮助、指导职工与企业、实行企业化管理的事业单位、社会组织签订劳动合同。

工会代表职工与企业、实行企业化管理的事业单位、社会组织进行平等协商，依法签订集体合同。集体合同草案应当提交职工代表大会或者全体职工讨论通过。

工会签订集体合同，上级工会应当给予支持和帮助。

企业、事业单位、社会组织违反集体合同，侵犯职工劳动权益的，工会可以依法要求企业、事业单位、社会组织予以改正并承担责任；因履行集体合同发生争议，经协商解决不成的，工会可以向劳动争议仲裁机构提请仲裁，仲裁机构不予受理或者对仲裁裁决不服的，可以向人民法院提起诉讼。

第二十二条　企业、事业单位、社会组织处分职工，工会认为不适当的，有权提出意见。

用人单位单方面解除职工劳动合同时，应当事先将理由通知工会，工会认为用人单位违反法律、法规和有关合同，要求重新研究处理时，用人单位应当研究工会的意见，并将处理结果书面通知工会。

职工认为用人单位侵犯其劳动权益而申请劳动争议仲裁或者向人民法院提起诉讼的，工会应当给予支持和帮助。

第二十九条　工会参加企业的劳动争议调解工作。

地方劳动争议仲裁组织应当有同级工会代表参加。

第五十二条　违反本法规定，对依法履行职责的工会工作人员无正当理由调动工作岗位，进行打击报复的，由劳动行政部门责令改正、恢复原工作；造成损失的，给予赔偿。

对依法履行职责的工会工作人员进行侮辱、诽谤或者进行人身伤害，构成犯罪的，依法追究刑事责任；尚未构成犯罪的，由公安机关依照治安管理处罚法的规定处罚。

地方性规定：上海

上海市劳动和社会保障局《关于实施〈上海市劳动合同条例〉若干问题的通知（二）》（2004 年 1 月 5 日　沪劳保关发〔2004〕4 号）

六、关于用人单位单方面解除劳动合同通知工会问题

成立工会组织的用人单位单方面解除劳动者劳动合同，应当按照《条例》第三十六条规定事先将理由通知工会，未通知工会并由此发生争议的，用人单位应当在劳动争议处理程序中予以补正。

地方性规定:江苏

《江苏省劳动合同条例》(2013年1月15日修订　江苏省第十一届人民代表大会常务委员会公告第124号)

第三十一条　用人单位解除或者终止劳动合同,应当符合法定的条件和程序。

用人单位单方解除劳动合同,应当事先将理由通知工会;用人单位尚未建立工会的,通知用人单位所在地工会。

附:本章节收录相关规定汇总

法律

《劳动法》(2018年12月29日修正)

《劳动合同法》(2012年12月28日修正)

《工会法》(2021年12月24日修正)

地方性规定:上海

上海市劳动和社会保障局《关于实施〈上海市劳动合同条例〉若干问题的通知(二)》(2004年1月5日　沪劳保关发〔2004〕4号)

地方性规定:江苏

《江苏省劳动合同条例》(2013年1月15日修订　江苏省第十一届人民代表大会常务委员会公告第124号)

第二十四章 劳务派遣

第一节 劳务派遣协议和劳动关系建立

法律

《劳动合同法》(2012年12月28日修正)

第五十八条 劳务派遣单位是本法所称用人单位,应当履行用人单位对劳动者的义务。劳务派遣单位与被派遣劳动者订立的劳动合同,除应当载明本法第十七条[①]规定的事项外,还应当载明被派遣劳动者的用工单位以及派遣期限、工作岗位等情况。

劳务派遣单位应当与被派遣劳动者订立二年以上的固定期限劳动合同,按月支付劳动报酬;被派遣劳动者在无工作期间,劳务派遣单位应当按照所在地人民政府规定的最低工资标准,向其按月支付报酬。

第五十九条 劳务派遣单位派遣劳动者应当与接受以劳务派遣形式用工的单位(以下称用工单位)订立劳务派遣协议。劳务派遣协议应当约定派遣岗位和人员数量、派遣期限、劳动报酬和社会保险费的数额与支付方式以及违反协议的责任。

用工单位应当根据工作岗位的实际需要与劳务派遣单位确定派遣期限,不得将连续用工期限分割订立数个短期劳务派遣协议。

---

① 《劳动合同法》第十七条:劳动合同应当具备以下条款:(一)用人单位的名称、住所和法定代表人或者主要负责人;(二)劳动者的姓名、住址和居民身份证或者其他有效身份证件号码;(三)劳动合同期限;(四)工作内容和工作地点;(五)工作时间和休息休假;(六)劳动报酬;(七)社会保险;(八)劳动保护、劳动条件和职业危害防护;(九)法律、法规规定应当纳入劳动合同的其他事项。劳动合同除前款规定的必备条款外,用人单位与劳动者可以约定试用期、培训、保守秘密、补充保险和福利待遇等其他事项。

第六十条 劳务派遣单位应当将劳务派遣协议的内容告知被派遣劳动者。

劳务派遣单位不得克扣用工单位按照劳务派遣协议支付给被派遣劳动者的劳动报酬。

劳务派遣单位和用工单位不得向被派遣劳动者收取费用。

第六十二条 用工单位应当履行下列义务:

(一)执行国家劳动标准,提供相应的劳动条件和劳动保护;

(二)告知被派遣劳动者的工作要求和劳动报酬;

(三)支付加班费、绩效奖金,提供与工作岗位相关的福利待遇;

(四)对在岗被派遣劳动者进行工作岗位所必需的培训;

(五)连续用工的,实行正常的工资调整机制。

用工单位不得将被派遣劳动者再派遣到其他用人单位。

第六十三条 被派遣劳动者享有与用工单位的劳动者同工同酬的权利。用工单位应当按照同工同酬原则,对被派遣劳动者与本单位同类岗位的劳动者实行相同的劳动报酬分配办法。用工单位无同类岗位劳动者的,参照用工单位所在地相同或者相近岗位劳动者的劳动报酬确定。

劳务派遣单位与被派遣劳动者订立的劳动合同和与用工单位订立的劳务派遣协议,载明或者约定的向被派遣劳动者支付的劳动报酬应当符合前款规定。

第六十六条 劳动合同用工是我国的企业基本用工形式。劳务派遣用工是补充形式,只能在临时性、辅助性或者替代性的工作岗位上实施。

前款规定的临时性工作岗位是指存续时间不超过六个月的岗位;辅助性工作岗位是指为主营业务岗位提供服务的非主营业务岗位;替代性工作岗位是指用工单位的劳动者因脱产学习、休假等原因无法工作的一定期间内,可以由其他劳动者替代工作的岗位。

用工单位应当严格控制劳务派遣用工数量,不得超过其用工总量的一定比例,具体比例由国务院劳动行政部门规定。

行政法规

《劳动合同法实施条例》(2008 年 9 月 18 日　国务院令第 535 号)

第二十九条 用工单位应当履行劳动合同法第六十二条规定的义务,维护被派遣劳动者的合法权益。

第三十条 劳务派遣单位不得以非全日制用工形式招用被派遣劳动者。

部委规定

《劳务派遣暂行规定》(2014年3月1日 人力资源和社会保障部令第22号)

第三条 用工单位只能在临时性、辅助性或者替代性的工作岗位上使用被派遣劳动者。

前款规定的临时性工作岗位是指存续时间不超过6个月的岗位;辅助性工作岗位是指为主营业务岗位提供服务的非主营业务岗位;替代性工作岗位是指用工单位的劳动者因脱产学习、休假等原因无法工作的一定期间内,可以由其他劳动者替代工作的岗位。

用工单位决定使用被派遣劳动者的辅助性岗位,应当经职工代表大会或者全体职工讨论,提出方案和意见,与工会或者职工代表平等协商确定,并在用工单位内公示。

第四条 用工单位应当严格控制劳务派遣用工数量,使用的被派遣劳动者数量不得超过其用工总量的10%。

前款所称用工总量是指用工单位订立劳动合同人数与使用的被派遣劳动者人数之和。

计算劳务派遣用工比例的用工单位是指依照劳动合同法和劳动合同法实施条例可以与劳动者订立劳动合同的用人单位。

第五条 劳务派遣单位应当依法与被派遣劳动者订立2年以上的固定期限书面劳动合同。

第六条 劳务派遣单位可以依法与被派遣劳动者约定试用期。劳务派遣单位与同一被派遣劳动者只能约定一次试用期。

第七条 劳务派遣协议应当载明下列内容:

(一)派遣的工作岗位名称和岗位性质;

(二)工作地点;

(三)派遣人员数量和派遣期限;

(四)按照同工同酬原则确定的劳动报酬数额和支付方式;

(五)社会保险费的数额和支付方式;

(六)工作时间和休息休假事项;

(七)被派遣劳动者工伤、生育或者患病期间的相关待遇;

(八)劳动安全卫生以及培训事项;

(九)经济补偿等费用;

(十)劳务派遣协议期限;

(十一)劳务派遣服务费的支付方式和标准;

(十二)违反劳务派遣协议的责任;

(十三)法律、法规、规章规定应当纳入劳务派遣协议的其他事项。

第八条 劳务派遣单位应当对被派遣劳动者履行下列义务:

(一)如实告知被派遣劳动者劳动合同法第八条规定的事项、应遵守的规章制度以及劳务派遣协议的内容;

(二)建立培训制度,对被派遣劳动者进行上岗知识、安全教育培训;

(三)按照国家规定和劳务派遣协议约定,依法支付被派遣劳动者的劳动报酬和相关待遇;

(四)按照国家规定和劳务派遣协议约定,依法为被派遣劳动者缴纳社会保险费,并办理社会保险相关手续;

(五)督促用工单位依法为被派遣劳动者提供劳动保护和劳动安全卫生条件;

(六)依法出具解除或者终止劳动合同的证明;

(七)协助处理被派遣劳动者与用工单位的纠纷;

(八)法律、法规和规章规定的其他事项。

第九条 用工单位应当按照劳动合同法第六十二条规定,向被派遣劳动者提供与工作岗位相关的福利待遇,不得歧视被派遣劳动者。

第十条 被派遣劳动者在用工单位因工作遭受事故伤害的,劳务派遣单位应当依法申请工伤认定,用工单位应当协助工伤认定的调查核实工作。劳务派遣单位承担工伤保险责任,但可以与用工单位约定补偿办法。

被派遣劳动者在申请进行职业病诊断、鉴定时,用工单位应当负责处理职业病诊断、鉴定事宜,并如实提供职业病诊断、鉴定所需的劳动者职业史和职业危害接触史、工作场所职业病危害因素检测结果等资料,劳务派遣单位应当提供被派遣劳动者职业病诊断、鉴定所需的其他材料。

第十三条 被派遣劳动者有劳动合同法第四十二条①规定情形的,在派遣期限

① 《劳动合同法》第四十二条:劳动者有下列情形之一的,用人单位不得依照本法第四十条、第四十一条的规定解除劳动合同:(一)从事接触职业病危害作业的劳动者未进行离岗前职业健康检查,或者疑似职业病病人在诊断或者医学观察期间的;(二)在本单位患职业病或者因工负伤并被确认丧失或者部分丧失劳动能力的;(三)患病或者非因工负伤,在规定的医疗期内的;(四)女职工在孕期、产期、哺乳期的;(五)在本单位连续工作满十五年,且距法定退休年龄不足五年的;(六)法律、行政法规规定的其他情形。

届满前，用工单位不得依据本规定第十二条第一款第一项规定将被派遣劳动者退回劳务派遣单位；派遣期限届满的，应当延续至相应情形消失时方可退回。

第二十六条　用人单位将本单位劳动者派往境外工作或者派往家庭、自然人处提供劳动的，不属于本规定所称劳务派遣。

第二十七条　用人单位以承揽、外包等名义，按劳务派遣用工形式使用劳动者的，按照本规定处理。

地方性规定：上海

上海市高级人民法院《关于审理劳动争议案件若干问题的解答》（沪高法民一〔2006〕17号）

五、关于不具备劳务派遣资格的单位从事劳务派遣的问题

在劳动争议案件审理中，发现劳务派遣单位虽不具备劳务派遣资格，但已与其派出的劳动者签有劳动合同、与实际使用单位签有派遣协议等情形的，劳动争议处理机构按以下方式处理：

（一）实际使用单位需要继续使用劳动者，劳动者同意在实际使用单位工作的，双方劳动关系于明确达成合意之时成立。

（二）实际使用单位与劳动者就劳动关系的成立未能达成合意的，对争议发生前的权利义务，劳动争议处理机构可按原协议处理。被派人员与派遣单位按照现有劳动合同履行。

（三）用人单位将其职工的劳动关系转入不具劳务派遣资格的单位，作为劳务派遣人员继续使用的，该派遣关系不成立。若用人单位与职工原签有书面劳动合同的，双方劳动权利义务内容可参照原劳动合同确定；若双方原未签有书面劳动合同的，应按事实劳动关系处理。

地方性规定：重庆

《重庆市职工权益保障条例》（2011年3月25日修正　重庆市人民代表大会常务委员会公告〔2011〕第8号）

第三十条　有下列情形之一的，视为用工单位与被派遣职工直接建立劳动关系：

（一）在非临时性、辅助性、替代性岗位使用被派遣职工的；

(二)使用未与劳务派遣单位签订劳动合同的被派遣职工的;

(三)被派遣职工人数超过本单位从业人员百分之三十,未向人力资源和社会保障行政部门备案的或被派遣职工人数超过本单位从业人员百分之五十的;

(四)临时性岗位使用的被派遣职工存续时间超过两年以上的;

(五)使用合同期满的被派遣职工逾期未续签劳动合同的;

(六)用人单位或者其所属单位出资或者合伙设立的劳务派遣单位,向本单位或者所属单位派遣职工的;

(七)其他违反法律法规有关劳务派遣的禁止性规定行为的。

前款第一项所称临时性岗位是指存续时间不超过一年的工作岗位;辅助性岗位是指为用工单位主营业务提供服务的工作单位;替代性岗位是指用工单位的直接用工因休假、培训、服役、工伤等情况不能提供劳动而暂时由被派遣职工代替的工作岗位。

地方性规定:江苏

《江苏省劳动合同条例》(2013 年 1 月 15 日修订　江苏省第十一届人民代表大会常务委员会公告第 124 号)

第三十六条　劳务派遣只能在临时性、辅助性或者替代性的工作岗位上实施。

用工单位使用劳务派遣劳动者的人数占本单位用工总数的比例,不得超过国家规定的比例。

企业将其业务发包给其他单位,但承包单位的劳动者在企业的生产经营场所使用企业的设施设备、按照企业的安排提供劳动,或者以企业的名义提供劳动,以及其他名为劳务外包实为劳务派遣的,其劳动者的人数纳入前款规定的比例计算。

第二节　劳动合同的解除和终止

行政法规

《劳动合同法实施条例》(2008 年 9 月 18 日　国务院令第 535 号)

第三十一条　劳务派遣单位或者被派遣劳动者依法解除、终止劳动合同的经济补偿,依照劳动合同法第四十六条、第四十七条的规定执行。

第三十二条　劳务派遣单位违法解除或者终止被派遣劳动者的劳动合同的,依照劳动合同法第四十八条的规定执行。

部委规定

《劳务派遣暂行规定》(2014年3月1日　人力资源和社会保障部令第22号)

第十一条　劳务派遣单位行政许可有效期未延续或者《劳务派遣经营许可证》被撤销、吊销的,已经与被派遣劳动者依法订立的劳动合同应当履行至期限届满。双方经协商一致,可以解除劳动合同。

第十二条　有下列情形之一的,用工单位可以将被派遣劳动者退回劳务派遣单位:

(一)用工单位有劳动合同法第四十条第三项、第四十一条规定情形的;

(二)用工单位被依法宣告破产、吊销营业执照、责令关闭、撤销、决定提前解散或者经营期限届满不再继续经营的;

(三)劳务派遣协议期满终止的。

被派遣劳动者退回后在无工作期间,劳务派遣单位应当按照不低于所在地人民政府规定的最低工资标准,向其按月支付报酬。

第十四条　被派遣劳动者提前30日以书面形式通知劳务派遣单位,可以解除劳动合同。被派遣劳动者在试用期内提前3日通知劳务派遣单位,可以解除劳动合同。劳务派遣单位应当将被派遣劳动者通知解除劳动合同的情况及时告知用工单位。

第十五条　被派遣劳动者因本规定第十二条规定被用工单位退回,劳务派遣单位重新派遣时维持或者提高劳动合同约定条件,被派遣劳动者不同意的,劳务派遣单位可以解除劳动合同。

被派遣劳动者因本规定第十二条规定被用工单位退回,劳务派遣单位重新派遣时降低劳动合同约定条件,被派遣劳动者不同意的,劳务派遣单位不得解除劳动合同。但被派遣劳动者提出解除劳动合同的除外。

第十六条　劳务派遣单位被依法宣告破产、吊销营业执照、责令关闭、撤销、决定提前解散或者经营期限届满不再继续经营的,劳动合同终止。用工单位应当与劳务派遣单位协商妥善安置被派遣劳动者。

第十七条 劳务派遣单位因劳动合同法第四十六条[①]或者本规定第十五条、第十六条规定的情形,与被派遣劳动者解除或者终止劳动合同的,应当依法向被派遣劳动者支付经济补偿。

地方性规定:广东(深圳)

广东省高级人民法院、广东省劳动人事争议仲裁委员会《关于劳动人事争议仲裁与诉讼衔接若干意见》(2018年7月18日 粤高法发〔2018〕2号)

十七、符合《劳动合同法》第十四条第二款、第三款规定的情形的,劳务派遣单位应依法与被派遣的劳动者订立无固定期限劳动合同。

十八、用工单位违反《劳务派遣暂行规定》第三条、第四条规定的劳务派遣用工范围和用工比例的,由人力资源社会保障行政部门依法处理,不影响劳务派遣合同的效力。

十九、根据《劳动合同法》第五十七条的规定,劳务派遣单位未取得经营劳务派遣业务行政许可的,劳务派遣协议无效。因劳务派遣协议无效给劳动者造成损害的,劳务派遣单位与用工单位承担连带责任,但用工单位能证明其已尽审查义务的除外。

第三节 法律责任

法律

《民法典》(2021年1月1日)

第一千一百九十一条 用人单位的工作人员因执行工作任务造成他人损害

① 《劳动合同法》第四十六条:有下列情形之一的,用人单位应当向劳动者支付经济补偿:(一)劳动者依照本法第三十八条规定解除劳动合同的;(二)用人单位依照本法第三十六条规定向劳动者提出解除劳动合同并与劳动者协商一致解除劳动合同的;(三)用人单位依照本法第四十条规定解除劳动合同的;(四)用人单位依照本法第四十一条第一款规定解除劳动合同的;(五)除用人单位维持或者提高劳动合同约定条件续订劳动合同,劳动者不同意续订的情形外,依照本法第四十四条第一项规定终止固定期限劳动合同的;(六)依照本法第四十四条第四项、第五项规定终止劳动合同的;(七)法律、行政法规规定的其他情形。

的，由用人单位承担侵权责任。用人单位承担侵权责任后，可以向有故意或者重大过失的工作人员追偿。

劳务派遣期间，被派遣的工作人员因执行工作任务造成他人损害的，由接受劳务派遣的用工单位承担侵权责任；劳务派遣单位有过错的，承担相应的责任。

《劳动合同法》(2012年12月28日修正)

第九十二条第二款 劳务派遣单位、用工单位违反本法有关劳务派遣规定的，由劳动行政部门责令限期改正；逾期不改正的，以每人五千元以上一万元以下的标准处以罚款，对劳务派遣单位，吊销其劳务派遣业务经营许可证。用工单位给被派遣劳动者造成损害的，劳务派遣单位与用工单位承担连带赔偿责任。

部委规定

《劳务派遣暂行规定》(2014年3月1日 人力资源和社会保障部令第22号)

第二十条 劳务派遣单位、用工单位违反劳动合同法和劳动合同法实施条例有关劳务派遣规定的，按照劳动合同法第九十二条规定执行。

第二十一条 劳务派遣单位违反本规定解除或者终止被派遣劳动者劳动合同的，按照劳动合同法第四十八条[①]、第八十七条[②]规定执行。

第二十二条 用工单位违反本规定第三条第三款规定的，由人力资源社会保障行政部门责令改正，给予警告；给被派遣劳动者造成损害的，依法承担赔偿责任。

第二十三条 劳务派遣单位违反本规定第六条规定的，按照劳动合同法第八十三条[③]规定执行。

第二十四条 用工单位违反本规定退回被派遣劳动者的，按照劳动合同法第九十二条第二款规定执行。

第二十八条 用工单位在本规定施行前使用被派遣劳动者数量超过其用工总量10%的，应当制定调整用工方案，于本规定施行之日起2年内降至规定比例。但

---

① 《劳动合同法》第四十八条：用人单位违反本法规定解除或者终止劳动合同，劳动者要求继续履行劳动合同的，用人单位应当继续履行；劳动者不要求继续履行劳动合同或者劳动合同已经不能继续履行的，用人单位应当依照本法第八十七条规定支付赔偿金。

② 《劳动合同法》第八十七条：用人单位违反本法规定解除或者终止劳动合同的，应当依照本法第四十七条规定的经济补偿标准的二倍向劳动者支付赔偿金。

③ 《劳动合同法》第八十三条：用人单位违反本法规定与劳动者约定试用期的，由劳动行政部门责令改正；违法约定的试用期已经履行的，由用人单位以劳动者试用期满月工资为标准，按已经履行的超过法定试用期的期间向劳动者支付赔偿金。

是,《全国人民代表大会常务委员会关于修改〈中华人民共和国劳动合同法〉的决定》公布前已依法订立的劳动合同和劳务派遣协议期限届满日期在本规定施行之日起2年后的,可以依法继续履行至期限届满。

用工单位应当将制定的调整用工方案报当地人力资源社会保障行政部门备案。

用工单位未将本规定施行前使用的被派遣劳动者数量降至符合规定比例之前,不得新用被派遣劳动者。

地方性规定:江苏

江苏省高级人民法院《劳动争议案件审理指南(2010年)》(2010年5月17日)

四、劳务派遣单位或者用工单位给被派遣劳动者造成损害的责任承担

(1)劳务派遣单位和用工单位应当对劳动者承担连带责任。根据《劳动合同法》第92条和《劳动合同法实施条例》第35条的规定,不论是劳务派遣单位还是用工单位给被派遣劳动者造成损害的,劳务派遣单位和用工单位都应承担连带赔偿责任。但对于劳务派遣单位和用工单位之间的责任应当如何分配,在实务中应当区分情形处理。

(2)劳务派遣单位和用工单位的内部承担划分。劳务派遣单位和用工单位对侵害被派遣劳动者合法权益的责任区分应当按照双方约定划分,没有约定或约定不明的,按照"谁用工、谁受益、谁负责"的原则区分。已向劳动者承担责任的一方,如果依据合同约定应由另一方承担时可以向对方追偿。

地方性规定:浙江

浙江省高级人民法院民事审判第一庭、浙江省劳动人事争议仲裁院《关于审理劳动争议案件若干问题的解答(二)》(2014年4月14日 浙高法民一〔2014〕7号)

十八、劳务派遣用工关系中,劳务派遣单位损害劳动者权益的,用工单位是否要承担连带赔偿责任?

答:劳务派遣单位给劳动者造成损害的,除用工单位存在故意或者重大过失情形,原则上不承担连带赔偿责任。

地方性规定:山东

山东省高级人民法院、山东省人力资源和社会保障厅《关于审理劳动人事争议案件若干问题会议纪要》(2019年6月10日)

十三、关于劳务派遣单位损害劳动者权益情况下,用工单位责任承担问题

劳务派遣用工关系中,劳务派遣单位给劳动者造成损害的,用工单位除存在故意或者重大过失情形外,原则上不承担连带赔偿责任。

附:本章节收录相关规定汇总

第一节

法律

《劳动合同法》(2012年12月28日修正)

行政法规

《劳动合同法实施条例》(2008年9月18日 国务院令第535号)

部委规定

《劳务派遣暂行规定》(2014年3月1日 人力资源和社会保障部令第22号)

地方性规定:上海

上海市高级人民法院《关于审理劳动争议案件若干问题的解答》(沪高法民一〔2006〕17号)

地方性规定:重庆

《重庆市职工权益保障条例》(2011年3月25日修正 重庆市人民代表大会常务委员会公告〔2011〕第8号)

地方性规定:江苏

《江苏省劳动合同条例》(2013年1月15日修订 江苏省第十一届人民代表大会常务委员会公告第124号)

第二节

行政法规

《劳动合同法实施条例》(2008年9月18日 国务院令第535号)

部委规定

《劳务派遣暂行规定》(2014年3月1日 人力资源和社会保障部令第22号)

地方性规定:广东(深圳)

广东省高级人民法院、广东省劳动人事争议仲裁委员会《关于劳动人事争议仲裁与诉讼

衔接若干意见》(2018 年 7 月 18 日　粤高法发〔2018〕2 号)

第三节

法律

《民法典》(2021 年 1 月 1 日)

《劳动合同法》(2012 年 12 月 28 日修正)

部委规定

《劳务派遣暂行规定》(2014 年 3 月 1 日　人力资源和社会保障部令第 22 号)

地方性规定:江苏

江苏省高级人民法院《劳动争议案件审理指南(2010 年)》(2010 年 5 月 17 日)

地方性规定:浙江

浙江省高级人民法院民事审判第一庭、浙江省劳动人事争议仲裁院《关于审理劳动争议案件若干问题的解答(二)》(2014 年 4 月 14 日　浙高法民一〔2014〕7 号)

地方性规定:山东

山东省高级人民法院、山东省人力资源和社会保障厅《关于审理劳动人事争议案件若干问题会议纪要》(2019 年 6 月 10 日)

Chapter

2 第二部分　劳动争议处理

第二十五章　劳动争议范围

法律

《劳动争议调解仲裁法》(2008年5月1日)

第二条　中华人民共和国境内的用人单位与劳动者发生的下列劳动争议,适用本法:

(一)因确认劳动关系发生的争议;

(二)因订立、履行、变更、解除和终止劳动合同发生的争议;

(三)因除名、辞退和辞职、离职发生的争议;

(四)因工作时间、休息休假、社会保险、福利、培训以及劳动保护发生的争议;

(五)因劳动报酬、工伤医疗费、经济补偿或者赔偿金等发生的争议;

(六)法律、法规规定的其他劳动争议。

第五十二条　事业单位实行聘用制的工作人员与本单位发生劳动争议的,依照本法执行;法律、行政法规或者国务院另有规定的,依照其规定。

司法解释

最高人民法院《关于审理劳动争议案件适用法律问题的解释(一)》(2021年1月1日　法释〔2020〕26号)

第一条　劳动者与用人单位之间发生的下列纠纷,属于劳动争议,当事人不服劳动争议仲裁机构作出的裁决,依法提起诉讼的,人民法院应予受理:

(一)劳动者与用人单位在履行劳动合同过程中发生的纠纷;

(二)劳动者与用人单位之间没有订立书面劳动合同,但已形成劳动关系后发生的纠纷;

(三)劳动者与用人单位因劳动关系是否已经解除或者终止,以及应否支付解除或者终止劳动关系经济补偿金发生的纠纷;

(四)劳动者与用人单位解除或者终止劳动关系后,请求用人单位返还其收取的劳动合同定金、保证金、抵押金、抵押物发生的纠纷,或者办理劳动者的人事档案、社会保险关系等移转手续发生的纠纷;

(五)劳动者以用人单位未为其办理社会保险手续,且社会保险经办机构不能补办导致其无法享受社会保险待遇为由,要求用人单位赔偿损失发生的纠纷;

(六)劳动者退休后,与尚未参加社会保险统筹的原用人单位因追索养老金、医疗费、工伤保险待遇和其他社会保险待遇而发生的纠纷;

(七)劳动者因为工伤、职业病,请求用人单位依法给予工伤保险待遇发生的纠纷;

(八)劳动者依据劳动合同法第八十五条规定,要求用人单位支付加付赔偿金发生的纠纷;

(九)因企业自主进行改制发生的纠纷。

第二条 下列纠纷不属于劳动争议:

(一)劳动者请求社会保险经办机构发放社会保险金的纠纷;

(二)劳动者与用人单位因住房制度改革产生的公有住房转让纠纷;

(三)劳动者对劳动能力鉴定委员会的伤残等级鉴定结论或者对职业病诊断鉴定委员会的职业病诊断鉴定结论的异议纠纷;

(四)家庭或者个人与家政服务人员之间的纠纷;

(五)个体工匠与帮工、学徒之间的纠纷;

(六)农村承包经营户与受雇人之间的纠纷。

最高人民法院《关于人民法院审理事业单位人事争议案件若干问题的规定》(2003 年 9 月 5 日 法释〔2003〕13 号)

第一条 事业单位与其工作人员之间因辞职、辞退及履行聘用合同所发生的争议,适用《中华人民共和国劳动法》的规定处理。

第三条 本规定所称人事争议是指事业单位与其工作人员之间因辞职、辞退及履行聘用合同所发生的争议。

最高人民法院《关于事业单位人事争议案件适用法律等问题的答复》(2004 年 4 月 30 日 法函〔2004〕30 号)

一、《最高人民法院关于人民法院审理事业单位人事争议案件若干问题的规定》(法释〔2003〕13号)第一条规定,“事业单位与其工作人员之间因辞职、辞退及履行聘用合同所发生的争议,适用《中华人民共和国劳动法》的规定处理。”这里“适用《中华人民共和国劳动法》的规定处理”是指人民法院审理事业单位人事争议案件的程序运用《中华人民共和国劳动法》的相关规定。人民法院对事业单位人事争议案件的实体处理应当适用人事方面的法律规定,但涉及事业单位工作人员劳动权利的内容在人事法律中没有规定的,适用《中华人民共和国劳动法》的有关规定。

部委规定

人力资源社会保障部、最高人民法院《关于加强劳动人事争议仲裁与诉讼衔接机制建设的意见》(2017年11月8日　人社部发〔2017〕70号)

二、统一裁审受理范围和法律适用标准

(一)逐步统一裁审受理范围。各地劳动人事争议仲裁委员会(以下简称仲裁委员会)和人民法院要按照《中华人民共和国劳动争议调解仲裁法》等法律规定,逐步统一社会保险争议、人事争议等争议的受理范围。仲裁委员会要改进完善劳动人事争议受理立案制度,依法做到有案必立,有条件的可探索实行立案登记制,切实发挥仲裁前置的功能作用。

(二)逐步统一裁审法律适用标准。各地仲裁委员会和人民法院要严格按照法律规定处理劳动人事争议。对于法律规定不明确等原因造成裁审法律适用标准不一致的突出问题,由人力资源社会保障部与最高人民法院按照《中华人民共和国立法法》有关规定,通过制定司法解释或指导意见等形式明确统一的法律适用标准。省、自治区、直辖市人力资源社会保障部门与高级人民法院要结合裁审工作实际,加强对法律适用问题的调查研究,及时提出意见建议。

《劳动人事争议仲裁办案规则》(2017年7月1日　人力资源和社会保障部令第33号)

第二条　本规则适用下列争议的仲裁:

(一)企业、个体经济组织、民办非企业单位等组织与劳动者之间,以及机关、事业单位、社会团体与其建立劳动关系的劳动者之间,因确认劳动关系,订立、履行、变更、解除和终止劳动合同,工作时间、休息休假、社会保险、福利、培训以及劳动保护,劳动报酬、工伤医疗费、经济补偿或者赔偿金等发生的争议;

(二)实施公务员法的机关与聘任制公务员之间、参照公务员法管理的机关(单位)与聘任工作人员之间因履行聘任合同发生的争议;

(三)事业单位与其建立人事关系的工作人员之间因终止人事关系以及履行聘用合同发生的争议;

(四)社会团体与其建立人事关系的工作人员之间因终止人事关系以及履行聘用合同发生的争议;

(五)军队文职人员用人单位与聘用制文职人员之间因履行聘用合同发生的争议;

(六)法律、法规规定由劳动人事争议仲裁委员会(以下简称仲裁委员会)处理的其他争议。

劳动和社会保障部《关于非全日制用工若干问题的意见》(2003 年 5 月 30 日 劳社部发〔2003〕12 号)

13. 从事非全日制工作的劳动者与用人单位因履行劳动合同引发的劳动争议,按照国家劳动争议处理规定执行。

14. 劳动者直接向其他家庭或个人提供非全日制劳动的,当事人双方发生的争议不适用劳动争议处理规定。

地方性规定:北京

北京市高级人民法院、北京市劳动人事争议仲裁委员会《关于审理劳动争议案件法律适用问题的解答》(2017 年 4 月 24 日　京高法发〔2017〕142 号)

1.《最高人民法院关于审理工伤保险行政案件若干问题的规定》(法释〔2014〕9 号)第三条第一款第四项[①]中"用工单位"、"不具备用工主体资格的组织或者自然人",第五项中"被挂靠单位"、"个人"与"因工伤亡职工(人员)"之间产生争议,如何处理?

……

社会保险行政部门以"用工单位"、"被挂靠单位"与"因工伤亡职工(人员)"之间无劳动关系为由,作出不予受理工伤认定申请或者决定不予认定工伤产生的纠纷,属于行政争议。

---

① 最高人民法院《关于审理工伤保险行政案件若干问题的规定》(法释〔2014〕9 号)第三条第一款第四项:社会保险行政部门认定下列单位为承担工伤保险责任单位的,人民法院应予支持:(四)用工单位违反法律、法规规定将承包业务转包给不具备用工主体资格的组织或者自然人,该组织或者自然人聘用的职工从事承包业务时因工伤亡的,用工单位为承担工伤保险责任的单位。

承担工伤保险责任的单位承担赔偿责任或者社会保险经办机构从工伤保险基金支付工伤保险待遇后，向“不具备用工主体资格的组织或者自然人”、“个人”追偿产生的纠纷，不属于劳动争议。

北京市高级人民法院、北京市劳动争议仲裁委员会《关于劳动争议案件法律适用问题研讨会会议纪要（二）》（2014年5月7日　京高法发〔2014〕220号）

8. 劳务派遣单位与用工单位之间基于《劳务派遣协议》而产生的纠纷，仲裁委、法院是否作为劳动争议案件处理？

劳务派遣单位与用工单位基于《劳务派遣协议》而产生的纠纷属于劳动合同以外的其他类型合同纠纷，不作为劳动争议案件处理。

9. 劳动者要求转移户口、归还户口页、终止用人单位与人才中心户口保管合同的纠纷是否作为劳动争议案件处理？

劳动者要求转移户口、归还户口页、终止用人单位与人才中心户口保管合同的纠纷，不作为劳动争议案件处理。

北京市高级人民法院、北京市劳动争议仲裁委员会《关于劳动争议案件法律适用问题研讨会会议纪要》（2009年8月17日）

一、关于劳动争议案件的受理范围问题

2. 因用人单位迟延转档或将档案丢失，劳动者要求用人单位赔偿损失的纠纷，属于劳动争议案件受理范围，公安机关在特定历史时期接收部分社会人员的档案引发的纠纷除外。

3. 劳动者与用人单位因住房公积金的缴纳、办理退休手续发生的争议，不属于劳动争议案件受理范围。

《北京市劳动人事争议调解组织工作办法》（2017年11月8日　京人社仲发〔2017〕233号）

第三条　调解组织受理以下劳动人事争议：

（一）企业、个体经济组织、民办非企业单位等组织与劳动者之间，以及机关、事业单位、社会团体与其建立劳动关系的劳动者之间，因订立、履行、变更、解除和终止劳动合同，工作时间、休息休假、社会保险、福利、培训以及劳动保护，劳动报酬、工伤医疗费、经济补偿或者赔偿金等发生的争议；

（二）实施公务员法的机关与聘任制公务员之间、参照公务员法管理的机关（单位）与聘任工作人员之间因履行聘任合同发生的争议；

（三）事业单位与其建立人事关系的工作人员之间因终止人事关系以及履行聘

用合同发生的争议;

(四)社会团体与其建立人事关系的工作人员之间因终止人事关系以及履行聘用合同发生的争议;

(五)军队文职人员用人单位与聘用制文职人员之间因履行聘用合同发生的争议;

(六)法律、法规规定的其他劳动人事争议。

地方性规定:天津

《天津法院劳动争议案件审理指南》(2018年1月1日　津高法〔2017〕246号)

2.【政府部门主导改制过程中发生的纠纷】因企业自主改制引发的争议,人民法院应予受理。对于政府部门主导的企业改制引发职工下岗、内退、买断工龄或者整体拖欠工资等争议,以及"三类企业"在退出市场过程中引发的工资福利、社会保险、工伤赔偿等争议,应告知当事人向政府有关部门申请解决。

3.【因工伤、工龄、特岗的认定及退休手续发生的纠纷】工伤、工龄、特岗的认定和办理退休手续等属于劳动行政部门的主管范围,劳动者与用人单位发生以上争议的,应当告知当事人向劳动行政部门申请解决。

4.【社保机构主管的社保纠纷】劳动者与用人单位就以下事项发生争议的,应当告知劳动者向社会保险机构或者相关行政部门申请解决:

(1)用人单位未为劳动者建立社会保险关系,但根据政策规定可以补办,劳动者要求用人单位补办的;

(2)劳动者请求用人单位增加社会保险险种、补足缴费基数、变更参保地的;

(3)劳动者与用人单位因养老保险缴费年限发生争议的。

5.【住房公积金纠纷】劳动者与用人单位因住房公积金发生的争议,属于住房公积金行政管理部门的管理职责范围,应当告知当事人向住房公积金行政管理部门申请解决。

天津市高级人民法院《关于审理劳动争议案件有关问题的通知》(2004年2月3日　津高法〔2004〕13号)

2.死亡职工的继承人,要求用人单位支付劳动者死亡前发生的应付的工资、医药费的纠纷,按照劳动争议案件处理。

因劳动者死亡引起的其他纠纷,如:股权的继承,养老保险个人帐户储存额中个人缴费部分本息的继承等问题,按照其他法定程序解决。

8.用人单位在招工、招聘时,以提供汽车、住房或支付部分购房款等待遇为所附条件，与劳动者签订劳动合同的，如双方当事人在劳动合同解除后，因汽车、住房等返还问题发生争议，属于劳动争议案件。仲裁裁决后，一方不服向人民法院起诉，应当受理。

地方性规定：上海

上海市高级人民法院《关于适用〈劳动合同法〉若干问题的意见》（2009年3月3日　沪高法〔2009〕73号）

一、律师事务所等组织与其工作人员之间纠纷的处理

律师事务所中专职从事行政事务或勤杂工作的劳动者、在律师事务所从事法律事务并领取固定工资或底薪的劳动者，与律师事务所之间就劳动报酬等事项产生的纠纷，属于劳动争议，按照劳动争议的有关规定处理。其他涉及律师事务所与律师之间因合伙利益的分配方式及具体利益分配等问题产生的纠纷，属于民事纠纷，适用相关民事法律处理。

会计事务所、基金会等组织与职工之间产生的纠纷，与前款情况相似的，参照前款规定处理。

十七、当事人因《劳动合同法》第八十五条规定引起争议的处理

本条规定的权利行使主体均为“劳动行政部门”，相对应的执法措施也是“责令”，包括加罚50% －100%赔偿金的规定，也是劳动行政部门对用人单位进行行政处罚的依据。因此，本条规定涉及的内容，不是劳动争议处理的范围，本条规定也不能作为劳动争议纠纷裁决的依据。

上海市高级人民法院《关于审理劳动争议案件若干问题的意见》（2007年3月21日　沪高法民一〔2007〕7号）

3. 律师事务所与其工作人员在劳动过程中发生争议的处理

对于律师事务所与其工作人员在劳动过程中发生的争议能否作为劳动争议案件处理，目前不宜一概而论。但是，对于律师事务所与其合伙人、合作人等在劳动过程中发生的争议，应按照《民法通则》和《律师法》等有关法律规定处理，不应作为劳动争议案件受理。另外，办理转所手续等争议属于司法行政管理范畴，应通过司法行政部门协调处理。

上海市高级人民法院《关于审理劳动争议案件若干问题的解答》（沪高法民一〔2006〕17号）

一、企业高级管理人员要求企业支付薪酬

（一）对于企业的现任法定代表人或负责人要求企业支付薪酬的纠纷，劳动争议处理机构不予受理。

地方性规定：重庆

《关于审理劳动争议案件若干问题的指导意见》（2009年2月9日　渝高法发〔2009〕4号）

第一条　用人单位为劳动者建立社会保险关系后，因用人单位未依法缴纳应由其缴纳的社会保险费用，劳动者代用人单位缴纳之后，要求用人单位返还的，可以作为劳动争议案件受理。

地方性规定：广东（深圳）

广东省劳动和社会保障厅《关于劳动争议有关问题的复函》（2000年3月22日　粤劳社函〔2000〕26号）

一、因工作失误造成企业经济损失应否赔偿问题。如劳动合同中对此没有约定，此争议属于民事纠纷，不属劳动争议范围，企业可遵循民事法律的规定向工人追究责任。如劳动合同中对此有约定，因此引起的争议则属于劳动争议。企业追赔应依据《民法通则》及其配套法规、规章及企业内部的规章制度处理。

深圳市中级人民法院《关于审理劳动争议案件的裁判指引》（2015年9月2日　深中法发〔2015〕13号）

二、劳动者与用人单位因住房公积金发生的争议，不作劳动争议处理。

三、劳动者依据《人口与计划生育法》第二十七条、《广东省人口与计划生育条例》第三十八条、第三十九条，要求用人单位按月支付的独生子女保健费和奖励金以及在退休时一次性支付的上年度职工平均工资的30%待遇而产生的争议，不作劳动争议处理。

四、筹办单位发起人是自然人，筹办未成功的，在筹办期间发生的争议不作为劳动争议处理。

七、因订立或履行企业年金方案发生的争议，根据《企业年金试行办法》的规定,按国家有关集体合同争议处理规定执行。

九、劳动者违反保守商业秘密或竞业限制协议,用人单位要求追究劳动者违约责任的,应作为劳动争议处理。

用人单位以劳动者泄露商业秘密要求其承担侵权责任的,不作劳动争议处理。

十、劳动者要求对用人单位的规章制度予以纠正的,不作劳动争议处理;劳动者以用人单位的规章制度违反法律法规,给其造成损害为由,要求用人单位承担赔偿责任的,应作为劳动争议处理。

十一、劳动者在向行政部门寻求救济后,再申请劳动仲裁的,其未在行政部门提出的请求,应作为劳动争议受理;其在行政部门已提出过的请求不予受理。

十二、劳动者因用人单位代扣代缴个人所得税产生的争议,用人单位已举证证明代扣代缴的税款已缴交给税务机关,劳动者对代扣代缴的税款金额有异议的,不作劳动争议处理;用人单位不能证明代扣代缴的税款已缴交给税务机关的,应作为劳动争议处理。

地方性规定:江苏

江苏省高级人民法院《劳动争议案件审理指南(2010 年)》(2010 年 5 月 17 日)

三、审判实践中关于劳动争议案件受理范围的几个疑难问题

1. 关于人民法院受理社会保险争议的范围

最高人民法院《劳动争议司法解释三》第 1 条规定,劳动者以用人单位未为其办理社会保险手续,且社会保险经办机构不能补办导致其无法享受社会保险待遇为由,要求用人单位赔偿损失而发生争议的,人民法院应予受理。

根据上述司法解释的规定,以下社会保险争议不属于人民法院受理劳动争议案件的范围,但应告知劳动者向社会保险机构或相关行政部门申请解决:

(1)用人单位未为劳动者建立保险关系,但根据政策规定可以补办,劳动者要求用人单位补办的,不予受理。

(2)用人单位已经为劳动者建立了社会保险关系,但欠缴社会保险费或未按规定的工资基数足额缴纳社会保险费,劳动者要求予以补缴的,不予受理。

(3)对于已达到退休年龄的参保人员,可按照苏劳社〔2000〕15 号《江苏省劳动和社会保障厅关于参保人员应缴或未足额缴纳基本养老保险费到达退休年龄时有关问题的通知》,在补缴基本保险费和依法缴纳滞纳金之后,再按规定享受养老保险待遇,即通过行政救济途径解决,不属于劳动争议。

(4)劳动者请求用人单位增加社会保险险种、补足缴费基数、变更参保地的,不予受理。

(5)劳动者与用人单位因养老保险缴费年限发生的争议,不予受理。

2. 由于用人单位未依法为劳动者缴纳社会保险,劳动者自行缴纳后向用人单位追偿保险费的,人民法院应予受理。

3. 与原用人单位保留劳动关系的下岗、停薪留职、内退职工,又与新的用人单位建立用工关系的,与新用人单位之间的争议属于劳动争议。

4. 劳动者退休后与工作单位之间发生的争议不属于劳动争议,应作为普通民事案件受理。《劳动合同法实施条例》第二十一条规定,劳动者达到法定退休年龄的,劳动合同终止。因此,劳动者退休后被再次聘用时,与实际用人单位发生的争议应作为雇佣纠纷案件,适用民法的相关规定,而不应作为劳动争议案件。

5. 因用人单位欠交住房公积金发生的争议不属于劳动争议。

根据《住房公积金管理条例》的规定,由人民政府设立的住房公积金管理中心依法履行公积金从缴存、提取、保值、增值、监督、处罚等全过程和管理职能;如果单位逾期不缴或者少缴住房公积金的,由住房公积金管理中心责令限期缴存;逾期仍不缴存的,可以申请人民法院强制执行。可见,行政法规确定了住房公积金纠纷纳入行政处理的渠道,不应作为劳动争议。

6. 因劳动者要求用人单位为其办理退休手续的争议不属于劳动争议。

劳动者的退休手续由劳动社会保障部门依法办理。劳动社会保障部门对办理退休手续的具体程序及所需提交的资料有相关的规定。劳动者是否符合法定退休条件,是否能够办理退休手续是由劳动社会保障部门依法予以审核、批准并予以办理的,用人单位不能决定并办理退休手续。因此办理职工退休手续是劳动社会保障部门的行政职权,用人单位与劳动者因此发生的争议不属于劳动争议,也不是人民法院的受案范围。

7. 因劳动者占有用人单位财物而发生的争议,用人单位既可基于劳动合同主张返还财产请求权,亦可基于侵权法律关系主张返还财产请求权,在两个请求权并存的情况下,可由当事人自行选择其中一个请求权进行主张。

审判实践中,因劳动者占有用人单位财物而发生的争议主要可以分为两种情形:一种是劳动者基于履行劳动合同而占有用人单位的财物,在劳动关系终止或解除后,用人单位向劳动者主张返还财物而引起争议;另一种是劳动者占有用人单位财物的行为,与劳动权利义务并无关系,如借用关系或属非法占用,用人单位在劳动关系存续期间或终止后向劳动者主张返还财物而发生争议。对于上述两种情形,应作为劳动争议案件还是普通的民事案件,审判实践中意见并不统一。我们认为,这两种情形均可成立请求权的竞合,即用人单位既可基于劳动合同主张返还财产请求权,亦可基于侵权法律关系主张返还财产请求权,在两个请求权并存的情况下,可任由当事人自行选择其中一个请求权进行主张,鉴于我国劳动争议案件目前诉讼程序复杂、时效较长的现实问题,往往用人单位依民事侵权的规定主张返还财产请求权更为有利。

8. 政府有关部门主导的国有企业改制,因企业职工下岗、内退、买断工龄或整体拖欠职工工资引发的纠纷,人民法院不予受理,但应告知当事人向政府有关部门申请解决。因企业自主改制引发的争议,人民法院应予受理。

9. 劳动者以用人单位的欠条和仅就劳动报酬达成的调解协议作为证据直接向人民法院起诉,诉讼请求不涉及劳动关系其他争议的,按普通民事纠纷案件受理。

为了给农民工提供有效的劳动法保护,特别是解决建筑领域拖欠农民工工资的问题,最高人民法院在《关于审理劳动争议适用法律若干问题的解释(二)》中第3条规定:劳动者以用人单位的工资欠条为证据直接向人民法院起诉,诉讼请求不涉及劳动关系其他争议的,视为拖欠劳动报酬争议,按照普通民事纠纷受理。与此相对应,该司法解释第17条第2款规定:当事人在劳动争议调解委员会主持下仅就劳动报酬争议达成调解协议,用人单位不履行调解协议确定的给付义务,劳动者直接向人民法院起诉的,人民法院可以按照普通民事纠纷受理。此款的规定与上述有关工资欠条的规定所涉及的法律问题是同一类问题,两条规定的法律依据是相同的。用人单位不履行劳动争议调解委员会主持下的仅就劳动报酬达成的调解协议所确定的给付义务,则争议类型亦已转化为普通的债权债务纠纷,劳动者可以调解协议作为依据直接向人民法院起诉。当然,司法解释作出这两条规定也是为了顺应当前社会的现实需要和及时有效保护劳动者权益,将这两类案件直接作为普通民事案件来处理。为尊重当事人的选择,如果劳动者愿意将此类纠纷申请仲裁,通过仲裁处理纠纷,则也是可以的。

10. 劳动者依据《劳动合同法》第82条、83条、87条的规定,主张用人单位支付双倍工资或加付赔偿金的,人民法院应予受理。劳动者依据《劳动合同法》第85条主张用人单位支付双倍工资或加付赔偿金的,人民法院应予受理。

江苏省高级人民法院、江苏省劳动争议仲裁委员会《关于审理劳动争议案件的指导意见》(2009 年 12 月 14 日　苏高法审委〔2009〕47 号)

第二十八条　劳动者以其应休而未休年休假,请求用人单位按照其日工资收入的 300% 支付年休假工资报酬的,不予受理,告知劳动者通过劳动行政部门解决。

地方性规定:浙江

《浙江省高级人民法院劳动争议案件疑难问题讨论纪要》(浙高法〔2001〕240 号)

23. 非法使用童工引起的童工伤亡,是否属于劳动争议案件? 此类案件应如何处理?

答:非法使用童工引起的童工伤亡,由于该劳动关系的劳动者主体不合格,因此不属于劳动争议案件,应按一般人身损害赔偿案件处理。此类案件应依照《劳动法》、国务院《禁止使用童工规定》等规定处理,用人单位除应当依法承担相应的行政责任和刑事责任外,还应当负责对童工的安置、治疗、并承担赔偿责任。用人单位应当立即将童工送回原居住地,并在担因此所需全部费用;如果童工患病或伤残的,则应当负责治疗并承担医疗期间全部医疗和生活费用,还应支付致残抚恤费;童工死亡的,应当发给童工父母或其他监护人丧葬补助费,并给予经济赔偿。

浙江省劳动争议仲裁委员会《关于劳动争议案件处理若干问题的指导意见(试行)》(2009 年 8 月 21 日　浙仲〔2009〕2 号)

3. 达到法定退休年龄的劳动者与用人单位形成的用工关系,按雇佣关系处理。未达到法定退休年龄而内退的劳动者,与其他用人单位形成的用工关系,一般应按劳动关系处理。但原用人单位继续为其缴纳社会保险费,劳动者又要求现用人单位为其缴纳社会保险费的,不予支持。

5. 外国企业常驻代表机构或台港澳企业未依规定通过相关就业服务单位,而直接招用劳动者形成的用工关系,按雇佣关系处理。

8. 法定代表人或主要负责人与所在用人单位之间发生的支付劳动报酬等争议,属于主体不适格,劳动争议仲裁委员会(以下简称仲裁委员会)一般不予受理。但法定代表人或主要负责人已经工商登记变更,原法定代表人或主要负责人就其任职期间的社会保险问题与用人单位发生争议的除外。

《关于审理劳动争议案件若干问题的意见(试行)》(2009年4月16日　浙法民一〔2009〕3号)

第三条　达到法定退休年龄的劳动者与用人单位形成的用工关系,按雇佣关系处理。

未达到法定退休年龄而内退的劳动者,与其他用人单位形成的用工关系,一般应按劳动关系处理。但原用人单位继续为其缴纳社会保险费,劳动者又要求现用人单位为其缴纳社会保险费的,不予支持。

第四条　外国人、无国籍人或台港澳人员与用人单位形成的用工关系,按劳动关系处理。上述人员未依法办理《外国人就业证》或《台港澳人员就业证》的,应当认定有关劳动合同无效;但劳动者已经付出劳动的,应由用人单位参照合同约定支付劳动报酬。

第五条　外国企业常驻代表机构或台港澳企业未依规定通过相关就业服务单位,而直接招用劳动者形成的用工关系,按雇佣关系处理。

地方性规定:山东

《关于适用〈中华人民共和国劳动争议调解仲裁法〉和〈中华人民共和国劳动合同法〉若干问题的意见》(2010年4月6日　鲁高法〔2010〕84号)

(一)关于劳动争议调解仲裁法第二条第(四)、(五)项相关用语含义的界定

4."工作时间"争议,指因用人单位执行的工作时间是否符合法律、法规、规章及依法订立的集体合同、依法制定和修订的劳动规章制度的规定而发生的争议。

5."休息休假"争议,指因用人单位是否执行法律、法规、规章及依法订立的集体合同、依法制定和修订的劳动规章制度中有关法定休假日、法定休息日、带薪年休假、探亲假、婚丧假、产假、哺乳假、计划生育假等政策性假日及用人单位自定的其他假日的规定而发生的争议。

6."社会保险"争议,具体包括以下内容:

(1)因用人单位没有为劳动者依法缴纳基本医疗、工伤和生育保险费,劳动者要求直接支付基本医疗、工伤和生育保险待遇和赔偿金而发生的争议。

(2)用人单位依法为劳动者缴纳工伤保险费,因用人单位是否应当依法承担的部分工伤保险待遇而发生的争议。

7."福利"争议,指因用人单位是否执行或者履行法律、法规、规章及依法订立的集体合同、劳动合同和依法制定修订的劳动规章制度中有关福利待遇等规定、约

定而发生的争议。

8.“培训”争议,指因用人单位是否执行或者履行法律、法规、规章及依法订立的集体合同、劳动合同、培训协议、服务期协议和依法制定修订的劳动规章制度中有关培训事项等规定、约定而发生的争议。

9.“劳动保护”争议,指因用人单位是否为劳动者提供符合有关法律、法规、规章及依法订立的集体合同、劳动合同和依法制定和修订的劳动规章制度规定的劳动安全卫生条件等标准而发生的争议。

10.“劳动报酬”争议,指因用人单位是否依据国家有关规定或者劳动合同约定,以货币形式按照足额支付给劳动者劳动报酬而发生的争议。劳动报酬,包括计时工资、计件工资、奖金、津贴和补贴、加班加点工资以及特殊情况下支付的劳动报酬,但不包括用人单位以货币形式直接支付给劳动者的保险福利等待遇。

11.“工伤医疗费”争议,指用人单位是否应依法直接承担劳动者治疗工伤或者职业病所发生的医疗费用而发生的争议。工伤医疗费,主要包括挂号费、检查费、治疗费、药费、住院费、住院伙食补助费、统筹地区以外就医交通食宿费、护理费等与工伤或者职业病治疗有关的费用。

12.“经济补偿”争议,指因用人单位是否执行法律规定或者劳动合同约定关于在解除或终止劳动合同时支付经济补偿及额外补偿、竞业限制补偿等方面而发生的争议。

13.“赔偿金”争议,指因用人单位是否存在违法行为应向劳动者支付赔偿金而发生的争议。

(二)关于受理范围的有关问题

14.下列争议,可以作为劳动争议案件受理:

(1)依法办理《外国人就业证》的外国人与用人单位因用工发生的争议。

(2)依法办理《台港澳人员就业证》的台湾居民、香港和澳门居民中的中国公民与用人单位因用工发生的争议。

15.下列争议,不属于劳动争议:

(1)在校学生因履行与用工单位、学校三方签订的实习协议、就业协议而发生的争议;

(2)用工单位招用已超过法定退休年龄或者已享受退休待遇的人员而发生的争议;

(3)其他依法不属于劳动争议的。

对于不属于劳动争议的纠纷,可以通过其他途径依法解决。

地方性规定:福建

福建省高级人民法院《关于审理劳动争议案件若干问题的意见》(2001年12月19日)

7. 雇佣家庭保姆、临时帮工、家庭教师等民间雇佣劳动发生的劳务报酬、债务、损害赔偿等纠纷,属于一般民事权益争议,由人民法院直接受理。

人民法院对于当事人间因单纯支付某些报酬发生纠纷,没有证据证明是劳动报酬的,应按劳务报酬纠纷直接受理。

11. 劳动者或用人单位与社会保险机构因社会保险待遇发生的争议,不属劳动争议案件。但劳动者退休后因追索退休金、医疗费和其它社会劳动保险而与用人单位发生的争议应作为劳动争议,当事人不服劳动仲裁机构处理结果在法定期限内起诉的,人民法院应当受理。

12. 用人单位实行内部承包责任制后与职工签订承包合同,一般不属于劳动争议案件。但如果承包合同中包含有工资福利等劳动权利义务方面的内容,职工与企业因执行承包合同中有关劳动权利义务约定而发生的争议,属劳动争议案件。当事人不服劳动仲裁机构的处理结果在法定期限内起诉的,人民法院应当受理。

28. 在中国境外(包括港、澳、台地区)设立的用人单位与劳动者因履行聘用合同发生的争议,不适用《劳动法》及其相关法律规定。人民法院受理该类案件的,应当根据或参照涉外合同的有关规定处理。

地方性规定:海南

《海南省劳动人事争议仲裁办案规则》(2013年4月8日　琼人社发〔2013〕33号)

第三条　下列争议,应作为劳动或人事争议处理:

(一)非法用工单位的伤残人员或死亡人员的直系亲属与非法用工单位就工伤赔偿发生的争议;

(二)伤残童工或死亡童工的直系亲属与用人单位就工伤赔偿发生的争议;

(三)劳动者因用人单位未为其缴纳社会保险费或未足额缴纳社会保险费而与用人单位就赔偿养老、医疗、工伤、失业、生育保险待遇损失发生的争议;

(四)法律、法规、司法解释规定的其他情形。

第四条 下列争议,不作为劳动人事争议处理:

(一)招用时已达到法定退休年龄的劳动者与用人单位发生的争议;

(二)村民委员会、居民委员会、业主委员会等群众性自治组织与劳动者发生的争议;

(三)劳动者与用人单位之间因缴纳社会保险费、增加社会保险险种、补足社会保险缴费基数及变更参保地发生的争议;

(四)劳动者与用人单位因住房公积金发生的争议;

(五)劳动者与用人单位因差旅费报销发生的争议,但双方在劳动合同中约定的除外;

(六)家政服务人员与雇主发生的争议;

(七)全日制在校学生或参加就业见习的未就业大中专毕业生与勤工俭学单位或实习、见习单位发生的争议;

(八)保险个人代理人、证券经纪人与所代理单位发生的争议;

(九)法律、法规、司法解释规定的其他情形。

附:本章节收录相关规定汇总

法律

《劳动争议调解仲裁法》(2008 年 5 月 1 日)

司法解释

最高人民法院《关于审理劳动争议案件适用法律问题的解释(一)》(2021 年 1 月 1 日 法释〔2020〕26 号)

最高人民法院《关于人民法院审理事业单位人事争议案件若干问题的规定》(2003 年 9 月 5 日　法释〔2003〕13 号)

最高人民法院《关于事业单位人事争议案件适用法律等问题的答复》(2004 年 4 月 30 日　法函〔2004〕30 号)

部委规定

人力资源社会保障部、最高人民法院《关于加强劳动人事争议仲裁与诉讼衔接机制建设的意见》(2017 年 11 月 8 日　人社部发〔2017〕70 号)

《劳动人事争议仲裁办案规则》(2017 年 7 月 1 日　人力资源和社会保障部令第 33 号)

劳动和社会保障部《关于非全日制用工若干问题的意见》(2003 年 5 月 30 日　劳社部发〔2003〕12 号)

地方性规定:北京

北京市高级人民法院、北京市劳动人事争议仲裁委员会《关于审理劳动争议案件法律适用问题的解答》(2017 年 4 月 24 日　京高法发〔2017〕142 号)

北京市高级人民法院、北京市劳动争议仲裁委员会《关于劳动争议案件法律适用问题研讨会会议纪要(二)》(2014 年 5 月 7 日　京高法发〔2014〕220 号)

北京市高级人民法院、北京市劳动争议仲裁委员会《关于劳动争议案件法律适用问题研讨会会议纪要》(2009 年 8 月 17 日)

《北京市劳动人事争议调解组织工作办法》(2017 年 11 月 8 日　京人社仲发〔2017〕233 号)

地方性规定:天津

《天津法院劳动争议案件审理指南》(2018 年 1 月 1 日　津高法〔2017〕246 号)

天津市高级人民法院《关于审理劳动争议案件有关问题的通知》(2004 年 2 月 3 日　津高法〔2004〕13 号)

地方性规定:上海

上海市高级人民法院《关于适用〈劳动合同法〉若干问题的意见》(2009 年 3 月 3 日　沪高法〔2009〕73 号)

上海市高级人民法院《关于审理劳动争议案件若干问题的意见》(2007 年 3 月 21 日　沪高法民一〔2007〕7 号)

上海市高级人民法院《关于审理劳动争议案件若干问题的解答》(沪高法民一〔2006〕17 号)

地方性规定:重庆

《关于审理劳动争议案件若干问题的指导意见》(2009 年 2 月 9 日　渝高法发〔2009〕4 号)

地方性规定:广东(深圳)

广东省劳动和社会保障厅《关于劳动争议有关问题的复函》(2000 年 3 月 22 日　粤劳社函〔2000〕26 号)

深圳市中级人民法院《关于审理劳动争议案件的裁判指引》(2015 年 9 月 2 日　深中法发〔2015〕13 号)

地方性规定:江苏

江苏省高级人民法院《劳动争议案件审理指南(2010 年)》(2010 年 5 月 17 日)

江苏省高级人民法院、江苏省劳动争议仲裁委员会《关于审理劳动争议案件的指导意见》(2009 年 12 月 14 日　苏高法审委〔2009〕47 号)

地方性规定:浙江

浙江省高级人民法院《劳动争议案件疑难问题讨论纪要》(浙高法〔2001〕240号)

浙江省劳动争议仲裁委员会《关于劳动争议案件处理若干问题的指导意见(试行)》(2009年8月21日 浙仲〔2009〕2号)

《关于审理劳动争议案件若干问题的意见(试行)》(2009年4月16日 浙法民一〔2009〕3号)

地方性规定:山东

《关于适用〈中华人民共和国劳动争议调解仲裁法〉和〈中华人民共和国劳动合同法〉若干问题的意见》(2010年4月6日 鲁高法〔2010〕84号)

地方性规定:福建

福建省高级人民法院《关于审理劳动争议案件若干问题的意见》(2001年12月19日)

地方性规定:海南

《海南省劳动人事争议仲裁办案规则》(2013年4月8日 琼人社发〔2013〕33号)

第二十六章　当事人

法律

《劳动争议调解仲裁法》(2008 年 5 月 1 日)

第七条　发生劳动争议的劳动者一方在十人以上,并有共同请求的,可以推举代表参加调解、仲裁或者诉讼活动。

第二十二条　发生劳动争议的劳动者和用人单位为劳动争议仲裁案件的双方当事人。

劳务派遣单位或者用工单位与劳动者发生劳动争议的,劳务派遣单位和用工单位为共同当事人。

第二十三条　与劳动争议案件的处理结果有利害关系的第三人,可以申请参加仲裁活动或者由劳动争议仲裁委员会通知其参加仲裁活动。

第二十四条　当事人可以委托代理人参加仲裁活动。委托他人参加仲裁活动,应当向劳动争议仲裁委员会提交有委托人签名或者盖章的委托书,委托书应当载明委托事项和权限。

第二十五条　丧失或者部分丧失民事行为能力的劳动者,由其法定代理人代为参加仲裁活动;无法定代理人的,由劳动争议仲裁委员会为其指定代理人。劳动者死亡的,由其近亲属或者代理人参加仲裁活动。

司法解释

最高人民法院《关于审理劳动争议案件适用法律问题的解释(一)》(2021 年 1 月 1 日　法释〔2020〕26 号)

第二十六条　用人单位与其它单位合并的,合并前发生的劳动争议,由合并后的单位为当事人;用人单位分立为若干单位的,其分立前发生的劳动争议,由分立后的实际用人单位为当事人。

用人单位分立为若干单位后,具体承受劳动权利义务的单位不明确的,分立后的单位均为当事人。

第二十七条 用人单位招用尚未解除劳动合同的劳动者,原用人单位与劳动者发生的劳动争议,可以列新的用人单位为第三人。

原用人单位以新的用人单位侵权为由提起诉讼的,可以列劳动者为第三人。

原用人单位以新的用人单位和劳动者共同侵权为由提起诉讼的,新的用人单位和劳动者列为共同被告。

第二十八条 劳动者在用人单位与其他平等主体之间的承包经营期间,与发包方和承包方双方或者一方发生劳动争议,依法提起诉讼的,应当将承包方和发包方作为当事人。

第二十九条 劳动者与未办理营业执照、营业执照被吊销或者营业期限届满仍继续经营的用人单位发生争议的,应当将用人单位或者其出资人列为当事人。

第三十条 未办理营业执照、营业执照被吊销或者营业期限届满仍继续经营的用人单位,以挂靠等方式借用他人营业执照经营的,应当将用人单位和营业执照出借方列为当事人。

第三十一条 当事人不服劳动争议仲裁机构作出的仲裁裁决,依法提起诉讼,人民法院审查认为仲裁裁决遗漏了必须共同参加仲裁的当事人的,应当依法追加遗漏的人为诉讼当事人。

被追加的当事人应当承担责任的,人民法院应当一并处理。

部委规定

《劳动人事争议仲裁办案规则》(2017 年 7 月 1 日　人力资源和社会保障部令第 33 号)

第五条 劳动者一方在十人以上并有共同请求的争议,或者因履行集体合同发生的劳动争议,仲裁委员会应当优先立案,优先审理。

第六条 发生争议的用人单位未办理营业执照、被吊销营业执照、营业执照到期继续经营、被责令关闭、被撤销以及用人单位解散、歇业,不能承担相关责任的,应当将用人单位和其出资人、开办单位或者主管部门作为共同当事人。

第七条 劳动者与个人承包经营者发生争议,依法向仲裁委员会申请仲裁的,应当将发包的组织和个人承包经营者作为共同当事人。

第六十三条第一款　发生劳动者一方在十人以上并有共同请求的争议的，劳动者可以推举三至五名代表参加仲裁活动。代表人参加仲裁的行为对其所代表的当事人发生效力，但代表人变更、放弃仲裁请求或者承认对方当事人的仲裁请求，进行和解，必须经被代表的当事人同意。

最高人民法院《关于审理劳动争议案件诉讼当事人问题的批复》(1988年10月19日　法(经)复〔1988〕50号)

劳动争议当事人不服劳动争议仲裁委员会的仲裁决定，向人民法院起诉，争议的双方仍然是企业与职工。双方当事人在适用法律上和诉讼地位上是平等的。此类案件不是行政案件。人民法院在审理时，应以争议的双方为诉讼当事人，不应把劳动争议仲裁委员会列为被告或第三人。

劳动部办公厅《关于用人单位筹备组与职工发生劳动争议有关问题意见的函》(2006年7月5日　劳社厅函〔2006〕341号)

用人单位在组建过程中，其筹备组与职工发生劳动争议的，筹备组和发起人(法人)共同作为劳动争议主体，承担连带责任。

劳动部《关于因破产、被工商部门吊销营业执照或自行解散的企业拖欠职工工资引发的劳动争议如何确认被诉人的请示》(1997年9月30日　劳部发〔1997〕285号)

一、关于被吊销营业执照、解散或撤销的企业发生劳动争议，职工当事人申请仲裁，如何确认被诉人的问题。《中华人民共和国企业法人登记管理条例》①第三十三条规定："企业法人被吊销《企业法人营业执照》，登记主管机关应当收缴其公章，并将注销登记情况告知其开户银行，其债权债务由主管部门或者清算组织负责清理。"最高人民法院《关于贯彻执行〈中华人民共和国民法通则〉若干问题的意见》第五十九条规定："企业法人解散或者被撤销的，应当由其主管机关组织清算小组进行清算。"最高人民法院《关于企业开办的企业被撤销或者歇业后民事责任承担问题的批复》(法复〔1994〕4号)中规定，企业开办的企业被撤销、歇业或者依照《中华人民共和国企业法人登记管理条例》第二十二条规定视同歇业后，其债务承担问题应根据以下不同情况分别处理：企业开办的企业领取了《企业法人营业执照》并在实际上具备企业法人条件的，应当以其经营管理或者所有的财产独立承担民事责

① 编著注：《企业法人登记管理条例》已于2019年3月2日修订。

任;企业开办的企业虽然领取了《企业法人营业执照》,因其实际没有投入自有资金,或投入的自有资金达不到规定数额,以及不具备企业法人其他条件的,应当认定其不具备法人资格,其民事责任由开办该企业的企业法人承担。根据上述规定精神,企业在被吊销营业执照、解散、撤销或歇业后,应当由其主管部门、或开办单位、或依法成立的清算组织作为被诉人参加仲裁活动。

二、关于破产企业发生劳动争议,职工当事人申请仲裁,如何确认被诉人的问题,应依据劳动部《对〈关于破产企业能否成为被诉人的请示〉的复函》(劳部发〔1996〕278号)的规定,由依法成立的清算组织作为被诉人参加劳动争议仲裁活动。

地方性规定:北京

《2014年部分劳动争议法律适用疑难问题研讨会会议纪要》(2015年1月5日)

五、《会议纪要二》第21条:"因工死亡职工的亲属可以要求确认劳动者与用人单位之间存在劳动关系,因工死亡职工的亲属的范围包括该职工的配偶、父母、子女、兄弟姐妹、祖父母、外祖父母、孙子女、外孙子女和其他具有扶养、赡养关系的亲属,因工死亡职工的亲属中任何一人均可作为仲裁申请人或诉讼原告。涉及因工死亡职工赔偿及享受待遇等主张,应由全部亲属作为当事人参加诉讼。"

问题:能否理解为,只要求确认劳动关系的,任一亲属作原告即可;但要求赔偿或享受待遇的,应按照《继承法》规定的有继承权的全部亲属做原告。

研讨意见:只要求确认劳动关系的,任一亲属均可作为仲裁申请人或诉讼原告;但要求赔偿或享受待遇的,一般应由全部亲属作为当事人参加诉讼。

六、《会议纪要二》第16条:"劳动者向未办理营业执照、被吊销营业执照或者营业期限届满仍继续经营的用人单位提供劳动,劳动者有权依照《中华人民共和国劳动合同法》(以下简称《劳动合同法》)的规定向用人单位主张权利,用人单位不存在或者无力承担责任时,出资人应当依法承担相应责任。"

问题:1. 出资人的诉讼地位是否为被告?如果出资人有多个,是否必须全部追加?

2. 出借营业执照的,出借方对借用方招聘的劳动者是否可以比照该条承担责任?

研讨意见:1. 出资人的诉讼地位列为被告。如果出资人有多个,应当全部追加。

2. 出借营业执照的,根据《最高人民法院关于审理劳动争议案件适用法律若干问题的解释（三）》第五条规定，应当将用人单位和营业执照出借方列为当事人。

北京市高级人民法院、北京市劳动争议仲裁委员会《关于劳动争议案件法律适用问题研讨会会议纪要（二）》（2014年5月7日　京高法发〔2014〕220号）

15. 用人单位自动歇业、视为自动歇业、被撤销或吊销营业执照，如何确定当事人？

用人单位自动歇业、视为自动歇业、被撤销、被吊销营业执照应列该用人单位为当事人。如用人单位成立清算组清理债权债务的，由清算组负责人代表用人单位参加仲裁或诉讼；尚未成立清算组的，由原法定代表人代表用人单位参加仲裁或诉讼。清算组负责人或原法定代表人可以委托诉讼代理人参加仲裁或诉讼。

18. 农民工向违法分包、非法转包工程给包工头的建筑施工企业主张追索劳务费、工资、劳动报酬时，仲裁委、法院是否需追加包工头？

建筑施工企业将工程违法分包、非法转包给包工头，包工头自行招工、自行管理，自发劳务费、工资、劳动报酬的，应当在仲裁或诉讼中追加包工头。

农民工没有将包工头列为当事人的，仲裁委、法院应向农民工释明，要求追加包工头为当事人。农民工在释明后不同意追加包工头的，仲裁委、法院可依职权进行追加。

21. 因工死亡职工的亲属能否要求确认劳动关系？

因工死亡职工的亲属可以要求确认劳动者与用人单位之间存在劳动关系，因工死亡职工的亲属的范围包括该职工的配偶、父母、子女、兄弟姐妹、祖父母、外祖父母、孙子女、外孙子女和其他具有扶养、赡养关系的亲属，因工死亡职工的亲属中任何一人均可作为仲裁申请人或诉讼原告。涉及因工死亡职工赔偿及享受待遇等主张，应由全部亲属作为当事人参加诉讼。

北京市高级人民法院、北京市劳动争议仲裁委员会关于劳动争议案件法律适用问题研讨会会议纪要（2009年8月17日）

7. 在劳动仲裁程序中遗漏了必须共同参加仲裁的当事人，人民法院在一审诉讼程序中可依法予以追加，无须再行仲裁。劳动争议仲裁委员会漏裁的事项，人民法院可直接作出处理。

9. 当事人双方不服劳动争议仲裁委员会作出的同一仲裁裁决，均向同一人民法院起诉的，双方当事人互为原告和被告，先起诉的一方当事人列为“原告（被告）”，后起诉的一方当事人列为“被告（原告）”。

地方性规定:天津

《关于审理劳动人事争议案件的会议纪要》(2019年11月25日 津高法〔2019〕296号)

3.用人单位注销,当事人申请仲裁问题

劳动者与用人单位发生争议,用人单位已注销的,按照以下情形分别处理:

(2)仲裁立案后,用人单位注销的,劳动人事争议仲裁委员会应当依法撤销案件,以决定书形式通知当事人。当事人向人民法院提起诉讼的,人民法院应予受理。

人民法院受理后,当事人申请追加出资人、开办单位或者清算组作为被告的,应予准许。

天津市高级人民法院《关于审理工伤认定行政案件若干问题座谈会纪要》(2005年9月9日 津高法〔2005〕164号)

第五条 职工和用人单位均不服劳动保障行政部门作出的工伤认定决定,经过行政复议程序后向同一人民法院起诉的,先起诉的一方当事人为原告,另一方为第三人,但对双方的诉讼请求,人民法院应当一并作出裁决。

第六条 职工或者其直系亲属、工会组织提起工伤认定行政诉讼的,人民法院依法受理后,应当通知职工所属用人单位作为第三人参加诉讼。用人单位提起工伤认定行政诉讼的,应当通知职工作为第三人参加诉讼。职工死亡或无民事行为能力的,通知其直系亲属作为第三人参加诉讼;无直系亲属的,通知所属工会组织作为第三人参加诉讼。

地方性规定:上海

上海市高级人民法院《关于适用〈劳动合同法〉若干问题的意见》(2009年3月3日 沪高法〔2009〕73号)

二十二、境外单位在沪设立的办事机构的诉讼主体地位

境外公司在沪设立办事机构的,该机构已经合法办理了登记手续,并按照相关法律规定通过对外服务机构招用劳动者,劳动者就相关劳动权利义务与该办事处产生纠纷的,可以该办事机构作为劳动争议的当事人;该办事机构未按照相关法律规定通过对外服务机构招用劳动者,劳动者就报酬支付等问题与该办事处产生纠纷的,作为民事纠纷处理,该办事机构可以作为民事诉讼的当事人。

上海市高级人民法院《关于审理劳动争议案件若干问题的意见》(2007 年 3 月 21 日　沪高法民一〔2007〕7 号)

1. 非正规就业劳动组织与其从业人员发生争议的,诉讼主体的确定

非正规就业劳动组织作为特殊就业政策的产物,其诉讼主体资格的确定目前尚无明确的法律规定。根据上海市劳动和社会保障局《关于规范非正规就业劳动组织管理的若干意见》的规定,非正规就业劳动组织往往并非由筹建负责人独自筹集开办资金,因此其筹建负责人不能简单的等同于责任主体。而且该组织经由政府部门登记、管理,有自己的称号、具备经营场所和一定资金,所以在相关案件中,目前仍以非正规就业劳动组织作为当事人更为合适,一般不需要再追加其负责人为共同被告。

5. 建筑公司将工程分包给不具备资质的个人情况下,劳动争议责任主体的认定

劳动和社会保障部《关于确立劳动关系有关事项的通知》[劳社部发(2005)12 号]第四条规定:“建筑施工、矿山企业等用人单位将工程(业务)或经营权发包给不具备用工主体资格的组织或自然人,对该组织或自然人招用的劳动者,由具备用工主体资格的发包方承担用工主体责任。”审判实践中可参照此规定处理。

地方性规定:广东(深圳)

广东省劳动争议仲裁委员会《关于受理非法用工单位与伤亡人员劳动争议案件有关问题的通知》(2004 年 2 月 26 日　粤劳仲〔2004〕2 号)

二、非法用工单位作为当事人,可以用其经营字号、商业品牌、对外使用的称号(应注明未经依法登记、备案),以及原营业执照、登记、备案的名称(应注明被依法吊销或撤销登记、备案)作为名称;以主要经营者(或主要投资人、直接责任人)作为代表人(或负责人);以主要生产经营场所作为住所地。

深圳市中级人民法院《关于审理劳动争议案件的裁判指引》(2015 年 9 月 2 日　深中法发〔2015〕13 号)

十三、“三来一补”企业①,因其不具备对外独立承担民事权利义务的条件,在诉讼中应将“三来一补”企业和外方投资者一并列为当事人,共同承担责任。

---

①　编著注:“三来一补”企业,是指进行来料加工、来样加工、来件装配和补偿贸易之企业。“三来一补”企业是由中国的企业法人与外商签署合作合同,并由中方的名义设立的工厂营业登记,该工厂并非企业法人,也非有限责任公司。

……

十四、个人独资企业与劳动者发生劳动争议,应以个人独资企业为当事人,但应同时注明投资人的基本信息。

十五、劳动者与起有字号的个体工商户发生劳动争议,应当以营业执照上登记的字号为当事人,但应同时注明该字号经营者的基本信息。

按上述原则,营业执照上登记的经营者与实际经营者不一致的,以字号和实际经营者为共同当事人。

十六、非法人单位与劳动者产生争议的,可将其上级法人单位列为共同诉讼主体参与诉讼,上级法人单位承担补充清偿责任。

十七、法人单位在开办新单位过程中,以新单位名义招用劳动者发生争议,后未开办成功的,以该法人单位为当事人;开办成功的,以该新单位为当事人。

十八、用人单位合并或分立后的民事诉讼主体,可按民事诉讼法中主体合并与分立的处理原则确定。用人单位合并前发生的争议,以合并后的用人单位作为一方当事人;用人单位分立前的争议,分立后分担分立前单位权利义务明确的,由承受权利义务的单位作为一方当事人;不明确的,将分立后的各单位共同列为当事人。

十九、企业自动歇业、视为自动歇业、被撤销或吊销营业执照的,应以该企业为当事人。如成立清算组清理债权债务的,以清算组的负责人为诉讼代表人;没有清算组的,以清算义务人为诉讼代表人。

用人单位未依法清算即注销的,以清算组成员或清算义务人或在公司登记机关办理注销登记时承诺对公司债务承担责任的第三人为当事人。

前两款规定的清算义务人按企业的不同性质分别确定,即国有企业为其主管部门;非公司制的集体企业为其开办者或出资者;法人型联营企业、中外合资企业法人和外商独资企业法人为其出资者;有限责任公司为其股东;股份有限公司为其控股股东。

二十、因招用尚未与原用人单位解除劳动合同的劳动者致原用人单位对劳动者、现用人单位提起诉讼的,应根据原用人单位的请求确定被告。原用人单位只请求解决与解除劳动合同有关问题的,可只以劳动者为被告;原用人单位向劳动者和现用人单位提出经济损失索赔请求的,应以劳动者和现用人单位为共同被告。

二十一、劳动者主张与用人单位存在劳动关系或者主张劳动法上的有关权利,用人单位否认双方之间存在劳动关系并主张劳动者是由不具备用工主体资格的承包人、挂靠人或营业执照借用人聘用的，应当将承包人、挂靠人或营业执照借用人追为当事人参加诉讼。

五十七、劳动者与不具备合法经营资格的用人单位因用工关系产生争议，应当将该单位或出资人列为当事人，按照《劳动合同法》第九十三条的规定支付相关费用，即劳动报酬、经济补偿、赔偿金和损害赔偿责任，但不包括未签订书面劳动合同的二倍工资差额。

地方性规定：江苏

江苏省高级人民法院《劳动争议案件审理指南（2010年）》（2010年5月17日）

三、劳动争议案件当事人的确定

1. 用人单位发生合并或分立的，由承受劳动合同权利义务的实际用人单位为诉讼当事人。

根据民事权利义务相一致的原则，2001年《劳动争议司法解释一》第10条规定，用人单位与其他单位合并的，合并前与劳动者发生的劳动争议，由合并后的单位为诉讼当事人；用人单位分立为若干个单位的，其分立前与劳动者发生的劳动争议，由分立后的实际用人单位为诉讼当事人。但在劳动者因用人单位分立为若干单位，而使其承受劳动合同权利义务的单位不明确的情况下，即劳动者因用人单位分立为若干单位，没有了实际用人单位时，为有效保护劳动者的合法权利，分立后的单位均为当事人。

2. 因用人单位招用尚未解除劳动合同的劳动者，原用人单位与劳动者发生争议时当事人的确定。

《劳动法》第99条规定："用人单位招用尚未解除劳动合同的劳动者，对原用人单位造成经济损失的，该用人单位应当承担连带赔偿责任。"《劳动合同法》第91条亦规定："用人单位招用与其他用人单位尚未解除或者终止劳动合同的劳动者，给其他用人单位造成损失的，应当承担连带赔偿责任。"《最高人民法院关于审理劳动争议若干问题的解释》第11条又分三种情况对此类劳动争议主体问题作了相应的规定：

（1）对用人单位因招用尚未解除劳动合同的劳动者，原用人单位与劳动者发生的劳动争议，原用人单位与劳动者为劳动争议案件的当事人；新的用人单位与原用人单位因不具有劳动合同关系和其他法律关系，所以，原则上不列为当事人，但基于原用人单位与劳动者之间的劳动争议是因新的用人单位招聘该劳动者而发生的,故为便于诉讼和劳动争议案件的审理,人民法院可以将新的用人单位列为第三人。

(2)如果原用人单位以新的用人单位侵权为由而向人民法院起诉的,原用人单位和新的用人单位为当事人,但因该侵权之诉是因新的用人单位招用与原用人单位尚未解除劳动合同关系的劳动者而引起的,劳动者是该侵权之诉的诉因,所以,人民法院为便于审理,可以列劳动者为第三人。

(3)如果原用人单位以新的用人单位和劳动者为共同侵权人向人民法院起诉的,根据民法通则和民事诉讼法之规定,新的用人单位和劳动者列为共同被告。

因用人单位招用尚未解除劳动合同的劳动者引起的前后两个用人单位之间的纠纷是侵权纠纷,是一般民事案件中的侵权案件,而不是劳动争议案件。虽然,前一个用人单位请求后一个用人单位赔偿招用与之有劳动合同关系的劳动者给其造成的经济损失的实体法律依据是《劳动法》第99条的规定,但由于劳动争议是发生在用人单位和劳动者之间的争议,因此,上述第二、三种情形下,两个用人单位因用人问题发生的争议本质上是属于民事侵权案件,原用人单位以新的用人单位为被告或者以新的用人单位和劳动者为共同侵权人为由提起的诉讼,不以经劳动争议仲裁为前提条件。

3.没有用工主体资格的个人承包经营者违法招用劳动者给劳动者造成损害,劳动者请求损害赔偿的,应当将发包单位与个人承包经营者作为共同当事人。

《劳动合同法》第九十四条规定:“个人承包经营违反本法规定招用劳动者,给劳动者造成损害的,发包的组织与个人承包经营者承担连带赔偿责任。”诉讼中,应当将发包组织和个人承包经营者列为共同被告。

4.建设工程层层转包、分包给不具有用工主体资格的实际施工人,实际施工人招用的劳动者与其发生劳动争议的,最近上一层转包、分包关系中具有用工主体资格的单位和实际施工人为共同当事人。

对于如何规范建筑领域签订劳动合同的行为,劳动和社会保障部、建设部、全国总工会于2005年4月18日联合下发了《关于加强建设等行业农民工劳动合同管理的通知》,该通知第2条中规定:“劳动合同必须由具备用工主体资格的用人单位与农民工本人签订,不得由他人代签;建筑领域工程项目部、项目经理、施工作业班组、包工头等不具备用工主体资格,不能作为用工主体与农民工签订劳动合同。”劳动和社会保障部于2005年5月25日下发的《关于确立劳动关系有关事项的通知》第4条规定:“建筑施工、矿山企业等用人单位将工程(业务)或经营权发包给不具备用工主体资格的组织或自然人，对该组织或自然人招用的劳动者，由具备用工主体资格的发包方承揽用工主体责任。”因此在现实生活中，不具备用工主体资格的实际施工人招用劳动者承担建设工程，因其无权招用劳动者，该实际施工人的前一手具有用工主体资格的总承包单位或分包单位应当承担用工单位的责任。因此，劳动者向法院起诉要求支付劳动报酬、给付工伤赔偿金等，应当将实际施工人前一手具有用工主体资格的总承包单位或分包单位以及实际施工人列为共同被告。

5. 借调劳动关系中，劳动者与原用人单位发生劳动争议的，劳动者与原用人单位为当事人，可以列借调单位为第三人；但原用人单位与借调单位约定由借调单位全部或部分履行义务的，应列原用人单位和借调单位为共同诉讼人。

借调劳动关系，是指用人单位通过借调或劳务协议，将劳动者于一定期间内，借调到另一用人单位，接受该单位的指示与管理而形成的法律关系。因借调关系发生争议的，仍应从劳动关系的从属性特征把握此类劳动争议的适格当事人。如果原用人单位并未与劳动者协商变更劳动合同的，应认定劳动关系仍存在于原用人单位与劳动者之间，借调单位只是实际使用该劳动力的单位，故原则上仍应以原用人单位作为诉讼当事人。例如，《工伤保险条例》第 41 条第 3 款规定：“职工被借调期间受到工伤事故伤害的，由原用人单位承担工伤保险责任，但原用人单位与借调单位可以约定补偿办法。”但是下列情形的，应当作为例外：

(1)原用人单位与借调单位约定由借调单位全部或部分履行义务的，应列原用人单位和借调单位为共同诉讼人。从理论上来说，这种情况下，原用人单位与劳动者关系并未变更，故仍应以原用人单位为劳动关系的一方当事人。如果原用人单位与借调单位约定，由借调单位向劳动者全部或者部分履行义务的，该约定可以视为第三人利益契约，虽然劳动者不是合同的相对方，但其对借调单位亦有直接请求给付权。同时，劳动者基于其与原用人单位的劳动合同关系，亦可向原用人单位主张请求。故在此情形下，原用人单位与借调单位应作为共同诉讼人承担连带责任。

(2)借调单位与劳动者对劳动权利义务有特别约定，当事人对该约定发生争议的，借调单位和劳动者为劳动争议的当事人。

6. 劳务派遣关系中，劳动者与劳务派遣单位发生劳动争议的，劳动者与劳务派遣单位为当事人，但因给付劳动报酬、经济补偿金或者工伤赔偿待遇等发生的纠纷，可将实际用人单位列为第三人。

在劳务派遣关系中，派遣单位负责劳动者的工资发放、档案管理、社会保险费的缴纳等事项，而实际用人单位则对劳动者进行日常管理，并且指示其从事具体的劳动。因派遣劳动关系发生的争议，由于劳动关系仅存在于派遣单位与劳动者之间，故一般应将派遣单位和劳动者列为诉讼当事人，但是，因给付劳动报酬、经济补偿金或者工伤赔偿待遇等发生的纠纷，可将实际用人单位列为共同被告。

7. 劳动者与不具备合法经营资格的用人单位因用工关系发生争议，应当将用人单位或其出资人作为当事人。不具备合法经营资格的用人单位借用他人营业执照经营的，还应当将出借营业执照的一方作为当事人。

《劳动合同法》第 93 条规定："对不具备合法经营资格的用人单位的违法犯罪行为，依法追究法律责任；劳动者已经付出劳动的，该单位或者其出资人应当依照本法有关规定向劳动者支付劳动报酬、经济补偿、赔偿金；给劳动者造成损害的，应当承担赔偿责任。"不具备合法经营资格主要是指用人单位未依法领取营业执照或营业执照被吊销，也包括在筹备阶段的情形。

《最高人民法院关于审理劳动争议案件适用法律若干问题的解释（三）》第 5 条规定：未办理营业执照、营业执照被吊销或者营业期限届满仍继续经营的用人单位，以挂靠等方式借用他人营业执照经营的，应当将用人单位和营业执照出借方列为当事人。

8. 未依法领取营业执照或者登记证书的用人单位分支机构，受用人单位委托直接与劳动者签订劳动合同，双方发生劳动争议时，应当将委托其签订劳动合同的用人单位作为当事人。

《劳动合同法实施条例》第 4 条规定："劳动合同法规定的用人单位设立的分支机构，依法取得营业执照或者登记证书的，可以作为用人单位与劳动者订立劳动合同；未依法取得营业执照或者登记证书的，受用人单位委托可以与劳动者订立劳动合同。"不具有用工主体资格的分支机构，不能作为用人单位，以其自己的名义与劳动者签订的劳动合同；若以其自己的名义直接与劳动者订立劳动合同，视为设立该分支机构的用人单位委托其与劳动者签订。

9. 人民法院在审理劳动争议案件时，认为仲裁裁决遗漏共同参加诉讼的当事人的，可以依法追加当事人。

七、人民法院审理劳动争议案件时是否可以追加诉讼当事人

根据《最高人民法院关于审理劳动争议案件适用法律若干问题的解释（三）》第 6 条的规定，当事人不服劳动人事争议仲裁委员会作出的仲裁裁决，依法向人民法院提起诉讼，人民法院审查认为仲裁裁决遗漏了必须共同参加仲裁的当事人的，应

当依法追加遗漏的人为诉讼当事人。被追加的当事人应当承担责任的,人民法院应当一并处理。

地方性规定:浙江

浙江省高级人民法院民事审判第一庭、浙江省劳动人事争议仲裁院《关于审理劳动争议案件若干问题的解答(五)》(2019 年 6 月 21 日　浙高法民一〔2019〕1 号)

十六、《调解仲裁法》第二十五条规定:"劳动者死亡的,由其近亲属或者代理人参加仲裁活动。"这里的近亲属包括哪些人?仲裁审理时,应否依职权追加当事人?

答:劳动者死亡的,由其近亲属或者代理人参加仲裁活动,"近亲属"范围为《中华人民共和国继承法》[①]规定的继承人。仲裁审理时,应当依法按继承顺位通知近亲属,并依职权追加当事人。

《劳动争议案件疑难问题讨论纪要》(浙高法〔2001〕240 号)

12. 劳动争议案件中,如果签订劳动合同的用人单位与实际劳动者的用人单位、作出处理决定的用人单位不一致时,应如何列当事人?

答:劳动争议案件应列具有劳动关系的用人单位和劳动者为当事人。用人单位与劳动者订立劳动合同的,应以签约双方为当事人;如果签约的用人单位与实际用人单位不一致或签约的用人单位与作出处理决定的用人单位不一致的,则应将实际用人单位或作出处理决定的用人单位,与签约用人单位列为共同被告。

13. 人民法院在审理劳动争议案件时,经审查发现劳动仲裁部门所列的当事人发生变更,或存在依法应当追加当事人情形的,应如何处理?

答:人民法院在审理劳动争议案件时,如发现劳动仲裁部门所列的当事人死亡而需列其继承人为当事人,或者用人单位合并或分立,或者存在必须共同参加诉讼的当事人没有参加诉讼等情形的,可根据民事诉讼法的规定,直接对诉讼主体进行变更或追加,无需由劳动仲裁部门重新仲裁。

14. 用人单位与其他平等主体之间签订承包商经合同,劳动者在承包经营期间,与发包方或承包方发生劳动争议的,如何确定案件的用人单位?

答:在承包经营期间发生劳动争议的案件,应以劳动者是否与发包方或承包方存在劳动合同关系为依据来确定用人单位。如果劳动者与发包方和承包方之间均签订劳动合同,存在劳动合同关系的则应确定发包方与承包方为共同用人单位。

---

① 编著注:该法已被《民法典》(2021 年 1 月 1 日生效)废止。

如果劳动者只是与发包方签订劳动合同，而没有与承包方签订劳动合同的，则应确定发包方为用人单位；同时，由于承包方是实际用人单位和受益人，也应将其列为案件的当事人，即确定发包方与承包方为共同用人单位。如果劳动者只与承包方存在劳动关系的，则只确定承包方为用人单位，不应将发包方确定为用人单位。

15. 建筑队工程层层转包中发生工伤事故引起的劳动争议案件，如何确定案件当事人？

答：建筑工程层层转包中发生工伤事故的，如果实际用人单位是合法用工主体，则列实际用工主体（包括包工负责人）为当事人。如果实际用人单位不具备合法用工主体资格的，则应列该实际用工主体与最近的上一层转包关系中具备合法用工主体资格的用人单位为共同当事人。

浙江省劳动争议仲裁委员会《关于劳动争议案件处理若干问题的指导意见（试行）》（2009 年 8 月 21 日　浙仲〔2009〕2 号）

11. 劳动者与用人单位签订劳动合同后，被该用人单位派往其他单位工作，并在其他单位领取工资或办理社会保险，因用工发生争议的，指派单位应作为当事人，并可视案情需要将实际用工单位作为共同当事人或第三人并承担连带责任。

12. 用人单位挂靠在其他单位名下或借用其他单位的营业执照进行生产经营，劳动者与用人单位发生劳动争议的，用人单位和被挂靠单位或营业执照出借人应作为共同当事人并承担连带责任。但用人单位本身具备用工主体资格的除外。

13. 在建设工程层层转包、分包中，作为实际施工人的自然人与其招用的劳动者发生劳动争议的，最近的上一层转包、分包关系中具备合法用工主体资格的单位应作为当事人，并可视案情需要将实际施工的自然人及违法转包人、分包人作为共同当事人。

14. 用人单位被吊销营业执照、责令关闭、撤销以及用人单位决定提前解散、歇业，应当将用人单位或清算组织作为当事人；用人单位或清算组织不能承担相关责任的，应当将出资人或开办单位作为共同当事人。

仲裁委员会受理后作出裁决前，用人单位注销、被吊销营业执照、关闭、撤销的，当事人应按前款规定申请变更主体。当事人不申请的，仲裁委员会可终结案件审理。

《关于审理劳动争议案件若干问题的意见（试行）》（2009 年 4 月 16 日　浙法民一〔2009〕3 号）

第七条　劳动者与用人单位签订劳动合同后，被该用人单位派往其他单位工作,并在其他单位领取工资或办理社会保险,因用工关系发生争议的,指派单位和实际用工单位应作为共同当事人并承担连带责任。

第八条 劳动者与不具备合法经营资格的用工主体因用工关系发生争议的,应当将其出资人或开办单位作为当事人。

第九条 用人单位被吊销营业执照、责令关闭、撤销以及用人单位决定提前解散、歇业,应当将用人单位或清算组织作为当事人;用人单位或清算组织不能承担相关责任的,应当将其出资人或开办单位作为共同当事人。

第十条 用人单位挂靠在其他单位名下或借用其他单位的营业执照进行生产经营,劳动者与用人单位发生劳动争议的,用人单位和被挂靠单位或营业执照出借单位应作为共同当事人并承担连带责任。

第十一条 在建设工程层层转包、分包中,作为实际施工人的自然人与其招用的劳动者发生劳动争议的,最近的上一层转包、分包关系中具备合法用工主体资格的单位应作为当事人;也可视案情需要,将实际施工的自然人及违法转包人、分包人作为共同当事人。

地方性规定:福建

福建省高级人民法院《关于审理劳动争议案件若干问题的意见》(2001年12月19日)

15. 企业、个体经济组织尚未领取营业执照,事实上已进行生产经营活动的,应当作为用人单位参加诉讼。

16. 双方当事人均不服仲裁裁决,在法定期限内均向人民法院提起诉讼,人民法院应以先收到诉状的一方为原告,另一方为被告,并案审理;双方起诉后一方又申请撤诉的,人民法院裁定不准许撤诉。

17. 订立劳动合同或未订立劳动合同的单位与实际工作单位不一致的,或实际用人单位难以确定的,以及订立劳动合同的单位与作出处理的管理单位不一致的,具有利害关系的单位均可列为当事人。

18. 两个单位借调劳动者后与劳动者发生劳动争议,如果用人单位与劳动者未变更劳动合同,而与借调单位订立劳务协议,确定了劳动者待遇,劳动者实际接受该协议的,由该协议中对劳动者承扭责任的单位作为一方当事人;用人单位未与劳动者变更劳动合同或未与借调单位订立劳务协议的,由两个单位共同作为一方当事人。

19. 用人单位合并的,合并前发生的劳动争议,由合并后的用人单位为一方当事人;用人单位分立的,其分立前发生的劳动争议,由分立后承受劳动合同权利与义务的用人单位为一方当事人。

用人单位分立后,承受其权利义务不明确的,以分立后所有用人单位为一方当事人。

20. 企业法人被吊销营业执照、解散或撤销后,应当由其主管部门、或开办人、或依法成立的清算组织作为诉讼主体。

不具备法人资格的个体工商户、合伙企业、私营企业终止前发生的劳动争议以原业主、合伙人为一方当事人。

21. 用人单位在承包经营或租赁经营期间与劳动者发生劳动争议案件,不论是否再转包或再转租,该用人单位与承包方或租赁方为一方当事人。

22. 用人单位招用尚未与原用人单位解除劳动合同关系的劳动者发生的劳动争议,如原用人单位请求解决与解除劳动合同有关的争议,以劳动者为被告;如原用人单位向劳动者与现用人单位提出经济索赔请求,以劳动者与现用人单位为共同被告。

23. 人民法院在审理劳动争议案件中,可依据《民诉法》有关规定追加或变更仲裁机构所列的当事人。

地方性规定:海南

《海南省劳动人事争议仲裁办案规则》(2013 年 4 月 8 日　琼人社发〔2013〕33 号)

第五条　非法用工单位与劳动者因工伤赔偿发生的争议,应将非法用工单位及其投资人或收益人或开办单位作为共同当事人。

非法用工单位列为当事人时,可以用其经营字号、对外使用的称号(注明未经依法登记、备案)以及原营业执照、登记、备案的名称(注明被依法吊销或撤销登记、备案)作为单位名称,以主要经营者作为法定代表人或主要负责人。

非法用工单位是指无营业执照或者未经依法登记、备案的单位以及被撤销登记、备案的单位。

第六条　个人承包经营者非法招用劳动者发生的争议,应将具备用工主体资格的发包组织作为被申请人,将个人承包经营者作为第三人。

第七条　劳动者与用人单位签订劳动合同后,被该用人单位派往其他单位工作，并在其他单位领取工资或办理社会保险，因用工关系发生争议的，指派单位和实际用工单位应作为共同当事人并承担连带责任。

第八条　用人单位被吊销营业执照、责令关闭、撤销以及用人单位决定提前解散、歇业，应当将用人单位或清算组织作为当事人；用人单位或清算组织不能承担相关责任的，应当将其出资人或开办单位作为共同当事人。

第九条　用人单位挂靠在其他单位名下或借用其他单位的营业执照进行生产经营，劳动者与用人单位发生劳动争议的，用人单位和被挂靠单位或营业执照出借单位应作为共同当事人并承担连带责任。

附：本章节收录相关规定汇总

法律

《劳动争议调解仲裁法》（2008 年 5 月 1 日）

司法解释

最高人民法院《关于审理劳动争议案件适用法律问题的解释（一）》（2021 年 1 月 1 日　法释〔2020〕26 号）

部委规定

《劳动人事争议仲裁办案规则》（2017 年 7 月 1 日　人力资源和社会保障部令第 33 号）

最高人民法院《关于审理劳动争议案件诉讼当事人问题的批复》（1988 年 10 月 19 日　法（经）复〔1988〕50 号）

劳动部办公厅《关于用人单位筹备组与职工发生劳动争议有关问题意见的函》（2006 年 7 月 5 日　劳社厅函〔2006〕341 号）

劳动部《关于因破产、被工商部门吊销营业执照或自行解散的企业拖欠职工工资引发的劳动争议如何确认被诉人的请示》（1997 年 9 月 30 日　劳部发〔1997〕285 号）

地方性规定：北京

《2014 年部分劳动争议法律适用疑难问题研讨会会议纪要》（2015 年 1 月 5 日）

北京市高级人民法院、北京市劳动争议仲裁委员会《关于劳动争议案件法律适用问题研讨会会议纪要（二）》（2014 年 5 月 7 日　京高法发〔2014〕220 号）

北京市高级人民法院、北京市劳动争议仲裁委员会《关于劳动争议案件法律适用问题研讨会会议纪要》（2009 年 8 月 17 日）

地方性规定：天津

《关于审理劳动人事争议案件的会议纪要》（2019 年 11 月 25 日　津高法〔2019〕296 号）

天津市高级人民法院《关于审理工伤认定行政案件若干问题座谈会纪要》（2005 年 9 月 9 日　津高法〔2005〕164 号）

地方性规定:上海

上海市高级人民法院《关于适用〈劳动合同法〉若干问题的意见》(2009年3月3日 沪高法〔2009〕73号)

上海市高级人民法院《关于审理劳动争议案件若干问题的意见》(2007年3月21日 沪高法民一〔2007〕7号)

地方性规定:广东(深圳)

广东省劳动争议仲裁委员会《关于受理非法用工单位与伤亡人员劳动争议案件有关问题的通知》(2004年2月26日 粤劳仲〔2004〕2号)

深圳市中级人民法院《关于审理劳动争议案件的裁判指引》(2015年9月2日 深中法发〔2015〕13号)

地方性规定:江苏

江苏省高级人民法院《劳动争议案件审理指南(2010年)》(2010年5月17日)

地方性规定:浙江

浙江省高级人民法院民事审判第一庭、浙江省劳动人事争议仲裁院《关于审理劳动争议案件若干问题的解答(五)》(2019年6月21日 浙高法民一〔2019〕1号)

《劳动争议案件疑难问题讨论纪要》(浙高法〔2001〕240号)

浙江省劳动争议仲裁委员会《关于劳动争议案件处理若干问题的指导意见(试行)》(2009年8月21日 浙仲〔2009〕2号)

《关于审理劳动争议案件若干问题的意见(试行)》(2009年4月16日 浙法民一〔2009〕3号)

地方性规定:福建

福建省高级人民法院《关于审理劳动争议案件若干问题的意见》(2001年12月19日)

地方性规定:海南

《海南省劳动人事争议仲裁办案规则》(2013年4月8日 琼人社发〔2013〕33号)

第二十七章　管　辖

法律

《民事诉讼法》(2021年12月24日修正)

第二十四条　因合同纠纷提起的诉讼,由被告住所地或者合同履行地人民法院管辖。

《劳动争议调解仲裁法》(2008年5月1日)

第二十一条　劳动争议仲裁委员会负责管辖本区域内发生的劳动争议。

劳动争议由劳动合同履行地或者用人单位所在地的劳动争议仲裁委员会管辖。双方当事人分别向劳动合同履行地和用人单位所在地的劳动争议仲裁委员会申请仲裁的,由劳动合同履行地的劳动争议仲裁委员会管辖。

司法解释

最高人民法院《关于审理劳动争议案件适用法律问题的解释(一)》(2021年1月1日　法释〔2020〕26号)

第三条　劳动争议案件由用人单位所在地或者劳动合同履行地的基层人民法院管辖。

劳动合同履行地不明确的,由用人单位所在地的基层人民法院管辖。

法律另有规定的,依照其规定。

第四条　劳动者与用人单位均不服劳动争议仲裁机构的同一裁决,向同一人民法院起诉的,人民法院应当并案审理,双方当事人互为原告和被告,对双方的诉讼请求,人民法院应当一并作出裁决。在诉讼过程中,一方当事人撤诉的,人民法院应当根据另一方当事人的诉讼请求继续审理。双方当事人就同一仲裁裁决分别向有管辖权的人民法院起诉的,后受理的人民法院应当将案件移送给先受理的人民法院。

第五条 劳动争议仲裁机构以无管辖权为由对劳动争议案件不予受理,当事人提起诉讼的,人民法院按照以下情形分别处理:

(一)经审查认为该劳动争议仲裁机构对案件确无管辖权的,应当告知当事人向有管辖权的劳动争议仲裁机构申请仲裁;

(二)经审查认为该劳动争议仲裁机构有管辖权的,应当告知当事人申请仲裁,并将审查意见书面通知该劳动争议仲裁机构;劳动争议仲裁机构仍不受理,当事人就该劳动争议事项提起诉讼的,人民法院应予受理。

第六条 劳动争议仲裁机构以当事人申请仲裁的事项不属于劳动争议为由,作出不予受理的书面裁决、决定或者通知,当事人不服依法提起诉讼的,人民法院应当分别情况予以处理:

(一)属于劳动争议案件的,应当受理;

(二)虽不属于劳动争议案件,但属于人民法院主管的其他案件,应当依法受理。

部委规定

《劳动人事争议仲裁办案规则》(2017 年 7 月 1 日　人力资源和社会保障部令第 33 号)

第八条 劳动合同履行地为劳动者实际工作场所地,用人单位所在地为用人单位注册、登记地或者主要办事机构所在地。用人单位未经注册、登记的,其出资人、开办单位或者主管部门所在地为用人单位所在地。

双方当事人分别向劳动合同履行地和用人单位所在地的仲裁委员会申请仲裁的,由劳动合同履行地的仲裁委员会管辖。有多个劳动合同履行地的,由最先受理的仲裁委员会管辖。劳动合同履行地不明确的,由用人单位所在地的仲裁委员会管辖。

案件受理后,劳动合同履行地或者用人单位所在地发生变化的,不改变争议仲裁的管辖。

第九条 仲裁委员会发现已受理案件不属于其管辖范围的,应当移送至有管辖权的仲裁委员会,并书面通知当事人。

对上述移送案件,受移送的仲裁委员会应当依法受理。受移送的仲裁委员会认为移送的案件按照规定不属于其管辖，或者仲裁委员会之间因管辖争议协商不成的，应当报请共同的上一级仲裁委员会主管部门指定管辖。

第十条　当事人提出管辖异议的，应当在答辩期满前书面提出。仲裁委员会应当审查当事人提出的管辖异议，异议成立的，将案件移送至有管辖权的仲裁委员会并书面通知当事人；异议不成立的，应当书面决定驳回。

当事人逾期提出的，不影响仲裁程序的进行。

地方性规定：北京

北京市劳动和社会保障局《关于进一步明确我市劳动争议仲裁案件管辖的通知》（2009年4月1日　京劳社仲发〔2009〕35号）

一、市劳动争议仲裁委员会管辖下列劳动争议案件：

（一）用人单位注册地及劳动合同履行地位于东城区、西城区、崇文区、宣武区、海淀区、丰台区、朝阳区和石景山区，注册资金在壹仟万美元以上（或者相当于壹仟万美元以上）的中央、市属单位与外商合资、合作企业和外商独资企业（含港澳台合资、合作和独资企业）的劳动争议案件；

（二）在全市有重大影响的劳动争议案件；

（三）市劳动争议仲裁委员会认为应当受理的劳动争议案件。

二、区、县劳动争议仲裁委员会管辖本行政区域内，除市劳动争议仲裁委员会管辖范围内的劳动争议案件：

（一）用人单位注册地及劳动合同履行地位于东城区、西城区、崇文区、宣武区、海淀区、丰台区、朝阳区、石景山区的劳动争议案件，由用人单位注册地劳动争议仲裁委员会管辖；

（二）下列情况由用人单位注册地或劳动合同履行地的劳动争议仲裁委员会管辖，双方当事人分别向用人单位注册地或劳动合同履行地劳动争议仲裁委员会申请仲裁的，由劳动合同履行地劳动争议仲裁委员会管辖。

1. 用人单位注册地或劳动合同履行地不在东城区、西城区、崇文区、宣武区、海淀区、丰台区、朝阳区和石景山区域内的劳动争议案件；

2. 用人单位注册地及劳动合同履行地位于房山区、门头沟区、通州区、大兴区、顺义区、平谷区、密云县、怀柔区、昌平区和延庆县的劳动争议案件；

3. 用人单位注册地或劳动合同履行地位于北京市经济技术开发区的劳动争议案件；

4.劳动合同履行地在本市,而注册地在外埠的劳动争议案件。

三、市劳动争议仲裁委员会可以受理区县和开发区劳动争议仲裁委员会移送的劳动争议案件,也可以将所受理的劳动争议案件移交区县和开发区劳动争议仲裁委员会受理。

北京市劳动争议仲裁委员会《北京市劳动争议仲裁办案规范(试行)》(1998年5月10日 京仲委字〔1998〕4号)

第八条 市仲裁委员会受理本市行政区域内下列劳动争议案件:

(一)位于城、近郊区的中央和市属中外合资企业、中外合作企业及外商独资企业与劳动者发生的劳动争议案件;

(二)外省、市中外合资企业、中外合作企业及外商独资企业驻京办事机构或分支机构与劳动者发生的劳动争议案件;

(三)在全市有重大影响的劳动争议案件;

(四)市仲裁委员会认为应当由本委受理的其他劳动争议案件。

第九条 区、县仲裁委员会受理本辖区内下列劳动争议案件:

(一)除市仲裁委员会受理以外的其他各类企业与劳动者发生的劳动争议案件;

(二)个体经济组织与劳动者发生的劳动争议案件;

(三)国家机关、事业组织、社会团体与工勤人员发生的劳动争议案件;

(四)实行企业化管理的事业组织与劳动者发生的劳动争议案件;

(五)国家机关、事业组织、社会团体和与之建立劳动合同关系的劳动者发生的劳动争议案件;

(六)外省、市企业驻京办事机构或分支机构与劳动者发生的劳动争议案件;

(七)房山区、门头沟区、通州区、大兴县、顺义县、平谷县、密云县、怀柔县、昌平县、延庆县等远郊区、县仲裁委员会受理本辖区内中央和市属中外合资企业、中外合作企业及外商独资企业与劳动者发生的劳动争议案件。

第十条 市仲裁委员会可以受理区、县仲裁委员会移送的疑难劳动争议案件,也可以将所受理的劳动争议案件移交给区、县仲裁委员会处理。

第十一条 发生劳动争议的用人单位工商登记注册地与其主要营业地不在同一仲裁委员会管辖地区的,由用人单位一方工商登记注册地仲裁委员会管辖。

第十三条 分布在不同区、县的部分行业中无法人资格的下属单位发生的劳动争议由市仲裁委员会指定管辖。

地方性规定:天津

《关于贯彻落实〈关于颁布施行建筑业农民工专用劳动合同书的通知〉有关问题的通知》(2004 年 11 月 10 日　津劳办〔2004〕350 号)

3. 本市建筑业企业与农民工因履行劳动合同发生劳动争议,由企业所在区县劳动争议仲裁委员会管辖。外省市进津建筑企业与农民工发生履行劳动合同争议,由建筑施工地的劳动争议仲裁委员会管辖,对仲裁裁决不服的可以向有管辖权的人民法院起诉。

天津市高级人民法院《关于审理劳动争议案件有关问题的通知》(2004 年 2 月 3 日　津高法〔2004〕13 号)

1. 根据《最高人民法院关于审理劳动争议案件适用法律若干问题的解释》第八条的规定,我市各类劳动争议案件均由用人单位所在地或劳动合同履行地基层人民法院管辖。

天津市劳动争议仲裁委员会做出的仲裁裁决,当事人不服,向人民法院起诉的,亦由用人单位所在地或劳动合同履行地的基层人民法院管辖。为了解决用人单位所在地与劳动合同履行地不一致的冲突,凡当事人不服各区、县劳动仲裁委员会的仲裁裁决向人民法院起诉的,均由做出仲裁裁决的所在区、县人民法院管辖。

当事人不服天津港保税区仲裁委员会做出的仲裁裁决,向人民法院起诉的,由天津市第二中级人民法院管辖。

地方性规定:江苏

江苏省高级人民法院《劳动争议案件审理指南(2010 年)》(2010 年 5 月 17 日)

二、劳动争议案件管辖的确定原则

1. 劳动争议由劳动合同履行地或者用人单位所在地的劳动人事争议仲裁委员会管辖。

劳动人事争议仲裁委员会作出裁决后,当事人不服的,可以向劳动合同履行地或用人单位所在地的基层人民法院提起诉讼。当事人向两个以上有管辖权人民法院起诉的,由最先立案的人民法院管辖。

《劳动争议调解仲裁法》第 21 条规定:“劳动人事争议仲裁委员会负责管辖本区域内发生的劳动争议。劳动争议由劳动合同履行地或者用人单位所在地的劳动人事争议仲裁委员会管辖。双方当事人分别向劳动合同履行地和用人单位所在地的劳动人事争议仲裁委员会申请仲裁的,由劳动合同履行地的劳动人事争议仲裁委员会管辖。”根据该条规定,当事人可以选择向劳动合同履行地或者用人单位所在地的劳动争议仲裁委员申请仲裁,当劳动者与用人单位选择不一致时,由劳动合同履行地的劳动人事争议仲裁委员会管辖。

关于劳动争议案件的诉讼管辖,2001 年《劳动争议司法解释一》第 8 条规定:“劳动争议案件由用人单位所在地或者劳动合同履行地的基层人民法院管辖。劳动合同履行地不明确的,由用人单位所在地的基层人民法院管辖。”

2. 多个法院对同一劳动争议享有管辖权的处理

对同一劳动争议,存在两个以上人民法院都有管辖权的情形,这就有可能发生当事人双方不服同一仲裁裁决分别向有管辖权的人民法院起诉的情况,也可能发生一方当事人向两个以上有管辖权的人民法院起诉的情况。《最高人民法院关于审理劳动争议案件若干问题的解释》第 9 条第 2 款规定:双方当事人就同一仲裁裁决分别向有管辖权的人民法院起诉的,后受理的人民法院应当将案件移送给先受理的人民法院。根据《民事诉讼法》和司法解释的上述规定,对于存在共同管辖的情形,应遵循以下原则对具体案件进行处理:

(1)两个以上人民法院都有管辖权的,原告可以向其中一个法院起诉;原告向两个以上法院起诉的,由最先立案的法院管辖;

(2)先立案的人民法院不得将案件移送给立案在后的另一个有管辖权的人民法院;人民法院在立案前发现其他有管辖权的人民法院已立案的,不得重复立案;

(3)有管辖权的人民法院立案后发现其他有管辖权的人民法院已经立案的,应当在 7 日内裁定将案件移送先立案的人民法院;

(4)当事人基于同一法律关系或同一法律事实而发生的纠纷,以不同的诉讼请求分别向有管辖权的不同人民法院起诉的,后立案的法院在得知有关法院先立案的情况后,应当在 7 日内裁定将案件移送先立案的法院合并审理。

3. 劳动合同履行地为劳动实施地或劳动者工资接受地,用人单位所在地为用人单位住所地。

实务中还需要解决劳动合同履行地和用人单位所在地如何确定的问题。劳动合同是合同的一种,合同履行地指的是合同规定的履行义务的地点,主要指合同标的物交付地。劳动合同就其义务而言,劳动者的义务是提供劳务,用人单位的主要义务是支付工资并缴纳各项社会保险。因此,劳动合同义务的履行地对劳动者而言是劳动实施地,对用人单位而言是工资支付地。工资支付地应当理解为工资收到地。因为现在银行电子支付系统发达,用人单位的工资多通过银行支付,从用人单位所在的A地某银行划出,划到劳动者所在地的B地另一银行的工资卡上,这时以劳动者工资接受地作为用人单位支付工资的履行地更为合式,更有利于劳动者利益的保护。再则对于劳动合同的履行地先后不同的,如发生争议,对于管辖地的认定,我们认为应作出有利于劳动者的认定。

用人单位所在地,即用人单位住所地。根据《最高人民法院关于适用〈中华人民共和国民事诉讼法〉若干问题的意见》第4条的规定,法人的住所地是指法人的主要营业地或者主要办事机构所在地。因此,用人单位的住所地是指用人单位的主要营业地或者主要办事机构。当用人单位的注册登记地与主要营业地或者主要办事机构不一致时,用人单位的主要营业地或办事机构所在地为用人单位所在地。

4. 劳务派遣争议的仲裁管理和诉讼管辖

劳务派遣纠纷较之一般的劳动争议在仲裁和诉讼的管辖上更为复杂,因为劳动法律关系中不可避免的要涉及到用工单位。对于劳动争议仲裁管辖与诉讼管辖的关系,应当说两者是相互独立的,当事人对仲裁裁决不服并不是向仲裁委员会所在地的人民法院起诉,而是由当事人在法律许可的范围内自行作出选择。仲裁委员会亦无权替当事人就该案受诉的法院作出选择。如果在仲裁裁决书中出现如下表述:“如不服本裁决,当事人可自裁决书送达之日起十五日内向用人单位所在地或仲裁委员会所在地人民法院起诉;期满不起诉的,本裁决书即发生法律效力。”那么这种表述是不妥当的,当事人对仲裁委员会对受诉法院的指定亦可不予理会。但是就劳动派遣纠纷而言,劳务派遣单位所在地、用工单位所在地和劳动合同履行地可能会相隔很远,很可能出现在江苏某地的仲裁委员会仲裁后,当事人向四川某地基层法院提起诉讼的情形,这样不仅在裁审程序上很难衔接,而且在司法理念和执法尺度上两地的仲裁委员会和人民法院也可能存在着较大的差距,仲裁裁决和法院判决相差过大将容易产生负面的社会影响。所以,我们认为针对劳动派遣纠纷,在仲裁和诉讼的衔接上应做出特殊的规定,具体来说应按照以下原则确定劳务派遣争议的仲裁管辖和诉讼管辖:

劳务派遣单位或者用工单位与劳动者发生劳动争议的,当事人可以向劳动合同履行地、劳务派遣单位所在地或者用工单位所在地的劳动人事争议仲裁委员会申请仲裁。

当事人分别向劳动合同履行地、劳务派遣单位所在地和用工单位所在地的劳动人事争议仲裁委员会申请仲裁的,由劳动合同履行地的仲裁委员会管辖。

劳动人事争议仲裁委员会作出裁决后,当事人不服提起诉讼的,一般应由该劳动人事争议仲裁委员会所在地的基层人民法院管辖。

江苏省高级人民法院、江苏省劳动争议仲裁委员会《关于适用〈中华人民共和国劳动争议调解仲裁法〉若干问题的意见》(2008年10月10日 苏高法审委〔2008〕19号)

第三条 劳务派遣单位或者用工单位与劳动者发生劳动争议的,当事人可以向劳动合同履行地、劳务派遣单位所在地或者用工单位所在地的劳动争议仲裁委员会申请仲裁。

当事人分别向劳动合同履行地、劳务派遣单位所在地和用工单位所在地的劳动争议仲裁委员会申请仲裁的,由劳动合同履行地的仲裁委员会管辖。

劳动合同履行地为劳动者的实际工作岗位所在地。

劳动争议仲裁委员会作出裁决后,当事人不服提起诉讼的,一般应由该劳动争议仲裁委员会所在地的人民法院管辖。

附:本章节收录相关规定汇总

法律

《民事诉讼法》(2021年12月24日修正)

《劳动争议调解仲裁法》(2008年5月1日)

司法解释

最高人民法院《关于审理劳动争议案件适用法律问题的解释(一)》(2021年1月1日 法释〔2020〕26号)

部委规定

《劳动人事争议仲裁办案规则》(2017年7月1日 人力资源和社会保障部令第33号)

地方性规定:北京

北京市劳动和社会保障局《关于进一步明确我市劳动争议仲裁案件管辖的通知》(2009年4月1日 京劳社仲发〔2009〕35号)

北京市劳动争议仲裁委员会《北京市劳动争议仲裁办案规范(试行)》(1998年5月10日 京仲委字〔1998〕4号)

地方性规定:天津

《关于贯彻落实〈关于颁布施行建筑业农民工专用劳动合同书的通知〉有关问题的通知》(2004年11月10日 津劳办〔2004〕350号)

天津市高级人民法院《关于审理劳动争议案件有关问题的通知》(2004年2月3日 津

高法〔2004〕13 号)

地方性规定:江苏

江苏省高级人民法院《劳动争议案件审理指南(2010 年)》(2010 年 5 月 17 日)

江苏省高级人民法院、江苏省劳动争议仲裁委员会《关于适用〈中华人民共和国劳动争议调解仲裁法〉若干问题的意见》(2008 年 10 月 10 日　苏高法审委〔2008〕19 号)

第二十八章　时　效

法律

《劳动争议调解仲裁法》(2008 年 5 月 1 日)

第二十七条　劳动争议申请仲裁的时效期间为一年。仲裁时效期间从当事人知道或者应当知道其权利被侵害之日起计算。

前款规定的仲裁时效,因当事人一方向对方当事人主张权利,或者向有关部门请求权利救济,或者对方当事人同意履行义务而中断。从中断时起,仲裁时效期间重新计算。

因不可抗力或者有其他正当理由,当事人不能在本条第一款规定的仲裁时效期间申请仲裁的,仲裁时效中止。从中止时效的原因消除之日起,仲裁时效期间继续计算。

劳动关系存续期间因拖欠劳动报酬发生争议的,劳动者申请仲裁不受本条第一款规定的仲裁时效期间的限制;但是,劳动关系终止的,应当自劳动关系终止之日起一年内提出。

司法解释

最高人民法院《关于人事争议申请仲裁的时效期间如何计算的批复》(2013 年 9 月 22 日　法释〔2013〕23 号)

你院《关于事业单位人事争议仲裁时效如何计算的请示》(川高法〔2012〕430 号)收悉。经研究,批复如下:

依据《中华人民共和国劳动争议调解仲裁法》第二十七条第一款、第五十二条的规定,当事人自知道或者应当知道其权利被侵害之日起一年内申请仲裁,仲裁机构予以受理的,人民法院应予认可。

部委规定

《企业劳动争议协商调解规定》(2012年1月1日　人力资源和社会保障部令第17号)

第三十一条　有下列情形之一的,按照《劳动人事争议仲裁办案规则》第十条①的规定属于仲裁时效中断,从中断时起,仲裁时效期间重新计算:

(一)一方当事人提出协商要求后,另一方当事人不同意协商或者在5日内不做出回应的;

(二)在约定的协商期限内,一方或者双方当事人不同意继续协商的;

(三)在约定的协商期限内未达成一致的;

(四)达成和解协议后,一方或者双方当事人在约定的期限内不履行和解协议的;

(五)一方当事人提出调解申请后,另一方当事人不同意调解的;

(六)调解委员会受理调解申请后,在第二十九条②规定的期限内一方或者双方当事人不同意调解的;

(七)在第二十九条规定的期限内未达成调解协议的;

(八)达成调解协议后,一方当事人在约定期限内不履行调解协议的。

《劳动人事争议仲裁办案规则》(2017年7月1日　人力资源和社会保障部令第33号)

第二十六条　本规则第二条第(一)、(三)、(四)、(五)项规定的争议,申请仲裁的时效期间为一年。仲裁时效期间从当事人知道或者应当知道其权利被侵害之日起计算。

本规则第二条第(二)项规定的争议,申请仲裁的时效期间适用公务员法有关规定。

---

① 编著注:此处的《劳动人事争议仲裁办案规则》指的是"人力资源和社会保障部令第2号"(2009年1月1日生效)。该规则已被《劳动人事争议仲裁办案规则》(人力资源和社会保障部令第33号)(2017年5月8日发布;2017年7月1日实施)废止,具体规定参照本书本章相关收录。

② 《企业劳动争议协商调解规定》(人力资源和社会保障部令第17号)第二十九条:调解委员会调解劳动争议,应当自受理调解申请之日起15日内结束。但是,双方当事人同意延期的可以延长。在前款规定期限内未达成调解协议的,视为调解不成。

劳动人事关系存续期间因拖欠劳动报酬发生争议的,劳动者申请仲裁不受本条第一款规定的仲裁时效期间的限制;但是,劳动人事关系终止的,应当自劳动人事关系终止之日起一年内提出。

第二十七条 在申请仲裁的时效期间内,有下列情形之一的,仲裁时效中断:

(一)一方当事人通过协商、申请调解等方式向对方当事人主张权利的;

(二)一方当事人通过向有关部门投诉,向仲裁委员会申请仲裁,向人民法院起诉或者申请支付令等方式请求权利救济的;

(三)对方当事人同意履行义务的。

从中断时起,仲裁时效期间重新计算。

第二十八条 因不可抗力,或者有无民事行为能力或者限制民事行为能力劳动者的法定代理人未确定等其他正当理由,当事人不能在规定的仲裁时效期间申请仲裁的,仲裁时效中止。从中止时效的原因消除之日起,仲裁时效期间继续计算。

地方性规定:北京

北京市高级人民法院、北京市劳动争议仲裁委员会《关于劳动争议案件法律适用问题研讨会会议纪要》(2009年8月17日)

10.《劳动争议调解仲裁法》第四十八条和第四十九条涉及的期间的起算,应与《民事诉讼法》的有关规定相一致,均从次日起算;《劳动合同法》第十九条所称的"以上""不满"的界定,应与《民法通则》第一百五十五条的规定相一致。

地方性规定:天津

《关于审理劳动人事争议案件的会议纪要》(2019年11月25日 津高法〔2019〕296号)

4.确认劳动关系之诉的仲裁时效问题

依据《调解仲裁法》第二条、第二十七条第一款的规定,劳动者申请仲裁确认劳动关系的时效期间为一年,从其知道或者应当知道权利被侵害之日起计算。

地方性规定:上海

上海市高级人民法院《关于劳动争议若干问题的解答》(民一庭调研指导〔2010〕34号)

2. 关于双倍工资的时效问题

我们认为,鉴于双倍工资的上述性质,双倍工资中属于双方约定的劳动报酬的部分,劳动者申请仲裁的时效应适用《劳动争议调解仲裁法》第27条第2至第4款的规定,而对双方约定的劳动报酬以外属于法定责任的部分,劳动者申请仲裁的时效应适应《劳动争议调解仲裁法》第27条第1款至第3款的规定,即从未签订书面劳动合同的第二个月起按月分别计算仲裁时效。

上海市高级人民法院《关于审理劳动争议案件若干问题的意见》(2007年3月21日　沪高法民一〔2007〕7号)

4. 申请仲裁期间中断情形是否包括当事人向人大、政府等部门信访、上访

最高法院《关于审理劳动争议案件适用法律若干问题的解释(二)》从有利于保护劳动者合法权益和建立和谐劳动关系的角度出发,确定了申请仲裁期间的中断制度,并规定劳动者向有关部门请求权利救济的申请仲裁期间中断。从目前社会现实考虑,只要劳动者能举证证明在申请仲裁期间内曾向法院、劳动行政部门、工会等请求权利救济的,即应认定申请仲裁期间中断。但是,从现有法律对时效制度的规定来看,我们对时效中断的把握也不能放得过宽,对于劳动者仅以信访、上访等方式向其他部门投诉的,不应认定时效中断。

上海市劳动和社会保障局《关于本市工伤认定中涉及劳动关系确认问题处理意见的通知》(2006年5月24日　沪劳保福发〔2006〕17号)

五、当事人在申请工伤认定或工伤认定过程中因是否存在劳动关系发生争议申请仲裁的,申请时效按劳动争议处理规定从双方发生争议之日起起算,但最迟自事故伤害发生之日或者被诊断、鉴定为职业病之日起不超过一年。劳动争议仲裁委员会对符合受理条件的,应当尽快受理、组庭并处理结案。

地方性规定:重庆

《重庆市劳动争议调解仲裁办法》(2010年9月1日　重庆市人民政府令第237号)

第三十三条　申请仲裁的时效期间为1年。仲裁时效期间从当事人知道或者

应当知道其权利被侵害之日起计算。

劳动关系解除或者终止后产生的支付工资、经济补偿金、赔偿金、福利待遇以及返还定金、保证金或者抵押钱物等争议,以用人单位承诺支付或者返还期限届满之日为当事人知道或者应当知道其权利被侵害之日;用人单位未承诺的,以劳动关系解除或者终止之日为当事人知道或者应当知道其权利被侵害之日。

因劳动关系解除或者终止产生的争议,用人单位不能证明劳动者收到劳动关系解除或者终止通知时间的,劳动者主张权利之日为当事人知道或者应当知道其权利被侵害之日。

劳动者请求用人单位支付工伤待遇的,用人单位拒绝支付工伤待遇之日为当事人知道或者应当知道其权利被侵害之日。劳动能力鉴定结论生效后,劳动者与用人单位仍未就工伤待遇支付达成协议的,鉴定结论生效之日视为当事人知道或者应当知道其权利被侵害之日。

地方性规定:广东(深圳)

广东省高级人民法院、广东省劳动人事争议仲裁委员会《关于劳动人事争议仲裁与诉讼衔接若干意见》(2018 年 7 月 18 日 粤高法发〔2018〕2 号)

二十八、根据《劳动人事争议仲裁办案规则》第三十条[①]的规定,仲裁机构受理案件时不再主动审查仲裁时效。案件受理后,当事人未就仲裁时效进行抗辩的,仲裁机构不主动审查,但案件涉及虚假仲裁,恶意串通损害国家、集体或第三人合法权益的除外。当事人在仲裁阶段未提出时效抗辩,在诉讼阶段又主张时效抗辩的,人民法院不予支持,但其基于新的证据能够证明对方当事人的仲裁请求权已过时效期间的情形除外。

《劳动人事争议仲裁办案规则》实施前,申请人的仲裁请求已超过仲裁时效,申请人在《劳动人事争议仲裁办案规则》实施后申请仲裁不受前款关于仲裁机构不主动审查时效规定的限制。

---

① 《劳动人事争议仲裁办案规则》第三十条:仲裁委员会对符合下列条件的仲裁申请应当予以受理,并在收到仲裁申请之日起五日内向申请人出具受理通知书:(一)属于本规则第二条规定的争议范围;(二)有明确的仲裁请求和事实理由;(三)申请人是与本案有直接利害关系的自然人、法人或者其他组织,有明确的被申请人;(四)属于本仲裁委员会管辖范围。

深圳市中级人民法院《关于审理劳动争议案件的裁判指引》(2015 年 9 月 2 日　深中法发〔2015〕13 号)

一百一十一、未休年休假工资的申请劳动仲裁时效期间应从第三个年度的 1 月 1 日当天开始计算。但双方劳动合同解除或终止的,应从劳动合同解除或终止之日起计算。

地方性规定:江苏

江苏省高级人民法院、江苏省劳动人事争议仲裁委员会《关于审理劳动人事争议案件的指导意见(二)》(2011 年 11 月 8 日　苏高法审委〔2011〕14 号)

第一条　劳动者因用人单位未与其签订书面劳动合同而主张用人单位每月支付二倍工资的争议,劳动人事争议仲裁委员会及人民法院应依法受理。对二倍工资中属于用人单位法定赔偿金的部分,劳动者申请仲裁的时效适用《调解仲裁法》第二十七条第一款的规定,即从用人单位不签订书面劳动合同的违法行为结束之次日开始计算一年;如劳动者在用人单位工作已经满一年的,劳动者申请仲裁的时效从一年届满之次日起计算一年。

江苏省高级人民法院《劳动争议案件审理指南(2010 年)》(2010 年 5 月 17 日)

第二章　劳动争议案件的审判程序

第三节　劳动争议仲裁时效

一、《劳动争议调解仲裁法》中仲裁时效规定的溯及力

江苏省高级人民法院、江苏省劳动争议仲裁委员《关于适用〈中华人民共和国劳动争议调解仲裁法〉若干问题的意见》第 24 条规定,"《调解仲裁法》施行后劳动人事争议仲裁委员会和人民法院受理的劳动争议案件适用该法的规定。《调解仲裁法》施行前已经终审的案件,人民法院进行再审时,不适用本规定。劳动争议申请仲裁的时效期间适用劳动争议发生时的法律规定。"

该条规定区分了《劳动争议调解仲裁法》中实体性规范与程序性规范的溯及力问题。由于仲裁时效性质与诉讼时效性质相类似,均为实体性规范,如果超过仲裁时效,当事人丧失的是胜诉权,而非诉权。即为实体性规范,则应适用法不溯及既往原则。因此,对于《劳动争议调解仲裁法》施行前发生的劳动争议,当事人在《劳动争议调解仲裁法》施行后申请仲裁的,不适用《劳动争议调解仲裁法》第二十七条关于仲裁时效期间的规定,仍按照当时的法律法规执行。

二、关于拖欠劳动报酬争议与克扣工资争议的时效界定

根据原劳动部的相关规定,克扣工资与拖欠劳动报酬并非同一概念,因此在时效问题上应区别对待。克扣工资是指用人单位无正当理由扣减劳动者应得的工资(少发、明确表示拒绝发放剩余部分工资),双方对工资发放的数额存有异议。拖欠劳动报酬是指用人单位无正当理由超过规定和约定的付薪时间未支付劳动者工资报酬,用人单位与劳动者双方对劳动者应获得的劳动报酬的具体数额并无异议,用人单位并未拒绝发放劳动者工资,只是对支付时间有争议。因此,江苏省高级人民法院、江苏省劳动争议仲裁委员《关于适用〈中华人民共和国劳动争议调解仲裁法〉若干问题的意见》规定拖欠劳动报酬争议的仲裁时效,适用《调解仲裁法》第 27 条第 4 款的规定,即不受一年的时效限制;而克扣工资争议的仲裁时效则适用《调解仲裁法》第 27 条第 1 款的规定,即时效仍为一年。此外,根据《劳动争议调解仲裁法》的规定,仲裁时效期间从当事人知道或者应当知道其权利被侵害之日起计算。但在劳动关系存续期间,劳动者对于用人单位是否克扣其工资往往并不清楚,处理中也很难认定劳动者明知用人单位克扣其工资的具体时间。为了统一执法尺度,本《意见》明确克扣工资争议的仲裁时效自用人单位书面明示拒绝支付劳动者工资之日起计算一年。

三、劳动者负伤被认定为工伤之后,治疗终结之日或伤残评定之日作为仲裁时效起算日

劳动者负伤被认定为工伤之后,医疗费用的产生是动态的、多次的,故不宜以某一次费用的发生作为起算点。治疗终结之日或伤残等级评定之日劳动者才能够提出具体的赔偿请求,此时开始起算仲裁时效比较合理。

四、养老保险争议的仲裁时效问题

一般来说,劳动者诉请用人单位赔偿养老保险待遇引发的纠纷,应适用《劳动争议调解仲裁法》关于仲裁时效的规定,实践中要注意根据案件的不同情形确定“知道或应当知道权利被侵害之日”:

(1)劳动者达到法定退休年龄之前,与用人单位的用工关系已经解除或终止的,因其养老保险损失在劳动者达到法定退休年龄时才产生,故应以劳动者达到法定退休年龄之日作为仲裁时效起算之日。

(2)劳动者达到法定退休年龄后一段时间,与用人单位的用工关系才解除或终止的,应以用工关系解除或终止之日作为仲裁时效起算之日。

(3)劳动者达到法定退休年龄后,发生争议时,用人单位与劳动者之间的用工

关系尚未解除或终止的,应以劳动者主张权利之日作为仲裁时间起算之日。

五、劳动者要求用人单位为其办理退工手续或转移档案、社会保险手续的,不受仲裁时效的约束

劳动关系中,劳动者与用人单位之间除了存在财产性的权利义务,如一方给付劳务,另一方支付报酬的对待给付义务;还有很多人身性的权利义务,如在劳动关系存续期间,用人单位需及时为劳动者办理退工手续、转移档案、办理社会保险的移转手续,以便劳动者再就业及接续社会保险等。这些义务是用人单位的法定义务,其履行关系到劳动者基本生存权与就业权的实现,具有人身性和强制性,因此,即使劳动者未能在仲裁时效期间内提出,也应得到法律的保护。当然需要注意的是,对这些人身性义务的违反同时可能产生财产性的请求权,如因用人单位不为劳动者办理退工手续或档案、社会保险转移手续,劳动者以此主张用人单位赔偿损失的,则仍应在仲裁时效期间内提出,否则不能得到法律的保护。

《关于适用〈中华人民共和国劳动争议调解仲裁法〉若干问题的意见》(2008年10月10日　苏高法审委〔2008〕19号)

第一条　拖欠劳动报酬争议的仲裁时效,适用《调解仲裁法》第二十七条第四款的规定。但克扣工资争议的仲裁时效为自用人单位书面明示拒绝支付劳动者工资之日起计算一年。

第二条　《调解仲裁法》第二十七条第二款中的"有关部门"是指劳动争议调解组织、劳动行政保障部门、信访部门等。

当事人主张仲裁时效中断的,应对其主张承担举证责任。

《江苏省劳动仲裁案件研讨会纪要》(2007年1月12日　苏劳仲委〔2007〕1号)

十、当事人就工伤待遇已经达成赔偿协议后,劳动者又提请仲裁的,仲裁委员会应如何受理和处理

当事人就工伤待遇达成赔偿协议分为两种情况,一种情况是,劳动者发生工伤后,在未经劳动行政部门认定工伤和评定伤残等级的情形下,劳动者与用人单位就工伤达成赔偿协议后,劳动者又提请仲裁的,仲裁委员会应以工伤认定书和伤残等级鉴定结论作为受理案件的条件,以伤残等级鉴定结论送达劳动者之日为申诉时效的起算点。

另一种情况是,劳动者发生工伤后,在已认定工伤和评定伤残等级的情形下,劳动者与用人单位就工伤待遇达成赔偿协议后,劳动者又提请仲裁的,仲裁委员会应以双方赔偿协议签订之日作为申诉时效的起算点。仲裁委员会审理上述案件

时,不应以撤销协议作为前提条件,而应按照工伤保险待遇,裁决用人单位补足原先双方协议低于工伤保险待遇的差额部分。

地方性规定:浙江

浙江省高级人民法院民事审判第一庭、浙江省劳动人事争议仲裁院《关于审理劳动争议案件若干问题的解答(五)》(2019年6月21日　浙高法民一〔2019〕1号)

十四、仲裁委员会和法院应否主动审查劳动人事争议仲裁时效?

答:根据2017年7月1日实施的《劳动人事争议仲裁办案规则》(以下简称《办案规则》)规定,劳动人事争议仲裁委员会受理案件时不再审查仲裁时效。因此,案件受理后审理期间,当事人未就仲裁时效进行抗辩的,仲裁委员会和法院一般不主动审查,但用人单位因停产停业等客观原因无法到庭、案件涉及虚假仲裁、损害国家利益、公共利益或者第三人合法权益等情形的除外。

《办案规则》实施前,申请人的仲裁请求已过申请时效,申请人在《办案规则》实施后申请仲裁的,对仲裁时效的审查不受前款规定的限制。

加班工资的最长保护期间仍为二年,二年的往前推算起点为:劳动关系存续期间劳动者申请仲裁要求支付加班工资的,以劳动者提起仲裁时间为推算起点;劳动关系解除或终止的,劳动者应当在一年内提出,加班工资以解除或终止时间往前推算二年。

浙江省高级人民法院民事审判第一庭、浙江省劳动人事争议仲裁院《关于审理劳动争议案件若干问题的解答(二)》(2014年4月14日　浙高法民一〔2014〕7号)

十九、劳动者与用人单位就未休年休假的工资报酬发生争议的,申请仲裁的时效期间及起算点应如何确定?

答:用人单位未安排劳动者年休假,侵害的是劳动者的休假权利,支付未休年休假工资报酬是因用人单位未安排年休假而应当承担的法律义务,故适用一般的时效规定。劳动者要求用人单位支付未休年休假工资报酬的仲裁时效从次年的1月1日起计算。经劳动者同意跨年度安排年休假的,顺延至下一年度的1月1日起计算;劳动关系解除或者终止的,从解除或者终止之日起计算。

《浙江省高级人民法院劳动争议案件疑难问题讨论纪要》(浙高法〔2001〕240号)

7.如何理解《劳动法》第八十二条关于仲裁申请期限应从“劳动争议发生之日起”计算的规定?“劳动争议发生之日”是否就是“当事人知道或应当知道其权利被

侵害之日”？

答：劳动争议发生之日，一般与当事人知道或应当知道其权利被侵害之日相一致；但劳动关系具有特殊性，多种因素易导致劳动争议发生之日与当事人知道或应当知道其权利被侵害之日不一致。因此，不能将“劳动争议发生之日”简单地理解为“当事人知道或应当知道其权利被侵害之日”，否则不利于保护劳动者的合法权益。基于劳动争议的发生需要以一方知道其权利被侵害，且能够与对方进行争议为前提，所以可把一方当事人向对方当事人明确表示异议之日视为劳动争议发生之日。

8. 仲裁申请期限是否适用中断、中止、延长的规定？

答：依最高人民法院《解释》的精神，仲裁申请期限的概念相当于诉讼时效的概念，因此可以适用《民法通则》中有关中断、中止、延长的规定。

9. 因用人单位拖欠、克扣工资或欠缴社会保险金引起的劳动争议，劳动者申请仲裁的其从何时起算？

答：对此类劳动争议，由于用人单位拖欠、克扣工资或欠缴社会保险金的行为具有连续性或不间断性，因此，劳动者可以随时申请劳动仲裁。

10. 对于因“工伤”引起的劳动争议案件，仲裁申请期限从何起算？

答：因“工伤”引起的劳动争议案件，当事人应在工伤确认之日起六十日内申请劳动仲裁。如工伤确认的当时，医疗未终结或伤残等级鉴定结论未作出的，当事人应在医疗终结之日或伤残等级鉴定结论作出之日起六十日内申请劳动仲裁。

11. 用人单位与劳动者之间就劳动争议事项达成和解协议之后，一方当事人反悔的，仲裁申请期限应从何时起算？

答：用人单位与劳动者达成和解协议后，一方当事人反悔的，仲裁申请期限应从和解协议签字之日起算，超过六十日的，视为已超过申请仲裁期限。

浙江省劳动争议仲裁委员会《关于劳动争议案件处理若干问题的指导意见（试行）》（2009 年 8 月 21 日　浙仲〔2009〕2 号）

15. 对《劳动争议调解仲裁法》实施前发生的劳动争议，申请人于《劳动争议调解仲裁法》实施后申请仲裁的，不适用该法中关于申请时效的规定，仍按原有规定执行。

16. 劳动者与用人单位之间因加班工资发生争议的，其申请仲裁的时效期间为二年，从当事人知道或者应当知道其权利被侵害之日起计算；但劳动关系解除或终止的，其申请仲裁的时效期间为一年，从劳动关系终止之日起计算。

《关于审理劳动争议案件若干问题的意见(试行)》(2009 年 4 月 16 日　浙法民一〔2009〕3 号)

第十三条　劳动者与用人单位之间因加班工资发生争议的,其申请仲裁的时效期间为二年,从当事人知道或者应当知道其权利被侵害之日起计算;但劳动关系终止的,其申请仲裁的时效期间为一年,从劳动关系终止之日起计算。

地方性规定:山东

山东省高级人民法院、山东省人力资源和社会保障厅《关于审理劳动人事争议案件若干问题会议纪要》(2019 年 6 月 10 日)

十九、关于基本生活费的性质及该类劳动争议的仲裁时效适用问题

基本生活费并非劳动者付出劳动的对价,而是用人单位依法应当承担的社会责任,不能因为涉及工资支付的有关规章政策等对基本生活费作出规定,就认为基本生活费属于劳动报酬。基本生活费在性质上不属于劳动报酬,不适用劳动争议调解仲裁法第二十七条第四款规定。

二十、关于生育津贴的性质及该类劳动争议的仲裁时效适用问题

生育津贴应属于劳动者的社会保险待遇,不属于劳动报酬,生育津贴争议仲裁时效应适用劳动争议调解仲裁法第二十七条第一款规定。

二十一、关于二倍工资争议的仲裁时效适用问题

劳动合同法第八十二条规定的"二倍工资"中加付的一倍工资具有惩罚性赔偿金性质,不属于劳动报酬。用人单位自用工之日起超过一个月未与劳动者订立书面劳动合同,劳动者要求用人单位支付二倍工资的,劳动者申请仲裁的时效为一年。

劳动者请求用人单位支付未签订劳动合同二倍工资可视为同一合同项下约定的具有整体性和关联性的定期给付之债,应当作为整体之债对待,仲裁时效应从用人单位与其补订劳动合同之日或者视为双方已订立无固定期限劳动合同之日起计算。

《关于适用〈中华人民共和国劳动争议调解仲裁法〉和〈中华人民共和国劳动合同法〉若干问题的意见》(2010 年 4 月 6 日　鲁高法〔2010〕84 号)

19. 劳动者到相关部门上访、投诉,且不属于该部门管辖范围的或者向依法设立的劳动争议调解组织申请调解,相关部门出具证明查证属实的,均属"向有关部门请求权利救济",视为劳动争议仲裁时效中断。

附:本章节收录相关规定汇总

法律

《劳动争议调解仲裁法》(2008 年 5 月 1 日)

司法解释

最高人民法院《关于人事争议申请仲裁的时效期间如何计算的批复》(2013 年 9 月 22 日　法释〔2013〕23 号)

部委规定

《企业劳动争议协商调解规定》(2012 年 1 月 1 日　人力资源和社会保障部令第 17 号)

《劳动人事争议仲裁办案规则》(2017 年 7 月 1 日　人力资源和社会保障部令第 33 号)

地方性规定:北京

北京市高级人民法院、北京市劳动争议仲裁委员会《关于劳动争议案件法律适用问题研讨会会议纪要》(2009 年 8 月 17 日)

地方性规定:天津

《关于审理劳动人事争议案件的会议纪要》(2019 年 11 月 25 日　津高法〔2019〕296 号)

地方性规定:上海

上海市高级人民法院《关于劳动争议若干问题的解答》(民一庭调研指导〔2010〕34 号)

上海市高级人民法院《关于审理劳动争议案件若干问题的意见》(2007 年 3 月 21 日　沪高法民一〔2007〕7 号)

上海市劳动和社会保障局《关于本市工伤认定中涉及劳动关系确认问题处理意见的通知》(2006 年 5 月 24 日　沪劳保福发〔2006〕17 号)

地方性规定:重庆

《重庆市劳动争议调解仲裁办法》(2010 年 9 月 1 日　重庆市人民政府令第 237 号)

地方性规定:广东(深圳)

广东省高级人民法院、广东省劳动人事争议仲裁委员会《关于劳动人事争议仲裁与诉讼衔接若干意见》(2018 年 7 月 18 日　粤高法发〔2018〕2 号)

深圳市中级人民法院《关于审理劳动争议案件的裁判指引》(2015 年 9 月 2 日　深中法发〔2015〕13 号)

地方性规定:江苏

江苏省高级人民法院、江苏省劳动人事争议仲裁委员会《关于审理劳动人事争议案件的指导意见(二)》(2011 年 11 月 8 日　苏高法审委〔2011〕14 号)

江苏省高级人民法院《劳动争议案件审理指南(2010 年)》(2010 年 5 月 17 日)

《关于适用〈中华人民共和国劳动争议调解仲裁法〉若干问题的意见》(2008 年 10 月 10 日　苏高法审委〔2008〕19 号)

《江苏省劳动仲裁案件研讨会纪要》(2007年1月12日　苏劳仲委〔2007〕1号)

地方性规定:浙江

浙江省高级人民法院民事审判第一庭、浙江省劳动人事争议仲裁院《关于审理劳动争议案件若干问题的解答(五)》(2019年6月21日　浙高法民一〔2019〕1号)

浙江省高级人民法院民事审判第一庭、浙江省劳动人事争议仲裁院《关于审理劳动争议案件若干问题的解答(二)》(2014年4月14日　浙高法民一〔2014〕7号)

《浙江省高级人民法院劳动争议案件疑难问题讨论纪要》(浙高法〔2001〕240号)

浙江省劳动争议仲裁委员会《关于劳动争议案件处理若干问题的指导意见(试行)》(2009年8月21日　浙仲〔2009〕2号)

《关于审理劳动争议案件若干问题的意见(试行)》(2009年4月16日　浙法民一〔2009〕3号)

地方性规定:山东

山东省高级人民法院、山东省人力资源和社会保障厅《关于审理劳动人事争议案件若干问题会议纪要》(2019年6月10日)

《关于适用〈中华人民共和国劳动争议调解仲裁法〉和〈中华人民共和国劳动合同法〉若干问题的意见》(2010年4月6日　鲁高法〔2010〕84号)

第二十九章　申请、起诉和受理

法律

《劳动争议调解仲裁法》(2008年5月1日)

第二十八条　申请人申请仲裁应当提交书面仲裁申请，并按照被申请人人数提交副本。

仲裁申请书应当载明下列事项：

（一）劳动者的姓名、性别、年龄、职业、工作单位和住所，用人单位的名称、住所和法定代表人或者主要负责人的姓名、职务；

（二）仲裁请求和所根据的事实、理由；

（三）证据和证据来源、证人姓名和住所。

书写仲裁申请确有困难的，可以口头申请，由劳动争议仲裁委员会记入笔录，并告知对方当事人。

第二十九条　劳动争议仲裁委员会收到仲裁申请之日起五日内，认为符合受理条件的，应当受理，并通知申请人；认为不符合受理条件的，应当书面通知申请人不予受理，并说明理由。对劳动争议仲裁委员会不予受理或者逾期未作出决定的，申请人可以就该劳动争议事项向人民法院提起诉讼。

第三十条　劳动争议仲裁委员会受理仲裁申请后，应当在五日内将仲裁申请书副本送达被申请人。

被申请人收到仲裁申请书副本后，应当在十日内向劳动争议仲裁委员会提交答辩书。劳动争议仲裁委员会收到答辩书后，应当在五日内将答辩书副本送达申请人。被申请人未提交答辩书的，不影响仲裁程序的进行。

第四十八条 劳动者对本法第四十七条[①]规定的仲裁裁决不服的,可以自收到仲裁裁决书之日起十五日内向人民法院提起诉讼。

第五十三条 劳动争议仲裁不收费。劳动争议仲裁委员会的经费由财政予以保障。

司法解释

最高人民法院《关于审理劳动争议案件适用法律问题的解释(一)》(2021 年 1 月 1 日 法释〔2020〕26 号)

第四条 劳动者与用人单位均不服劳动争议仲裁机构的同一裁决,向同一人民法院起诉的,人民法院应当并案审理,双方当事人互为原告和被告,对双方的诉讼请求,人民法院应当一并作出裁决。在诉讼过程中,一方当事人撤诉的,人民法院应当根据另一方当事人的诉讼请求继续审理。双方当事人就同一仲裁裁决分别向有管辖权的人民法院起诉的,后受理的人民法院应当将案件移送给先受理的人民法院。

第五条 劳动争议仲裁机构以无管辖权为由对劳动争议案件不予受理,当事人提起诉讼的,人民法院按照以下情形分别处理:

(一)经审查认为该劳动争议仲裁机构对案件确无管辖权的,应当告知当事人向有管辖权的劳动争议仲裁机构申请仲裁;

(二)经审查认为该劳动争议仲裁机构有管辖权的,应当告知当事人申请仲裁,并将审查意见书面通知该劳动争议仲裁机构;劳动争议仲裁机构仍不受理,当事人就该劳动争议事项提起诉讼的,人民法院应予受理。

第六条 劳动争议仲裁机构以当事人申请仲裁的事项不属于劳动争议为由,作出不予受理的书面裁决、决定或者通知,当事人不服依法提起诉讼的,人民法院应当分别情况予以处理:

(一)属于劳动争议案件的,应当受理;

(二)虽不属于劳动争议案件,但属于人民法院主管的其他案件,应当依法受理。

---

① 《劳动争议调解仲裁法》第四十七条:下列劳动争议,除本法另有规定的外,仲裁裁决为终局裁决,裁决书自作出之日起发生法律效力:(一)追索劳动报酬、工伤医疗费、经济补偿或者赔偿金,不超过当地月最低工资标准十二个月金额的争议;(二)因执行国家的劳动标准在工作时间、休息休假、社会保险等方面发生的争议。

第七条 劳动争议仲裁机构以申请仲裁的主体不适格为由,作出不予受理的书面裁决、决定或者通知,当事人不服依法提起诉讼,经审查确属主体不适格的,人民法院不予受理;已经受理的,裁定驳回起诉。

第八条 劳动争议仲裁机构为纠正原仲裁裁决错误重新作出裁决,当事人不服依法提起诉讼的,人民法院应当受理。

第九条 劳动争议仲裁机构仲裁的事项不属于人民法院受理的案件范围,当事人不服依法提起诉讼的,人民法院不予受理;已经受理的,裁定驳回起诉。

第十条 当事人不服劳动争议仲裁机构作出的预先支付劳动者劳动报酬、工伤医疗费、经济补偿或者赔偿金的裁决,依法提起诉讼的,人民法院不予受理。

用人单位不履行上述裁决中的给付义务,劳动者依法申请强制执行的,人民法院应予受理。

第十一条 劳动争议仲裁机构作出的调解书已经发生法律效力,一方当事人反悔提起诉讼的,人民法院不予受理;已经受理的,裁定驳回起诉。

第十二条 劳动争议仲裁机构逾期未作出受理决定或仲裁裁决,当事人直接提起诉讼的,人民法院应予受理,但申请仲裁的案件存在下列事由的除外:

(一)移送管辖的;

(二)正在送达或者送达延误的;

(三)等待另案诉讼结果、评残结论的;

(四)正在等待劳动争议仲裁机构开庭的;

(五)启动鉴定程序或者委托其他部门调查取证的;

(六)其他正当事由。

当事人以劳动争议仲裁机构逾期未作出仲裁裁决为由提起诉讼的,应当提交该仲裁机构出具的受理通知书或者其他已接受仲裁申请的凭证、证明。

第十三条 劳动者依据劳动合同法第三十条第二款和调解仲裁法第十六条规定向人民法院申请支付令,符合民事诉讼法第十七章督促程序规定的,人民法院应予受理。

依据劳动合同法第三十条第二款规定申请支付令被人民法院裁定终结督促程序后,劳动者就劳动争议事项直接提起诉讼的,人民法院应当告知其先向劳动争议仲裁机构申请仲裁。

依据调解仲裁法第十六条规定申请支付令被人民法院裁定终结督促程序后,劳动者依据调解协议直接提起诉讼的,人民法院应予受理。

第十四条 人民法院受理劳动争议案件后,当事人增加诉讼请求的,如该诉讼请求与讼争的劳动争议具有不可分性,应当合并审理;如属独立的劳动争议,应当告知当事人向劳动争议仲裁机构申请仲裁。

第十五条 劳动者以用人单位的工资欠条为证据直接提起诉讼,诉讼请求不涉及劳动关系其他争议的,视为拖欠劳动报酬争议,人民法院按照普通民事纠纷受理。

部委规定

《劳动人事争议仲裁办案规则》(2017 年 7 月 1 日 人力资源和社会保障部令第 33 号)

第五条 劳动者一方在十人以上并有共同请求的争议,或者因履行集体合同发生的劳动争议,仲裁委员会应当优先立案,优先审理。

第二十九条 申请人申请仲裁应当提交书面仲裁申请,并按照被申请人人数提交副本。

仲裁申请书应当载明下列事项:

(一)劳动者的姓名、性别、出生日期、身份证件号码、住所、通讯地址和联系电话,用人单位的名称、住所、通讯地址、联系电话和法定代表人或者主要负责人的姓名、职务;

(二)仲裁请求和所根据的事实、理由;

(三)证据和证据来源,证人姓名和住所。

书写仲裁申请确有困难的,可以口头申请,由仲裁委员会记入笔录,经申请人签名、盖章或者捺印确认。

对于仲裁申请书不规范或者材料不齐备的,仲裁委员会应当当场或者在五日内一次性告知申请人需要补正的全部材料。

仲裁委员会收取当事人提交的材料应当出具收件回执。

第三十条 仲裁委员会对符合下列条件的仲裁申请应当予以受理,并在收到仲裁申请之日起五日内向申请人出具受理通知书:

(一)属于本规则第二条规定的争议范围;

(二)有明确的仲裁请求和事实理由;

(三)申请人是与本案有直接利害关系的自然人、法人或者其他组织,有明确的被申请人;

（四）属于本仲裁委员会管辖范围。

第三十一条　对不符合本规则第三十条第（一）、（二）、（三）项规定之一的仲裁申请，仲裁委员会不予受理，并在收到仲裁申请之日起五日内向申请人出具不予受理通知书；对不符合本规则第三十条第（四）项规定的仲裁申请，仲裁委员会应当在收到仲裁申请之日起五日内，向申请人作出书面说明并告知申请人向有管辖权的仲裁委员会申请仲裁。

对仲裁委员会逾期未作出决定或者决定不予受理的，申请人可以就该争议事项向人民法院提起诉讼。

第三十二条　仲裁委员会受理案件后，发现不应当受理的，除本规则第九条规定外，应当撤销案件，并自决定撤销案件后五日内，以决定书的形式通知当事人。

第三十三条　仲裁委员会受理仲裁申请后，应当在五日内将仲裁申请书副本送达被申请人。

被申请人收到仲裁申请书副本后，应当在十日内向仲裁委员会提交答辩书。仲裁委员会收到答辩书后，应当在五日内将答辩书副本送达申请人。被申请人逾期未提交答辩书的，不影响仲裁程序的进行。

第三十六条　被申请人可以在答辩期间提出反申请，仲裁委员会应当自收到被申请人反申请之日起五日内决定是否受理并通知被申请人。

决定受理的，仲裁委员会可以将反申请和申请合并处理。

反申请应当另行申请仲裁的，仲裁委员会应当书面告知被申请人另行申请仲裁；反申请不属于本规则规定应当受理的，仲裁委员会应当向被申请人出具不予受理通知书。

被申请人答辩期满后对申请人提出反申请的，应当另行申请仲裁。

第六十八条　仲裁委员会处理争议案件，应当坚持调解优先，引导当事人通过协商、调解方式解决争议，给予必要的法律释明以及风险提示。

第八十条　本规则规定的“三日”、“五日”、“十日”指工作日，“十五日”、“四十五日”指自然日。

劳动和社会保障部办公厅《关于劳动争议案中涉及商业秘密侵权问题的函》（1999 年 7 月 7 日　劳社厅函〔1999〕69 号）

二、劳动合同中如果明确约定了有关保守商业秘密的内容，由于劳动者未履行，造成用人单位商业秘密被侵害而发生劳动争议，当事人向劳动争议仲裁委员会申请仲裁的,仲裁委员会应当受理,并依据有关规定和劳动合同的约定作出裁决。

劳动部办公厅《关于已撤诉的劳动争议案件劳动争议仲裁委员会是否可以再受理的复函》(1997年7月8日　劳办发〔1997〕61号)

根据《中华人民共和国民事诉讼法》第一百一十一条第5项关于"对判决、裁定已发生法律效力的案件,当事人又起诉的,告知原告按申诉处理,但人民法院准许撤诉的裁定除外"的规定,最高人民法院在《关于适用〈中华人民共和国民事诉讼法〉若干问题的意见》[1](法发〔1992〕22号)第一百四十四条明确规定:"当事人撤诉或人民法院按撤诉处理后,当事人以同一诉讼请求再次起诉的,人民法院应予受理。"据上述规定精神,当事人撤诉或者劳动争议仲裁委员会按撤诉处理的案件,如当事人就同一仲裁请求再次申请仲裁,只要符合受理条件,劳动争议仲裁委员会应当再次立案审理,申请仲裁时效期间从撤诉之日起重新开始计算。

地方性规定:北京

北京市高级人民法院、北京市劳动人事争议仲裁委员会《关于审理劳动争议案件法律适用问题的解答》(2017年4月24日　京高法发〔2017〕142号)

4. 仲裁裁决不存在劳动关系的情况下,当事人以双方存在劳动关系为由提起诉讼,经审查发现双方之间存在劳务关系或其他法律关系,经释明后当事人不变更诉讼请求的,如何处理?

在此种情况下,只要符合《民事诉讼法》第一百一十九条的规定,应予受理并判决驳回当事人的诉讼请求。

23. 劳动者先后曾在几家用人单位工作,其中的一家用人单位没有为其缴纳过养老保险,但是劳动者在其他单位的累计缴费年限已经符合办理退休的条件。劳动者达到法定退休年龄时被告知无法补缴养老保险,劳动者起诉要求赔偿养老金差额能否支持?

由于劳动者符合办理退休的条件,只是因其中的一家或几家用人单位未为其缴纳养老保险影响了其养老金水平,不属于无法享受养老保险待遇的情形,不符合《民事诉讼法》第一百一十九条第四项的规定,应裁定驳回劳动者的起诉。

---

① 编著注:本意见已被最高人民法院《关于适用〈中华人民共和国民事诉讼法〉的解释》(2020年12月29日发布;2021年1月1日施行)废止。

北京市高级人民法院、北京市劳动争议仲裁委员会《关于劳动争议案件法律适用问题研讨会会议纪要(二)》(2014年5月7日 京高法发〔2014〕220号)

1. 当事人向劳动人事争议仲裁委员会或者劳动争议仲裁委员会(以下简称仲裁委)申请仲裁后又撤回申请,向法院起诉,如何处理?

当事人申请仲裁后又撤回申请的,法院不能视为已经过仲裁前置程序,可裁定不予受理,已经受理的裁定驳回起诉,并告知其先向仲裁委申请仲裁。

对于当事人在撤回申请后,再次向仲裁委申请仲裁,经仲裁委裁决或作出不予受理通知书后,法院可以受理。

2. 当事人申请仲裁后,无正当理由拒不到庭或者未经仲裁庭同意中途退庭,仲裁委按照撤回仲裁申请处理,并作出决定书的,当事人起诉到法院,如何处理?

法院经审查符合劳动争议受理条件的,可以受理。

3. 仲裁裁决作出后当事人未起诉,或裁决有多项内容,当事人仅就部分内容提起诉讼的,如何处理?

仲裁裁决作出后当事人未在法定期限内起诉,或仅就部分内容提起诉讼,法院只需审理当事人在法定期限内起诉的请求,保持当事人诉讼请求与审理内容的一致性。

对双方当事人均未起诉的仲裁结果部分,可在"本院认为"中予以确认,并直接写入判决主文。

法院对于案件事实的审理不受当事人诉讼请求的限制,法院应当结合证据对事实进行综合判断和认定。

法院对仲裁裁决确认是否存在劳动关系一项认为有误的,无论当事人是否提出诉讼请求,均可以直接予以认定,并根据所认定的事实作出相应判决。

6. 当事人已经签收仲裁委对劳动争议作出的调解书,事后反悔向法院起诉的,如何处理?

法院应裁定不予受理;已受理的,应裁定驳回起诉,但裁定书应说明调解书已生效,双方按原调解书执行。

7. 对于劳动争议仲裁申请人依法提出的仲裁请求,仲裁裁决书遗漏未予处理,当事人起诉至法院的如何处理?

法院应当予以审理,不得以相应请求未经仲裁前置程序为由不予处理。

10. 用人单位指派劳动者长期在北京市从事业务,劳动者以在北京市某区县的居住地作为劳动合同履行地而向该地仲裁委申请仲裁或向基层法院起诉的,如何处理?

劳动者因用人单位的指派而长期在北京市从事业务,如其在北京有固定的办公地点,可以视办公地点所在地为劳动合同履行地,如因业务原因没有固定办公地点,则可以视其在北京的居住地为劳动合同履行地。劳动者应当向仲裁委、法院提供用人单位指派其长期在北京从事业务的证据,以及其在北京有无固定办公地点和长期居住地点的证据。

北京市高级人民法院、北京市劳动争议仲裁委员会《关于劳动争议案件法律适用问题研讨会会议纪要》(2009年8月17日)

1. 根据《劳动争议调解仲裁法》、《社会保险费征缴暂行条例》、《社会保险稽核办法》、《劳动保障监察条例》及我市的仲裁和审判实践,对于社会保险争议的受理应遵循以下原则:

(1)用人单位未为劳动者建立社会保险关系、欠缴社会保险费或未按规定的工资基数足额缴纳社会保险费的,劳动者主张予以补缴的,一般不予受理,告知劳动者通过劳动行政部门解决;

(2)由于用人单位未按规定为劳动者缴纳社会保险费,导致劳动者不能享受工伤、失业、生育、医疗保险待遇,劳动者要求用人单位赔偿损失或按规定给付相关费用的,应予受理;

(3)用人单位未为农民工缴纳养老保险费,农民工在与用人单位终止或解除劳动合同后要求用人单位赔偿损失的,应予受理。

8. 根据《最高人民法院关于审理劳动争议案件适用法律若干问题的解释》第六条规定:"人民法院受理劳动争议案件后,当事人增加诉讼请求的,如该诉讼请求与讼争的劳动争议具有不可分性,应当合并审理",该条款中的"不可分性"是指增加的诉讼请求与仲裁的事项是基于同一事实而产生的,相互之间具有依附性。

北京市高级人民法院《关于处理涉及出租汽车的劳动合同及承包合同纠纷案件的通知》(2013年12月21日　京高法发〔2013〕426号)

一、出租汽车司机与出租汽车公司之间以劳动合同、承包合同为依据提起的诉讼,未经劳动争议仲裁委员会处理的,立案庭应进行释明,引导当事人先行向劳动争议仲裁委员会申请仲裁。

二、对于劳动争议仲裁委员会以出租车司机与公司之间的纠纷属于承包纠纷为由出具不予受理通知书,当事人不服向法院起诉的,根据《最高人民法院关于审理劳动争议案件适用法律若干问题的解释》的规定,应视为劳动争议仲裁委员会已作出处理,法院应当受理。

地方性规定:天津

《关于审理劳动人事争议案件的会议纪要》(2019 年 11 月 25 日 津高法〔2019〕296 号)

一、仲裁阶段的保全问题

1. 财产保全的受理与移送

(1)10 人以上集体争议案件(包括符合集体案件立案条件,但分立的案件),如果用人单位存在濒临破产、法定代表人逃逸或转移、隐匿财产情形的,劳动者可以依法通过劳动人事争议仲裁委员会向人民法院申请财产保全。在此情形下,劳动者可以不提供担保;

(2)对农民工追索工资案件申请仲裁财产保全的,一般不应要求担保。如农民工没有提出保全申请,但存在因用人单位转移、隐匿财产等可能导致仲裁裁决、判决不能执行或者难以执行的,人民法院可依职权采取保全措施。

符合以上情形的仲裁当事人申请财产保全的,劳动人事争议仲裁委员会应当进行询问并释明风险后,及时将案件受理通知书、保全申请书、询问笔录等材料移送至人民法院。人民法院收到上述材料后应依法审查并及时作出裁定。人民法院在采取保全措施后,应及时通知劳动人事争议仲裁委员会。

申请财产保全的费用按照《诉讼费用交纳办法》执行。

二、仲裁与诉讼的衔接和受理问题

2. 仲裁调解书的执行受理问题

劳动人事争议仲裁委员会依据《调解仲裁法》第四十二条规定制作的调解书,由仲裁员签名并加盖劳动人事争议仲裁委员会印章,经双方当事人签收后发生法律效力。

当事人到人民法院申请强制执行的,人民法院应予受理。

3. 用人单位注销,当事人申请仲裁问题

劳动者与用人单位发生争议,用人单位已注销的,按照以下情形分别处理:

(1)用人单位注销后,当事人申请仲裁,劳动人事争议仲裁委员会出具不予受理通知书。当事人向人民法院提起诉讼,人民法院应予受理。

(2)仲裁立案后,用人单位注销的,劳动人事争议仲裁委员会应当依法撤销案件,以决定书形式通知当事人。当事人向人民法院提起诉讼的,人民法院应予受理。

人民法院受理后,当事人申请追加出资人、开办单位或者清算组作为被告的,应予准许。

5. 已达到法定退休年龄但未领取养老保险待遇或退休金的劳动者与用人单位发生争议的问题

已达到法定退休年龄,但未领取养老保险待遇或退休金的劳动者(劳动者在同一用人单位连续工作超过退休年龄的除外)与用人单位发生争议申请仲裁,劳动人事争议仲裁委员会认为不属于仲裁受案范围的,应向劳动者出具不予受理通知书。

劳动者就该争议向人民法院提起诉讼的,人民法院应予受理。

6. 经劳动人事争议仲裁委员会出具不予受理通知书后,当事人向人民法院起诉后撤诉又起诉的,是否需经仲裁前置程序的问题

劳动人事争议仲裁委员会依法决定不予受理,当事人向人民法院提起诉讼后撤诉的,当事人就该争议再次提起诉讼,人民法院应告知其先向劳动人事争议仲裁委员会申请仲裁。

经仲裁前置程序后,当事人不服提起诉讼的,人民法院应予受理。

《天津法院劳动争议案件审理指南》(2018 年 1 月 1 日　津高法〔2017〕246 号)

41.【裁审衔接】劳动者向劳动人事争议仲裁机构申请劳动人事争议仲裁,仲裁机构按照撤诉处理的,劳动者向人民法院起诉,人民法院不予受理。已经受理的,应当裁定驳回起诉,劳动者再次申请劳动人事争议仲裁,仲裁机构作出不予受理通知后,劳动者向人民法院起诉的,人民法院应当受理。

天津市高级人民法院《关于审理工伤认定行政案件若干问题座谈会纪要》(2005 年 9 月 9 日　津高法〔2005〕164 号)

第一条　申请人向劳动保障行政部门申请工伤认定,劳动保障行政部门在接到申请之日起(劳动保障行政部门要求申请人补充材料的人从补齐材料之日起)60 日内不予受理,且不予答复,申请人向人民法院提起行政诉讼的,人民法院应当受理。

第二条　劳动保障行政部门受理工伤认定申请后,超出 60 日未作出工伤认定,申请人起诉劳动保障行政部门不履行法定职责的,人民法院应当受理。

第三条　当事人不服劳动保障行政部门作出的不予受理工伤认定通知书提起行政诉讼的,人民法院应当受理。

第四条　当事人不服劳动保障行政部门作出的工伤认定决定,经过行政复议程序后提起行政诉讼的,人民法院应当受理。

地方性规定:上海

上海市高级人民法院《关于审理劳动争议案件若干问题的解答》(2006年1月1日　沪高法民一〔2006〕17号)

一、企业高级管理人员要求企业支付薪酬

(一)对于企业的现任法定代表人或负责人要求企业支付薪酬的纠纷,劳动争议处理机构不予受理。

企业的法定代表人或负责人要求企业支付薪酬的纠纷,符合以下情形的,劳动争议处理机构可以受理,但应慎重审查其诉讼请求;

1. 法定代表人或负责人已经工商登记变更;

2. 法定代表人或负责人虽未经工商变更登记,但股东大会或董事会已通过变更决议;

3. 法定代表人或负责人已不能行使法定职权。

上海市劳动和社会保障局《关于本市工伤认定中涉及劳动关系确认问题处理意见的通知》(2006年5月24日　沪劳保福发〔2006〕17号)

六、对工伤认定部门已经作出认定结论的,当事人以确认劳动关系为由申请仲裁,劳动争议仲裁委员会告知申请人应当向行政复议机关申请行政复议。

地方性规定:重庆

《关于审理劳动争议案件若干问题的指导意见》(2009年2月9日　渝高法发〔2009〕4号)

第二条　劳动争议仲裁委员会作出仲裁裁决,并确定该裁决属于终局裁决后,用人单位不服,直接向基层人民法院提起诉讼的,基层人民法院应当不予受理,并告知用人单位向中级人民法院提起撤销之诉;已经受理的,裁定驳回起诉。

第四条　劳动者不服仲裁裁决或用人单位不服非终局裁决,向人民法院起诉的,一般由劳动争议仲裁委员会所在地的基层人民法院管辖。但市劳动争议仲裁委员会、高新区劳动争议仲裁委员会、经开区劳动争议仲裁委员会仲裁裁决的案件,由劳动合同履行地或用人单位所在地的基层人民法院管辖。

地方性规定:广东(深圳)

广东省高级人民法院、广东省劳动人事争议仲裁委员会《关于劳动人事争议仲裁与诉讼衔接若干意见》(2018年7月18日 粤高法发〔2018〕2号)

十五、按建设项目参加工伤保险的,根据社会保险行政部门作出的工伤认定结论,由所列的工伤保险责任单位作为工伤待遇支付主体。若工伤认定结论仅列建筑工程项目部,未明确工伤保险责任单位的,劳动者以不具备用人单位资格的项目部作为被申请人提起劳动仲裁的,不予受理。劳动者可以请求社会保险行政部门重新作出结论。

二十、职业病诊断、鉴定过程中,在确认劳动者职业史、职业病危害接触史时,当事人对劳动关系、工种、工作岗位或者在岗时间有争议的,可以向劳动人事争议仲裁委员会申请仲裁。劳动者对仲裁裁决不服的,可以依法向人民法院提起诉讼。用人单位对仲裁裁决不服的,可以在职业病诊断、鉴定程序结束之日起十五日内依法向人民法院提起诉讼;诉讼期间,劳动者的治疗费用按照职业病待遇规定的途径支付。

二十七、根据《广东省劳动人事争议处理办法》第五十八条第三款的规定,受送达人无法联系,或者以直接送达、委托送达、邮寄送达、留置送达等方式无法送达的,可在人力资源社会保障行政部门的门户网站公告和在受送达人住所地张贴公告,自发出公告之日起,经过30日即视为送达。根据《广东省劳动人事争议处理办法》第五十八条第四款的规定,劳动者人数在10人以上的集体争议,仲裁机构以直接送达方式无法送达用人单位的,可以在有关基层组织见证下,在用人单位住所地或者生产经营场所张贴有关文书,并采用拍照、录像等方式记录,自张贴之日起即视为送达。

深圳市中级人民法院《关于审理劳动争议案件的裁判指引》(2015年9月2日 深中法发〔2015〕13号)

八、当事人为减少劳动争议的处理环节,将具有给付内容的劳动争议案件改变案由向人民法院直接起诉,如劳动报酬纠纷改为债务纠纷,工伤事故纠纷改为损害赔偿纠纷,人民法院应依据《劳动法》第七十九条的规定不予受理,告知当事人先向劳动争议仲裁委员会申请仲裁。

劳动者与用人单位对双方的劳动争议达成了明确赔偿或补偿协议,后因款项的支付发生纠纷,劳动者以债务纠纷向人民法院起诉的;或劳动者以用人单位的工资欠条为证据直接向人民法院起诉,诉讼请求不涉及劳动关系其他争议的,可按照普通民事纠纷受理。

二十八、当事人因劳动人事争议仲裁委员会逾期未作出受理决定或逾期未作出仲裁裁决向人民法院起诉,人民法院决定予以受理的,应在受理之日起五日内书面通知劳动争议仲裁委员会终结有关案件的仲裁。

三十二、双方当事人均不服劳动争议仲裁委员会对不属于终局裁决的劳动争议案件的同一裁决,向同一人民法院起诉的,人民法院应当并案审理,双方当事人互为原告和被告。在诉讼过程中,一方当事人撤诉的,人民法院应当根据另一方当事人的诉讼请求继续审理。

一方当事人起诉后,另一方当事人在收到劳动争议仲裁裁决书十五日后提出起诉或反诉的,人民法院不予受理。

……

地方性规定:江苏

江苏省高级人民法院《劳动争议案件审理指南(2010年)》(2010年5月17日)

第二章　劳动争议案件的审判程序

第四节　劳动争议仲裁与诉讼衔接的若干问题

四、当事人对劳动争议仲裁裁决不服,向人民法院提起诉讼时已超过15日起诉期间的,如何处理

根据《最高人民法院关于人民法院对经劳动争议仲裁裁决的纠纷准予撤诉或驳回起诉后劳动争议仲裁裁决从何时生效的解释》第2条的规定,当事人超过法定的15日起诉期间的,人民法院应当裁定驳回起诉,原仲裁裁决自起诉期间届满之次日起恢复法律效力。

实践中,劳动人事仲裁委员会往往未作出实体仲裁裁决,而是作出不予受理的书面裁决、决定或者通知书,当事人对此不服起诉的,也应适用上述起诉期间的规定。如果当事人超过15日才向人民法院提起诉讼的,人民法院应当不予受理或裁定驳回起诉。但各地人民法院应当注意与当地劳动人事争议仲裁委员会进行沟通,要求劳动人事争议仲裁委员会在不予受理的书面裁决、决定或通知书中向当事人明确告知起诉期限,以充分保障当事人的诉权。

五、因劳动争议仲裁裁决确定的主体资格错误或仲裁裁决事项不属于劳动争议而被人民法院驳回起诉的,仲裁裁决的法律效力问题

人民法院的生效判决和裁定具有既判力,被生效判决和裁定确认的事实具有

确定性,与该生效裁判相反的事实认定不能作为任何具有可强制执行效力的法律文书进行裁决的前提和基础。因此在法院认定主体资格错误或仲裁裁决不属于劳动争议后,建立在与法院生效裁判相反的事实认定基础上的仲裁裁决当然不具有法律效力。

六、人民法院受理劳动争议案件后,当事人增加诉讼请求或提出反诉请求,如何处理

《最高人民法院关于审理劳动争议若干问题司法解释》第六条规定:"人民法院受理劳动争议案件后,当事人增加诉讼请求的,如该诉讼请求与讼争的劳动争议具有不可分性,应当合并审理;如属独立的劳动争议,应当告知当事人向劳动人事争议仲裁委员会申请仲裁。"当事人增加诉讼请求应理解为包括原告增加诉讼请求和被告提出反诉请求。实践中,应从原仲裁事项与新增加的诉讼请求是基于同一法律关系或同一事实而产生来把握不可分性。如劳动者因工负伤,经鉴定为工伤十级,劳动者因与用人单位就治疗期间费用、伤残补助金等发生争议,对仲裁裁决不服提起诉讼后,经复查鉴定为工伤八级,劳动者提出增加诉讼请求,要求补齐被鉴定为工伤八级后的伤残补助金差额,这后增加的诉讼请求与原仲裁请求是基于同一个工伤事故产生,是原仲裁请求的延续和扩大,两请求具有不可分性,应当合审理。又如劳动者基于支付劳动报酬的法律关系,请求用人单位给付拖欠的工资,劳动报酬的范围很广,包括工资、加班费、奖金等报酬,劳动者提出支付加班费与工资是基于同一法律关系而提出,因此,对两个请求的审理具有不可分性,这两个请求就可以合并审理。但如果劳动者申请仲裁时请求给付拖欠工资,诉讼中增加请求用人单位办理养老保险。增加的请求与原诉讼请求是基于不同的法律关系提出,亦是基于不同的事实提出,二者属于不同的劳动争议,各自独立。这种情形就不应当合并审理,告知当事人就增加的诉讼请求向劳动争议仲裁机构申请仲裁。

八、当事人对劳动人事争议仲裁委员会作出的调解书不服向法院提起诉讼的,是否应当处理劳动争议仲裁过程中,经仲裁庭调解达成协议的,应当制作调解书。调解书经双方当事人签收后,即发生法律效力。如果一方当事人反悔提起诉讼的,人民法院应不予受理;已经受理的,应当裁定驳回起诉。

九、对劳动仲裁机构逾期受理或裁决,当事人直接起诉至法院的案件如何处理

《劳动争议调解仲裁法》第29条和第43条第1款分别规定,劳动人事争议仲裁委员会逾期未作出受理决定或仲裁裁决的,当事人可以直接向人民法院提起诉讼。为了充分发挥仲裁前置的作用,以免使大量案件因为超过仲裁期限而直接诉至法

院,《最高人民法院关于审理劳动争议案件适用法律若干问题的解释(三)》第12条的规定,劳动人事争议仲裁委员会逾期未作出受理决定或仲裁裁决,当事人可以直接向人民法院提起诉讼,除仲裁中存在下列事由外,人民法院应予受理:

(一)案件正在排期的;

(二)移送管辖的;

(三)正在送达或送达延误的;

(四)等待工伤复议或诉讼、评残结论的;

(五)启动鉴定程序,或委托其他部门调查取证的;

(六)当事人确有正当理由不能按时参加仲裁活动的;

(七)其他正当事由。

为加强劳动仲裁机构与人民法院的衔接,江苏省高级人民法院和江苏省劳动争议仲裁委员会《关于适用〈中华人民共和国劳动争议调解仲裁法〉若干问题的意见》第9条、第10条规定,劳动人事争议仲裁委员会超期受理的,应当在收件回执上对超过5日受理期限予以确认;受理后未按期作出裁决的,应当对超过审理期限出具书面确认书,并作出终结案件审理决定,当事人可以据此向人民法院提起诉讼。

《关于适用〈中华人民共和国劳动争议调解仲裁法〉若干问题的意见》(2008年10月10日　苏高法审委〔2008〕19号)

第五条　申请人向劳动争议仲裁委员会申请仲裁时,应当提供证明双方劳动关系的初步证据。当事人的申请不符合仲裁受理条件的,劳动争议仲裁委员会应当向当事人进行释明并要求其提供或补充证据。

第九条　劳动争议仲裁委员会未在法定期限内作出受理决定书的,应当书面征询申请人是否同意由劳动争议仲裁委员会受理。申请人同意的,劳动争议仲裁委员会应当受理。劳动争议仲裁委员会受理并作出裁决书或调解书后,当事人又以受理程序违法要求撤销裁决书或调解书的,人民法院不予支持。

申请人不同意的,劳动争议仲裁委员会应当在收件回执上对超过5日受理期限予以确认,申请人可据此向人民法院提起诉讼。

《江苏省劳动仲裁案件研讨会纪要》(2007年1月12日　苏劳仲委〔2007〕1号)

一、劳动者就用人单位拖欠、克扣工资等问题向劳动监察机构投诉,在劳动监察机构已经立案处理的情况下,劳动者就同一事项提请仲裁的,是否受理的问题

劳动监察和劳动仲裁是劳动者依法维权的两种不同途径,二者的处理结果依

法都具有强制执行的效力。如果劳动监察和劳动仲裁就同一事项重复执法,必将导致法律适用上的冲突和社会资源的浪费。在劳动监察机构已经立案处理的情况下,根据一事不再理的原则,仲裁委员会不应受理劳动者就同一事项提请的仲裁申诉,应告之当事人按照劳动监察的程序处理,如当事人坚持申诉的,仲裁委员会应出具不予受理通知书。对劳动者的投诉,劳动监察机构已明确作出不予立案或者已经撤销立案,劳动者申请仲裁的,符合受理条件的,仲裁委员会应予受理。劳动者申请仲裁的时效,从其向劳动监察机构投诉之日起中断,自劳动监察机构作出行政处理决定时重新计算。如仲裁委员会在不知道劳动监察已立案处理的情况下,对劳动者的申诉也立案处理的,在劳动者不愿撤诉的情况下,应中止案件审理,待劳动监察部门作出处理决定后再重新审理。

二、用人单位与劳动者在劳动关系解除、终止后,因欠款、报销差旅费用发生争议的受理问题

劳动者解除、终止劳动关系后,与用人单位在劳动关系存续期间,因履行工作职责发生的有关借款、差旅费用报销等争议,属于履行劳动合同争议的范畴,仲裁委员会应予受理。但劳动者非法挪用、侵占用人单位公款的,应由司法机关处理,仲裁委员会不应受理。

三、劳动者因其人事档案或人事档案中的相关材料遗失,诉请用人单位为其补建档案或补齐档案材料的,仲裁委员会是否受理

人事档案管理属行政管理的范畴。根据《企业劳动争议处理条例》的规定,仲裁委员会受理此类案件没有法律依据,且受理后无法作出明确的具有可执行内容的裁决,故仲裁委员会不应受理。

十、当事人就工伤待遇已经达成赔偿协议后,劳动者又提请仲裁的,仲裁委员会应如何受理和处理

当事人就工伤待遇达成赔偿协议分为两种情况,一种情况是,劳动者发生工伤后,在未经劳动行政部门认定工伤和评定伤残等级的情形下,劳动者与用人单位就工伤达成赔偿协议后,劳动者又提请仲裁的,仲裁委员会应以工伤认定书和伤残等级鉴定结论作为受理案件的条件,以伤残等级鉴定结论送达劳动者之日为申诉时效的起算点。

另一种情况是,劳动者发生工伤后,在已认定工伤和评定伤残等级的情形下,劳动者与用人单位就工伤待遇达成赔偿协议后,劳动者又提请仲裁的,仲裁委员会应以双方赔偿协议签订之日作为申诉时效的起算点。仲裁委员会审理上述案件

时,不应以撤销协议作为前提条件,而应按照工伤保险待遇,裁决用人单位补足原先双方协议低于工伤保险待遇的差额部分。

十一、参加工伤保险的职工因工负伤后,因医疗费结算发生争议的受理和处理

《工伤保险条例》第二十九条规定,治疗工伤所需费用符合工伤保险诊疗项目目录、工伤保险药品目录、工伤保险住院服务标准的,从工伤保险基金支付。故参保职工的工伤医疗费支付主体是工伤保险基金经办机构而非用人单位,双方因此发生的争议,不属于仲裁委员会的受理范围。参保职工如向用人单位主张工伤保险基金支付范围以外的医疗费争议,仲裁委员会亦不予受理。

工伤职工的医疗费用由工伤保险基金经办机构核发给用人单位后,用人单位未全额支付给劳动者,双方因此产生的争议,仲裁委员会应予受理。

……

地方性规定:浙江

浙江省高级人民法院民事审判第一庭、浙江省劳动人事争议仲裁院《关于审理劳动争议案件若干问题的解答(五)》(2019 年 6 月 21 日　浙高法民一〔2019〕1 号)

十二、劳动者在用人单位注销前与其发生劳动争议,用人单位注销后,劳动者申请仲裁的,仲裁委员会是否受理?

答:劳动者在用人单位注销前与其发生劳动争议,用人单位注销后申请仲裁,仲裁委员会一般不予受理。但劳动者能够证明用人单位依法应当清算而未经清算或者清算义务人未履行清算责任的,仲裁委员会应当受理,并将清算义务人作为被申请人。

十三、企业进入法院破产程序后,劳动者与企业发生的劳动争议,仲裁委员会是否受理?

答:此类纠纷实质为职工破产债权确认纠纷,属于破产衍生案件,无需劳动仲裁前置,仲裁委员会一般不予受理。但纠纷涉及身份性质的,如当事人请求确认存在劳动关系,仲裁委员会应当受理。

浙江省劳动争议仲裁委员会《关于劳动争议案件处理若干问题的指导意见(试行)》(2009 年 8 月 21 日　浙仲〔2009〕2 号)

9. 劳动者请求工伤待遇,但未提供劳动行政部门作出的工伤认定的,仲裁委员会应予受理。申请人无法提供工伤认定结论的,仲裁委员会可以证据不足驳回请求,但未参加工伤保险的用人单位与劳动者对工伤事故均无异议的除外。

10. 劳动者与未经依法登记、不具备合法经营资格的非法用工主体因用工发生争议的,仲裁委员会不予受理。但用人单位被吊销营业执照、责令关闭、撤销以及用人单位决定提前解散、歇业的,仲裁委员会应当受理。

26. 根据《劳动争议调解仲裁法》第二十九条、第四十三条的规定,因仲裁委员会逾期未做出受理决定或仲裁裁决,当事人可直接向人民法院提起诉讼,但下列情形除外:

(1)移送管辖的;

(2)送达延误的;

(3)等待工伤复议、诉讼、评残结论的;

(4)启动鉴定程序,或委托其他部门调查取证的;

(5)因当事人确有正当理由,不能按时参加仲裁活动的;

(6)其他合理的事由。

当事人直接向人民法院提起诉讼的,可以要求仲裁委员会出具接受申请但尚未受理立案、或已受理但未裁决的证明,仲裁委员会在出具证明后应当终结案件的审理。

29. 人民法院裁定终结督促程序后,劳动者申请仲裁的,仲裁委员会应予受理。但属于最高人民法院《关于审理劳动争议案件适用法律若干问题的解释(二)》第三条、第十七条第二款规定,或有证据证明用人单位拖欠劳动报酬,且申请请求不涉及劳动关系其他争议的,仲裁委员会可不予受理,并告知劳动者直接向人民法院起诉。

《关于审理劳动争议案件若干问题的意见(试行)》(2009年4月16日 浙法民一〔2009〕3号)

第二十一条 依据《劳动争议调解仲裁法》第二十九条、第四十三条的规定,因劳动争议仲裁委员会逾期未作出受理决定或仲裁裁决,当事人直接向人民法院提起诉讼,除仲裁中存在下列事由的以外,人民法院应予受理:

(一)移送管辖的;

(二)送达延误的;

(三)等待工伤复议、诉讼、评残结论的;

(四)启动鉴定程序,或委托其他部门调查取证的;

(五)因当事人确有正当理由,不能按时参加仲裁活动的;

(六)其他合理的事由。

当事人应向人民法院提交劳动争议仲裁委员会出具的已接受申请的凭证及尚未受理的证明,或虽已受理但尚未裁决的证明。

人民法院决定受理劳动者起诉的,应当在受理之日起五日内书面通知劳动争议仲裁委员会终结有关案件的仲裁。

地方性规定:山东

《关于适用〈中华人民共和国劳动争议调解仲裁法〉和〈中华人民共和国劳动合同法〉若干问题的意见》(2010 年 6 月 1 日　鲁高法〔2010〕84 号)

(四)关于劳动争议案件审理中仲裁与诉讼的衔接性程序问题

21. 当事人根据劳动争议调解仲裁法第二十九条规定,以仲裁委员会逾期未作出受理决定而直接向人民法院提起诉讼的,当事人应当向人民法院提交仲裁委员会出具的已接受其申请材料的凭证及尚未受理的证明,仲裁委员会出具相应凭证和证据后终止有关案件的审理。

当事人根据劳动争议调解仲裁法第四十三条第一款规定,以仲裁委员会逾期未作出仲裁裁决而直接向人民法院提起诉讼的,人民法院经审查确实不存在请示待批、工伤认定、伤残鉴定、当事人因故不能参加仲裁活动及其他妨碍仲裁办案进行的客观情况等中止事由的,应当予以受理。人民法院在审查时可以要求当事人提供仲裁委员会出具的《受理通知书》及尚未裁决的证明。

地方性规定:福建

福建省高级人民法院《关于审理劳动争议案件若干问题的意见》(2001 年 12 月 19 日)

1. 当事人对劳动仲裁机构以书面形式作出的不予受理的通知、决定或裁定不服,在法定期限内向人民法院起诉的,人民法院应当受理。

未经劳动仲裁机构仲裁的劳动争议案件,人民法院不得直接受理。但对于当事人提出仲裁申请后,劳动仲裁机构以某种理由置之不理,或者受理后无正当理由在法定期限内不作出处理的,人民法院可以直接受理当事人的起诉。

因企业职工下岗引发的劳动争议,应由政府有关部门按照企业改制的有关政策规定统筹解决,人民法院不予受理。

5. 用人单位对劳动仲裁机构的部分裁决不服向人民法院起诉的,或劳动仲裁机构的终结裁决作出后,当事人单独就部分裁决不服起诉的,人民法院不予受理;当事人不服终结裁决,在法定期限内起诉的,人民法院应当受理。

8. 劳动者的伤亡既是工伤又是用人单位的侵权行为造成的,劳动者有权依有利于自己的原则,选择提起工伤赔偿或侵权损害赔偿之诉。

9. 当事人起诉时或在人民法院审理过程中所确定的诉讼请求增加了仲裁请求的,如果该增加的诉讼请求与仲裁请求是基于同一事实产生的,人民法院应当受理;若不是基于同一事实产生的,人民法院对该增加的部分不予受理。

10. 对于不符合部分裁决条件的劳动争议案件,当事人起诉时或在人民法院审理过程中只是对仲裁裁决内容部分不服的,人民法院应当全案受理与审理。

附:本章节收录相关规定汇总

法律

《劳动争议调解仲裁法》(2008 年 5 月 1 日)

司法解释

最高人民法院《关于审理劳动争议案件适用法律问题的解释(一)》(2021 年 1 月 1 日 法释〔2020〕26 号)

部委规定

《劳动人事争议仲裁办案规则》(2017 年 7 月 1 日　人力资源和社会保障部令第 33 号)

劳动和社会保障部办公厅《关于劳动争议案中涉及商业秘密侵权问题的函》(1999 年 7 月 7 日　劳社厅函〔1999〕69 号)

劳动部办公厅《关于已撤诉的劳动争议案件劳动争议仲裁委员会是否可以再受理的复函》(1997 年 7 月 8 日　劳办发〔1997〕61 号)

地方性规定:北京

北京市高级人民法院、北京市劳动人事争议仲裁委员会《关于审理劳动争议案件法律适用问题的解答》(2017 年 4 月 24 日　京高法发〔2017〕142 号)

北京市高级人民法院、北京市劳动争议仲裁委员会《关于劳动争议案件法律适用问题研讨会会议纪要(二)》(2014 年 5 月 7 日　京高法发〔2014〕220 号)

北京市高级人民法院、北京市劳动争议仲裁委员会《关于劳动争议案件法律适用问题研讨会会议纪要》(2009 年 8 月 17 日)

北京市高级人民法院《关于处理涉及出租汽车的劳动合同及承包合同纠纷案件的通知》(2013 年 12 月 21 日　京高法发〔2013〕426 号)

地方性规定:天津

《关于审理劳动人事争议案件的会议纪要》(2019 年 11 月 25 日　津高法〔2019〕296 号)

《天津法院劳动争议案件审理指南》(2018 年 1 月 1 日　津高法〔2017〕246 号)

天津市高级人民法院《关于审理工伤认定行政案件若干问题座谈会纪要》(2005 年 9 月 9 日　津高法〔2005〕164 号)

地方性规定:上海

上海市高级人民法院《关于审理劳动争议案件若干问题的解答》(2006 年 1 月 1 日　沪高法民一〔2006〕17 号)

上海市劳动和社会保障局《关于本市工伤认定中涉及劳动关系确认问题处理意见的通知》(2006 年 5 月 24 日　沪劳保福发〔2006〕17 号)

地方性规定:重庆

《关于审理劳动争议案件若干问题的指导意见》(2009 年 2 月 9 日　渝高法发〔2009〕4 号)

地方性规定:广东(深圳)

广东省高级人民法院、广东省劳动人事争议仲裁委员会《关于劳动人事争议仲裁与诉讼衔接若干意见》(2018 年 7 月 18 日　粤高法发〔2018〕2 号)

深圳市中级人民法院《关于审理劳动争议案件的裁判指引》(2015 年 9 月 2 日　深中法发〔2015〕13 号)

地方性规定:江苏

江苏省高级人民法院《劳动争议案件审理指南(2010 年)》(2010 年 5 月 17 日)

《关于适用〈中华人民共和国劳动争议调解仲裁法〉若干问题的意见》(2008 年 10 月 10 日　苏高法审委〔2008〕19 号)

《江苏省劳动仲裁案件研讨会纪要》(2007 年 1 月 12 日　苏劳仲委〔2007〕1 号)

地方性规定:浙江

浙江省高级人民法院民事审判第一庭、浙江省劳动人事争议仲裁院《关于审理劳动争议案件若干问题的解答(五)》(2019 年 6 月 21 日　浙高法民一〔2019〕1 号)

浙江省劳动争议仲裁委员会《关于劳动争议案件处理若干问题的指导意见(试行)》(2009 年 8 月 21 日　浙仲〔2009〕2 号)

《关于审理劳动争议案件若干问题的意见(试行)》(2009 年 4 月 16 日　浙法民一〔2009〕3 号)

地方性规定:山东

《关于适用〈中华人民共和国劳动争议调解仲裁法〉和〈中华人民共和国劳动合同法〉若干问题的意见》(2010 年 6 月 1 日　鲁高法〔2010〕84 号)

地方性规定:福建

福建省高级人民法院《关于审理劳动争议案件若干问题的意见》(2001 年 12 月 19 日)

第三十章　证　据

法律

《劳动争议调解仲裁法》(2008 年 5 月 1 日)

第六条　发生劳动争议,当事人对自己提出的主张,有责任提供证据。与争议事项有关的证据属于用人单位掌握管理的,用人单位应当提供;用人单位不提供的,应当承担不利后果。

第三十七条　仲裁庭对专门性问题认为需要鉴定的,可以交由当事人约定的鉴定机构鉴定;当事人没有约定或者无法达成约定的,由仲裁庭指定的鉴定机构鉴定。

根据当事人的请求或者仲裁庭的要求,鉴定机构应当派鉴定人参加开庭。当事人经仲裁庭许可,可以向鉴定人提问。

第三十八条　当事人在仲裁过程中有权进行质证和辩论。质证和辩论终结时,首席仲裁员或者独任仲裁员应当征询当事人的最后意见。

第三十九条　当事人提供的证据经查证属实的,仲裁庭应当将其作为认定事实的根据。

劳动者无法提供由用人单位掌握管理的与仲裁请求有关的证据,仲裁庭可以要求用人单位在指定期限内提供。用人单位在指定期限内不提供的,应当承担不利后果。

司法解释

最高人民法院《关于审理劳动争议案件适用法律问题的解释(一)》(2021 年 1 月 1 日　法释〔2020〕26 号)

第四十二条　劳动者主张加班费的,应当就加班事实的存在承担举证责任。

但劳动者有证据证明用人单位掌握加班事实存在的证据,用人单位不提供的,由用人单位承担不利后果。

第四十四条　因用人单位作出的开除、除名、辞退、解除劳动合同、减少劳动报酬、计算劳动者工作年限等决定而发生的劳动争议,用人单位负举证责任。

部委规定

《劳动人事争议仲裁办案规则》(2017 年 7 月 1 日　人力资源和社会保障部令第 33 号)

第十三条　当事人对自己提出的主张有责任提供证据。与争议事项有关的证据属于用人单位掌握管理的,用人单位应当提供;用人单位不提供的,应当承担不利后果。

第十四条　法律没有具体规定、按照本规则第十三条规定无法确定举证责任承担的,仲裁庭可以根据公平原则和诚实信用原则,综合当事人举证能力等因素确定举证责任的承担。

第十五条　承担举证责任的当事人应当在仲裁委员会指定的期限内提供有关证据。当事人在该期限内提供证据确有困难的,可以向仲裁委员会申请延长期限,仲裁委员会根据当事人的申请适当延长。当事人逾期提供证据的,仲裁委员会应当责令其说明理由;拒不说明理由或者理由不成立的,仲裁委员会可以根据不同情形不予采纳该证据,或者采纳该证据但予以训诫。

第十六条　当事人因客观原因不能自行收集的证据,仲裁委员会可以根据当事人的申请,参照民事诉讼有关规定予以收集;仲裁委员会认为有必要的,也可以决定参照民事诉讼有关规定予以收集。

第十七条　仲裁委员会依法调查取证时,有关单位和个人应当协助配合。

仲裁委员会调查取证时,不得少于两人,并应当向被调查对象出示工作证件和仲裁委员会出具的介绍信。

第十八条　争议处理中涉及证据形式、证据提交、证据交换、证据质证、证据认定等事项,本规则未规定的,可以参照民事诉讼证据规则的有关规定执行。

地方性规定:北京

北京市高级人民法院、北京市劳动争议仲裁委员会《关于劳动争议案件法律适用问题研讨会会议纪要(二)》(2014 年 5 月 7 日　京高法发〔2014〕220 号)

4. 在仲裁程序中,证人出庭作证并接受质询,诉讼中证人是否仍需出庭?

证人可不再出庭,但仍有需要质询的事实或当事人又提供反证的除外。

5. 仲裁程序中当事人已经认可的相关案件事实,在诉讼程序中当事人又否认的,如何处理?

在诉讼程序中,除经对方当事人同意,或者有充分证据证明与事实不符的,对当事人否认在仲裁程序中所认可事实的主张不予支持。

地方性规定:天津

天津市高级人民法院《关于审理工伤认定行政案件若干问题座谈会纪要》(2005 年 9 月 9 日　津高法〔2005〕164 号)

第七条　当事人诉劳动保障行政部门不予受理工伤认定申请的,应当提供劳动保障行政部门不予受理的书面凭证;没有书面凭证的,应当提供其曾经提出申请的证据材料。但因劳动保障行政部门受理申请的登记制度不完备等正当事由不能提供相关证据材料并能够作出合理说明的除外。

第八条　对于劳动保障行政部门依据《工伤保险条例》第十九第二款规定的举证责任进行的工伤认定,人民法院应从以下三方面进行审查:

1. 申请工伤认定的一方应当提供存在劳动关系、伤亡基本事实等方面的初步证据;

2. 用人单位否认与职工存在劳动关系的,应当就不存在劳动关系的事实承担相应的举证责任;

3. 用人单位否认工伤的,应当就非工伤的事实承担相应的举证责任。

地方性规定:重庆

《关于审理劳动争议案件若干问题的指导意见》(2009 年 2 月 9 日　渝高法发〔2009〕4 号)

第八条　用人单位与劳动者虽然未书面约定实际支付的工资是否包含加班工资,但用人单位有证据证明已支付的工资包含法定工作时间工资和加班工资的,可以认定用人单位已支付的工资包含加班工资。但折算后的工资标准低于当地最低工资标准的除外。

第九条 劳动者起诉要求用人单位支付加班工资的，一般由劳动者对用人单位安排加班的事实负举证责任。但有证据证明该部分证据系由用人单位持有的，由用人单位负举证责任。

用人单位认为已经足额支付劳动者近两年来的加班工资的，应由用人单位负举证责任。劳动者追索两年前加班工资的，由劳动者对用人单位未足额支付加班工资负举证责任。

地方性规定：广东（深圳）

深圳市中级人民法院《关于审理劳动争议案件的裁判指引》（2015年9月2日深中法发〔2015〕13号）

二十三、劳动争议中，当事人对是否存在劳动关系发生争议时，举证责任如下分配：

（1）主张劳动关系成立的一方应当提交相应的劳动合同或就工资领取、社会保险、福利待遇及工作管理提供相关证据材料。

（2）劳动者已举证证明在用人单位劳动，但用人单位主张不存在劳动关系的，用人单位应当提交反证。

二十四、用人单位未与劳动者签订劳动合同，认定双方存在劳动关系时可参考下列凭证：

（1）工资支付凭证或记录（职工工资发放花名册），缴纳各项社会保险费的记录；

（2）用人单位向劳动者发放的“工作证”、“服务证”等能够证明身份的证件；

（3）劳动者填写的用人单位招聘“登记表”、“报名表”等招用记录；

（4）考勤记录；

（5）其他劳动者的证言等。

其中（1）、（3）、（4）项的有关凭证由用人单位负举证责任。

二十五、当事人因工资支付发生争议的，举证责任如下分配：

（1）用人单位应就劳动者已领取工资的情况进行举证。

（2）用人单位延期支付工资，劳动者主张用人单位系无故拖欠工资的，用人单位应就延期支付工资的原因进行举证。

(3)劳动者主张工资标准高于劳动合同约定或已实际领取的工资数额的,劳动者应就其主张的工资标准举证。

(4)因用人单位减少劳动报酬发生争议,由用人单位负举证责任。

(5)劳动者与用人单位约定业务提成在货款收回后才支付的,对货款收回的举证责任由劳动者负担。

(6)劳动者主张加班工资,用人单位否认有加班的,劳动者应就其存在加班事实或用人单位掌握加班事实存在证据承担举证责任;劳动者已举证证明其存在加班事实或用人单位掌握加班事实存在证据的,用人单位应就劳动者申请劳动仲裁之日前两年内的工作时间承担举证责任;

用人单位考勤记录虽无劳动者签名,但有其他证据(如经劳动者确认的工资支付凭证等)相佐证的,可作为认定劳动者工作时间的证据。

(7)劳动者主张用人单位拖欠劳动报酬的,用人单位应对劳动者申请劳动仲裁之日前两年内的工资支付情况承担举证责任,但劳动者有证据证明其在申请劳动仲裁前已向用人单位主张过权利的,用人单位应对劳动者首次主张权利之日前两年内的工资支付情况承担举证责任。

上款所称的工资支付情况应包括《深圳市员工工资支付条例》第十五条第二款①所规定的相关内容。

二十六、当事人因劳动合同的订立与解除发生争议的,举证责任如下分配:

(1)当事人主张订立无固定期限劳动合同的,应就订立无固定期限劳动合同条件成立举证;

(2)当事人主张存在解除劳动合同或存在解除事实劳动关系事实的,应就此主张举证;

(3)用人单位解除劳动关系的,应就其解除原因举证;

(4)用人单位主张劳动者严重违反劳动纪律或企业规章制度的,应就劳动者存在严重违反劳动纪律或企业规章制度的事实以及企业规章制度经过民主程序制定并已向劳动者公示的事实举证。

二十七、当事人在劳动争议仲裁阶段向仲裁庭提交过的证据材料仍然应当按举证责任在人民法院指定的举证期限内向人民法院提交。

---

① 《深圳市员工工资支付条例》第十五条第二款:工资支付表应当有支付单位名称、工资计发时段、发放时间、员工姓名、正常工作时间、加班时间、正常工作时间工资、加班工资等应发项目以及扣除的项目、金额及其工资账号等记录。

地方性规定:江苏

江苏省高级人民法院、江苏省劳动人事争议仲裁委员会《关于审理劳动人事争议案件的指导意见(二)》(2011 年 11 月 8 日　苏高法审委〔2011〕14 号)

第九条　用人单位与劳动者未订立书面劳动合同,用人单位主张双方为非全日制用工关系的,应由用人单位对其主张负举证责任。用人单位与劳动者已订立了书面非全日制劳动合同,劳动者主张双方为全日制用工关系的,应由劳动者对其主张负举证责任,但与争议事项有关的证据属于用人单位掌握管理,用人单位不提供的除外。

第十四条　劳动者主张被用人单位口头辞退,而用人单位主张是劳动者自动离职,由用人单位就劳动者自动离职的事实负举证责任,用人单位不能举证证明的,由其承担不利后果。

《关于适用〈中华人民共和国劳动争议调解仲裁法〉若干问题的意见》(2008 年 10 月 10 日　苏高法审委〔2008〕19 号)

第二十三条　当事人在仲裁过程中无正当理由拒不提供证据,在诉讼过程中提交的,人民法院可以根据《最高人民法院关于民事诉讼证据的若干规定》不予质证。但当事人非因故意或重大过失在诉讼期间提交的新证据,如果不审核证据将导致案件事实严重背离客观真实的,人民法院应当组织质证。

《江苏省工资支付条例》(2021 年 9 月 29 日修正　江苏省人大常委会公告第 70 号)

第五十条　用人单位对工资支付承担举证责任。用人单位拒绝提供或者在规定时间内不能提供有关工资支付凭证等证据材料的,人力资源社会保障行政部门、劳动争议仲裁委员会和人民法院可以按照劳动者提供的工资数额及其他有关证据直接作出认定。

用人单位和劳动者都不能对工资数额举证的,由人力资源社会保障行政部门、劳动争议仲裁委员会和人民法院参照本单位同岗位的平均工资或者当地在岗职工平均工资水平,按照有利于劳动者的原则计算确定。

地方性规定:浙江

浙江省劳动争议仲裁委员会《关于劳动争议案件处理若干问题的指导意见(试行)》(2009 年 8 月 21 日　浙仲〔2009〕2 号)

17. 在劳动争议案件处理过程中,劳动者与用人单位对是哪一方提出解除劳动合同或终止劳动关系的事实发生争议的,应根据“谁主张谁举证”的原则确定举证责任。

18. 劳动者主张加班工资的,应对加班事实负举证责任。劳动者证明加班事实的相关证据由用人单位持有的,仲裁委员会应责令用人单位提供;用人单位不提供的,由其承担不利的法律后果。

19. 劳动者与用人单位对有无支付加班工资的事实发生争议的,应由用人单位对其已经支付加班工资的事实负举证责任。用人单位已支付的工资具有以下情形的,仲裁委员会可认定其中不包含加班工资:

(1)折算后的正常工作时间工资低于当地最低工资标准的;

(2)计件工资有劳动定额且定额明显不合理的。

20. 劳动者与用人单位约定业务提成在货款回收后才支付,且货款回收由劳动者经手的,劳动者应当对货款回收的事实负举证责任。

21. 用人单位以劳动者违反劳动合同中有关服务期的约定为由,请求劳动者支付违约金的,应当对其已为劳动者提供专项培训及具体费用等相关事实负举证责任。

《关于审理劳动争议案件若干问题的意见(试行)》(2009年4月16日　浙法民一〔2009〕3号)

第二十九条　在劳动争议案件审理过程中,劳动者与用人单位对是哪一方提出解除劳动合同或终止劳动关系的事实发生争议的,应当根据“谁主张谁举证”的原则确定举证责任。

第三十条　劳动者主张加班工资的,应对加班事实负举证责任。劳动者证明加班事实的相关证据由用人单位持有的,人民法院应责令用人单位提供,用人单位不提供的,应由其承担不利的法律后果。

第三十一条　劳动者与用人单位对有无支付加班工资的事实发生争议的,应由用人单位对其已经支付加班工资的事实负举证责任。用人单位已支付的工资具有以下情形的,人民法院可认定其中不包含加班工资:

(一)折算后的正常工作时间工资低于当地最低工资标准的;

(二)计件工资有劳动定额且定额明显不合理的。

第三十二条　劳动者与用人单位约定业务提成在货款回收后才支付,且货款回收由劳动者经手的,劳动者应对货款回收的事实负举证责任。

第三十三条　用人单位以劳动者违反劳动合同中有关服务期的约定为由,请求劳动者支付违约金的,应对其已为劳动者提供专项培训及具体费用等相关事实负举证责任。

《关于劳动争议仲裁证据若干问题的规定》(2005年4月1日 浙仲〔2005〕2号)

第一条 当事人对自己提出的仲裁请求所依据的事实或者反驳对方仲裁请求所依据的事实有责任提供证据加以证明。

没有证据或者证据不足以证明当事人的事实主张的,由负有举证责任的当事人承担不利后果。

第三条 在劳动合同争议案件中,主张劳动合同(或劳动关系)成立并生效的一方当事人对劳动合同(或劳动关系)成立和生效的事实承担举证责任;主张劳动合同变更、解除、终止的一方当事人对劳动合同应予变动的事实承担举证责任。

对劳动合同是否履行发生争议的,由负有履行义务的当事人承担举证责任。

第四条 因用人单位作出开除、除名、辞退、解除劳动合同、减少劳动报酬、计算劳动者工作年限等决定而发生争议的,由用人单位对决定所依据事实和法律负举证责任。

因用人单位未按照劳动合同约定支付劳动报酬或提供劳动条件,劳动者提出解除劳动合同而发生劳动争议的,由用人单位对是否已依约定支付劳动报酬或提供劳动条件负举证责任。

因用人单位未依法缴纳社会保险费引起的争议,由用人单位对是否已依法为劳动者缴纳社会保险负举证责任。

因用人单位存在其他违法情形导致劳动者提出解除劳动合同而发生劳动争议的,由用人单位对是否存在违法情形负举证责任。

第六条 仲裁过程中,一方当事人对另一方当事人陈述的案件事实明确表示承认的,另一方当事人无需举证。

对一方当事人陈述的事实,另一方当事人既未表示承认也未表示否认,经仲裁员充分说明并询问后,其仍不明确表示肯定或者否定的,视为对该项事实的承认。

当事人委托代理人参加仲裁活动的,代理人的承认视为当事人的承认,但未经特别授权的代理人对事实的承认直接导致承认对方仲裁请求的除外;当事人在场但对其代理人的承认不作否认表示的,视作当事人的承认。

当事人在仲裁庭辩论终结前撤回承认并经对方当事人同意,或者有充分证据证明其承认的行为是在受胁迫或者重大误解情况下作出且与事实不符的,不能免除对方当事人的举证责任。

第九条 当事人向仲裁委员会提供证据,应当提供原件或者原物。如需自己保存原件、原物或者提供原件、原物确有困难的,可以提供经仲裁委员会核对无异的复制件或者复制品,接收人应在复制件上加盖"本件与原件核对无异"章或签此字样。

第十一条 当事人向仲裁委员会提供外文书证或者外文说明资料,应当附有中文译本。

第二十一条 仲裁委员会应当在送达案件受理通知书和应诉通知书的同时,向当事人送达举证通知书。举证通知书应当载明举证责任的分配原则与要求、可以向仲裁委员会申请调查取证的情形、仲裁委员会根据案件情况指定的举证期限以及逾期提供证据的法律后果。

仲裁委员会指定的举证期限一般不少于十五日,自当事人收到案件受理通知书和应诉通知书之日起计算。

对申诉人在30人以上的集体争议案件,举证期限由仲裁委员会根据案件具体情况确定。

第二十二条 当事人应当在举证期限内向仲裁委员会提交证据材料。当事人在举证期限内提交证据材料确有困难的,应当在举证期限届满四日前以书面形式向仲裁委员会申请延期举证,经仲裁委员会准许,可以适当延长举证期限。

当事人增加、变更仲裁请求或者提起反诉的,应当在举证期限届满前提出,仲裁委员会可以重新指定举证期限。

对于当事人逾期提交的证据材料,对方当事人同意质证的,可以进行质证;对方当事人不同意质证的,不得对该证据进行质证。但仲裁委员会认为该证据可能影响案件处理结果必须进行质证的除外。

第二十五条 当事人收到对方交换的证据后提出反驳并提出新证据的,仲裁委员会可以通知当事人在指定时间进行交换。

仲裁委员会在审理过程中认为有必要补充证据的,可以通知当事人在一定期限内向仲裁庭提交新的证据;当事人补充证据后,仲裁庭可以组织当事人进行证据交换,并对交换过程记录在卷。

对于庭审后仍需要当事人进一步补充证据的,仲裁委员会可以要求当事人在合理期限内补充证据。对当事人补充的证据,仲裁委员会可以开庭进行质证,也可以要求对方当事人提供书面质证意见。当事人逾期未提供证据或质证意见的,视为放弃举证、质证权利。

第二十六条　证据应当由当事人质证。未经质证的证据，不能作为认定案件事实的依据；

当事人在证据交换过程中认可并记录在卷的证据，经仲裁员在庭审中说明后，可以作为认定案件事实的依据。

第二十七条　质证时，当事人应当围绕证据的真实性、关联性、合法性，针对证据证明力有无以及证明力大小，进行质疑、说明与辩驳。

第四十四条　下列证据不能单独作为认定案件事实的依据：

（一）未成年人所作的与其年龄和智力状况不相当的证言；

（二）与一方当事人或者代理人有利害关系的证人出具的证言；

（三）存有疑点的视听资料；

（四）无法与原件、原物核对的复印件、复制品，但对方当事人认可的除外；

（五）应当出庭作证而无正当理由未出庭作证的证人证言。

第四十五条　一方当事人提出的下列证据，对方当事人提出异议但没有足以反驳的相反证据或理由的，仲裁委员会应当确认其证明力：

（一）书证原件或者与书证原件核对无误的复印件、照片、副本、节录本；

（二）物证原件或与物证原件核对无误的复制件、照片、录象资料等；

（三）有其他证据佐证并以合法手段取得的，无疑点的视听资料或与视听资料核对无误的复制件；

（四）一方当事人申请仲裁委员会依职权收集的相关证据材料。

第四十八条　双方当事人（第三人）对同一事实分别举出相反的证据，但都没有足够的依据否定对方证据的，仲裁委员会应当结合案件情况，判断一方提供证据的证明力是否明显大于另一方（或第三人）提供证据的证明力，并对证明力较大的证据予以确认。

第四十九条　仲裁过程中，当事人在申诉书、答辩状、陈述及其委托代理人的代理词中承认的对己方不利的事实和认可的证据，仲裁委员会应当予以确认，但当事人反悔并有相反证据足以推翻的除外。

第五十条　有证据证明一方当事人持有证据无正当理由拒不提供，如果对方当事人主张该证据的内容不利于证据持有人，可以推定该主张成立。

第五十一条　当事人对自己的主张，只有本人陈述而不能提出其他相关证据的，其主张不予支持。但对方当事人认可的除外。

地方性规定:山东

《山东省企业工资支付规定》(2021年2月7日修订 山东省人民政府令第340号)

第四十三条 企业与劳动者因工资支付发生纠纷或者争议的,企业应当负举证责任。

附:本章节收录相关规定汇总

法律

《劳动争议调解仲裁法》(2008年5月1日)

司法解释

最高人民法院《关于审理劳动争议案件适用法律问题的解释(一)》(2021年1月1日 法释〔2020〕26号)

部委规定

《劳动人事争议仲裁办案规则》(2017年7月1日 人力资源和社会保障部令第33号)

地方性规定:北京

北京市高级人民法院、北京市劳动争议仲裁委员会《关于劳动争议案件法律适用问题研讨会会议纪要(二)》(2014年5月7日 京高法发〔2014〕220号)

地方性规定:天津

天津市高级人民法院《关于审理工伤认定行政案件若干问题座谈会纪要》(2005年9月9日 津高法〔2005〕164号)

地方性规定:重庆

《关于审理劳动争议案件若干问题的指导意见》(2009年2月9日 渝高法发〔2009〕4号)

地方性规定:广东(深圳)

深圳市中级人民法院《关于审理劳动争议案件的裁判指引》(2015年9月2日 深中法发〔2015〕13号)

地方性规定:江苏

江苏省高级人民法院、江苏省劳动人事争议仲裁委员会《关于审理劳动人事争议案件的指导意见(二)》(2011年11月8日 苏高法审委〔2011〕14号)

《关于适用〈中华人民共和国劳动争议调解仲裁法〉若干问题的意见》(2008年10月10日 苏高法审委〔2008〕19号)

《江苏省工资支付条例》(2021年9月29日修正 江苏省人大常委会公告第70号)

地方性规定:浙江

浙江省劳动争议仲裁委员会《关于劳动争议案件处理若干问题的指导意见(试行)》(2009 年 8 月 21 日　浙仲〔2009〕2 号)

《关于审理劳动争议案件若干问题的意见(试行)》(2009 年 4 月 16 日　浙法民一〔2009〕3 号)

《关于劳动争议仲裁证据若干问题的规定》(2005 年 4 月 1 日　浙仲〔2005〕2 号)

地方性规定:山东

《山东省企业工资支付规定》(2021 年 2 月 7 日修订　山东省人民政府令第 340 号)

第三十一章　庭审和裁判

法律

《劳动争议调解仲裁法》(2008 年 5 月 1 日)

第三十二条　劳动争议仲裁委员会应当在受理仲裁申请之日起五日内将仲裁庭的组成情况书面通知当事人。

第三十五条　仲裁庭应当在开庭五日前,将开庭日期、地点书面通知双方当事人。当事人有正当理由的,可以在开庭三日前请求延期开庭。是否延期,由劳动争议仲裁委员会决定。

第三十六条　申请人收到书面通知,无正当理由拒不到庭或者未经仲裁庭同意中途退庭的,可以视为撤回仲裁申请。

被申请人收到书面通知,无正当理由拒不到庭或者未经仲裁庭同意中途退庭的,可以缺席裁决。

第四十条　仲裁庭应当将开庭情况记入笔录。当事人和其他仲裁参加人认为对自己陈述的记录有遗漏或者差错的,有权申请补正。如果不予补正,应当记录该申请。

笔录由仲裁员、记录人员、当事人和其他仲裁参加人签名或者盖章。

第四十一条　当事人申请劳动争议仲裁后,可以自行和解。达成和解协议的,可以撤回仲裁申请。

第四十二条　仲裁庭在作出裁决前,应当先行调解。

调解达成协议的,仲裁庭应当制作调解书。

调解书应当写明仲裁请求和当事人协议的结果。调解书由仲裁员签名,加盖劳动争议仲裁委员会印章,送达双方当事人。调解书经双方当事人签收后,发生法律效力。

调解不成或者调解书送达前，一方当事人反悔的，仲裁庭应当及时作出裁决。

第四十三条　仲裁庭裁决劳动争议案件，应当自劳动争议仲裁委员会受理仲裁申请之日起四十五日内结束。案情复杂需要延期的，经劳动争议仲裁委员会主任批准，可以延期并书面通知当事人，但是延长期限不得超过十五日。逾期未作出仲裁裁决的，当事人可以就该劳动争议事项向人民法院提起诉讼。

仲裁庭裁决劳动争议案件时，其中一部分事实已经清楚，可以就该部分先行裁决。

司法解释

最高人民法院《关于审理劳动争议案件适用法律问题的解释(一)》(2021年1月1日　法释〔2020〕26号)

第二十一条　劳动者依据调解仲裁法第四十八条规定向基层人民法院提起诉讼，用人单位依据调解仲裁法第四十九条规定向劳动争议仲裁机构所在地的中级人民法院申请撤销仲裁裁决的，中级人民法院应当不予受理；已经受理的，应当裁定驳回申请。

被人民法院驳回起诉或者劳动者撤诉的，用人单位可以自收到裁定书之日起三十日内，向劳动争议仲裁机构所在地的中级人民法院申请撤销仲裁裁决。

第二十二条　用人单位依据调解仲裁法第四十九条规定向中级人民法院申请撤销仲裁裁决，中级人民法院作出的驳回申请或者撤销仲裁裁决的裁定为终审裁定。

第二十三条　中级人民法院审理用人单位申请撤销终局裁决的案件，应当组成合议庭开庭审理。经过阅卷、调查和询问当事人，对没有新的事实、证据或者理由，合议庭认为不需要开庭审理的，可以不开庭审理。

中级人民法院可以组织双方当事人调解。达成调解协议的，可以制作调解书。一方当事人逾期不履行调解协议的，另一方可以申请人民法院强制执行。

第四十九条　在诉讼过程中，劳动者向人民法院申请采取财产保全措施，人民法院经审查认为申请人经济确有困难，或者有证据证明用人单位存在欠薪逃匿可能的，应当减轻或者免除劳动者提供担保的义务，及时采取保全措施。

人民法院作出的财产保全裁定中，应当告知当事人在劳动争议仲裁机构的裁决书或者在人民法院的裁判文书生效后三个月内申请强制执行。逾期不申请的，人民法院应当裁定解除保全措施。

第五十三条 用人单位对劳动者作出的开除、除名、辞退等处理,或者因其他原因解除劳动合同确有错误的,人民法院可以依法判决予以撤销。

对于追索劳动报酬、养老金、医疗费以及工伤保险待遇、经济补偿金、培训费及其他相关费用等案件,给付数额不当的,人民法院可以予以变更。

最高人民法院《关于审理工伤保险行政案件若干问题的规定》(2014年9月1日 法释〔2014〕9号)

第二条 人民法院受理工伤认定行政案件后,发现原告或者第三人在提起行政诉讼前已经就是否存在劳动关系申请劳动仲裁或者提起民事诉讼的,应当中止行政案件的审理。

第三条 社会保险行政部门认定下列单位为承担工伤保险责任单位的,人民法院应予支持:

(一)职工与两个或两个以上单位建立劳动关系,工伤事故发生时,职工为之工作的单位为承担工伤保险责任的单位;

(二)劳务派遣单位派遣的职工在用工单位工作期间因工伤亡的,派遣单位为承担工伤保险责任的单位;

(三)单位指派到其他单位工作的职工因工伤亡的,指派单位为承担工伤保险责任的单位;

(四)用工单位违反法律、法规规定将承包业务转包给不具备用工主体资格的组织或者自然人,该组织或者自然人聘用的职工从事承包业务时因工伤亡的,用工单位为承担工伤保险责任的单位;

(五)个人挂靠其他单位对外经营,其聘用的人员因工伤亡的,被挂靠单位为承担工伤保险责任的单位。

前款第(四)、(五)项明确的承担工伤保险责任的单位承担赔偿责任或者社会保险经办机构从工伤保险基金支付工伤保险待遇后,有权向相关组织、单位和个人追偿。

第八条 职工因第三人的原因受到伤害,社会保险行政部门以职工或者其近亲属已经对第三人提起民事诉讼或者获得民事赔偿为由,作出不予受理工伤认定申请或者不予认定工伤决定的,人民法院不予支持。

职工因第三人的原因受到伤害,社会保险行政部门已经作出工伤认定,职工或者其近亲属未对第三人提起民事诉讼或者尚未获得民事赔偿,起诉要求社会保险经办机构支付工伤保险待遇的,人民法院应予支持。

职工因第三人的原因导致工伤，社会保险经办机构以职工或者其近亲属已经对第三人提起民事诉讼为由，拒绝支付工伤保险待遇的，人民法院不予支持，但第三人已经支付的医疗费用除外。

第九条　因工伤认定申请人或者用人单位隐瞒有关情况或者提供虚假材料，导致工伤认定错误的，社会保险行政部门可以在诉讼中依法予以更正。

工伤认定依法更正后，原告不申请撤诉，社会保险行政部门在作出原工伤认定时有过错的，人民法院应当判决确认违法；社会保险行政部门无过错的，人民法院可以驳回原告诉讼请求。

部委规定

《劳动人事争议仲裁办案规则》(2017 年 7 月 1 日　人力资源和社会保障部令第 33 号)

第三十七条　仲裁委员会应当在受理仲裁申请之日起五日内组成仲裁庭并将仲裁庭的组成情况书面通知当事人。

第三十八条　仲裁庭应当在开庭五日前，将开庭日期、地点书面通知双方当事人。当事人有正当理由的，可以在开庭三日前请求延期开庭。是否延期，由仲裁委员会根据实际情况决定。

第三十九条　申请人收到书面开庭通知，无正当理由拒不到庭或者未经仲裁庭同意中途退庭的，可以按撤回仲裁申请处理；申请人重新申请仲裁的，仲裁委员会不予受理。被申请人收到书面开庭通知，无正当理由拒不到庭或者未经仲裁庭同意中途退庭的，仲裁庭可以继续开庭审理，并缺席裁决。

第四十条　当事人申请鉴定的，鉴定费由申请鉴定方先行垫付，案件处理终结后，由鉴定结果对其不利方负担。鉴定结果不明确的，由申请鉴定方负担。

第四十二条　仲裁庭应当将开庭情况记入笔录。当事人或者其他仲裁参与人认为对自己陈述的记录有遗漏或者差错的，有权当庭申请补正。仲裁庭认为申请无理由或者无必要的，可以不予补正，但是应当记录该申请。

仲裁员、记录人员、当事人和其他仲裁参与人应当在庭审笔录上签名或者盖章。当事人或者其他仲裁参与人拒绝在庭审笔录上签名或者盖章的，仲裁庭应当记明情况附卷。

第四十四条　申请人在举证期限届满前可以提出增加或者变更仲裁请求；仲裁庭对申请人增加或者变更的仲裁请求审查后认为应当受理的，应当通知被申请人并给予答辩期,被申请人明确表示放弃答辩期的除外。

申请人在举证期限届满后提出增加或者变更仲裁请求的,应当另行申请仲裁。

第四十五条 仲裁庭裁决案件,应当自仲裁委员会受理仲裁申请之日起四十五日内结束。案情复杂需要延期的,经仲裁委员会主任或者其委托的仲裁院负责人书面批准,可以延期并书面通知当事人,但延长期限不得超过十五日。

第四十六条 有下列情形的,仲裁期限按照下列规定计算:

(一)仲裁庭追加当事人或者第三人的,仲裁期限从决定追加之日起重新计算;

(二)申请人需要补正材料的,仲裁委员会收到仲裁申请的时间从材料补正之日起重新计算;

(三)增加、变更仲裁请求的,仲裁期限从受理增加、变更仲裁请求之日起重新计算;

(四)仲裁申请和反申请合并处理的,仲裁期限从受理反申请之日起重新计算;

(五)案件移送管辖的,仲裁期限从接受移送之日起重新计算;

(六)中止审理期间、公告送达期间不计入仲裁期限内;

(七)法律、法规规定应当另行计算的其他情形。

第四十七条 有下列情形之一的,经仲裁委员会主任或者其委托的仲裁院负责人批准,可以中止案件审理,并书面通知当事人:

(一)劳动者一方当事人死亡,需要等待继承人表明是否参加仲裁的;

(二)劳动者一方当事人丧失民事行为能力,尚未确定法定代理人参加仲裁的;

(三)用人单位终止,尚未确定权利义务承继者的;

(四)一方当事人因不可抗拒的事由,不能参加仲裁的;

(五)案件审理需要以其他案件的审理结果为依据,且其他案件尚未审结的;

(六)案件处理需要等待工伤认定、伤残等级鉴定以及其他鉴定结论的;

(七)其他应当中止仲裁审理的情形。

中止审理的情形消除后,仲裁庭应当恢复审理。

第四十八条 当事人因仲裁庭逾期未作出仲裁裁决而向人民法院提起诉讼并立案受理的,仲裁委员会应当决定该案件终止审理;当事人未就该争议事项向人民法院提起诉讼的,仲裁委员会应当继续处理。

第四十九条 仲裁庭裁决案件时,其中一部分事实已经清楚的,可以就该部分先行裁决。当事人对先行裁决不服的,可以按照调解仲裁法有关规定处理。

第五十六条　争议案件符合下列情形之一的,可以简易处理:

(一)事实清楚、权利义务关系明确、争议不大的;

(二)标的额不超过本省、自治区、直辖市上年度职工年平均工资的;

(三)双方当事人同意简易处理的。

仲裁委员会决定简易处理的,可以指定一名仲裁员独任仲裁,并应当告知当事人。

第五十七条　争议案件有下列情形之一的,不得简易处理:

(一)涉及国家利益、社会公共利益的;

(二)有重大社会影响的;

(三)被申请人下落不明的;

(四)仲裁委员会认为不宜简易处理的。

第五十八条　简易处理的案件,经与被申请人协商同意,仲裁庭可以缩短或者取消答辩期。

第五十九条　简易处理的案件,仲裁庭可以用电话、短信、传真、电子邮件等简便方式送达仲裁文书,但送达调解书、裁决书除外。

以简便方式送达的开庭通知,未经当事人确认或者没有其他证据证明当事人已经收到的,仲裁庭不得按撤回仲裁申请处理或者缺席裁决。

第六十条　简易处理的案件,仲裁庭可以根据案件情况确定举证期限、开庭日期、审理程序、文书制作等事项,但应当保障当事人陈述意见的权利。

第六十一条　仲裁庭在审理过程中,发现案件不宜简易处理的,应当在仲裁期限届满前决定转为按照一般程序处理,并告知当事人。

案件转为按照一般程序处理的,仲裁期限自仲裁委员会受理仲裁申请之日起计算,双方当事人已经确认的事实,可以不再进行举证、质证。

第六十四条　仲裁委员会应当自收到当事人集体劳动人事争议仲裁申请之日起五日内作出受理或者不予受理的决定。决定受理的,应当自受理之日起五日内将仲裁庭组成人员、答辩期限、举证期限、开庭日期和地点等事项一次性通知当事人。

第六十五条　仲裁委员会处理集体劳动人事争议案件,应当由三名仲裁员组成仲裁庭,设首席仲裁员。

仲裁委员会处理因履行集体合同发生的劳动争议,应当按照三方原则组成仲裁庭处理。

第六十七条 仲裁庭开庭场所可以设在发生争议的用人单位或者其他便于及时处理争议的地点。

地方性规定:北京

《2014 年部分劳动争议法律适用疑难问题研讨会会议纪要》(2015 年 1 月 5 日)

九、《会议纪要二》第 50 条:"用人单位未给劳动者缴纳社会保险费,劳动者通过其他渠道自行缴纳保险费后,要求用人单位据此支付费用是否支持? 劳动者通过其他渠道缴纳保险费包括劳动者自行缴纳和在其他用人单位缴纳两种形式,这两种形式均与劳动关系的真实状态不符,违反社会保险法的规定,对社会保险的登记、核定、缴纳、支付等正常秩序造成影响,因此仲裁委、法院不予支持。"

问题:该条中的"不予支持"是指判决驳回该项诉讼请求还是裁定驳回该项起诉?

研讨意见:不属于法院的劳动争议受理范围,不予受理,已经受理的,裁定驳回起诉。如果与其他诉讼请求一并提出,且其他诉讼请求属于受理范围,则可以判决吸收裁定的方式作出判决。

《劳动争议案件审理中涉及的社会保险问题研讨会会议纪要》(2009 年 11 月 2 日)

一、关于用人单位未按规定为农民工缴纳养老保险费的问题

2. 因用人单位未按规定为农民工缴纳养老保险费,农民工在与用人单位解除或终止劳动合同后,要求用人单位赔偿损失的,应当自劳动合同解除或终止之日起一年内提出。赔偿数额的确定可参照《农民合同制职工参加北京市养老、失业保险暂行办法》(京劳险发〔1999〕99 号)和《北京市农民工养老保险暂行办法》(京劳社养发〔2001〕125 号)的规定。

二、关于用人单位未按规定为劳动者缴纳医疗保险费,导致劳动者不能享受医疗保险待遇,劳动者要求用人单位赔偿相关医疗保险待遇损失的问题

1. 因用人单位未按规定为劳动者缴纳医疗保险费,劳动者要求用人单位赔偿相关医疗保险待遇损失,劳动仲裁部门受理后,应要求劳动者提交相关医疗单据,并委托所在区县的医疗保险经办机构协助核算应由用人单位承担的医疗费数额。劳动仲裁部门和法院在处理相应案件时,均可参照。

2. 未经过仲裁前置程序直接起诉到法院的医保待遇损失争议案件,法院在受理

后,应要求劳动者提交相关医疗单据,并可直接或通过所在区县劳动仲裁部门委托相应医疗保险经办机构协助核算应由用人单位承担的医疗费数额。

地方性规定:天津

《关于审理劳动人事争议案件的会议纪要》(2019年11月25日 津高法〔2019〕296号)

三、仲裁与诉讼法律适用标准的统一问题

7. 用人单位向劳动者发放或者支付的交通补贴(车改补贴)、通讯补贴、餐费补贴等应属于劳动者工资还是福利费范畴的问题

用人单位已经实行货币化改革,按月按标准向劳动者发放或者支付的交通补贴(车改补贴)、通讯补贴、餐费补贴等应纳入劳动者的工资构成。

8. 劳动者医疗期满后继续请休病假的处理问题

劳动者患病或者非因工负伤,在规定的医疗期满后继续请休病假的,应区分以下情形处理:

(1)用人单位依据《中华人民共和国劳动合同法》第四十条规定,提前三十日以书面形式通知劳动者本人或者额外支付劳动者一个月工资后,解除劳动合同,劳动者主张经济补偿的,应予支持;

(2)用人单位通知劳动者进行劳动能力(复工)鉴定,如果劳动者不配合,或者经鉴定能够复工后仍没有及时返岗工作,用人单位主张依据企业规章制度解除劳动合同并不支付经济补偿的,应予支持。

9. 因用人单位原因造成劳动者待岗,待岗期间的工资问题

因用人单位过错导致劳动者待岗,劳动者要求待岗期间工资待遇的,应予支持。待岗期间工资待遇标准按照劳动者待岗前十二个月的月平均工资(加班费除外)标准计算。

符合《天津市工资支付规定》第二十七条规定,非因劳动者本人原因造成用人单位停工停产,未超过一个工资支付周期的,用人单位应当按照劳动合同约定的工资标准支付劳动者工资。超过一个工资支付周期,用人单位没有安排劳动者工作的,就待岗工资双方可以协商解决,如果双方协商一致,按协商协议执行。

10. 外国人用工关系的认定问题

外国人未依法取得就业许可证件即与中国境内的用人单位签订劳动合同,不应认定其与用人单位存在劳动关系。

外国人在劳动合同履行期内,就业许可证件到期未重新办理,剩余期间视为没有就业许可,不应认定其与用人单位存在劳动关系。

实际用人单位与就业许可证件记载不一致的,视为没有依法取得就业许可。

依法取得《外国人永久居留证》的外国人,根据《关于印发〈外国人在中国永久居留享有相关待遇的办法〉的通知》(人社部发〔2012〕53号)第四条规定,在中国就业可免办外国人就业许可证件,其与中国境内的用人单位建立用工关系的,应认定双方存在劳动关系。

《关于加强我市劳动人事争议仲裁与诉讼衔接工作机制建设的实施意见》(2018年5月2日　津人社局发〔2018〕19号)

四、统一法律适用/(二)统一法律适用标准

各仲裁机构和人民法院对于法律已有明确规定的,要严格依法处理,统一裁判标准;对于法律规定不明确的,结合裁审工作实际,加强相互沟通交流,逐步统一办案尺度。仲裁机构和人民法院审理下列案件,应按以下方式处理:

1. 当事人在仲裁阶段未提出超过仲裁申请期间的抗辩,仲裁机构作出实体裁决后,当事人在诉讼阶段又以超过仲裁时效期间为由进行抗辩的,人民法院不予支持。当事人未按照规定提出仲裁时效抗辩,又以仲裁时效期间届满为由申请再审或者提出再审抗辩的,人民法院不予支持。

2. 用人单位和劳动者在竞业限制协议中约定的违约金过分高于或者低于实际损失,当事人请求调整违约金数额的,仲裁机构和人民法院可以参照《最高人民法院关于适用〈中华人民共和国合同法〉若干问题的解释(二)》第二十九条的规定予以处理。

3. 用人单位在劳动合同期限内通过"末位淘汰"或者"竞争上岗"等形式单方解除劳动合同,劳动者以用人单位违法解除劳动合同为由,请求用人单位继续履行劳动合同或者支付赔偿金的,仲裁机构和人民法院予以支持。

《天津法院劳动争议案件审理指南》(2018年1月30日　津高法〔2017〕246号)

42.【终局裁决与非终局裁决救济途径的衔接】劳动人事争议仲裁机构裁决案件时,因裁决内容同时涉及终局裁决和非终局裁决而分别制作裁决书的,当事人依法分别向中级人民法院申请撤销仲裁裁决和向基层人民法院起诉的,如非终局裁决是终局裁决前提的,中级人民法院应当中止审查,待当事人非终局裁决的案件作出生效裁判后再恢复审查。

天津市高级人民法院《关于审理工伤认定行政案件若干问题座谈会纪要》(2005 年 9 月 9 日　津高法〔2005〕164 号)

第九条　对于劳动保障行政部门进行工伤认定所确定的劳动关系主体资格有争议的,人民法院应根据以下原则审查:

1. 用人单位应为依法核准登记的各类企业或有雇工的个体工商户;

2. 实行租赁、承包的企业发生工伤事故的,如果承租方或承包方无用工主体资格,应以出租方或发包方为用人单位;

3. 建筑施工地企业将建设工程转包或分包给不具备用工主体资格的组织或自然人,造成农民工因工伤亡的,应以该建筑施工企业为用人单位;

4. 职工应为符合法律、法规规定的劳动者(不含 16 周岁以下以及依法办理退休手续的)。

第十条　对于劳动保障行政部门认定劳动者与用人单位是否存在事实劳动关系问题,应从以下几个方面进行审查:

1. 劳动者与用人单位之间是否存在从属关系,接受用人单位的管理、指挥和监督;

2. 用人单位是否根据某种分配原则,组织工资分配,职工按照一定方式领取劳动报酬;

3. 劳动者提供的劳动是否为用人单位业务的组成部分;

4. 劳动者是否在用人单位提供的工作场所、使用用人单位提供的生产工具进行工作。

第十一条　对于劳动保障行政部门依据《工伤保险条例》第十四条第(一)(二)(三)项作出的工伤认定,人民法院应当根据以下原则审查:

1. 对于事故伤害发生的工作场所的认定,一般应根据职工的工作职责、工作性质、工作需要、工作纪律等方面综合考虑,凡与职工工作职责相关的区域以及自然延伸的合理区域均应视为工作场所;

2. 对于造成事故伤害的工作原因,一般应从是否属于本岗工作是否属于单位临时指派的工作、是否属于单位重大紧急情况等方面考量。

第十二条　对于劳动保障行政部门依据《工伤保险条例》第十四条第(五)项作出的工伤认定,人民法院应从以下方面进行审查:

1. 伤害是否因工作原因造成,不能因为是因工外出而将此期间发生的所有伤害均认定为工伤;

2. 因事故下落不明的,是否超过二年。

第十三条 对于用人单位长期外派到外省市工作的职工发生事故伤害的,应当按照《工伤保险条例》第十四条第(一)(二)(三)项进行审查,而不应按照因工外出审查。

第十四条 用人单位或职工超过工伤认定申请时限提出工伤认定申请,劳动保障行政部门予以受理并作出的工伤认定决定,当事人以工伤认定超过申请时限为由提起行政诉讼的,人民法院应当从以下方面审查:

1. 劳动保障行政部门是否存在同意延长申请时限的情况;

2. 职工是否因用人单位承担了医疗费用并支付了病休期间的工资,而误认为已经得到工伤待遇,导致超过申请时限。

如不存在上述情况,人民法院应当以劳动保障行政部门违法受理工伤认定为由判决撤销工伤认定决定。

第十五条 当事人以劳动保障行政部门超过60日工伤认定期限作出的工伤认定程序违法起诉要求撤销的,如该工伤认定不存在其他程序和实体问题的,人民法院可以认定程序有瑕疵,判决驳回当事人的诉讼请求。同时,应就超期认定问题向劳动保障行政部门及其上级主管部门提出司法建议。

第十六条 人民法院判决撤销劳动保障行政部门作出的工伤认定决定的,应当同时判决限期重新作出工伤认定(但本纪要第十四条规定的情形除外)。

地方性规定:上海

上海市高级人民法院《关于审理劳动争议案件若干问题的解答》(沪高法民一〔2006〕17号)

一、企业高级管理人员要求企业支付薪酬

(二)审理中,企业高级管理人员仅凭单位盖章确认的欠薪证明,要求企业支付高额薪酬的,或者企业对其高级管理人员主张的诉讼请求和事实予以确认;劳动争议处理机构应向当事人释明,要求当事人进一步提供其他证据加以证明,防止损害国家、社会、集体及他人的合法利益。

(三)对于欠薪事实明确但具体欠薪金额不明确,当事人经释明后未能提供其他证据证明高额欠薪事实,且企业已处于经营困难、濒临破产并存在大量对外债务的情况下,劳动争议处理机构可参照本市相同或相近行业职工平均工资标准予以确认,本市相同或相近行业没有职工平均工资标准的,可参照本市职工平均工资标准予以确定。

地方性规定:广东(深圳)

广东省高级人民法院、广东省劳动人事争议仲裁委员会《关于劳动人事争议仲裁与诉讼衔接若干意见》(2018年7月18日　粤高法发〔2018〕2号)

十二、劳动者申请仲裁或起诉时请求违法解除或违法终止劳动合同的赔偿金,但仲裁机构或人民法院经过审理后认为应支持劳动者解除或终止劳动合同的经济补偿的,可直接裁判用人单位向劳动者支付经济补偿。劳动者申请仲裁或起诉时请求解除或终止劳动合同的经济补偿,但仲裁机构或人民法院经过审理后认为应支持违法解除或终止劳动合同的赔偿金的,可在劳动者请求的金额范围内予以支持。

二十二、仲裁过程中,用人单位可能出现逃匿、转移财产等情形的,劳动者应当通过仲裁机构向人民法院申请财产保全,仲裁机构在接到劳动者提交的申请后48小时内向被申请人住所地或被申请保全的财产所在地的基层人民法院移交保全申请书、财产线索清单、用人单位情况说明等相关材料。人民法院裁定采取保全措施或者裁定驳回申请的,应当将裁定书送达当事人,并通知仲裁机构。

人民法院经审查认为劳动者经济确有困难,或有证据证明用人单位存在欠薪逃匿可能的,可以减轻或免除劳动者提供担保的义务,及时采取保全措施。

二十四、仲裁机构可以根据案件审理需要,申请基层人民法院签发调查令,由仲裁机构向有关单位和个人调查取证。调查取证的事项包括银行代发工资情况及相关单位、个人保存的证据材料等。

人民法院可以根据案件审理需要,要求仲裁机构就仲裁阶段的案件处理情况作出说明,或委托仲裁机构向劳动监察、社会保险经办机构等调取、核实相关材料。

二十五、当事人在仲裁阶段办理委托代理手续时,可同时明确诉讼和执行阶段的委托代理人及委托权限。对当事人已明确诉讼和执行阶段委托代理人及委托权限的,仲裁机构可依据当事人申请提供有关授权委托材料。

二十六、当事人对仲裁裁决认定的事实无异议的,人民法院可直接采信。当事人在仲裁阶段承认的对己方不利的事实或认可的证据,人民法院可以予以确认,但当事人反悔并有相反证据足以推翻的除外。对当事人服裁部分,人民法院可在说理部分直接确认,并形成相应判项。

深圳市中级人民法院《关于审理劳动争议案件的裁判指引》(2015 年 9 月 2 日 深中法发〔2015〕13 号)

三十五、劳动争议仲裁机构就申诉人的请求作出某一具体裁决项后,当事人未就该具体裁决项依法提起诉讼,视为其对该具体裁决项的认可。

三十六、当事人在诉讼过程中增加关于工资的 25% 经济补偿金及解除劳动合同经济补偿的 50% 额外经济补偿金请求的,可认定为该诉讼请求与讼争劳动争议具有不可分性。但当事人就同一请求增加数额的,不予支持。

三十八、人民法院审理劳动争议案件时,当事人未提出诉讼时效抗辩,人民法院不应对诉讼时效问题进行释明及主动适用诉讼时效的规定进行裁判。

四十一、人民法院受理破产申请后,劳动者对管理人列出的工资、经济补偿、医疗费用等劳动债权清单提出异议,管理人不予更正,劳动者应向受理破产申请的人民法院起诉。受理破产申请的法院是中级法院的,中级法院可以指定基层人民法院审理上述案件。

四十四、劳动者申请人民法院强制执行的劳动争议案件,申请人无法提供被执行人的财产状况或线索的,由人民法院依职权对被执行人的财产状况进行调查取证。

地方性规定:江苏

江苏省高级人民法院、江苏省劳动人事争议仲裁委员会《关于审理劳动人事争议案件的指导意见(二)》(2011 年 11 月 8 日 苏高法审委〔2011〕14 号)

第五条 在履行固定期限劳动合同期间,劳动者请求将原劳动合同变更为无固定期限劳动合同的,不予支持,但用人单位同意的除外。

第六条 用人单位未与其高级管理人员签订书面劳动合同,但用人单位能够提供聘任决定或聘任书,证明双方存在劳动权利义务且已实际履行的,高级管理人员以未签订书面劳动合同为由请求用人单位每月支付二倍工资的,不予支持。

高级管理人员的范围依据《中华人民共和国公司法》第二百一十七条第(一)项的规定予以确定。

第七条 高级管理人员与用人单位发生劳动报酬争议,董事会决议中关于劳动报酬的规定与劳动合同的约定相冲突的,应优先适用劳动合同的约定,但当事人均同意适用董事会决议的除外。

第八条 高级管理人员与用人单位发生加班工资争议,用人单位虽未办理不定时工作制审批手续，但高级管理人员的工作性质、工作岗位符合不定时工作制特点，依据标准工时制计算加班工资明显不合理，或者工作时间无法根据标准工时制进行计算的，可以认定高级管理人员实行的是不定时工作制，对其请求支付加班工资的主张不予支持。

第九条　用人单位与劳动者未订立书面劳动合同，用人单位主张双方为非全日制用工关系的，应由用人单位对其主张负举证责任。用人单位与劳动者已订立了书面非全日制劳动合同，劳动者主张双方为全日制用工关系的，应由劳动者对其主张负举证责任，但与争议事项有关的证据属于用人单位掌握管理，用人单位不提供的除外。

第十条　建筑施工、矿山企业等用人单位将工程或经营权发包给不具备用工主体资格的其他组织或自然人，劳动者起诉请求确认与具有用工主体资格的发包方存在劳动关系的，不予支持；但劳动者依据人力资源社会保障部门作出的因工伤亡或职业病确认结论和劳动能力鉴定结论请求赔偿工伤保险待遇，并要求发包人与承包人承担连带赔偿责任的，应予支持。

江苏省高级人民法院《劳动争议案件审理指南(2010年)》(2010年5月17日)

第二章　劳动争议案件的审判程序

第四节　劳动争议仲裁与诉讼衔接的若干问题

一、当事人仅就仲裁裁决中的部分内容提起诉讼的，仲裁裁决的法律效力问题

根据《劳动争议司法解释一》第17条的规定，劳动争议仲裁委员会作出仲裁裁决后，即使当事人仅对裁决中的部分事项不服向人民法院起诉的，整个劳动争议仲裁裁决均不发生法律效力。人民法院仍应按全面审理和独立审理的原则，对该劳动争议的全部内容进行审理。

但实践中需要注意的是，人民法院对当事人未提起诉讼的仲裁裁决事项，与当事人提起诉讼的部分事项在审理方式上仍应按照“不告不理”的诉讼原则区别对待，即对劳动争议仲裁裁决中当事人未提起诉讼的仲裁裁决事项不必再进行重新审理，而应在裁判文书的“本院查明”部分作出表述，将其作为法院查明的案件事实的组成部分，并将当事人未提起诉讼的仲裁裁决事项列入人民法院发生法律效力的裁决文书主文，以此作为执行的依据。

二、部分劳动者对仲裁裁决不服起诉时，仲裁裁决的法律效力问题

《劳动争议司法解释一》第18条规定，劳动人事争议仲裁委员会对多个劳动者的劳动争议仲裁裁决，部分劳动者不服起诉的，仲裁裁决对该部分劳动者不发生法

律效力;对未起诉的劳动者,则发生法律效力,并可申请强制执行。这一规定与普通民事案件中,只要共同原告或共同被告中有人上诉则裁判不生效的规定是不同的。这样规定也是因为仲裁裁决具有相对独立性,使未起诉的劳动者和用人单位在申请执行时可以获得执行之依据。

三、当事人不服劳动争议仲裁裁决向人民法院起诉后又撤诉的,仲裁裁决的法律效力问题

最高人民法院《关于人民法院对经劳动争议仲裁裁决的纠纷准予撤诉或驳回起诉后劳动争议仲裁裁决从何时生效的解释》第 1 条规定,当事人不服劳动争议仲裁裁决向人民法院起诉后又申请撤诉,经人民法院审查准予撤诉的,原仲裁裁决自人民法院裁定送达当事人之日起发生法律效力。

《关于适用〈中华人民共和国劳动争议调解仲裁法〉若干问题的意见》(2008 年 10 月 10 日　苏高法审委〔2008〕19 号)

第十条　劳动争议仲裁委员会未在法定期限内对劳动争议作出裁决的,应当征询各方当事人是否同意由其继续审理。各方当事人均同意继续审理的,劳动争议仲裁委员会应当继续审理,但应当在裁决书或调解书上叙明各方当事人同意延期审理的事实。仲裁裁决书或调解书作出后,当事人又以劳动争议仲裁委员会未在法定期限内作出裁决为由申请撤销的,人民法院不予支持。

一方当事人不同意继续审理的,劳动争议仲裁委员会应当对超过审理期限出具书面确认书,并作出终结案件审理决定,当事人可以据此向人民法院提起诉讼。

第十一条　劳动争议仲裁过程中,用人单位可能出现逃匿、转移财产等情形的,劳动者可以申请财产保全。

劳动争议仲裁委员会应当就是否同意采取财产保全措施向该仲裁委员会所在地的基层人民法院递交书面意见,并附当事人的财产保全申请、财产保全担保及需要保全财产的线索。

劳动者在仲裁裁决或者人民法院判决生效后三个月内未申请人民法院强制执行,用人单位要求解除保全的,人民法院应当解除保全措施。

劳动者申请财产保全的,客观上不能提供财产担保的,可以提供保证担保。

第十八条　用人单位向人民法院申请撤销仲裁裁决的诉讼中,不得将劳动争议仲裁委员会作为当事人参加诉讼。

第十九条　当事人申请撤销仲裁裁决的案件,人民法院应当组成合议庭审理。

第二十条　人民法院审理撤销仲裁裁决的案件,应当在决定受理之日起两个

月内作出裁定。

《江苏省劳动仲裁案件研讨会纪要》(2007 年 1 月 12 日 苏劳仲委〔2007〕1 号)

四、劳动者因过错造成用人单位经济损失的赔偿责任的处理问题

劳动者在工作中因过错给用人单位造成经济损失的,首先要衡量劳动者的过失程度,属一般过失的不宜要求劳动者承担赔偿责任;属于重大过失的,劳动者应承担的赔偿责任应限于用人单位的直接经济损失。具体确定赔偿额度及比例时,要依据双方劳动合同的约定或单位规章制度的规定,根据过错的大小,损害的程度,参照劳动者的工资收入水平,确定劳动者应赔偿的数额。如无合同约定或规章制度规定,则劳动者无需承担赔偿责任,避免用人单位将经营风险转嫁给劳动者。

五、劳动合同期满,因劳动者出现法定情形导致劳动合同期限顺延的,在法定情形消失后,用人单位终止劳动合同是否属于《江苏省劳动合同条例》第三十七条第二款①规定的情形

劳动者与用人单位劳动合同期满时,因出现法定情形(如女职工处于三期,劳动者医疗期未满),导致劳动合同期限顺延,双方没有续签劳动合同的,原劳动合同的终止日期依法自动顺延至法定情形消失之日(如三期期满、医疗期满等)。其终止日期是明确的,双方之间仍存在劳动合同关系。用人单位在法定情形消失后终止劳动合同属劳动合同期满终止。而《江苏省劳动合同条例》第三十七条第二款规定的是劳动合同期满未及时续订又形成事实劳动关系的情形,其终止日期是不确定的。但法定情形消失后,如劳动者继续为用人单位提供劳动,用人单位未与劳动者办理续订劳动合同手续而导致劳动关系存续的,用人单位再终止劳动关系则属于《江苏省劳动合同条例》第三十七条第二款规定的情形。

八、企业违法解除或终止"三期"女职工劳动合同的争议处理

用人单位不当解除、终止"三期"女职工的劳动合同,其解除、终止决定应依法撤销。根据劳动合同履行的原则,双方应继续履行劳动合同。但劳动合同的实际履行要以双方的互相信任为前提。因用人单位违法解除或终止导致双方的信任度受

---

① 《江苏省劳动合同条例》(江苏省人民代表大会常务委员会公告第 27 号,现已被江苏省第十一届人民代表大会常务委员会公告第 124 号修订)第三十七条第二款:劳动合同期满,用人单位未及时与劳动者办理终止或者续订劳动合同手续,劳动者仍在用人单位工作的,视为当事人同意以原劳动合同约定的除合同期限以外的其他条件继续履行劳动合同。劳动者可以随时终止劳动关系,但用人单位提出终止劳动关系的,应当提前三十日书面通知劳动者。

损,女职工明确表示不愿意继续履行劳动合同的,双方的劳动合同可以解除或终止,用人单位应支付女职工解除、终止劳动合同的经济补偿金,并赔偿劳动者明确提出解除或终止劳动合同前劳动合同中断期间的损失。女职工要求用人单位支付劳动合同解除、终止后的工资、保险、福利待遇的,因不符合劳动合同实际履行的原则,且有失公平,故仲裁委员会不应支持。

十、当事人就工伤待遇已经达成赔偿协议后,劳动者又提请仲裁的,仲裁委员会应如何受理和处理

当事人就工伤待遇达成赔偿协议分为两种情况,一种情况是,劳动者发生工伤后,在未经劳动行政部门认定工伤和评定伤残等级的情形下,劳动者与用人单位就工伤达成赔偿协议后,劳动者又提请仲裁的,仲裁委员会应以工伤认定书和伤残等级鉴定结论作为受理案件的条件,以伤残等级鉴定结论送达劳动者之日为申诉时效的起算点。

另一种情况是,劳动者发生工伤后,在已认定工伤和评定伤残等级的情形下,劳动者与用人单位就工伤待遇达成赔偿协议后,劳动者又提请仲裁的,仲裁委员会应以双方赔偿协议签订之日作为申诉时效的起算点。仲裁委员会审理上述案件时,不应以撤销协议作为前提条件,而应按照工伤保险待遇,裁决用人单位补足原先双方协议低于工伤保险待遇的差额部分。

十一、参加工伤保险的职工因工负伤后,因医疗费结算发生争议的受理和处理

……

用人单位未足额缴纳、欠缴工伤保险费或工伤发生后未及时为职工申报工伤致使职工未能从工伤保险基金中心结算医疗费的,劳动者申请仲裁,要求用人单位赔偿相应损失,仲裁委员会应予受理,并根据《工伤保险条例》第十七条和《江苏省实施〈工伤保险条例〉办法》第三十二条的规定,裁决用人单位承担相应的赔偿责任。

地方性规定:浙江

浙江省高级人民法院民事审判第一庭、浙江省劳动人事争议仲裁院《关于审理劳动争议案件若干问题的解答(三)》(2015 年 9 月 29 日　浙高法民一〔2015〕9 号)

八、用人单位以劳动者存在《劳动合同法》第三十九条规定情形为由解除劳动合同,在仲裁或诉讼程序中,用人单位又补充提出劳动者存在用人单位可单方解除劳动合同的其他事由或情形,对此如何处理?

答:对用人单位是否构成违法解除劳动合同的审查,应当围绕用人单位在解除劳动合同当时所提出的事由或情形,用人单位事后补充的劳动者存在用人单位可单方解除劳动合同的其他事由或情形,均不纳入审查范围。

十一、劳动者擅自离岗,用人单位以劳动者严重违反规章制度或劳动纪律为由解除劳动合同,劳动者以用人单位未及时足额支付其劳动报酬为由进行抗辩,该抗辩事由能否成立?

答:劳动者提供劳动是劳动关系的根本特征之一。用人单位未及时足额支付劳动报酬的,劳动者可以依据《劳动合同法》第三十八条规定解除劳动合同,或者依据《劳动合同法》第八十五条规定请求劳动行政部门责令用人单位限期支付,但不能以此为由擅自离岗。该抗辩事由不能成立。

《劳动争议案件疑难问题讨论纪要》(浙高法〔2001〕240 号)

20. 人民法院在审理工伤此起的劳动争议案件时,如何采用劳动行政部门所作的工伤认定结论?

答:根据《劳动法》、劳动部《企业职工工伤保险试行办法》的规定,劳动部门认定工伤的行为是一种具体行政行为,当事人对工伤认定结论不服的,可依法提起行政复议或行政诉讼。人民法院在审理工伤引起的劳动争议案件时,一般应以劳动部门的工伤认定结论作为裁判的依据,但人民法院经审查认为该工伤认定结论确有错误,或者劳动部门不予或无法作出工伤认定结论的,人民法院应当依职权直接予以认定并据此进行裁判。

浙江省劳动争议仲裁委员会《关于劳动争议案件处理若干问题的指导意见(试行)》(2009 年 8 月 21 日 浙仲〔2009〕2 号)

28. 当事人依据《劳动争议调解仲裁法》第十五条的规定申请仲裁,仲裁委员会应当认定双方当事人原已达成的调解协议具有劳动合同性质,经审理该调解协议不存在无效或可撤销情形的,应当确认其效力并作为裁决依据。

《关于审理劳动争议案件若干问题的意见(试行)》(2009 年 4 月 16 日 浙法民一〔2009〕3 号)

第二十二条 当事人对劳动争议仲裁委员会逾期未作出受理决定或仲裁裁决并无异议,或者虽有异议但仍继续参加劳动争议仲裁委员会开庭审理,劳动争议仲裁委员会经审理并作出裁决书或调解书后,当事人以逾期受理或裁决违法为由,要求撤销裁决书或调解书的,人民法院不予支持。

第二十三条 劳动争议仲裁过程中,用人单位出现企业主逃匿或转移财产等情形的,劳动者可以凭劳动争议仲裁委员会《受理通知书》,向人民法院提出财产保全申请。

第二十五条 当事人依据《劳动争议调解仲裁法》第十五条的规定申请仲裁,后又对仲裁裁决不服提起诉讼的,人民法院应当认定双方当事人原达成的劳动争议调解协议具有合同性质,经审理该调解协议不存在无效或可撤销情形的,应当确认其效力并作为裁判依据。

第三十六条 当事人对劳动行政部门作出的工伤认定不服,可以申请行政复议、提起行政诉讼;人民法院在审理劳动争议案件中,一般不直接作出工伤认定。劳动者请求工伤待遇,但未提供劳动行政部门作出的工伤认定的,人民法院可以裁定驳回起诉,但具有下列情形的除外:

(一)未为该劳动者办理工伤保险的用人单位对构成工伤无异议的;

(二)非法用工单位在用工中导致劳动者伤亡的。

第三十七条 劳动者因他人的侵权行为导致工伤的,一般应先向侵权人请求民事侵权赔偿;如其就民事侵权已实际获得相应赔偿,其可以要求用人单位或社会保险机构在工伤待遇总额内补足工伤待遇。如因侵权人逃逸等原因,劳动者无法向侵权人主张赔偿的,其可以要求用人单位或者社会保险机构依法先行支付工伤停工留薪期工资福利、伤残津贴、工伤医疗费、丧葬补助金、供养亲属抚恤金等工伤保险待遇;其向侵权人主张后实际获得民事侵权赔偿的,可在工伤保险待遇范围内按总额补差的办法结算;其向侵权人主张后仍不能实际获得民事侵权赔偿的,用人单位或者社会保险机构应依法支付工伤保险待遇。用人单位或者社会保险机构支付相关费用后,可以向民事侵权人进行追偿,人民法院可视情追加劳动者为当事人。

在用人单位或社会保险机构向劳动者已经支付全部或部分工伤保险待遇后,劳动者又向侵权人提起民事侵权诉讼的,人民法院应追加用人单位或社会保险机构为当事人,使其依法行使对侵权人的全部或部分追偿权。

地方性规定:福建

福建省高级人民法院《关于审理劳动争议案件若干问题的意见》(2001年12月19日)

39. 人民法院审理劳动争议案件,经审查认为用人单位对劳动者作出的开除、除名、辞退、解除劳动合同等决定在处理程序或认定事实或适用法律上确有错误的,

可依法判决予以撤销或判令用人单位重新作出处理,一般不变更其决定。但以下两种情形例外:

(一)对于追索劳动报酬、培训费、退休金或其它涉及劳动者工资性收入、工伤赔偿、支付经济补偿金等案件,人民法院认为用人单位的处理决定认定事实清楚、适用法律基本正确,只是认定给付的数额明显不当的,可判决予以变更。

(二)案件在劳动仲裁机构裁决后及人民法院审理中,用人单位变更或重新作出处理决定,劳动者同意并申请撤诉的,人民法院应依法准予撤诉;劳动者不同意用人单位的变更或重新作出的处理决定,人民法院应当按照用人单位变更或重新作出的处理决定依法处理案件。双方当事人在法院主持下,对变更处理决定达成一致意见,人民法院经审查认为符合法律规定的,应依法准许,并以调解书形式予以确认。

附:本章节收录相关规定汇总

法律

《劳动争议调解仲裁法》(2008 年 5 月 1 日)

司法解释

最高人民法院《关于审理劳动争议案件适用法律问题的解释(一)》(2021 年 1 月 1 日　法释〔2020〕26 号)

最高人民法院《关于审理工伤保险行政案件若干问题的规定》(2014 年 9 月 1 日　法释〔2014〕9 号)

部委规定

《劳动人事争议仲裁办案规则》(2017 年 7 月 1 日　人力资源和社会保障部令第 33 号)

地方性规定:北京

《2014 年部分劳动争议法律适用疑难问题研讨会会议纪要》(2015 年 1 月 5 日)

《劳动争议案件审理中涉及的社会保险问题研讨会会议纪要》(2009 年 11 月 2 日)

地方性规定:天津

《关于审理劳动人事争议案件的会议纪要》(2019 年 11 月 25 日　津高法〔2019〕296 号)

《关于加强我市劳动人事争议仲裁与诉讼衔接工作机制建设的实施意见》(2018 年 5 月 2 日　津人社局发〔2018〕19 号)

《天津法院劳动争议案件审理指南》(2018 年 1 月 30 日　津高法〔2017〕246 号)

天津市高级人民法院《关于审理工伤认定行政案件若干问题座谈会纪要》(2005 年 9 月 9 日　津高法〔2005〕164 号)

地方性规定:上海

上海市高级人民法院《关于审理劳动争议案件若干问题的解答》(沪高法民一〔2006〕17号)

地方性规定:广东(深圳)

广东省高级人民法院、广东省劳动人事争议仲裁委员会《关于劳动人事争议仲裁与诉讼衔接若干意见》(2018年7月18日　粤高法发〔2018〕2号)

深圳市中级人民法院《关于审理劳动争议案件的裁判指引》(2015年9月2日　深中法发〔2015〕13号)

地方性规定:江苏

江苏省高级人民法院、江苏省劳动人事争议仲裁委员会《关于审理劳动人事争议案件的指导意见(二)》(2011年11月8日　苏高法审委〔2011〕14号)

江苏省高级人民法院《劳动争议案件审理指南(2010年)》(2010年5月17日)

《关于适用〈中华人民共和国劳动争议调解仲裁法〉若干问题的意见》(2008年10月10日　苏高法审委〔2008〕19号)

《江苏省劳动仲裁案件研讨会纪要》(2007年1月12日　苏劳仲委〔2007〕1号)

地方性规定:浙江

浙江省高级人民法院民事审判第一庭、浙江省劳动人事争议仲裁院《关于审理劳动争议案件若干问题的解答(三)》(2015年9月29日　浙高法民一〔2015〕9号)

《劳动争议案件疑难问题讨论纪要》(浙高法〔2001〕240号)

浙江省劳动争议仲裁委员会《关于劳动争议案件处理若干问题的指导意见(试行)》(2009年8月21日　浙仲〔2009〕2号)

《关于审理劳动争议案件若干问题的意见(试行)》(2009年4月16日　浙法民一〔2009〕3号)

地方性规定:福建

福建省高级人民法院《关于审理劳动争议案件若干问题的意见》(2001年12月19日)

第三十二章　一裁终局

法律

《劳动争议调解仲裁法》(2008 年 5 月 1 日)

第四十七条　下列劳动争议,除本法另有规定的外,仲裁裁决为终局裁决,裁决书自作出之日起发生法律效力:

(一)追索劳动报酬、工伤医疗费、经济补偿或者赔偿金,不超过当地月最低工资标准十二个月金额的争议;

(二)因执行国家的劳动标准在工作时间、休息休假、社会保险等方面发生的争议。

司法解释

最高人民法院《关于审理劳动争议案件适用法律问题的解释(一)》(2021 年 1 月 1 日　法释〔2020〕26 号)

第十八条　仲裁裁决的类型以仲裁裁决书确定为准。仲裁裁决书未载明该裁决为终局裁决或者非终局裁决,用人单位不服该仲裁裁决向基层人民法院提起诉讼的,应当按照以下情形分别处理:

(一)经审查认为该仲裁裁决为非终局裁决的,基层人民法院应予受理;

(二)经审查认为该仲裁裁决为终局裁决的,基层人民法院不予受理,但应告知用人单位可以自收到不予受理裁定书之日起三十日内向劳动争议仲裁机构所在地的中级人民法院申请撤销该仲裁裁决;已经受理的,裁定驳回起诉。

第十九条　仲裁裁决书未载明该裁决为终局裁决或者非终局裁决,劳动者依据调解仲裁法第四十七条第一项规定,追索劳动报酬、工伤医疗费、经济补偿或者赔偿金,如果仲裁裁决涉及数项,每项确定的数额均不超过当地月最低工资标准十二个月金额的,应当按照终局裁决处理。

第二十条 劳动争议仲裁机构作出的同一仲裁裁决同时包含终局裁决事项和非终局裁决事项,当事人不服该仲裁裁决向人民法院提起诉讼的,应当按照非终局裁决处理。

部委规定

《劳动人事争议仲裁办案规则》(2017年7月1日 人力资源和社会保障部令第33号)

第五十条 仲裁庭裁决案件时,申请人根据调解仲裁法第四十七条第(一)项规定,追索劳动报酬、工伤医疗费、经济补偿或者赔偿金,如果仲裁裁决涉及数项,对单项裁决数额不超过当地月最低工资标准十二个月金额的事项,应当适用终局裁决。

前款经济补偿包括《中华人民共和国劳动合同法》(以下简称劳动合同法)规定的竞业限制期限内给予的经济补偿、解除或者终止劳动合同的经济补偿等;赔偿金包括劳动合同法规定的未签订书面劳动合同第二倍工资、违法约定试用期的赔偿金、违法解除或者终止劳动合同的赔偿金等。

根据调解仲裁法第四十七条第(二)项的规定,因执行国家的劳动标准在工作时间、休息休假、社会保险等方面发生的争议,应当适用终局裁决。

仲裁庭裁决案件时,裁决内容同时涉及终局裁决和非终局裁决的,应当分别制作裁决书,并告知当事人相应的救济权利。

地方性规定:北京

北京市高级人民法院、北京市劳动争议仲裁委员会《关于劳动争议案件法律适用问题研讨会会议纪要》(2009年8月17日)

二、关于一裁终局案件的法律适用问题

4. 根据《劳动争议调解仲裁法》第四十七条的规定,适用一裁终局的劳动争议案件有两类,一是小额案件,即仅限于追索劳动报酬、工伤医疗费、经济补偿或赔偿金,不超过当事人申请仲裁时当地月最低工资标准十二个月金额的财产争议;二是标准明确的案件,即因执行国家的劳动标准在工作时间、休息休假等方面发生的争议。对于第一类案件,一般应当以当事人申请仲裁时各项请求的总金额为标准确定是否属于适用一裁终局的劳动争议案件。对于第二类案件,该类案件一般不涉及具体金额,主要是指因执行国家劳动标准而产生的争议。

5. 劳动者就终局裁决向基层人民法院起诉,而用人单位依据《劳动争议调解仲裁法》第四十九条的规定向中级人民法院申请撤销仲裁裁决的,中级人民法院应不予受理。已经受理的,应裁定终结诉讼。但基层人民法院审理案件时,对用人单位的请求应一并处理。劳动者起诉后撤诉或因超过起诉期间被驳回起诉的,用人单位自收到裁定书之日起三十日内可以向劳动争议仲裁委员会所在地的中级人民法院申请撤销仲裁裁决。中级人民法院在受理用人单位撤销仲裁裁决的申请后,或基层人民法院在受理劳动者对于终局裁决不服的案件后,均应在开庭审理前审查是否同时存在撤销仲裁之诉和劳动者不服终局裁决的起诉,以便两级法院就有关案件进行协调和沟通。

6. 根据审理申请撤裁案件的实际需要,人民法院可以向作出原裁决的劳动争议仲裁委员会调阅案卷,劳动争议仲裁委员会应当及时提供案卷。人民法院就上述案件作出的裁定,应当送作出原裁决的劳动争议仲裁委员会。

北京市人力资源和社会保障局《关于进一步做好劳动争议案件仲裁终局裁决工作的通知》(2016 年 2 月 19 日　京人社仲发〔2016〕32 号)

一、终局裁决适用范围

(一)劳动者追索劳动报酬、工伤医疗费、经济补偿或者赔偿金,不超过本市月最低工资标准十二个月金额的争议。

1. 劳动报酬主要包括以下分项:

(1)计时(件)工资(含病假工资、停工留薪期工资、基本生活费等特殊情况下支付的工资)以及与该分项相关联的经济补偿金或赔偿金;

(2)奖金以及与该分项相关联的经济补偿金或赔偿金;

(3)津贴和补贴以及与该分项相关联的经济补偿金或赔偿金;

(4)加班工资以及与该分项相关联的经济补偿金或赔偿金。

2. 工伤医疗费包括:

挂号费、检查费、治疗费、化验费、手术费、住院费、药费、住院伙食补助费、跨统筹地区就医的食宿费、交通费或者与工伤职业病治疗有关的费用等。

3. 经济补偿金主要包括以下分项:

(1)解除/终止劳动合同的经济补偿金;

(2)未提前三十日书面通知解除劳动合同的一个月工资;

(3)未休带薪年休假工资报酬差额;

(4)竞业限制补偿金。

4.赔偿金主要包括以下分项:

(1)违法解除/终止劳动合同的赔偿金;

(2)未提前三十日书面通知终止劳动合同的赔偿金;

(3)未签订书面劳动合同的二倍工资差额;

(4)违法约定试用期的赔偿金。

(二)依据《中华人民共和国劳动争议调解仲裁法》第四十七条第(二)项的规定,因执行国家的劳动标准在工作时间、休息休假、社会保险等方面发生的争议。

二、终局裁决适用原则

(一)符合《中华人民共和国劳动争议调解仲裁法》第四十七条第(一)项所述类型的劳动争议案件,经仲裁裁决,每项裁决结果所确定的数额均不超过裁决做出时本市月最低工资标准十二个月金额的,应当按照终局裁决处理。

(二)符合《中华人民共和国劳动争议调解仲裁法》第四十七条第(一)项所述类型的劳动争议案件,经仲裁裁决予以驳回的,应当按照终局裁决处理。

(三)仲裁裁决用人单位支付劳动者劳动报酬、经济补偿、赔偿金时,按对应的各分项(含相关联的经济补偿金或赔偿金)分别确定是否未超过本市月最低工资标准十二个月金额。

(四)仲裁裁决用人单位支付劳动者工伤医疗费时,按各项之和确定是否未超过本市月最低工资标准十二个月金额。

(五)终局裁决仅限于申请人为劳动者的劳动争议案件。

(六)同一仲裁裁决中既含终局裁决事项又含非终局裁决事项的,不适用终局裁决。

(七)按集体争议立案的劳动争议案件,单个劳动者的请求事项符合《中华人民共和国劳动争议调解仲裁法》第四十七条规定的终局裁决情形的,适用终局裁决。

(八)对劳动关系存疑的案件,不适用终局裁决。

三、附则

(一)在立案阶段,当事人的请求事项应按劳动报酬、工伤医疗费、经济补偿金、赔偿金、执行国家的劳动标准和其他事项分类填写。本市各级劳动人事争议仲裁机构应在立案阶段,规范当事人按本通知要求填写申请书。

（二）终局裁决在尾部表述权利救济时应为：本裁决对×××（用人单位）为终局裁决。×××（用人单位）有证据证明本裁决有《中华人民共和国劳动争议调解仲裁法》第四十九条第一款规定的情形之一的，可自本裁决书收到之日起三十日内，向北京市第×××中级人民法院（仲裁委所在地中级人民法院）申请撤销裁决。×××（劳动者）如不服本裁决，可于本裁决书送达之日起十五日内，向北京市×××区人民法院提起诉讼，逾期不起诉，本裁决自作出之日起发生法律效力。

地方性规定：上海

上海市高级人民法院《关于劳动争议若干问题的解答》（民一庭调研指导〔2010〕34号）

三、关于《劳动争议调解仲裁法》第47条"一裁终局"的几个问题

2. 双倍工资中超出双方约定的劳动报酬部分是否属于"一裁终局"的范围

我们认为，对于双倍工资中超出双方约定的劳动报酬的部分，是因用人单位未按法律规定与劳动者签订书面劳动合同而应承担的法定责任，可按赔偿金看待，属于"一裁终局"的处理范围。

3. 竞业限制期限内用人单位按月给予劳动者的经济补偿是否属于"一裁终局"的范围

我们认为，如双方当事人对给付经济补偿事实没有异议，仅对是否已支付或支付金额大小有争议的，从快速解决纠纷的角度出发，该经济补偿如在"一裁终局"标的额范围内的，可通过"一裁终局"的途径解决。

如案情比较复杂，涉及商业秘密、保密义务等内容的审查以及是否应当支付经济补偿发生争议的，通过"一裁终局"方式处理不利查明案件事实的，该经济补偿争议不宜通过"一裁终局"途径解决。

4. 替代通知期工资是否属于"一裁终局"的范围

我们认为，《劳动合同法》第40条规定，劳动者有患病、非因工负伤、不能胜任工作等情况下，用人单位提前三十日以书面形式通知劳动者本人或者额外支付劳动者一个月工资后，可以解除劳动合同。从法条本意理解，替代通知期工资系用人单位未提前30日通知劳动者解除劳动合同而给予的替代给付，故替代通知期工资系劳动者享有的期限利益，具有经济补偿的性质，属于"一裁终局"的处理范围。

6. 关于因工作时间、休息休假发生争议如何适用《调解仲裁法》47条规定的问题

我们认为，《调解仲裁法》47条第2项的规定主要是针对执行劳动制度如工作

时间安排、休息休假天数等不涉及具体金额的情形。如因工作时间、休息休假发生的争议涉及具体金额给付的,如加班工资、带薪休假工资等,则应按本解答第三条第1点的规定,即根据具体加班工资、带薪休假工资等的数额是否超过本市月最低工资标准十二个月金额来确定是否属于"一裁终局"的范围。

地方性规定:重庆

重庆市人力资源和社会保障局《关于劳动争议终局裁决适用有关事项的通知》(2016年9月23日 渝人社发〔2016〕201号)

一、适用范围

(一)当事人因追索劳动报酬发生的劳动争议,劳动人事争议仲裁委员会对以下各单项裁决支持金额不超过仲裁委员会所在地月最低工资标准十二个月的,适用终局裁决:

1. 计时、计件工资;

2. 加班加点工资;

3. 奖金;

4. 津贴、补贴;

5. 带薪年休假报酬;

6. 特殊情况下支付的工资;

7. 其他劳动报酬。

(二)当事人因追索工伤医疗费发生的劳动争议,裁决支持总金额不超过仲裁委员会所在地月最低工资标准十二个月的,适用终局裁决。工伤医疗费包括挂号费、检查费、治疗费、化验费、手术费、住院费、药费或者与工伤职业病治疗有关的费用等。

(三)当事人因追索经济补偿发生的劳动争议,劳动人事争议仲裁委员会对以下各单项裁决支持金额不超过仲裁委员会所在地月最低工资标准十二个月的,适用终局裁决:

1. 解除、终止劳动合同的经济补偿;

2. 竞业限制经济补偿;

3. 用人单位未提前三十日书面通知解除劳动合同的一个月工资;

4.《中华人民共和国劳动合同法》第四十六条规定的其他经济补偿。

(四)当事人因追索赔偿金发生的劳动争议,劳动人事争议仲裁委员会对以下各单项裁决支持金额不超过仲裁委员会所在地月最低工资标准十二个月的，适用终局裁决：

1. 违法解除、终止劳动合同的赔偿金；

2. 未订立书面劳动合同、无固定期限劳动合同的二倍工资差额；

3. 违法履行试用期的赔偿金；

4.《中华人民共和国劳动合同法》第八十五条规定的加付赔偿金。

（五）劳动者请求用人单位支付养老保险、医疗保险、工伤保险、失业保险、生育保险待遇，属于因执行国家的劳动标准在社会保险方面发生的争议，适用终局裁决。

（六）当事人因执行劳动法律法规规章等规定的劳动标准，在工作时间以及法定节假日、休息日、年休假、产假、病假、探亲假、婚假、丧假等休息休假权利方面发生的争议，适用终局裁决。

二、适用程序

（二）劳动人事争议仲裁委员会裁决案件时发现裁决事项中同时涉及终局裁决与非终局裁决，非终局裁决事项不影响终局裁决事项的，分别裁决，在仲裁裁决书案号后加阿拉伯数字附号的方式予以区别；非终局裁决事项可能影响终局裁决事项的，不适用终局裁决。

（三）集体争议案件中，单个申请人的仲裁请求符合终局裁决，且分别作出终局裁决与非终局裁决不影响整个案件处理结果的，适用终局裁决。

（四）最低工资标准的认定以作出仲裁裁决之日仲裁委员会所在地的月最低工资标准为标准。

（五）对符合终局裁决事项的仲裁请求，仲裁委员会裁决予以驳回的，适用终局裁决。

（六）终局裁决案件的仲裁裁决书应当载明该裁决为终局裁决，告知劳动者诉权和用人单位申请撤销权。涉及一次性给付事项的，应当明确履行期限。履行期限最长不超过十五日。

《关于审理劳动争议案件若干问题的指导意见》（2009 年 2 月 9 日　渝高法发〔2009〕4 号）

第三条　劳动争议仲裁会员会未确定其作出的仲裁裁定是否属于终局裁定，但该仲裁委员会分别就劳动报酬、工伤医疗费、经济补偿金或赔偿金作出单项裁决金额未超过当地月最低工资标准十二个月金额的，人民法院在诉讼中应当认定该项仲裁裁决为终局裁决。

第四条 劳动者不服仲裁裁决或用人单位不服非终局裁决,向人民法院起诉的,一般由劳动争议仲裁委员会所在地的基层人民法院管辖。但市劳动争议仲裁委员会、高新区劳动争议仲裁会员会、经开区劳动争议仲裁委员会仲裁裁决的案件,由劳动合同履行地或用人单位所在地的基层人民法院管辖。

第五条 非终局裁决作出后,劳动者与用人单位均不服,分别向同一人民法院提起诉讼的,人民法院应当分别立案,并引导一方当事人撤诉。如双方当事人均不撤诉的,应将起诉在后的案件裁定并入前案审理,并终结后案诉讼。在前案裁判文书中,应对合并审理的情形予以叙明。

第六条 仲裁裁决既包括终局裁决事项,又包括非终局裁决事项的,如用人单位不服,应当分别就终局裁决事项向中级人民法院起诉,就非终局裁决事项向基层人民法院起诉。

基层人民法院受理用人单位就非终局裁决事项提起的诉讼之后,可以在起诉的范围内径行审判。

终局裁决被中级人民法院撤销的,劳动者或用人单位可以就原终局裁决部分另行提起诉讼。

第七条 中级人民法院在受理用人单位撤销仲裁裁决、基层人民法院在受理劳动者不服仲裁裁决的起诉后,均应审查是否同时存在另一诉讼,即劳动者不服仲裁裁决之诉或用人单位撤销仲裁之诉。

劳动者向基层人民法院提起不服仲裁裁决之诉,而用人单位向中级人民法院提起撤销之诉的,中级人民法院应告知用人单位撤回起诉。用人单位不同意撤回的,中级人民法院对其起诉应不予受理,已经受理的,应裁定终结诉讼,并将终结诉讼的裁定寄送基层人民法院相关审判庭。

劳动者向基层人民法院起诉后撤诉或因超过起诉期限被驳回起诉的,用人单位自收到裁定书之日起三十日内可以向中级人民法院申请撤销仲裁裁决。

地方性规定:广东(深圳)

广东省高级人民法院、广东省劳动人事争议仲裁委员会《关于劳动人事争议仲裁与诉讼衔接若干意见》(2018年7月18日　粤高法发〔2018〕2号)

二十三、申请人的仲裁请求同时涉及终局裁决事项和非终局裁决事项的,仲裁机构在同一份裁决书中分别列明终局裁决事项和非终局裁决事项,并分别告知权利救济途径,视为已分别制作仲裁裁决书。

地方性规定:江苏

江苏省高级人民法院《劳动争议案件审理指南(2010年)》(2010年5月17日)

第二章　劳动争议案件的审判程序

第五节　人民法院对一裁终局案件的处理

一、《劳动争议调解仲裁法》第47条第(1)项中的“不超过当地月最低工资标准十二个月金额”,以仲裁机构最终裁决数额为判断依据

《劳动争议调解仲裁法》第47条规定“一裁终局”的案件包括:(一)追索劳动报酬、工伤医疗费、经济补偿或者赔偿金,不超过当地月最低工资标准十二个月金额的争议;(二)因执行国家的劳动标准在工作时间、休息休假、社会保障等方面发生的争议。对于该条第1项中“不超过当地月最低工资标准十二个月金额”应如何判断,最高人民法院在《劳动争议司法解释三》明确规定应以仲裁裁决确定的数额为判断依据。

二、“不超过当地月最低工资标准十二个月金额”应以分项计算数额为依据

根据最高人民法院《劳动争议司法解释三》第13条的规定,如果劳动争议仲裁裁决涉及到数项,只要每一项数额均不超过当地月最低工资标准十二个月金额的,即可认定该案属于一裁终局案件。

三、在同一仲裁案件中,当事人请求既有终局事项又有非终局事项的,应当按照非终局裁决处理

根据最高人民法院《劳动争议司法解释三》第14条的规定,劳动人事争议仲裁委员会作出的同一仲裁裁决同时包含终局裁决事项和非终局裁决事项,当事人不服该仲裁裁决向人民法院提起诉讼的,应当按照非终局裁决处理。在劳动人事争议仲裁委员会的裁决书中,应当明确告知当事人的诉权及行使该诉权的期限,具体表述为“如不服本裁决,当事人可自收到本裁决书之日起十五日内向人民法院起诉;期满不起诉的,本裁决发生法律效力。”

四、《劳动争议调解仲裁法》第四十七条第(一)项中的“月最低工资”,应以劳动者申请仲裁时公布的当地月最低工资为标准确定

根据国务院有关最低工资规定,最低工资标准每两年至少调整一次,因此,劳动者在申请仲裁时如遇到最低工资调整,应当以调整后的最低工资标准计算。

五、如果仲裁认为是一裁终局,而法院认为不是一裁终局,如何处理

劳动人事争议仲裁委员会认为是一裁终局案件,并在裁决书中告知当事人各自救济方式,用人单位不服,认为剥夺其诉权的,可以按照裁决书中告知的期限和

权限向当地中级人民法院申请撤销。人民法院审查后如认为案件本身不是一裁终局案件的,应当以仲裁裁决“适用法律、法规确有错误”为由予以撤销。

六、如果仲裁认为是非一裁终局,而法院认为是一裁终局,如何处理

如果案件本身属于一裁终局案件,而劳动人事争议仲裁委员会认为非一裁终局案件,并据此告知当事人诉权及行使该诉权的期限,即“如不服本裁决,当事人可自收到本裁决书之日起十五日内向人民法院起诉;期满不起诉的,本裁决即发生法律效力”。用人单位对该裁决不服,仍应按照仲裁裁决告知的权限和期限向基层人民法院提起诉讼,人民法院应当受理。如果用人单位认为是一裁终局而向中级人民法院申请撤销仲裁裁决的,不予支持。

七、当事人双方对终局裁决均不服,劳动者向基层人民法院起诉,用人单位向中级人民法院申请撤销的,如何处理

根据最高人民法院《劳动争议司法解释(三)》第15条的规定,当事人双方对终局裁决均不服,劳动者向基层人民法院起诉,用人单位向中级人民法院申请撤销的,中级人民法院应当不予受理;已经受理的,应裁定终结诉讼。基层人民法院审理劳动者不服终局裁决的诉讼中,对用人单位申请撤销的抗辩应当一并审理。人民法院作出一审判决后,双方当事人不服的,均可向上一级人民法院提起上诉。

如果劳动者起诉后又撤诉的或者被驳回起诉的,用人单位可以自收到基层法院的裁定之日起30日内向劳动人事争议仲裁委员会所在地的中级人民法院申请撤销仲裁裁决。

八、劳动人事争议仲裁委员会作出终局裁决,劳动者向人民法院申请执行,用人单位向中级人民法院申请撤销的,如何处理

根据最高人民法院《劳动争议司法解释(三)》第18条的规定,劳动人事争议仲裁委员会作出终局裁决,劳动者向人民法院申请执行,用人单位向劳动人事争议仲裁委员会所在地的中级人民法院申请撤销仲裁裁决的,人民法院应当裁定中止执行。

用人单位撤回申请或撤销仲裁裁决的申请被驳回的,人民法院应当裁定恢复执行。仲裁裁决被撤销的,人民法院应当裁定终止执行。

用人单位向人民法院申请撤销仲裁裁决被驳回后,又在执行程序中以相同理由提出不予执行抗辩的,人民法院不予支持。

九、用人单位依照《劳动争议调解仲裁法》第四十九条规定向中级人民法院提出撤销仲裁裁决的申请被裁定驳回的，该裁定为终审裁定，用人单位不得上诉，也不得申请再审

根据《民事诉讼法》第一百四十条的规定，当事人只能对人民法院做出的“不予受理”、“对管辖权有异议的”、“驳回起诉”的裁定有权提起上诉。“驳回当事人撤销仲裁裁决申请”属于《民事诉讼法》第一百四十条第（十一）项规定的“其他需裁定解决的事项”，对人民法院作出的该项裁定，依法不得上诉，也不得申请再审。

《关于适用〈中华人民共和国劳动争议调解仲裁法〉若干问题的意见》（2008年10月10日　苏高法审委〔2008〕19号）

第十三条　劳动者追索劳动报酬、工伤医疗费、经济补偿金或赔偿金的劳动争议，其仲裁请求涉及数项，分项计算数额不超过当地月最低工资标准十二个月金额的，仲裁裁决为终局裁决。

第十四条　申请人的仲裁请求同时具有终局裁决和非终局裁决事项的，劳动争议仲裁委员会应当分别对终局裁决事项与非终局裁决事项作出裁决。

第十六条　当事人对终局裁决不服，劳动者向基层人民法院起诉，用人单位向中级人民法院申请撤销的，中级人民法院应当不予受理。已经受理的，应裁定终结诉讼。基层人民法院审理劳动者不服终局裁决的诉讼中，对用人单位申请撤销的抗辩应当一并审理。

中级人民法院受理用人单位撤销终局裁决或基层人民法院受理劳动者不服终局裁决的起诉后，在开庭审理前，应当对是否同时存在用人单位撤销仲裁裁决之诉和劳动者不服仲裁裁决之诉的情况进行审查。

第十七条　劳动争议仲裁委员会依照《调解仲裁法》第四十七条规定作出终局裁决，劳动者不服向基层人民法院起诉，人民法院作出一审判决后，双方当事人不服的，均可向上一级人民法院提起上诉。

用人单位的上诉请求超出仲裁裁决范围的，人民法院不予支持。

地方性规定：浙江

浙江省劳动争议仲裁委员会《关于劳动争议案件处理若干问题的指导意见（试行）》（2009年8月21日　浙仲〔2009〕2号）

24.《劳动争议调解仲裁法》第四十七条第（一）项所规定的劳动者追索劳动报

酬、工伤医疗费、经济补偿金或赔偿金的争议,如仲裁请求涉及数项的,应分项计算争议金额。

《劳动争议调解仲裁法》第四十七条第(二)项所列争议事项是指是否违反国家有关工作时间、休息休假等劳动标准和社会保险缴纳但不涉及具体金额的案件;因用人单位违反国家有关劳动标准,劳动者要求用人单位支付相关社会保险待遇或赔偿金等事项的,是否属于一裁终局案件,应按第四十七条第(一)项规定的数额标准执行。

25. 根据《劳动争议调解仲裁法》第四十七条规定,申请事项同时涉及终局裁决和非终局裁决事项的,仲裁委员会应在同一份裁决书中分别就终局裁决与非终局裁决事项作出裁决,并分别告知权利救济。

《关于审理劳动争议案件若干问题的意见(试行)》(2009 年 4 月 16 日 浙法民一〔2009〕3 号)

第十四条 《劳动争议调解仲裁法》第四十七条第(一)项所规定的劳动者追索劳动报酬、工伤医疗费、经济补偿金或赔偿金的争议,如仲裁请求涉及数项的,应分项计算争议金额。

第十五条 劳动争议仲裁委员会作出的裁决未区分一裁终局与非终局裁决事项的,人民法院应当分项处理。

第十六条 劳动者对《劳动争议调解仲裁法》第四十七条规定的一裁终局裁决不服向人民法院起诉,人民法院作出一审判决后,双方当事人不服的,均可向上一级人民法院提起上诉,但上诉请求的内容不得超出仲裁请求的范围。

地方性规定:山东

山东省高级人民法院、山东省人力资源和社会保障厅《关于审理劳动人事争议案件若干问题会议纪要》(2019 年 6 月 10 日)

二十五、关于终局裁决的法律适用问题

对于工伤职工因一次性伤残补助金、一次性工伤医疗补助金、一次性伤残就业补助金与用人单位发生的争议,工亡职工的近亲属因丧葬补助金、一次性工亡补助金与用人单位发生的争议,非法用工单位伤亡人员或者其近亲属因一次性赔偿金与非法用工单位发生的争议，属于劳动争议调解仲裁法第四十七条[①]第二项规定的"因执行国家的劳动标准在社会保险方面发生的争议"。

对于劳动合同法第四十条规定的用人单位未提前三十日书面通知解除劳动合同应支付的一个月工资所产生的争议，属于劳动争议调解仲裁法第四十七条第一项规定的"追索经济补偿争议"。

对于劳动合同法第八十五条规定的加付赔偿金争议，属于劳动争议调解仲裁法第四十七条第一项规定的"追索赔偿金争议"。

山东省劳动人事争议仲裁委员会《关于劳动人事争议案件适用终局裁决的指导意见》(2016年12月20日　鲁劳人仲〔2016〕3号)

一、终局裁决案件的适用范围

(一)关于劳动争议调解仲裁法第四十七条第(一)项的适用

1."劳动报酬"争议，指因用人单位是否依据国家有关规定或者劳动合同的约定，以货币形式按时足额支付给劳动者劳动报酬而发生的争议。劳动报酬，包括计时工资、计件工资、奖金、津贴和补贴、加班加点工资以及特殊情况下支付的劳动报酬。

2."工伤医疗费"争议，指因用人单位是否应依法直接承担劳动者治疗工伤或者职业病所发生的医疗费用而发生的争议。工伤医疗费，主要包括挂号费、检查费、治疗费、药费、住院费等与工伤或者职业病治疗有关的费用。

3."经济补偿"争议，指因用人单位是否执行法律规定或者劳动合同约定关于在解除或终止劳动合同时支付经济补偿、竞业限制经济补偿等方面而发生的争议。经济补偿具体包括以下内容：

(1)劳动合同法第二十三条规定的竞业限制经济补偿；

(2)劳动合同法第四十条规定的用人单位未提前三十日书面通知解除劳动合同的一个月工资；

(3)劳动合同法第四十六条规定的解除、终止劳动合同经济补偿；

(4)劳动合同法第四十六条规定的其他经济补偿。

4."赔偿金"争议，指因用人单位是否存在违法行为应向劳动者支付赔偿金而

① 《劳动争议调解仲裁法》第四十七条：下列劳动争议，除本法另有规定的外，仲裁裁决为终局裁决，裁决书自作出之日起发生法律效力：(一)追索劳动报酬、工伤医疗费、经济补偿或者赔偿金，不超过当地月最低工资标准十二个月金额的争议；(二)因执行国家的劳动标准在工作时间、休息休假、社会保险等方面发生的争议。

发生的争议。赔偿金具体包括以下内容:

(1)劳动合同法第八十二条规定的未订立书面劳动合同、无固定期限劳动合同的二倍工资差额;

(2)劳动合同法第八十三条规定的违法约定试用期并已经履行的赔偿金;

(3)劳动合同法第八十五条规定的加付赔偿金;

(4)劳动合同法第八十七条规定的违法解除、终止劳动合同赔偿金。

(二)关于劳动争议调解仲裁法第四十七条第(二)项的适用

1."工作时间"争议,指因用人单位执行的工作时间是否符合法律、法规、规章及依法订立的集体合同、依法制定和修订的劳动规章制度的规定而发生的争议。

2."休息休假"争议,指因用人单位是否执行法律、法规、规章及依法订立的集体合同、依法制定和修订的劳动规章制度中有关法定休假日、法定休息日、带薪年休假、探亲假、婚丧假、产假、哺乳假、护理假等政策性假日及用人单位自定的其他假日的规定而发生的争议。

3."社会保险"争议具体包括以下内容:

(1)劳动者以用人单位未为其办理社会保险手续,且社会保险经办机构不能补办导致其无法享受社会保险待遇为由,要求用人单位赔偿损失而发生的争议;

(2)用人单位依法为劳动者缴纳了工伤保险费,因用人单位是否应当依法承担的部分工伤保险待遇而发生的争议。

4.劳动者因要求按国家劳动标准执行工作时间、享受休息休假权利和社会保险而发生的劳动报酬、工伤医疗费、经济补偿或赔偿金争议,按本意见一(一)项规定执行。

二、终局裁决案件的适用原则

(一)主体条件

终局裁决适用仅限于申请人为劳动者的劳动人事争议案件。

(二)裁决标准

劳动者依据劳动争议调解仲裁法第四十七条第(一)项规定,追索劳动报酬、工伤医疗费、经济补偿或赔偿金,如果仲裁裁决涉及其中一项或数项的,每项确定的数额均不超过当地月最低工资标准十二个月金额的,按照终局裁决处理。

"当地月最低工资标准"的具体含义,是指裁决时劳动合同履行地或用人单位注册地的最低工资标准。若劳动合同履行地与用人单位注册地不一致的,按照劳动合同履行地的有关规定执行;用人单位注册地的有关标准高于劳动合同履行地的有关标准，且用人单位与劳动者约定按照用人单位注册地的有关规定执行的，从其约定。

（四）裁决内容同时包含终局裁决和非终局裁决情形的处理

仲裁庭裁决案件时，裁决内容同时涉及终局裁决和非终局裁决的，应分别制作终局裁决书和非终局裁决书，并告知当事人相应的救济权利。

若终局裁决和非终局裁决事项系紧密关联，不宜分别进行裁决的，按非终局裁决处理。

四、其他

（一）事业单位与其实行聘用制的工作人员之间发生人事争议适用终局裁决，法律、法规或者国务院另有规定的，依照其规定；没有规定的，可以参照本意见执行。

《关于适用〈中华人民共和国劳动争议调解仲裁法〉和〈中华人民共和国劳动合同法〉若干问题的意见》（2010 年 6 月 1 日　鲁高法〔2010〕84 号）

20.（1）劳动者追索劳动报酬、工伤医疗费、经济补偿或赔偿金金额是指劳动者申请仲裁的请求金额，仲裁请求涉及数项内容，各项合计计算总额不超过当地月最低工资标准十二个月金额的，仲裁裁决为终局裁决；

（2）劳动者要求按国家规定的标准执行工作时间、享受休息休假权利而发生争议，以及劳动者与用人单位发生本意见第 6 条规定的社会保险争议，仲裁裁决为终局裁决；

（3）劳动者因要求按国家的劳动标准执行工作时间、享受休息休假权利和社会保险而发生的劳动报酬、工伤医疗费、经济补偿或赔偿金争议，按本条第一款第（1）项规定执行。

附：本章节收录相关规定汇总

法律

《劳动争议调解仲裁法》（2008 年 5 月 1 日）

司法解释

最高人民法院《关于审理劳动争议案件适用法律问题的解释（一）》（2021 年 1 月 1 日　法释〔2020〕26 号）

部委规定

《劳动人事争议仲裁办案规则》（2017 年 7 月 1 日　人力资源和社会保障部令第 33 号）

地方性规定：北京

北京市高级人民法院、北京市劳动争议仲裁委员会《关于劳动争议案件法律适用问题研

讨会会议纪要》(2009 年 8 月 17 日)

北京市人力资源和社会保障局《关于进一步做好劳动争议案件仲裁终局裁决工作的通知》(2016 年 2 月 19 日 京人社仲发〔2016〕32 号)

地方性规定:上海

上海市高级人民法院《关于劳动争议若干问题的解答》(民一庭调研指导〔2010〕34 号)

地方性规定:重庆

重庆市人力资源和社会保障局《关于劳动争议终局裁决适用有关事项的通知》(2016 年 9 月 23 日 渝人社发〔2016〕201 号)

《关于审理劳动争议案件若干问题的指导意见》(2009 年 2 月 9 日 渝高法发〔2009〕4 号)

地方性规定:广东(深圳)

广东省高级人民法院、广东省劳动人事争议仲裁委员会《关于劳动人事争议仲裁与诉讼衔接若干意见》(2018 年 7 月 18 日 粤高法发〔2018〕2 号)

地方性规定:江苏

江苏省高级人民法院《劳动争议案件审理指南(2010 年)》(2010 年 5 月 17 日)

《关于适用〈中华人民共和国劳动争议调解仲裁法〉若干问题的意见》(2008 年 10 月 10 日 苏高法审委〔2008〕19 号)

地方性规定:浙江

浙江省劳动争议仲裁委员会《关于劳动争议案件处理若干问题的指导意见(试行)》(2009 年 8 月 21 日 浙仲〔2009〕2 号)

《关于审理劳动争议案件若干问题的意见(试行)》(2009 年 4 月 16 日 浙法民一〔2009〕3 号)

地方性规定:山东

山东省高级人民法院、山东省人力资源和社会保障厅《关于审理劳动人事争议案件若干问题会议纪要》(2019 年 6 月 10 日)

山东省劳动人事争议仲裁委员会《关于劳动人事争议案件适用终局裁决的指导意见》(2016 年 12 月 20 日 鲁劳人仲〔2016〕3 号)

《关于适用〈中华人民共和国劳动争议调解仲裁法〉和〈中华人民共和国劳动合同法〉若干问题的意见》(2010 年 6 月 1 日 鲁高法〔2010〕84 号)

第三十三章　协商和调解

法律

《劳动争议调解仲裁法》(2008年5月1日)

第十条　发生劳动争议,当事人可以到下列调解组织申请调解:

(一)企业劳动争议调解委员会;

(二)依法设立的基层人民调解组织;

(三)在乡镇、街道设立的具有劳动争议调解职能的组织。

企业劳动争议调解委员会由职工代表和企业代表组成。职工代表由工会成员担任或者由全体职工推举产生,企业代表由企业负责人指定。企业劳动争议调解委员会主任由工会成员或者双方推举的人员担任。

第十二条　当事人申请劳动争议调解可以书面申请,也可以口头申请。口头申请的,调解组织应当当场记录申请人基本情况、申请调解的争议事项、理由和时间。

第十四条　经调解达成协议的,应当制作调解协议书。

调解协议书由双方当事人签名或者盖章,经调解员签名并加盖调解组织印章后生效,对双方当事人具有约束力,当事人应当履行。

自劳动争议调解组织收到调解申请之日起十五日内未达成调解协议的,当事人可以依法申请仲裁。

第十五条　达成调解协议后,一方当事人在协议约定期限内不履行调解协议的,另一方当事人可以依法申请仲裁。

第四十一条　当事人申请劳动争议仲裁后,可以自行和解。达成和解协议的,可以撤回仲裁申请。

第四十二条　仲裁庭在作出裁决前,应当先行调解。

调解达成协议的,仲裁庭应当制作调解书。

调解书应当写明仲裁请求和当事人协议的结果。调解书由仲裁员签名,加盖劳动争议仲裁委员会印章,送达双方当事人。调解书经双方当事人签收后,发生法律效力。

调解不成或者调解书送达前,一方当事人反悔的,仲裁庭应当及时作出裁决。

司法解释

最高人民法院《关于审理劳动争议案件适用法律问题的解释(一)》(2021年1月1日 法释〔2020〕26号)

第五十一条 当事人在调解仲裁法第十条规定的调解组织主持下达成的具有劳动权利义务内容的调解协议,具有劳动合同的约束力,可以作为人民法院裁判的根据。

当事人在调解仲裁法第十条规定的调解组织主持下仅就劳动报酬争议达成调解协议,用人单位不履行调解协议确定的给付义务,劳动者直接提起诉讼的,人民法院可以按照普通民事纠纷受理。

第五十二条 当事人在人民调解委员会主持下仅就给付义务达成的调解协议,双方认为有必要的,可以共同向人民调解委员会所在地的基层人民法院申请司法确认。

部委规定

《劳动人事争议仲裁办案规则》(2017年7月1日 人力资源和社会保障部令第33号)

第六十八条 仲裁委员会处理争议案件,应当坚持调解优先,引导当事人通过协商、调解方式解决争议,给予必要的法律释明以及风险提示。

第六十九条 对未经调解、当事人直接申请仲裁的争议,仲裁委员会可以向当事人发出调解建议书,引导其到调解组织进行调解。当事人同意先行调解的,应当暂缓受理;当事人不同意先行调解的,应当依法受理。

第七十条 开庭之前,经双方当事人同意,仲裁庭可以委托调解组织或者其他具有调解能力的组织、个人进行调解。

自当事人同意之日起十日内未达成调解协议的,应当开庭审理。

第七十二条　仲裁调解达成协议的，仲裁庭应当制作调解书。

调解书应当写明仲裁请求和当事人协议的结果。调解书由仲裁员签名，加盖仲裁委员会印章，送达双方当事人。调解书经双方当事人签收后，发生法律效力。

调解不成或者调解书送达前，一方当事人反悔的，仲裁庭应当及时作出裁决。

第七十三条　当事人就部分仲裁请求达成调解协议的，仲裁庭可以就该部分先行出具调解书。

第七十四条　经调解组织调解达成调解协议的，双方当事人可以自调解协议生效之日起十五日内，共同向有管辖权的仲裁委员会提出仲裁审查申请。

当事人申请审查调解协议，应当向仲裁委员会提交仲裁审查申请书、调解协议和身份证明、资格证明以及其他与调解协议相关的证明材料，并提供双方当事人的送达地址、电话号码等联系方式。

第七十五条　仲裁委员会收到当事人仲裁审查申请，应当及时决定是否受理。决定受理的，应当出具受理通知书。

有下列情形之一的，仲裁委员会不予受理：

（一）不属于仲裁委员会受理争议范围的；

（二）不属于本仲裁委员会管辖的；

（三）超出规定的仲裁审查申请期间的；

（四）确认劳动关系的；

（五）调解协议已经人民法院司法确认的。

第七十六条　仲裁委员会审查调解协议，应当自受理仲裁审查申请之日起五日内结束。因特殊情况需要延期的，经仲裁委员会主任或者其委托的仲裁院负责人批准，可以延长五日。

调解书送达前，一方或者双方当事人撤回仲裁审查申请的，仲裁委员会应当准许。

第七十七条　仲裁委员会受理仲裁审查申请后，应当指定仲裁员对调解协议进行审查。

仲裁委员会经审查认为调解协议的形式和内容合法有效的，应当制作调解书。调解书的内容应当与调解协议的内容相一致。调解书经双方当事人签收后，发生法律效力。

第七十八条　调解协议具有下列情形之一的，仲裁委员会不予制作调解书：

（一）违反法律、行政法规强制性规定的；

(二)损害国家利益、社会公共利益或者公民、法人、其他组织合法权益的;

(三)当事人提供证据材料有弄虚作假嫌疑的;

(四)违反自愿原则的;

(五)内容不明确的;

(六)其他不能制作调解书的情形。

仲裁委员会决定不予制作调解书的,应当书面通知当事人。

第七十九条 当事人撤回仲裁审查申请或者仲裁委员会决定不予制作调解书的,应当终止仲裁审查。

《企业劳动争议协商调解规定》(2012年1月1日 人力资源和社会保障部令第17号)

第四条 企业应当建立劳资双方沟通对话机制,畅通劳动者利益诉求表达渠道。

劳动者认为企业在履行劳动合同、集体合同,执行劳动保障法律、法规和企业劳动规章制度等方面存在问题的,可以向企业劳动争议调解委员会(以下简称调解委员会)提出。调解委员会应当及时核实情况,协调企业进行整改或者向劳动者做出说明。

劳动者也可以通过调解委员会向企业提出其他合理诉求。调解委员会应当及时向企业转达,并向劳动者反馈情况。

第八条 发生劳动争议,一方当事人可以通过与另一方当事人约见、面谈等方式协商解决。

第九条 劳动者可以要求所在企业工会参与或者协助其与企业进行协商。工会也可以主动参与劳动争议的协商处理,维护劳动者合法权益。

劳动者可以委托其他组织或者个人作为其代表进行协商。

第十条 一方当事人提出协商要求后,另一方当事人应当积极做出口头或者书面回应。5日内不做出回应的,视为不愿协商。

协商的期限由当事人书面约定,在约定的期限内没有达成一致的,视为协商不成。当事人可以书面约定延长期限。

第十一条 协商达成一致,应当签订书面和解协议。和解协议对双方当事人具有约束力,当事人应当履行。

经仲裁庭审查,和解协议程序和内容合法有效的,仲裁庭可以将其作为证据使用。但是,当事人为达成和解的目的作出妥协所涉及的对争议事实的认可,不得在其后的仲裁中作为对其不利的证据。

第十二条　发生劳动争议，当事人不愿协商、协商不成或者达成和解协议后，一方当事人在约定的期限内不履行和解协议的，可以依法向调解委员会或者乡镇、街道劳动就业社会保障服务所（中心）等其他依法设立的调解组织申请调解，也可以依法向劳动人事争议仲裁委员会（以下简称仲裁委员会）申请仲裁。

第十五条　调解委员会由劳动者代表和企业代表组成，人数由双方协商确定，双方人数应当对等。劳动者代表由工会委员会成员担任或者由全体劳动者推举产生，企业代表由企业负责人指定。调解委员会主任由工会委员会成员或者双方推举的人员担任。

第二十条　调解员依法履行调解职责，需要占用生产或者工作时间的，企业应当予以支持，并按照正常出勤对待。

第二十一条　发生劳动争议，当事人可以口头或者书面形式向调解委员会提出调解申请。

申请内容应当包括申请人基本情况、调解请求、事实与理由。

口头申请的，调解委员会应当当场记录。

第二十二条　调解委员会接到调解申请后，对属于劳动争议受理范围且双方当事人同意调解的，应当在3个工作日内受理。对不属于劳动争议受理范围或者一方当事人不同意调解的，应当做好记录，并书面通知申请人。

第二十三条　发生劳动争议，当事人没有提出调解申请，调解委员会可以在征得双方当事人同意后主动调解。

第二十四条　调解委员会调解劳动争议一般不公开进行。但是，双方当事人要求公开调解的除外。

第二十六条　经调解达成调解协议的，由调解委员会制作调解协议书。调解协议书应当写明双方当事人基本情况、调解请求事项、调解的结果和协议履行期限、履行方式等。

调解协议书由双方当事人签名或者盖章，经调解员签名并加盖调解委员会印章后生效。

调解协议书一式三份，双方当事人和调解委员会各执一份。

第二十七条　生效的调解协议对双方当事人具有约束力，当事人应当履行。

双方当事人可以自调解协议生效之日起15日内共同向仲裁委员会提出仲裁审查申请。仲裁委员会受理后，应当对调解协议进行审查，并根据《劳动人事争议仲裁办案规则》第五十四条规定,对程序和内容合法有效的调解协议,出具调解书。

第二十八条 双方当事人未按前条规定提出仲裁审查申请,一方当事人在约定的期限内不履行调解协议的,另一方当事人可以依法申请仲裁。

仲裁委员会受理仲裁申请后,应当对调解协议进行审查,调解协议合法有效且不损害公共利益或者第三人合法利益的,在没有新证据出现的情况下,仲裁委员会可以依据调解协议作出仲裁裁决。

第二十九条 调解委员会调解劳动争议,应当自受理调解申请之日起15日内结束。但是,双方当事人同意延期的可以延长。

在前款规定期限内未达成调解协议的,视为调解不成。

第三十条 当事人不愿调解、调解不成或者达成调解协议后,一方当事人在约定的期限内不履行调解协议的,调解委员会应当做好记录,由双方当事人签名或者盖章,并书面告知当事人可以向仲裁委员会申请仲裁。

第三十六条 民办非企业单位、社会团体开展劳动争议协商、调解工作参照本规定执行。

地方性规定:北京

《北京市劳动人事争议调解组织工作办法》(2017年11月8日 京人社仲发〔2017〕233号)

第十九条 发生劳动人事争议,当事人可以协商解决。不愿协商或协商不成的,可向调解组织申请调解。

第二十条 当事人申请调解时,应向调解组织口头或书面提出,并应提交当事人基本信息、申请调解的争议事项和事实理由。

对于口头形式提出申请的,调解组织应记录有关情况。

第二十一条 调解组织收到调解申请后,应对调解申请是否属于劳动人事争议受理范围、调解组织管辖范围以及申请主体和请求事项是否明确等方面进行审查,同时征询对方当事人意见,并在三个工作日内作出是否受理的决定。

符合受理条件且对方当事人同意调解的,调解组织应当及时安排调解;不符合受理条件或对方当事人不同意调解的,调解组织应注明理由,告知申请人可提起仲裁或向其他部门申请权利救济。

第二十二条 调解组织安排调解,应提前三个工作日将调解时间、地点通知当事人。

第二十三条　对于权利义务明确、事实清楚的劳动人事争议，调解组织可以指定一名调解员进行调解。复杂争议，可由两名以上调解员进行调解。

第二十四条　调解员在征得当事人同意后，可以邀请当事人的亲友、同事等参与调解，也可以邀请具有专业知识、热心调解、群众认可的社会人士参与调解。

第二十五条　有下列情形之一的，调解员应当主动回避或经当事人申请回避：

（一）与争议的当事人或者代理人有利害关系的；

（二）与争议有利害关系的；

（三）存在其他可能影响争议公正处理情形的。

第二十六条　调解组织开展调解活动时一般不公开进行，但双方当事人要求公开的除外。

第二十七条　调解员开展调解工作，应向当事人阐明调解规则和有关事项，充分听取当事人陈述，讲解有关法律、法规和国家政策，促使各方平等协商、互谅互让、消除纷争，自愿达成调解协议。

调解员应尊重当事人意愿，不得强行调解，不得因未经调解或者调解不成，阻止当事人依法通过法律途径维护自身权利。

第二十八条　当事人参与调解，应听从调解员安排，自觉遵守调解纪律，如实陈述事实，尊重对方当事人。

第二十九条　调解员应将各方当事人在调解过程中的陈述及调解结果等调解情况，记入笔录。

调解笔录应当由调解员及各方当事人签名或盖章。当事人未签名或盖章的，调解员应在笔录中注明情况。

第三十条　达成调解协议的，调解员应制作调解协议书。调解协议书应载明当事人基本情况、请求事项、调解结果、履行期限和履行方式等。

调解协议书由调解员及各方当事人签名或者盖章，对各方当事人具有约束力，当事人应当履行。调解协议书由各方当事人和调解组织各执一份。

第三十一条　调解协议达成后，调解组织应及时了解调解协议履行情况。

一方当事人在协议约定期限内无正当理由不履行调解协议的，调解组织应当督促其履行。经督促仍不履行调解协议的，应告知另一方当事人可以依法申请仲裁。符合《中华人民共和国劳动争议调解仲裁法》第十六条规定的，调解组织应当告知劳动者可以持调解协议书依法向人民法院申请支付令。

第三十二条　调解组织应自受理调解申请之日起十五个工作日内完成调解工

作。调解不成或不宜继续调解的,应终止调解并予以记录,告知当事人可以依法提起仲裁或者向有关部门申请权利救济。

第三十三条 调解组织应当建立调解工作档案,将调解登记、调解工作记录、调解协议书等材料立卷归档。

第三十四条 当事人直接申请仲裁的,仲裁机构可以向其发出调解建议书,引导其到调解组织进行调解,并明确告知调解组织地点及联系电话。

经引导后当事人提出调解申请的,调解组织应当按照本办法规定的调解程序办理。

当事人不同意由调解组织调解的,仲裁机构应依法受理。

第三十五条 仲裁机构已经受理的案件,在开庭之前,经各方当事人同意,可以委托调解组织进行调解。

收到仲裁机构的委托后,调解组织应按本办法规定的相关程序办理。

自当事人同意之日起十个工作日内未达成调解协议的,仲裁机构应恢复审理。

第三十六条 调解组织调解重大、疑难、复杂劳动人事争议案件,仲裁机构应予以指导。

第三十七条 经调解达成协议的,调解组织应告知当事人可自愿向仲裁机构申请审查确认。

当事人可自调解协议生效之日起十五日内,共同向有管辖权的仲裁机构提出审查确认申请。

仲裁机构应自受理审查确认申请之日起五个工作日内完成审查确认工作。有特殊情况的,最长不得超过十个工作日。

第三十八条 具有下列情形之一的调解协议,不予审查确认:

(一)不属于本办法中调解组织受理范围的;

(二)调解协议已经人民法院司法确认的;

(三)违反法律法规强制性规定的;

(四)协议内容显失公平或违背公序良俗的;

(五)损害国家利益、社会公共利益或第三方合法权益的;

(六)当事人无相应的民事行为能力,且无代理人或其代理人不具有调解委托权限的;

(七)当事人要求变更协议内容或协议内容不明确的;

(八)当事人对调解协议表示反悔或要求撤回仲裁审查确认申请的;

(九)其他不符合仲裁审查确认条件的。

地方性规定:江苏

《关于劳动人事争议调解协议仲裁确认程序若干问题的意见》(2011年3月1日 苏人社规〔2011〕1号)

第一条 经企业劳动争议调解委员会、事业单位劳动人事争议调解委员会、依法设立的人民调解组织、在乡镇、街道设立的具有劳动人事争议调解职能的组织(以下简称调解组织)调解达成的协议,当事人可以向劳动人事争议仲裁委员会(以下简称仲裁委员会)申请确认其效力。

第五条 当事人向仲裁委员会提出确认调解协议效力申请,应当自调解协议生效之日起三个工作日内提交调解组织和调解员签字盖章的调解协议书原件、当事人签署的承诺书及当事人身份证明。

仲裁委员会在收到当事人确认调解协议效力申请后应当及时审查,符合立案条件的,收到申请当日即予以立案,同时将受理通知书送达当事人。

第七条 当事人可以向劳动(聘用)合同履行地或者用人单位所在地的仲裁委员会申请确认调解协议效力。

经有管辖权的仲裁委员会移交、委托调解达成调解协议的效力确认案件,由移交、委托调解的仲裁委员会受理。

第八条 经调解组织调解达成调解协议,当事人向人民法院申请确认调解协议效力后,又向仲裁委员会申请确认调解协议效力的,仲裁委员会依法不予受理。

第九条 仲裁委员会开庭审理确认调解协议效力案件时,一方当事人经通知无正当理由拒不到庭或者未经仲裁庭同意中途退庭的,按撤回仲裁确认申请处理。

第十一条 调解协议内容存在瑕疵的,仲裁委员会应当进行法律释明。当事人自愿接受的,可另行签订调整或补充条款。当事人不愿意接受的,仲裁委员会应当建议其重新调解或依法申请仲裁。当事人不同意重新调解也不愿意申请仲裁的,仲裁委员会不予确认其效力。

第十三条 有下列情形之一的,仲裁委员会不予确认调解协议效力:

1. 不属于仲裁委员会依法受理的劳动人事争议的;

2. 违反法律、行政法规强制性规定的;

3. 损害国家利益、社会公共利益的;

4. 侵害案外人合法权益的;

5. 内容不明确,无法确认的;

6. 内容显失公平或者违背公序良俗的;

7. 调解组织、调解员强迫调解或者有其他严重违法行为的;

8. 其他不应当确认的情形。

第十四条 仲裁委员会审理确认调解协议效力案件,应当自立案之日起三个工作日内审结,并出具仲裁调解书或不予确认决定书;有特殊情形的,报请仲裁委员会主任审批后可以适当延长。

仲裁调解书经当事人签收后发生法律效力;一方当事人拒绝履行的,另一方当事人可以依法申请人民法院强制执行。

《关于适用〈中华人民共和国劳动争议调解仲裁法〉若干问题的意见》(2008年10月10日 苏高法审委〔2008〕19号)

第六条 当事人在劳动争议调解组织主持下达成的调解协议,一方当事人在协议约定的期限内不履行,另一方申请仲裁的,或者履行完毕后,当事人申请确认调解协议无效的,劳动争议仲裁委员会应当受理。

第七条 当事人在劳动争议调解组织主持下就支付劳动报酬、工伤医疗费、经济补偿金或赔偿金事项已达成调解协议,劳动者向人民法院申请支付令的,人民法院应当受理,劳动者在人民法院受理后又申请仲裁的,劳动争议仲裁委员会不予受理。

劳动者未向人民法院申请支付令或申请支付令失效后,劳动者申请仲裁的,劳动争议仲裁委员会应当受理。

劳动者向劳动争议仲裁委员会申请仲裁后又向人民法院申请支付令的,人民法院不予受理。

地方性规定:浙江

浙江省高级人民法院民一庭《关于审理劳动争议纠纷案件若干疑难问题的解答》(2012年12月24日)

十四、用人单位与劳动者就工伤待遇、加班工资、经济补偿金等达成和解或经调解组织调解后,劳动者能否再以数额过低要求用人单位补足差额?

用人单位与劳动者协商或经调解组织调解,就工伤待遇、加班工资、经济补偿金等达成和解或调解协议后,劳动者以数额过低要求用人单位补足差额的,不予支持。但劳动者有证据证明协议签订存在受胁迫、欺诈而违背自己真实意思表示，或协议内容显失公平等情形的除外。

地方性规定：广东（深圳）

《广东省劳动人事争议处理办法》（2017年5月1日　广东省人民政府令第234号）

第十三条　发生劳动、人事争议，当事人可以向下列调解组织申请调解：

（一）用人单位劳动人事争议调解组织；

（二）人民调解组织；

（三）在乡镇（街道）设立的具有劳动、人事争议调解职能的组织；

（四）区域性、行业性劳动人事争议调解组织；

（五）其他依法设立的具有劳动、人事争议调解职能的组织。

用人单位设立的劳动人事争议调解组织，可以调解本单位及所管理的单位发生的劳动、人事争议。

第二十条　发生劳动、人事争议，当事人可以书面或者口头向调解组织申请调解，也可以由调解组织在征得双方当事人同意后主动开展调解。

当事人到调解组织申请调解的，调解组织应当当场出具收件回执。通过电话方式申请调解的，调解组织应当予以登记，并根据当事人的申请出具回执。

除按照有关规定不得受理调解的纠纷外，本办法第十四条、第十五条规定的调解组织不得拒绝受理本区域内发生的劳动人事争议调解申请，原则上应当当场征求对方当事人的意见，并在3日内开展调解。

第二十二条　调解应当遵循合法、自愿、公平、及时、保密原则。劳动人事争议调解组织可以按照下列程序进行调解：

（一）核实当事人身份、代理人身份及调解权限，告知当事人调解规则和有关事项；

（二）充分听取双方当事人对争议事实和理由的陈述，根据需要要求当事人就争议事项提交相关证据材料；

（三）根据争议事实、争议性质等情况，向当事人阐明相关法律、法规、政策规定，耐心开展协调、疏导工作；

（四）帮助双方当事人自愿和解或者达成调解协议。

当事人在调解过程中不得录音录像。调解员可以记录双方当事人在调解过程中的陈述，由调解员和双方当事人签名确认。

调解组织及其调解员应当对调解过程中获悉的相关信息和资料保密。

第二十三条 双方当事人经调解达成协议的，调解组织应当制作调解协议书，由双方当事人签字或者盖章，并经调解员签名、调解组织盖章后生效。调解协议对双方当事人具有约束力，当事人应当履行。

当事人认为无需制作调解协议书的，可以采取口头协议方式，调解员应当记录协议内容。

第二十四条 有以下情形之一的，调解组织应当终止调解：

（一）当事人自行和解的；

（二）一方或者双方当事人拒绝或者退出调解的；

（三）自调解组织收到调解申请之日起15日内或者双方当事人同意延长的期限内未达成调解协议的；

（四）调解组织认为不宜调解的；

（五）存在无法继续调解的其他情形的。

调解组织终止调解的，应当通知双方当事人并予以记录，除前款第一项的情形外，还应当同时告知当事人可以依法申请仲裁或者向有关部门投诉，并为申请仲裁的当事人提供指引和协助。仲裁机构可以委托调解组织办理仲裁申请的收件或者受理工作。

第二十六条 当事人可以自调解协议生效之日起15日内，共同向有管辖权的仲裁机构申请仲裁审查确认。

第二十七条 当事人申请仲裁机构审查确认调解协议，应当由职工本人和用人单位代表双方共同到场，提交仲裁审查确认申请书、各自的调解协议书原件和身份证明、资格证明，以及与调解协议相关的证据材料。当事人应当对所提交材料和所作陈述的真实性承担法律责任。

第二十八条 当事人申请仲裁审查确认的材料齐备的，仲裁机构可以当场作出审查决定；无法当场办理的，应当出具收件回执，并在15日内作出审查决定。当事人的申请材料不齐备的，仲裁机构应当一次性告知需要补正的全部材料。

有下列情形之一的，仲裁机构不予受理：

（一）调解协议涉及事项不属于劳动人事争议仲裁处理范围的；

（二）调解协议涉及事项超出法定仲裁时效的；

（三）调解协议生效后超过15日的；

（四）申请人提交的申请材料经要求补正后，仍不齐备的；

（五）确认劳动关系的调解协议；

（六）集体协商争议达成的调解协议；

（七）其他不予受理的情形。

第二十九条　仲裁机构根据审查确认的需要，可以通知双方当事人共同到场核实相关情况，并要求当事人在指定期限内补充提交相关证据材料。

第三十条　仲裁机构经审查未发现以下情形的，可以出具仲裁调解书：

（一）违反法律、行政法规强制性规定的；

（二）损害国家利益、社会公共利益或者第三方合法权益的；

（三）违背社会公序良俗的；

（四）存在欺诈、胁迫、重大误解、乘人之危、显失公平情形的；

（五）调解协议内容不明确，不具有可执行性的；

（六）其他不宜作出审查确认的情形。

仲裁机构经审查认为不宜出具仲裁调解书的，应当出具驳回审查确认申请通知书。仲裁机构驳回审查确认申请的，不影响当事人依法申请仲裁或者通过其他法律途径解决的权利。

第三十一条　当事人达成调解协议后，未提出仲裁审查确认申请，一方当事人在约定的期限内不履行的，另一方当事人可以依法申请仲裁。

第六十三条　对职工一方当事人在50人以上的集体争议案件，仲裁机构可以根据案件处理需要，通知地方总工会、企业代表组织或者用人单位主管部门等有关方面代表参加调解仲裁活动，协助解决争议。

第六十四条　发生职工一方人数为50人以上的集体争议，经职工一方当事人申请，地方总工会应当及时指导和协助其与用人单位进行协商，反映职工意见和要求，提出解决方案，并可以根据职工的委托派员参加调解、仲裁活动，提供法律援助服务。

地方性规定：山东

山东省高级人民法院、山东省人力资源和社会保障厅《关于审理劳动人事争议案件若干问题会议纪要》（2019年6月10日）

十六、关于用人单位与劳动者就工伤保险待遇、加班工资、经济补偿等达成的和解协议或调解协议的处理问题

用人单位与劳动者就工伤保险待遇、加班工资、经济补偿等达成和解或者经调

解组织调解达成协议后,劳动者再以数额过低要求用人单位补足差额,一般不予支持,但是劳动者有证据证明该协议存在欺诈、胁迫、乘人之危等情形,违背劳动者真实意思表示或者显失公平的除外。

附:本章节收录相关规定汇总

法律

《劳动争议调解仲裁法》(2008 年 5 月 1 日)

司法解释

最高人民法院《关于审理劳动争议案件适用法律问题的解释(一)》(2021 年 1 月 1 日 法释〔2020〕26 号)

部委规定

《劳动人事争议仲裁办案规则》(2017 年 7 月 1 日 人力资源和社会保障部令第 33 号)

《企业劳动争议协商调解规定》(2012 年 1 月 1 日 人力资源和社会保障部令第 17 号)

地方性规定:北京

《北京市劳动人事争议调解组织工作办法》(2017 年 11 月 8 日 京人社仲发〔2017〕233 号)

地方性规定:江苏

《关于劳动人事争议调解协议仲裁确认程序若干问题的意见》(2011 年 3 月 1 日 苏人社规〔2011〕1 号)

《关于适用〈中华人民共和国劳动争议调解仲裁法〉若干问题的意见》(2008 年 10 月 10 日 苏高法审委〔2008〕19 号)

地方性规定:浙江

浙江省高级人民法院民一庭《关于审理劳动争议纠纷案件若干疑难问题的解答》(2012 年 12 月 24 日)

地方性规定:广东(深圳)

《广东省劳动人事争议处理办法》(2017 年 5 月 1 日 广东省人民政府令第 234 号)

地方性规定:山东

山东省高级人民法院、山东省人力资源和社会保障厅《关于审理劳动人事争议案件若干问题会议纪要》(2019 年 6 月 10 日)

第三十四章 执 行

法律

《劳动争议调解仲裁法》(2008 年 5 月 1 日)

第四十四条 仲裁庭对追索劳动报酬、工伤医疗费、经济补偿或者赔偿金的案件,根据当事人的申请,可以裁决先予执行,移送人民法院执行。

仲裁庭裁决先予执行的,应当符合下列条件:

(一)当事人之间权利义务关系明确;

(二)不先予执行将严重影响申请人的生活。

劳动者申请先予执行的,可以不提供担保。

第四十九条 用人单位有证据证明本法第四十七条规定的仲裁裁决有下列情形之一,可以自收到仲裁裁决书之日起三十日内向劳动争议仲裁委员会所在地的中级人民法院申请撤销裁决:

(一)适用法律、法规确有错误的;

(二)劳动争议仲裁委员会无管辖权的;

(三)违反法定程序的;

(四)裁决所根据的证据是伪造的;

(五)对方当事人隐瞒了足以影响公正裁决的证据的;

(六)仲裁员在仲裁该案时有索贿受贿、徇私舞弊、枉法裁决行为的。

人民法院经组成合议庭审查核实裁决有前款规定情形之一的,应当裁定撤销。

仲裁裁决被人民法院裁定撤销的,当事人可以自收到裁定书之日起十五日内就该劳动争议事项向人民法院提起诉讼。

第五十一条 当事人对发生法律效力的调解书、裁决书,应当依照规定的期限履行。一方当事人逾期不履行的,另一方当事人可以依照民事诉讼法的有关规定向人民法院申请执行。受理申请的人民法院应当依法执行。

司法解释

最高人民法院《关于审理劳动争议案件适用法律问题的解释(一)》(2021 年 1 月 1 日 法释〔2020〕26 号)

第二十四条 当事人申请人民法院执行劳动争议仲裁机构作出的发生法律效力的裁决书、调解书,被申请人提出证据证明劳动争议仲裁裁决书、调解书有下列情形之一,并经审查核实的,人民法院可以根据民事诉讼法第二百三十七条规定,裁定不予执行:

(一)裁决的事项不属于劳动争议仲裁范围,或者劳动争议仲裁机构无权仲裁的;

(二)适用法律、法规确有错误的;

(三)违反法定程序的;

(四)裁决所根据的证据是伪造的;

(五)对方当事人隐瞒了足以影响公正裁决的证据的;

(六)仲裁员在仲裁该案时有索贿受贿、徇私舞弊、枉法裁决行为的;

(七)人民法院认定执行该劳动争议仲裁裁决违背社会公共利益的。

人民法院在不予执行的裁定书中,应当告知当事人在收到裁定书之次日起三十日内,可以就该劳动争议事项向人民法院提起诉讼。

第二十五条 劳动争议仲裁机构作出终局裁决,劳动者向人民法院申请执行,用人单位向劳动争议仲裁机构所在地的中级人民法院申请撤销的,人民法院应当裁定中止执行。

用人单位撤回撤销终局裁决申请或者其申请被驳回的,人民法院应当裁定恢复执行。仲裁裁决被撤销的,人民法院应当裁定终结执行。

用人单位向人民法院申请撤销仲裁裁决被驳回后,又在执行程序中以相同理由提出不予执行抗辩的,人民法院不予支持。

最高人民法院执行工作办公室《关于人事争议仲裁委员会的裁决书能否继续执行问题的答复》(2003 年 9 月 28 日 〔2003〕执他字第 25 号)

我院《关于人民法院审理事业单位人事争议案件若干问题的规定》已于 2003 年 9 月 5 日起施行,本案可按照该规定办理。如郑州工业高等专科学校不服河南省人事争议仲裁委员会豫人裁定字〔2001〕第1号裁定书向法院起诉，人民法院应当受理；如其既不起诉又不履行仲裁裁决，另一方当事人向人民法院申请执行的，人民法院应当依法执行。

最高人民法院《关于劳动争议仲裁委员会的复议仲裁决定书可否作为执行依据问题的批复》（1996年7月21日　法复〔1996〕10号）

仲裁一裁终局制度，是指仲裁决定一经作出即发生法律效力，当事人没有提请再次裁决的权利，但这并不排除原仲裁机构发现自己作出的裁决有错误进行重新裁决的情况。劳动争议仲裁委员会发现自己作出的仲裁决定书有错误而进行重新仲裁，符合实事求是的原则，不违背一裁终局制度，不应视为违反法定程序。因此对当事人申请执行劳动争议仲裁委员会复议仲裁决定的，应予立案执行。如被执行人提出申辩称该复议仲裁决定书有其他应不予执行的情形，应按照民事诉讼法第二百一十七条的规定，认真审查，慎重处理。

最高人民法院《关于劳动行政部门作出责令用人单位支付劳动者工资报酬、经济补偿和赔偿金的劳动监察指令书是否属于可申请法院强制执行的具体行政行为的答复》（1998年5月17日　〔1998〕法行字第1号）

经研究，原则同意你院意见，即：劳动行政部门作出责令用人单位支付劳动者工资报酬、经济补偿和赔偿金的劳动监察指令书，不属于可申请人民法院强制执行的具体行政行为，人民法院对此类案件不予受理。劳动行政部门作出责令用人单位支付劳动者工资报酬、经济补偿和赔偿金的行政处理决定书，当事人既不履行又不申请复议或者起诉的，劳动行政部门可以依法申请人民法院强制执行。

部委规定

《劳动人事争议仲裁办案规则》（2017年7月1日　人力资源和社会保障部令第33号）

第五十一条　仲裁庭对追索劳动报酬、工伤医疗费、经济补偿或者赔偿金的案件，根据当事人的申请，可以裁决先予执行，移送人民法院执行。

仲裁庭裁决先予执行的，应当符合下列条件：

（一）当事人之间权利义务关系明确；

（二）不先予执行将严重影响申请人的生活。

劳动者申请先予执行的，可以不提供担保。

劳动和社会保障部《关于劳动争议仲裁委员会作出仲裁裁决后不再变更被执行主体的复函》(2003年5月16日 劳社厅函〔2003〕260号)

《关于人民法院执行工作若干问题的规定(试行)》[1](法释〔1998〕15号)规定,依照《民事诉讼法》[2]第二百一十三条、《最高人民法院关于适用民事诉讼法若干问题的意见》[3]第271条至274条及本规定裁定变更或追加被执行主体的,由执行法院的执行机构办理。据此,对于劳动仲裁裁决执行过程中发生主体消亡情形的,由人民法院根据有关规定进行处理。劳动争议仲裁裁决一经作出并生效后,仲裁程序即结束,劳动争议仲裁委员会作出仲裁裁决后不再变更被执行主体。

地方性规定:广东(深圳)

广东省高级人民法院、广东省劳动人事争议仲裁委员会《关于劳动人事争议仲裁与诉讼衔接若干意见》(2018年7月18日 粤高法发〔2018〕2号)

二十一、对仲裁裁决主文或仲裁调解书中的文字、计算错误以及仲裁机构已经认定但在裁决主文中遗漏的事项,可以补正或说明的,人民法院应当告知仲裁机构补正或说明,或向仲裁机构调卷查明。仲裁机构不补正也不说明,且人民法院调卷后执行内容仍然不明确无法执行的,可以裁定驳回执行申请。如仲裁机构通过监督程序对案件重新作出处理,原裁决书或调解书已经执行的,被执行人依据生效的法律文书可向人民法院申请执行回转。仲裁裁决被人民法院裁定不予执行的,当事人可以向人民法院起诉。

生效仲裁裁决书或调解书,申请人应向被执行人住所地或被执行财产所在地基层人民法院申请执行。

《深圳经济特区和谐劳动关系促进条例》(2019年4月26日修正 深圳市第六届人民代表大会常务委员会公告第150号)

第五十一条 追索劳动报酬、工伤医疗费、经济补偿或者赔偿金的劳动争议案件,劳动者在仲裁期间申请先予执行的,仲裁机构可以裁决先予执行,移送人民法院执行;劳动者向人民法院申请财产保全或者先予执行的,人民法院应当依法及时

---

① 最高人民法院《关于人民法院执行工作若干问题的规定(试行)》已于2021年1月1日修正。

② 本法已于2022年1月1日修正。

③ 最高人民法院《关于适用〈中华人民共和国民事诉讼法〉若干问题的意见》(法发〔1992〕22号)已被最高人民法院《关于适用〈中华人民共和国民事诉讼法〉的解释》(2020年12月29日发布;2021年1月1日施行)废止。

采取司法强制措施。劳动者申请先予执行的，可以不提供担保。

用人单位被宣告破产后，除已支付的破产费用和共益债务外，破产财产应当优先支付工伤医疗费用和月工资在本市上年度在岗职工人均月工资以下的劳动者在用人单位破产宣告前三个月内的劳动报酬。对剩余破产财产中的特定财产享有担保权的权利人，依法对该特定财产享有优先受偿的权利。

深圳市中级人民法院《关于审理劳动争议案件的裁判指引》(2015年9月2日 深中法发〔2015〕13号)

四十五、企业持续、大量拖欠劳动者工资，但企业有可供执行的土地使用权、厂房、机器设备等实物资产的，人民法院在执行拍卖过程中可要求拍卖人垫付该企业所拖欠的劳动者的工资后，再从拍卖企业财产所得款项中抵扣垫付的数额。

四十六、人民法院对欠薪单位执行到的每笔款项，均应当自该款项进入执行款专户之日起三日内支付给被欠薪的劳动者。

四十七、对劳动者申请执行的劳动争议案件，人民法院应当严格适用广东省高级人民法院《关于对适用中止执行的若干问题的意见》，未经穷尽一切执行措施，不得裁定中止执行。

附：本章节收录相关规定汇总

法律

《劳动争议调解仲裁法》(2008年5月1日)

司法解释

最高人民法院《关于审理劳动争议案件适用法律问题的解释(一)》(2021年1月1日 法释〔2020〕26号)

最高人民法院执行工作办公室《关于人事争议仲裁委员会的裁决书能否继续执行问题的答复》(2003年9月28日　〔2003〕执他字第25号)

最高人民法院《关于劳动争议仲裁委员会的复议仲裁决定书可否作为执行依据问题的批复》(1996年7月21日　法复〔1996〕10号)

最高人民法院《关于劳动行政部门作出责令用人单位支付劳动者工资报酬、经济补偿和赔偿金的劳动监察指令书是否属于可申请法院强制执行的具体行政行为的答复》(1998年5月17日　〔1998〕法行字第1号)

部委规定

《劳动人事争议仲裁办案规则》(2017年7月1日　人力资源和社会保障部令第33号)

劳动和社会保障部《关于劳动争议仲裁委员会作出仲裁裁决后不再变更被执行主体的

复函》(2003 年 5 月 16 日　劳社厅函〔2003〕260 号)

地方性规定:广东(深圳)

广东省高级人民法院、广东省劳动人事争议仲裁委员会《关于劳动人事争议仲裁与诉讼衔接若干意见》(2018 年 7 月 18 日　粤高法发〔2018〕2 号)

《深圳经济特区和谐劳动关系促进条例》(2019 年 4 月 26 日修正　深圳市第六届人民代表大会常务委员会公告第 150 号)

深圳市中级人民法院《关于审理劳动争议案件的裁判指引》(2015 年 9 月 2 日　深中法发〔2015〕13 号)

Chapter 3

第三部分　社会保险

第三十五章　社会保险缴费及法律责任

法律

《社会保险法》(2018年12月29日修正)

第四条　中华人民共和国境内的用人单位和个人依法缴纳社会保险费，有权查询缴费记录、个人权益记录，要求社会保险经办机构提供社会保险咨询等相关服务。

个人依法享受社会保险待遇，有权监督本单位为其缴费情况。

第五十七条第一款、第二款　用人单位应当自成立之日起三十日内凭营业执照、登记证书或者单位印章，向当地社会保险经办机构申请办理社会保险登记。社会保险经办机构应当自收到申请之日起十五日内予以审核，发给社会保险登记证件。

用人单位的社会保险登记事项发生变更或者用人单位依法终止的，应当自变更或者终止之日起三十日内，到社会保险经办机构办理变更或者注销社会保险登记。

第五十八条　用人单位应当自用工之日起三十日内为其职工向社会保险经办机构申请办理社会保险登记。未办理社会保险登记的，由社会保险经办机构核定其应当缴纳的社会保险费。

自愿参加社会保险的无雇工的个体工商户、未在用人单位参加社会保险的非全日制从业人员以及其他灵活就业人员，应当向社会保险经办机构申请办理社会保险登记。

国家建立全国统一的个人社会保障号码。个人社会保障号码为公民身份号码。

第六十条　用人单位应当自行申报、按时足额缴纳社会保险费，非因不可抗力等法定事由不得缓缴、减免。职工应当缴纳的社会保险费由用人单位代扣代缴，用人单位应当按月将缴纳社会保险费的明细情况告知本人。

无雇工的个体工商户、未在用人单位参加社会保险的非全日制从业人员以及其他灵活就业人员，可以直接向社会保险费征收机构缴纳社会保险费。

第六十二条 用人单位未按规定申报应当缴纳的社会保险费数额的，按照该单位上月缴费额的百分之一百一十确定应当缴纳数额；缴费单位补办申报手续后，由社会保险费征收机构按照规定结算。

第六十三条 用人单位未按时足额缴纳社会保险费的，由社会保险费征收机构责令其限期缴纳或者补足。

用人单位逾期仍未缴纳或者补足社会保险费的，社会保险费征收机构可以向银行和其他金融机构查询其存款账户；并可以申请县级以上有关行政部门作出划拨社会保险费的决定，书面通知其开户银行或者其他金融机构划拨社会保险费。用人单位账户余额少于应当缴纳的社会保险费的，社会保险费征收机构可以要求该用人单位提供担保，签订延期缴费协议。

用人单位未足额缴纳社会保险费且未提供担保的，社会保险费征收机构可以申请人民法院扣押、查封、拍卖其价值相当于应当缴纳社会保险费的财产，以拍卖所得抵缴社会保险费。

第八十三条 用人单位或者个人认为社会保险费征收机构的行为侵害自己合法权益的，可以依法申请行政复议或者提起行政诉讼。

用人单位或者个人对社会保险经办机构不依法办理社会保险登记、核定社会保险费、支付社会保险待遇、办理社会保险转移接续手续或者侵害其他社会保险权益的行为，可以依法申请行政复议或者提起行政诉讼。

个人与所在用人单位发生社会保险争议的，可以依法申请调解、仲裁，提起诉讼。用人单位侵害个人社会保险权益的，个人也可以要求社会保险行政部门或者社会保险费征收机构依法处理。

第八十四条 用人单位不办理社会保险登记的，由社会保险行政部门责令限期改正；逾期不改正的，对用人单位处应缴社会保险费数额一倍以上三倍以下的罚款，对其直接负责的主管人员和其他直接责任人员处五百元以上三千元以下的罚款。

第八十六条 用人单位未按时足额缴纳社会保险费的，由社会保险费征收机构责令限期缴纳或者补足，并自欠缴之日起，按日加收万分之五的滞纳金；逾期仍不缴纳的,由有关行政部门处欠缴数额一倍以上三倍以下的罚款。

第九十五条　进城务工的农村居民依照本法规定参加社会保险。

第九十七条　外国人在中国境内就业的,参照本法规定参加社会保险。

部委规定

《劳务派遣暂行规定》(2014年3月1日　人力资源和社会保障部令第22号)

第十八条　劳务派遣单位跨地区派遣劳动者的,应当在用工单位所在地为被派遣劳动者参加社会保险,按照用工单位所在地的规定缴纳社会保险费,被派遣劳动者按照国家规定享受社会保险待遇。

第十九条　劳务派遣单位在用工单位所在地设立分支机构的,由分支机构为被派遣劳动者办理参保手续,缴纳社会保险费。

劳务派遣单位未在用工单位所在地设立分支机构的,由用工单位代劳务派遣单位为被派遣劳动者办理参保手续,缴纳社会保险费。

地方性规定:北京

北京市高级人民法院、北京市劳动争议仲裁委员会《关于劳动争议案件法律适用问题研讨会会议纪要(二)》(2014年5月7日　京高法发〔2014〕220号)

46. 用人单位与劳动者约定,工资中包括用人单位负担的养老、医疗、失业等社会保险费,而不向社会保险经办机构缴纳社会保险费的,其效力如何认定?

用人单位负有自行申报按时足额缴纳社会保险费的法定责任,劳动者应当缴纳的社会保险费由用人单位代扣代缴。用人单位与劳动者约定工资中包括社会保险费,而不向社会保险经办机构缴纳社会保险费的行为无效。

劳动者主张未办社会保险损失赔偿的,可以从赔偿额中扣减用人单位已按约定支付给劳动者的社会保险费。

47.《中华人民共和国社会保险法》于2011年7月1日起施行,在该法实施前,用人单位未为农民工缴纳养老保险的,因社会保险经办机构实际无法办理补缴手续,仲裁委、法院可以判令用人单位以金钱方式赔偿农民工未缴养老保险损失。现《中华人民共和国社会保险法》施行后已允许农民工补缴养老保险,农民工要求用人单位给付2011年7月1日后养老保险赔偿的诉讼请求是否还予以支持?

仲裁委、法院对于2011年6月30日前用人单位未为农民工缴纳养老保险的,可判决赔偿损失,对于2011年7月1日后农民工的养老保险问题原则上由社会保险经办机构和劳动行政部门依法处理,仲裁委、法院不再判决赔偿损失。

48.用人单位以向劳动者支付金钱代替缴纳社会保险的,用人单位在补缴社会保险后能否要求劳动者返还已付金钱?

如果用人单位补缴社会保险后劳动者在社会保险方面已不存在损失的,用人单位可以要求劳动者返还为代替缴纳社会保险而支付的金钱。

50.用人单位未给劳动者缴纳社会保险费,劳动者通过其他渠道自行缴纳保险费后,要求用人单位据此支付费用是否支持?

劳动者通过其他渠道缴纳保险费包括劳动者自行缴纳和在其他用人单位缴纳两种形式,这两种形式均与劳动关系的真实状态不符,违反社会保险法的规定,对社会保险的登记、核定、缴纳、支付等正常秩序造成影响,因此仲裁委、法院不予支持。

地方性规定:天津

《劳务派遣用工参加社会保险有关问题暂行规定》(2015年1月1日　津人社局发〔2014〕90号)

第三条　用工单位负责代劳务派遣单位,为本单位使用的被派遣劳动者办理参保登记手续。劳务派遣单位应缴纳的社会保险费及其被派遣劳动者的个人缴费部分,用工单位不再拨付到劳务派遣单位,直接缴纳至社会保险经办机构。劳务派遣单位应督促用工单位按时足额为被派遣劳动者缴纳社会保险费。

第七条　用工单位代劳务派遣单位为被派遣劳动者缴纳社会保险费按如下程序办理:

(一)劳务派遣单位与用工单位应对被派遣劳动者的参保人数、缴费基数、缴费金额等信息进行核对后,由用工单位向其参保区县的社会保险经办机构办理申报缴费手续,并由用工单位与劳务派遣单位在《天津市社会保险基数名册》、《天津市社会保险缴费人员登记、变动名册》上盖章确认。

(二)用工单位在缴费申报后,将劳务派遣单位和被派遣劳动者应缴纳的社会保险费,直接缴纳至社会保险经办机构。社会保险经办机构应出具收费凭证及《天津市社会保险缴费证明(劳务派遣单位)》。

(三)用工单位为被派遣劳动者缴纳社会保险费后,应将社会保险经办机构出具的《天津市社会保险缴费证明(劳务派遣单位)》交付劳务派遣单位,作为劳务派遣单位缴纳社会保险费的凭证。劳务派遣单位应按月与用工单位核对为被派遣劳动者缴纳社会保险费的信息。

（四）劳务派遣单位向用工单位收取的全部价款，以及用工单位为被派遣劳动者缴纳的社会保险费，应全额开具发票。被派遣劳动者工资、社会保险费、住房公积金应在同一张发票中注明。税务部门根据《天津市社会保险缴费证明（劳务派遣单位）》计算个人所得税扣减金额。

第九条　劳务派遣用工过程中，未按时足额为被派遣劳动者缴纳社会保险费的，有关部门依照国家和本市有关规定予以查处。给被派遣劳动者造成损害的，劳务派遣单位与用工单位承担连带赔偿责任。

第十条　以承揽、外包等名义，按劳务派遣用工形式使用劳动者的，按照本暂行规定执行；未按劳务派遣用工形式使用劳动者，但使用发包单位场所等生产经营设施进行生产经营服务的，应在发包单位场所等生产经营设施坐落地社保经办机构参加社会保险。

地方性规定：广东（深圳）

《广东省工伤保险条例》（2019 年 5 月 21 日修正　广东省第十三届人民代表大会常务委员会公告第 37 号）

第五十五条　用人单位依照本条例规定应当参加工伤保险而未参加或者未按时缴纳工伤保险费，职工发生工伤的，由该用人单位按照本条例规定的工伤保险待遇项目和标准向职工支付费用。

用人单位按照规定补缴应当缴纳的工伤保险费和滞纳金后，由工伤保险基金和用人单位按照本条例的规定支付新发生的费用。

第五十六条　用人单位少报职工工资，未足额缴纳工伤保险费，造成工伤职工享受的工伤保险待遇降低的，工伤保险待遇差额部分由用人单位向工伤职工补足。

第六十四条　本条例中下列用语的含义：

（一）本人工资，是指工伤职工在本单位因工作遭受事故伤害或者患职业病前十二个月平均月缴费工资。本单位为工伤职工缴纳工伤保险费不足十二个月的，以实际月数计算平均月缴费工资。本人工资高于全省上年度职工月平均工资百分之三百的，按照全省上年度职工月平均工资的百分之三百计算；本人工资低于全省上年度职工月平均工资百分之六十的，按照全省上年度职工月平均工资的百分之六十计算。

(二)原工资福利待遇,是指工伤职工在本单位受工伤前十二个月的平均工资福利待遇。工伤职工在本单位工作不足十二个月的,以实际月数计算平均工资福利待遇。

用人单位所在地地级以上市职工月平均工资高于全省职工月平均工资的,计算相关工伤保险待遇使用的全省职工月平均工资按照该地级以上市职工月平均工资执行。

第六十五条 用人单位为职工办理工伤保险参保手续次日起,在规定的缴费周期内缴纳工伤保险费的,该参保职工发生工伤,由工伤保险基金按照本条例规定的工伤保险待遇项目和标准支付费用。

地方性规定:浙江

浙江省高级人民法院《劳动争议案件疑难问题讨论纪要》(浙高法〔2001〕240号)

18.用人单位签订内部承包合同的,其劳动者合同的社会保险待遇应如何处理?

答:用人单位签订内部承包合同,是用人单位内部矛盾经营管理的一种方式,并不改变用人单位与劳动者之间的劳动关系,用人单位应按照国家现行法律、法规、政策,保障劳动者的社会保险权益,因此,不论内部承包合同如何约定,用人单位都不能取消对劳动者的社会保险待遇。

19.用人单位已为劳动者办理了商业保险手续,是否仍应为劳动者办理社会保险手续?

答:商业保险与社会保险性质不同,为劳动者缴纳社会保险金是用人单位的法定义务。因此,用人单位虽为劳动者办理了商业保险手续,但仍应为劳动者办理社会保险手续。

附:本章节收录相关规定汇总

法律

《社会保险法》(2018年12月29日修正)

部委规定

《劳务派遣暂行规定》(2014年3月1日 人力资源和社会保障部令第22号)

地方性规定:北京

北京市高级人民法院、北京市劳动争议仲裁委员会《关于劳动争议案件法律适用问题研

讨会会议纪要(二)》(2014年5月7日　京高法发〔2014〕220号)

地方性规定:天津

《劳务派遣用工参加社会保险有关问题暂行规定》(2015年1月1日　津人社局发〔2014〕90号)

地方性规定:广东(深圳)

《广东省工伤保险条例》(2019年5月21日修正　广东省第十三届人民代表大会常务委员会公告第37号)

地方性规定:浙江

浙江省高级人民法院《劳动争议案件疑难问题讨论纪要》(浙高法〔2001〕240号)

第三十六章　工伤保险

第一节　工伤保险费缴纳

法律

《社会保险法》(2018年12月29日修正)

第三十三条　职工应当参加工伤保险,由用人单位缴纳工伤保险费,职工不缴纳工伤保险费。

第三十四条　国家根据不同行业的工伤风险程度确定行业的差别费率,并根据使用工伤保险基金、工伤发生率等情况在每个行业内确定费率档次。行业差别费率和行业内费率档次由国务院社会保险行政部门制定,报国务院批准后公布施行。

社会保险经办机构根据用人单位使用工伤保险基金、工伤发生率和所属行业费率档次等情况,确定用人单位缴费费率。

第三十五条　用人单位应当按照本单位职工工资总额,根据社会保险经办机构确定的费率缴纳工伤保险费。

行政法规

《工伤保险条例》(2010年12月20日修订　国务院令第586号)

第二条　中华人民共和国境内的企业、事业单位、社会团体、民办非企业单位、基金会、律师事务所、会计师事务所等组织和有雇工的个体工商户(以下称用人单位)应当依照本条例规定参加工伤保险,为本单位全部职工或者雇工(以下称职工)

缴纳工伤保险费。

中华人民共和国境内的企业、事业单位、社会团体、民办非企业单位、基金会、律师事务所、会计师事务所等组织的职工和个体工商户的雇工,均有依照本条例的规定享受工伤保险待遇的权利。

第四条 用人单位应当将参加工伤保险的有关情况在本单位内公示。

用人单位和职工应当遵守有关安全生产和职业病防治的法律法规,执行安全卫生规程和标准,预防工伤事故发生,避免和减少职业病危害。

职工发生工伤时,用人单位应当采取措施使工伤职工得到及时救治。

第八条 工伤保险费根据以支定收、收支平衡的原则,确定费率。

国家根据不同行业的工伤风险程度确定行业的差别费率,并根据工伤保险费使用、工伤发生率等情况在每个行业内确定若干费率档次。行业差别费率及行业内费率档次由国务院社会保险行政部门制定,报国务院批准后公布施行。

统筹地区经办机构根据用人单位工伤保险费使用、工伤发生率等情况,适用所属行业内相应的费率档次确定单位缴费费率。

第十条 用人单位应当按时缴纳工伤保险费。职工个人不缴纳工伤保险费。

用人单位缴纳工伤保险费的数额为本单位职工工资总额乘以单位缴费费率之积。

对难以按照工资总额缴纳工伤保险费的行业,其缴纳工伤保险费的具体方式,由国务院社会保险行政部门规定。

部委规定

人力资源和社会保障部、住房和城乡建设部、国家安全生产监督管理总局、全国总工会《关于进一步做好建筑业工伤保险工作的意见》(2014年12月29日 人社部发〔2014〕103号)

二、完善工伤保险费计缴方式。按用人单位参保的建筑施工企业应以工资总额为基数依法缴纳工伤保险费。以建设项目为单位参保的,可以按照项目工程总造价的一定比例计算缴纳工伤保险费。

三、科学确定工伤保险费率。各地区人力资源社会保障部门应参照本地区建筑企业行业基准费率,按照以支定收、收支平衡原则,商住房城乡建设主管部门合理确定建设项目工伤保险缴费比例。要充分运用工伤保险浮动费率机制,根据各建筑企业工伤事故发生率、工伤保险基金使用等情况适时适当调整费率,促进企业加强安全生产,预防和减少工伤事故。

人力资源社会保障部、财政部《关于进一步做好事业单位等参加工伤保险工作有关问题的通知》(2012 年 10 月 19 日 人社部发〔2012〕67 号)

一、事业单位、社会团体、民办非企业单位、基金会、律师事务所、会计师事务所等组织按照《中华人民共和国社会保险法》、《工伤保险条例》规定,依照属地管理原则,参加统筹地区的工伤保险,并按时足额缴纳工伤保险费。缴纳工伤保险费所需费用在社会保障缴费中列支,其费率均暂按一类风险行业执行。

二、事业单位、社会团体、民办非企业单位、基金会、律师事务所、会计师事务所等组织的工作人员遭受事故伤害或者患职业病的,其工伤范围、工伤认定、劳动能力鉴定、待遇标准等按照《工伤保险条例》规定执行。

三、参照公务员法管理的事业单位、社会团体工作人员因工作遭受事故伤害或者患职业病的,按照《工伤保险条例》第六十五条的规定执行。

《实施〈中华人民共和国社会保险法〉若干规定》(2011 年 7 月 1 日 人力资源和社会保障部令第 13 号)

第九条 职工(包括非全日制从业人员)在两个或者两个以上用人单位同时就业的,各用人单位应当分别为职工缴纳工伤保险费。职工发生工伤,由职工受到伤害时工作的单位依法承担工伤保险责任。

《部分行业企业工伤保险费缴纳办法》(2011 年 1 月 1 日 人力资源社会保障部令第 10 号)

第二条 本办法所称的部分行业企业是指建筑、服务、矿山等行业中难以直接按照工资总额计算缴纳工伤保险费的建筑施工企业、小型服务企业、小型矿山企业等。

前款所称小型服务企业、小型矿山企业的划分标准可以参照《中小企业标准暂行规定》(国经贸中小企〔2003〕143 号)执行。

第三条 建筑施工企业可以实行以建筑施工项目为单位,按照项目工程总造价的一定比例,计算缴纳工伤保险费。

第四条 商贸、餐饮、住宿、美容美发、洗浴以及文体娱乐等小型服务业企业以及有雇工的个体工商户,可以按照营业面积的大小核定应参保人数,按照所在统筹地区上一年度职工月平均工资的一定比例和相应的费率,计算缴纳工伤保险费;也可以按照营业额的一定比例计算缴纳工伤保险费。

第五条 小型矿山企业可以按照总产量、吨矿工资含量和相应的费率计算缴纳工伤保险费。

劳动和社会保障部《关于农民工参加工伤保险有关问题的通知》(2004年6月1日　劳社部发〔2004〕18号)

三、用人单位注册地与生产经营地不在同一统筹地区的,原则上在注册地参加工伤保险。未在注册地参加工伤保险的,在生产经营地参加工伤保险。农民工受到事故伤害或患职业病后,在参保地进行工伤认定、劳动能力鉴定,并按参保地的规定依法享受工伤保险待遇。用人单位在注册地和生产经营地均未参加工伤保险的,农民工受到事故伤害或者患职业病后,在生产经营地进行工伤认定、劳动能力鉴定,并按生产经营地的规定依法由用人单位支付工伤保险待遇。

《关于非全日制用工若干问题的意见》(2003年5月30日　劳社部发〔2003〕12号)

12. 用人单位应当按照国家有关规定为建立劳动关系的非全日制劳动者缴纳工伤保险费。从事非全日制工作的劳动者发生工伤,依法享受工伤保险待遇;被鉴定为伤残5－10级的,经劳动者与用人单位协商一致,可以一次性结算伤残待遇及有关费用。

地方性规定:北京

《北京市工伤保险待遇核定支付办法》(2011年12月29日　京人社工发〔2011〕377号)

第八条　以本人工资为基数核定工伤保险待遇的,本人工资是指职工受伤前用人单位为其连续12个月缴纳工伤保险费的月平均缴费工资;用人单位缴费不满12个月的,以实际缴费月数的缴费工资之和平均计算本人工资。

新参加工作或调转到新的用人单位当月发生工伤事故的,以事故当月的缴费工资作为本人工资。

地方性规定:江苏

江苏省人力资源和社会保障厅《关于执行〈工伤保险条例〉若干问题的意见》(2021年1月1日　苏人社规〔2020〕4号)

一、关于非全日制、多重劳动关系劳动者参加工伤保险问题

(一)用人单位为招用的非全日制劳动者参加工伤保险的,应持与非全日制劳

动者签订的劳动合同或者建立劳动关系的相关材料,至社会保险经办机构办理工伤保险参保登记手续。

(二)职工(包括非全日制劳动者)在两个或者两个以上用人单位同时就业的,各用人单位应当分别为职工缴纳工伤保险费。职工已按照全日制用工参加社会保险的,其他用人单位可在其参保期间,为其单独办理工伤保险参保登记手续。职工发生工伤,由职工受到伤害时工作的单位依法承担工伤保险责任。

《江苏省实施〈工伤保险条例〉办法》(2015 年 6 月 1 日　江苏省人民政府令第 103 号)

第四十条　本办法下列用语的含义:

(一)发生工伤时本人工资,是指工伤职工因工作遭受事故伤害或者被诊断、鉴定为职业病前 12 个月平均月缴费工资。

(二)难以安排工作时本人工资,是指工伤职工难以安排工作前 12 个月平均月缴费工资。

(三)工伤复发时本人工资,是指工伤职工工伤复发前 12 个月平均月缴费工资。

不足 12 个月的,按照实际发生的月平均缴费工资计算;不足 1 个月的以用人单位职工平均月缴费工资计算。本人工资高于统筹地区职工平均工资 300% 的,按照统筹地区职工平均工资的 300% 计算;本人工资低于统筹地区职工平均工资 60% 的,按照统筹地区职工平均工资的 60% 计算。

第二节　工伤认定和劳动能力鉴定

法律

《社会保险法》(2018 年 12 月 29 日修正)

第三十七条　职工因下列情形之一导致本人在工作中伤亡的,不认定为工伤:

(一)故意犯罪;

(二)醉酒或者吸毒;

(三)自残或者自杀;

(四)法律、行政法规规定的其他情形。

行政法规

《工伤保险条例》(2011年1月1日　国务院令第586号)

第十四条　职工有下列情形之一的,应当认定为工伤:

(一)在工作时间和工作场所内,因工作原因受到事故伤害的;

(二)工作时间前后在工作场所内,从事与工作有关的预备性或者收尾性工作受到事故伤害的;

(三)在工作时间和工作场所内,因履行工作职责受到暴力等意外伤害的;

(四)患职业病的;

(五)因工外出期间,由于工作原因受到伤害或者发生事故下落不明的;

(六)在上下班途中,受到非本人主要责任的交通事故或者城市轨道交通、客运轮渡、火车事故伤害的;

(七)法律、行政法规规定应当认定为工伤的其他情形。

第十五条　职工有下列情形之一的,视同工伤:

(一)在工作时间和工作岗位,突发疾病死亡或者在48小时之内经抢救无效死亡的;

(二)在抢险救灾等维护国家利益、公共利益活动中受到伤害的;

(三)职工原在军队服役,因战、因公负伤致残,已取得革命伤残军人证,到用人单位后旧伤复发的。

职工有前款第(一)项、第(二)项情形的,按照本条例的有关规定享受工伤保险待遇;职工有前款第(三)项情形的,按照本条例的有关规定享受除一次性伤残补助金以外的工伤保险待遇。

第十六条　职工符合本条例第十四条、第十五条的规定,但是有下列情形之一的,不得认定为工伤或者视同工伤:

(一)故意犯罪的;

(二)醉酒或者吸毒的;

(三)自残或者自杀的。

第十七条　职工发生事故伤害或者按照职业病防治法规定被诊断、鉴定为职业病,所在单位应当自事故伤害发生之日或者被诊断、鉴定为职业病之日起30日内,向统筹地区社会保险行政部门提出工伤认定申请。遇有特殊情况,经报社会保险行政部门同意,申请时限可以适当延长。

用人单位未按前款规定提出工伤认定申请的,工伤职工或者其近亲属、工会组织在事故伤害发生之日或者被诊断、鉴定为职业病之日起1年内,可以直接向用人单位所在地统筹地区社会保险行政部门提出工伤认定申请。

按照本条第一款规定应当由省级社会保险行政部门进行工伤认定的事项,根据属地原则由用人单位所在地的设区的市级社会保险行政部门办理。

用人单位未在本条第一款规定的时限内提交工伤认定申请,在此期间发生符合本条例规定的工伤待遇等有关费用由该用人单位负担。

第十八条 提出工伤认定申请应当提交下列材料:

(一)工伤认定申请表;

(二)与用人单位存在劳动关系(包括事实劳动关系)的证明材料;

(三)医疗诊断证明或者职业病诊断证明书(或者职业病诊断鉴定书)。

工伤认定申请表应当包括事故发生的时间、地点、原因以及职工伤害程度等基本情况。

工伤认定申请人提供材料不完整的,社会保险行政部门应当一次性书面告知工伤认定申请人需要补正的全部材料。申请人按照书面告知要求补正材料后,社会保险行政部门应当受理。

第十九条 社会保险行政部门受理工伤认定申请后,根据审核需要可以对事故伤害进行调查核实,用人单位、职工、工会组织、医疗机构以及有关部门应当予以协助。职业病诊断和诊断争议的鉴定,依照职业病防治法的有关规定执行。对依法取得职业病诊断证明书或者职业病诊断鉴定书的,社会保险行政部门不再进行调查核实。

职工或者其近亲属认为是工伤,用人单位不认为是工伤的,由用人单位承担举证责任。

第二十条 社会保险行政部门应当自受理工伤认定申请之日起60日内作出工伤认定的决定,并书面通知申请工伤认定的职工或者其近亲属和该职工所在单位。

社会保险行政部门对受理的事实清楚、权利义务明确的工伤认定申请,应当在15日内作出工伤认定的决定。

作出工伤认定决定需要以司法机关或者有关行政主管部门的结论为依据的,在司法机关或者有关行政主管部门尚未作出结论期间,作出工伤认定决定的时限中止。

社会保险行政部门工作人员与工伤认定申请人有利害关系的,应当回避。

第二十一条 职工发生工伤,经治疗伤情相对稳定后存在残疾、影响劳动能力的,应当进行劳动能力鉴定。

第二十二条　劳动能力鉴定是指劳动功能障碍程度和生活自理障碍程度的等级鉴定。

劳动功能障碍分为十个伤残等级,最重的为一级,最轻的为十级。

生活自理障碍分为三个等级:生活完全不能自理、生活大部分不能自理和生活部分不能自理。

劳动能力鉴定标准由国务院社会保险行政部门会同国务院卫生行政部门等部门制定。

第二十三条　劳动能力鉴定由用人单位、工伤职工或者其近亲属向设区的市级劳动能力鉴定委员会提出申请,并提供工伤认定决定和职工工伤医疗的有关资料。

第二十六条　申请鉴定的单位或者个人对设区的市级劳动能力鉴定委员会作出的鉴定结论不服的,可以在收到该鉴定结论之日起15日内向省、自治区、直辖市劳动能力鉴定委员会提出再次鉴定申请。省、自治区、直辖市劳动能力鉴定委员会作出的劳动能力鉴定结论为最终结论。

第二十七条　劳动能力鉴定工作应当客观、公正。劳动能力鉴定委员会组成人员或者参加鉴定的专家与当事人有利害关系的,应当回避。

第二十八条　自劳动能力鉴定结论作出之日起1年后,工伤职工或者其近亲属、所在单位或者经办机构认为伤残情况发生变化的,可以申请劳动能力复查鉴定。

司法解释

最高人民法院《关于审理工伤保险行政案件若干问题的规定》(2014年9月1日　法释〔2014〕9号)

第四条　社会保险行政部门认定下列情形为工伤的,人民法院应予支持:

(一)职工在工作时间和工作场所内受到伤害,用人单位或者社会保险行政部门没有证据证明是非工作原因导致的;

(二)职工参加用人单位组织或者受用人单位指派参加其他单位组织的活动受到伤害的;

(三)在工作时间内,职工来往于多个与其工作职责相关的工作场所之间的合理区域因工受到伤害的;

(四)其他与履行工作职责相关,在工作时间及合理区域内受到伤害的。

第五条 社会保险行政部门认定下列情形为“因工外出期间”的,人民法院应予支持:

(一)职工受用人单位指派或者因工作需要在工作场所以外从事与工作职责有关的活动期间;

(二)职工受用人单位指派外出学习或者开会期间;

(三)职工因工作需要的其他外出活动期间。

职工因工外出期间从事与工作或者受用人单位指派外出学习、开会无关的个人活动受到伤害,社会保险行政部门不认定为工伤的,人民法院应予支持。

第六条 对社会保险行政部门认定下列情形为“上下班途中”的,人民法院应予支持:

(一)在合理时间内往返于工作地与住所地、经常居住地、单位宿舍的合理路线的上下班途中;

(二)在合理时间内往返于工作地与配偶、父母、子女居住地的合理路线的上下班途中;

(三)从事属于日常工作生活所需要的活动,且在合理时间和合理路线的上下班途中;

(四)在合理时间内其他合理路线的上下班途中。

第七条 由于不属于职工或者其近亲属自身原因超过工伤认定申请期限的,被耽误的时间不计算在工伤认定申请期限内。

有下列情形之一耽误申请时间的,应当认定为不属于职工或者其近亲属自身原因:

(一)不可抗力;

(二)人身自由受到限制;

(三)属于用人单位原因;

(四)社会保险行政部门登记制度不完善;

(五)当事人对是否存在劳动关系申请仲裁、提起民事诉讼。

最高人民法院《关于职工因公外出期间死因不明应否认定工伤的答复》(2011年7月6日 〔2010〕行他字第236号)

原则同意你院的第一种意见。即职工因公外出期间死因不明,用人单位或者社会保障部门提供的证据不能排除非工作原因导致死亡的,应当依据《工伤保险条例》第十四条第(五)项和第十九条第二款的规定,认定为工伤。

最高人民法院行政审判庭《关于职工无照驾驶无证车辆在上班途中受到机动车伤害死亡能否认定工伤请示的答复》(2011年5月19日　〔2011〕行他字第50号)

在《工伤保险条例(修订)》施行前(即2011年1月1日前),工伤保险部门对职工无照或者无证驾驶车辆在上班途中受到机动车伤害死亡,不认定为工伤的,不宜认为适用法律、法规错误。

最高人民法院行政审判庭《关于超过法定退休年龄的进城务工农民因工伤亡的,应否适用〈工伤保险条例〉请示的答复》(2010年3月17日　〔2010〕行他字第10号)

经研究,原则同意你院的倾向性意见。即:用人单位聘用的超过法定退休年龄的务工农民,在工作时间内、因工作原因伤亡的,应当适用《工伤保险条例》的有关规定进行工伤认定。

最高人民法院行政审判庭《关于劳动行政部门在工伤认定程序中是否具有劳动关系确认权请示的答复》(2009年7月20日　〔2009〕行他字第12号)

根据《劳动法》第九条和《工伤保险条例》第五条、第十八条的规定,劳动行政部门在工伤认定程序中,具有认定受到伤害的职工与企业之间是否存在劳动关系的职权。

最高人民法院《关于非固定居所到工作场所之间的路线是否属于"上下班途中"的答复》(2008年8月22日　〔2008〕行他字第2号)

经研究认为:如邹平确系下班直接回其在济南的住所途中受到机动车事故伤害,应当适用《工伤保险条例》第十四条第(六)项的规定。

最高人民法院行政审判庭《关于职工外出学习休息期间受到他人伤害应否认定为工伤问题的答复》(2007年9月7日　〔2007〕行他字第9号)

原则同意你院审判委员会倾向性意见,即职工受单位指派外出学习期间,在学习单位安排的休息场所休息时受到他人伤害的,应当认定为工伤。

最高人民法院行政审判庭《关于离退休人员与现工作单位之间是否构成劳动关系以及工作时间内受伤是否适用〈工伤保险条例〉问题的答复》(2007年7月5日〔2007〕行他字第6号)

经研究,原则同意你院第二种意见,即:根据《工伤保险条例》第二条、第六十一条等有关规定,离退休人员受聘于现工作单位,现工作单位已经为其缴纳了工伤保险费,其在受聘期间因工作受到事故伤害的,应当适用《工伤保险条例》的有关规定处理。

部委规定

人力资源社会保障部《关于执行〈工伤保险条例〉若干问题的意见(二)》(2016年3月28日 人社部发〔2016〕29号)

四、职工在参加用人单位组织或者受用人单位指派参加其他单位组织的活动中受到事故伤害的,应当视为工作原因,但参加与工作无关的活动除外。

五、职工因工作原因驻外,有固定的住所、有明确的作息时间,工伤认定时按照在驻在地当地正常工作的情形处理。

六、职工以上下班为目的、在合理时间内往返于工作单位和居住地之间的合理路线,视为上下班途中。

八、有下列情形之一的,被延误的时间不计算在工伤认定申请时限内。

(一)受不可抗力影响的;

(二)职工由于被国家机关依法采取强制措施等人身自由受到限制不能申请工伤认定的;

(三)申请人正式提交了工伤认定申请,但因社会保险机构未登记或者材料遗失等原因造成申请超时限的;

(四)当事人就确认劳动关系申请劳动仲裁或提起民事诉讼的;

(五)其他符合法律法规规定的情形。

九、《工伤保险条例》第六十七条规定的"尚未完成工伤认定的",是指在《工伤保险条例》施行前遭受事故伤害或被诊断鉴定为职业病,且在工伤认定申请法定时限内(从《工伤保险条例》施行之日起算)提出工伤认定申请,尚未做出工伤认定的情形。

人力资源社会保障部《关于执行〈工伤保险条例〉若干问题的意见》(2013年4月25日 人社部发〔2013〕34号)

一、《工伤保险条例》(以下简称《条例》)第十四条第(五)项规定的"因工外出期间"的认定,应当考虑职工外出是否属于用人单位指派的因工作外出,遭受的事故伤害是否因工作原因所致。

二、《条例》第十四条第(六)项规定的"非本人主要责任"的认定,应当以有关机关出具的法律文书或者人民法院的生效裁决为依据。

三、《条例》第十六条第（一）项“故意犯罪”的认定，应当以司法机关的生效法律文书或者结论性意见为依据。

四、《条例》第十六条第（二）项“醉酒或者吸毒”的认定，应当以有关机关出具的法律文书或者人民法院的生效裁决为依据。无法获得上述证据的，可以结合相关证据认定。

五、社会保险行政部门受理工伤认定申请后，发现劳动关系存在争议且无法确认的，应告知当事人可以向劳动人事争议仲裁委员会申请仲裁。在此期间，作出工伤认定决定的时限中止，并书面通知申请工伤认定的当事人。劳动关系依法确认后，当事人应将有关法律文书送交受理工伤认定申请的社会保险行政部门，该部门自收到生效法律文书之日起恢复工伤认定程序。

六、符合《条例》第十五条第（一）项情形的，职工所在用人单位原则上应自职工死亡之日起5个工作日内向用人单位所在统筹地区社会保险行政部门报告。

八、曾经从事接触职业病危害作业、当时没有发现罹患职业病、离开工作岗位后被诊断或鉴定为职业病的符合下列条件的人员，可以自诊断、鉴定为职业病之日起一年内申请工伤认定，社会保险行政部门应当受理：

（一）办理退休手续后，未再从事接触职业病危害作业的退休人员；

（二）劳动或聘用合同期满后或者本人提出而解除劳动或聘用合同后，未再从事接触职业病危害作业的人员。

……

《实施〈中华人民共和国社会保险法〉若干规定》（2011年7月1日　人力资源和社会保障部令第13号）

第十条　社会保险法第三十七条第二项中的醉酒标准，按照《车辆驾驶人员血液、呼气酒精含量阈值与检验》（GB 19522－2004）执行。公安机关交通管理部门、医疗机构等有关单位依法出具的检测结论、诊断证明等材料，可以作为认定醉酒的依据。

《工伤认定办法》（2011年1月1日　人力资源和社会保障部令第8号）

第四条　职工发生事故伤害或者按照职业病防治法规定被诊断、鉴定为职业病，所在单位应当自事故伤害发生之日或者被诊断、鉴定为职业病之日起30日内，向统筹地区社会保险行政部门提出工伤认定申请。遇有特殊情况，经报社会保险行政部门同意，申请时限可以适当延长。

按照前款规定应当向省级社会保险行政部门提出工伤认定申请的,根据属地原则应当向用人单位所在地设区的市级社会保险行政部门提出。

第五条 用人单位未在规定的时限内提出工伤认定申请的,受伤害职工或者其近亲属、工会组织在事故伤害发生之日或者被诊断、鉴定为职业病之日起1年内,可以直接按照本办法第四条规定提出工伤认定申请。

第六条 提出工伤认定申请应当填写《工伤认定申请表》,并提交下列材料:

(一)劳动、聘用合同文本复印件或者与用人单位存在劳动关系(包括事实劳动关系)、人事关系的其他证明材料;

(二)医疗机构出具的受伤后诊断证明书或者职业病诊断证明书(或者职业病诊断鉴定书)。

第八条 社会保险行政部门收到工伤认定申请后,应当在15日内对申请人提交的材料进行审核,材料完整的,作出受理或者不予受理的决定;材料不完整的,应当以书面形式一次性告知申请人需要补正的全部材料。社会保险行政部门收到申请人提交的全部补正材料后,应当在15日内作出受理或者不予受理的决定。

社会保险行政部门决定受理的,应当出具《工伤认定申请受理决定书》;决定不予受理的,应当出具《工伤认定申请不予受理决定书》。

第十二条 社会保险行政部门工作人员进行调查核实时,有关单位和个人应当予以协助。用人单位、工会组织、医疗机构以及有关部门应当负责安排相关人员配合工作,据实提供情况和证明材料。

第十三条 社会保险行政部门在进行工伤认定时,对申请人提供的符合国家有关规定的职业病诊断证明书或者职业病诊断鉴定书,不再进行调查核实。职业病诊断证明书或者职业病诊断鉴定书不符合国家规定的要求和格式的,社会保险行政部门可以要求出具证据部门重新提供。

第十六条 社会保险行政部门工作人员与工伤认定申请人有利害关系的,应当回避。

第十七条 职工或者其近亲属认为是工伤,用人单位不认为是工伤的,由该用人单位承担举证责任。用人单位拒不举证的,社会保险行政部门可以根据受伤害职工提供的证据或者调查取得的证据,依法作出工伤认定决定。

第十八条 社会保险行政部门应当自受理工伤认定申请之日起60日内作出工伤认定决定,出具《认定工伤决定书》或者《不予认定工伤决定书》。

第二十条 社会保险行政部门受理工伤认定申请后,作出工伤认定决定需要以司法机关或者有关行政主管部门的结论为依据的，在司法机关或者有关行政主管部门尚未作出结论期间，作出工伤认定决定的时限中止，并书面通知申请人。

第二十一条　社会保险行政部门对于事实清楚、权利义务明确的工伤认定申请，应当自受理工伤认定申请之日起15日内作出工伤认定决定。

第二十二条　社会保险行政部门应当自工伤认定决定作出之日起20日内，将《认定工伤决定书》或者《不予认定工伤决定书》送达受伤害职工（或者其近亲属）和用人单位，并抄送社会保险经办机构。

《认定工伤决定书》和《不予认定工伤决定书》的送达参照民事法律有关送达的规定执行。

第二十三条　职工或者其近亲属、用人单位对不予受理决定不服或者对工伤认定决定不服的，可以依法申请行政复议或者提起行政诉讼。

第二十四条　工伤认定结束后，社会保险行政部门应当将工伤认定的有关资料保存50年。

劳动和社会保障部办公厅《关于对工伤认定法律适用问题的复函》（2007年9月5日　劳社厅函〔2007〕345号）

经研究，我们认为，受伤职工符合《工伤保险条例》第十四条、第十五条规定的情形，且不存在第十六条情形的，应当认定为工伤或视同工伤；受伤职工虽不存在第十六条情形，但也不符合第十四条、第十五条规定情形的，不予认定为工伤或视同工伤；受伤职工虽符合第十四条、第十五条规定的情形，但存在第十六条情形的，不能认定为工伤或视同为工伤。

劳动部办公厅《关于申请工伤认定举证责任问题的复函》（2004年9月29日　劳社厅函〔2004〕317号）

劳动保障行政部门在审查申请人提交的工伤认定申请过程中，如果职工一方认为与用人单位之间存在事实劳动关系，但无有效证明，而用人单位不认为存在事实劳动关系的，由用人单位承担举证责任。

劳动和社会保障部《对陕西省劳动保障厅关于工伤认定和工伤保险待遇问题请示的答复》（2002年4月22日　劳社厅函〔2002〕159号）

一、关于对《企业职工工伤保险试行办法》（劳部发〔1996〕266号，发下简称《试行办法》)[①]第十条如何理解问题。《试行办法》第十条规定:“工伤职工或其家属应当自工伤事故发生之日或职业病确诊之日起,十五日内向当地劳动行政部门提出工伤保险待遇申请。遇有特殊情况,申请期限可以延长至三十日”,这里“十五日”、“三十日”的期限规定不是申请工伤保险待遇的时效。对于超出这一期限工伤职工或其家属提出的工伤保险待遇申请,劳动保障行政部门应当受理。

劳动和社会保障部办公厅《关于无证驾驶车辆发生交通事故是否认定工伤问题的复函》(2000 年 12 月 14 日　劳社厅函〔2000〕150 号)

无证驾驶车辆违反了《治安管理处罚条例》[②]《道路交通管理条例》[③]的有关规定,是违法行为。依据《企业职工工伤保险试行办法》(劳部发〔1996〕266 号)第九条关于违法或犯罪行为造成负伤、致残、死亡不应认定工伤的规定,对于因无证驾驶车辆发生交通事故而造成负伤、致残、死亡的,不应认定为工伤。

地方性规定:天津

《天津市工伤保险若干规定》(2019 年 11 月 1 日　天津市人民政府令第 14 号)

第十四条　用人单位应当自事故伤害发生之日或者职工被诊断、鉴定为职业病之日起 30 日内,向人力资源和社会保障行政部门提出工伤认定申请,并提交下列材料:

(一)工伤认定申请表;

(二)劳动(聘用)合同或者劳动(人事)关系证明;

(三)医疗诊断证明或者职业病诊断证明;

(四)法律、行政法规规定的其他相关证明材料。

第十五条　用人单位未按规定提出工伤认定申请的,工伤职工或者其近亲属、工会组织在事故伤害发生之日或者被诊断、鉴定为职业病之日起 1 年内,可以直接向人力资源和社会保障行政部门提出工伤认定申请,并提交本规定第十四条规定

① 编著注:《企业职工工伤保险试行办法》已被人力资源和社会保障部《关于第三批宣布失效和废止文件的通知》(2016 年 5 月 31 日发布,2016 年 5 月 31 日施行)废止,但此答复的内容可参照适用,下同。

② 编著注:《治安管理处罚条例》已被《治安管理处罚法》(2012 年 10 月 26 日发布,2013 年 1 月 1 日施行)废止,“有关规定”应适用《治安管理处罚法》。

③ 编著注:《道路交通管理条例》(1988 年)已被《道路交通安全法实施条例》(2017 年 10 月 7 日发布,2017 年 10 月 7 日施行)废止,“有关规定”应适用《道路交通安全法实施条例》。

的材料。

第十六条 人力资源和社会保障行政部门受理工伤认定申请后，可以对事故伤害情况进行调查核实，用人单位、职工及其近亲属、工会组织、医疗机构以及公安、民政等有关部门应当予以协助，据实提供证据材料。属于下列情形之一的，申请人应当提交相应证据材料：

（一）职工死亡的，提交死亡证明；

（二）在工作时间和工作场所内，因履行工作职责受到暴力等意外伤害的，提交公安部门的证明或者其他相关证明；

（三）因工外出期间，由于工作原因受到伤害或者发生事故下落不明的，提交公安部门或者相关部门的证明；

（四）在上下班途中，受到非本人主要责任的交通事故或者城市轨道交通、客运轮渡、火车事故伤害的，提交公安交通管理部门或者其他相关部门的证明；

（五）在工作时间和工作岗位，突发疾病死亡或者在48小时之内经抢救无效死亡的，提交医疗机构的抢救证明或者其他相关证明；

（六）在抢险救灾等维护国家利益、公共利益活动中受到伤害的，提交民政部门或者其他相关部门的证明；

（七）在服役期间因战、因公致残的军人，退出现役到用人单位后旧伤复发的，提交《中华人民共和国残疾军人证》；

（八）根据实际情况需提供的其他相关材料。

第十七条 人力资源和社会保障行政部门应当自收到工伤认定申请之日起15日内，对申请人提交的材料进行审核，申请材料完整的，作出受理或者不予受理的决定，并书面通知申请人；申请材料不完整的，应当一次性书面告知申请人在15日内提交需要补正的全部材料。申请人逾期不补正或者补正后仍不符合受理要求的，人力资源和社会保障行政部门应当自逾期或者收到补正材料之日起15日内，作出不予受理的决定，书面通知申请人并说明理由。

人力资源和社会保障行政部门应当自受理工伤认定申请之日起60日内作出工伤认定的决定，并书面通知用人单位、工伤职工或者其近亲属。对受理的事实清楚、权利义务明确的工伤认定申请，应当自受理工伤认定申请之日起15日内作出工伤认定的决定。

第十八条 工伤认定过程中，属于下列情形的，分别作如下处理：

（一）职工以上下班为目的、在合理时间内往返于工作单位和住所地、经常居住地、单位宿舍以及配偶、父母、子女居住地之间的合理路线,视为上下班途中。

(二)职工在工作时间、工作岗位突发疾病,径直送至医疗机构经抢救无效在48小时内死亡的,视同工伤。48小时的起算时间为医疗机构初次抢救时间。

(三)职工因工作原因驻外,有固定的住所、有明确的作息时间,工伤认定时按照在驻在地当地正常工作的情形处理。

(四)职工乘坐上下班通勤班车发生事故伤害的,按照《工伤保险条例》第十四条第六项的有关规定处理。

地方性规定:上海

上海市人力资源和社会保障局《关于实施〈上海市工伤保险实施办法〉若干问题处理意见的通知》(2014年9月1日　沪人社福发〔2014〕36号)

一、本市用人单位的从业人员发生事故伤害或者被诊断、鉴定为职业病(以下统称事故伤害)的,用人单位、从业人员或者其近亲属、工会组织(以下统称申请人)应当按照属地原则向单位或者法人注册登记地(以下统称注册地)的区县人力资源和社会保障局(以下简称区县人社局)提出工伤认定申请。

二、在本市注册登记、但住所地在外省市或者未在本市注册登记、但已经批准参加本市工伤保险的用人单位,其使用的从业人员发生事故伤害的,申请人应当向单位参保所在地的区县人社局提出工伤认定申请。

三、在注册地和本市均未参加工伤保险的外省市在沪施工单位,其使用的非城镇户籍外来从业人员发生事故伤害、且申请人要求在本市进行工伤认定的,可以向项目施工地的区县人社局提出工伤认定申请。

四、从业人员到达法定退休年龄未办理按月领取基本养老保险待遇手续或者不符合按月领取基本养老保险待遇条件、继续在原用人单位工作期间发生事故伤害的,申请人可以向单位注册地的区县人社局提出工伤认定申请。

五、从业人员发生急性中毒事故的,申请人向单位注册地的区县人社局提出工伤认定申请时,应当提供安全生产监督管理等部门出具的事故处理意见或者就诊记录等材料。

地方性规定:重庆

重庆市高级人民法院《关于审理工伤行政诉讼案件若干问题的暂行规定》(2005年1月5日　渝高法〔2004〕249号)

第六条　工伤认定须以劳动者与用人单位存在劳动关系为前提。劳动者与用人单位应当以书面形式订立劳动合同,双方虽没有按照法律规定签订书面劳动合同,但具有下列情形之一,并符合确立劳动关系的其他构成要件的,应认定劳动者和用人单位之间形成事实劳动关系:

(一)以口头约定代替书面劳动合同的;

(二)劳动合同期满后,双方未终止或续订合同而延续劳动关系的;

(三)用人单位与劳动者就劳动报酬进行了口头约定,并提供了相应的劳动条件,劳动者在用人单位的管理下从事劳动的;

(四)用人单位向劳动者发放了"工作证"、"服务证"等身份证件或已填写"登记表"、"报名表",允许或默认劳动者以用人单位员工名义工作的;

(五)试用期间未按规定订立劳动合同,试用期满后,用人单位既不解聘,又不与劳动者签订正式劳动合同的;

(六)劳动者与用人单位没有签订书面劳动合同但应当认定为事实劳动关系的其他情形。

劳动者与用人单位虽签订了书面劳动合同,但劳动合同因必备条款欠缺导致合同无效,或以其他名义签订的合同涉及劳动权利与义务内容的,应认定劳动者与用人单位之间形成事实劳动关系。

第七条　有下列情形之一的,不应认定劳动者与用人单位之间存在劳动关系或事实劳动关系:

(一)用工事实存在,且双方的权利和义务已实际履行,但用人单位不具备用工主体资格的;

(二)在承揽合同关系中,承揽人按照定作人的要求完成工作并交付工作成果,由定作人支付劳动报酬的;

(三)受雇人为雇佣人提供劳务,雇佣人支付劳动报酬的;

(四)其他不应认定存在劳动关系或事实劳动关系的情形。

第八条　建筑业企业对建筑工程进行发包、分包的,工伤赔偿责任的承担应根据以下具体情况分别确定:

(一)凡发包给有用工主体资格的其他企业的,承包方应对其使用的人员承担工伤赔偿责任。

(二)凡发包给无用工主体资格的其他单位或自然人的,应认定发包方与该单位或自然人使用的人员存在劳动关系,并由发包方对该单位或自然人所使用的人员承担工伤赔偿责任。

建筑业企业违反规定将工程发包、分包给无用工主体资格的单位或自然人的,该单位或自然人拖欠其使用的人员工资的,参照前款第(二)项的精神办理。

无用工主体资格的单位或自然人使用的人员依据本条第一款(二)项、第二款的规定向发包方主张工伤赔偿、工资偿付以外权利的,人民法院不应支持。

法律、法规另有规定的,从其规定。

第九条 职工在上班或下班的合理路线与合理时间中受到事故伤害,劳动保障行政部门认定为工伤的,人民法院应予支持。

第十条 职工在参加本单位或其内设机构组织的集体活动中发生与集体活动有关的伤亡事故,劳动保障行政部门认定为工伤的,人民法院应予支持。

地方性规定:广东(深圳)

《广东省工伤保险条例》(2019年5月21日修正 广东省第十三届人民代表大会常务委员会公告第37号)

第九条 职工有下列情形之一的,应当认定为工伤:

(一)在工作时间和工作场所内,因工作原因受到事故伤害的;

(二)工作时间前后在工作场所内,从事与工作有关的预备性或者收尾性工作受到事故伤害的;

(三)在工作时间和工作场所内,因履行工作职责受到暴力等意外伤害的;

(四)患职业病的;

(五)因工外出期间,由于工作原因受到伤害或者发生事故下落不明的;

(六)在上下班途中,受到非本人主要责任的交通事故或者城市轨道交通、客运轮渡、火车事故伤害的;

(七)法律、行政法规规定应当认定为工伤的其他情形。

第十条 职工有下列情形之一的,视同工伤:

(一)在工作时间和工作岗位,突发疾病死亡或者在四十八小时之内经抢救无效死亡的;

(二)在抢险救灾等维护国家利益、公共利益活动中受到伤害的;

（三）因工作环境存在有毒有害物质或者在用人单位食堂就餐造成急性中毒而住院抢救治疗，并经县级以上卫生防疫部门验证的；

（四）由用人单位指派前往依法宣布为疫区的地方工作而感染疫病的；

（五）职工原在军队服役，因战、因公负伤致残，已取得残疾军人证，到用人单位后旧伤复发的。

职工有前款第一、二、三、四项情形的，按照本条例的有关规定享受工伤保险待遇；职工有前款第五项情形的，按照本条例的有关规定享受除一次性伤残补助金以外的工伤保险待遇。

第十一条　职工符合本条例第九条、第十条的规定，但是有下列情形之一的，不得认定为工伤或者视同工伤：

（一）故意犯罪的；

（二）醉酒或者吸毒的；

（三）自残或者自杀的；

（四）法律、行政法规规定的其他情形。

第十二条　用人单位应当在职工发生事故伤害或者按照职业病防治法规定被诊断、鉴定为职业病后的第一个工作日，通知参加工伤保险所在地市、县（区）社会保险行政部门及社会保险经办机构，并自事故伤害发生之日或者按照职业病防治法规定被诊断、鉴定为职业病之日起三十日内，向参加工伤保险所在地市、县（区）社会保险行政部门提出工伤认定申请。遇有特殊情况，经报社会保险行政部门同意，申请时限可以适当延长。

用人单位未按照前款规定提出工伤认定申请的，该职工或者其近亲属、工会组织自事故伤害发生之日或者按照职业病防治法规定被诊断、鉴定为职业病之日起一年内，可以直接向用人单位参加工伤保险所在地市、县（区）社会保险行政部门提出工伤认定申请；未参加工伤保险的，向用人单位生产经营所在地市、县（区）社会保险行政部门提出工伤认定申请。

用人单位未在本条第一款规定的时限内提交工伤认定申请的，在提出工伤认定申请之前发生的符合本条例规定的工伤待遇等有关费用由用人单位承担。

第十四条　社会保险行政部门受理工伤认定申请后，根据审核需要可以对事故伤害进行调查核实，用人单位、职工、工会组织、医疗机构以及有关部门有协助工伤调查和提供证据的义务。

职业病诊断和诊断争议的鉴定，依照职业病防治法的有关规定执行。对依法取得的职业病诊断证明书或者职业病诊断鉴定书,社会保险行政部门不再进行调查核实。

职工或者其近亲属、工会组织认为是工伤,用人单位不认为是工伤的,由用人单位承担举证责任。

第十五条 社会保险行政部门应当自受理工伤认定申请之日起六十日内作出工伤认定的决定,并书面通知申请工伤认定的职工或者其近亲属以及该职工所在单位。

社会保险行政部门对受理的事实清楚、权利义务明确的工伤认定申请,应当自受理工伤认定申请之日起十五日内作出工伤认定的决定。

作出工伤认定决定需要以司法机关或者有关行政主管部门的结论为依据的,在司法机关或者有关行政主管部门尚未作出结论期间,作出工伤认定决定的时限中止。

社会保险行政部门工作人员与工伤认定申请人或者利害关系人有利害关系的,应当回避。

地方性规定:江苏

江苏省人力资源和社会保障厅《关于执行〈工伤保险条例〉若干问题的意见》(2021年1月1日 苏人社规〔2020〕4号)

二、关于工伤认定、劳动能力鉴定问题

(三)本省行政区域内的工伤认定及相关工作根据属地原则由县级以上社会保险行政部门办理。职工发生事故伤害或者按照职业病防治法规定被诊断、鉴定为职业病的,用人单位、工伤职工或者其近亲属、工会组织按下列情形向县级以上社会保险行政部门提出工伤认定申请:

1. 已经参加工伤保险的,向职工参保登记地社会保险行政部门提出工伤认定申请;

2. 未参加工伤保险的,用人单位注册地与生产经营地在同一设区市的,向注册地社会保险行政部门提出工伤认定申请;用人单位注册地与生产经营地不在同一设区市的,向生产经营地社会保险行政部门提出工伤认定申请;

3. 应当由省级社会保险行政部门进行工伤认定的事项,由用人单位向所在地的设区的市级社会保险行政部门提出工伤认定申请;

4. 遇有管辖不明确的,由共同的上一级社会保险行政部门确定。

（四）职业病人员所患同一职业病被多次诊断、鉴定的，应以首次被诊断、鉴定为职业病之日作为工伤认定申请期限的起算时点。同一职业病已被认定为工伤的，该职业病人员职业病病情加重后，社会保险行政部门不再受理同一职业病的工伤认定申请。

上述职业病人员可以依据《条例》第二十八条的规定，申请劳动能力复查鉴定，但存在以下情形之一的除外：

1. 已经与用人单位解除或者终止劳动人事关系的；

2. 已经领取一次性工伤医疗补助金和一次性伤残就业补助金的。

（六）《条例》第十四条第六项中"非本人主要责任"事故认定应以公安机关交通管理、交通运输、铁道等部门或者司法机关，以及法律、行政法规授权组织出具的相关法律文书为依据。存在以下情形的，社会保险行政部门应在调查核实后作出决定：

1. 职工在上下班途中受到交通事故伤害，公安机关交通管理等部门或者司法机关确认事故事实，但对事故双方当事人责任未作认定或者无法认定的，社会保险行政部门经调查核实后也没有证据证明职工承担主要及以上责任的，应当认定为工伤。

2. 工伤认定申请人认为职工在上下班途中受到交通事故伤害，但未提供公安机关交通管理等有关部门或者司法机关依法出具的事故处理文书，或者仅提供报警证明、交通事故不予受理决定书的，社会保险行政部门经调查核实后也不能证明职工受到非本人主要责任的交通事故伤害的，不予认定为工伤。

（七）工伤认定、劳动能力鉴定有关文书因受送达人下落不明等原因无法送达的，可以公告送达。自发出公告之日起，经过 60 日，即视为送达。有关文书采用公告送达方式的，可以在人力资源社会保障行政部门网站发布公告，并在案卷中注明原因和经过，保留相应的网页记录。

《江苏省实施〈工伤保险条例〉办法》（2015 年 6 月 1 日　江苏省人民政府令第 103 号）

第十五条　社会保险行政部门受理工伤认定申请后，可以要求用人单位、职工或者其近亲属提交有关证据材料。用人单位、职工或者其近亲属应当配合社会保险行政部门调查核实取证，并提供有关证据材料。

职工或者其近亲属、工会组织认为是工伤，用人单位不认为是工伤的，社会保险行政部门应当书面通知用人单位举证。用人单位无正当理由在规定时限内不提供证据的,社会保险行政部门可以根据职工或者其近亲属、工会组织以及相关部门提供的证据,或者调查核实取得的证据,依法作出工伤认定决定。

第三十六条　具备用工主体资格的用人单位将工程或者经营权发包给不具备用工主体资格的组织或者自然人,该组织或者自然人招用的劳动者发生事故伤害,劳动者提出工伤认定申请的,由具备用工主体资格的发包方承担用人单位依法应当承担的工伤保险责任,社会保险行政部门可以将具备用工主体资格的发包方作为用人单位按照规定作出工伤认定决定。

地方性规定:浙江

《劳动争议案件疑难问题讨论纪要》(2011年4月6日　浙高法〔2001〕240号)

20.人民法院在审理工伤此起的劳动争议案件时,如何采用劳动行政部门所作的工伤认定结论?

答:根据《劳动法》、劳动部《企业职工工伤保险试行办法》的规定,劳动部门认定工伤的行为是一种具体行政行为,当事人对工伤认定结论不服的,可依法提起行政复议或行政诉讼。人民法院在审理工伤引起的劳动争议案件时,一般应以劳动部门的工伤认定结论作为裁判的依据,但人民法院经审查认为该工伤认定结论确有错误,或者劳动部门不予或无法作出工伤认定结论的,人民法院应当依职权直接予以认定并据此进行裁判。

21.对劳动伤残等级鉴定机构所作的伤残等级鉴定,当事人提出异议的,人民法院能否另行委托鉴定?

答:劳动者工伤后的劳动能力和伤残等级的鉴定机构为各级劳动鉴定委员会。人民法院在审理工伤争议案件时,一般应采取劳动鉴定委员会作出的伤残等级鉴定结论;但确有新的证据证明原鉴定结论错误或伤残者伤情等情况发生重大变化,足以影响原鉴定结论的,人民法院可委托原劳动鉴定委员会重新作出鉴定,或者委托上一级劳动鉴定委员会或其他有法定鉴定资格的鉴定机构作出鉴定。

地方性规定:山东

《山东省贯彻〈工伤保险条例〉实施办法》(2011年7月1日　鲁政发〔2011〕25号)

第十二条　用人单位、工伤职工或者其近亲属、工会组织提出工伤认定申请,要按照《条例》第十七条的规定时限向统筹地区人力资源社会保障行政部门提出。其中,用人单位因交通事故、失踪、因工外出期间发生事故伤害及受其他不可抗力因素影响不能在规定时限内提出申请的,经统筹地区人力资源社会保障行政部门同意,申请时限可以适当延长,但延长时间不得超过30日。

用人单位未在规定的时限内提交工伤认定申请,在此期间发生的符合《条例》规定的工伤待遇等有关费用由该用人单位负担。

第十三条　职工上下班途中受到非本人主要责任的交通事故或城市轨道交通、客运轮渡、火车事故伤害的,申请人应提交公安交通管理部门或其他相关部门出具的事故责任认定证明。

第十五条　人力资源社会保障行政部门应当自受理工伤认定申请之日起60日内作出工伤认定的决定。对受理的事实清楚、权利义务明确的工伤认定申请,应当在15日内作出工伤认定的决定。

作出工伤认定决定需要以司法机关或者有关行政主管部门的结论为依据的,在司法机关或者有关行政主管部门尚未作出结论期间,作出工伤认定决定的时限中止。

第二十条　工伤职工认为疾病与工伤有因果关系的,可在申请劳动能力鉴定时一并提出确认申请。

地方性规定:福建

《福建省实施〈工伤保险条例〉办法》(2011年9月4日　闽政〔2011〕80号)

第十六条　工伤认定过程中,申请人主张发生下列工伤或视同工伤情形的,应提交相应的证明材料:

(一)在工作时间和工作场所内,因履行工作职责受到暴力等意外伤害的,应提交公安部门的证明或其他有效证明;

(二)因工外出期间,由于工作原因受到伤害或者发生事故下落不明的,应提交公安部门出具的证明或者其他有效证明;

(三)在上下班途中,受到非本人主要责任的交通事故或者城市轨道交通、客运轮渡、火车事故伤害的,应提交公安交通管理部门出具的事故责任认定书或者相关部门出具的有效证明;

(四)在工作时间和工作岗位,突发疾病死亡或者在48小时之内经抢救无效死亡的,应提交突发疾病死亡证明或医疗机构出具的抢救证明;

(五)在抢险救灾等维护国家利益、公共利益活动中受到伤害的,提交县级以上人民政府或相关部门的有效证明;

(六)因战、因公负伤致残的转业复员军人旧伤复发的,提交《革命伤残军人证》以及劳动能力鉴定机构对旧伤复发的确认。

第十八条 建筑施工企业、矿山企业等用人单位将工程(业务)或经营权发包给不具备用工主体资格的组织或自然人,对该组织或自然人聘用的职工因工作受到事故伤害或患职业病的,具备用工主体的发包方为工伤认定决定中的用人单位。

第三节 工伤保险责任和待遇

法律

《社会保险法》(2018年12月29日修正)

第三十六条第一款 职工因工作原因受到事故伤害或者患职业病,且经工伤认定的,享受工伤保险待遇;其中,经劳动能力鉴定丧失劳动能力的,享受伤残待遇。

第三十八条 因工伤发生的下列费用,按照国家规定从工伤保险基金中支付:

(一)治疗工伤的医疗费用和康复费用;

(二)住院伙食补助费;

(三)到统筹地区以外就医的交通食宿费;

(四)安装配置伤残辅助器具所需费用;

(五)生活不能自理的,经劳动能力鉴定委员会确认的生活护理费;

(六)一次性伤残补助金和一至四级伤残职工按月领取的伤残津贴;

(七)终止或者解除劳动合同时,应当享受的一次性医疗补助金;

(八)因工死亡的,其遗属领取的丧葬补助金、供养亲属抚恤金和因工死亡补助金;

(九)劳动能力鉴定费。

第三十九条 因工伤发生的下列费用,按照国家规定由用人单位支付:

(一)治疗工伤期间的工资福利;

(二)五级、六级伤残职工按月领取的伤残津贴;

(三)终止或者解除劳动合同时,应当享受的一次性伤残就业补助金。

第四十条　工伤职工符合领取基本养老金条件的,停发伤残津贴,享受基本养老保险待遇。基本养老保险待遇低于伤残津贴的,从工伤保险基金中补足差额。

第四十一条　职工所在用人单位未依法缴纳工伤保险费,发生工伤事故的,由用人单位支付工伤保险待遇。用人单位不支付的,从工伤保险基金中先行支付。

从工伤保险基金中先行支付的工伤保险待遇应当由用人单位偿还。用人单位不偿还的,社会保险经办机构可以依照本法第六十三条的规定追偿。

第四十二条　由于第三人的原因造成工伤,第三人不支付工伤医疗费用或者无法确定第三人的,由工伤保险基金先行支付。工伤保险基金先行支付后,有权向第三人追偿。

第四十三条　工伤职工有下列情形之一的,停止享受工伤保险待遇:

(一)丧失享受待遇条件的;

(二)拒不接受劳动能力鉴定的;

(三)拒绝治疗的。

《职业病防治法》(2018 年 12 月 29 日修正)

第五十八条　职业病病人除依法享有工伤保险外,依照有关民事法律,尚有获得赔偿的权利的,有权向用人单位提出赔偿要求。

第五十九条　劳动者被诊断患有职业病,但用人单位没有依法参加工伤保险的,其医疗和生活保障由该用人单位承担。

第六十条　职业病病人变动工作单位,其依法享有的待遇不变。

用人单位在发生分立、合并、解散、破产等情形时,应当对从事接触职业病危害的作业的劳动者进行健康检查,并按照国家有关规定妥善安置职业病病人。

行政法规

《工伤保险条例》(2010 年 12 月 20 日　国务院令第 586 号)

第三十条　职工因工作遭受事故伤害或者患职业病进行治疗,享受工伤医疗待遇。

职工治疗工伤应当在签订服务协议的医疗机构就医,情况紧急时可以先到就近的医疗机构急救。

治疗工伤所需费用符合工伤保险诊疗项目目录、工伤保险药品目录、工伤保险住院服务标准的,从工伤保险基金支付。工伤保险诊疗项目目录、工伤保险药品目录、工伤保险住院服务标准,由国务院社会保险行政部门会同国务院卫生行政部门、食品药品监督管理部门等部门规定。

职工住院治疗工伤的伙食补助费,以及经医疗机构出具证明,报经办机构同意,工伤职工到统筹地区以外就医所需的交通、食宿费用从工伤保险基金支付,基金支付的具体标准由统筹地区人民政府规定。

工伤职工治疗非工伤引发的疾病,不享受工伤医疗待遇,按照基本医疗保险办法处理。

工伤职工到签订服务协议的医疗机构进行工伤康复的费用,符合规定的,从工伤保险基金支付。

第三十一条 社会保险行政部门作出认定为工伤的决定后发生行政复议、行政诉讼的,行政复议和行政诉讼期间不停止支付工伤职工治疗工伤的医疗费用。

第三十二条 工伤职工因日常生活或者就业需要,经劳动能力鉴定委员会确认,可以安装假肢、矫形器、假眼、假牙和配置轮椅等辅助器具,所需费用按照国家规定的标准从工伤保险基金支付。

第三十三条 职工因工作遭受事故伤害或者患职业病需要暂停工作接受工伤医疗的,在停工留薪期内,原工资福利待遇不变,由所在单位按月支付。

停工留薪期一般不超过12个月。伤情严重或者情况特殊,经设区的市级劳动能力鉴定委员会确认,可以适当延长,但延长不得超过12个月。工伤职工评定伤残等级后,停发原待遇,按照本章的有关规定享受伤残待遇。工伤职工在停工留薪期满后仍需治疗的,继续享受工伤医疗待遇。

生活不能自理的工伤职工在停工留薪期需要护理的,由所在单位负责。

第三十四条 工伤职工已经评定伤残等级并经劳动能力鉴定委员会确认需要生活护理的,从工伤保险基金按月支付生活护理费。

生活护理费按照生活完全不能自理、生活大部分不能自理或者生活部分不能自理3个不同等级支付,其标准分别为统筹地区上年度职工月平均工资的50%、40%或者30%。

第三十五条 职工因工致残被鉴定为一级至四级伤残的,保留劳动关系,退出工作岗位,享受以下待遇:

(一)从工伤保险基金按伤残等级支付一次性伤残补助金,标准为:一级伤残为27个月的本人工资,二级伤残为25个月的本人工资,三级伤残为23个月的本人工资,四级伤残为21个月的本人工资;

(二)从工伤保险基金按月支付伤残津贴,标准为:一级伤残为本人工资的

90%，二级伤残为本人工资的85%，三级伤残为本人工资的80%，四级伤残为本人工资的75%。伤残津贴实际金额低于当地最低工资标准的，由工伤保险基金补足差额；

（三）工伤职工达到退休年龄并办理退休手续后，停发伤残津贴，按照国家有关规定享受基本养老保险待遇。基本养老保险待遇低于伤残津贴的，由工伤保险基金补足差额。

职工因工致残被鉴定为一级至四级伤残的，由用人单位和职工个人以伤残津贴为基数，缴纳基本医疗保险费。

第三十六条　职工因工致残被鉴定为五级、六级伤残的，享受以下待遇：

（一）从工伤保险基金按伤残等级支付一次性伤残补助金，标准为：五级伤残为18个月的本人工资，六级伤残为16个月的本人工资；

（二）保留与用人单位的劳动关系，由用人单位安排适当工作。难以安排工作的，由用人单位按月发给伤残津贴，标准为：五级伤残为本人工资的70%，六级伤残为本人工资的60%，并由用人单位按照规定为其缴纳应缴纳的各项社会保险费。伤残津贴实际金额低于当地最低工资标准的，由用人单位补足差额。

经工伤职工本人提出，该职工可以与用人单位解除或者终止劳动关系，由工伤保险基金支付一次性工伤医疗补助金，由用人单位支付一次性伤残就业补助金。一次性工伤医疗补助金和一次性伤残就业补助金的具体标准由省、自治区、直辖市人民政府规定。

第三十七条　职工因工致残被鉴定为七级至十级伤残的，享受以下待遇：

（一）从工伤保险基金按伤残等级支付一次性伤残补助金，标准为：七级伤残为13个月的本人工资，八级伤残为11个月的本人工资，九级伤残为9个月的本人工资，十级伤残为7个月的本人工资；

（二）劳动、聘用合同期满终止，或者职工本人提出解除劳动、聘用合同的，由工伤保险基金支付一次性工伤医疗补助金，由用人单位支付一次性伤残就业补助金。一次性工伤医疗补助金和一次性伤残就业补助金的具体标准由省、自治区、直辖市人民政府规定。

第三十八条　工伤职工工伤复发，确认需要治疗的，享受本条例第三十条、第三十二条和第三十三条规定的工伤待遇。

第三十九条　职工因工死亡，其近亲属按照下列规定从工伤保险基金领取丧葬补助金、供养亲属抚恤金和一次性工亡补助金：

(一)丧葬补助金为6个月的统筹地区上年度职工月平均工资；

(二)供养亲属抚恤金按照职工本人工资的一定比例发给由因工死亡职工生前提供主要生活来源、无劳动能力的亲属。标准为:配偶每月40%,其他亲属每人每月30%,孤寡老人或者孤儿每人每月在上述标准的基础上增加10%。核定的各供养亲属的抚恤金之和不应高于因工死亡职工生前的工资。供养亲属的具体范围由国务院社会保险行政部门规定；

(三)一次性工亡补助金标准为上一年度全国城镇居民人均可支配收入的20倍。

伤残职工在停工留薪期内因工伤导致死亡的,其近亲属享受本条第一款规定的待遇。

一级至四级伤残职工在停工留薪期满后死亡的,其近亲属可以享受本条第一款第(一)项、第(二)项规定的待遇。

第四十条 伤残津贴、供养亲属抚恤金、生活护理费由统筹地区社会保险行政部门根据职工平均工资和生活费用变化等情况适时调整。调整办法由省、自治区、直辖市人民政府规定。

第四十一条 职工因工外出期间发生事故或者在抢险救灾中下落不明的,从事故发生当月起3个月内照发工资,从第4个月起停发工资,由工伤保险基金向其供养亲属按月支付供养亲属抚恤金。生活有困难的,可以预支一次性工亡补助金的50%。职工被人民法院宣告死亡的,按照本条例第三十九条职工因工死亡的规定处理。

第四十二条 工伤职工有下列情形之一的,停止享受工伤保险待遇:

(一)丧失享受待遇条件的；

(二)拒不接受劳动能力鉴定的；

(三)拒绝治疗的。

第四十三条 用人单位分立、合并、转让的,承继单位应当承担原用人单位的工伤保险责任;原用人单位已经参加工伤保险的,承继单位应当到当地经办机构办理工伤保险变更登记。

用人单位实行承包经营的,工伤保险责任由职工劳动关系所在单位承担。

职工被借调期间受到工伤事故伤害的,由原用人单位承担工伤保险责任,但原用人单位与借调单位可以约定补偿办法。

企业破产的,在破产清算时依法拨付应当由单位支付的工伤保险待遇费用。

第四十四条　职工被派遣出境工作，依据前往国家或者地区的法律应当参加当地工伤保险的，参加当地工伤保险，其国内工伤保险关系中止；不能参加当地工伤保险的，其国内工伤保险关系不中止。

第四十五条　职工再次发生工伤，根据规定应当享受伤残津贴的，按照新认定的伤残等级享受伤残津贴待遇。

第六十六条第一款　无营业执照或者未经依法登记、备案的单位以及被依法吊销营业执照或者撤销登记、备案的单位的职工受到事故伤害或者患职业病的，由该单位向伤残职工或者死亡职工的近亲属给予一次性赔偿，赔偿标准不得低于本条例规定的工伤保险待遇；用人单位不得使用童工，用人单位使用童工造成童工伤残、死亡的，由该单位向童工或者童工的近亲属给予一次性赔偿，赔偿标准不得低于本条例规定的工伤保险待遇。具体办法由国务院社会保险行政部门规定。

司法解释

最高人民法院《关于审理人身损害赔偿案件适用法律若干问题的解释》（2020年12月29日修正　法释〔2020〕17号）

第三条　依法应当参加工伤保险统筹的用人单位的劳动者，因工伤事故遭受人身损害，劳动者或者其近亲属向人民法院起诉请求用人单位承担民事赔偿责任的，告知其按《工伤保险条例》的规定处理。

因用人单位以外的第三人侵权造成劳动者人身损害，赔偿权利人请求第三人承担民事赔偿责任的，人民法院应予支持。

最高人民法院《关于审理涉船员纠纷案件若干问题的规定》（2020年9月29日　法释〔2020〕11号）

第四条　船舶所有人以被挂靠单位的名义对外经营，船舶所有人未与船员签订书面劳动合同，其聘用的船员因工伤亡，船员主张被挂靠单位为承担工伤保险责任的单位的，应予支持。船舶所有人与船员成立劳动关系的除外。

最高人民法院《关于因第三人造成工伤的职工或其亲属在获得民事赔偿后是否还可以获得工伤保险补偿问题的答复》（2006年12月28日　〔2006〕行他字第12号）

你院《关于因第三人造成工伤死亡的亲属在获得高于工伤保险待遇的民事赔偿后是否还可以获得工伤保险补偿问题的请示报告》收悉。经研究，答复如下：

原则同意你院审判委员会的倾向性意见。即根据《中华人民共和国安全生产法》第四十八条以及最高人民法院《关于审理人身损害赔偿案件适用法律若干问题的解释》第十二条的规定,因第三人造成工伤的职工或其近亲属,从第三人处获得民事赔偿后,可以按照《工伤保险条例》第三十七条的规定,向工伤保险机构申请工伤保险待遇补偿。

部委规定

《实施〈中华人民共和国社会保险法〉若干规定》(2011年7月1日 人力资源和社会保障部令第13号)

第十一条 社会保险法第三十八条第八项中的因工死亡补助金是指《工伤保险条例》第三十九条的一次性工亡补助金,标准为工伤发生时上一年度全国城镇居民人均可支配收入的20倍。

上一年度全国城镇居民人均可支配收入以国家统计局公布的数据为准。

第十二条 社会保险法第三十九条第一项治疗工伤期间的工资福利,按照《工伤保险条例》第三十三条有关职工在停工留薪期内应当享受的工资福利和护理等待遇的规定执行。

《人力资源社会保障部关于执行〈工伤保险条例〉若干问题的意见(二)》(2016年3月28日 人社部发〔2016〕29号)

一、一级至四级工伤职工死亡,其近亲属同时符合领取工伤保险丧葬补助金、供养亲属抚恤金待遇和职工基本养老保险丧葬补助金、抚恤金待遇条件的,由其近亲属选择领取工伤保险或职工基本养老保险其中一种。

二、达到或超过法定退休年龄,但未办理退休手续或者未依法享受城镇职工基本养老保险待遇,继续在原用人单位工作期间受到事故伤害或患职业病的,用人单位依法承担工伤保险责任。

用人单位招用已经达到、超过法定退休年龄或已经领取城镇职工基本养老保险待遇的人员,在用工期间因工作原因受到事故伤害或患职业病的,如招用单位已按项目参保等方式为其缴纳工伤保险费的,应适用《工伤保险条例》。

三、《工伤保险条例》第六十二条规定的"新发生的费用",是指用人单位参加工伤保险前发生工伤的职工,在参加工伤保险后新发生的费用。其中由工伤保险基金支付的费用,按不同情况予以处理:

(一)因工受伤的,支付参保后新发生的工伤医疗费、工伤康复费、住院伙食补助费、统筹地区以外就医交通食宿费、辅助器具配置费、生活护理费、一级至四级伤残职工伤残津贴,以及参保后解除劳动合同时的一次性工伤医疗补助金;

（二）因工死亡的,支付参保后新发生的符合条件的供养亲属抚恤金。

人力资源社会保障部《关于执行〈工伤保险条例〉若干问题的意见》(2013年4月25日　人社部发〔2013〕34号)

七、具备用工主体资格的承包单位违反法律、法规规定,将承包业务转包、分包给不具备用工主体资格的组织或者自然人,该组织或者自然人招用的劳动者从事承包业务时因工伤亡的,由该具备用工主体资格的承包单位承担用人单位依法应承担的工伤保险责任。

八、……经工伤认定和劳动能力鉴定,前款第(一)项人员符合领取一次性伤残补助金条件的,按就高原则以本人退休前12个月平均月缴费工资或者确诊职业病前12个月的月平均养老金为基数计发。前款第(二)项人员被鉴定为一级至十级伤残、按《条例》规定应以本人工资作为基数享受相关待遇的,按本人终止或者解除劳动、聘用合同前12个月平均月缴费工资计发。

九、按照本意见第八条规定被认定为工伤的职业病人员,职业病诊断证明书(或职业病诊断鉴定书)中明确的用人单位,在该职工从业期间依法为其缴纳工伤保险费的,按《条例》的规定,分别由工伤保险基金和用人单位支付工伤保险待遇;未依法为该职工缴纳工伤保险费的,由用人单位按照《条例》规定的相关项目和标准支付待遇。

十、职工在同一用人单位连续工作期间多次发生工伤的,符合《条例》第三十六、第三十七条规定领取相关待遇时,按照其在同一用人单位发生工伤的最高伤残级别,计发一次性伤残就业补助金和一次性工伤医疗补助金。

十一、依据《条例》第四十二条的规定停止支付工伤保险待遇的,在停止支付待遇的情形消失后,自下月起恢复工伤保险待遇,停止支付的工伤保险待遇不予补发。

十二、《条例》第六十二条第三款规定的“新发生的费用”,是指用人单位职工参加工伤保险前发生工伤的,在参加工伤保险后新发生的费用。

十三、由工伤保险基金支付的各项待遇应按《条例》相关规定支付,不得采取将长期待遇改为一次性支付的办法。

十四、核定工伤职工工伤保险待遇时,若上一年度相关数据尚未公布,可暂按前一年度的全国城镇居民人均可支配收入、统筹地区职工月平均工资核定和计发,待相关数据公布后再重新核定，社会保险经办机构或者用人单位予以补发差额部分。

《关于加强见义勇为人员权益保护的意见》（2012 年 7 月 19 日　国办发〔2012〕39 号）

三、认真落实见义勇为伤亡人员抚恤补助政策

对见义勇为死亡人员，凡符合烈士评定条件的，依法评定为烈士，其家属按照《烈士褒扬条例》享受相关待遇。不符合烈士评定条件，属于因公牺牲情形的，按照《军人抚恤优待条例》有关规定予以抚恤；属于视同工伤情形的，享受一次性工亡补助金以及相当于本人 40 个月工资的遗属特别补助金，其中一次性工亡补助金由工伤保险基金按有关规定支付，遗属特别补助金由当地财政部门安排，民政部门发放。不属于上述情形的，按照上一年度全国城镇居民人均可支配收入的 20 倍加 40 个月的中国人民解放军排职少尉军官工资标准发放一次性补助金，有工作单位的由所在单位落实待遇；无工作单位的由民政部门会同见义勇为基金会负责发放，所需资金通过见义勇为专项基金统筹解决；尚未建立见义勇为专项基金的，由当地财政部门安排，民政部门发放。

对见义勇为致残人员，凡符合享受工伤保险待遇条件的，依据《工伤保险条例》落实相应待遇；不符合享受工伤保险待遇条件的，按照《伤残抚恤管理办法》及有关规定，由民政部门评定伤残等级并落实相应待遇。

……

《非法用工单位伤亡人员一次性赔偿办法》（2010 年 12 月 31 日修订　人力资源和社会保障部令第 9 号）

第二条　本办法所称非法用工单位伤亡人员，是指无营业执照或者未经依法登记、备案的单位以及被依法吊销营业执照或者撤销登记、备案的单位受到事故伤害或者患职业病的职工，或者用人单位使用童工造成的伤残、死亡童工。

前款所列单位必须按照本办法的规定向伤残职工或者死亡职工的近亲属、伤残童工或者死亡童工的近亲属给予一次性赔偿。

第三条　一次性赔偿包括受到事故伤害或者患职业病的职工或童工在治疗期间的费用和一次性赔偿金。一次性赔偿金数额应当在受到事故伤害或者患职业病的职工或童工死亡或者经劳动能力鉴定后确定。

劳动能力鉴定按照属地原则由单位所在地设区的市级劳动能力鉴定委员会办理。劳动能力鉴定费用由伤亡职工或童工所在单位支付。

第四条 职工或童工受到事故伤害或者患职业病,在劳动能力鉴定之前进行治疗期间的生活费按照统筹地区上年度职工月平均工资标准确定,医疗费、护理费、住院期间的伙食补助费以及所需的交通费等费用按照《工伤保险条例》规定的标准和范围确定,并全部由伤残职工或童工所在单位支付。

第五条 一次性赔偿金按照以下标准支付:

一级伤残的为赔偿基数的16倍,二级伤残的为赔偿基数的14倍,三级伤残的为赔偿基数的12倍,四级伤残的为赔偿基数的10倍,五级伤残的为赔偿基数的8倍,六级伤残的为赔偿基数的6倍,七级伤残的为赔偿基数的4倍,八级伤残的为赔偿基数的3倍,九级伤残的为赔偿基数的2倍,十级伤残的为赔偿基数的1倍。

前款所称赔偿基数,是指单位所在工伤保险统筹地区上年度职工年平均工资。

第六条 受到事故伤害或者患职业病造成死亡的,按照上一年度全国城镇居民人均可支配收入的20倍支付一次性赔偿金,并按照上一年度全国城镇居民人均可支配收入的10倍一次性支付丧葬补助等其他赔偿金。

财政部、国家税务总局《关于工伤职工取得的工伤保险待遇有关个人所得税政策的通知》(2011年1月1日 财税〔2012〕40号)

一、对工伤职工及其近亲属按照《工伤保险条例》(国务院令第586号)规定取得的工伤保险待遇,免征个人所得税。

二、本通知第一条所称的工伤保险待遇,包括工伤职工按照《工伤保险条例》(国务院令第586号)规定取得的一次性伤残补助金、伤残津贴、一次性工伤医疗补助金、一次性伤残就业补助金、工伤医疗待遇、住院伙食补助费、外地就医交通食宿费用、工伤康复费用、辅助器具费用、生活护理费等,以及职工因工死亡,其近亲属按照《工伤保险条例》(国务院令第586号)规定取得的丧葬补助金、供养亲属抚恤金和一次性工亡补助金等。

三、本通知自2011年1月1日起执行。对2011年1月1日之后已征税款,由纳税人向主管税务机关提出申请,主管税务机关按相关规定予以退还。

国务院《关于进一步加强企业安全生产工作的通知》(2010年7月19日 国发〔2010〕23号)

23. 提高工伤事故死亡职工一次性赔偿标准。从2011年1月1日起,依照《工伤保险条例》的规定,对因生产安全事故造成的职工死亡,其一次性工亡补助金标准调整为按全国上一年度城镇居民人均可支配收入的20倍计算,发放给工亡职工近亲属。同时,依法确保工亡职工一次性丧葬补助金、供养亲属抚恤金的发放。

人力资源和社会保障部、民政部、财政部《关于事业单位工作人员和离退休人员死亡一次性抚恤金发放办法的通知》(2008年7月1日 人社部发〔2008〕42号)

一、关于一次性抚恤金(工亡补助金)标准

(二)按照劳动和社会保障部、人事部、民政部、财政部《关于事业单位民间非营利组织工作人员工伤有关问题的通知》(劳社部发〔2005〕36号)规定,参加统筹地区工伤保险的事业单位工作人员属于因工死亡的,一次性工亡补助金标准按当地工伤保险规定执行。

(三)已参加企业职工基本养老保险事业单位的工作人员和离退休人员,属于病故的,一次性抚恤待遇仍按当地规定执行。

国务院法制办公室《对山东省人民政府法制办公室〈关于安置在企业的伤残军人能否享受工伤医疗补助金待遇问题的请示〉的复函》(2007年1月4日 国法秘函〔2007〕3号)

根据《工伤保险条例》第十五条第一款第(三)项关于"职工原在军队服役,因战、因公负伤致残,已取得革命伤残军人证,到用人单位后旧伤复发的"视同工伤的规定,同意你办提出的"对企业伤残军人已在退役前享受残疾抚恤金的,除在企业工作中形成新的伤残,或者旧伤复发外,不能重复享受一次性工伤医疗补助金和一次性伤残就业补助金"的意见。

劳动和社会保障部办公厅《关于对一至四级"老工伤"人员在二〇〇四年一月一日后死亡是否享受一次性工亡补助金问题的复函》(2005年12月12日 劳社厅函〔2005〕436号)

1996年10月1日前(即《企业职工工伤保险试行办法》施行前)发生工伤没有给付一次性伤残补助金的一至四级伤残人员,在《工伤保险条例》施行后死亡的,是否享受一次性工亡补助金,可由你省根据实际情况,自行确定。

劳动和社会保障部《关于农民工参加工伤保险有关问题的通知》(2004年6月1日 劳社部发〔2004〕18号)

三、用人单位注册地与生产经营地不在同一统筹地区的,原则上在注册地参加工伤保险。未在注册地参加工伤保险的,在生产经营地参加工伤保险。农民工受到事故伤害或患职业病后,在参保地进行工伤认定、劳动能力鉴定,并按参保地的规定依法享受工伤保险待遇。用人单位在注册地和生产经营地均未参加工伤保险的，农民工受到事故伤害或者患职业病后，在生产经营地进行工伤认定、劳动能力鉴定，并按生产经营地的规定依法由用人单位支付工伤保险待遇。

《因工死亡职工供养亲属范围规定》(2004 年 1 月 1 日　劳动和社会保障部令第 18 号)

第二条　本规定所称因工死亡职工供养亲属，是指该职工的配偶、子女、父母、祖父母、外祖父母、孙子女、外孙子女、兄弟姐妹。

本规定所称子女，包括婚生子女、非婚生子女、养子女和有抚养关系的继子女，其中，婚生子女、非婚生子女包括遗腹子女；

本规定所称父母，包括生父母、养父母和有抚养关系的继父母；

本规定所称兄弟姐妹，包括同父母的兄弟姐妹、同父异母或者同母异父的兄弟姐妹、养兄弟姐妹、有抚养关系的继兄弟姐妹。

第三条　上条规定的人员，依靠因工死亡职工生前提供主要生活来源，并有下列情形之一的，可按规定申请供养亲属抚恤金：

（一）完全丧失劳动能力的；

（二）工亡职工配偶男年满 60 周岁、女年满 55 周岁的；

（三）工亡职工父母男年满 60 周岁、女年满 55 周岁的；

（四）工亡职工子女未满 18 周岁的；

（五）工亡职工父母均已死亡，其祖父、外祖父年满 60 周岁，祖母、外祖母年满 55 周岁的；

（六）工亡职工子女已经死亡或完全丧失劳动能力，其孙子女、外孙子女未满 18 周岁的；

（七）工亡职工父母均已死亡或完全丧失劳动能力，其兄弟姐妹未满 18 周岁的。

第四条　领取抚恤金人员有下列情形之一的，停止享受抚恤金待遇：

（一）年满 18 周岁且未完全丧失劳动能力的；

（二）就业或参军的；

（三）工亡职工配偶再婚的；

（四）被他人或组织收养的；

（五）死亡的。

第五条　领取抚恤金的人员，在被判刑收监执行期间，停止享受抚恤金待遇。

刑满释放仍符合领取抚恤金资格的,按规定的标准享受抚恤金。

第六条 因工死亡职工供养亲属享受抚恤金待遇的资格,由统筹地区社会保险经办机构核定。

因工死亡职工供养亲属的劳动能力鉴定,由因工死亡职工生前单位所在地设区的市级劳动能力鉴定委员会负责。

地方性规定:北京

北京市高级人民法院、北京市劳动人事争议仲裁委员会《关于审理劳动争议案件法律适用问题的解答》(2017 年 4 月 24 日 京高法发〔2017〕142 号)

26. 哪些近亲属可以享受《工伤保险条例》第三十九条规定中劳动者的工亡赔偿待遇? 近亲属间如何分配劳动者的工亡赔偿待遇?

《工伤保险条例》规定的近亲属的范围不同于《继承法》的继承人范围。《工伤保险条例》规定的近亲属应包括配偶、父母、子女、兄弟姐妹、祖父母、外祖父母、孙子女、外孙子女和其他具有扶养、赡养关系的亲属。

依据《工伤保险条例》第三十九条规定"供养亲属抚恤金按照职工本人工资的一定比例发给由因工死亡职工生前提供主要生活来源、无劳动能力的亲属"。"供养亲属的具体范围由国务院社会保险行政部门规定",具体认定可按原劳动和社会保障部《因工死亡职工供养亲属范围规定》执行。

除供养亲属抚恤金外,其他享受劳动者的工亡赔偿待遇的近亲属范围的顺位可参照《继承法》中法定继承顺位考虑。

《2014 年部分劳动争议法律适用疑难问题研讨会会议纪要》(2015 年 1 月 1 日)

四、《会议纪要二》第 19 条:"建筑施工企业未为农民工办理工伤社会保险的,对在建筑施工过程中发生工伤损害的农民工承担工伤保险待遇赔偿。建筑施工企业将工程违法分包或非法转包给没有用工主体资格的单位或人员时,农民工不能享受工伤保险待遇时,建筑施工企业对工伤保险待遇赔偿承担连带赔偿责任。"

问题:在建筑施工过程中农民工遭受工伤后,要求确认与建筑施工企业存在劳动关系以便进行工伤认定的,是否不再支持?

研讨意见:是否能够认定劳动关系,应根据用工的具体情况来确定。用工符合劳动关系特征的,应认定为劳动关系。

1. 具备用工主体资格的发包人将工程发包给同样具备用工主体资格的承包人

时，承包人与其招用的劳动者之间形成劳动关系，发包人与该劳动者之间不存在劳动关系。

2. 如果承包人将工程层层分包或者转包给不具备用工主体资格的单位或人员时（承包人或者实际施工人），该承包人与非其所招用劳动者之间不具有劳动关系。

3. 根据原劳动和社会保障部《关于确立劳动关系有关事项的通知》第4条规定，在建筑施工、矿山企业等用人单位将工程或业务发包给不具备用工主体资格的组织或自然人时，对该组织或自然人招用的劳动者，由具备用工主体资格的发包方承担用工主体责任。该“用工主体责任”并非确认双方存在劳动关系，而是对劳动者特殊保护的一种替代责任。

4. 在劳动过程中，劳动者出现工伤时，上述建筑施工企业等用人单位应承担用工主体责任，在劳动者不能享受工伤保险待遇时，可以主张工伤保险待遇赔偿。建筑施工企业等用人单位与没有用工主体资格的单位或人员（承包人或者实际施工人）对工伤保险待遇赔偿承担连带赔偿责任。

八、《会议纪要二》第49条第一款和第二款：“超过法定退休年龄的农民工在工作期间发生工伤要求认定劳动关系的，应当驳回其请求，可在裁判文书中确认属于劳务关系。超过法定退休年龄的农民工因无法享受工伤保险待遇，而主张工伤保险待遇赔偿的，应予支持。”

问题：如果超过法定退休年龄的农民工经裁判确认为劳务关系后，能否依据《最高人民法院关于审理人身损害赔偿案件适用法律若干问题的解释》第十一条第二款规定主张雇员受害赔偿，而不选择工伤待遇赔偿？

研讨意见：可由当事人选择雇员受害赔偿或者工伤赔偿。

北京市高级人民法院、北京市劳动争议仲裁委员会《关于劳动争议案件法律适用问题研讨会会议纪要（二）》（2014年5月7日　京高法〔2014〕220号）

49. 超过法定退休年龄的农民工在工作期间发生工伤的，如何处理？

超过法定退休年龄的农民工在工作期间发生工伤要求认定劳动关系的，应当驳回其请求，可在裁判文书中确认属于劳务关系。

超过法定退休年龄的农民工因无法享受工伤保险待遇，而主张工伤保险待遇赔偿的，应予支持。

超过法定退休年龄的农民工受到第三人侵权，第三人侵权赔偿并不影响其向用人单位主张给予工伤保险待遇赔偿。

《北京市工伤保险待遇核定支付办法》(2011年12月5日　京人社工发〔2011〕377号)

第九条　退休人员被诊断为职业病的,核定一次性伤残补助金时,以本人被诊断为职业病前12个月的月平均基本养老金或退休费作为核定一次性伤残补助金的基数,基本养老金或退休费领取不足12个月的应与退休前的缴费工资基数一并计算。计算标准低于本市上一年度职工月平均工资60%的,以本市上一年度职工月平均工资的60%为基数。

第十条　工伤职工复查鉴定后伤残等级发生变化的,一次性伤残补助金不再重新核定和补发。

第十一条　5至10级或未达伤残等级的工伤职工复查鉴定后伤残等级达到1至4级的,伤残津贴以本人复查鉴定前12个月的月平均缴费工资基数作为本人工资进行核定。凡低于本市上一年度职工月平均工资60%的,以本市上一年度职工月平均工资的60%进行核定,高于本市上一年度职工月平均工资300%的,以本市上一年度职工月平均工资的300%核定。

第十二条　1至4级工伤职工,复查鉴定后伤残等级提高的,伤残津贴自复查鉴定的次月起进行调整。调整公式为:复查鉴定当月的伤残津贴/原伤残等级核定伤残津贴的百分比*复查后伤残等级核定伤残津贴的百分比。

1至4级工伤职工复查鉴定后伤残等级下降,伤残津贴不作调整。伤残等级降为5至10级的,自复查鉴定的次月起,停发伤残津贴。

第十三条　对综合评定后伤残等级升高的1－4级工伤职工,伤残津贴应自综合评定的次月起进行调整。调整公式为:综合评定等级鉴定当月的伤残津贴/原伤残等级核定伤残津贴的百分比*综合评定后伤残等级核定伤残津贴的百分比。

第十四条　核定一次性工亡补助金和丧葬补助金时,分别按工伤发生时上一年度全国城镇居民人均可支配收入和上一年度本市职工月平均工资作为计发基数。

核定一次性医疗补助金时,按终止或者解除劳动关系时上一年度本市职工月平均工资作为计发基数。

核定生活护理费时,按劳动能力鉴定委员会出具鉴定结论时上一年度本市职工月平均工资作为计发基数。

上一年度相关数据未公布前,可暂按上上年度的全国城镇居民人均可支配收入或本市职工月平均工资核定发放相关工伤保险待遇,待相关数据公布后再重新核定并补发。

第十五条 工伤职工在停工留薪期内死亡的,经治疗的工伤医疗机构出具的《居民死亡医学证明书》明确为因工伤(职业病)伤害导致死亡的,享受因工死亡待遇。

第十六条 职工因下落不明被认定为工伤,经人民法院宣告死亡的,核定一次性工亡补助金和丧葬补助金时,以职工下落不明的上一年度本市职工月平均工资和上一年度全国城镇居民人均可支配收入作为计发基数。

第十七条 核定供养亲属抚恤金时,确定工亡(伤)职工的本人工资,参照本办法第八条规定。其中1－4级工伤职工死亡前12个月平均伤残津贴或基本养老金(退休费)高于本人工资时以伤残津贴或基本养老金(退休费)作为基数。当基数低于工伤职工死亡时本市上年度职工月平均工资60%的,按照工伤职工死亡时本市上年度职工月平均工资60%计算;高于工伤职工死亡时本市上年度职工月平均工资300%的,按照工伤职工死亡时本市上年度职工月平均工资300%计算。

第十八条 核定住院伙食补助费、统筹地区以外就医的交通食宿费时,根据本市有关规定核准具体支付金额。

第十九条 根据国家法律法规规章和本市有关规定,下列工伤保险待遇支付时间按以下规定执行:

(一)一次性伤残补助金、一次性工亡补助金、丧葬补助金、一次性工伤医疗补助金自核定结论作出后20个工作日内支付;

(二)伤残津贴、生活护理费自劳动能力鉴定委员会作出结论的次月起开始支付,供养亲属抚恤金自工伤职工死亡的次月起开始支付;

(三)职工因工外出期间发生事故或者在抢险救灾中下落不明的,供养亲属抚恤金自事故发生的第4个月起支付;

(四)工伤职工经再次鉴定,鉴定结论发生变化的,按照再次鉴定结论享受相应待遇,享受待遇的起始时间为原鉴定时间的次月。

第二十一条 由工伤保险基金支付的伤残津贴在扣除个人应缴纳的社会保险费后,低于本市最低工资标准的,由工伤保险基金补足差额。

第二十二条 工伤职工再次发生工伤的,新伤害部位的劳动能力鉴定等级作为享受一次性伤残补助金待遇的依据。工伤职工发生多次工伤的,多次伤残综合评定的等级作为除享受一次性伤残补助金以外工伤保险待遇的依据。

第二十三条 社会保险行政部门在工伤认定决定中明确由工伤或者职业病导

致其他疾病的,经劳动能力鉴定委员会鉴定,新评定的伤残等级作为享受除一次性伤残补助金以外的工伤保险待遇的依据。

第二十四条 用人单位违反《条例》第十七条第一款规定,提出工伤认定申请时间超出规定时限的,由用人单位负担此期间发生的工伤待遇等有关费用。

地方性规定:天津

《天津法院劳动争议案件审理指南》(2018年1月1日 津高法〔2017〕246号)

38.【工伤赔偿协议的效力】劳动者发生工伤,用人单位与劳动者达成赔偿协议后,劳动者又提起仲裁和诉讼,要求用人单位按照工伤保险待遇赔付的,对该协议应当区分以下情况处理:

(1)如果该赔偿协议是在劳动者已被依法认定为工伤且已完成劳动能力鉴定的前提下签订,不存在《中华人民共和国民法总则》第一百四十八条至第一百五十一条规定的情形的,应认定有效;

(2)如果该赔偿协议是在劳动者未经劳动行政部门依法认定为工伤且未完成劳动能力鉴定的情形下签订,劳动者实际所获补偿明显低于法定工伤保险待遇标准,劳动者主张该赔偿协议违反其真实意思表示,请求依法予以撤销,或者主张用人单位补足双方协议低于工伤保险待遇的差额部分的,应予支持。

劳动者主张上述赔偿协议违反其真实意思表示应予撤销的,应当根据《中华人民共和国民法总则》第六章第三节的相关规定进行审查和处理。

39.【工伤赔偿与民事赔偿是否兼得的问题】被侵权人有权获得工伤保险待遇或者其他社会保险待遇的,侵权人的侵权责任不因受害人获得社会保险而减轻或者免除。根据《中华人民共和国社会保险法》第三十条和四十二条的规定,被侵权人有权请求工伤保险基金或者其他社会保险支付工伤保险待遇或者其他保险待遇。

用人单位未依法缴纳工伤保险费,劳动者因第三人侵权造成人身损害并构成工伤,侵权人已经赔偿的,劳动者有权请求用人单位支付除医疗费之外的工伤保险待遇。用人单位先行支付工伤保险待遇的,可以就医疗费用在第三人应承担的赔偿责任范围内向其追偿。

40.【双方均未在法定期限内申报工伤的处理】用人单位与劳动者均未在《工伤保险条例》第十七条规定的时限内申报工伤,劳动行政部门也不再受理双方提出的工伤申请,劳动者主张用人单位支付工伤保险待遇的,不予支持,但应当释明劳动者可以按照《中华人民共和国侵权责任法》另行提起人身损害赔偿的诉讼请求。

《天津市工伤保险若干规定》(2019年11月1日　天津市人民政府令第14号)

第二十五条　因工伤发生的下列费用,由用人单位支付:

(一)停工留薪期内的工资福利待遇;

(二)停工留薪期内的生活护理;

(三)五级、六级伤残职工的伤残津贴;

(四)一次性伤残就业补助金。

第二十八条　工伤职工住院伙食补助费、到统筹地区以外就医的交通食宿费用标准由市人民政府另行规定。

第二十九条　职工因工致残被鉴定为五级、六级伤残的,经本人提出,可以与用人单位解除劳动(聘用)合同或者终止劳动(人事)关系;被鉴定为七级至十级伤残的,劳动(聘用)合同期满或者经本人提出,可以与用人单位解除劳动(聘用)合同或者终止劳动(人事)关系。

解除劳动(聘用)合同或者终止劳动(人事)关系的职工,由工伤保险基金支付一次性工伤医疗补助金,由用人单位支付一次性伤残就业补助金。

一次性工伤医疗补助金的具体标准为本市上年度职工月平均工资的2至12个月:五级伤残为12个月,六级伤残为10个月,七级伤残为8个月,八级伤残为6个月,九级伤残为4个月,十级伤残为2个月。

一次性伤残就业补助金的具体标准为本市上年度职工月平均工资的3至18个月:五级伤残为18个月,六级伤残为15个月,七级伤残为12个月,八级伤残为9个月,九级伤残为6个月,十级伤残为3个月。

工伤职工解除劳动(聘用)合同或者终止劳动(人事)关系时,距法定退休年龄不足五年的,一次性工伤医疗补助金和一次性伤残就业补助金按金额的80%支付,不足四年的按60%支付,不足三年的按40%支付,不足二年的按20%支付,不足一年的按10%支付。工伤职工解除劳动(聘用)合同或者终止劳动(人事)关系时,已达到法定退休年龄并符合按月领取养老金条件的,不支付一次性工伤医疗补助金和一次性伤残就业补助金,但属于《中华人民共和国劳动合同法》第三十八条规定的情形除外。

第三十条　已经领取一次性工伤医疗补助金的工伤职工重新就业后旧伤复发的,用于工伤治疗的费用超过一次性工伤医疗补助金以上的部分,从工伤保险基金中支付。

第三十一条 由工伤保险基金支付的伤残津贴、供养亲属抚恤金、生活护理费等长期待遇按规定发放,不得一次性支付。

第三十二条 职工退休后确诊为职业病的,依法享受工伤保险待遇。

第三十三条 伤残津贴、供养亲属抚恤金、生活护理费,由市人力资源和社会保障行政部门根据本市上年度职工月平均工资和最低工资标准进行调整。

第三十四条 职工所在用人单位未依法缴纳工伤保险费,发生工伤事故的,由用人单位支付工伤保险待遇。用人单位不支付的,从工伤保险基金中先行支付。从工伤保险基金中先行支付的工伤保险待遇应当由用人单位偿还。用人单位不偿还的,经办机构可以依照《中华人民共和国社会保险法》第六十三条的规定追偿。

由于第三人的原因造成工伤,第三人不支付工伤医疗费用或者无法确定第三人的,由工伤保险基金先行支付。工伤保险基金先行支付后,经办机构有权向第三人追偿。

第三十五条 由于第三人的原因造成工伤,第三人应当承担的人身损害赔偿(不含精神损害赔偿)总额低于工伤保险待遇的,由工伤保险基金补足差额部分。

第三十七条 职工在同一用人单位多次发生工伤,应当按照伤残等级分别享受一次性伤残补助金;在解除劳动(聘用)合同或者终止劳动(人事)关系时,按最高伤残等级享受一次性工伤医疗补助金和一次性伤残就业补助金。

《关于工伤保险若干问题的解决意见(二)》(2005年9月9日 津劳办〔2005〕263号)

一、已经参加工伤保险的用人单位出现间断缴费,在三个月内补缴保险费的,工伤保险经办机构应当继续支付相关的工伤保险待遇。

二、在册不在岗的职工到现用人单位从事劳动发生工伤事故,原用人单位已经为其缴纳工伤保险费的,工伤保险基金应当支付相应待遇,现用人单位应当支付由用人单位负担的费用。

三、工伤职工停工留薪期满后,劳动能力鉴定委员会作出鉴定结论之前,期间工资福利待遇仍由用人单位支付。

四、被鉴定为部分丧失劳动能力的工伤职工,应当服从用人单位安排的适当工作。难以安排工作的,由用人单位支付生活费用,其标准为本人工资标准的50%。生活费用实际金额低于本市最低工资标准的,由用人单位补足差额……

地方性规定:上海

上海市高级人民法院《关于适用〈劳动合同法〉若干问题的意见》(2009 年 3 月 3 日　沪高法〔2009〕73 号)

十五、用人单位依法终止工伤职工的劳动关系后相关待遇的支付

用人单位依法终止工伤职工的劳动合同,除依法支付经济补偿外,还应当按工伤保险的规定支付一次性工伤医疗补助金和伤残就业补助金的,主要是指以下情形:

(一)劳动合同期满的;

(二)用人单位被依法宣告破产的;

(三)用人单位被吊销营业执照、责令关闭、撤销或者用人单位决定提前解散的;

(四)自用工之日起一年内,劳动者不愿意订立书面劳动合同的。

十六、如何看待“退休年龄”和“依法享受基本养老保险待遇”作为终止劳动合同的依据的关系

《劳动合同法》第四十四条规定,劳动者开始依法享受基本养老保险待遇的劳动合同终止,而《实施条例》第二十一条规定,劳动者达到退休年龄的劳动合同终止。用人单位依据前述规定,均可以终止劳动合同。

上海市人力资源和社会保障局《关于实施〈上海市工伤保险实施办法〉若干问题处理意见的通知》(2014 年 9 月 1 日　沪人社福发〔2014〕36 号)

八、工伤人员在停工留薪期内到达法定退休年龄的,应当按规定办理按月领取基本养老保险待遇的手续,基本养老保险待遇低于原工资福利待遇的,由用人单位补足差额至劳动能力鉴定结论作出之月;不符合按月领取基本养老保险待遇的,由用人单位支付原工资福利待遇至劳动能力鉴定结论作出之月。

九、生活不能自理的工伤人员在停工留薪期内,经治疗工伤的定点医疗机构确认需要护理的,由用人单位负责派人护理或者按该定点医疗机构的护工标准支付护理费。

已经评残且按月享受工伤保险基金支付生活护理费的工伤人员,其住院治疗工伤期间因生活不能自理需护理的,不享受上款规定的待遇。

十、工伤人员在劳动关系存续期间经劳动能力复查鉴定,劳动功能和生活自理障碍程度发生变化的,自复查鉴定结论作出的次月起,按复查鉴定结论享受《实施办法》规定的除一次性伤残补助金以外的其他相关工伤保险待遇。

十一、曾经从事接触职业病危害作业的人员依法解除或者终止劳动关系(包括退休)后,未再从事接触职业病危害作业且被诊断、鉴定为职业病的,其经工伤认定和劳动能力鉴定后的相关待遇按下列规定确定:

(一)符合领取一次性伤残补助金条件的,其计发基数按本人解除或者终止劳动关系前12个月平均月缴费工资确定;已办理退休手续的按就高原则,以本人退休前12个月平均月缴费工资或者确诊职业病前12个月平均月养老金确定。

(二)符合领取一次性工伤医疗补助金和一次性伤残就业补助金条件的,其计发基数按本人解除或者终止劳动关系时上年全市职工月平均工资确定。

(三)伤残1-4级的,按《实施办法》规定享受相关待遇;尚未到达法定退休年龄的,在职业病诊断证明书或者职业病诊断鉴定书中明确的工伤保险责任单位和工伤人员按本市有关规定一次性缴纳基本医疗保险费至法定退休年龄后,可以享受基本医疗保险待遇。一次性缴费不足15年的,补足至15年。

十二、劳务派遣人员发生工伤后,经劳务派遣单位、用工单位、发生工伤的劳务派遣人员协商一致,将劳动合同用人单位主体由劳务派遣单位变更为用工单位的,工伤人员的工伤保险关系可以转移至用工单位。由用工单位持变更后的劳动合同及变更情况说明到本市社会保险事业管理中心办理相关手续。

十三、用人单位依法破产、关闭或者注销的,应当及时到本市社会保险事业管理中心办理相关手续,其工伤人员、因工死亡人员供养亲属的相关待遇按下列规定处理:

(一)伤残1-4级的工伤人员,由工伤保险基金继续按规定支付相关工伤保险待遇。其中,尚未到达法定退休年龄的,在用人单位和工伤人员按本市有关规定一次性缴纳基本医疗保险费至法定退休年龄后,继续享受基本医疗保险待遇。一次性缴费不足15年的,补足至15年。

(二)伤残5级及其以下的工伤人员已按月领取基本养老保险待遇的,保留工伤保险关系;尚未到达法定退休年龄、与用人单位终止劳动关系并按《实施办法》规定领取一次性工伤医疗补助金和一次性伤残就业补助金的,工伤保险关系终止。

(三)因工死亡人员的供养亲属,由工伤保险基金继续按规定支付供养亲属抚恤金至失去享受条件时止。

十四、因工死亡人员供养亲属范围及抚恤金享受条件按国家和本市规定执行。因工死亡人员供养亲属已经享受城乡居民养老保险待遇、城乡居民最低生活保障待遇、征地养老待遇的,其享受的上述待遇低于因工死亡人员供养亲属抚恤金标准的,由工伤保险基金补足差额。

上海市高级人民法院《关于审理劳动争议案件若干问题的意见》(2007 年 3 月 21 日　沪高法民一〔2007〕7 号)

2. 未经工伤认定,当事人直接提起民事诉讼要求享受工伤待遇的处理

根据劳动部《工伤认定办法》的规定,工伤认定属劳动行政部门的职权范围,当事人对工伤认定不服的,可以通过行政复议以及行政诉讼途径解决,不应在民事案件中予以处理,鉴于工伤认定是劳动者享受工伤待遇的前提,也是法院审理相关案件的必经程序,故对未经工伤认定而要求享受工伤待遇的案件,法院不应受理。已经受理的,应当裁定驳回起诉,并向当事人释明,告知其向劳动保障行政部门申请解决工伤认定问题。

《关于通过劳动争议处理途径解决非法用工单位发生事故伤害赔偿纠纷的意见》(2006 年 6 月 13 日　沪高法〔2006〕193 号)

一、对于符合《工伤保险条例》(以下简称《条例》)第六十三条[①]情形的赔偿纠纷,通过劳动争议处理途径予以解决,不纳入工伤认定范围。但被依法吊销营业执照尚未办理注销登记的单位除外。

二、按照《条例》第六十三条规定处理赔偿纠纷时,对“无营业执照或者未经依法登记、备案的单位”应当界定为可以依法办理营业执照或登记备案而未办理营业执照或登记备案的“单位”。其表现形态为具备依法设立单位的基本的外部和内部特征,如有单位字号、有固定的生产经营或办公场所、有单位内部管理形式等。对不具备上述形态的个人雇佣过程中发生伤害的纠纷。作为一般民事案件处理。

三、参照《条例》有关工伤认定条件的规定对是否属事故伤害或者患职业病作确认,依据劳动保障部《非法用工单位伤亡人员一次性赔偿办法》规定及劳动能力鉴定结论对赔偿数额作出判决,并按以下原则确认赔偿责任主体:

(一)非法用工单位系无营业执照或者未经依法登记、备案以及被撤销登记、备

---

① 编著注:本条内容对应修改后的《工伤保险条例》(2011 年 1 月 1 日生效)第六十六条:无营业执照或者未经依法登记、备案的单位以及被依法吊销营业执照或者撤销登记、备案的单位的职工受到事故伤害或者患职业病的,由该单位向伤残职工或者死亡职工的近亲属给予一次性赔偿,赔偿标准不得低于本条例规定的工伤保险待遇;用人单位不得使用童工,用人单位使用童工造成童工伤残、死亡的,由该单位向童工或者童工的近亲属给予一次性赔偿,赔偿标准不得低于本条例规定的工伤保险待遇。具体办法由国务院社会保险行政部门规定。前款规定的伤残职工或者死亡职工的近亲属就赔偿数额与单位发生争议的,以及前款规定的童工或者童工的近亲属就赔偿数额与单位发生争议的,按照处理劳动争议的有关规定处理。

案的,以该非法用工单位的出资人为赔偿责任主体。

(二)合法单位违法使用童工的,以该单位为赔偿责任主体。使用童工的单位为非法单位的,按前项规定确认赔偿责任主体。

四、当事人申请仲裁的,时效按劳动争议处理规定,自双方发生争议之日起起算,但最迟自事故伤害发生之日或者被诊断、鉴定为职业病之日起不超过一年。

当事人对仲裁裁决不服的,可以依法向人民法院提起诉讼。

五、人民法院受理上述争议案件后,根据案件实际情况,可委托劳动能力鉴定机构对受伤人员作劳动能力鉴定。委托鉴定的,劳动争议诉讼程序可以中止,鉴定结论作出后恢复处理程序。

地方性规定:重庆

《重庆市工伤保险实施办法》(2012年1月1日 渝府发〔2012〕22号)

第二十九条 社会保险行政部门作出认定为工伤的决定后发生行政复议、行政诉讼的,行政复议和行政诉讼期间不停止支付工伤职工治疗工伤的医疗费用。经行政复议或行政诉讼后不予认定为工伤的,已由工伤保险基金支付的医疗费用应及时退还;不退还的,由社会保险经办机构依法追回。

第三十一条 工伤职工停工留薪期一般不超过12个月。伤情严重或者情况特殊的,工伤职工或其近亲属应在停工留薪期满前申请延长停工留薪期,经参保地的劳动能力鉴定委员会确认可以适当延长,但延长期限最长不得超过12个月。用人单位、工伤职工或其近亲属对延长停工留薪期确认存在争议的,由用人单位、工伤职工或其近亲属向市劳动能力鉴定委员会申请再次确认。停工留薪期确认及管理的具体办法由市社会保险行政部门制定。

第三十二条 对在进行劳动能力鉴定期间停工留薪期满的工伤职工,停发停工留薪期待遇;如因工伤不能从事工作的,由用人单位按不低于病假待遇的标准支付相关待遇。

第三十四条 职工因工受伤或者被诊断(鉴定)为职业病并认定为工伤的,从受伤之日或诊断(鉴定)为职业病之日起,享受工伤医疗待遇;职工因工致残被鉴定为一至十级伤残的,从生效的劳动能力鉴定结论作出的次月起享受工伤保险待遇;职工因工死亡的,以其死亡当日计算一次性工亡待遇和工亡职工供养亲属年龄,从其死亡的次月起供养亲属享受供养亲属抚恤金待遇。

首次计发一至六级工伤职工伤残津贴金额不得低于本市最低工资标准的最高

档次。

第三十五条　职工因工致残被鉴定为一至四级伤残的,保留劳动关系,退出工作岗位;以伤残津贴为基数,按规定缴纳各项社会保险费。具体缴费办法由市社会保险行政部门制定。

第三十六条　五至十级工伤职工本人提出与用人单位解除劳动关系或者用人单位依法解除劳动关系的,或七级至十级工伤职工劳动合同期满用人单位难以安排工作而终止劳动关系的,自与用人单位按规定程序终止劳动关系之日起,与经办机构的工伤保险关系同时终止,由工伤保险基金支付一次性工伤医疗补助金,由用人单位支付一次性伤残就业补助金,计发标准如下:

一次性工伤医疗补助金以解除劳动关系之日的本市上年度职工月平均工资为计发基数,按五级 12 个月、六级 10 个月、七级 8 个月、八级 6 个月、九级 4 个月、十级 2 个月计发。

一次性伤残就业补助金以解除劳动关系之日的本市上年度职工月平均工资为计发基数,按五级 60 个月、六级 48 个月、七级 15 个月、八级 12 个月、九级 9 个月、十级 6 个月计发。终止或解除劳动关系时,工伤职工距法定退休年龄 10 年以上(含 10 年)的,一次性伤残就业补助金按全额支付;距法定退休年龄 9 年以上(含 9 年)不足 10 年的,按 90% 支付;以此类推,每减少 1 年递减 10%。距法定退休年龄不足 1 年的,按全额的 10% 支付;达到法定退休年龄的工伤职工,不计发一次性伤残就业补助金。

五至六级工伤职工在本办法实施前已提出解除劳动合同、终止工伤保险关系的,一次性伤残就业补助金按原标准执行;本办法实施后提出解除劳动合同、终止工伤保险关系的,一次性伤残就业补助金按本办法标准执行。

第三十九条　工伤职工再次发生工伤的,以新发生工伤的劳动能力鉴定等级享受一次性伤残补助金,以综合劳动能力鉴定等级享受除一次性伤残补助金以外的工伤保险待遇。

第四十条　以本市上年度职工月平均工资和全国上年度城镇居民人均可支配收入为基数核定工伤保险待遇时,若上年度标准尚未公布,可暂按上上年度标准核算,待上年度标准公布后再重新结算。

第四十一条　伤残津贴、供养亲属抚恤金标准根据职工平均工资和生活费用变化等情况适时调整,由市社会保险行政部门提出调整方案,报市人民政府批准后执行。

生活护理费每年从1月1日起以全市上年度职工月平均工资为基数按规定比例计发。

第四十二条 用人单位依法破产、关闭或注销时,工伤职工的工伤保险待遇按以下规定处理:

(一)一至四级工伤职工、已办理退休的五至十级工伤职工以及享受工亡职工供养亲属抚恤金待遇的人员,由用人单位按本市有关规定一次性缴纳工伤保险统筹费用后,由工伤保险基金按规定支付待遇,领取工伤保险待遇的相关手续移交其长期居住地的乡镇(街道)社会保障服务机构,实行社会化管理服务。

(二)不符合办理退休的五至十级工伤职工与用人单位解除劳动关系,终止工伤保险关系,按本办法规定支付一次性工伤医疗补助金和伤残就业补助金。

第五十一条 用人单位应当参加工伤保险而未参加,或少报、漏报参保职工以及未按时足额缴纳工伤保险费的,按以下办法办理:

(一)2010年12月31日前受伤的工伤人员及工亡职工的供养亲属,按我市有关规定由用人单位一次性缴纳工伤保险统筹费用后纳入工伤保险统筹管理,纳入统筹前的待遇由用人单位支付。

(二)2011年1月1日后受伤的工伤人员及工亡职工的供养亲属,按《条例》[①]第六十二条规定,用人单位补缴工伤保险费和滞纳金后的次月起,新发生的除一次性工亡补助金、一次性丧葬补助金和一次性伤残补助金外的应由工伤保险基金支付的工伤保险待遇由工伤保险基金支付。

重庆市人力资源和社会保障局《关于一次性支付工伤保险待遇标准的通知》(2011年9月21日 渝人社办〔2011〕184号)

二、一次性支付工伤保险待遇标准及支付渠道

(一)一次性支付标准

1. 一至四级伤残津贴:以工伤职工与用人单位解除劳动关系时按月领取的伤残津贴为基数计发20年,但需扣除已领取伤残津贴月份;50周岁以上的,年龄每增加1周岁减发1年,但最低不少于10年。

2. 生活护理费:以工伤职工与用人单位解除劳动关系时按月领取生活护理费为基数计发20年,但需扣除已领取生活护理费的月份;50周岁以上的,年龄每增加1周岁减发1年,但最低不少于10年。

---

① 编著注:此处引用的《条例》指的是《工伤保险条例》(2011年1月1日施行,国务院令第586号)。

3. 一次性工伤医疗补助金:以工伤职工与用人单位解除劳动关系之日上年度全市职工月平均工资为基数计发,一级20个月,二级18个月,三级16个月,四级14个月,五级12个月,六级10个月,七级8个月,八级6个月,九级4个月,十级2个月。

4. 一至四级辅助器具配置费:以工伤职工与用人单位解除劳动关系之日我市规定的配置辅助器具费用限额标准和使用年限计发20年,已配置辅助器具的,需扣除已配置年限;50周岁以上的,年龄每增加1周岁减去1年,但最低不少于10年。

5. 一次性支付供养亲属抚恤金:未满18周岁,且未完全丧失劳动能力的遗属,以18周岁作为失去供养条件,以应按月发给的供养亲属抚恤金为标准计发;其他遗属以应按月发给的供养亲属抚恤金计发20年,但需扣除已领取供养亲属抚恤金的月份,50周岁以上的,年龄每增加1周岁减发1年,但最低不少于10年,70周岁以上的按5年计发。

(二)支付渠道

参加了工伤保险的人员,第1-5项待遇由工伤保险基金支付,第6项待遇由用人单位支付;未参加工伤保险的人员,第1-6项待遇均由用人单位支付。

重庆市高级人民法院《关于审理工伤行政诉讼案件若干问题的暂行规定》(2005年1月5日　渝高法〔2004〕249号)

第十一条　离退休人员受本企业返聘或其他企业聘用,在工作中发生伤亡事故,劳动保障行政部门认定返聘企业或其他企业承担工伤赔偿责任的,人民法院应予支持。

第十二条　在客运汽车挂靠公司营运中,车主聘请的驾驶员或售票员与挂靠的汽车运输公司之间没有形成事实劳动关系,驾驶员或售票员在工作中受伤,挂靠的汽车运输公司不应承担工伤赔偿责任。

第十三条　职工在工作中或工作前饮用酒类食品,工作中受酒精作用影响,行为处于非正常状态,由于本人的行为造成伤亡的,可视为醉酒,用人单位不承担工伤赔偿责任。

地方性规定:广东(深圳)

《广东省工伤保险条例》(2019年5月21日修正　广东省第十三届人民代表大会常务委员会公告第37号)

第二十一条　职工发生工伤时,用人单位应当采取措施及时救治工伤职工。

职工治疗工伤应当在签订服务协议的医疗机构就医,情况紧急时可以先到就近的医疗机构急救;疑似职业病或者患职业病的,用人单位应当及时送依法承担职业病诊断的医疗卫生机构诊断,并及时送签订服务协议的医疗机构治疗。

职工经治疗伤情稳定,需要工伤康复的,用人单位、工伤职工或者其近亲属可以向地级以上市劳动能力鉴定委员会提出工伤康复申请。经劳动能力鉴定委员会确认,工伤职工可以在签订服务协议的康复机构进行康复。

工伤职工在认定工伤前已由基本医疗保险基金按照规定支付的医疗费用,在认定工伤后由工伤保险基金按照规定向基本医疗保险基金结算。

第二十二条 工伤职工因医疗条件所限需要转院治疗的,应当由签订服务协议的医疗机构提出,经报社会保险经办机构同意;因康复条件所限需要转院康复的,应当由工伤职工、用人单位或者签订服务协议的康复机构提出,经报社会保险经办机构同意。

第二十三条 社会保险经办机构与医疗机构、康复机构签订服务协议,应当事先征求同级总工会、有关企业协会的意见。签订服务协议的医疗机构、康复机构名单应当向社会公布。

第二十四条 治疗工伤所需费用符合工伤保险诊疗项目目录、工伤保险药品目录、工伤保险住院服务标准的,从工伤保险基金支付。工伤保险诊疗项目目录、工伤保险药品目录、工伤保险住院服务标准按照国家和省的有关规定执行。

职工住院治疗工伤、康复的伙食补助费,以及经批准转地级以上市以外门诊治疗、康复及住院治疗、康复的,其在城市间往返一次的交通费用及在转入地所需的市内交通、食宿费用,由工伤保险基金按照省人民政府规定的标准支付。

第二十五条 职工因工伤需要暂停工作接受工伤医疗的,在停工留薪期内,原工资福利待遇不变,由所在单位按月支付。停工留薪期根据医疗终结期确定,由劳动能力鉴定委员会确认,最长不超过二十四个月。

工伤职工鉴定伤残等级后,停发原待遇,按照本章的有关规定享受伤残待遇。工伤职工在鉴定伤残等级后仍需治疗的,经劳动能力鉴定委员会批准,一级至四级伤残,享受伤残津贴和工伤医疗待遇;五级至十级伤残,享受工伤医疗和停工留薪期待遇。

经劳动能力鉴定委员会确认可以进行康复的,工伤职工在签订服务协议的康复机构发生的符合规定的工伤康复费用,从工伤保险基金支付。

工伤职工在停工留薪期间生活不能自理需要护理的,由所在单位负责。所在单位未派人护理的,应当参照当地护工从事同等级别护理的劳务报酬标准向工伤职工支付护理费。

第二十六条　工伤职工已经被鉴定为一级至四级伤残等级并经劳动能力鉴定委员会确认需要生活护理的,由工伤保险基金按照工伤职工生活自理障碍等级支付生活护理费。

生活护理费以全省上年度职工月平均工资的一定比例按月计发,标准为:一级为百分之六十,二级为百分之五十,三级为百分之四十,四级为百分之三十。

生活护理费每年按照全省上年度职工平均工资增长比例同步调整,全省上年度职工平均工资负增长时不调整。

第二十七条　工伤职工因日常生活或者就业需要,必须安装假肢、矫形器、假眼、假牙和配置轮椅、拐杖等辅助器具,或者辅助器具需要维修、更换的,由签订服务协议的医疗、康复机构提出意见,经劳动能力鉴定委员会确认,所需费用按照国家规定的标准从工伤保险基金支付。

辅助器具应当限于辅助日常生活及生产劳动之必需,并采用国内市场的普及型产品。工伤职工选择其他型号产品,费用高出普及型的部分,由个人自付。

第二十八条　职工因工致残被鉴定为一级至四级伤残,本人要求退出工作岗位、终止劳动关系的,办理伤残退休手续,享受以下待遇:

(一)一次性伤残补助金。由工伤保险基金按伤残等级支付,标准为:一级伤残为二十七个月的本人工资,二级伤残为二十五个月的本人工资,三级伤残为二十三个月的本人工资,四级伤残为二十一个月的本人工资。

(二)伤残津贴。由工伤保险基金按月支付,直至本人死亡,标准为:一级伤残为本人工资的百分之九十,二级伤残为本人工资的百分之八十五,三级伤残为本人工资的百分之八十,四级伤残为本人工资的百分之七十五。伤残津贴实际金额低于当地最低工资标准的,由工伤保险基金补足差额。

办理伤残退休手续的工伤职工应当按照规定参加职工基本医疗保险。按照规定应当由用人单位缴纳的基本医疗保险费,由工伤保险基金承担。

一级至四级伤残职工与原单位保留劳动关系,退出工作岗位的,按照《工伤保险条例》的有关规定执行。

伤残津贴每年按照省人民政府的规定进行调整。

第二十九条　一级至四级伤残职工户籍从单位所在地迁回原籍的,其伤残津贴可以由社会保险经办机构按照标准每半年发放一次。用人单位应当按照全省上年度职工月平均工资为基数发给六个月的安家补助费。所需交通费、住宿费、行李搬运费和伙食补助费等,由用人单位按照因公出差标准报销。

第三十条 职工因工致残被鉴定为五级、六级伤残的,享受以下待遇:

(一)一次性伤残补助金。由工伤保险基金支付,标准为:五级伤残为十八个月的本人工资,六级伤残为十六个月的本人工资。

(二)保留与用人单位的劳动关系,由用人单位安排适当工作。难以安排工作的,由用人单位按月发给伤残津贴,标准为:五级伤残为本人工资的百分之七十,六级伤残为本人工资的百分之六十,并由用人单位按照规定为其缴纳应缴纳的各项社会保险费。伤残津贴实际金额低于当地最低工资标准的,由用人单位补足差额。

第三十一条 五级、六级伤残职工本人提出与用人单位解除或者终止劳动关系的,由工伤保险基金支付一次性工伤医疗补助金,由用人单位支付一次性伤残就业补助金,终结工伤保险关系:

(一)一次性工伤医疗补助金。标准为:五级伤残为十个月的本人工资,六级伤残为八个月的本人工资。

(二)一次性伤残就业补助金。标准为:五级伤残为五十个月的本人工资,六级伤残为四十个月的本人工资。

第三十二条 职工因工致残被鉴定为七级至十级伤残的,由工伤保险基金支付一次性伤残补助金,标准为:七级伤残为十三个月的本人工资,八级伤残为十一个月的本人工资,九级伤残为九个月的本人工资,十级伤残为七个月的本人工资。

七级至十级伤残职工劳动、聘用合同终止或者依法与用人单位解除劳动关系的,除享受基本养老保险待遇或者死亡情形之外,由工伤保险基金支付一次性工伤医疗补助金,由用人单位支付一次性伤残就业补助金,终结工伤保险关系。补助金标准如下:

(一)一次性工伤医疗补助金:七级伤残为六个月的本人工资,八级伤残为四个月的本人工资,九级伤残为二个月的本人工资,十级伤残为一个月的本人工资。

(二)一次性伤残就业补助金:七级伤残为二十五个月的本人工资,八级伤残为十五个月的本人工资,九级伤残为八个月的本人工资,十级伤残为四个月的本人工资。

第三十三条 计发本条例第三十一条、第三十二条规定的一次性工伤医疗补助金和一次性伤残就业补助金,本人工资低于工伤职工与用人单位解除或者终止劳动关系前本人十二个月平均月缴费工资的,按照解除或者终止劳动关系前本人十二个月平均月缴费工资为基数计发。缴费工资不足十二个月的,以实际缴费月数计算本人平均月缴费工资。本人平均月缴费工资高于全省上年度职工月平均工资百分之三百的，按照全省上年度职工月平均工资的百分之三百计算；低于全省上年度职工月平均工资百分之六十的，按照全省上年度职工月平均工资的百分之六十计算。

第三十四条　工伤职工工伤复发，确认需要治疗的，享受本条例第二十四条、第二十五条和第二十七条规定的工伤待遇。

第三十五条　职工因工死亡，其近亲属按照下列规定从工伤保险基金领取丧葬补助金、供养亲属抚恤金和一次性工亡补助金：

（一）丧葬补助金为六个月的全省上年度职工月平均工资。

（二）供养亲属抚恤金按照职工本人工资的一定比例发给由因工死亡职工生前提供主要生活来源、无劳动能力的亲属。标准为：配偶每月百分之四十，其他亲属每人每月百分之三十，孤寡老人或者孤儿每人每月在上述标准的基础上增加百分之十。核定的各供养亲属的抚恤金之和不应当高于因工死亡职工生前的工资。供养亲属的具体范围按照国务院社会保险行政部门的规定执行。

（三）一次性工亡补助金标准为上年度全国城镇居民人均可支配收入的二十倍。

伤残职工在停工留薪期内因工伤导致死亡的，其近亲属享受本条第一款规定的待遇。

一级至四级伤残职工在停工留薪期满后死亡的，其近亲属可以享受本条第一款第一项、第二项规定的待遇。

供养亲属抚恤金每年按照省人民政府的规定进行调整。

第三十六条　职工因工外出期间发生事故或者在抢险救灾中下落不明的，按照《工伤保险条例》的有关规定处理。被宣告死亡后重新出现的，应当退还已发的供养亲属抚恤金和一次性工亡补助金。

第三十七条　定期领取伤残津贴的人员或者领取供养亲属抚恤金的供养亲属，应当每年通过领取待遇资格认证，方可继续领取。有关人员丧失领取待遇资格的，应当及时报告社会保险经办机构，因未及时报告导致多发相关待遇费用的，应当及时退还；存在骗取工伤保险待遇情形的，依照本条例第五十七条的规定处理。

第三十八条　工伤职工有下列情形之一的，停止享受工伤保险待遇：

（一）丧失享受待遇条件的；

（二）拒不接受劳动能力鉴定的；

（三）拒绝治疗的。

第三十九条 用人单位分立、合并、转让的，承继单位应当承担原用人单位的工伤保险责任；原用人单位已经参加工伤保险的，承继单位应当到当地社会保险经办机构办理工伤保险变更登记。

企业破产，因分立、合并之外的原因解散，或者终止的，在清算时依法拨付应当由用人单位支付的工伤保险待遇费用，清偿欠缴的工伤保险费及其利息和滞纳金。

第四十条 用人单位实行承包经营的，工伤保险责任由职工劳动关系所在单位承担。

用人单位实行承包经营，使用劳动者的承包方不具备用人单位资格的，由具备用人单位资格的发包方承担工伤保险责任。

非法承包建筑工程发生工伤事故，劳动者的工伤待遇应当由分包方或者承包方承担，分包方或者承包方承担工伤保险责任后有权向发包方追偿。

职工被借调期间受到工伤事故伤害的，由原用人单位承担工伤保险责任，但原用人单位与借调单位可以约定补偿办法。

第四十一条 职工所在用人单位未依法缴纳工伤保险费，发生工伤事故的，由用人单位支付工伤保险待遇。

用人单位不支付工伤保险待遇，工伤职工或者其近亲属可以提出先行支付的申请，经审核符合规定的，从工伤保险基金中先行支付工伤保险待遇项目中应当由工伤保险基金支付的项目。

从工伤保险基金中先行支付的工伤保险待遇应当由用人单位偿还。用人单位不偿还的，由社会保险经办机构依法向用人单位追偿。

广东省高级人民法院、广东省劳动人事争议仲裁委员会《关于劳动人事争议仲裁与诉讼衔接若干意见》（2018年7月18日 粤高法发〔2018〕2号）

十四、建设单位、施工总承包单位或者具有用人单位资格的专业分包或劳务分包单位违反法律、法规规定将承包业务转包给不具备用人单位资格的组织或者自然人，社会保险行政部门认定建设单位、施工总承包单位或者具有用人单位资格的专业分包单位承担工伤保险责任，建设单位、施工总承包单位或者具有用人主体资格的专业分包单位以其与劳动者不存在劳动关系为由抗辩的，不予支持。劳动者依据工伤认定结论主张停工留薪期工资的，应予支持。

十六、劳动者达到法定退休年龄或者已经享受基本养老保险待遇的，劳动关系终止。劳动者所受伤害如被社会保险行政部门认定为工伤，劳动者要求用工单位参照《广东省工伤保险条例》规定的工伤保险待遇支付有关费用的,应予支持,但不包括一次性就业补助金。

地方性规定:江苏

江苏省人力资源和社会保障厅《关于执行〈工伤保险条例〉若干问题的意见》(2021年1月1日　苏人社规〔2020〕4号)

三、关于工伤保险经办服务、工伤职工待遇问题

(八)在本省行政区域内,用人单位跨地区变更工伤保险参保登记地,原参保工伤职工随同用人单位变更工伤保险参保登记地并继续参保缴费后新发生的费用,由变更后的工伤保险参保登记地的社会保险经办机构按规定支付。

(九)在本省行政区域内,未按规定为职工参加工伤保险的用人单位跨地区变更注册地,该职工申请先行支付的,由提出先行支付申请时用人单位注册地的社会保险经办机构负责经办。

(十)退休后经工伤认定并被鉴定为一级至四级的下列人员,自劳动能力鉴定结论作出次月起,参照一级至四级工伤职工退休后工伤保险定期待遇调整方案享受工伤保险基金定期补差待遇,但不享受伤残津贴待遇:

1. 曾经从事接触职业病危害作业、当时没有发现罹患职业病、离开工作岗位后被诊断或者鉴定为职业病,办理退休手续后未再从事接触职业病危害作业的人员;

2. 已按项目参保等方式参加工伤保险的已经领取基本养老保险金的人员。

上述人员劳动能力鉴定结论作出次月时的基本养老保险金低于退休前12个月平均月缴费工资与伤残津贴系数之积的,社会保险经办机构核定补差数额,并由工伤保险基金自劳动能力鉴定结论作出次月起支付补差数额。补差后仍低于当地最低工资标准的,由工伤保险基金补足差额。

上述第一种情形中的职业病人员,其职业病诊断证明书(或者职业病诊断鉴定书)中明确的用人单位,在该职工从业期间未依法为其缴纳工伤保险费的,由用人单位支付差额。

(十一)职工因工作遭受事故伤害或者被诊断、鉴定为职业病且入职不足1个月的,其本人工资按照该职工发生工伤前12个月用人单位职工平均月缴费工资计算。本人工资高于发生工伤当月统筹地区职工平均工资300%的,按照统筹地区职工平均工资的300%计算;低于发生工伤当月统筹地区职工平均工资60%的,按照统筹地区职工平均工资的60%计算。

上述职工发生工伤前,用人单位参保缴费超过1个月但不足12个月的,其本人工资按照实际发生的月平均缴费工资计算;用人单位参保缴费不足1个月的,其本人工资按照该职工受伤当月用人单位职工平均月缴费工资计算。

《江苏省实施〈工伤保险条例〉办法》(2015年6月1日　江苏省人民政府令第103号)

第二十六条　因工致残被鉴定为五级、六级伤残的工伤职工恢复工作后,又发生难以安排工作的情形的,以难以安排工作时本人工资为基数由用人单位计发伤残津贴;难以安排工作时本人工资低于发生工伤时本人工资的,以发生工伤时本人工资为基数计发。

第二十七条　职工因工致残被鉴定为五至十级伤残,按照《条例》规定与用人单位解除或者终止劳动关系时,由工伤保险基金支付一次性工伤医疗补助金,由用人单位支付一次性伤残就业补助金。一次性工伤医疗补助金的基准标准为:五级20万元,六级16万元,七级12万元,八级8万元,九级5万元,十级3万元。一次性伤残就业补助金的基准标准为:五级9.5万元,六级8.5万元,七级4.5万元,八级3.5万元,九级2.5万元,十级1.5万元。

设区的市人民政府可以根据当地经济发展水平、居民生活水平等情况,在基准标准基础上上下浮动不超过20%确定一次性工伤医疗补助金和一次性伤残就业补助金标准,并报省社会保险行政部门备案。

患职业病的工伤职工,一次性工伤医疗补助金在上述标准的基础上增发40%。

一次性工伤医疗补助金和一次性伤残就业补助金基准标准的调整,由省社会保险行政部门会同省财政部门报省人民政府批准确定。

第二十八条　工伤职工本人提出与用人单位解除劳动关系,且解除劳动关系时距法定退休年龄不足5年的,一次性工伤医疗补助金和一次性伤残就业补助金按照下列标准执行:不足5年的,按照全额的80%支付;不足4年的,按照全额的60%支付;不足3年的,按照全额的40%支付;不足2年的,按照全额的20%支付;不足1年的,按照全额的10%支付,但属于《中华人民共和国劳动合同法》第三十八条规定的情形除外。达到法定退休年龄或者按照规定办理退休手续的,不支付一次性工伤医疗补助金和一次性伤残就业补助金。

五至十级工伤职工领取一次性工伤医疗补助金的具体办法由统筹地区经办机构制定。

第三十条　因工致残一次性伤残补助金、工伤职工的伤残津贴、生活护理费自作出劳动能力鉴定结论的次月起计发。

因工死亡丧葬补助金、一次性工亡补助金自职工死亡当月起计发，其供养亲属抚恤金自职工死亡的次月起计发。

第三十二条　职工在同一用人单位连续工作期间多次发生工伤，符合《条例》第三十六条、第三十七条规定享受相关待遇的，按照其在同一用人单位发生工伤的最高伤残级别，计发一次性伤残就业补助金和一次性工伤医疗补助金。

第三十三条　工伤复发因伤情变化复查鉴定伤残等级改变的，不再重新计发一次性伤残补助金，其他工伤保险待遇按照新的伤残等级享受。达到领取伤残津贴条件的，以旧伤复发时本人工资为基数计发伤残津贴；旧伤复发时本人工资低于发生工伤时本人工资的，以发生工伤时本人工资为基数计发。

第三十四条　用人单位破产、撤销、解散、关闭进行资产变现、土地处置和净资产分配时，应当优先安排解决工伤职工的有关费用。有关工伤保险费用以及工伤待遇支付按照下列规定处理：

（一）一至四级工伤职工至法定退休年龄前，以伤残津贴为基数缴费参加基本医疗保险，由本人缴纳个人缴费部分，由用人单位将应当由单位缴纳的基本医疗保险费一次性划拨给医疗保险经办机构并入医疗保险基金财政专户；

（二）五至十级工伤职工，分别由工伤保险基金和用人单位按照本办法第二十七条规定发给其一次性工伤医疗补助金和一次性伤残就业补助金，工伤保险关系终止。

第三十七条　用人单位按照劳动合同约定或者经与职工协商一致指派职工到其他单位工作，职工发生工伤的，由用人单位承担工伤保险责任。

用人单位职工非由单位指派到其他用人单位工作发生工伤的，由实际用人单位按照《条例》和本办法规定的项目和标准支付工伤保险待遇。

职工在两个或者两个以上用人单位同时就业的，其就业的每一个用人单位都应当为其缴纳工伤保险费。职工发生工伤的，应当由其受伤时为之工作的用人单位承担工伤保险责任。

江苏省高级人民法院、江苏省劳动人事争议仲裁委员会《关于审理劳动人事争议案件的指导意见（二）》（2011 年 11 月 8 日　苏高法审委〔2011〕14 号）

第十七条　工伤职工在停工留薪期内的，原工资福利待遇不变，其中的“原工资”按照工伤职工因工作遭受事故伤害或者患职业病前 12 个月的平均月工资计算。工资的计算按照《江苏省工资支付条例》第六十二条的规定执行。

第十八条 职工在同一用人单位多次发生工伤,与用人单位解除或终止劳动关系时,应当按照劳动能力鉴定部门对新伤和老伤合并评定的伤残等级,确定劳动者应当享受的一次性工伤保险待遇。

江苏省高级人民法院《劳动争议案件审理指南(2010 年)》(2010 年 5 月 17 日)

第四章 工资争议案件的实务问题

第二节 工伤保险及其他社会保险争议的实务问题

三、工伤保险与民事损害赔偿的关系

1. 在工作时间和工作场所,非因工作原因发生的事故伤害,不能认定为工伤,对于所受的伤害,只能以人身损害为由主张赔偿。

2. 劳动者因工伤事故遭受人身损害,应当按照国务院《工伤保险条例》的相关规定请求工伤保险赔偿,不能直接对用人单位提起人身损害赔偿的民事诉讼。即使用人单位没有给劳动者建立工伤保险关系,根据法释〔2003〕20 号《最高人民法院关于审理人身损害赔偿案件适用法律若干问题的解释》第十二条的规定,只要该单位依法应当参加工伤保险统筹,也应适用《工伤保险条例》予以赔偿。

3. 关于工伤保险赔偿与第三人侵权赔偿的关系。由于劳动关系以外的第三人侵权造成劳动者人身损害,同时构成工伤的,劳动者一方面可依侵权行为法向加害人请求损害赔偿,另一方面可依工伤保险的规定请求保险给付,二者之间为“部分兼得、部分补充”的关系。即如果劳动者已获得侵权赔偿,用人单位承担的工伤保险责任中应扣除第三人已支付的医疗费、护理费、营养费、交通费、住院伙食补助费、残疾辅助器具费和丧葬费等实际发生费用。用人单位先行支付工伤保险赔偿的,可以在第三人应当承担的赔偿责任范围内向第三人追偿。对于上述几项实际发生费用以外的其他费用,则采取兼得原则。

4. 关于工伤保险赔偿与商业保险赔偿的关系。劳动者因受到工伤依人身意外保险或其他商业保险合同获得赔偿的,还可以享受工伤保险赔偿,二者不能互相替代,因此,用人单位不得主张从其应承担的工伤保险赔偿中扣除劳动者依人身意外保险或其他商业保险获得的赔偿金。

四、工伤保险争议中的其他法律适用问题

2. 用人单位没有为劳动者缴纳工伤保险费,劳动者请求用人单位承担其工伤待遇,却不能提供劳动行政部门作出的工伤认定书的,人民法院原则上应当不予受理或裁定驳回起诉,但下列情形除外:

(1)用人单位对构成工伤没有异议的;

(2)劳动者发生工伤事故后,以人身损害赔偿为由诉至人民法院,被人民法院确认属于工伤赔偿案件,导致其超过工伤认定申请时效无法获得工伤认定的;

(3)由于用人单位的恶意行为,导致劳动者超过工伤认定申请时效无法获得工伤认定的。

3. 劳动者受到工伤后,用人单位与劳动者达成赔偿协议后,劳动者又提起仲裁和诉讼,要求用人单位按照工伤保险待遇赔付的,对该协议的效力应当区分情况处理:

(1)如果该赔偿协议是在劳动者已认定工伤和评定伤残等级的前提下签订,且不存在欺诈、胁迫或者乘人之危情形的,应认定有效;但是如果劳动者能举证证明该协议存在重大误解或显失公平等情形,符合合同变更或撤销情形的,可视情况作出处理。

(2)如果该赔偿协议是在劳动者未经劳动行政部门认定工伤和评定伤残等级的情形下签订的,且劳动者实际所获补偿明显低于法定工伤保险待遇标准的,可以变更或撤销补偿协议,裁决用人单位补充双方协议低于工伤保险待遇的差额部分。

4. 非法用工主体的责任承担

非法用工主体是指没有合法用工权限的"用人单位",主要包括无营业执照或者未经依法登记、备案的单位以及被依法吊销营业执照或者撤销登记、备案的单位以及非法招收童工的单位。在上述单位工作的职工或童工受到事故伤害或者患职业病的,由该单位向伤残职工或者死亡职工的直系亲属、伤残童工或者童工的直系亲属给予一次性赔偿,赔偿标准不得低于《工伤保险条例》规定的工伤保险待遇。一次性赔偿包括受到事故伤害或患职业病的职工或童工在治疗期间的费用和一次性赔偿金,一次性赔偿金数额应当在受到事故伤害或患职业病的职工或童工死亡或者经劳动能力鉴定后确定。伤残职工或死亡职工的直系亲属、伤残童工或者死亡童工的直系亲属就赔偿数额与单位发生争议的,应作为劳动争议案件,按照劳动争议处理的有关规定处理。

地方性规定:浙江

浙江省高级人民法院民事审判第一庭、浙江省劳动人事争议仲裁院《关于审理劳动争议案件若干问题的解答(三)》(2015年9月29日　浙高法民一〔2015〕9号)

十二、工伤职工的停工留薪期应当如何确定?

答:工伤职工的停工留薪期是指工伤职工遭受事故伤害或者患职业病暂停工作接受工伤医疗的期间。故停工留薪期一般应当根据医院出具的诊断证明书,以工伤职工遭受事故伤害或者患职业病之日至暂停工作接受治疗终结止的期间确定,且不超过伤残等级鉴定作出之日;通过以上方法无法判断但又确需病休的,可以综合考虑工伤职工的受伤部位、治疗情况等,参照门诊病历的相关就医记录予以确定。必要时可通过鉴定、征询专家意见等方式确定相应期间。

浙江省高级人民法院民事审判第一庭、浙江省劳动人事争议仲裁院《关于审理劳动争议案件若干问题的解答(二)》(2014年4月14日 浙高法民一〔2014〕7号)

十四、超过法定退休年龄的劳动者在工作中受事故伤害或者患职业病,其向聘用单位主张工伤保险待遇的,应否支持?

答:劳动者超过法定退休年龄,仍接受单位聘用的,其与聘用单位之间构成劳务关系,劳动者因工伤亡或者患职业病而向聘用单位主张工伤保险待遇的,不予支持。但劳动者尚未享受基本养老保险待遇或者领取退休金,且聘用单位已为其缴纳工伤保险费的,其工伤保险待遇应予支持。

十五、已参加工伤保险的工伤职工工作期间存在《劳动合同法》第三十九条情形,用人单位依照规定解除劳动合同的,是否还应向该工伤职工支付一次性伤残就业补助金?

答:一次性伤残就业补助金是职工因工伤产生的社会保险待遇。用人单位虽依照《劳动合同法》第三十九条规定与工伤职工解除劳动合同,但仍应向该工伤职工支付一次性伤残就业补助金。

十六、用人单位已依法为劳动者缴纳了工伤保险,劳动者工伤医疗费超出社保基金报销目录范围的费用,如何承担?

答:用人单位已依法为劳动者缴纳了工伤保险,劳动者工伤医疗费超出社保基金报销目录范围的费用原则上不应由用人单位承担,但超出目录范围的费用经用人单位同意或者认可的除外。

浙江省人力资源和社会保障厅《关于五级至十级工伤职工工伤待遇有关问题的批复》(2013年9月29日 浙人社函〔2013〕100号)

五级、六级工伤职工应该保留与用人单位的劳动关系,其包括安装辅助器具费用在内的各项工伤保险待遇由用人单位或者工伤保险基金按规定予以保障。五级、六级工伤职工经本人书面要求,可以与用人单位解除或者终止劳动关系。解除或者终止劳动关系之前,其应享受的工伤保险待遇,包括安装辅助器具的费用,按规定由用人单位或者工伤保险基金予以保障;与用人单位解除或者终止劳动关系,由工伤保险基金支付一次性工伤医疗补助金,由用人单位支付一次性伤残就业补助金。一次性工伤医疗补助金、一次性伤残就业补助金两项待遇的具体标准按浙人社发〔2011〕253号文件执行。

浙江省高级人民法院民一庭《关于审理劳动争议纠纷案件若干疑难问题的解答》(2012年12月24日)

十五、因第三人侵权导致工伤的,采用何种赔偿模式?

《社会保险法》实施后,因第三人侵权导致工伤的,仍继续适用浙政发〔2009〕50号通知的规定。职工因劳动关系以外的第三人侵权造成人身损害,同时构成工伤的,依法享受工伤保险待遇。如职工获得侵权赔偿,用人单位承担的工伤保险责任相对应项目中应扣除第三人支付的下列五项费用:医疗费,残疾辅助器具费,工伤职工在停工留薪期间发生的护理费、交通费、住院伙食补助费。

十六、《工伤保险条例》第三十三条规定的工伤职工在停工留薪期内"原工资福利待遇不变"的计算标准是什么?

工伤职工在停工留薪期内,原工资福利待遇不变,其中"原工资"按照工伤职工因工作遭受事故伤害或者患职业病前12个月的平均月工资计算,包括计时工资或者计件工资、奖金、津贴和补贴等,但不包括加班工资。

十七、职工在同一用人单位多次发生工伤并形成多个伤残等级的,应该如何确定一次性工伤保险待遇的等级标准?

职工在同一用人单位多次发生工伤,形成多个伤残等级,在与用人单位解除或终止劳动关系时,应按最高伤残等级确定劳动者应当享受的工伤保险待遇。

《劳动争议案件疑难问题讨论纪要》(浙高法〔2001〕240号)

22. 因工伤引起的劳动争议案件中,如存在用人单位以外的致害人的情形,应如何处理?

答:在工伤引起的劳动争议案件中,若存在用人单位以外的致害人的,劳动者有权选择向致害人主张侵权损害赔偿,或者向工伤保险经办机构或用人单位要求享受工伤补偿待遇;原则上劳动者可首先主张侵权损害赔偿,在获得赔偿后,可就低于工伤补偿待遇部分,要求工伤保险经办机构或用人单位予以补足。如果劳动者因客观原因无法向致害人主张或不能从致害人处获得赔偿的,工伤保险经办机构或用人单位应支付劳动者工伤赔偿金。

24. 未参加工伤保险的用人单位,其劳动者因工致残被鉴定为五至六级的,用人单位要求按月支付伤残抚恤金,而劳动者要求一次性支付的,如何处理?

答:未参加工伤保险的用人单位,劳动者因工致残被鉴定为五至六级的,应由单位安排工作,单位不能重新安排工作的,一般应由用人单位按月支付伤残抚恤金;但有特殊情况的,也可一次性支付伤残抚恤金。

25. 退休人员被其他单位聘用后发生工伤事故,其工伤待遇如何处理?

答:退休人员被其他单位聘用后发生工伤事故,其工伤医疗费用、工伤津贴应由聘用单位承担。因工致残的,聘用单位还应支付一次性伤残补助金;如伤残等级为一至六级并经确认需要护理的,则由聘用单位承担护理费;如伤残抚恤金标准超过本人退休待遇的,则由聘用单位补足差额部分。因工死亡的,则由聘用单位支付工亡的相应待遇。原单位则支付因病或非因工死亡的相应待遇。

《关于审理劳动争议案件若干问题的意见(试行)》(2009 年 4 月 16 日　浙法民一〔2009〕3 号)

第三十七条　劳动者因他人的侵权行为导致工伤的,一般应先向侵权人请求民事侵权赔偿;如其就民事侵权已实际获得相应赔偿,其可以要求用人单位或社会保险机构在工伤待遇总额内补足工伤待遇。如因侵权人逃逸等原因,劳动者无法向侵权人主张赔偿的,其可以要求用人单位或者社会保险机构依法先行支付工伤停工留薪期工资福利、伤残津贴、工伤医疗费、丧葬补助金、供养亲属抚恤金等工伤保险待遇;其向侵权人主张后实际获得民事侵权赔偿的,可在工伤保险待遇范围内按总额补差的办法结算;其向侵权人主张后仍不能实际获得民事侵权赔偿的,用人单位或者社会保险机构应依法支付工伤保险待遇。用人单位或者社会保险机构支付相关费用后,可以向民事侵权人进行追偿,人民法院可视情追加劳动者为当事人。

在用人单位或社会保险机构向劳动者已经支付全部或部分工伤保险待遇后,劳动者又向侵权人提起民事侵权诉讼的,人民法院应追加用人单位或社会保险机构为当事人,使其依法行使对侵权人的全部或部分追偿权。

浙江省人力资源和社会保障厅《关于贯彻落实国务院修改后〈工伤保险条例〉若干问题的通知》(2011 年 8 月 17 日　浙人社发〔2011〕253 号)

四、一级至四级工伤职工工伤待遇处理办法。一级至四级工伤职工已经参加工伤保险或者一级至四级工伤职工工伤发生时尚未参加工伤保险但已纳入工伤保险统筹管理的,应当按月享受工伤待遇;未参加工伤保险且未纳入工伤保险统筹管理的,可以按月享受工伤待遇,也可以要求一次性领取工伤待遇。

五、五级至十级工伤职工工伤待遇处理办法。五级、六级工伤职工,经本人书面要求,可以与用人单位解除或者终止劳动关系,由工伤保险基金支付一次性工伤医疗补助金(含辅助器具费,下同),由用人单位支付一次性伤残就业补助金。

七级至十级工伤职工,劳动、聘用合同期满终止,或者职工本人书面要求解除劳动、聘用合同的,由工伤保险基金支付一次性工伤医疗补助金,由用人单位支付一次性伤残就业补助金。

一次性工伤医疗补助金标准为:五级30个月,六级25个月,七级10个月,八级7个月,九级4个月,十级2个月。一次性伤残就业补助金标准为:五级30个月,六级25个月,七级10个月,八级7个月,九级4个月,十级2个月。

一次性工伤医疗补助金和一次性伤残就业补助金按劳动关系(劳动、聘用合同)解除或者终止时上年度全省在岗职工月平均工资计发。2011年1月1日前按工伤保险法规政策规定完成工伤认定、2011年1月1日后解除或者终止劳动关系的,一次性工伤医疗补助金由工伤保险基金支付。

已经依法参加基本养老保险的工伤职工距按月享受基本养老金年龄不足5年的,一次性工伤医疗补助金全额支付,一次性伤残就业补助金每满一周年递减20%;工伤职工办理退休手续且按月享受基本养老金的,不享受一次性工伤医疗补助金和一次性伤残就业补助金。

六、因工死亡职工供养亲属待遇处理办法。职工因工死亡时已经参加工伤保险或者职工因工死亡时尚未参加工伤保险但其供养亲属已纳入工伤保险统筹管理的,其供养亲属应当按月领取供养亲属抚恤金;职工因工死亡时未参加工伤保险且其供养亲属未纳入工伤保险统筹管理的,其供养亲属可以按月领取供养亲属抚恤金,也可以要求一次性领取供养亲属抚恤金。

一次性领取供养亲属抚恤金的计算办法:因工死亡职工供养亲属不满18周岁的,计算到18周岁;其他供养亲属计算20周年,但55周岁以上的,年龄每增加1岁减少1年,70周岁以上的按5年计算。

一次性领取供养亲属抚恤金的计算基数为职工因工死亡时初次确定的供养亲属抚恤金标准。

职工因工死亡时未参加工伤保险且其供养亲属未纳入工伤保险统筹管理的,其供养亲属可以在原来按月领取供养亲属抚恤金的情况下,要求一次性领取供养亲属抚恤金。其一次性领取供养亲属抚恤金的额度为一次性领取供养亲属抚恤金的总额扣除已经领取的供养亲属抚恤金的余额。

七、因第三人侵权认定为工伤的待遇处理办法。在遭遇交通事故或其他事故伤害的情形下,职工因劳动关系以外的第三人侵权造成人身损害,同时构成工伤的,依法享受工伤保险待遇。如职工获得侵权赔偿,其享受待遇的相对应项目中应当扣除第三人支付的下列五项费用:医疗费,残疾辅助器具费,工伤职工在停工留薪期间发生的护理费、交通费、住院伙食补助费。

八、伙食补助费和交通、食宿费标准。职工住院治疗工伤期间的伙食补助费标准原则上按当地最低工资标准的35%确定。经医疗机构出具证明,报工伤保险经办机构同意,工伤职工到统筹地以外就医所需的交通、食宿费原则上参照用人单位工伤保险统筹地机关事业单位工作人员差旅费开支规定执行。上述待遇的具体标准由统筹地区人民政府规定。

地方性规定:山东

《山东省贯彻〈工伤保险条例〉实施办法》(2011年7月1日　鲁政发〔2011〕25号)

第十一条　因工伤发生的下列费用,按照国家规定由用人单位支付:

(一)治疗工伤期间的工资福利;

(二)五级、六级伤残职工按月领取的伤残津贴;

(三)终止或者解除劳动合同时,应当享受的一次性伤残就业补助金。

第二十二条　职工因工致残被鉴定为一级至四级伤残的,保留劳动关系,退出工作岗位,按伤残等级享受伤残津贴。伤残津贴实际金额低于当地最低工资标准的,由工伤保险基金补足差额。

工伤职工达到退休年龄并办理退休手续后,停发伤残津贴,按照国家有关规定享受基本养老保险待遇。基本养老保险待遇低于伤残津贴的,由工伤保险基金补足差额。

第二十三条　一级至四级工伤职工的伤残津贴、供养亲属抚恤金以及生活护理费调整办法,由省人力资源社会保障行政部门会同财政部门根据全省职工平均工资及生活费用变化等情况适时制定。

第二十四条　职工因工致残被鉴定为五级、六级伤残,用人单位难以安排工作的,在按月领取伤残津贴期间,如一级至四级工伤职工伤残津贴调整,其伤残津贴应随一级至四级工伤职工伤残津贴的调整时间予以调整,具体标准分别按统筹地区四级工伤职工伤残津贴调整标准的90%、80%相应增加。伤残津贴实际金额低于当地最低工资标准的,由用人单位补足差额。

第二十五条　工伤职工被鉴定为五级、六级伤残的,经职工本人提出,可以与用人单位解除或终止劳动合同,以其解除或终止劳动合同时统筹地区上年度职工月平均工资为基数,分别支付本人22个月、18个月的一次性工伤医疗补助金和36个月、30个月的一次性伤残就业补助金。

工伤职工被鉴定为七级至十级伤残的,劳动合同期满终止,或者职工本人提出解除劳动合同,以其解除或终止劳动合同时统筹地区上年度职工月平均工资为基数,支付本人一次性工伤医疗补助金和一次性伤残就业补助金。一次性工伤医疗补助金的具体标准为:七级13个月,八级10个月,九级7个月,十级4个月;一次性伤残就业补助金的具体标准为:七级20个月,八级16个月,九级12个月,十级8个月。

职工被确诊为职业病的,一次性工伤医疗补助金在上述标准基础上加发50%。

工伤职工与用人单位解除或者终止劳动合同时,距法定退休年龄5年以上的,一次性工伤医疗补助金和一次性伤残就业补助金全额支付;距法定退休年龄不足5年的,每减少1年一次性伤残就业补助金递减20%。距法定退休年龄不足1年的按一次性伤残就业补助金全额的10%支付;达到法定退休年龄或者按规定办理了退休手续的,不支付一次性工伤医疗补助金和一次性伤残就业补助金。

一次性工伤医疗补助金和一次性伤残就业补助金所需资金,用人单位已经参加工伤保险的,一次性工伤医疗补助金由工伤保险基金支付,一次性伤残就业补助金由用人单位支付;未参加工伤保险的,一次性工伤医疗补助金和一次性伤残就业补助金,由用人单位支付。

第二十六条　用人单位对接触职业危害作业的职工,在终止、解除劳动合同时或者办理退休、退职手续前,应进行职业健康检查,并将检查结果告知职工。被确诊患有职业病的,应办理工伤认定、劳动能力鉴定、待遇核定手续,并按规定享受工伤保险待遇。

职工离休、退休、退职后被确诊为职业病的,可以按规定享受工伤医疗待遇。生活不能自理的,按劳动能力鉴定委员会确认的护理依赖程度发给生活护理费。

第二十七条　申请工伤保险待遇,应向统筹地区经办机构提交工伤认定决定、劳动能力鉴定结论和工伤保险待遇申报表。

第二十八条　职工因工死亡,其供养亲属享受抚恤金待遇的资格,按职工因工死亡时的条件核定。

第二十九条　应当参加工伤保险而未参加的用人单位职工发生工伤的,由该用人单位按照《条例》和本办法规定的工伤保险待遇项目和标准支付费用。用人单位参加工伤保险并补缴应当缴纳的工伤保险费、滞纳金后,由工伤保险基金和用人单位依照《条例》和本办法的规定支付新发生的费用。

用人单位未按时足额缴纳工伤保险费的,欠缴期间的工伤保险待遇由用人单位支付。补缴应当缴纳的工伤保险费、滞纳金后,新发生的工伤保险费用由工伤保险基金和用人单位依照《条例》和本办法的规定支付。

第三十条第一款、第二款 破产、关闭、解散和注销企业被鉴定为一级至四级的工伤职工以及因工死亡职工供养亲属享受的工伤保险待遇仍按原标准继续发放。所需资金,原企业已经参加工伤保险的,从工伤保险基金中支付;未参保的,预留至当地平均期望寿命(其中,因工死亡职工供养亲属未满 18 周岁的,预留至年满 18 周岁),在资产清算时一次性拨付给经办机构。

被鉴定为五级至十级的,按规定支付其一次性工伤医疗补助金和一次性伤残就业补助金。所需资金,原企业已经参加工伤保险的,其一次性工伤医疗补助金从工伤保险基金中支付,其一次性伤残就业补助金在资产清算时一次性拨付;未参保的,其一次性工伤医疗补助金和一次性伤残就业补助金,在资产清算时一次性拨付。

地方性规定:福建

《福建省实施〈工伤保险条例〉办法》(2011 年 9 月 4 日　闽政〔2011〕80 号)

第二十六条 职工因工致残,有下列情形之一的,由工伤保险基金支付一次性工伤医疗补助金,用人单位支付一次性伤残就业补助金:

(一)被鉴定为五级、六级伤残的,工伤职工本人书面提出自愿与用人单位解除或者终止劳动(聘用)关系的;

(二)被鉴定为七级至十级伤残的,劳动(聘用)合同期满,用人单位不再续签劳动(聘用)合同而终止劳动(聘用)关系的,或者工伤职工本人书面提出自愿解除劳动(聘用)合同的;

(三)用人单位依据《中华人民共和国劳动合同法》第三十六、三十九条规定解除劳动(聘用)关系的;

工伤职工领取一次性工伤医疗补助金、一次性伤残就业补助金的,应当与用人单位、所在地经办机构签定终止工伤保险关系书面协议,不再享受工伤保险待遇。

第二十七条 五级至十级工伤职工一次性工伤医疗补助金和伤残就业补助金分别计算。其标准分别按照所在统筹地区最后一次公布的人口平均预期寿命与解除或者终止劳动关系时年龄之差以及解除或者终止劳动关系时统筹地区上年度职工月平均工资为基数计算：

（一）一次性工伤医疗补助金为：五级，每满一年发给0.7个月；六级，每满一年发给0.6个月；七级，每满一年发给0.4个月；八级，每满一年发给0.3个月；九级，每满一年发给0.2个月；十级，每满一年发给0.1个月。不满一年的按一年计算。

五至六级工伤职工一次性工伤医疗补助金低于15个月的，按15个月支付；七至八级工伤职工一次性工伤医疗补助金低于10个月的，按10个月支付；九级工伤职工一次性工伤医疗补助金低于5个月的，按5个月支付；十级工伤职工一次性工伤医疗补助金低于3个月的，按3个月支付。

患职业病的工伤职工，一次性工伤医疗补助金在上述标准的基础上增发30%。

（二）一次性伤残就业补助金为：五级，每满一年发给0.7个月；六级，每满一年发给0.6个月；七级，每满一年发给0.4个月；八级，每满一年发给0.3个月；九级，每满一年发给0.2个月；十级，每满一年发给0.1个月。不满一年的按一年计算。

五至六级工伤职工一次性伤残就业补助金低于15个月的，按15个月支付；七至八级工伤职工一次性伤残就业补助金低于10个月的，按10个月支付；九级工伤职工一次性伤残就业补助金低于5个月的，按5个月支付；十级工伤职工一次性伤残就业补助金低于3个月的，按3个月支付。

患职业病的工伤职工，一次性伤残就业补助金在上述标准的基础上增发30%。

地方性规定：海南

《海南经济特区工伤保险若干规定》（2011年9月28日修订　海南省人民代表大会常务委员会公告第82号）

第二十条　根据工伤治疗需要，经工伤保险定点医疗机构建议，工伤人员可以自发生工伤之日起享有不超过12个月的工伤停工留薪期；特殊情况确需延长的，经参保所在地劳动能力鉴定委员会确认后，可以适当延长停工留薪期，但延长期不超过12个月。定点医疗机构每次诊断建议的停工医疗时间，不超过30日。

当事人对停工留薪期有异议的，可以申请劳动能力鉴定委员会确认。

第二十二条　因工死亡人员的近亲属，领取丧葬补助金的标准为6个月的上年度全省在岗职工月平均工资。

应当由用人单位支付供养亲属抚恤金的，用人单位应当按照国务院《工伤保险条例》的有关规定予以支付；如享受供养亲属抚恤金的人员要求一次性支付的，用人单位应当一次性支付该项待遇费用。一次性支付供养亲属抚恤金的数额为国家规定供养亲属抚恤金标准的80%。一次性支付供养配偶及父母的抚恤金应当计发至其75周岁。

第二十四条 一级至四级伤残人员本人提出解除或者终止劳动关系的,由用人单位按照本规定第二十三条第二款的规定支付工伤保险待遇。但用人单位一次性支付月伤残津贴和生活护理费的期限不超过20年。

第二十六条 工伤人员被认定为"因公牺牲"或者被授予"革命烈士"称号的,国家规定的抚恤待遇标准高于工伤保险待遇标准的,高出部分由民政部门按照规定补足支付。

获得工伤保险待遇的工伤人员参加商业保险的,还可以依法获得商业保险赔偿。用人单位或者社会保险经办机构在核定和支付工伤保险待遇费用后,应当将有关费用单据提供给工伤人员向商业保险机构索赔,并复印单据存档。

第二十八条 用人单位实行承包、租赁经营的,由从业人员劳动关系所在单位承担工伤保险责任,其中:

(一)原属与发包、出租单位订立劳动合同的从业人员,在合同有效期内到承包、承租单位工作的,其工伤保险责任由发包、出租单位承担;

(二)除前项从业人员外,已与承包、承租单位订立劳动合同或者发生事实劳动关系的从业人员,其工伤保险责任由承包、承租单位承担;

(三)以自然人名义承包、承租的,其工伤保险责任由本人承担,其所雇人员的工伤保险责任由发包、出租单位承担。

第二十九条 派往其他单位工作的从业人员,由派出单位承担工伤保险责任,但派出单位与实际用人单位可以约定补偿办法。

从业人员在两个或者两个以上用人单位同时就业的,各用人单位应当分别为从业人员缴纳工伤保险费。从业人员发生工伤的,由从业人员受到伤害时工作的单位依法承担工伤保险责任。

第三十条 从业人员与用人单位解除或者终止劳动合同后发现工伤,被确认属于在原单位因工作原因导致的,原用人单位应当承担工伤保险责任。

第三十一条 发包、承包单位违法将工程(业务)或者经营权发包、转包、分包给不具备用工主体资格的组织或者自然人,该组织或者自然人聘用的人员发生工伤的,发包、承包单位为工伤认定决定中的用人单位。

第三十二条 被雇(聘)用退休人员和进行勤工助学及实习的学生,因工作遭受事故伤害或者患职业病被确认为工伤的，用人单位应当参照工伤保险待遇项目和标准，向其支付工伤费用。

《海南经济特区工伤保险实施办法》(2012 年 5 月 29 日　海南省人民政府令第 239 号)

第十三条　从业人员因工伤住院治疗期间，由工伤保险基金参照省级机关事业单位因公出差人员伙食补助标准发给伙食补助费。

第十四条　工伤人员经工伤医疗机构建议，转往外地治疗或者配置辅助器具的，所需交通、食宿费用由工伤保险基金参照省级机关事业单位因公出差标准报销。

因突发工伤事故需要使用 120 救护车的，其费用可据实报销。

第十五条　生活不能自理的工伤人员在停工留薪期需要护理的，用人单位应当派人护理或者聘人护理。用人单位既不派人护理，也不聘人护理的，应按上年度全省在岗职工月平均工资标准每月向工伤人员支付护理费用。

第十六条　工伤人员在停工留薪期内，继续按原标准享受工资福利待遇。实行计件、提成等效益工资制度的，工伤人员原工资标准应按工伤人员在停工留薪期前 6 个月的平均工资确定，工伤人员在本单位工作时间不足 6 个月的，应按实际工作月数的平均工资核定。用人单位支付停工留薪期内工资的标准，不得低于政府规定的最低工资标准。

第十八条　五级、六级伤残人员本人提出与用人单位解除或者终止劳动关系的，由工伤保险基金支付一次性工伤医疗补助金，由用人单位支付一次性伤残就业补助金。一次性工伤医疗补助金的标准分别为终止劳动关系时 18、16 个月的上年度全省在岗职工月平均工资；一次性伤残就业补助金标准分别为 40、30 个月的本人工资。

第十九条　七级至十级伤残人员本人提出解除劳动、聘用合同，或者劳动、聘用合同期满终止的，由工伤保险基金支付一次性工伤医疗补助金，由用人单位支付一次性伤残就业补助金。一次性工伤医疗补助金的标准分别为终止劳动关系时 14、12、10、8 个月的上年度全省在岗职工月平均工资；一次性伤残就业补助金标准分别为 20、16、12、9 个月的本人工资。

第二十条　本办法第十八条、第十九条规定的本人工资不得高于终止劳动关系时上年度全省在岗职工月平均工资的 3 倍，不得低于终止劳动关系时上年度全省在岗职工月平均工资的 60%。

第二十一条 按本办法计算一次性伤残就业补助金,截止至本人达到法定退休年龄。

领取一次性工伤医疗补助金的工伤人员,不再享受该次工伤复发的工伤待遇。

一级至六级伤残人员不得重复享受伤残津贴和工资。

附:本章节收录相关规定汇总

第一节

法律

《社会保险法》(2018 年 12 月 29 日修正)

行政法规

《工伤保险条例》(2010 年 12 月 20 日修订　国务院令第 586 号)

部委规定

人力资源和社会保障部、住房和城乡建设部、国家安全生产监督管理总局、全国总工会《关于进一步做好建筑业工伤保险工作的意见》(2014 年 12 月 29 日　人社部发〔2014〕103 号)

人力资源社会保障部、财政部《关于进一步做好事业单位等参加工伤保险工作有关问题的通知》(2012 年 10 月 19 日　人社部发〔2012〕67 号)

《实施〈中华人民共和国社会保险法〉若干规定》(2011 年 7 月 1 日　人力资源和社会保障部令第 13 号)

《部分行业企业工伤保险费缴纳办法》(2011 年 1 月 1 日　人力资源社会保障部令第 10 号)

劳动和社会保障部《关于农民工参加工伤保险有关问题的通知》(2004 年 6 月 1 日　劳社部发〔2004〕18 号)

《关于非全日制用工若干问题的意见》(2003 年 5 月 30 日　劳社部发〔2003〕12 号)

地方性规定:北京

《北京市工伤保险待遇核定支付办法》(2011 年 12 月 29 日　京人社工发〔2011〕377 号)

地方性规定:江苏

江苏省人力资源和社会保障厅《关于执行〈工伤保险条例〉若干问题的意见》(2021 年 1 月 1 日　苏人社规〔2020〕4 号)

《江苏省实施〈工伤保险条例〉办法》(2015 年 6 月 1 日　江苏省人民政府令第 103 号)

第二节

法律

《社会保险法》(2018 年 12 月 29 日修正)

行政法规

《工伤保险条例》(2011年1月1日　国务院令第586号)

司法解释

最高人民法院《关于审理工伤保险行政案件若干问题的规定》(2014年9月1日　法释〔2014〕9号)

最高人民法院《关于职工因公外出期间死因不明应否认定工伤的答复》(2011年7月6日　〔2010〕行他字第236号)

最高人民法院行政审判庭《关于职工无照驾驶无证车辆在上班途中受到机动车伤害死亡能否认定工伤请示的答复》(2011年5月19日　〔2011〕行他字第50号)

最高人民法院行政审判庭《关于超过法定退休年龄的进城务工农民因工伤亡的,应否适用〈工伤保险条例〉请示的答复》(2010年3月17日　〔2010〕行他字第10号)

最高人民法院行政审判庭《关于劳动行政部门在工伤认定程序中是否具有劳动关系确认权请示的答复》(2009年7月20日　〔2009〕行他字第12号)

最高人民法院《关于非固定居所到工作场所之间的路线是否属于"上下班途中"的答复》(2008年8月22日　〔2008〕行他字第2号)

最高人民法院行政审判庭《关于职工外出学习休息期间受到他人伤害应否认定为工伤问题的答复》(2007年9月7日　〔2007〕行他字第9号)

最高人民法院行政审判庭《关于离退休人员与现工作单位之间是否构成劳动关系以及工作时间内受伤是否适用〈工伤保险条例〉问题的答复》(2007年7月5日　〔2007〕行他字第6号)

部委规定

人力资源社会保障部《关于执行〈工伤保险条例〉若干问题的意见(二)》(2016年3月28日　人社部发〔2016〕29号)

人力资源社会保障部《关于执行〈工伤保险条例〉若干问题的意见》(2013年4月25日　人社部发〔2013〕34号)

《实施〈中华人民共和国社会保险法〉若干规定》(2011年7月1日　人力资源和社会保障部令第13号)

《工伤认定办法》(2011年1月1日　人力资源和社会保障部令第8号)

劳动和社会保障部办公厅《关于对工伤认定法律适用问题的复函》(2007年9月5日　劳社厅函〔2007〕345号)

劳动部办公厅《关于申请工伤认定举证责任问题的复函》(2004年9月29日　劳社厅函〔2004〕317号)

劳动和社会保障部《对陕西省劳动保障厅关于工伤认定和工伤保险待遇问题请示的答

复》(2002 年 4 月 22 日　劳社厅函〔2002〕159 号)

劳动和社会保障部办公厅《关于无证驾驶车辆发生交通事故是否认定工伤问题的复函》(2000 年 12 月 14 日　劳社厅函〔2000〕150 号)

地方性规定:天津

《天津市工伤保险若干规定》(2019 年 11 月 1 日　天津市人民政府令第 14 号)

地方性规定:上海

上海市人力资源和社会保障局《关于实施〈上海市工伤保险实施办法〉若干问题处理意见的通知》(2014 年 9 月 1 日　沪人社福发〔2014〕36 号)

地方性规定:重庆

重庆市高级人民法院《关于审理工伤行政诉讼案件若干问题的暂行规定》(2005 年 1 月 5 日　渝高法〔2004〕249 号)

地方性规定:广东(深圳)

《广东省工伤保险条例》(2019 年 5 月 21 日修正　广东省第十三届人民代表大会常务委员会公告第 37 号)

地方性规定:江苏

江苏省人力资源和社会保障厅《关于执行〈工伤保险条例〉若干问题的意见》(2021 年 1 月 1 日　苏人社规〔2020〕4 号)

《江苏省实施〈工伤保险条例〉办法》(2015 年 6 月 1 日　江苏省人民政府令第 103 号)

地方性规定:浙江

《劳动争议案件疑难问题讨论纪要》(2011 年 4 月 6 日　浙高法〔2001〕240 号)

地方性规定:山东

《山东省贯彻〈工伤保险条例〉实施办法》(2011 年 7 月 1 日　鲁政发〔2011〕25 号)

地方性规定:福建

《福建省实施〈工伤保险条例〉办法》(2011 年 9 月 4 日　闽政〔2011〕80 号)

第三节

法律

《社会保险法》(2018 年 12 月 29 日修正)

《职业病防治法》(2018 年 12 月 29 日修正)

行政法规

《工伤保险条例》(2010 年 12 月 20 日　国务院令第 586 号)

司法解释

最高人民法院《关于审理人身损害赔偿案件适用法律若干问题的解释》(2020 年 12 月

29 日修正　法释〔2020〕17 号）

最高人民法院《关于审理涉船员纠纷案件若干问题的规定》（2020 年 9 月 29 日　法释〔2020〕11 号）

最高人民法院《关于因第三人造成工伤的职工或其亲属在获得民事赔偿后是否还可以获得工伤保险补偿问题的答复》（2006 年 12 月 28 日　〔2006〕行他字第 12 号）

部委规定

《实施〈中华人民共和国社会保险法〉若干规定》（2011 年 7 月 1 日　人力资源和社会保障部令第 13 号）

人力资源社会保障部《关于执行〈工伤保险条例〉若干问题的意见（二）》（2016 年 3 月 28 日　人社部发〔2016〕29 号）

人力资源社会保障部《关于执行〈工伤保险条例〉若干问题的意见》（2013 年 4 月 25 日　人社部发〔2013〕34 号）

《关于加强见义勇为人员权益保护的意见》（2012 年 7 月 19 日　国办发〔2012〕39 号）

《非法用工单位伤亡人员一次性赔偿办法》（2010 年 12 月 31 日修订　人力资源和社会保障部令第 9 号）

财政部、国家税务总局《关于工伤职工取得的工伤保险待遇有关个人所得税政策的通知》（2011 年 1 月 1 日　财税〔2012〕40 号）

国务院《关于进一步加强企业安全生产工作的通知》（2010 年 7 月 19 日　国发〔2010〕23 号）

人力资源和社会保障部、民政部、财政部《关于事业单位工作人员和离退休人员死亡一次性抚恤金发放办法的通知》（2008 年 7 月 1 日　人社部发〔2008〕42 号）

国务院法制办公室《对山东省人民政府法制办公室〈关于安置在企业的伤残军人能否享受工伤医疗补助金待遇问题的请示〉的复函》（2007 年 1 月 4 日　国法秘函〔2007〕3 号）

劳动和社会保障部办公厅《关于对一至四级“老工伤”人员在二〇〇四年一月一日后死亡是否享受一次性工亡补助金问题的复函》（2005 年 12 月 12 日　劳社厅函〔2005〕436 号）

劳动和社会保障部《关于农民工参加工伤保险有关问题的通知》（2004 年 6 月 1 日　劳社部发〔2004〕18 号）

《因工死亡职工供养亲属范围规定》（2004 年 1 月 1 日　劳动和社会保障部令第 18 号）

地方性规定：北京

北京市高级人民法院、北京市劳动人事争议仲裁委员会《关于审理劳动争议案件法律适用问题的解答》（2017 年 4 月 24 日　京高法发〔2017〕142 号）

《2014 年部分劳动争议法律适用疑难问题研讨会会议纪要》（2015 年 1 月 1 日）

北京市高级人民法院、北京市劳动争议仲裁委员会《关于劳动争议案件法律适用问题研

讨会会议纪要(二)》(2014 年 5 月 7 日　京高法发〔2014〕220 号)

《北京市工伤保险待遇核定支付办法》(2011 年 12 月 5 日　京人社工发〔2011〕377 号)

地方性规定:天津

《天津法院劳动争议案件审理指南》(2018 年 1 月 1 日　津高法〔2017〕246 号)

《天津市工伤保险若干规定》(2019 年 11 月 1 日　天津市人民政府令第 14 号)

《关于工伤保险若干问题的解决意见(二)》(2005 年 9 月 9 日　津劳办〔2005〕263 号)

地方性规定:上海

上海市高级人民法院《关于适用〈劳动合同法〉若干问题的意见》(2009 年 3 月 3 日　沪高法〔2009〕73 号)

上海市人力资源和社会保障局《关于实施〈上海市工伤保险实施办法〉若干问题处理意见的通知》(2014 年 9 月 1 日　沪人社福发〔2014〕36 号)

上海市高级人民法院《关于审理劳动争议案件若干问题的意见》(2007 年 3 月 21 日　沪高法民一〔2007〕7 号)

《关于通过劳动争议处理途径解决非法用工单位发生事故伤害赔偿纠纷的意见》(2006 年 6 月 13 日　沪高法〔2006〕193 号)

地方性规定:重庆

《重庆市工伤保险实施办法》(2012 年 1 月 1 日　渝府发〔2012〕22 号)

重庆市人力资源和社会保障局《关于一次性支付工伤保险待遇标准的通知》(2011 年 9 月 21 日　渝人社办〔2011〕184 号)

重庆市高级人民法院《关于审理工伤行政诉讼案件若干问题的暂行规定》(2005 年 1 月 5 日　渝高法〔2004〕249 号)

地方性规定:广东(深圳)

《广东省工伤保险条例》(2019 年 5 月 21 日修正　广东省第十三届人民代表大会常务委员会公告第 37 号)

广东省高级人民法院、广东省劳动人事争议仲裁委员会《关于劳动人事争议仲裁与诉讼衔接若干意见》(2018 年 7 月 18 日　粤高法发〔2018〕2 号)

地方性规定:江苏

江苏省人力资源和社会保障厅《关于执行〈工伤保险条例〉若干问题的意见》(2021 年 1 月 1 日　苏人社规〔2020〕4 号)

《江苏省实施〈工伤保险条例〉办法》(2015 年 6 月 1 日　江苏省人民政府令第 103 号)

江苏省高级人民法院、江苏省劳动人事争议仲裁委员会《关于审理劳动人事争议案件的指导意见(二)》(2011 年 11 月 8 日　苏高法审委〔2011〕14 号)

江苏省高级人民法院《劳动争议案件审理指南(2010 年)》(2010 年 5 月 17 日)

地方性规定:浙江

浙江省高级人民法院民事审判第一庭、浙江省劳动人事争议仲裁院《关于审理劳动争议案件若干问题的解答(三)》(2015年9月29日　浙高法民一〔2015〕9号)

浙江省高级人民法院民事审判第一庭、浙江省劳动人事争议仲裁院《关于审理劳动争议案件若干问题的解答(二)》(2014年4月14日　浙高法民一〔2014〕7号)

浙江省人力资源和社会保障厅《关于五级至十级工伤职工工伤待遇有关问题的批复》(2013年9月29日　浙人社函〔2013〕100号)

浙江省高级人民法院民一庭《关于审理劳动争议纠纷案件若干疑难问题的解答》(2012年12月24日)

《劳动争议案件疑难问题讨论纪要》(浙高法〔2001〕240号)

《关于审理劳动争议案件若干问题的意见(试行)》(2009年4月16日　浙法民一〔2009〕3号)

浙江省人力资源和社会保障厅《关于贯彻落实国务院修改后〈工伤保险条例〉若干问题的通知》(2011年8月17日　浙人社发〔2011〕253号)

地方性规定:山东

《山东省贯彻〈工伤保险条例〉实施办法》(2011年7月1日　鲁政发〔2011〕25号)

地方性规定:福建

《福建省实施〈工伤保险条例〉办法》(2011年9月4日　闽政〔2011〕80号)

地方性规定:海南

《海南经济特区工伤保险若干规定》(2011年9月28日修订　海南省人民代表大会常务委员会公告第82号)

《海南经济特区工伤保险实施办法》(2012年5月29日　海南省人民政府令第239号)

第三十七章　失业保险

法律

《社会保险法》(2018年12月29日修正)

第四十四条　职工应当参加失业保险,由用人单位和职工按照国家规定共同缴纳失业保险费。

第四十五条　失业人员符合下列条件的,从失业保险基金中领取失业保险金:

(一)失业前用人单位和本人已经缴纳失业保险费满一年的;

(二)非因本人意愿中断就业的;

(三)已经进行失业登记,并有求职要求的。

第四十六条　失业人员失业前用人单位和本人累计缴费满一年不足五年的,领取失业保险金的期限最长为十二个月;累计缴费满五年不足十年的,领取失业保险金的期限最长为十八个月;累计缴费十年以上的,领取失业保险金的期限最长为二十四个月。重新就业后,再次失业的,缴费时间重新计算,领取失业保险金的期限与前次失业应当领取而尚未领取的失业保险金的期限合并计算,最长不超过二十四个月。

第四十七条　失业保险金的标准,由省、自治区、直辖市人民政府确定,不得低于城市居民最低生活保障标准。

第四十八条　失业人员在领取失业保险金期间,参加职工基本医疗保险,享受基本医疗保险待遇。

失业人员应当缴纳的基本医疗保险费从失业保险基金中支付,个人不缴纳基本医疗保险费。

第四十九条　失业人员在领取失业保险金期间死亡的,参照当地对在职职工死亡的规定,向其遗属发给一次性丧葬补助金和抚恤金。所需资金从失业保险基金中支付。

个人死亡同时符合领取基本养老保险丧葬补助金、工伤保险丧葬补助金和失业保险丧葬补助金条件的,其遗属只能选择领取其中的一项。

第五十条 用人单位应当及时为失业人员出具终止或者解除劳动关系的证明,并将失业人员的名单自终止或者解除劳动关系之日起十五日内告知社会保险经办机构。

失业人员应当持本单位为其出具的终止或者解除劳动关系的证明,及时到指定的公共就业服务机构办理失业登记。

失业人员凭失业登记证明和个人身份证明,到社会保险经办机构办理领取失业保险金的手续。失业保险金领取期限自办理失业登记之日起计算。

第五十一条 失业人员在领取失业保险金期间有下列情形之一的,停止领取失业保险金,并同时停止享受其他失业保险待遇:

(一)重新就业的;

(二)应征服兵役的;

(三)移居境外的;

(四)享受基本养老保险待遇的;

(五)无正当理由,拒不接受当地人民政府指定部门或者机构介绍的适当工作或者提供的培训的。

第五十二条 职工跨统筹地区就业的,其失业保险关系随本人转移,缴费年限累计计算。

行政法规

《失业保险条例》(1999 年 1 月 22 日 国务院令第 258 号)

第二条 城镇企业事业单位、城镇企业事业单位职工依照本条例的规定,缴纳失业保险费。

城镇企业事业单位失业人员依照本条例的规定,享受失业保险待遇。

本条所称城镇企业,是指国有企业、城镇集体企业、外商投资企业、城镇私营企业以及其他城镇企业。

第十四条 具备下列条件的失业人员,可以领取失业保险金:

(一)按照规定参加失业保险,所在单位和本人已按照规定履行缴费义务满 1 年的;

（二）非因本人意愿中断就业的；

（三）已办理失业登记，并有求职要求的。

失业人员在领取失业保险金期间，按照规定同时享受其他失业保险待遇。

第十五条 失业人员在领取失业保险金期间有下列情形之一的，停止领取失业保险金，并同时停止享受其他失业保险待遇：

（一）重新就业的；

（二）应征服兵役的；

（三）移居境外的；

（四）享受基本养老保险待遇的；

（五）被判刑收监执行或者被劳动教养的；

（六）无正当理由，拒不接受当地人民政府指定的部门或者机构介绍的工作的；

（七）有法律、行政法规规定的其他情形的。

第十六条 城镇企业事业单位应当及时为失业人员出具终止或者解除劳动关系的证明，告知其按照规定享受失业保险待遇的权利，并将失业人员的名单自终止或者解除劳动关系之日起7日内报社会保险经办机构备案。

城镇企业事业单位职工失业后，应当持本单位为其出具的终止或者解除劳动关系的证明，及时到指定的社会保险经办机构办理失业登记。失业保险金自办理失业登记之日起计算。

失业保险金由社会保险经办机构按月发放。社会保险经办机构为失业人员开具领取失业保险金的单证，失业人员凭单证到指定银行领取失业保险金。

第十七条 失业人员失业前所在单位和本人按照规定累计缴费时间满1年不足5年的，领取失业保险金的期限最长为12个月；累计缴费时间满5年不足10年的，领取失业保险金的期限最长为18个月；累计缴费时间10年以上的，领取失业保险金的期限最长为24个月。重新就业后，再次失业的，缴费时间重新计算，领取失业保险金的期限可以与前次失业应领取而尚未领取的失业保险金的期限合并计算，但是最长不得超过24个月。

第十八条 失业保险金的标准，按照低于当地最低工资标准、高于城市居民最低生活保障标准的水平，由省、自治区、直辖市人民政府确定。

第二十条 失业人员在领取失业保险金期间死亡的，参照当地对在职职工的规定，对其家属一次性发给丧葬补助金和抚恤金。

第二十一条 单位招用的农民合同制工人连续工作满1年，本单位并已缴纳失业保险费，劳动合同期满未续订或者提前解除劳动合同的，由社会保险经办机构根据其工作时间长短，对其支付一次性生活补助。补助的办法和标准由省、自治区、直辖市人民政府规定。

第二十二条　城镇企业事业单位成建制跨统筹地区转移，失业人员跨统筹地区流动的，失业保险关系随之转迁。

第二十三条　失业人员符合城市居民最低生活保障条件的，按照规定享受城市居民最低生活保障待遇。

部委规定

《实施〈中华人民共和国社会保险法〉若干规定》（2011 年 7 月 1 日　人力资源和社会保障部令第 13 号）

第十三条　失业人员符合社会保险法第四十五条规定条件的，可以申请领取失业保险金并享受其他失业保险待遇。其中，非因本人意愿中断就业包括下列情形：

（一）依照劳动合同法第四十四条第一项、第四项、第五项规定终止劳动合同的；

（二）由用人单位依照劳动合同法第三十九条、第四十条、第四十一条规定解除劳动合同的；

（三）用人单位依照劳动合同法第三十六条规定向劳动者提出解除劳动合同并与劳动者协商一致解除劳动合同的；

（四）由用人单位提出解除聘用合同或者被用人单位辞退、除名、开除的；

（五）劳动者本人依照劳动合同法第三十八条规定解除劳动合同的；

（六）法律、法规、规章规定的其他情形。

第十四条　失业人员领取失业保险金后重新就业的，再次失业时，缴费时间重新计算。失业人员因当期不符合失业保险金领取条件的，原有缴费时间予以保留，重新就业并参保的，缴费时间累计计算。

人力资源和社会保障部《关于领取失业保险金人员参加职工基本医疗保险有关问题的通知》（2011 年 7 月 1 日　人社部发〔2011〕77 号）

一、领取失业保险金人员应按规定参加其失业前失业保险参保地的职工医保，由参保地失业保险经办机构统一办理职工医保参保缴费手续。

二、领取失业保险金人员参加职工医保应缴纳的基本医疗保险费从失业保险基金中支付,个人不缴费。

三、领取失业保险金人员参加职工医保的缴费率原则上按照统筹地区的缴费率确定。缴费基数可参照统筹地区上年度职工平均工资的一定比例确定,最低比例不低于60%。

失业保险经办机构为领取失业保险金人员缴纳基本医疗保险费的期限与领取失业保险金期限相一致。

五、领取失业保险金人员参加职工医保的缴费年限与其失业前参加职工医保的缴费年限累计计算。

六、领取失业保险金人员参加职工医保当月起按规定享受相应的住院和门诊医疗保险待遇,享受待遇期限与领取失业保险金期限相一致,不再享受原由失业保险基金支付的医疗补助金待遇。

七、领取失业保险金人员失业保险关系跨省、自治区、直辖市转入户籍所在地的,其职工医保关系随同转移,执行转入地职工医保政策。应缴纳的基本医疗保险费按转出地标准一次性划入转入地失业保险基金。转入地失业保险经办机构按照当地有关规定为领取失业保险金人员办理职工医保参保缴费手续。

转出地失业保险基金划转的资金缴纳转入地职工医保费的不足部分,由转入地失业保险基金予以补足,超出部分并入转入地失业保险基金。

财政部、国家税务总局《关于基本养老保险费基本医疗保险费、失业保险费、住房公积金有关个人所得税政策的通知》(2006年6月27日 财税〔2006〕10号)

一、企事业单位按照国家或省(自治区、直辖市)人民政府规定的缴费比例或办法实际缴付的基本养老保险费、基本医疗保险费和失业保险费,免征个人所得税;个人按照国家或省(自治区、直辖市)人民政府规定的缴费比例或办法实际缴付的基本养老保险费、基本医疗保险费和失业保险费,允许在个人应纳税所得额中扣除。

企事业单位和个人超过规定的比例和标准缴付的基本养老保险费、基本医疗保险费和失业保险费,应将超过部分并入个人当期的工资、薪金收入,计征个人所得税。

三、个人实际领(支)取原提存的基本养老保险金、基本医疗保险金、失业保险金和住房公积金时,免征个人所得税。

《失业保险金申领发放办法》(2019年12月9日修订 人力资源和社会保障部令第42号)

第四条 失业人员符合《条例》第十四条规定条件的,可以申请领取失业保险

金,享受其他失业保险待遇。其中,非因本人意愿中断就业的是指下列人员:

(一)终止劳动合同的;

(二)被用人单位解除劳动合同的;

(三)被用人单位开除、除名和辞退的;

(四)根据《中华人民共和国劳动法》第三十二条第二、三项与用人单位解除劳动合同的;

(五)法律、行政法规另有规定的。

第五条　失业人员失业前所在单位,应将失业人员的名单自终止或者解除劳动合同之日起七日内报受理其失业保险业务的经办机构备案,并按要求提供终止或解除劳动合同证明等有关材料。

第六条　失业人员应在终止或者解除劳动合同之日起60日内到受理其单位失业保险业务的经办机构申领失业保险金。

第九条　失业人员在领取失业保险金期间患病就医的,可以按照规定向经办机构申请领取医疗补助金。

第十条　失业人员在领取失业保险金期间死亡的,其家属可持失业人员死亡证明、领取人身份证明、与失业人员的关系证明,按规定向经办机构领取一次性丧葬补助金和其供养配偶、直系亲属的抚恤金。失业人员当月尚未领取的失业保险金可由其家属一并领取。

第十五条　经办机构根据失业人员累计缴费时间核定其领取失业保险金的期限。失业人员累计缴费时间按照下列原则确定:

(一)实行个人缴纳失业保险费前,按国家规定计算的工龄视同缴费时间,与《条例》发布后缴纳失业保险费的时间合并计算。

(二)失业人员在领取失业保险金期间重新就业后再次失业的,缴费时间重新计算,其领取失业保险金的期限可以与前次失业应领取而尚未领取的失业保险金的期限合并计算,但是最长不得超过24个月。失业人员在领取失业保险金期间重新就业后不满一年再次失业的,可以继续申领其前次失业应领取而尚未领取的失业保险金。

劳动和社会保障部办公厅《关于对刑满释放或者解除劳动教养人员能否享受失业保险待遇问题的复函》(2000年9月7日　劳社厅函〔2000〕108号)

按照《失业保险条例》的规定,失业人员领取失业保险金应具备的条件是:按照规定参加失业保险,所在单位和本人已按照规定履行缴费义务满1年的;非因本人意愿中断就业的;已办理失业登记,并有求职要求的。失业人员在领取失业保险金期间被判刑收监执行或者被劳动教养的,停止领取失业保险金。

根据上述规定,在职人员因被判刑收监执行或者被劳动教养,而被用人单位解除劳动合同的,可以在其刑满、假释、劳动教养期满或解除劳动教养后,申请领取失业保险金。失业保险金自办理失业登记之日起计算。失业人员在领取失业保险金期间因被判刑收监执行或者被劳动教养而停止领取失业保险金的,可以在其刑满、假释、劳动教养期满或解除劳动教养后恢复领取失业保险金。失业人员在领取失业保险金期间,按照规定同时享受其他失业保险待遇。失业保险金及其他失业保险待遇标准按现行规定执行。

地方性规定:北京

北京市劳动局《关于〈关于是否执行西城区劳动争议仲裁委员会对失业职工邬迪就失业救济金申领的裁决的请示〉的批复》(1998年7月20日　京劳就复〔1998〕177号)

二、今后凡因单位原因没有按规定及时转移职工档案,或未及时通知职工本人,超过失业救济金申领期限,造成职工不能按时享受失业保险待遇的,延误领取的失业救济金和失业保险待遇,由企业支付后,尚未过期部分按规定支付。

地方性规定:江苏

《江苏省失业保险规定》(2018年12月28日　江苏省人民政府令第125号)

第十八条　失业人员符合下列条件的,可以领取失业保险金:

(一)失业前用人单位和本人已经按照规定缴纳失业保险费满一年;

(二)在法定劳动年龄内非因本人意愿中断就业;

(三)已经进行失业登记,并且有求职要求。

失业人员在领取失业保险金期间,按照规定同时享受其他失业保险待遇。

第二十二条　失业人员失业前用人单位和本人累计缴费满1年不足5年的,领取失业保险金的期限最长为12个月;累计缴费满5年不足10年的,领取失业保险金的期限最长为18个月;累计缴费10年以上的,领取失业保险金的期限最长为24个月。重新就业后,再次失业的,缴费时间重新计算,领取失业保险金的期限与前次失业应当领取而尚未领取失业保险金的期限合并计算,最长不超过24个月。确定失业保险金领取期限的具体办法,由统筹地区人民政府规定。

第二十三条　失业保险金的标准,缴费不满10年的,按照失业人员失业前12个月月平均缴费基数的45%确定;缴费满10年不满20年的,按照失业人员失业前12个月月平均缴费基数的50%确定;缴费20年以上的,按照失业人员失业前12个月月平均缴费基数的55%确定。失业保险金最高不得超过当地最低工资标准,最低不得低于当地城市居民最低生活保障标准的1.5倍。

省人民政府可以根据国家规定,结合经济发展状况、失业保险基金的承受能力等因素适当调整失业保险金标准。

失业保险金最高不得超过当地最低工资标准,最低不得低于当地城市居民最低生活保障标准的1.3倍。

统筹地区消费物价指数持续上升时,应当按照国家和省有关规定发放动态物价补贴,保障失业人员的基本生活。

第二十六条　失业人员在领取失业保险金期间死亡的,由失业保险基金参照当地对在职职工死亡的规定,向其遗属发给一次性丧葬补助金和抚恤金。

个人死亡同时符合领取基本养老保险丧葬补助金、工伤保险丧葬补助金和失业保险丧葬补助金条件的,其遗属只能选择领取其中的一项。

第二十七条　符合享受失业保险待遇条件的失业人员从事个体经营并且领取工商营业执照的,可以按照规定一次性领取失业保险金,不再享受其他失业保险待遇。

第二十九条第一款、第二款　符合享受失业保险待遇条件的失业人员,失业前所在单位与本人户籍不在同一统筹地区的,由参保地失业保险经办机构支付失业保险待遇;回户籍所在地的,由参保地失业保险经办机构将其失业保险关系转至本人户籍所在地,享受失业保险待遇所需资金一并划转,具体金额按照失业人员应当享受失业保险金总额的1.5倍计算。

失业人员在领取失业保险金期间跨统筹地区迁移户籍的,迁出地失业保险经办机构应当继续支付其应当享受的失业保险待遇;本人要求到迁入地享受的,由迁出地失业保险经办机构将其失业保险关系转至迁入地,享受失业保险待遇所需资金一并划转,具体金额按照失业人员应当享受而未享受的失业保险金总额的1.5倍计算。

江苏省高级人民法院《劳动争议案件审理指南(2010 年)》(2010 年 5 月 17 日)

第四章 工资争议案件的实务问题

第二节 工伤保险及其他社会保险争议的实务问题

五、其他社会保险争议的实务问题

(三)失业保险争议的处理

1. 劳动者需满足失业保险的申领条件,失业人员应符合《失业保险条例》第 14 条、《失业保险金申领发放办法》第 4 条的规定。若同时符合“因劳动者本人原因”和“由劳动者本人提出解除劳动关系”两个条件,则可认定为“因劳动者本人意愿中断就业”。

2. 劳动者要求用人单位赔偿失业保险待遇损失的要件,须同时满足用人单位未按规定为劳动者缴纳失业保险费,且劳动者处于失业状态,满足失业保险申领条件这三个条件。

3. 劳动者要求用人单位赔偿失业保险待遇损失,不以劳动者失业状态持续为前提,应裁决用人单位应缴未缴失业保险费期间而导致劳动者所能够享受的最长失业保险金期间。具体失业保险金数额,可以委托失业保险经办机构核算。

地方性规定:浙江

浙江省高级人民法院民事审判第一庭、浙江省劳动人事争议仲裁院《关于审理劳动争议案件若干问题的解答(三)》(2015 年 9 月 29 日 浙高法民一〔2015〕9 号)

十四、劳动关系解除或终止后,劳动者以用人单位未为其办理失业保险为由主张失业保险待遇损失的,是否需要审查劳动者享受失业保险待遇的相关条件?

答:城镇职工以用人单位未为其办理失业保险为由,要求用人单位赔偿损失的,应当参照《浙江省失业保险条例》第二十一条规定,审查劳动者如正常缴费是否满一年以及是否非因本人意愿中断就业;农民合同制职工以用人单位未为其办理失业保险为由,要求用人单位赔偿损失的,应当参照《浙江省失业保险条例》第二十七条规定,审查劳动者是否连续工作满一年。对符合前述条件的劳动者,应当依照《浙江省失业保险条例》第四十七条规定,由用人单位按照其失业保险待遇损失或者一次性生活补助损失总额的二倍给予赔偿。

《浙江省失业保险条例》(2004 年 1 月 1 日 浙江省第十届人民代表大会常务委员会公告第 3 号)

第二十一条 同时具备下列条件的失业人员,按照本条例规定领取失业保险

金,并享受其他失业保险待遇:

(一)用人单位和本人已按照规定履行缴费义务满一年的;

(二)非因本人意愿中断就业的;

(三)已依法定程序办理失业登记的;

(四)有求职要求,愿意接受职业培训、职业介绍的。

第二十二条　失业人员每月领取失业保险金的标准,由设区的市根据省人民政府确定的企业最低工资的百分之七十至百分之八十确定。

第二十三条　失业人员享受失业保险待遇的期限(以下称享受待遇期限),根据本人及其失业前所在单位累计缴纳失业保险费的时间(以下称缴费时间)确定:

(一)缴费时间不满一年的,不领取失业保险金;

(二)缴费时间满一年的,领取二个月失业保险金;

(三)缴费时间一年以上的,一年以上的部分,每满八个月增发一个月失业保险金,余数超过四个月不满八个月的,按照八个月计算,但享受待遇期限最长不超过二十四个月。

第二十五条　失业人员在享受待遇期限内死亡的,参照当地在职职工丧葬补助抚恤标准,对其家属一次性发给丧葬补助金和抚恤金,其当月未领取的失业保险金由其家属领取。

第二十七条　农民合同制职工连续工作满一年,其用人单位已按照规定缴纳失业保险费,劳动合同期满未续订或者提前解除劳动合同的,由经办机构对其支付一次性生活补助。一次性生活补助按照不低于相同缴费时间的城镇职工可以享受失业保险金总额的百分之四十确定。补助的具体办法和标准,由统筹地区人民政府规定。

第三十三条第一款　失业人员再次就业后,缴费时间重新计算。失业人员前次失业的享受待遇期限有剩余的,应当与重新就业、缴费后的享受待遇期限合并计算。合并后的享受待遇期限不得超过二十四个月。

第三十四条　失业人员失业前三年内,在同一统筹地区有二次以上短期就业,每次就业缴费时间不满一年,但累计后满一年的,应当予以累计,并根据累计后的缴费时间按照本条例第二十三条规定其享受待遇期限。

第三十五条　失业人员在享受待遇期限内,有下列情形之一的,停止享受失业保险待遇:

(一)享受基本养老保险待遇的;

(二)重新就业的;

(三)应征服兵役的;

(四)移居境外的;

(五)被判刑收监执行或者被劳动教养的;

(六)有法律、行政法规规定的其他情形的。

前款规定的有关情形消除后,本人处于失业状态,且符合本条例规定条件,可以申请享受失业保险待遇,但法律、法规另有规定的除外。

第三十六条 失业人员在享受待遇期限内,无正当理由,累计三次拒不接受经办机构或者公益性职业介绍机构介绍工作的,停止享受失业保险待遇。其剩余的享受待遇期限应当按照本条例第三十三条规定与重新就业、缴费后的享受待遇期限合并计算。

地方性规定:海南

《海南省城镇从业人员失业保险条例》(2011年9月28日 海南省人民代表大会常务委员会公告第81号)

第二条 本条例适用于本省城镇下列用人单位及其从业人员:

(一)企业及其从业人员;

(二)民办非企业单位、基金会、律师事务所、会计师事务所等组织及其从业人员;

(三)按规定不参照公务员法管理的事业单位、社会团体及其从业人员;

(四)国家机关及参照公务员法管理的事业单位、社会团体中应当签订劳动合同的从业人员;

(五)部队所属用人单位中无军籍的从业人员;

(六)个体工商户及其从业人员。

第三条 失业人员符合下列条件的,可以从失业保险基金中领取失业保险金:

(一)失业前用人单位和本人已经缴纳失业保险费满1年的;

(二)依照《中华人民共和国劳动法》和《中华人民共和国劳动合同法》有关规定,属于非因本人意愿中断就业的;

(三)已进行失业登记,并有求职要求的。

第十六条第二款 失业人员在领取失业保险金期间死亡,同时符合领取基本养老保险丧葬补助金、工伤保险丧葬补助金和失业保险丧葬补助金条件的,其遗属只能选择领取其中的一项。

第十七条　失业人员失业前所在单位和本人按规定累计缴费时间满1年不足5年的,领取失业保险金的期限最长为12个月;累计缴费时间满5年不足10年的,领取失业保险金的期限最长为18个月;累计缴费时间10年以上的,领取失业保险金的期限最长为24个月。重新就业后,再次失业的,缴费时间重新计算,领取失业保险金的期限可以与前次失业应领取而尚未领取的失业保险金的期限合并计算,但是最长不得超过24个月。

从业人员于1994年1月1日以前按照国家规定计算的连续工龄或者工作年限,视同缴费年限,与参加失业保险后实际缴费年限合并计算领取失业保险金的期限。

第十八条　失业保险金由失业保险经办机构按月核发。失业保险经办机构应当为失业人员开具领取失业保险金的单证,失业人员凭单证到指定银行领取失业保险金。

失业人员在领取失业保险金期间自主创业,可以一次性领取剩余期限的失业保险金。

第十九条　失业人员在领取失业保险金期间有下列情形之一的,停止领取失业保险金,并同时停止享受其他失业保险待遇:

(一)重新就业的;

(二)应征服兵役的;

(三)移居境外的;

(四)享受基本养老保险待遇的;

(五)无正当理由,超过3次拒不接受所在地人民政府指定部门或者机构介绍的适当工作或者提供的培训的;

(六)被判刑收监执行或者被劳动教养、强制隔离戒毒期间内的;

(七)法律、法规规定的其他情形。

第二十一条第一款　失业人员应当自终止或者解除劳动关系之日起60日内,持本单位为其出具的终止或者解除劳动关系的证明和个人身份证明到失业保险经办机构办理失业登记和领取失业保险金的手续。失业保险金领取期限自办理失业登记之日起计算。逾期未办理失业登记的,视同重新就业。

附:本章节收录相关规定汇总

法律

《社会保险法》(2018 年 12 月 29 日修正)

行政法规

《失业保险条例》(1999 年 1 月 22 日　国务院令第 258 号)

部委规定

《实施〈中华人民共和国社会保险法〉若干规定》(2011 年 7 月 1 日　人力资源和社会保障部令第 13 号)

人力资源和社会保障部《关于领取失业保险金人员参加职工基本医疗保险有关问题的通知》(2011 年 7 月 1 日　人社部发〔2011〕77 号)

财政部、国家税务总局《关于基本养老保险费基本医疗保险费、失业保险费、住房公积金有关个人所得税政策的通知》(2006 年 6 月 27 日　财税〔2006〕10 号)

《失业保险金申领发放办法》(2019 年 12 月 9 日修订　人力资源和社会保障部令第 42 号)

劳动和社会保障部办公厅《关于对刑满释放或者解除劳动教养人员能否享受失业保险待遇问题的复函》(2000 年 9 月 7 日　劳社厅函〔2000〕108 号)

地方性规定:北京

北京市劳动局《关于〈关于是否执行西城区劳动争议仲裁委员会对失业职工郇迪就失业救济金申领的裁决的请示〉的批复》(1998 年 7 月 20 日　京劳就复〔1998〕177 号)

地方性规定:江苏

《江苏省失业保险规定》(2018 年 12 月 28 日　江苏省人民政府令第 125 号)

江苏省高级人民法院《劳动争议案件审理指南(2010 年)》(2010 年 5 月 17 日)

地方性规定:浙江

浙江省高级人民法院民事审判第一庭、浙江省劳动人事争议仲裁院《关于审理劳动争议案件若干问题的解答(三)》(2015 年 9 月 29 日　浙高法民一〔2015〕9 号)

《浙江省失业保险条例》(2004 年 1 月 1 日　浙江省第十届人民代表大会常务委员会公告第 3 号)

地方性规定:海南

《海南省城镇从业人员失业保险条例》(2011 年 9 月 28 日　海南省人民代表大会常务委员会公告第 81 号)

附录一　中国法院2020年度案例[①]

一、确定劳动关系

1. 被派至境外的劳动者劳动关系认定标准

裁判文书案号:北京市第一中级人民法院(2018)京01民终2264号

2. 高校应届毕业生与用人单位签订的三方协议是否具备劳动合同的效力取决于其具体约定和内容

裁判文书案号:广东省广州市中级人民法院(2018)粤01民终15382号

3. 不具备用工主体资格的自然人所雇用的人员与发包人不存在劳动关系

裁判文书案号:北京市第三中级人民法院(2018)京03民终9184号

4. 个人保险代理人与保险公司之间是否存在劳动关系

裁判文书案号:江苏省无锡市中级人民法院(2018)苏02民终62号

5. 创业者与创业公司之间是否存在劳动关系

裁判文书案号:北京市第一中级人民法院(2018)京01民终1073号

6. 公司的法定代表人可以与其他公司存在劳动关系

裁判文书案号:北京市昌平区人民法院(2018)京0114民初2329号

7. 公司股东请求确认劳动关系的认定标准

裁判文书案号:北京市第二中级人民法院(2018)京02民终9053号

8. 特殊情形下达到或超过退休年龄者与用人单位的劳动关系认定

裁判文书案号:江苏省南通市中级人民法院(2018)苏06民终2093号

---

① 国家法官学院案例研究中心编:《中国法院2020年度案例·劳动纠纷》,中国法制出版社2020年版。

9. 劳动者能否以接受监事管理为由主张确认劳动关系

裁判文书案号:北京市第二中级人民法院(2018)京 02 民终 1377 号

10. 双重劳动关系的认定标准

裁判文书案号:北京市第二中级人民法院(2018)京 02 民终 9146 号

11. 通过互联网平台提供服务者的劳动关系确认

裁判文书案号:北京市东城区人民法院(2018)京 0101 民初 16704 号

12. 在校大学生与用人单位能否建立劳动关系

裁判文书案号:北京市昌平区人民法院(2018)京 0114 民初 7018 号

二、劳动合同履行和变更

13. 公司营业转让时劳动者的知情同意权

裁判文书案号:北京市第二中级人民法院(2018)京 02 民终 3491 号

14. 劳动合同能否继续履行需考虑行业特殊性及互信基础

裁判文书案号:北京市第三中级人民法院(2018)京 03 民终 10173 号

15. 劳动合同中关于工作地点约定不明情形的处理规则

裁判文书案号:江苏省南通市中级人民法院(2018)苏 06 民终 667 号

16. 劳动者在关联企业订立劳动合同次数不可当然累计计算

裁判文书案号:江苏省无锡市中级人民法院(2018)苏 02 民终 4912 号

17. 用人单位维持或提高劳动合同约定条件续签劳动合同的界定

裁判文书案号:北京市第一中级人民法院(2018)京 01 民终 9926 号

18. 多家用人单位混同用工的法律责任承担

裁判文书案号:北京市第一中级人民法院(2018)京 01 民终 5907 号

三、劳动合同解除和终止

19. 对于用人单位以孕期女职工严重违反规章制度为由行使单方解除权案件应进行严格审查

裁判文书案号:北京市第三中级人民法院(2018)京 03 民终 8725 号

20. 劳动者辞去职务不等于解除劳动关系

裁判文书案号:北京市第三中级人民法院(2018)京 03 民终 5851 号

21.《劳动合同法》第三十七条中劳动者行使单方解除权的理解和适用

裁判文书案号:北京市第二中级人民法院(2018)京 02 民终 10944 号

22. 劳动者言论表达的边界认定

裁判文书案号:北京市第二中级人民法院(2018)京 02 民终 970 号

23.“医疗期满不能从事用人单位另行安排工作”的司法认定

裁判文书案号:北京市第一中级人民法院(2018)京 01 民终 7140 号

24. 以矿工为由解除劳动合同的合法性应全面考虑

裁判文书案号:北京市第二中级人民法院(2018)京 02 民终 2882 号

25. 用人单位能否以证据为违反法律禁止性规定的方法取得为由解除与劳动者的劳动合同

裁判文书案号:山东省济南市中级人民法院(2018)鲁 01 民终 1360 号

26. 用人单位调职违反诚信原则造成劳动者辞职的视为“推定解雇”

裁判文书案号:江苏省苏州市中级人民法院(2018)苏 05 民终 2084 号

四、追索劳动报酬、经济补偿金

27. 从事接触职业病危害工作的劳动者的法律保护

裁判文书案号:江苏省南京市中级人民法院(2018)苏 01 民终 4457 号

28. 工伤职工提前恢复工作时劳动报酬的认定

裁判文书案号:重庆市第一中级人民法院(2017)渝 01 民终 5807 号

29. 公司管理人员能否因未订立书面劳动合同要求支付二倍工资

裁判文书案号:福建省厦门市中级人民法院(2018)闽 02 民终 4559 号

30. 劳动者停职检查期间被降低工资数额是否构成“未及时足额支付劳动报酬”

裁判文书案号:江苏省无锡市中级人民法院(2018)苏 02 民终 1931 号

31. 企业因政策性原因外迁致使劳动合同无法履行时如何支付经济补偿

裁判文书案号:北京市第二中级人民法院(2018)京 02 民终 7470 号

32. 人格混同的关联公司应否就欠薪债务向劳动者承担连带责任

裁判文书案号:福建省泉州市中级人民法院(2018)闽 05 民终 4575 号

33. 应签订无固定期限劳动合同却终止劳动合同的须支付赔偿金

裁判文书案号:北京市第二中级人民法院(2018)京 02 民终 9431 号

34. 用人单位未与劳动者签订书面劳动合同的可归责性是适用二倍工资罚则的前提

裁判文书案号:江苏省无锡市中级人民法院(2018)苏 02 民终 3251 号

35. 诚信原则在劳动争议案中突破具体规范的适度适用

裁判文书案号:北京市第二中级人民法院(2018)京 02 民终 5604 号

五、竞业限制

36. 附条件竞业限制协议的司法审查

裁判文书案号:北京市海淀区人民法院(2018)京 0108 民初 45621 号

37. 竞业限制违约金约定过高可调整

裁判文书案号:江苏省苏州市中级人民法院(2018)苏 05 民终 2523、2524 号

38. 竞业限制协议能否对第三人发生法律效力

裁判文书案号:北京市第一中级人民法院(2018)京 01 民终 9486 号

39. 劳动者身为竞业公司实际控制人的竞业限制

裁判文书案号:北京市第二中级人民法院(2018)京 02 民终 5836 号

六、工伤保险与社会保险

40. 工伤保险的法定义务不得约定免除,工伤保险赔偿与人身保险赔偿可以兼得

裁判文书案号:江苏省无锡市中级人民法院(2018)苏 02 民终 3064 号

41. 用人单位应承担工伤保险基金报销范围外的医疗费、合理的护理费

裁判文书案号:北京市第三中级人民法院(2018)京 03 民终 2903 号

42. 用人单位在住所地为跨区域被派遣劳动者缴纳社会保险的行为合法

裁判文书案号:江苏省无锡市中级人民法院(2018)苏 02 民终 4053 号

43. 职业病的认定及疑似职业病期间的医疗费用认定问题

裁判文书案号:广东省清远市中级人民法院(2018)粤18民终2818号

七、劳动争议仲裁

44. 一审按撤诉处理将导致仲裁裁决书生效

裁判文书案号:北京市第二中级人民法院(2018)京02民终10406号

八、其他

45. 当事人请求对事实行为进行确认不属于确认之诉的审理范围

裁判文书案号:北京市第三中级人民法院(2018)京03民终14898号

46. “基于特殊待遇而设定的服务期”的司法认定

裁判文书案号:北京市第二中级人民法院(2018)京02民终1285号

47. 经协商的合法规章制度效力优先于劳动合同

裁判文书案号:江西省吉安市中级人民法院(2018)赣08民终1765号

48. 具有初始培训费性质的引进费应作为飞行员离职时违约金的计算依据

裁判文书案号:北京市第三中级人民法院(2018)京03民终4151号

49. 劳动者对用人单位承担赔偿责任的认定标准

裁判文书案号:江苏省无锡市中级人民法院(2018)苏02民终724号

50. 劳动者非因本人原因到新用人单位的工作年限和劳动关系存续期间的区别适用

裁判文书案号:四川省内江市中级人民法院(2018)川10民终82号

51. 用人单位不宜被认定为有权申请宣告劳动者死亡的利害关系人

裁判文书案号:广州海事法院(2018)粤72民特64号

52. 事业单位聘用合同能否约定未到期辞职的违约金

裁判文书案号:北京市第三中级人民法院(2018)民终字第11431号

53. 用人单位主张劳动者支付“猎头费”的处理办法

裁判文书案号:北京市第一中级人民法院(2018)京01民终8065号

54. 劳动争议诉讼中公司法人格的突破

裁判文书案号:北京市东城区人民法院(2018)京0101民初5988号

附录二　中国法院 2021 年度案例[①]

一、确认劳动关系

1. 在第三方代发工资的情形下，农民工与用人单位之间劳动关系的认定

裁判文书案号：北京市第一中级人民法院（2019）京 01 民终 3320 号

2. 公司与个人开办的加工点是否构成混同用工情形的认定

裁判文书案号：福建省泉州市中级人民法院（2019）闽 05 民终 4128 号

3. 关联企业混同用工的劳动者可择一主张用工主体责任

裁判文书案号：陕西省宝鸡市中级人民法院（2019）陕 03 民终 1706 号

4. 快递员与 APP 平台企业间劳动关系确认之诉中"从属性"有无的审查要素

裁判文书案号：北京市海淀区人民法院（2019）京 0108 民初 34030 号

5. 如何区分劳动者与用人单位之间的内部承包关系与承揽关系

裁判文书案号：山东省济南市中级人民法院（2019）鲁 01 民终 3653 号

6. 双重劳动关系的合法性认定

裁判文书案号：北京市第一中级人民法院（2019）京 01 民终 3931 号

7. 通过互联网平台提供服务者的劳动关系认定

裁判文书案号：北京市东城区人民法院（2019）京 0101 民初 5239 号

8. 委派用工的劳动关系认定与解除

裁判文书案号：北京市高级人民法院（2019）京民申 5269 号

① 国家法官学院案例研究中心编：《中国法院 2021 年度案例 · 劳动纠纷》，中国法制出版社 2021 年版。

9. 再就业的停产企业劳动者与原企业之间劳动关系的认定

裁判文书案号:四川省绵竹市人民法院(2019)川 0683 民初 149 号

二、劳动合同履行和变更

10. "订立劳动合同时所依据的客观情况发生重大变化"与"原劳动合同无法继续履行"的因果关系认定

裁判文书案号:北京市第一中级人民法院(2019)京 01 民终 10538 号

11. 劳动合同中"协商一致"的认定标准

裁判文书案号:北京市第一中级人民法院(2019)京 01 民终 8355 号

12. 劳动合同工作地点约定不明单位异地调动是否合理

裁判文书案号:上海市第一中级人民法院(2019)沪 01 民终 15760 号

13. 劳动合同能否继续履行的认定条件

裁判文书案号:北京市第二中级人民法院(2019)京 02 民终 703 号

14. 企业有权在合理范围内对劳动者进行调岗

裁判文书案号:重庆市第四中级人民法院(2019)渝 04 民终 950 号

15. 用人单位单方调岗行为的实体合理性与程序合法性的审查要素

裁判文书案号:北京市第二中级人民法院(2019)京 02 民终 9629 号

16. 用人单位续订劳动合同的时限及法律后果

裁判文书案号:福建省厦门市沧海区人民法院(2019)闽 0205 民初 246 号

17. 约定到期可无限次顺延的劳动合同应认定为无固定期限劳动合同

裁判文书案号:重庆市第一中级人民法院(2019)渝 01 民终 70 号

三、劳动合同解除和终止

18. 劳动合同协商解除时所附"条件"或"期限"的效力认定

裁判文书案号:北京市第三中级人民法院(2019)京 03 民终 9395 号

19. 劳动者能否就解除劳动合同协议中列明的劳动争议事项另行主张相关权利

裁判文书案号:北京市平谷区人民法院(2019)京 0117 民初 5153 号

20. 劳动者请假权与用人单位审批权的权衡

裁判文书案号:北京市第二中级人民法院(2019)京02民终5214号

21. 劳动者违反基本职业道德时用人单位能否行使解除权

裁判文书案号:北京市第一中级人民法院(2019)京01民终5362号

22. 一定条件下用人单位可在缺少规章制度明确规定时与劳动者解除劳动合同

裁判文书案号:北京市第二中级人民法院(2019)京02民终13465号

23. 以手机定位方式统计考勤时对劳动者旷工的认定

裁判文书案号:北京市海淀区人民法院(2019)京0108民初3532号

24. 用人单位拒绝与符合条件劳动者签订无固定期限劳动合同不等同违法解除

裁判文书案号:北京市第二中级人民法院(2019)京02民终10574号

25. 用人单位是否可以以职场性骚扰为由解除劳动合同

裁判文书案号:北京市朝阳区人民法院(2019)京0105民初12673号

四、追索劳动报酬、经济补偿金

26. 待岗生活费不应计入平均工资计算经济补偿金

裁判文书案号:江苏省连云港市中级人民法院(2019)苏07民终2295号

27. 对于解除劳动合同经济补偿金可约定支付条件

裁判文书案号:北京市第二中级人民法院(2019)京02民终15280号

28. 人事经理未签订劳动合同能否享有二倍工资补偿的认定

裁判文书案号:广东省汕头市中级人民法院(2018)粤05民终1068号

29. 海外用工加班费的支付

裁判文书案号:北京市第二中级人民法院(2019)京02民终5784号

30. 加班费的微信电子记录证据认定

裁判文书案号:北京市第二中级人民法院(2019)京02民终13247号

31.《劳动合同书》中劳动者笔迹鉴定不能的法律后果

裁判文书案号:北京市第二中级人民法院(2019)京02民终9787号

32. 劳动者主张年终奖应尽到初步的举证责任

裁判文书案号:北京市第三中级人民法院(2019)京03民终3365号

33. 离职员工的年终奖发放标准认定

裁判文书案号:北京市第二中级人民法院(2019)京02民终10639号

34. 网络配送行业加班的认定

裁判文书案号:北京市第二中级人民法院(2019)京02民终1828号

35. 未出具离职证明造成损失的举证责任分配

裁判文书案号:北京市第三中级人民法院(2019)京03民终619号

36. 劳动者医疗期满继续病休的工资应予以支付

裁判文书案号:北京市第三中级人民法院(2019)京03民终16834号

37. 以报销形式兑现的补助是否属于工资

裁判文书案号:北京市丰台区人民法院(2019)京0106民初21333号

38. 以非货币形式发放工资行为的法律效力

裁判文书案号:北京市第一中级人民法院(2019)京01民终8364号

39. 员工离职原因不明的情况下用人单位是否支付补偿应区分具体情况进行认定

裁判文书案号:北京市第二中级人民法院(2019)京02民终1784号

五、竞业限制

40. 竞业限制协议"通知履行"条款的效力认定

裁判文书案号:北京市第一中级人民法院(2019)京01民终4975号

41. 竞争关系的认定与竞业限制违约金畸高的酌减

裁判文书案号:北京市第三中级人民法院(2019)京03民终2100号

42. 未约定经济补偿的竞业限制协议的效力和解除权规则

裁判文书案号:北京市第一中级人民法院(2019)京01民终2016号

43. 未足额支付竞业限制补偿金应认定竞业限制条款对当事人不具有约束力

裁判文书案号:江苏省扬州市中级人民法院(2019)苏10民终1758号

44. 用人单位不得仅以劳动者自行填写的择业去向选择是否要求劳动者履行竞业限制义务

裁判文书案号:北京市海淀区人民法院(2019)京0108民初47531号

六、工伤保险与社会保险

45. 工伤保险报销外的合理费用应由用人单位承担

裁判文书案号:北京市第三中级人民法院(2018)京03民终2903号

46. 劳动者声明免除用人单位法定义务又反悔的效力认定

裁判文书案号:北京市第二中级人民法院(2019)京02民终7192号

47. 劳动者以用人单位医疗保险险种选择不当为由要求用人单位赔偿损失的,不属于劳动争议案件受理范围

裁判文书案号:北京市东城区人民法院(2019)京0101民初22483号

48. 劳动者主张工伤保险待遇降低的差额部门如何认定

裁判文书案号:江苏省无锡市中级人民法院(2019)苏02民终4971号

49. 劳动者主张违法解除劳动合同赔偿金后还能否主张生育津贴差额损失

裁判文书案号:重庆市第五中级人民法院(2019)渝05民终1730号

50. 用人单位分立、合并、转让的,继承单位应当承担原单位的工伤保险责任

裁判文书案号:新疆维吾尔自治区阿克苏地区中级人民法院(2019)新29民终659号

七、劳动争议仲裁

51. 养老保险待遇损失纠纷的仲裁时效与计算方法

裁判文书案号:江苏省南通市中级人民法院(2019)苏06民终2808号

八、其他

52.《安全承诺书》能否成为用人单位要求劳动者赔偿的依据

裁判文书案号:湖北省武汉市黄陂区人民法院(2019)鄂0116民初5811号

53. 被派遣员工权益费用分担约定不明时原则上应由派遣单位负担

裁判文书案号:北京市朝阳区人民法院(2019)京0105民初2549号

54. 劳动者的言论自由与合法维权的边界

裁判文书案号:北京市第三中级人民法院(2019)京03民终12053号

55. 劳动者服务期未满提前离职应赔偿相应培训费用

裁判文书案号:北京市第三中级人民法院(2019)京03民终2846号

56. 人事聘用合同中服务期违约条款的效力认定

裁判文书案号:重庆市第三中级人民法院(2019)渝03民终1416号

57. 以“风险激励”为名将回款风险转嫁给劳动者的约定无效

裁判文书案号:江苏省常州市中级人民法院(2019)苏04民终4508号

58. 用人单位将被派遣劳动者违法退回的法律责任认定

裁判文书案号:北京市第二中级人民法院(2019)京02民终5198号